本书为 2009 年教育部人文社会科学重点研究基地重大项目"中东政治现代化进程研究"（2009JJD770023）的子课题"中东现代政党政治的演变"的最终成果，并得到中国博士后科学基金面上资助（2013M540770）、特别资助（2014T70936），陕西省博士后科研项目和辽宁省高等学校优秀人才支持计划（WJQ2014005）的资助，特此致谢！

中东政党政治的演变

The Evolution of Party Politics in the Middle East

李艳枝 著

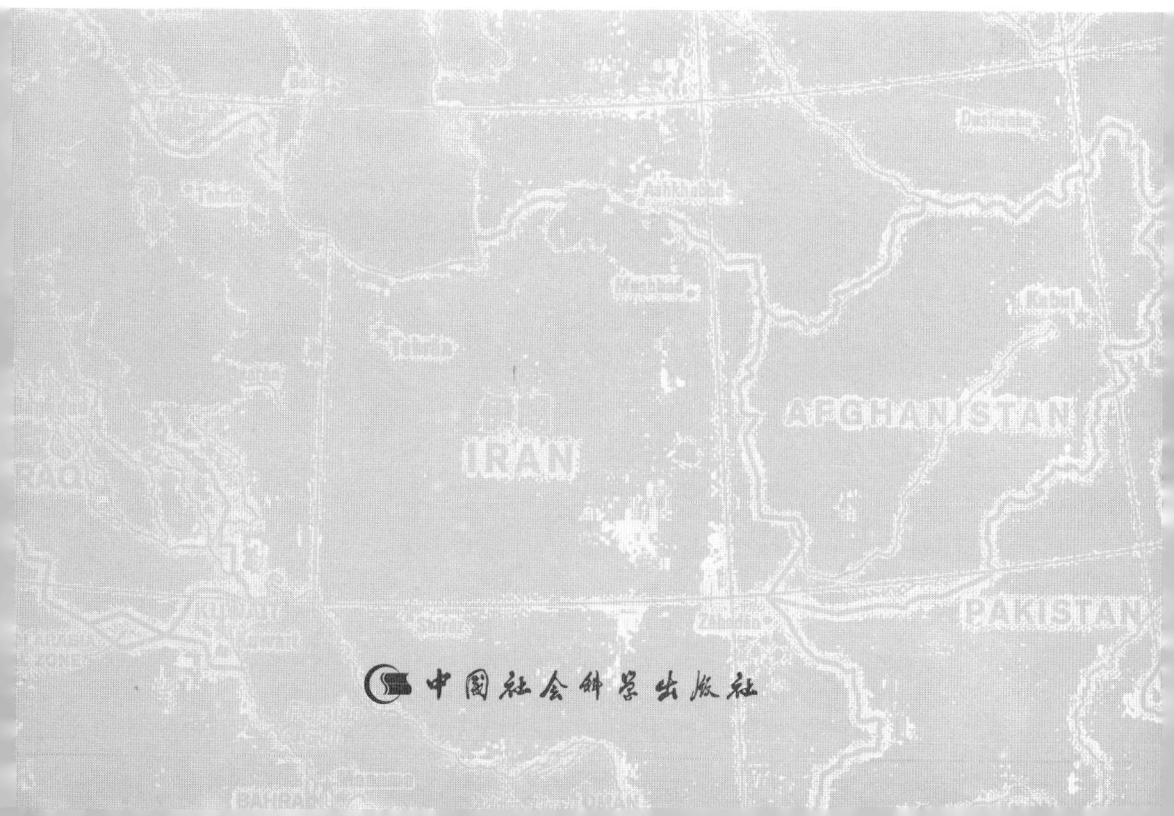

中国社会科学出版社

图书在版编目（CIP）数据

中东政党政治的演变/李艳枝著 . —北京：中国社会科学出版社，2015.8

ISBN 978 - 7 - 5161 - 6812 - 7

Ⅰ. ①中… Ⅱ. ①李… Ⅲ. ①政党—研究—中东 Ⅳ. ①D737.064

中国版本图书馆 CIP 数据核字（2015）第 193896 号

出 版 人	赵剑英	
责任编辑	李庆红	
特约编辑	罗淑敏	
责任校对	周晓东	
责任印制	王 超	

出 版	中国社会科学出版社	
社 址	北京鼓楼西大街甲 158 号	
邮 编	100720	
网 址	http：//www. csspw. cn	
发 行 部	010 - 84083685	
门 市 部	010 - 84029450	
经 销	新华书店及其他书店	

印刷装订	三河市君旺印务有限公司	
版 次	2015 年 8 月第 1 版	
印 次	2015 年 8 月第 1 次印刷	

开 本	710 × 1000 1/16	
印 张	27.5	
插 页	2	
字 数	466 千字	
定 价	96.00 元	

序　言

　　《中东政党政治的演变》一书，是李艳枝博士承担的教育部人文社会科学重点研究基地重大项目"中东政治现代化进程研究"之子课题"中东现代政党政治的演变"的结项成果。当我提笔为此书写序言的时候，脑海中浮现出艳枝同志在南开大学攻读博士学位时的情景。2006 年，艳枝同志考入南开大学历史学院，脱产攻读中东史专业博士学位。艳枝同志原本师从西北大学郭宝华教授，专攻伊斯兰经济，考入南开大学后，接受我的建议，将土耳其伊斯兰复兴运动作为新的研究方向。艳枝同志勤奋朴实，视野开阔，好学多思，具有良好的学术素养和理论功底，在读博士的三年时间里，废寝忘食，刻苦钻研，表现出顽强拼搏的毅力和吃苦耐劳的品格。艳枝同志的博士学位论文《土耳其伊斯兰复兴运动研究》洋洋五十余万字，资料翔实，视角和思路不乏新意，分析透彻，论证充分，文笔流畅，深受评审专家和答辩委员会的赞赏。2009 年，我在申请教育部人文社会科学重点研究基地重大项目"中东政治现代化进程研究"时，邀请艳枝博士担任子课题"中东现代政党政治的演变"的负责人。此后五年间，艳枝博士广泛吸纳借鉴国内外学术界的相关研究成果，经过深入思考和广泛探究，数易其稿，最终完成该项目的研究工作。得知艳枝博士的大作即将由中国社会科学出版社付梓刊印，甚感欣慰。

　　中东政治现代化进程是近年来中东史研究的热点问题，作为政治现代化重要载体的政党政治也引起国内外学者的广泛关注。在中东政治现代化进程的研究领域，西方学者多以西方民主制的理论作为分析框架，以现代西方民主模式作为历史蓝本，衡量中东地区的政治现代化进程，将中东诸国的世俗政治视作走向现代化的必由之路，强调所谓世俗化与现代化进程的同步性，进而强调伊斯兰教的传统性以及宗教政治与民主政治的悖论性，否定现代伊斯兰主义的民主内涵，对现代伊斯兰主义的政治实践深表忧虑，担心伊斯兰主义的宗教政治"劫持民主"和阻碍中东政治现代化进程。艳枝博士撰写的《中东政党政治的演变》，基于中东政治现代化进程的宏观背景，从世俗与宗教的不同层面入手，解读中东诸国政党政治的历史演变，分析土耳其、埃及、伊朗、叙利亚、以色列、黎巴嫩等国世俗政党与宗教政党的社会基础、组织体系、思想纲领和政治实践，在考察世俗政治与宗教政治之消长和趋同的基础上，总结和归纳中东政治现代化进程的共性与差异，阐释中东诸国政党政治的演变轨迹，探究政党政治在中东政治现代化进程中的历史地位，客观评判中东现代化进程中的宗教政治和宗教政党，多有独到见解，不失为中东政治史研究的力作。希望艳枝博士在未来的学术道路上潜心钻研，收获更为丰硕的学术成果。

哈全安
2015 年元旦于南开大学

目　　录

第一编　现代中东政党政治的历史基础

第二编　中东世俗政党政治的演变

导论：有关政党政治的基本理论

在漫漫历史长河中，政党执政的历史只有短短的 200 余年，可谓是近现代政治的产物。现代政治与传统政治的一个重要区别在于政党的出现和政党政治的发展。从 17 世纪政党在英国议会出现以来，世界上许多国家的现代化进程都是在各种各样政党的直接或间接指导下开展的。政党的确立与发展，已经成为现代国家政治发展的一个重要条件，以政党为主角的政党政治已经成为当今世界普遍的政治形式。一般认为政党政治是指在现行政治制度的框架内，各政党依据宪法、法律或惯例等展开竞争，决定由哪个政党或政党联盟执掌政权的政治类型。中东作为后发现代化国家，其政党的出现和政党政治的模式带有鲜明的外源性特征，政党作为现代民主政治的载体也对中东诸国的民主化进程产生深远影响。

一 政党的基本内涵

不同的政治学家分别从政党的组织形式、政治目标及运行机制等方面对政党概念加以界定。利昂·爱泼斯坦（Leon D. Epstein）认为"政党是组织松散的、以特定的标签（政党名称）寻求选举政府官员为目标的组织"。[①] 吉奥瓦尼·萨托利（Ciovanni Sartori）认为"政党是被官方认定在选举中提出候选人，并能够通过选举把候选人安置到公共职位上去的政治集团"。[②] 埃德蒙·博克（Edmund Burke）认为"政党是一些人根据一致

[①] Leon D. Epstein, *Political Parties in Western Democracies*, New York: Praeger Publishers, 1967, p. 9.

[②] Giovanni Sartori, *Parties and Party Systems: A Framework for Analysis*, Cambridge: Cambridge University Press, 1976, p. 63.

认同的某些特定原则组织起来，通过共同努力来促进国家利益的团体"。①
艾伦·韦尔（Alan Ware）认为"政党是一种常常试图通过占有政府职位
来寻求其在国家中的影响力，通常涵纳不止一种社会利益，并因此在某种
程度上试图'凝聚不同的社会利益'的组织机构"。② 罗伯特·布洛克斯
（Robert C. Brooks）指出"政党乃是一个由个人基于自愿所组成之政治团
体，为政府提供一般措施、建议，或者制定政策，选举与支持领导人物为
公职候选人，以作为其实现其主义与政策最有效之方法"。③ 威廉·钱伯
斯（William N. Chambers）认为，"现代意义的政党乃是具有相当持久性
的社会集合，它追求政府中的权力与职位，建立起联系政府的中心领袖与
政治领域内（无论中央与地方）的大批跟随者之组织机构，以产生共同
的观点或至少效忠的认同之符号"④。周淑真认为，"政党是一部分政治主
张相同的人所结合的，以争取民众或控制政府的活动为手段，以谋促进国
家利益实现共同理想的有目标、有纪律的政治团体"⑤。马克思主义经典
观点认为政党是指一定阶级、阶层或集团的积极分子为维护本阶级、阶层
或集团的利益，围绕着夺取政权、巩固政权或影响政府而结合起来采取共
同行动的政治组织，"党是阶级的先进觉悟阶层，是阶级的先锋队"⑥。尽
管国内外学术界针对政党内涵做出不同的政党定义，但并未达成统一的共
识。不过，大家普遍认可政党通常有特定的政治目标和意识形态，针对国
家和社会议题有各自主张，订立政纲展示愿景。所以可以简单认为政党是
代表一定阶级和阶层利益，为实现自己的目标和理想，力求取得国家政权
和保持国家政权而进行活动的政治组织。作为现代国家中有着特定政治理
念的社会群体，政党通常由于意识形态、社会基础、组织结构、政治纲
领、成员构成的不同，而呈现出不同的形态和类型。

　　政党作为一种历史现象，与资本主义上升时期民族国家的兴起和现

---

① Edmund Burke, "Thoughts on the Causes of the Present Discontents (1970)", in Louis I.
Bredvold and Ralph G. Ross eds., *The Philosophy of Edmund Burke*, Ann Arbor: University of Michigan
Press, 1960, p. 134.

② ［英］艾伦·韦尔：《政党与政党制度》，谢峰译，北京大学出版社 2011 年版，第 11 页。

③ Robert C. Brooks, *Political Party and Electoral Problem*, New York: Harper and Bros, 1933,
p. 14.

④ William N. Chambers, *Party Development and the American Mainstream*, New York: Oxford U-
niversity Press, 1967, p. 5.

⑤ 周淑真：《政党和政党制度比较研究》，人民出版社 2001 年版，第 6 页。

⑥ 《列宁全集》第二十四卷，人民出版社 1990 年版，第 38 页。

代民主政治建构密切相关。在英美法这些最早形成的民族国家里，政党伴随着商品经济的发展、议会斗争的需要以及自由民主文化思想的传播而逐渐形成。17 世纪 70 年代产生了第一批资产阶级政党，进入 18 世纪后，资产阶级政党的数量越来越多。萨托利指出，由于议会和内阁的斗争需要，议会中的政党从"收集选票"开始转向"寻求选票"。对选票的寻求就要求政党必须努力满足人民的要求，从而使得负责任的政府转向有回应的政府，由此产生"民主的政党，意即人民的政党"。"寻求选票"是政党存在的真正意义。① 所以说，政党是为着一定阶级、阶层或集团的利益，采取行动去掌握或参与政权、实现政治纲领而结合成的一种政治组织，其有三个基本特征：一是政党代表特定阶级、阶层或集团的利益，可以是代表一个阶级，或者是一个阶级中的某个阶层、集团。二是政党有明确的纲领，通过具体的组织机构将其成员汇集在周围。三是政党为实现其政纲进行具体活动，通过不同途径掌握或参与政权。政党的产生原因有两个：一是社会生产力的发展，人们因经济利益的差距而形成不同的社会群体，出现政治分化，导致冲突的公开化和尖锐化；二是各阶级、各阶层的人们，出于经济利益和参政意识的需要，表现出干预政治的强烈愿望，进而导致政党应运而生。有学者称在这种条件下产生的政党"可谓政党的原生型模式"，以西欧、北美国家最为典型。② 相应地，那些受西方政党影响甚至照搬西方政党模式，而并非内部矛盾激发而形成的政党可视为"政党的次生型模式"，大部分发展中国家属于这种模式。

现代政党的产生还与现代化进程密切相关。现代化作为一个世界历史进程表现为人类社会从传统农业向现代工业社会的巨变。这一过程开始于西欧，扩展于北美和欧洲其余地区，然后向亚、非、拉美等地区蔓延。早期西方国家的现代化属于原生形态，是内在的社会经济的自发过程，一般采取渐进的演变形式，经历了漫长的调适过程。而晚近亚、非、拉美国家的现代化大都属于诱发型，是在西方冲击和国际环境影响下导致的社会激变，时间短促而集中，往往采取突变的即革命的方式。在现代化过程中，基于经济社会发展的政治发展是各国现代化的重要组成部分，这不仅需要

---

① 参见［意］G. 萨托利《政党与政治体制》，王明进译，商务印书馆 2006 年版。
② 陆庭恩、刘静：《非洲民族主义政党和政党制度》，东北师范大学出版社 1997 年版，第 20 页。

传统的社会精英参与，更需要由社会公民所构成的社会大众的参与，所以现代化的核心目标是实现广泛政治参与和权力分享的政治民主化，而传统的社会组织和政治机构显然无法实现这一目标，新生社会组织或社会机构的出现便成为必然。对于现代政治发展来讲，社会主体的成长与成熟，是社会大众的成长与成熟。社会大众是否成熟，主要体现在能否作为自觉的独立力量，通过积极的社会参与和政治参与，合理地把握和决定社会的发展方向，从而在全面推进社会进步的同时，更好地实现自身的利益。学者们发现，政党的产生必须有两个基本条件：一是社会上的个体对权威当局的态度普遍改变，相信主权在民的原则，作为民众的一分子，相信自己有权利、有能力也有责任参与政治，影响政府政策的制定，或者有能力实现政治的变革，因而参与组织政党者，以知识分子居多。二是社会上有抱负、有组织活动能力和才能的政治人物，能得到公众的支持，作为赢得和维持政治权力的基础，而能成为政党的领导人，即有政治中心人物的出现。这样两个方面相互作用的结果使得社会大众有了自己的组织，也就在国家政治生活中有了自己的代表，从而对国家政治形成一定的影响力，政党从而获得诞生或生存的基础，而这两个条件的产生都与社会的现代化密不可分。社会的现代化不仅包括生产力水平和科学技术的现代化，更重要的是由传统社会向现代社会的转型过程中，随着科学技术的发展和教育的普及，人们的文化程度和知识水平得到提高，人的心理状态、思想观念、思维方式发生了根本性的变化，才能有以上两个条件的出现。而且，随着时代的发展，工商业发达，面对日益壮大的资本阶层和日益严重的贫富分化问题，要求政府出面干预。政府在各方的期望之下，责任功能备受重视，人们都想借政府之力达到一己目的。于是，知识分子领导的群众运动逐渐形成，当群众终于以团体的力量影响政府、压迫政府甚至推翻政府时，政党就应运而生。所以亨廷顿指出："组织是通向权力之路，同时也是政治安定和政治自由的先决条件。"① 政党的出现是在现代化过程中，社会大众走向组织化的一种表现，是现代政治发展的重要标志。

---

① ［美］塞缪尔·P. 亨廷顿：《变化社会中的政治秩序》，王冠华等译，生活·读书·新知三联书店1989年版，第427页。

二　政党政治的形态

在现代政治中，政党虽然不是作为国家政治制度的直接组成部分存在，许多国家的宪法并未明确规定政党在国家政治制度中的地位，但在现实生活中，任何一种现代政治制度的运作都离不开政党。除了极少数传统国家和特殊政体之外，政党在当今世界普遍存在。政党作为现代政治生活的重要支柱，发挥许多政治功能，如政治领导的选择与甄拔、利益的表达与汇集、政府的组织与控制、社会的政治动员、国家权力的运作等。在现代国家的政治实践中，从进行选举、组织政府，到管理国家、制定政策，通常都由政党来实现。所以在现代政治中，政党扮演着极为重要的角色，具有领导政治发展的作用，无论是总统制、内阁制或是其他政治制度，国家的政治领袖通常是政党的领袖。在民主政治的体制之下，如无政党，民主政治便成为不可思议的事。政党不是当代政府的附加物，而是政府的组织者和中心，是政府中决定性、创造性的角色。① 政党对国家政权的控制可谓现代政党政治的普遍形态，有学者曾经指出："政党发挥一种监督、协调和指导作用，这种作用的成功发挥依靠政党对非政党机构的控制。控制的主要机制是一种精英两元形式，由此政府内和其他重要机构内的几乎每一个重要职位都由政党成员担任，这种重叠尤其出现在各种等级的顶端。"②

政党政治是指一个国家通过政党来行使国家政权的一种形式。狭义上专指政党执掌政权的活动，主要包括如下内涵：一是政党争取成为执政党，然后通过领导和掌握国家政权来贯彻实现党的政纲和政策，使自己所代表的阶级、阶层和社会集团的意志变为国家意志，这是政党政治的核心；二是政党以各种方式参与国内外政治活动，就重大政治问题发表意见，对国家政治生活施加影响；三是政党处理和协调与国家以及与其他政党、社会团体和群众之间的关系。广义上则是指政党掌握或参与国家政权，并在国家政治社会生活和国家事务及其体制的运行中处于中心地位的

① 此部分参考周淑真《政党和政党制度比较研究》，前言，第2页。

② Joni Lovenduski, Jean Woodall, *Politics and Society in Eastern Europe*, Basingstoke：Macmillan, 1987, pp. 197－198.

政治现象。① 政党政治是相对于君主政治而言的，君主政治依靠君臣依附关系控制国家政权，政党政治则淡化了这种君臣关系，以利益和思想的趋同性为基础的政治集团控制着国家的权力机构。政党政治的兴起，是政治现代化的逻辑结果。从性质上而言，政党政治属于民主政治，是代议制民主的一种表现形式。现代社会普遍具有一个有高度差异和功能专门化的政府组织体制，无论是立法、行政、司法的分权和政府管理机构的专门化，还是其他自主性、专职性的自治团体的出现，都是现代化社会的重要标志。美国著名政治学者谢茨施耐德在其颇负盛名的著作《政党政府：使美国政府运转起来》中提及政党与民主的关系时强调："政党创造了民主制度，除却政党，现代民主制度是不可想象的。"②

政党政治始于 17 世纪末的英国，发展于 19 世纪中后期和 20 世纪前期的欧洲，现已成为世界上绝大多数国家的政治运作方式。不管不同国家发展水平有多大差异，政治制度有多少不同，但政党在国家的政治生活中日益占据重要地位却是一个不争的事实。所以说，政党政治不是从历史上的某种政治形式演变而来的，它确实是现代政治的产物。当今世界，除少数实行君主立宪制的酋长国禁止政党存在之外，世界上 200 多个国家和地区存在几千个不同类型的政党，这些历史背景不同、意识形态各异、价值取向多元的政党通过不同的形式相互作用，掌控或参与一国政治，并在长期实践中形成了丰富多彩的政党政治。现代政党政治如同一面多棱镜，人们在不同角度可以感受到它不同的映像。

政党政治的运行模式构成政党制度。政党制度是一个国家政治制度中极为重要的组成部分，涉及制度内不同政党之间的竞争与合作。当今世界大多数国家，政权是由一定的政党领导的，不同政党之间以一定的方式和制度性规范，构成它们之间的相互关系以及各自同政权之间的相互关系，这些形成了国家政治制度以及政党制度的标志性内涵，即政党政治与政府政治的内在合一。同时，因为政党既然是代表一定阶级或阶层为实现自己的目标与理想，力求取得和保持国家政权而进行的政治组织，因而它必须同政权和其他政党发生一定的关系，由此形成一个国家的政党制度。政党制度是一个国家的各个政党在政治生活中所处的法律地位，政党同国家政

---

① 梁琴、钟德涛：《中外政党制度比较》，商务印书馆 2000 年版，第 357 页。

② Elmer Eric Schattschneider, *Party Government: American Government in Action*, New Jersey: Transaction Publishers, 2004, p. 207.

权的关系，政党对政治生活的影响，政党如何实现自身的运转、行使国家政权、干预政治生活的活动方式、方法、规则和程序，是各个政党在争取对于国家政权支配时逐渐形成的权力和地位划分的模式。政党制度的形成是一个长期的自然历史过程，不同类型的政党体制，既受制于各国社会政治经济文化发展水平，也体现了人类社会政治文明发展模式的多样性。政党制度最先成熟于西方国家，后发现代化国家的政党制度在照搬西方国家的同时，也根据本国历史和现实条件进行本土化实践。

西方国家经过几百年的经营，发展出较为成熟的政党制度，英美两国的两党制、德法等国的多党制都成为后发现代化国家模仿的对象。近代以来，在西方国家的全球殖民扩张过程中，诸多传统国家被纳入西方国家的政治体系，纷纷仿照西方国家建立宪政秩序和政党制度，所以在20世纪前半期，部分后发现代化国家仿照西方建立了多党制的现代政党制度形式。第二次世界大战后，随着世界民族民主运动的风起云涌和社会主义浪潮的兴起，多数后发现代化国家在冷战格局下选择了一党制或"多党并存、一党独大制"的政党制度形式。20世纪90年代以来，政党体制由一变多，多党竞争、多党联合执政是冷战后世界政党制度变化的主要特点。原苏东国家放弃共产党领导后采用了多党体制，非洲国家出现了多党制风潮，中东国家的一党制威权政治体制逐渐弱化。总体而言，发展中国家实行两党制或多党制的国家很多，但就目前而言，真正取得成功的不多。究其原因就在于西方国家的两党制或多党制普遍经历一两百年的时间才发育完成，而一些发展中国家力图依靠政党体制的"进口替代"，或在自身政治肌体上进行"假肢移植"，短期速成，必然会带来排异反应等先天性缺陷，甚至有的国家只搬来了多党民主的外壳，未能学到民主政治的精髓——妥协与尊重选举结果，代之以街头政治或兵戎相见。法国政治思想家托克维尔在谈到其他国家移植美国联邦制时指出，"美国的联邦宪法，好像能工巧匠创造的一件只能使发明人成名发财，而落到他人之手就变成一无用处的美丽艺术品"，[①] "墨西哥人希望实行联邦制，于是把他们的邻居英裔美国人的联邦宪法作为蓝本，并几乎全部照抄过来。但是，他们只

---

① ［法］阿列克西·德·托克维尔：《论美国的民主》，董果良译，商务印书馆1988年版，第186页。

抄来了宪法的条文，而无法同时把给予宪法以生命的精神移植过来"①。托克维尔还认为，在一个政党林立的社会中，大党在激荡社会，小党在骚扰社会；大党使社会分裂，小党使社会败坏。② 所以发展中国家的政党政治之路在东施效颦的过程中蹒跚前行，而以美国为首的西方国家在世界范围内推行民主计划的结果也印证了托克维尔的结论。

冷战结束后，传统政党力量下降，政党体制日趋多样化，政党活动环境更加宽松平稳，世界政党政治进入了一个新的多样化发展时期。政党体制的多元化使得政党之间的竞争更加激烈，为了争取更多的民众支持和争取日益壮大的中间阶层，传统的左右两大政党都在逐渐向中间靠拢，并不断淡化自身的意识形态色彩，开始对一些较为激进或极端的传统政策与理论纲领进行调整与修改。荷兰工党、英国工党、意大利左翼民主党、法国社会党以及德国社会民主党等西欧社会党在 20 世纪 90 年代中后期先后上台执政后，走中左价值观的温和改良之路，力求在国家与市场、安全感与灵活性、社会理性调节与经济自发力量之间寻找一种新的平衡，试图在新形势下继续保持福利国家主义的经济活力，其中以第三条道路、新中间道路最为典型。与此同时，在西欧大部分国家处于在野地位的基督教民主党、人民党也注意吸取自由主义在西欧普遍失势的教训，修正过分强调效益、分割劳方利益、大减社会福利、忽视失业问题的右倾政策。③ 在全球化背景下，代表着不同的意识形态、价值观念的各国各类政党，通过组织社会运动、执政或参政等形式，对各国的政治稳定、社会发展和内外政策的走向具有决定性的影响。着眼于国内经济建设，协调国内社会问题已经是各国政党尤其是执政党的首要任务。在经济全球化大潮中，各国经济实力和综合实力之间的竞争日趋激烈，政党的意识形态将继续淡化，经济和社会发展任务日益重要，政党政纲政策中经济目标将更加突出。另外，尽管政党作为阶级、阶层和社会集团的政治组织这一本质特征不会改变，但是为了争取更多的民众支持，政党在代表本阶级根本利益的同时，还必须协调全社会的利益，尽量拓展其社会基础，所以在现代化进程中，不同政党的社会基础并不是一成不变的，而是随着时代的变迁而呈现拓展甚至转

---

① ［法］阿列克西·德·托克维尔：《论美国的民主》，董果良译，商务印书馆 1988 年版，第 186 页。
② 参见［法］阿列克西·德·托克维尔《论美国的民主》。
③ 周淑真：《政党和政党制度比较研究》，前言，第 13 页。

向的趋势。当前，世界范围内政党政治空前活跃，政党之间的交流日趋密切和深化，对国与国之间的关系和整个国际关系的影响越来越大；大多数国家的政党都在努力探索适合本国国情的发展道路，继续把维护社会稳定、发展经济作为首要任务，并适时调整政党组织结构和理论纲领以适应时代要求，这也为发展中国家的政党政治指明了发展道路。

总之，政党政治需要放在恰当的历史和环境中来考量，稳定而成熟的政党体制具有内生性，需要一定的阳光、土壤和水分的养护。发展中国家在政党体制上搞"进口替代"，简单移植别国的政党体制会造成"水土不服"，如缺少相应的环境支撑，短期内很难成功，多数情况下反而妨碍了经济发展和社会稳定。因此，发展中国家在通往现代化的道路上，其政党政治的发展不能简单移植西方的政党制度，不能完全照搬西方国家的政党组织机构和纲领，而必须基于本国的历史与传统，推行适应于本国国情和现实需要的政党政治模式，在促进经济社会协调发展的同时，实现广泛的民众动员和政治参与，这样才能真正走上民主自由现代化之路。有学者在对发达资本主义国家以及拉丁美洲和加勒比海地区迥异的民主化经历时指出，拉丁美洲和加勒比海地区在民主制度的建立与巩固时期，政党都发挥着一种至关重要的调停者功能。为了形成一种压力使统治阶级实行民主化，需要强大的政党来动员从属的阶层，但是，如果政党纲领过于激进，则会强化统治阶级对民主的抵制。一旦民主制度建立起来，政党制度对于保护统治阶级的利益而言就变得极为重要，可以防止统治阶级选择一条专制主义的道路。[①] 显然，这也适用于其他发展中国家尤其是中东国家的民主化之路。

三　中东政党政治概述

"中东"一词作为一个约定俗成的称呼，是一个相对的空间称谓和政治地理概念，源于西方殖民扩张的时代背景，具有欧洲中心论的历史痕迹和政治色彩，包括从地中海东部到波斯湾的大片地区，即北非、新月地

---

① Dietrich Rueschemeyer, Evelyne Huber Stephens, and John D. Stephens, *Capitalist Development and Democracy*, Chicago: University of Chicago Press, 1992, p. 5.

带、阿拉伯半岛以及安纳托利亚和伊朗高原等广大区域。16 世纪以来，西方殖民强国在东扩的过程中，把"东方"按照距离欧洲地理位置远近划分为"近东"、"中东"和"远东"。① 1900 年，中东正式出现在英国的官方文件中，随后被世界传媒、政坛和学术界广泛使用，逐渐演变成为一个专门的、通用的空间称谓。关于中东所涵盖的国家范围，在学术界有广义和狭义之分。狭义的中东仅指阿拉伯半岛及海湾地区的阿拉伯国家：埃及、约旦、巴勒斯坦、叙利亚、黎巴嫩、伊朗、伊拉克、沙特阿拉伯、科威特、阿曼、巴林、卡塔尔、阿联酋、也门，以及土耳其、以色列、塞浦路斯、阿富汗等 18 国；② 广义的中东还包括北非的苏丹、突尼斯、阿尔及利亚、利比亚、摩洛哥和毛里塔尼亚 6 国，共计 24 国。还有学者认为中东除了上述的 24 国之外，还包括苏联的五个中亚国家，高加索地区的阿塞拜疆、亚美尼亚两国以及巴基斯坦等国，这种观点并没有得到学术界的认可。所以，中东是一个相对开放的概念界定，不同的学者基于研究的需要对其内涵与外延进行适当的缩小与扩大。不过，可以肯定的是在这些中东国家，王国与共和国并存，传统政治体制与现代政治体制共生，宗教政体与世俗政体共处，成为研究政治变革的活化石。

　　王彤教授在其主编的《当代中东政治制度》中指出，从政党政治的角度来划分中东国家，大致可分为五种类型：一是无党制（指无合法政党）国家，有沙特阿拉伯、阿曼、科威特、巴林、卡塔尔、阿联酋、利比亚。二是一党制国家，有叙利亚（亦有人称之主从党制）。三是一党独大多党制国家，有埃及、伊拉克（伊拉克战争前）、突尼斯、毛里塔尼亚。四是多党制国家，有阿富汗、塞浦路斯、也门、阿尔及利亚、土耳其、以色列。五是多党派（指有两个以上政党，却不执政）国家，有摩洛哥、苏丹、黎巴嫩、伊朗。③ 根据当前中东国家的政党格局，其政党政治又可做如下划分：一是一党为主、多党并存，执政党起主导作用的形式。在中东剧变之前的叙利亚、伊拉克、也门、埃及、突尼斯和毛里塔尼亚等国，虽有多个政党存在，但执政党凭借其独特的政治地位和强大的群

---

　　① 近东通常指地中海东部沿岸地区，包括非洲东北部和亚洲西南部，后逐渐与中东混合使用，主要包括亚洲西南部和非洲东北部地区。远东是西方国家开始向东方扩张时对亚洲最东部地区的通称，通常包括中国东部、朝鲜、韩国、日本、菲律宾和俄罗斯太平洋沿岸地区。

　　② 参见彭树智主编《二十世纪中东史》，高等教育出版社 2001 年版。

　　③ 王彤主编：《当代中东政治制度》，中国社会科学出版社 2005 年版，第 4 页。

众基础在国家政治生活中起绝对作用，其他政党规模有限且作用很小。二是多党议会民主制的政党政治。在以色列、土耳其和塞浦路斯等实行议会民主制的国家，政党众多且势均力敌，一党很难在大选中获得绝对多数，常常由两三个大党或数个小党加盟联合组阁，形成轮流执政的局面。三是在实行君主立宪制的国家，政党的作用很有限。在摩洛哥、约旦、科威特等君主立宪制国家，尽管已开放党禁，政党的地位和作用有了很大提高，且日趋活跃，但王室仍然统揽国家大权，政党仍然是国家趋于自由开放的点缀力量。① 本文以上述分类为基础，从世俗政党和宗教政党的视角论述现代中东政党政治的历史演变。以 20 世纪以来的中东历史沿革为维度，在宏观分析中东诸国政党政治的基础上，基于民族主义和伊斯兰主义的视角，选取中东诸国颇具代表性的世俗政党和宗教政党加以研究，不求面面俱到，旨在以点带面、见微知著地透视中东政党政治的历史演变轨迹。

政党作为萌生于西方社会的一种政治现象，在中东地区属于舶来品。现代政党政治的建构离不开现代政治秩序的确立，中东近代以来在传统社会母体中进行的宪政运动为现代政党政治的出现提供了历史基础，奥斯曼帝国晚期和伊朗恺加王朝的宪政运动为现代政党提供了活动空间。中东地区在奥斯曼帝国瓦解之后，英法两国仅部分地或间接地取代了统治权，其余地区就形成了合法权威真空，缺乏有效的政治制度和政党结构，中东诸国的民族独立运动为政党政治的存在提供现实基础。第一次世界大战爆发前夕，列宁在《论民族自决权》一文中曾经指出："资本主义使亚洲觉醒过来了，在那里到处都激起了民族运动，这些运动的趋势就是要在亚洲建立民族国家，也只有这样的国家才能保证资本主义的发展有最好的条件。"② 第一次世界大战结束后，地处西亚和欧亚非三大洲交会处的中东地区，在战后亚洲民族民主运动高潮的推动和影响下，历经几十年艰苦而卓绝的抗争，建立起一系列民族独立国家，并逐渐形成了现代中东民族独立国家体系（巴勒斯坦除外，因为其至今都没有获得完全独立）。在现代民族国家的建设过程中，中东诸国纷纷照搬西方和苏联的现代化模式，通过不同的现代化路径纷纷建构不同形式的现代政治制度、经济制度和文化体系，所以说现代化探索过程为政党政治的发展提供了"温床"。政党政

---

① 此部分参见周应《西亚北非地区政党政治新特点》，《当代世界》2001 年第 7 期。

② 列宁：《论民族自决权》（1914 年 2—5 月），《列宁选集》第二卷，人民出版社1995 年版，第 373—374 页。

治作为西方现代化的标志，被许多国家加以照搬和移植，土耳其通过民族独立运动成立共和国，确立了凯末尔主义主导下的"党国合一"政治体制，并通过多党民主制的实践发展成为民主化程度较高的伊斯兰国家；伊朗通过礼萨汗政变建立了议会君主制政权，实现西方君主立宪的政治形式与伊朗专制主义的历史传统的有机结合，伊斯兰革命胜利后法吉赫体制的建立，为整合伊斯兰政党与现代化提供依据；埃及通过宪政运动确立了现代政治框架，纳赛尔主义确立一党制的社会基础，随后一党独大的政治模式促使诸多政党在埃及政坛的日趋活跃；阿拉伯复兴社会党借助"统一、自由与社会主义"的口号在叙利亚和伊拉克执掌权柄，并主宰了两国的现代化进程；以色列作为中东地区较为特殊的国家，在与中东诸国血与火的战争中建立起较为成熟的多党民主制度。中东诸国复杂的社会环境为世俗政党和宗教政党的权力角逐提供了可能。现代化的阵痛和伊斯兰主义的传统使得伊斯兰政党在中东诸国纷纷崛起，土耳其的伊斯兰政党借助民主选举的有利环境得以角逐国家政权，穆斯林兄弟会逐渐摆脱非法组织地位而趋于政党建构，黎巴嫩政治分立的现实成全了真主党的政治成功，巴勒斯坦的纷争局面为哈马斯通过合法选举上台提供可能。全球化背景下，中东伊斯兰政党开始效仿西方的基督教民主政党，实现向穆斯林民主政党的过渡，土耳其的正义与发展党、埃及的自由与正义党、摩洛哥的正义与发展党等为政治伊斯兰主义的历史转轨提供了样板和示范。世俗政党政治和宗教政党政治一起构成20世纪以来中东政党政治演变的宏大画卷，而现代化探索的本土化趋势又使得二者逐渐趋于融合，这是后发现代化国家政治变革的必然。

第一编 现代中东政党政治的历史基础

第一章 奥斯曼帝国与现代政党的出现

随着近代欧洲的崛起，曾经叱咤欧亚非三大洲的奥斯曼帝国逐渐褪去昔日的辉煌，走向衰落。伴随着新航路的开辟，特别是工业革命以来，欧洲诸国纷纷启动现代化进程，资本主义崛起裹挟而来的坚船利炮冲击了东方的古老文明和地区。首当其冲的奥斯曼帝国囿于传统文明和思想意识束缚而呈现发展的颓势，基督教世界与奥斯曼帝国的强势地位互换与悬殊的力量对比，使得奥斯曼帝国的苏丹为挽救危局开始推行自上而下的现代化改革，改革未能真正挽救帝国的危亡，但为现代政治制度和政治理念在奥斯曼帝国生根发芽奠定了基础。

一 奥斯曼帝国的现代化改革

1. 塞里姆三世的新政举措

西方的坚船利炮刺激了奥斯曼帝国的最直接感官，所以早期的现代化改革主要在军事领域发轫。1789 年，当法国迎来大革命之际，塞里姆三世（1789—1807 年在位）继任奥斯曼苏丹。面对欧洲崛起的巨大压力和来自基督教世界的战争威胁，即位不久的塞里姆三世颁布诏书，宣布实行新政，通过扩大苏丹的权力、强化中央集权、遏制内部分裂，以重现奥斯曼帝国的强盛与辉煌。塞里姆三世的新政举措主要是仿照法国模式组建新军，裁减被称作"耶尼切里"的近卫军团和被称作"西帕希"的采邑制骑兵。此外，塞里姆三世重组御前会议，调整御前会议成员职责，削减大维齐尔的权力，缩短行政长官的任期，缩小包税范围，设立直接征收赋税的专门机构，扩大财源，筹集军费，创办新式医院和军事学校。塞里姆三世强化中央集权和控制经济权力的举措损害了传统军事贵族、近卫军团、乌莱玛阶层和包税商的既得利益，遭到他们的激烈反对。1807 年 5 月，伊斯坦布尔的近卫军团发动政变，解散新军，罢免塞里姆三世，拥立穆斯塔法四世（1807—1808 年在位）出任苏丹，新政随之夭折。[①]

2. 麦哈迈德二世改革

1808 年，多瑙河地区的奥斯曼贵族巴拉克达尔帕夏入主伊斯坦布尔，废黜穆斯塔法四世，拥立新政的重要参与者麦哈迈德二世（1808—1839 年在位）继任苏丹。麦哈迈德二世上台后便将塞里姆三世的改革从军事延伸到行政、司法、教育和瓦克夫等各个领域，包括军队的欧式化、土地制度的非封邑化、政府机构的官僚化和政治生活的世俗化等。这些改革主要围绕着加强中央集权、使帝国统治机构理性化、现代化的目标进行，为建立现代政治体系奠定了基础。麦哈迈德二世从塞里姆三世的军事改革中吸取教训，认为推行军事改革必须摆脱近卫军团的束缚。1826 年 5 月，苏丹正式下令组建一支欧式新军来代替近卫军，声称这是已故苏莱曼大帝军事体系的复活，宣称军事教练不是外国人而是由熟悉现代军事技术的穆斯林担任，得到包括大穆夫提在内的大部分乌莱玛的支持。尽管麦哈迈德二世解释说只是将近卫军重新编制，并用现代武器进行装备，但最终与近卫军团发生冲突，镇压近卫军团之后旋即将其解散，代之以新军——"穆罕默德常胜之师"，史称"吉祥事件"。从此近卫军作为一支反对西化改革的力量不复存在，新军军官成为现代化改革的积极参与者和支持者。这样，麦哈迈德二世通过建立新军强化了军事力量和中央集权，为推行其他方面的改革扫清道路。

19 世纪 30 年代，麦哈迈德二世废除蒂玛制，建立以文官为省长的地方机构；改革传统官僚机构，规定新式官僚由苏丹任命而非援引旧例或依靠传统荫庇来获得官位；仿效西方政府的格局设立新的国务会议，下辖陆军部、内务部、外交部、财政部、司法部，大维齐尔也改称首相（不久又恢复大维齐尔的称呼）；倡导欧式服饰；实行薪俸制。这些举措一方面是为了巩固苏丹在摧毁近卫军旧势力后所获得的胜利果实，另一方面也是为了强化苏丹统治，遏制贵族的离心倾向。但是仅仅将大维齐尔变为首相，几个人获得大臣称号，还不足以组成一个内阁政府，于是麦哈迈德二世又成立一个枢密院或大臣会议，由首相负责主持其事。以后在各任首相

---

① Alan W. Palmer, *The Decline and Fall of the Ottoman Empire*, London: Barnes and Noble, 1994.

期间，由于大臣人数陆续有所增加，这个组织日趋重要。随后分别在1836 年和 1837 年成立军事委员会和最高法制委员会，这两个委员会都是小型的执行机构，各有主席 1 人、委员 5 人和一两名秘书，它们对于改革的计划与执行起了重要作用。1838 年，麦哈迈德二世相继成立农业、贸易、工业及公共事业等委员会。① 这些举措尽管很少引起或是没有立刻引起事务处理上的变化，但是却标志着奥斯曼帝国迈出了政治体制现代化的重要一步。这类改变的现实意义更多体现在旧式官员已被具有不同教育、不同观点和不同社会背景的新型公务人员所代替。一方面是这些新型公务人员有业务专长，能团结一致；另一方面是政府日益复杂化，这些对于约束宫廷专政和把权力中心重新归还给中央政府的帕夏们和其他工作人员极为重要。麦哈迈德二世还在教育和司法领域推行世俗化改革，结束了乌莱玛阶层对教育和司法的完全控制。在建立新官僚机构的基础上，麦哈迈德二世设立由其直接控制的行政、军事与宗教三大平行机构，现代政治机构的建立为帝国政治现代化的重要步骤，因为"政治现代化包括划分新的政治职能并创制专业化的结构来执行这些职能"，"具有特殊功能的领域——法律、军事、行政、科学——从政治领域分离出来，设立有自主权的、专业化的但却是政治的下属机构来执行这些领域的任务"。②

3. 坦齐马特改革

在塞里姆三世和麦哈迈德二世改革之后，奥斯曼帝国进入坦齐马特时代。阿卜杜拉·麦吉德（1839—1861 年在位）即位之际，西方的殖民入侵和埃及穆罕默德·阿里的领土扩张使其出于挽救内外危机的需要推进现代化改革。1839 年，首相雷什德帕夏以苏丹名义颁布史称"花厅御诏"的敕令，内容包括保障苏丹臣民的生命、荣誉和财产；废除包税制，实行直接征税制；采用征兵制，明确限定服役期限；打破宗教界限，强调权力分配的世俗原则，即帝国臣民无论信仰何种宗教，皆享有同等的法律地位。③"花厅御诏"的颁布标志着坦齐马特时代的开始。1856 年 2 月，在英法等西方国家的胁迫下，帝国政府又颁布一项新的改革诏书——哈蒂·

① ［英］伯纳德·刘易斯：《现代土耳其的兴起》，范中廉译，商务印书馆 1982 年版，第105 页。

② ［美］塞缪尔·P. 亨廷顿：《变化社会中的政治秩序》，第 32 页。

③ Akram Fouad Khater, *Source in the History of the Modern Middle East*, Boston: Cengage Learning, 2009, pp. 12 - 13.

胡马云，重申了 1839 年"花厅御诏"的各项原则，再次宣布废除包税制，奥斯曼臣民在法律面前一律平等，并在各个领域将改革推向深入。坦齐马特时代沿袭和发展了塞里姆三世和麦哈迈德二世的新政举措，强化了奥斯曼帝国的中央集权，大维齐尔穆斯塔法·雷什德帕夏、福阿德帕夏和阿里帕夏主持的最高波尔特是奥斯曼帝国的核心政治机构。①

阿卜杜拉·麦吉德继任苏丹后，扩充新军，打破宗教界限征募士兵，组建 5 个军团，分别驻扎在帝国各地。增设新式海军，同时按照欧洲国家模式组建政府，在政务会议之外增设司法会议，实现行政与司法的权力分割。1864 年，奥斯曼帝国援引法国的行政区划将全国划分为 27 个行省（维拉耶特），下辖州（桑贾克）、县（卡扎）和乡（纳希耶）。省长由中央政府任命并拥有很大权限，同时还设立了参政会和省议会，以使民众有参政议事的机会。在省级政府和中央政府推行类似代议制的试验，这为后人倡导宪法、实行议会制提供了历史基础。

在坦齐马特时代，奥斯曼帝国在沿袭传统法律框架的同时，开始尝试世俗的立法实践，引入世俗法律，进而形成伊斯兰教法与世俗法律二元并存的局面，穆斯林与非穆斯林之间法律界限和法律地位差异逐渐淡化。通过坦齐马特改革及后来一个时期的发展，奥斯曼帝国拥有了世俗的司法系统，打破了乌莱玛对司法领域的垄断。坦齐马特时代，教育领域的世俗化倾向亦相当明显。1845 年 3 月，奥斯曼帝国政府发出通令，任命一个由精通司法、军事及民法等学科的人士组成的七人委员会来调查现存的各类学校，并为设立新学校做准备。1847 年，该委员会改为教育部，新式学校也建立起来，这就使教育工作从乌莱玛的独占权中分离出来。1869 年公共教育条例的颁布标志着世俗教育进入了系统化的发展阶段，根据该条例，帝国实行包括建立在村镇的四年制如斯迪耶（Rusidye）学校、建立在城镇的三年制伊达迪（Idadi）学校，以及建立在省城的苏尔坦尼耶（Sultaniye）学校的小学、初中、高中三级教育体系。世俗教育对宗教教育构成严峻挑战，国家权力随之在教育领域进一步延伸，这就为阿卜杜拉·哈米德二世时代世俗教育的迅速发展奠定了基础。

不过，坦齐马特时代的新政措施，主要局限于上层建筑领域，触及传统社会经济基础的改革举措尚不明确，其是以效仿西方为手段、巩固苏丹

---

① 参见 Eric J. Zürcher, *Turkey: A Modern History*, London: I. B. Tauris, 1997。

统治和帝国统一为目的、世俗化倾向非常明显的伊斯兰现代化改革运动，扩展和加强了麦哈迈德二世时期发展起来的各种世俗机构，在司法和教育领域取得了突破性成就，使教育和司法逐渐摆脱了乌莱玛的垄断。世俗教育的长足发展使自由思想得以广泛传播，这些新型学校培养出来的学生为日后的现代化改革做出很大贡献，但改革没有解决当时的财政危机，非土耳其人的离心倾向日益严重，所以现代化改革并不能挽救帝国行将解体的危机。

　　总之，奥斯曼帝国后期的现代化改革以西方为模板，因为帝国精英分子认为可以通过西方式改革来阻止欧洲列强的殖民统治，最高波尔特首脑萨费特帕夏曾宣称："完全接受欧洲的文明，以证明它本身就是一个文明的国家。"① 但是奥斯曼帝国的现代化改革主要在社会上层进行，且没有配套的社会改革与其相适应，所以大部分臣民并没有受到多大影响，家庭、老人和乡村仍然是维持社会平衡的主要的社会力量，"统治者凝聚穆斯林民众的纽带是宗教统一而非政治意识"。② 对西方的依附也使得普通民众和官僚颇有微词，"反复的借款为欧洲政府的剥削提供了一个杠杆……此间官僚们发现他们处于借贷者的怜悯之下"。③ 在这些改革中，由于伊斯兰教不符合既定的欧洲世俗模式而在社会、政治、和经济层面的影响力逐渐缩小，所以乌莱玛阶层的社会影响力也逐渐削弱，但是高级乌莱玛却继续支持苏丹统治，这不能不说是一个矛盾的现象。奥斯曼帝国的现代化改革就纵向而言，在一定程度上强化了苏丹权力，最终造成哈米德二世的专制统治；就横向而言，实现了帝国统治阶层一定范围内的权力重组，作为知识阶层的乌莱玛对权力的控制逐渐被削弱，新生的改革主义者控制了国家权力，决定了帝国的最终发展方向。通过现代化改革所建立起来的现代政治秩序为奥斯曼帝国晚期政党政治的出现奠定了基础。正是基于现代政治框架，现代意义的政党才得以出现，并参与国家权力角逐和社会转型。

---

① Şerif Mardin, *Religion and Social Change in Modern Turkey: The Case of Bediuzzaman Nursi*, New York: State University of New York Press, 1989, p. 113.

② Andreas M. Kazamias, *Education and the Quest for Modernity in Turkey*, Chicago: The University of Chicago Press, 1966, p. 40.

③ Caglar Keyder, *State and Class in Turkey: A Study in Capitalist Development*, London: Verso, 1987, p. 38.

二 青年奥斯曼党的宪政尝试

1. 青年奥斯曼党宪政思想的提出

奥斯曼帝国的现代化改革以国家利益为准绳，以奥斯曼主义而非伊斯兰主义作为国家意识形态，遭到既得利益者的反对和抗拒，并且一些过于极端的世俗化政策也超出了大部分官僚所能容忍的限度，于是，青年奥斯曼党人的出现便成为一种历史必然。

青年奥斯曼党形成于坦齐马特后期相对宽松的政治环境，是奥斯曼帝国历史上最早出现的现代意义的政党抑或政治组织，其社会基础来自具有世俗教育背景和现代自由政治理念的知识分子和政治精英，成员主要是青年知识分子、军官和商人。青年奥斯曼党具有泛奥斯曼主义的思想倾向，指责"花厅御诏"和坦齐马特时代的世俗化改革屈从西方列强的压力，背离伊斯兰教的信仰和出卖奥斯曼帝国的主权，进而试图突破坦齐马特时代的政治框架，倡导宪政主义、民族主义和爱国主义，强调伊斯兰国家理论与西方自由主义的结合，主张通过君主立宪实现苏丹制与民众政治参与的结合，通过宪法的方式限制官僚机构的权力和保护民众的利益，将选举产生的议会作为实施宪法和实现不同米勒特之政治联合的必要载体，呼吁保卫奥斯曼帝国的领土、维护奥斯曼帝国的统一和重振奥斯曼帝国的辉煌。[①] 青年奥斯曼党人认为应从"伊斯兰民主传统"中寻找立宪的依据，伊斯兰国家的现代化不应该只是奴隶式地仿效欧洲，应该在坚持经济发展、科学进步的同时坚守传统法律和信仰，这些看法一定程度上触及了奥斯曼帝国衰落的症结，但却缺乏将其付诸实践的社会基础。

青年奥斯曼党中最具影响的是纳米克·凯末尔（1840—1888 年），他出身于贵族家庭，曾经担任报刊撰稿人，后来由于与政府意见不合流亡欧洲。作为奥斯曼帝国的自由主义者和爱国主义者，纳米克深受法国启蒙思想家孟德斯鸠和卢梭的影响，反对坦齐马特时代单纯模仿西方而无视伊斯兰传统的新政举措，强调现代西方的自由民主与早期伊斯兰教的政治理念

---

① Yıdız Atasoy, *Turkey, Islamists and Democracy: Transition and Globalization in a Muslim State*, London and New York: I. B. Tauris, 2005, p. 25.

具有一致性，倡导回归伊斯兰教的政治原则和民众主权的政治思想，主张制定宪法和实行选举，建立代议制政府，保障公民权益，所以其思想是"政治自由主义与宗教保守主义结合的产物"①。一方面引入西方民族主义、爱国主义、自由、平等、主权等现代思想，另一方面又难以超越传统伊斯兰政治的框架，充分体现了土耳其在现代民族国家形成之前政治思想的矛盾性和复杂性。他认识到建立现代国家所存在的障碍，认为"伊斯兰教是原始的、过于理想化的政治制度，与此同时西方文明则带来了进步、繁荣并使欧洲居于领先地位。但又认为二者之间并没有矛盾，伊斯兰教能够提供社会的道德和法律基础，奥斯曼帝国容忍多民族和多宗教的共同体政策是国家的政治框架；而西方文明应该为确保奥斯曼帝国在列强崛起、经济进步的现代世界生存提供实际的方案和技术支持"，并且认为"坦齐马特改革失败最重要的原因就是对这三种因素的认识存在严重的混乱"②。他主张成立代表全体奥斯曼臣民的、由选举产生的议会，立法与行政权分立，声称"人民的主权，意味着政府的权力来自人民……它是由每个个人天然具有的独立性中必然产生出来的一种权利"，"每个人都是他自己那个世界的皇帝"；③"我们唯一真正的宪法是伊斯兰法典……奥斯曼帝国是建立在宗教原则之上的，如果违背了这些原则，国家的政治生存将处于危险之中"④。他曾经明确表示奥斯曼帝国要想生存下去，就不能"剥夺国家的伊斯兰特征"，"伊斯兰教法是我们国家的灵魂和本质"⑤。

除纳米克·凯末尔之外，青年奥斯曼党还包括希纳斯（Sinasi，1826—1871年）、阿里·苏阿维（Ali Suavi，1839—1878年）等，他们大都出生于奥斯曼帝国的官僚家庭，供职于奥斯曼帝国政府的翻译办公室（Translation Office of the Sublime Porte）。⑥ 除了接受伊斯兰教育之外，他们还在坦齐马

---

① Erwin I. J. Rosenthal，*Islam in the Modern National State*，Cambridge：Cambridge University Press，1965，p. 28.

② Niyazi Berkes ed. ，*Turkish Nationalism and Western Civilization. Selected Essays of Ziya Gökalp*，London：George Allen and Unwin，1959，p. 18.

③ ［英］伯纳德·刘易斯：《现代土耳其的兴起》，第153页。

④ ［美］戴维森：《从瓦解到新生：土耳其的现代化历程》，张增健、刘同舜译，学林出版社1996年版，第102页。

⑤ Erwin I. J. Rosenthal，*Islam in the Modern National State*，p. 35.

⑥ 最高波尔特翻译办公室成立于1821年，是奥斯曼帝国第一个培养政府官员接受西式教育的机构，因为在翻译局工作，青年奥斯曼人熟知欧洲思想和欧洲的政治和行政制度。

特时代所建的学校中接受教育，学习欧洲语言，深受欧洲自由主义思想的
影响，希望将欧洲的自由思想整合进伊斯兰国家理论中。他们虽然深受西
方自由思想的影响，但却认为改革是为了奥斯曼人的利益，应该在坚持伊
斯兰原则的基础上进行；希望制定宪法以创造伊斯兰教指导下相对统一的
意识形态；认为伊斯兰文化与西方自由原则相符合，这种伊斯兰文化与西
方自由原则相适应的观点在伊斯兰现代主义者阿富汗尼和阿卜杜的思想里
得以重现；主张捍卫穆斯林领土免遭西方侵略，反对统治阶层滥用权力但
并不反对苏丹统治；认为人们应该受保护而免遭官僚阶层的权力滥用，下
层或中层社会阶层在坦齐马特的现代化中受益最少；虽然他们赞扬启蒙思
想促进了欧洲的物质进步，但仍然相信古兰经是社会凝聚力的源泉和个人
自由的保证。① 所以青年奥斯曼党人仍将伊斯兰教作为保持帝国统一的纽
带，在悠久的历史传统中寻找宪政思想的依据，并指出只有摆脱西方的文
化及武力威胁才能真正捍卫伊斯兰教的发展，指出"达到使伊斯兰民众
联合起来的途径，不可能从政治目的或理论性的争议中找到，而只能在宣
教者的面前和从书本里去寻求"，② 所以伊斯兰教义仍然是他们实现奥斯
曼帝国现代化的理论依据。

2. 青年奥斯曼党的宪政实践

1865 年，纳米克·凯末尔等人建立秘密组织"爱国者联盟"，亦称青
年奥斯曼党。③ 此后纳米克·凯末尔与来自埃及的奥斯曼王室成员穆斯
塔法·费萨尔等人在伦敦、巴黎和日内瓦创办报刊，发表时局评论，阐
述青年奥斯曼党的思想纲领，反对奥斯曼帝国政府。1871 年，纳米
克·凯末尔等人返回伊斯坦布尔宣传自由宪政思想，屡遭苏丹政府的迫
害。青年奥斯曼党的出现，构成奥斯曼帝国政治生活的崭新形式；青年
奥斯曼党阐述的政治思想，也提供了宪政运动的理论框架。④ 1876 年 5
月 22 日，青年奥斯曼党人在伊斯坦布尔发动了一场声势浩大的示威游
行，反对苏丹的专制统治。5 月 30 日，他们又发动宫廷政变，推翻苏
丹阿布杜·阿齐兹，拥立阿卜杜拉·哈米德二世继位。哈米德假意发表

---

① Yıldız Atasoy, *Turkey*, *Islamists and Democracy*: *Transition and Globalization in a Muslim State*,
p. 25.

② ［英］伯纳德·刘易斯:《现代土耳其的兴起》，第 358 页。

③ Erik J. Zürcher, *Turkey*: *A Modern History*, p. 72.

④ 哈全安:《中东国家的现代化历程》，人民出版社 2006 年版，第 59 页。

立宪誓约，任命青年奥斯曼党领袖米德哈特为大维齐尔，并指定其主持召开立宪会议，以取得立宪派的信任。10月，立宪会议指定议会草案，颁布临时选举法。12月，奥斯曼帝国历史上的第一部宪法即1876年宪法正式颁布，这"至少在理论上标志着奥斯曼帝国从独裁君主制转变为立宪君主制。在奥斯曼帝国600年的历史上，苏丹不再享有绝对的权力，民众分享政府的权力得到确认，尽管这样的权力可能受到种种限制"。[①]

1876年宪法以1831年比利时宪法和1850年普鲁士宪法为蓝本，包括12章119款，规定伊斯兰教为国教，土耳其语为国语，成立由上议院和下议院组成的两院制议会，上议院议员由苏丹任命，终身任职；下议院议员选举产生，每5万名男性国民选举1名议员，任期4年；上议院议员的人数不得超过下议院议员人数的1/3；全体议员必须宣誓效忠苏丹和遵守宪法；内阁提交的法案和预算首先由下议院审议，然后由上议院审议，直至获得苏丹的批准；议员不得同时担任政府公职。苏丹拥有广泛的权力，包括召集和解散议会、任免政府大臣、批准议会制定的法律、统率军队、对外宣战与缔结和约，内阁对苏丹负责，内阁首相及其他成员由苏丹任免；大维齐尔主持内阁会议，内阁决议须经苏丹批准后生效。这部宪法是青年奥斯曼党的最大贡献，在借鉴西方方面比现代化改革中所有政治家走得更远，但其保证了伊斯兰教的国教地位，所以在世俗化方面有所收缩，呈现出悖论化倾向。1876年宪法再次强调了奥斯曼全体臣民的平等地位，指出其在公民自由方面、在所有法律权利方面、在担任政府公职方面以及在当选议会议员方面均一视同仁，不再区分米勒特制。这部宪法对政府、苏丹任命的上议院、选举产生的众议院、独立的司法机构以及人权法案等都做了明文规定，立宪主义者把希望寄予由选举产生的众议院，但政府并非像米德哈特帕夏最初提议的那样对议会负责，而是对苏丹负责。实际上，苏丹拥有批准立法、任命各部大臣、召集和解散议会等各项大权，并被宣布为"哈里发"，其本人也被宣布为神圣不可侵犯。哈米德二世巧妙地将权力从政府转向宫廷，强化苏丹权力，使得中央集权达到前所未有的程度。

---

① Robert Devereux, *The First Ottoman Constitutional Period*, *a Study of the Midhat Constitution and Parliament*, Baltimore: Johns Hopkins Press, 1963, p. 15.

1876 年宪法的颁布和立宪君主制的建立，史称奥斯曼帝国的第一次宪政运动。1876 年宪法无疑包含诸如自由、平等、选举、议会、司法独立和权力制约等现代政治要素。然而，1876 年宪法强调苏丹的权力与臣民的义务，至于苏丹的责任和臣民的权利则缺乏明确规定。[①] 1877 年 1 月，奥斯曼帝国举行第一次议会选举，穆斯林获得 71 个席位，基督教徒获得 64 个席位，犹太人获得 4 个席位；苏丹任命 26 位上议院议员，其中 21 人为穆斯林。1877 年 3 月 19 日，第一届议会开幕，由一些驯服的和没有经验的代表们所组成的议会开启了奥斯曼帝国的宪政之旅，哈米德二世提名保守派人士艾哈迈德·瓦菲克担任议长，议会俨然成为哈米德二世装点自由民主门面的平台，而苏丹则企图借助有利时机来搞垮议会。第一届议会于 1877 年 6 月 28 日闭幕，第二届议会，经过选举之后于 12 月 23 日开幕。1877 年 4 月，俄土战争的再次爆发为哈米德二世除去宪政的外衣建立独裁专制提供机会。奥斯曼帝国在俄土战争中遭遇惨败，哈米德二世趁机把战败责任归诸立宪运动。1878 年 2 月，哈米德二世宣布解散议会，命令议会代表们返回各自的选区。自 1878 年起的三十年间，议会停止召开，宪法犹如一纸空文，哈米德二世作为拥有绝对权力的专制君主使宪政制度名存实亡。与此同时，苏丹的宫廷取代大维齐尔主持的最高波尔特，成为奥斯曼帝国的权力中心。最高波尔特下辖警察部、内务部、外交部、宗教部、军事部、司法部、财政部、教育部、贸易与公共工程部，作为奥斯曼帝国的内阁，处于宫廷的附属地位，成为苏丹实行独裁统治的御用工具。[②] 随着哈米德二世的专制统治的确立，青年奥斯曼党人所追求的宪政运动宣告终结。宪法的失败以及随之而来的专制统治，给青年奥斯曼党人以严重的打击，他们中有些人放弃理想，在苏丹的政府部门中找到谋生手段；有些人遭到流放、监禁；有些人则在失意中死去。尽管哈米德二世统治时期，青年奥斯曼党人在政治舞台逐渐销声匿迹，不过他们开启的宪政之路被后来的政治家所秉承，特定的国际国内形势使得奥斯曼帝国趋于解体的同时迎来第二次宪政运动。

---

① 哈全安：《中东史：610—2000》，天津人民出版社 2010 年版，第 362 页。

② Stanford J. Shaw and Ezel Kural Shaw, *History of the Ottoman Empire and Mordern Turkey*, London：Cambridge University Press，1977，pp. 216 – 217.

三　青年土耳其党的宪政运动

1. 青年土耳其党的成立

随着欧洲民族主义浪潮的兴起，多元民族构成的奥斯曼帝国也面临着政治民族主义运动的冲击。伴随着奥斯曼帝国境内欧洲省区非穆斯林臣民日益高涨的民族主义诉求，奥斯曼帝国境内的非穆斯林地区纷纷脱离帝国统治独立或自治。自19世纪中叶开始，奥斯曼帝国的统治民族土耳其人中逐渐萌生反对专制独裁和争取自由民主的政治倾向。青年奥斯曼党的政治实践和宪政运动为现代政党政治的早期尝试，而取缔宪法、解散议会和镇压立宪派的苏丹哈米德二世将专制统治发展到顶峰，"他企图恢复最后的东方式的专制来巩固自己的权力。他的帝国中的每一个自由的思想活动都在萌芽时就被扼杀"。[1] 哈米德二世的专制统治，导致具有宪政倾向的民众与专制统治之间的矛盾日趋激化，政治革命的客观形势逐渐成熟。哈米德二世统治时期，新闻报刊媒体的发展为具有新思想的人开展革命提供了舆论平台。

1889年5月，军事医学院的4名学生[2]在伊斯坦布尔成立了第一个反对哈米德二世专制统治的秘密团体——"奥斯曼统一协会"，主要在政治学校、陆军学校、海军学校、医学院等新式学校以及伊斯坦布尔的其他高等院校中发展成员，秘密宣传宪政思想。随后由于苏丹政府的迫害，"奥斯曼统一协会"的许多成员流亡国外。1889年，前青年奥斯曼党人艾哈迈德·里萨前往巴黎，1891年成立"秩序和进步"小组。1894年，各秘密小组在巴黎联合成立"奥斯曼统一与进步协会"，即为青年土耳其党，继续反对苏丹政府，艾哈迈德·里萨是其领导者和主要人物。青年土耳其党主张恢复1876年宪法，召开新的议会，推翻哈米德二世的专制统治，

---

① ［德］卡尔·布洛克尔曼：《伊斯兰各民族与国家史》，孙硕人等译，商务印书馆1985年版，第431页。

② 这些学生包括来自奥赫里德的阿尔巴尼亚人伊卜拉欣·坦默、来自高加索的西尔卡辛人穆罕默德·雷希德、来自阿拉伯亚尔的库尔德人阿卜杜拉·杰夫代特和迪亚尔巴克尔的库尔德人伊斯哈克·徐屈蒂。还有记载加上第五人，来自沙皇俄国巴库地方的许赛因扎德·阿利。参见［英］伯纳德·刘易斯《现代土耳其的兴起》，第208页。

建立真正意义的君主立宪制，捍卫奥斯曼帝国臣民的平等。在风起云涌的民族主义运动面前，青年土耳其党人推出泛突厥主义以团结分散在帝国各地的最大种族群体——土耳其人。"这是寻求土耳其认同的第一次努力……使帝国转化为基于一个国家、一个民族设想的统一国家的模型。"①

青年土耳其党内部包含诸多政治群体，具有不同的政治背景和政治倾向，倡导不同的斗争方式，内部经历复杂的分化。他们分别在伦敦、巴黎、热那亚、布加勒斯特和埃及从事政治活动，发行报纸杂志等。苏丹政府最初对青年土耳其党人采取严厉镇压的态度，对抓获的青年土耳其党人采取流放和监禁，但随着其突飞猛进的发展，逐渐采取和解与拉拢的态度。而此时青年土耳其党内部由于个人立场和意识形态的分歧，也出现分裂的趋向，倡导泛伊斯兰主义的穆罕默德·穆拉德贝伊与艾哈迈德·里萨争夺青年土耳其党的领导权。穆拉德贝伊作为"奥斯曼统一与进步协会"日内瓦支部的领导人，依靠其所创办的《平衡》周刊与艾哈迈德·里萨的《协商》刊物为争做青年土耳其党的喉舌而展开激烈竞争。在这个时候，苏丹开始对青年土耳其党的领导人物进行拉拢，经过一系列努力，最终在日内瓦说服穆拉德，使其返回伊斯坦布尔，脱离青年土耳其党。1899年12月，当青年土耳其党无论在土耳其还是在欧洲，似乎都处在前途最黯淡的时刻，来自皇室的成员达马德·麦哈迈德·杰拉莱丁帕夏投靠青年土耳其党，随后达马德·麦哈迈德·杰拉莱丁的儿子萨巴赫丁亲王很快成为艾哈迈德·里萨的竞争对手和意识形态劲敌。1902年，青年土耳其党人在巴黎召开奥斯曼自由主义者大会，参加者包括土耳其人、亚美尼亚人、阿尔巴尼亚人、阿拉伯人、库尔德人等，呼吁恢复1876年宪法，实现奥斯曼帝国臣民的平等地位和领土主权的完整。在这场大会上，艾哈迈德·里萨与萨巴赫丁亲王之间的分歧明确表现在土耳其民族主义与奥斯曼自由主义的分歧，艾哈迈德·里萨坚持恢复议会选举，限制苏丹权力，通过议会君主制的形式保障公民权益，实现自由民主的政治目标；萨巴赫丁亲王则主张争取欧洲列强的支持和介入，通过军事政变推翻苏丹政权，实现奥斯曼帝国境内的广泛民族自治；这使得青年土耳其党的分化更趋公开化，随后萨巴赫丁亲王的支持者建立"个人主动和地方分权联盟"（后改为自

① Ahmet Içduygu, Yılmaz Çolak, and Nalan Soyarik, "What is the Matter with Citizenship? A Turkish Debate", *Middle Eastern Studies*, Vol. 35, 1999, p. 193.

由统一党）。

尽管遭遇内部分裂，青年土耳其党在 1902—1906 年呈现继续扩张的趋势。在日内瓦和开罗，都有青年土耳其党的新团体出现，甚至在伊斯坦布尔的军校和政治学校的学生中，再度出现青年土耳其党的新革命组织。[①] 1905 年日俄战争之后，俄国召开立法会议，启动宪政进程。1906 年，波斯开始进行宪政改革，颁布宪法。国际形势的变化使青年土耳其党在军队中的影响迅速扩大，包括穆斯塔法·凯末尔在内的少数军官在大马士革成立"自由与祖国协会"，1907 年，"自由与祖国协会"并入萨洛尼卡的奥斯曼自由协会，该协会又同萨洛尼卡的青年土耳其党支部合并，将驻扎在马其顿的第三军团和驻扎在埃迪尔内的第二军团作为争取对象，并与巴黎的反对派组织建立联系。

2. 青年土耳其革命与宪政恢复

1907 年开始，奥斯曼帝国各地普遍存在对哈米德二世专制统治的不满。安那托利亚的歉收使政府财政更加紧张，工资拖欠，大多数人的提升被停止，许多士兵、军官和政府官员以离职表示不满。在这种情况下，深受青年土耳其党影响的驻扎在马其顿的第三军团举行起义，"革命实际上是 1907 年以来由于财政而非意识形态原因导致的一系列起义的最后事件"[②]。1908 年，青年土耳其党各个分支在巴黎召开会议，就基本政治纲领达成一致，7 月 23 日，得到军队、阿尔巴尼亚穆斯林和马其顿游击队支持的青年土耳其党向苏丹发出了恢复 1876 年宪法的最后通牒，迫使哈米德二世恢复中断 30 年之久的宪政和选举，由此开始了奥斯曼帝国历史上的第二次宪政运动，众叛亲离的哈米德二世只好宣布恢复宪法和议会。9 月，青年土耳其党在伊斯坦布尔召开代表大会，通过了政治纲领。青年土耳其党的政治纲领沿袭第一次宪政运动的基本思想，强调议会君主制的政治目标和泛突厥主义的意识形态，政府应对议会而非对苏丹负责，指出政府如果失去下议院多数议员的支持则应当辞职；苏丹任命上议院议员的 1/3 而非全部，其余 2/3 的议员由选举产生；民众不仅有权组建经济性的社会团体，而且有权组建符合宪法的政治团体。10 月，奥斯曼帝国举行议会选举，在议会 275 个席位中，土耳其人占 142 席，阿拉伯人占 60 席，

---

① ［英］伯纳德·刘易斯：《现代土耳其的兴起》，第 217 页。

② Stanford J. Shaw and Ezel Kural Shaw, *History of the Ottoman Empire and Mordern Turkey*, p. 266.

阿尔巴尼亚人占 25 席，希腊人占 23 席，亚美尼亚人占 12 席，犹太人占 5 席，保加利亚人占 4 席，塞尔维亚人占 3 席，弗拉其人占 1 席。[①] 12 月 17 日，奥斯曼帝国议会在伊斯坦布尔召开，开幕式由哈米德二世主持，各个宗教团体和民族团体都有代表参加议会。代表们分为三派，一派是艾哈迈德·里萨领导的组织严密的"统一与进步协会"，一派是萨巴赫丁亲王领导的主张地方分权的"自由统一党"，还有一派是支持泛伊斯兰主义、严格遵守沙里亚法的"穆斯林协会"。[②] 艾哈迈德·里萨当选为议长。此时，青年土耳其党仍然是一个秘密的组织，尽管它掌握着军权，但由于没有政治经验，政府继续由一些老牌政治家来管理，实际上，"统一与进步协会"躲在幕后，操纵着政府的官员任命和各项政策。[③]

在宪政运动中，少数民族并没有获得所期望的权利，萨巴赫丁亲王所代表的"自由统一党"与"穆斯林协会"对"统一与进步协会"心存不满与芥蒂。在"穆斯林协会"的鼓动下，1909 年 4 月 12—13 日夜间，驻扎在伊斯坦布尔的第一军团的部分士兵，高呼"打到宪法"、"打倒协会"等的口号，发动反对"统一与进步协会"的政变，得到哈米德二世的赞同，哈米德二世随之撤换首相及部分青年土耳其党军官，罢免艾哈迈德·里萨的议长职务，恢复伊斯兰教法。青年土耳其党被逐出伊斯坦布尔，马其顿成为其主要据点，青年土耳其党很快进行反击，4 月 24 日，驻守马其顿的第三军团司令穆罕默德·谢夫凯特和穆斯塔法·凯末尔率部占领伊斯坦布尔，保卫宪法。4 月 27 日，叛乱被平定。经大穆夫提同意，议会废黜哈米德二世，推举哈米德二世的胞弟雷沙德出任苏丹，是为穆罕默德五世（1908—1918 年在位），颁布 1909 年宪法，新苏丹完全听命于"青年土耳其党"。

与 1876 年宪法相比，1909 年宪法在沿袭第一次宪政运动的基本框架即实行君主立宪政体与捍卫帝国领土完整的同时，明确限制苏丹的权力，集中体现了"青年土耳其党"的政治纲领，例如将主权无条件属于奥斯曼王室改为苏丹必须宣誓效忠沙里亚法、宪法和国家；取消苏丹任免大臣的权力；议会限制其签订条约的权力；取缔苏丹驱逐对国家安全有危险的

---

① Kemal H. Karpat ed. , *Studies on Ottoman Social and Political History：Articles and Essays*, Leiden：E. J. Brill, 2002, p. 560.

② 彭树智主编：《二十世纪中东史》，第 29 页。

③ 同上。

人的特权。① 规定议会采用包括上议院和下议院的两院制，上议院议员中
1/3 由苏丹指定，终身任职，另外 2/3 的议员和下议院议员由选举产生，
任期 4 年；1909 年宪法进一步保障公民权利，规定 20 岁以上的帝国公民
皆享有选举权而不受财产资格的限制，公民享有结社的权利。由此不难看
出，1909 年宪法使苏丹从拥有绝对权力的君主变成了名义首脑，苏丹已
不再是"安拉在大地上的影子"，这是指向世俗化的重要进步。该宪法还
扩大议会权力，规定政府对议会负责而不再对苏丹负责，议会行使充分的
立法权而无须苏丹的批准。② 青年土耳其党将奥斯曼帝国的宪政运动推向
高潮，其旨在创建一个能维护国土完整的民主的立宪政府，结果却趋于军
事独裁，所以有学者指出："世界上能像奥斯曼宪法革命所给人带来的那
样大的希望的运动，还是很少见的；同样地，世界上能像奥斯曼帝国宪法
革命给人带来那样迅速而最后的失望的运动，也是很少见的。"③

3. 青年土耳其党的政治统治

1909 年政变被镇压后，青年土耳其党人占据着政府重要职位，并且
下令禁止以种族或民族的名义组织政治集会。1909—1913 年，奥斯曼帝
国政治生活的突出现象是诸多政党的相继成立和新旧政治势力在议会中展
开激烈角逐。1911 年 11 月，包括自由党、改革党、人民党在内的诸多政
党以及来自希腊、亚美尼亚、阿尔巴尼亚、保加利亚的反对派议员组建自
由联盟，进而与青年土耳其党人分庭抗礼，在这种情况下，"青年土耳其
党"使用暴力手段或解散政党，或推翻内阁，或解散议会。1913 年 1 月，
陆军大臣恩维尔、内务大臣塔拉特和海军大臣杰马尔发动政变，建立军事
独裁，取缔反对派政党，"统一与进步协会"作为唯一的合法政党，占据
议会 275 个议席中的 269 个。④ 所以说在政府操纵下选举的议会完全成为
"青年土耳其党"的顺从工具，各民族的独立运动遭到无情镇压。

1913—1918 年，青年土耳其军官成为奥斯曼帝国政治生活的主导力
量。"青年土耳其党"执政期间，致力于强化国家的政治职能，苏丹的统

---

① Feroz Ahmad, *The Young Turks*: *The Committee of Union and Progress in Turkish Politics*, *1908 – 1914*, Oxford: Oxford University Press, 1969, pp. 58 – 59.

② 周南京、梁英明：《近代亚洲史资料选辑》下册，商务印书馆 1985 年版，第 124—126 页。

③ ［英］伯纳德·刘易斯：《现代土耳其的兴起》，第 224 页。

④ Alec L. Macfie, *The End of the Ottoman Empire*, *1908 – 1923*, London and New York: Longman, 1998, p. 77.

治名存实亡，传统宗教势力遭到进一步排斥，奥斯曼帝国进一步趋于解体。1914 年，奥斯曼帝国卷入第一次世界大战，"青年土耳其党"政府与德国、奥匈帝国组成同盟国，对抗协约国。1918 年 10 月，奥斯曼帝国战败投降，"青年土耳其党"政府垮台，苏丹任命艾哈迈德·伊泽特帕夏为大维齐尔，并交给他一项谋求休战的任务。10 月 29 日，由海军大臣劳夫贝伊率领的奥斯曼帝国代表团，登上停泊在利姆诺斯岛摩德洛斯外面的英国军舰"阿伽门农"号，并于次日签署了《摩德洛斯协定》，"青年土耳其党"的三位掌权者塔拉特、恩维尔和杰马尔同乘一只德国炮艇，越过黑海逃走。奥斯曼苏丹及其大臣首要做的事情就是要彻底清除青年土耳其党的残余，11 月 26 日，军事法庭对恩维尔和杰马尔进行缺席审判。1919 年 1 月 1 日，二人被革去军职，1 月底，苏丹大肆逮捕和控告"青年土耳其党"的旧领导人及其支持者，"青年土耳其党"被扫入历史的陈迹。尽管"青年土耳其党"以维护宪政的名义建立了独裁统治，但经过宪政运动洗礼的土耳其人也意识到建立名副其实宪政制度的重要性，这就为未来社会的发展指明方向。

第一次世界大战后，面对协约国的步步紧逼，在丧失所有阿拉伯领土之后，土耳其人在民族主义思潮的鼓舞下，要为捍卫民族自决做出最后的努力。穆斯塔法·凯末尔承担了挽救民族危亡的历史重任，他领导土耳其人经过艰苦卓绝的民族独立运动，建立了版图大大缩小却继承奥斯曼帝国衣钵的土耳其共和国。土耳其共和国的现代化之路延续了奥斯曼帝国的历史传统，萌生于奥斯曼帝国晚期政治环境中的政党在土耳其共和国时期发展壮大，最终使土耳其建立起中东伊斯兰世界现代化程度最高的现代政党政治。

第二章　恺加王朝与伊朗宪政实践

当奥斯曼帝国趋于衰落时，曾经与其长期斗争的伊朗萨法维王朝解体，跟随萨法维王朝创立者伊斯马仪军队来到伊朗的七个土库曼部落之一——恺加部落逐渐发展壮大，并在 1794 年结束伊朗的分裂局面，建立恺加王朝。恺加王朝沿袭萨法维王朝的统治模式，在理论上确立国王至高无上的地位和近乎无限的统治权力，建立起相对完备的官僚政治体系，但未能建起强有力的集权统治，诸多省区的长官和游牧部落的首领各自为政，号令一方。① 恺加王朝时期，国家财政状况恶化，逐渐丧失自主的国际地位，成为西方列强的原料供应地和商品倾销市场。资本主义世界体系的扩张和西方的冲击导致伊朗传统秩序的瓦解，新的政治制度的实践拉开了现代政治的序幕。

一　19 世纪的新政举措与宪政思想的萌生

自 19 世纪 20 年代以来，由于与西方的接触和军事战争的失败，恺加王朝的统治者开始了自上而下的现代化改革尝试，进一步瓦解了传统政治体制，为现代政治体制的确立奠定基础。

1. 恺加王朝的现代化改革

穆罕默德·阿拔斯·米尔扎国王统治期间，伊朗面临俄国和英国的双重威胁。1826—1828 年，伊朗与沙皇俄国爆发战争，俄国军队占领高加索山区和大不里士。1836 年，伊朗与英国爆发战争，随后英国控制呼罗珊的重要城市哈拉特。俄国与英国的战争威胁无疑是伊朗统治者推行现代

① Mehran Kamrava, *The Political History of Modern Iran: from Tribalism to Theocracy*, New York: Praeger, 1992, p. 12.

化改革的直接动因，阿塞拜疆作为与沙皇俄国毗邻的战争前沿则是孕育伊朗现代化改革的摇篮。穆罕默德·阿拔斯·米尔扎作为王储曾出任阿塞拜疆总督，此间他发现第一次伊俄战争中部落骑兵的致命弱点——部落骑兵对现代炮兵没有任何抵御能力，因此致力于军事改革。穆罕默德·阿拔斯·米尔扎效法奥斯曼帝国苏丹塞里姆三世，组建了配备现代火炮、枪械和统一着装的新军，由欧洲军官负责训练，并由国家定期支付军饷。为了配给新军武器装备，他在大不里士建立了火炮制造厂、枪械厂，成立翻译局负责翻译军队设施、机械使用手册等。为了促进新军的发展，穆罕默德·阿拔斯·米尔扎还派遣伊朗留学生赴欧洲深造，学习军事、工程、机械、医学、印刷术和西方语言。宪政运动期间的第一份波斯语传单，即出自穆罕默德·阿拔斯·米尔扎派赴欧洲留学的米尔扎·萨里赫于1819年在伊朗开办的第一家印刷厂。为了支付新军的所有费用，穆罕默德·阿拔斯·米尔扎大力削减王室开支、薪金和津贴，调查和登记王室土地，并通过保护关税和禁止使用外国布料来提高岁入。他开辟财源，修建灌溉工程，征收水源税，改善交通，控制司法。穆罕默德·阿拔斯·米尔扎的举措得到大不里士教界的认可，后者宣布新军的组建符合伊斯兰原则。然而，由于宫廷内部的倾轧和部落势力的抵制等诸多因素，穆罕默德·阿拔斯·米尔扎创办的新军组建不久便被解散。[①] 伊俄战争中伊朗的失败宣告了穆罕默德·阿拔斯·米尔扎现代化军事改革的失败。

1848年，纳绥尔丁即位之后，任命米尔扎·穆罕默德·塔其汗为首相，赐予"阿米尔·卡比尔"（大酋长）的称号，效法奥斯曼帝国的坦齐马特改革，实行新政，主张重建新军，以地域为基础强制征兵，加固防御工事，修建哨所，禁止虚假军费开支，铺设电话线。阿米尔·卡比尔的军事改革颇有成效，巩固了伊朗的国防，加强了中央集权，增强了军事力量的战斗力。国家出资建立15家工厂以供给新军需要和缩减外国进口产品，包括火炮和轻武器、制服、肩章和徽章、毛纺制品、布料、客车、茶具、纸张、铁器、铅、铜和糖。阿米尔·卡比尔创建了恺加王朝的第一份报纸《时事报》和第一所世俗学校。世俗学校的所有学生均为贵族子女，学校采用外语授课，开设政治、机械、农学、矿业学、医药学、兽医学、军事

---

① Ervand Abrahamian, *Iran: Between Two Revolutions*, Princeton: Princeton University Press, 1982, pp. 52 – 53.

和音乐等课程。为了在经济上支持这些计划的开展和增加国家岁入，阿米尔·卡比尔大幅度削减宫廷年金，国王每月开支为 2000 土曼，提高进口关税，暂停卖官，设立税收审计人员，并向封邑领有者征收代役税。阿米尔·卡比尔的改革遭遇巨大阻力。封邑领有者认为，代役税并非传统义务的合法替代，只是中央政府对于地方利益的无理勒索。英俄商人代表声称关税的提高违背自由贸易的法则，要求关税保护。王室成员反对削减开支，并向纳绥尔丁国王施加压力。1851 年，阿米尔·卡比尔被国王解职，不久客死他乡，其新政举措随之夭折，[①] 伊朗的现代化改革尝试再次以失败告终。

1870—1880 年，纳绥尔丁启用米尔扎·侯赛因，后者借鉴法国、印度、伊斯坦布尔等地的改革经验，在司法、军事、政治、财政和文化领域继续推行改革举措。米尔扎·侯赛因引进西方现代政治理念，创立内阁和中央银行，削减政府支出，排斥教界和部族传统势力，强化国家权力和完善政府职能，崇尚重商主义的经济原则，扩大岁入来源，密切伊朗与英国以及西欧诸国的贸易往来，抵御俄国对领土的威胁。米尔扎·侯赛因声称改革旨在捍卫恺加王朝和国王纳绥尔丁的荣誉，使波斯成为"值得欧洲列强尊敬的国家"。[②] 米尔扎·侯赛因与此前两位改革者一样，大幅削减王室成员与政府官员的薪金，因而引起王室和官员的强烈不满，路透协议签订后，其改革流产。

恺加王朝的现代化改革与奥斯曼帝国晚期的现代化改革一样，主要表现为以西方国家的现代化手段为样板，在器物层面推进现代化尝试；制度层面的现代化改革虽然有所推进，但并没有触及伊朗传统政治制度的社会基础；两国统治者都旨在通过现代化改革来排斥传统力量的离心倾向和强化中央集权；主要通过传统社会阶层对社会制度的修补和对西方器物层面的照搬来达到预期目的，但最后仅获得有限的成功。伊朗的现代化改革具有鲜明的西化倾向，就器物层面而言，引入新式信息传输工具，电报成为连接首都德黑兰与各地之间的重要载体，电话线连接了德黑兰与其他行省甚至伦敦与印度。就军队建构而言，哥萨克旅作为伊朗新军的楷模，规模逐渐扩大，成为接受严格新式训练的军队。就制度层面而言，恺加王朝建

---

① Mehran Kamrava, *The Political History of Modern Iran: from Tribalism to Theocracy*, p. 16.

② Guity Nashat, *The Origins of Modern Reform in Iran, 1870 – 1880*, Chicago: University of Illinois Press, 1982, p. 161.

立了正规的警察局、地方民事部门、环卫部门、医疗部门、中央造币厂
等，在诸多城市设立公共监狱取代私人刑罚，在德黑兰和主要行省组建咨
询委员会和商人大会。就教俗关系而言，纳绥尔丁要求各地官吏排斥教界
的政治参与，将教界的活动限制在"礼拜、传道、遵循教法和沟通信仰"
的范围，同时允许天主教和基督教传教士到犹太人、亚述人和亚美尼亚人
中传教。就新式教育而言，纳绥尔丁还在德黑兰、大不里士、乌尔米耶、
伊斯法罕和哈玛丹等地开办新式学校、医院和印刷厂，并派遣新式学校的
毕业生到法国深造，纳绥尔丁还建立两所军事院校、两种官方刊物、翻译
学校和新的政府印刷局。……西方思想观念随之传入伊朗。① 器物层面的
现代化改革为制度层面的现代化改革提供了重要条件，西方思想的传入又
为宪政运动的开展提供了理论指引和有效借鉴。

2. 恺加王朝宪政思想的萌生

到 19 世纪末，西方的冲击不仅影响到伊朗的社会、经济与政治，也
波及伊朗的意识形态领域。西方的宪政主义思想和社会民主思想相继传入
伊朗社会，成为挑战传统社会和政治秩序的有力武器，为现代政治革命的
兴起提供理论依据。思想理论的产生与传播，指导革命者在政治革命中建
立新的社会制度，新兴知识分子作为传播者应运而生。现代教育为伊朗新
兴的知识分子学习西方文化提供了条件，并将民主平等、自由主义等先进
思想带入日趋衰落的伊朗。新兴知识分子不同于早先的王室贵族知识分子
以及传统的改革派，他们大都出自官僚、地主、商人、工匠和教界家庭，
但毫无例外地都接受了西方先进思想的洗礼，尽管来源各异，却有着相同
或相近的思想倾向。他们青睐近代西方文化，尤其崇尚法国启蒙运动的政
治理念，认为历史既非神意的体现，亦非周而复始的王朝更替，而是人类
进步的持续过程。人类历史的进步存在着三大障碍：君主独裁排斥了自
由、平等和博爱的原则，宗教戒律束缚着理性和科学的进步，外族奴役禁
锢了经济和社会的发展。所以新兴知识分子认为宪政主义、世俗主义、民
族主义是建立现代的、强大的、发展的伊朗的三个至关重要的手段。② 宪
政主义摧毁反动的君主政体，世俗主义消灭教界的保守的影响，民族主义
根除帝国主义的触角，伊朗只有这样才能彻底脱胎换骨。贾马伦丁·阿富

---

① Ervand Abrahamian, *Iran*: *Between Two Revolutions*, p. 58.

② Ibid., pp. 61 – 62.

汗尼和米尔扎·马尔库姆汗是传播西方思想和伊朗新兴知识分子的代表人物。

贾马伦丁·阿富汗尼（1839—1897 年）出生于伊朗西部城市哈玛丹附近乡村的乌莱玛家庭，早年在卡兹维和纳杰夫学习宗教传统，后又学习了现代科学知识，长期游学于伊朗、阿富汗、印度、埃及和土耳其，其思想带有明显的民族主义和宗教政治色彩，屡次抨击君主独裁和传统教界的保守倾向，强调西方殖民主义侵略是中东诸国穆斯林所面临的共同威胁，伊斯兰教是团结中东穆斯林和抵抗西方殖民主义侵略的政治武器，动员民众实现广泛的政治参与则是乌莱玛的历史任务。[①] 阿富汗尼认为，帝国主义列强已经征服印度，正在威胁着中东地区，东方（包括中东）阻止西方冲击的唯一方法是接受西方的现代技术。宗教是反帝国主义的有力武器，尽管它是传统主义的，但是伊斯兰教作为民族主义的政治工具，是动员民众反抗帝国主义的有力武器。阿富汗尼从欧洲回到伊朗后，试图劝说纳绥尔丁国王抵抗英国未果，且由于激进倾向而被迫离开伊朗前往奥斯曼帝国，这决定其对纳绥尔丁国王的态度，"确定无疑地国王是堕落的，他的理解力是极差的，他的心是腐化的。他不能统治或是管理民众事务，他委托统治给令人厌恶的自由思想家、暴君和篡夺者，他们公开诽谤先知和教法。而且自从国王从欧洲回到伊朗后，他就开始喝酒、暗杀异教徒等。另外，国王出卖了伊朗大部分土地并以此获利"[②]。阿富汗尼倡导伊斯兰改革思想，是泛伊斯兰主义的创始人；他号召伊斯兰民族的觉醒，宣传自由、公正、平等的思想；他将东方的哲学与西方的科技结合在一起，向后人解说宗教的弊端，同时又勇敢地捍卫宗教的原则，将世界性的伊斯兰教与区域性的民族思想结合在一起，[③] 这就为伊朗乃至中东诸国现代伊斯兰政治的兴起提供了理论根据。

米尔扎·马尔库姆汗（1834—1898 年）出生于伊斯法罕的基督教家庭，曾在法国留学，崇尚西方文明，返回伊朗后皈依伊斯兰教，继而涉足政坛。米尔扎·马尔库姆汗深受奥斯曼帝国坦齐马特改革的影响，提出宪政纲领与宪政思想，曾为纳绥尔丁国王起草《改革书》——19 世纪伊朗第一部系统的改革计划。《改革书》开宗明义指出伊朗只有改革才能不被

①　哈全安：《中东史：610—2000》，第 401 页。

②　Ervand Abrahamian, *Iran Between Two Revolutions*, pp. 64 – 65.

③　蔡德贵、仲跻昆主编：《阿拉伯近现代哲学》，山东人民出版社 1996 年版，第 51 页。

西方世界吞没，所有的法律必须建立在改善公众福利和公民平等的基础之上。《改革书》系统地阐述了宪政思想，主张公民平等，立法机构与行政机构由国王任命而相互分离，修订现行法律，组建职业化军队，税收独立，改革教育，发展交通，创办国家银行。米尔扎·马尔库姆汗的宪政纲领触及传统教界的既得利益，遭到乌莱玛上层的强烈反对。后者声称马尔库姆汗的宪政思想背离伊斯兰教的信仰，与"无神论共和者"有关联，具有明显的异教倾向。纳绥尔丁遂将米尔扎·马尔库姆汗驱逐到奥斯曼帝国。1873—1889 年，经米尔扎·侯赛因的举荐，米尔扎·马尔库姆汗出任伊朗驻开罗总领事和驻英国大使。[①] 其间，米尔扎·马尔库姆汗数次上书纳绥尔丁，倡导改革，阐述宪政思想。1889 年以后，米尔扎·马尔库姆汗由温和的改革派转化为激进的革命派，由寻求国王支持反对教界转化为寻求教界支持反对国王，进而致力于实现西方政治哲学与伊斯兰教信仰的结合。米尔扎·马尔库姆汗认为，伊朗的落后并非由于种族和宗教原因，而是由于政治独裁和文化保守，只有法治和自由才能使伊朗走向进步，民众与教界的广泛政治联盟是推动伊朗民主化的根本出路。[②] "直接采用欧洲的形式改造伊朗社会是行不通的，因此我准备利用能够为大众所理解和接受的宗教外衣实现物质层面的改造"[③]，争取教界的支持则是达到这一目的的前提条件。米尔扎·马尔库姆汗提倡用法律保护生命、自由和财产安全，法治是安全保障，没有安全就没有进步。对于文化的保守主义，他建议引进西方现代文化以应对传统的伊斯兰教。米尔扎·马尔库姆汗还在伦敦创办报纸，通过报纸传播其思想，宣传法治社会才能保障安全，进而刺激社会进步。米尔扎·马尔库姆汗还提出保障公众福利、言论自由，与乌莱玛密切联盟，停止宗派主义斗争，特别是逊尼派与什叶派之间的斗争，结束外国"剥削者"的专卖权，成立协会用以宣传人文主义原则——"团结、公正、进步"，介绍民族咨询会议。阿富汗尼与马尔库姆汗的政治思想对伊朗宪政主义思想萌生产生重要影响，为宪政运动提供了理论基础和思想指导，为伊朗现代政党政治的发展提供理论参照。

---

①　Janet Afray, *The Iranian Constitutional Revolution*, *1906 – 1911*, New York: Columbia University Press, 1996, pp. 26 – 28.

②　Ibid. , p. 26.

③　Mohsen M. Milani, *The Making of Iran's Islamic Revolution: from Monarchy to Islamic Republic*, Boulder: Westview Press, 1994, p. 27.

二　1905—1911 年的伊朗宪政运动

自 19 世纪中叶起，伴随着西方的冲击和传统秩序的崩析以及新旧社会势力的消长，伊朗社会的政治对抗逐渐由传统模式转变为现代模式。1890—1892 年反对国王出让烟草专卖权的民众运动和 1905—1911 年的宪政运动，构成此间伊朗社会矛盾和政治对抗的主要内容。伊朗民族主义与西方殖民主义的抗争以及民主与专制的较量，则是伊朗社会矛盾和政治对抗的突出现象。民族主义和民主主义的共同目标，促使伊朗诸多的社会群体逐渐打破传统的狭隘界限，形成广泛的政治联合，进而预示着伊朗作为现代民族国家的整合与新生，社会革命初露端倪。①

1. 伊朗宪政运动之前的形势

1890 年，纳绥尔丁国王将伊朗未来 50 年的烟草专卖权即国内经营权和出口贸易权转让给英国商人塔尔伯特，塔尔伯特承诺向纳绥尔丁个人支付 25000 英镑，并向伊朗政府支付 15000 英镑的年租金和 25% 的利润分成。② 此种受制于人的做法遭到广泛反对。1891 年 4 月，伊朗最重要的烟草贸易中心设拉子，商人关闭巴扎，抗议国王出让烟草专卖权。源自设拉子的抗议活动很快波及伊朗全国，德黑兰、大不里士、伊斯法罕、马什哈德、加兹温、叶兹德和克尔曼沙赫的商人纷纷响应。贾马伦丁·阿富汗尼和米尔扎·马尔库姆汗发表声明，支持伊朗商人反对国王出让烟草专卖权的运动。1892 年 1 月，国王纳绥尔丁迫于社会各界压力，向大不列颠银行借款 50 万英镑赔偿塔尔伯特，收回烟草专卖权。③ 1890—1892 年的反对国王出让烟草专卖权的民众运动，具有明显的民族主义倾向和浓厚的伊斯兰教色彩。此次运动发生于伊朗各地的诸多城市；巴扎商人和手工工匠以及新兴知识分子的广泛介入，体现了伊朗历史上规模空前的政治联合。反对国王出让烟草专卖权的民众运动作为伊朗历史上最早的现代政治运动，远未达到成熟的程度。教俗各界民众的广泛联合缺乏必要的稳定性，

---

① 哈全安：《中东史：610—2000》，第 402 页。

② John Foran, *Fragile Resistance: Social Transformation in Iran from 1500 to the Revolution*, Boulder: Westview Press, 1993, p. 163.

③ Janet Afray, *The Iranian Constitutional Revolution, 1906 – 1911*, pp. 32 – 33.

具有明显的脆弱倾向，直至最终分道扬镳。①

1896 年 5 月 1 日，纳绥尔丁国王在阿卜杜勒·阿兹姆清真寺遇刺身亡，穆扎法尔丁（1896—1907 年在位）即位。为了增加岁入，穆扎法尔丁国王提高对本国商人的税收标准，规定伊朗商人与外国商人都必须缴纳 5% 的关税。他还取消包税制，取而代之的是高额土地税；削减宫廷年金和教界开支，并加强对瓦克夫的控制；对外国企业开放伊朗市场，向西方国家大举借贷，并继续出卖各种专卖权。新的税收政策，不仅使伊朗商人受到损失，还波及借贷者、乌莱玛和贵族、地主和手工业者的利益。设拉子、伊斯法罕和大不里士相继爆发了激烈的抗议运动。伊朗政府拖欠乌莱玛多年的津贴及强化对瓦克夫的控制，引起了教界的不满。穆扎法尔丁国王的改革无疑是加剧了社会矛盾，进一步激化了教俗与王权的矛盾，为宪政运动埋下了火种，革命的气息笼罩在伊朗上空。

伴随着伊朗的政治社会危机，拥有现代政治思想的知识分子群体迅速壮大，新型政治组织广泛建立。大不里士的知识分子在米尔扎·穆罕默德·阿里汗和赛义德·哈桑·塔其扎迪的领导下创办了波斯语期刊《知识财富》，在伊朗产生一定影响。1897—1898 年，德黑兰的知识分子在米尔扎·纳沙尔赫·摩塔勒敏号召下组建"知识协会"，该组织试图通过发展教育来改变伊朗现状。此后，现代政治组织在伊朗各地得以迅速发展。在大不里士，由阿里·卡巴拉伊领导的 12 个激进的青年商人和知识分子组成的"秘密中心"将宣传西方文化作为主要任务。在阿塞拜疆的巴库，成立于 1904 年的"社会民主党"提倡积极争取结社和罢工的权利、八小时工作日、养老年金、制定收入税、降低消费税、实行土地改革、改善住房、免费教育、言论、集会和出版自由以及接受教法。德黑兰的"人性协会"崇尚圣西门和孔德的政治哲学，强调自由、平等和进步的思想。德黑兰知识分子成立于 1904 年的"革命委员会"是当时最激进的政治组织，其成员多受西方思想的影响或是马尔库姆汗思想的启蒙，提出民主与公正的政治纲领，主张推翻独裁统治和实现法治，广泛宣传宪政思想。②"革命委员会"通过出版秘密读物来推行政治和社会改革，号召建立欧洲式的司法制度。还有思想纲领颇为温和的德黑兰"秘密协会"，要求制定

---

① 哈全安：《中东史：610—2000》，第 403 页。

② Janet Afray, *The Iranian Constitutional Revolution, 1906 – 1911*, p. 41.

法律和建立议会、土地登记调查、公平的税收体制、军事改革、制定指派和解雇政府官员的规则、鼓励国内贸易、修建学校、重组海关、限制国家管理者的权力、调查政府的薪水和津贴水平，执行神圣的沙里亚法。"秘密协会"与卡尔巴拉、纳杰夫的宗教领袖建立联系。"秘密中心"和"社会民主党"深受俄国马克思主义者的影响。"革命委员会"与"秘密协会"的纲领从不同角度提出专制独裁政治体制是魔鬼和强调法治的要求，向往进步国家的政府模式，强调国家、政府、税收、军队和司法改革的必要性。革命委员会、人性协会、社会民主党、秘密中心多以现代知识分子为主体，秘密协会主要由传统中产阶级组成。宪政运动前夕，新兴知识分子为宪政运动提供思想理论基础，并为政治革命做好充分准备。这些政治组织为宪政运动的开展提供组织基础，并在宪政革命中扮演重要角色。

2. 1905—1911 年的宪政实践

1905 年初的经济危机是宪政运动爆发的最后推动力。由于全国农业连续歉收和行省官员的专制统治，"面包危机"反复出现，城市动荡不安。1880—1900 年，德黑兰的食品价格上涨 5.5 倍，大不里士和拉什特也出现类似现象。[①] 1903—1904 年，在德黑兰、大不里士等主要城市发生"饥饿暴动"，暴动的群众捣毁米店、肉铺和仓库，反对提高食品价格和出卖民族利益的关税协定。1904—1905 年的日俄战争和 1905 年俄国革命的爆发，使得与俄国素有贸易往来的伊朗深受影响，造成经济的进一步恶化、严重的通货膨胀和经济危机。1905 年 5 月，大约 200 名德黑兰商人向政府请愿，要求罢免时任伊朗海关总监的比利时人蒙西艾尔·纳乌斯，请愿者宣称："政府必须改变现行的政策，不要再帮助俄国人而牺牲伊朗人的利益。政府必须保护我们的利益，尽管我们的产品或许不及外国的产品。现行的政策如果继续下去，将给我们的整个经济带来毁灭性的后果。"[②] 经过协商后，穆扎法尔丁国王允诺了请愿者的要求，同意解雇蒙西艾尔·纳乌斯，偿还债务并建立商人委员会，借以缓和局势，但并未付诸实施。伊朗国内日益加剧的社会矛盾，使民众反抗成为不可遏制的政治潮流，全国群众性反抗情绪愈来愈高涨，一场新的革命即将来临。

1905 年 12 月，政府强行降低糖价，遭到德黑兰商人的拒绝。德黑兰

---

① John Foran, *Fragile Resistance: Social Transformation in Iran from* 1500 *to the Revolution*, p. 131.

② Ervand Abrahamian, *Iran Between Two Revolutions*, p. 58.

市长以价格投机的罪名下令鞭笞两名有影响的糖业商人，这一举动引起民众的极度不满，民众的抗议得到教界人士的广泛支持，在塔巴塔巴仪和贝赫贝哈尼的领导下，2000多名乌莱玛、学生和商人再次聚集在阿卜杜勒·阿兹姆清真寺以示抗议，要求罢免德黑兰市长、解雇纳乌斯、实行沙里亚法、建立公正会议。最初，伊朗政府以议会将会破坏"从高贵的亲王与普通的商人之间"的等级制度为理由拒绝民众的要求。① 一名大臣甚至补充说，如果抗议头目不满意穆斯林在伊朗的条件，就应该移居到德国这种非穆斯林的"民主"国家。② 但是伊朗政府的镇压最终以失败告终，抗议的民众胜利返回德黑兰，穆扎法尔丁国王对此未做任何回应。

1906年6月，德黑兰的一名教职人员公开谴责政府："伊朗人啊！我的同胞兄弟！抬起你们的头。睁开你们的眼睛。瞧瞧你们的周围，看看世界在怎样进步。非洲的野人和桑给巴尔的黑人都在走向文明和富庶。看看你们的邻居（俄国人），200年前他们比我们落后，现在却远远超过了我们。往日我们拥有一切，现在却丧失殆尽。我们曾经被他人看作是伟大的民族，现在却堕落到这样的程度，以至于南方和北方的邻国把我们看成是他们的财产而随意地瓜分……我们没有枪炮，没有军队，没有可靠的财政，没有合适的政府，没有商业的法律。在整个伊朗，我们没有自己的工厂，因为我们的政府只是寄生虫……所有这一切的落后，都是由于缺乏民主、正义和法律。你们的教职人员错了，他们只是宣传生命的短暂和尘世的空虚。这样的布道使你们从现实走向顺从、奴役和愚昧。国王剥夺着你们的财产、自由和权利……这就是你们生活悲惨而少数人奢侈无度的原因。"③ 国王下令逮捕了这名教士以及一些坦率直言的反抗者，德黑兰爆发了大规模的示威游行。7月，教职人员、巴扎商人和手工工匠纷纷走上街头，抗议政府。哥萨克旅士兵开枪射击示威者，致使多人死伤。民众与国王之间的矛盾激化，穆扎法尔丁被教界比作倭马亚王朝臭名昭著的哈里发叶齐德。1906年8月5日，穆扎法尔丁国王慑于民众的声势，同意成立立宪会议，负责制定伊朗宪法，任命自由主义者穆什尔·道莱作为首相，宣布"我们要建立一个由恺加王公、乌莱玛、贵族、名人、地主、

① Ervand Abrahamian, "The Cause of the Constitutional Revolution in Iran", *International Journal of Middle East Studies*, Vol. 10, No. 3, p. 405.

② Ibid. .

③ Ervand Abrahamian, *Iran Between Two Revolutions*, pp. 82 – 83.

行会成员组成的议会，它将负责审议和调查关系国家和民众利益的所有重要事件。"① 商人、乌莱玛、手工工匠和知识分子的联合获得了胜利，宪政运动取得了反对独裁专制的初步胜利。

1906年9月，选举法由穆扎法尔丁国王签署后正式颁布。该选举法对选举人和被选举人资格做出明确规定，选举人包括恺加王室成员、教职人员、贵族、商人、土地所有者与耕作者、手工业者，其中土地所有者和耕作者必须拥有超过1000土曼的财产，手工业者必须属于行会且拥有独立作坊；妇女和未满25岁的男子及外国人没有选举权；被选举人必须拥有波斯血统和通晓波斯语，必须是年满30岁的男子。② 这部兼具传统与现代特征的选举法在一定程度上赋予民众政治参与权力，并为即将到来的立宪会议提供社会基础。

1906年10月7日，第一届立宪会议在德黑兰召开，156个议员席位由恺加王公、乌莱玛和神学院的学生、贵族和名人、商人、地主、行会成员六大阶层组成。③ 据有关资料显示，立宪会议中地主占18%、商人11%、行会成员占26%、乌莱玛占19%、其他占26%。④ 所以说，立宪会议成员来源各异，立场各异，简单分为保皇派、温和派与自由派。保皇派是立宪会议中的少数派，其成员主要来自王公贵族和地主阶层。温和派是立宪会议中的多数派，由大商人穆罕默德·阿里·沙尔福鲁什和爱敏·扎尔布领导，有产的中产阶级为其社会基础。教界上层塔巴塔巴仪和贝赫贝哈尼尽管并未加入立宪会议，却是温和派的有力支持者。自由派的主要社会基础是知识分子阶层，共21名代表，主要来自伊朗西北部地区和阿塞拜疆省，得到德黑兰行会成员和商人的支持。自由派在大不里士的塔其扎迪和德黑兰的叶赫亚·伊斯坎达里领导下，他们要求广泛的社会、经济改革以及政治改革。尽管自由派倡导广泛的改革，甚至是世俗改革，但自由派认识到他们需要乌莱玛和巴扎的影响，凭借他们的知识和对西方的了

① Said Amir Arjomand, *The Turban for the Crown: the Islamic Revolution in Iran*, New York: Oxford University Press, 1988, p. 37.

② 转引自哈全安《中东史：610—2000》，第405页。

③ 议席分布如下：德黑兰拥有60个席位，其他外省拥有96个席位。虽然阿塞拜疆人口众多，但也只拥有12个席位。在德黑兰的60个席位中，恺加王公占4个席位，教职人员占4个，地主占10个席位，大商人占10个席位，贵族和行会成员占32个。

④ Bahman Baktiari, *Parliamentary Politics in Revolutionary Iran: the Institutionalization of Factional Politics*, Gainesville: University Press of Florida, 1996, p. 239.

解同温和派起草宪法，因此弱化了其激进倾向而与温和派合作。

1906 年 12 月 30 日，伊朗正式颁布历史上的第一部宪法即《基本法》，其中第 1—42 章确定了议会的义务、权利和职能，议会议事程序，议会和政府间关系；第 43—51 章规定了设立上院的程序及相关内容。《基本法》规定成立由上议院和下议院组成的国民议会，上议院议员为 60 名，其中半数由国王任命，另 30 名由选举产生；下议院议员为 160 名，全部由选举产生。议员任期 2 年，可以连选连任，不得兼任政府公职；议员必须宣誓效忠国王，下议院有权否决上议院的决议。《基本法》赋予国民议会广泛的政治权力，作为国家的最高权力机构是"全体人民的代表"，有权提出关于政府和人民所有问题的解决措施，是颁布法律、通过财政预算、批准贷款和缔结和约、拥有垄断权和专卖权的最高机构。国民议会每两年召开一次，在议会召开期间，议员未经国民议会批准不得被他人拘捕。《基本法》规定王权受议会制约，国王要维护宪法；议会有批准法律和国家预算及监督预算执行之权，国王不再控制国库，且对议会负责。尽管保留国王的国家首脑地位，但是内阁成员直接对议会负责而不是对国王负责，国民议会有权罢免违法的内阁成员。《基本法》还为国王保留一定权力，规定一旦国王与议会产生不能妥协的矛盾，如果上议院和内阁部长批准，国王可以宣布解散议会；国王拥有指派上议院的半数成员的特权，然而由于上议院直到 1950 年并没有召开过一次，所以国王的这一特权并无实际意义。尽管《基本法》并不像西方国家的宪法涉及社会生活的方方面面，但毕竟触动了伊朗传统的政治制度，限制和约束了国王权力，对王权的传统权威形成巨大冲击，体现了国家的主权和民主的趋向，是东方传统国家中较早和较为进步的宪法。《基本法》的签署意味着伊朗由君主专制向立宪君主制过渡，构建了现代议会制的政治框架，也预示着王权与宪政主义对立斗争的开始。

1907 年，英俄划分在伊朗的势力范围，穆扎法尔丁国王对殖民主义暧昧妥协的政治立场激怒民众情绪，伊朗的几大城市再次出现反对帝国主义侵略的大规模群众运动，将宪政运动推向新高潮。1907 年 1 月至 1908年 6 月，伊朗宪政运动的主要内容是国王与议会的权力角逐。穆扎法尔丁国王死后，继位的穆罕默德·阿里（1907—1909 年在位）极力抵制宪政运动，罢免温和派首相穆什尔·道莱，起用保守派爱敏·苏勒坦出任首相，要求保留任命内阁成员和统率军队的权力，主张强化国王的地位。①
他公然抨击反对派的领导者为"异教徒"和"颠覆性的共和主义者"，声
称作为一个"好的穆斯林"，将接受伊斯兰的法律条款，但是拒绝接受外
国的宪政主义思想。② 穆罕默德·阿里国王的反动言论，引发了德黑兰、
大不里士、伊斯法罕、设拉子、马什哈德、恩泽利、拉什特、克尔曼和克
尔曼沙赫的大规模抗议活动。在德黑兰，许多协会联合成立中心协会，组
织巴扎和政府机构罢工罢市，并在中心广场组织了一场5万人的集会。一
名大不里士激进分子暗杀了保守派首相爱敏·苏勒坦。迫于民众运动的强
大压力，穆罕默德·阿里国王起用自由派的纳绥尔·穆勒克为首相，于
1907年10月7日签署了《基本法补充条款》，并前往议会宣誓效忠宪法，
承认自由、平等、博爱的政治原则。③ 包括10部分、107章的《基本法补
充条款》是国民议会在新的革命形势压力下，以1831年比利时宪法作为
蓝本，对1906年《基本法》进行的修订补充。《基本法补充条款》旨在
扩大议会的立法权限和限制恺加王朝的君主权限，强调主权在民的原则，
规定全体公民在法律面前享有平等的权利，保护公民的生命和财产权利，
赋予公民言论、出版自由以及集会结社的权力，实行立法权与行政权的分
离，首相和内阁成员由议会任免，军费和宫廷支出由议会批准，王室成员
不得出任内阁职务，内阁成员只对议会负责。④《基本法补充条款》具有
浓厚的宗教色彩，明确规定什叶派伊斯兰教为伊朗国教，采用世俗与宗教
二元并立的法律体系，议会颁布的一切法律不得违反伊斯兰教法的原则，
议会由五名教界议员组成的宗教委员会审定议会通过的相关法律。⑤《基
本法补充条款》的颁布是世俗宪政主义者与教界相互妥协和政治联合的
结果。教界监护权的行使增加了教界的政治砝码，从而将教界势力吸收到
立宪政府中来。至此，伊朗历史上第一部宪法全部完成，该宪法将西方的
议会民主制与伊朗帝制传统合二为一，后几经修改一直沿用至1979年。

穆罕默德·阿里国王对《基本法补充条款》的签字标志着伊朗宪政

①　Ervand Abrahamian, *Iran Between Two Revolutions*, p. 89.

②　Ervand Abrahamian, "The Causes of the Constitutional Revolution in Iran", p. 411.

③　Janet Afray, *The Iranian Constitutional Revolution*, *1906 – 1911*, p. 114.

④　James L. Gelvin, *The Modern Middle East：A History*, New York：Oxford University Press,
2008, p. 164.

⑤　哈全安：《中东史：610—2000》，第406页。

运动第一阶段的胜利，此后国民议会和立宪政府致力于诸多领域的改革，以建立强大的中央集权国家。在国民议会中占重要地位的自由派主张实行颇具激进倾向的改革举措，其改革主要集中在经济方面，极大地触动了教界的物质利益。而保守派代表和一些温和派代表斥责自由派的激进行为，使得宪政运动内部发生分裂。1908 年 6 月，穆罕默德·阿里国王依靠哥萨克旅的支持发动政变，在德黑兰实行军事管制，解散议会，囚禁包括贝赫贝哈尼和塔巴塔巴仪在内的政治反对派。① 穆罕默德·阿里国王不断迫害政治反对派，将一些宪政主义者囚禁、驱逐、判刑、杀戮，余下的宪政主义者被迫向大不里士撤离。大不里士的武装志愿者率先发起了保卫宪政主义的运动，宪政运动的重心由德黑兰转移到大不里士。随后，国民议会的支持者也迅速开展护宪运动，诸多省区举兵反叛恺加王朝，拉什特、伊斯法罕、布什尔、班达尔、马什哈德成为宪政运动的重要中心。1909 年 7 月 13 日，国民议会的支持者占领德黑兰，穆罕默德·阿里逃入俄国使馆避难。② 来自各个阶层的 500 名代表在德黑兰召开临时议会，宣布废黜穆罕默德·阿里，其子艾哈麦德·米尔（1909—1925 年在位）即位，新内阁由宪政运动的支持者组成，来自拉什特的地主萨帕赫达尔出任首相和战争部部长，萨达·阿萨德为内务部部长。临时议会随后通过新选举法，规定选民的财产资格由 1000 土曼改为 250 土曼，降低选民年龄，废除阶级和行业代表制，德黑兰代表在国民议会中的席位由 60 个下降为 15 个，外省代表的席位由 96 个增至 101 个，5 个部落各有 1 个席位，犹太人和索罗亚斯德教徒在国民议会中各有一个席位，基督徒在国民议会中占有 2 个席位，分别为亚述基督徒和亚美尼亚人。③ 1909 年 8 月 5 日，第二届国民议会选举产生，其议员数量由 162 下降到 120 人，事实上只有 110 人出席议会。④ 第二届国民议会中，"29% 来自地主阶层，28% 来自教界，24%来自旧官僚，这些人占总议员的 81%。相比之下，只有 7% 是商人，4%是行会成员，5% 是专业人员，3% 为下层阶级"⑤。由于国民议会内部的

---

① Mehran Kamrava, *The Political History of Modern Iran: from Tribalism to Theocracy*, p. 21.

② Homa Katouzian, *State and Society in Iran: the Eclipse of the Qajars and the Emergence of the Pahlavis*, London and New York: I. B. Tauris, 2006, p. 35.

③ Ervand Abrahamian, *Iran Between two Revolutions*, p. 100.

④ Janet Afray, *The Iranian Constitutional Revolution, 1906 – 1911*, p. 262.

⑤ Ibid. .

分裂与国内外反对势力的镇压，致使其政治生命极为短暂。1910 年夏，国民议会迅速分裂成两个对立的党派：民主党、温和党，现代政党政治颇具雏形。

民主党是现代知识分子的代言人，由 27 名具有中产阶级背景的改革者组成，主要来自伊朗北部地区，其主要领导人物为宪政运动初期的政治团体的成员，如大不里士《知识财富》的塔其扎德赫和穆罕默德·塔比亚特、德黑兰革命委员会的伊斯卡达伊和穆罕默德·礼萨·穆萨瓦特、胡赛因·库里汗等。民主党的政治纲领具有激进的改革倾向，"欧洲已经完成了从封建主义向资本主义的过渡，并且现在威胁到亚洲国家的政治的独立和陈旧的社会结构。'20 世纪的东方相当于 17 世纪的西方——正处于由封建主义向资本主义的过渡的阶段。'正在衰落的伊朗封建主义，已无力再捍卫国家的独立地位和推动社会改革。民主党是先进的社会力量，必须通过抵抗外国资本主义和地方封建主义来领导国家'加入到先进国家的行列'。它还主张将选举权扩大到所有男性成年公民，采取自由和直接选举，强调所有公民的平等，不论宗教和出身。提倡政治与宗教分离，国家控制公用的宗教基金，全民免费教育，特别是妇女，所有男性公民的两年义务兵役制，废除不平等条约，加速工业化进程，建立直接和进步的税收制度，10 小时工作制，取缔童工，分配土地给耕种者"[1]。民主党还提出 17 点经济纲领，主要包括河流、森林和牧场国有化，用直接税收取代间接税；规定工人工作年龄最小为 14 岁，禁止强迫劳动，每天最多工作时间为 10 小时，每周 6 天工作日等；分配国有土地给农民，成立农业银行以便于出售这些土地。民主党人视其历史使命是加速伊朗从"废弃的封建秩序"向新的、进步的资本主义秩序发展。民主党的政治、经济纲领反映了他们渴望建立资本主义国家，并为工人、工匠和农民提供广泛的社会改革。经济发展和社会改革为未来社会主义秩序的出现扫清道路。根据其纲领，伊朗的新经济秩序建立在中央集权、议会制和民主制三个原则之上。为了实现政治世俗化和权力集中，民主党向乌莱玛和部落首领提出有力挑战：主张政教分离，从而挑战了《基本法补充条款》中赋予"最高委员会"的特别权力；建构强有力的集权政府来结束部落首领的地方割据，政府必须结束革命时期的"无法和无政府主义"，特别是对行省加

---

[1]　Ervand Abrahamian, *Iran Between Two Revolutions*, p. 103.

强控制；在国家选拔基础之上建立强有力的军队；推进工业化势必有助于伊朗抵御外国的经济渗透；民主要通过一系列公民的权利和经济改革来体现，这为教俗势力的分道扬镳埋下伏笔。

温和党由53名保守派组成，是第二届国民议会的多数派，占2/3的议席。该党由贝赫贝哈尼和塔巴塔巴仪领导，北部权贵萨帕赫达尔、阿卜杜拉·侯塞因·米尔扎王子和穆扎法尔丁国王的女婿为主要代表人物。[1] 温和党极力反对民主党的改革，其政治纲领具有明显的神权政治倾向，主张"加强君主立宪制；召开上议院；捍卫作为'反抗压迫和不公正的最好屏障'的宗教，保护家庭、生命、私有财产和基本权利；通过宗教教育在大众中灌输'合作态度'；为中产阶级提供经济帮助；执行沙里亚法；保卫社会不受无政府主义者的'恐怖主义'和民主党的'无神论'，以及马克思主义者的'唯物主义'的袭击"[2]。温和党人甚至批评民主党人是"革命主义者"、"无政府主义者"甚至是"外国诈骗者"。[3]

两党的斗争焦点集中在世俗化改革和首相人选问题上。温和党的伊斯兰倾向与民主党的世俗化诉求格格不入；温和党提名纳绥尔·穆勒克为首相，民主党推出自由主义倾向、崇尚世俗改革的穆斯塔夫伊·玛玛勒克（mustawfi al-mamalek）为首相，二者的对立逐渐由政治矛盾发展到暴力冲突。温和党的乌莱玛公然抨击塔其扎德赫为异教徒使其遭受流放。1910年底，两大政党支持者的冲突逐渐从国民议会发展到德黑兰的街头巷尾，温和党的支持者袭击、杀害民主党人士，德黑兰的政治混乱使立宪政府处于瘫痪状态。在德黑兰以外的诸多省区，地方势力各自为政，尤其是部落之间相互攻杀，生灵涂炭。[4] 宪政运动的成功即将淹没在暴力冲突之中。第二届国民议会的召开和立宪政府的建立，不仅未能改善日益恶化的社会形势，而且导致明显加剧的政治动荡，预示着伊朗宪政运动的失败。

穆罕默德·阿里国王不甘心在宪政运动中失去权力，妄图复辟恺加王朝的专制统治，以割让阿塞拜疆和里海海岸为代价得到沙皇俄国的秘密支持。1911年7月，穆罕默德·阿里国王在里海的港口古米什塔普（Gumish tappeh）登陆，联合土库曼部落和库尔德部落势力，依靠沙皇俄

①　Ervand Abrahamian, *Iran Between Two Revolutions*, p. 106.

②　Ibid. .

③　Janet Afray, *The Iranian Constitutional Revolution, 1906－1911*, p. 271.

④　Ibid. , p. 310.

国的帮助，迅速攻占德黑兰。穆罕默德·阿里国王的复辟行为引起国内民众的愤慨，全国举行了大规模的示威活动，并组织革命志愿者，抵制其反动行为。穆罕默德·阿里军队被革命志愿者和政府军击溃，再次逃亡俄国。11月17日，俄国宣布出兵伊朗，11月22日，俄国先后占领恩泽利和拉什特，尽管伊朗外交部部长已经向俄国道歉，但是俄国以伊朗政府没能及时做出回应和道歉为由，向伊朗政府发出最后通牒，要求"承认在之前英俄同意的框架之下的英俄规定"，保证在没有英俄的"允许"下，不再雇用外国顾问在政府任职；伊朗政府赔偿俄国远征恩泽利和拉什特的损失，支付15万英镑军费给驻扎在德黑兰之外的700名步兵、炮兵和100名哥萨克；俄国威胁伊朗政府在48小时内答应俄国的要求，并向俄国政府道歉，否则俄国将出兵占领德黑兰。俄国的最后通牒犹如在德黑兰投掷的一枚炸弹，促使议会代表与内阁成员之间迅速分裂，并最终导致第二届国民议会的关闭。12月1日，民主党与温和党投票拒绝接受俄国的要求，并要求延长他们的任期直至危机结束。议会的决议遭到保守势力的批评，摄政大臣指责议会代表行动不合章程。议会代表则声称，"国家独立是任何事情也不能使我们放弃的，它是我们的权利"①。议会的决议获得民众的广泛支持，"伊朗历史上最多的"民众，在议会大楼外集会高呼"不独立，毋宁死"。② 但是，首相萨姆·萨尔坦赫、摄政大臣叶普列姆汗、内阁和高加索地区的士兵决定接受俄国的要求，以免俄军占领德黑兰。12月18日，伊朗内阁要求议会将权力交给内阁或是成立委员会与大臣合作解决危机。12月21日晚，俄军占领大不里士、拉什特和胡泽斯坦的消息传到议会，议会代表最终同意成立一个五人委员会负责解决危机。12月24日，伊朗内阁召开紧急会议，因为议会已经"阻碍了政府的对外关系和国内的管理"，民主党应为耽误接受俄国的要求而负责，保守势力一致同意暂停议会。③ 12月25日，纳绥尔·穆勒克宣布暂停第二届议会，叶普列姆汗下令关闭议会。伊朗内阁随即实行军事管制，阿塞拜疆和吉兰的居民被告之不要抵抗俄军占领，禁止出版所有报纸，民主党成员遭到迫害。伊朗反动派借此机会在德黑兰发动政变，利用革命队伍内部的分裂，于1911年12月派兵占领议会大厦，解散议会，恢复了君主专制统治，宪

---

① Janet Afray, *The Iranian Constitutional Revolution*, *1906 – 1911*, p. 331.

② Ervand Abrahamian, *Iran Between Two Revolutions*, p. 109.

③ Janet Afray, *The Iranian Constitutional Revolution*, *1906 – 1911*, p. 335.

政运动最终遭到残酷镇压。

3. 伊朗宪政运动的遗产

1905—1911 年的宪政运动拉开了民主势力反抗专制统治的序幕，实现了伊朗社会的政治对抗由传统模式向现代模式的转变，标志着伊朗政治现代化进程的启动。在西方世界的影响下，延续了两千多年的伊朗君主专制制度已日薄西山，传统经济秩序濒临崩溃瓦解与新旧社会势力的消长，为政治对抗奠定了社会基础。西方思想的传入，使新兴知识分子阶层将西方的立宪君主制视为一条拯救之路，为 1905—1911 年的宪政运动埋下了革命的种子。宪政运动作为现代模式的政治运动，其爆发的深层原因无疑是现代化进程中新旧力量的此消彼长和新旧秩序的尖锐对立，其核心内容在于争取民族的尊严和国家的独立，强调限制君主权力和扩大民众的政治参与，进而改造伊朗传统的社会秩序，具有明显的革命倾向。

宪政运动中，巴扎与教界的联合构成了宪政运动的社会基础。商人和工匠、教职人员和知识分子、穆斯林和非穆斯林、波斯人和非波斯人、逊尼派和什叶派、德黑兰人和外省民众纷纷加入宪政运动的行列；巴扎商人显然是宪政运动的发起者，手工工匠和城市贫民无疑构成宪政运动的基本力量，教界上层和新兴知识界在宪政运动中具有举足轻重的政治影响。"穆智台希德作为神圣的教法的解释者和捍卫者，影响着伊朗民众的判断，指挥大众以反对敌对的政治派别。"[1] 信仰的差异与西方的冲击，激发了教界的传统民族主义情绪，愤起抵制帝国主义和国王，在反对出让烟草专卖权运动中扮演了重要的角色。而国王的专制和王权对教界经济利益的侵犯助长了教界对宪政主义的认同，使其加入宪政运动的队伍。由于传统农业依然占据伊朗经济的主导地位，封建土地所有制广泛存在，工业化进程步履维艰，新兴资产阶级羽翼未丰，尚不足以与传统势力角逐政坛和分庭抗礼，无法成为宪政运动的领导力量。巴扎、行会和清真寺是宪政运动的重要据点。恺加王朝的独裁专制无疑是宪政运动期间伊朗诸多社会群体的众矢之的，反对恺加王朝独裁专制的共同目标则是伊朗诸多社会群体实现广泛政治联合的政治基础。宪政运动主要表现为城市范围的政治运动，尚未波及乡村社会。由于农民受控于地主，仍受封建生产关系制约，

---

[1] Mangol Bayat, *Iran's First Revolution: Shi'sm and the Constitutional Revolution of 1905 - 1909*, New York: Oxford University Press, 1991, p. 31.

所以乡村民众尚未介入宪政运动，处于国家政治的边缘领域。部落势力仍依附于王权，表现出反动的倾向。尽管宪政主义者建立议会、颁布宪法，但是他们缺乏坚实的民众基础。[①]

宪政运动将议会和宪法首次引入伊朗政治舞台，1906 年宪法的求真务实为其打上了深刻的时代烙印。教俗宪政主义者通过建立议会、制定宪法实现了政治权力的分享与利益的分配。宪法赋予民众以选举权利、出版、言论和集会自由，对于国王的权力加以明确限制，保证了私有财产的神圣，规定了自由和平等的政治原则，立法、司法、行政三权分立的原则，进而拉开了伊朗政治现代化的序幕。"在许多方面，它是伊朗民主胜利的前兆。"[②] 但世俗宪政主义者盲目地照搬西方宪政制度，并未考虑到民主是民众自身的觉醒，实现真正的民主，民主就要深深植根于民众内心。世俗宪政主义者视欧洲为典范，宪法和议会是欧洲现代政治模式的标志，所以世俗宪政主义者相信伊朗也必须要有宪法和议会，通过自上而下的改革实现民主。事实证明，单纯地盲目地模仿西欧是不现实的，西欧的民主模式也是经过长期斗争与发展才形成的。另外，西方宪政制度源于资产阶级的崛起和资本主义的发展，伊朗社会的情况与之不同，加之此时的民主政治缺乏必要的经济社会基础，尚属无源之水，徒具形式。另一方面，宪政运动具有什叶派伊斯兰教的浓厚色彩，体现了伊朗历史传统的延续和教界广泛的政治影响。宪法赋予沙里亚以神圣的地位，议会的立法权局限于世俗的范围。宪法的制定和国民议会的席位分配，集中体现了宪政运动的多元社会构成及其相互之间的妥协倾向，教俗联盟是建立在政治互利的基础之上。在革命条件不成熟的情况下，立宪政府的改革意识超前与当时的社会情况不符，使其无法结束国内的动荡不安，但其在财政、司法、法制方面的改革还是具有一定的积极意义。传统势力的抵制和外国的干涉挑战了立宪政府的统治地位，传统势力的根深蒂固和新旧力量的悬殊对比，从根本上决定了立宪政府的历史结局。然而，宪政运动毕竟开辟了伊朗现代政治革命的先河，政党之间的权力博弈预示了伊朗历史发展的崭新方向，民众的政治参与说明其是伊朗现代化进程中的重要里程碑。不过，由于实现民族独立和民众广泛政治参与的客观条件尚不成熟，宪政运

---

① 此部分参考哈全安《中东史：610—2000》，第 409 页。

② Mohsen M. Milani, *The Making of Iran's Islamic Revolution: from Monarchy to Islamic Republic*, p. 31.

动未能从根本上触动封建主义的经济基础和传统的社会秩序，议会和宪法并没有带来民主政治的新时代，但它却唤醒了民众，打击了恺加王朝的专制统治，撼动了恺加王朝的统治基础，开创了伊朗政治现代化的先河，伊朗现代政党政治的大幕由此拉开。

第三章　中东民族国家与现代政党的成立

直到 20 世纪初，奥斯曼帝国仍在名义上统治中东大部分地区，包括今天的叙利亚、伊拉克、黎巴嫩、约旦、也门、巴勒斯坦与以色列、利比亚、埃及、阿尔及利亚、突尼斯以及阿拉伯半岛诸国，奥斯曼帝国的现代化改革乃至宪政运动对这些国家产生深远影响。随着奥斯曼帝国的分崩离析，中东诸国在民族独立运动的大潮中纷纷宣告独立，形成了现代中东的民族国家体系，开始了政党政治的早期尝试。亨廷顿曾经指出："一个没有政党的国家也就没有产生持久变革和化解变革所带来的冲击的制度化手段，其在推行政治、经济、社会现代化方面的能力也就受到极大的限制。"[①] 所以中东地区政党政治的发展及其成熟程度直接影响了中东诸国的现代化进程。

一　现代中东民族国家的建立

第一次世界大战之前，一系列巴尔干战争导致奥斯曼帝国丧失大部分欧洲领土，意大利也借着奥斯曼帝国的衰亡攻占北非的黎波里及其周边地区。青年土耳其革命不仅将一批军人推上政治舞台，而且使土耳其主义取代泛伊斯兰主义成为奥斯曼帝国的主导意识形态。尽管阿拉伯人基于穆斯林兄弟情谊认同哈里发的统治，但是奥斯曼苏丹对犹太复国主义运动的抵制不力使其在阿拉伯人心目中的地位下降，他们将求助的目光转向英法等殖民强国，试图以阿拉伯民族主义阻止犹太人对圣地的侵占。第一次世界大战爆发后，奥斯曼帝国加入同盟国作战，被以英法为首的协约国击败，对整个中东地区产生重大影响。根据"一战"期间及战后签署的系列协

[①] 　［美］塞缪尔·P. 亨廷顿：《变化社会中的政治秩序》，第 372 页。

约，奥斯曼帝国的阿拉伯省份被切割成一系列国家后被分别占领：法国占领叙利亚和黎巴嫩，英国占领伊拉克、巴勒斯坦地区和约旦。中东地区的新秩序并没有获得民众的广泛认可，1920年，伊拉克发生反对英国控制的一系列起义，巴勒斯坦地区也发生反对英国和犹太人的骚乱。与此同时，法国对叙利亚的委任统治也遭遇挑战，先是土耳其撤出之后在大马士革自行成立的阿拉伯政府的抗议，后是1925—1927年间一系列民众骚乱。埃及在1914年被英国宣布为保护国，埃及希望选派一个代表团参加1919年巴黎和会失败引发全国规模的起义，最终在1922年单方面宣布独立。1919年，阿富汗从英国手中夺回完全独立地位。在土耳其，穆斯塔法·凯末尔领导民族独立运动抵抗列强的入侵，在1923年创建土耳其共和国。在波斯湾，礼萨汗使伊朗摆脱英国、俄国和部族势力的控制。1927年，沙特阿拉伯摆脱英国统治而独立。尽管这些新独立的国家通过民族运动摆脱殖民统治，但英法仍然是中东地区的主要控制者，他们控制所有国家的疆域范围，决定由谁统治国家，成立什么样的政府，甚至主宰波斯湾地区的早期石油开采。此间新独立的土耳其、埃及和伊朗都被迫承认新的疆界范围和新秩序，甚至伊本·沙特建立沙特王国也需要英国的支持和帮助。伊丽莎白·门罗（Elizabeth Monroe）曾说，1914—1916年的中东是英国的时代。[①] 此间中东的政治框架得以确定，许多边界争端、民族纠纷和宗教冲突也遗留下来。但是部分国家抓住有利时机摆脱殖民统治而独立，1934年，英国政府承认也门伊玛目国（北也门）为独立的主权国家。

就中东整体而言，可以说英法等殖民强国确立了中东国家的核心特征，赋予其行政制度、司法体系和国际承认的边界，将西方的现代政治制度移植到这些所谓的委任统治国或保护国，并片面发展了这些国家的民族经济和工业。为了维持其宗主国统治地位，英法等殖民国家采取一系列措施来贯彻其殖民实践。首先是努力创建一个包含大地主、控制广大乡村地区的谢赫联盟，尽管他们是落后力量的代表，却为了个人利益支持殖民当局的统治，且能在中央政府软弱无力的时候维持国家的安全与稳定。在这些国家引入宪政制度和民主选举模式，不但可以依靠大地主来管理乡村选举，更多的时候将他们纳入宪政候选人的行列，叙利亚和伊拉克即是这方

---

① 参见 Elizabeth Monroe, *Britain's Movement in the Middle East*, *1914 – 1956*, London: Chatto and Windus, 1963。

面的代表。其次是通过关注派别、种族和部族分化来实施"分而治之"的政策。法国在摩洛哥就采取这样的政策，强化阿拉伯人和柏柏尔人之间的区别而造成其内部冲突。在叙利亚有意制造阿拉维派与逊尼派之间的隔阂与争端。最后是强化对殖民地的经济管理，通过将这些国家的经济体系纳入宗主国控制的世界市场，使得这些国家在经济上依附于宗主国。这一系列政策直接影响了这些国家的政治稳定，并对中东国家的现代政治进程产生一定影响。

第二次世界大战终结了西方国家在全球范围内的殖民统治，美苏在"二战"后的崛起极大冲击了旧殖民体系，中东诸国纷纷摆脱委任统治而获宣布独立。叙利亚和黎巴嫩在1943年取得独立，约旦在1946年宣告独立，以色列在英国撤军后于1948年抓住有利时机宣告独立，利比亚脱离意大利的殖民统治于1951年获得独立，埃及通过自由军官组织政变迫使英国签署1954年撤军协议而赢得完全独立，苏丹于1956年摆脱英国统治而成立共和国。与此同时，突尼斯与摩洛哥获得自由。1960年，塞浦路斯在英国、希腊、土耳其的允准下获得独立。同年，毛里塔尼亚宣告独立。1961年，英国承认科威特的完整主权。阿尔及利亚经过八年抗法斗争最终于1962年获得独立。1967年，南也门独立。1970年，阿曼苏丹国成立。1971年，卡塔尔宣布独立。1971年7月，阿拉伯联合酋长国宣布成立。1971年8月，巴林宣布独立。在"二战"后的二十多年内，中东地区除了巴勒斯坦，全部成为独立主权国家。这些新独立的国家在冷战的格局下，大多被拉入美苏各自的阵营，成为冷战的试验场。这些国家在政治建构的过程中，深受苏联和西方国家的影响，纷纷建立起不同形式的政治制度，成为研究政党政治的活化石。

二　现代政治制度的构建

民族独立是中东诸国建立现代国家的第一步，独立后的国家沿着不同的发展轨迹纷纷走上现代化之路。综观"二战"后中东国家的发展轨迹，除了海湾君主国保持了相对传统的政治秩序，其他国家都经历了相对频繁的政治更迭：从王国向共和国转变，从一党制向多党制过渡，从威权政治向民主政治转化。尽管海湾君主国属于无党制国家，但却普遍开展了宪政自由的现代政治尝试，为政治现代化的长足发展铺平道路。其他国家在政党政治建构的过程中，将民族独立摆在第一位，所以民族主义政党在相当多的国家中主宰政治发展，但伊斯兰文化根深蒂固，因此带有浓厚宗教背景的伊斯兰政党在现代化进程中发挥着重要作用，在全球化背景下，伊斯兰政党在整合传统文化与现代政治理念的基础上实现向穆斯林民主政党的过渡。多元化的民主是中东诸国追求的目标，所以一党制向多党制的过渡是诸多国家政党在现代化进程中追寻的目标，但多党制的频繁更迭使得"中东例外论"成为诸多学者讨论的主题。

1. 中东君主国的政党政治实践

第二次世界大战后，中东不少国家爆发了民族民主运动，在摆脱西方殖民统治的同时摆脱传统社会的束缚，建立了各种形式的共和国，但还是有相当一部分的国家保留了君主制传统，这包括沙特阿拉伯、阿曼、科威特、巴林、卡塔尔、阿联酋、约旦、伊朗等国。尽管伊朗被伊斯兰革命推翻，但其他君主国成功应对了"二战"以来的各种冲击，诸如 20 世纪 50 年代民族民主力量的冲击，60 年代共和制与君主制的较量，70 年代伊斯兰复兴运动的挑战，80 年代两伊战争与油价暴跌的影响，90 年代海湾战争以及苏东剧变的震撼，21 世纪初大中东计划的波及，2010 年底以来中东剧变的扫荡等。但中东君主国似乎对社会矛盾的变化具有较强的调节功能，能够及时化解社会的张力，实现社会较为稳定的发展。必须阐明的是，中东君主国并非一成不变地坚守君主制的传统，在现代化进程中，这些国家也开启了宪政与自由的尝试，并进行一定规模的政党政治实践。

18 世纪以来，沙特曾经经历第一沙特、第二沙特和第三沙特王国的更迭。1927 年 5 月，英国与伊本·沙特签署《吉达条约》，承认伊本·沙特为希贾兹与纳季德及其属地的国王，1932 年，纳季德苏丹国正式改为沙特王国。[①] 沙特王国是一个典型的教俗合一国家，家族政治与宗教政治的有机结合是其典型特征。早在 1926 年，伊本·沙特颁布敕令，明确规定"希贾兹王国应当被视为具有明确分界线的整体，不可以任何方式加以分割。希贾兹应当是设有咨议机构的君主国和伊斯兰国家，自主处理其内外事务……希贾兹王国的最高权力属于伊本·沙特国王陛下。"[②] 与此

---

① Willam Roe Polk, *The Arab World*, Cambridge: Harvard University Press, 1980, p. 146.

② Alexei Vassiliev and Philip Jenkins, *The History of Saudi Arabia*, New York: New York University Press, 2000, p. 295.

同时，麦加的传统部落会议麦吉里斯·艾赫利改称麦吉里斯·舒拉，成员由选举产生改为国王任命。自 1932 年起，费萨尔亲王代表伊本·沙特国王在麦加主持麦吉里斯·舒拉，行使政府职权，负责管理希贾兹地区的司法、朝觐、宗教、财政和外交，此为沙特王国的内阁原型。20 世纪 30 年代，利雅得宫廷的麦吉里斯既是沙特王国的中央政府，又是纳季德的地方政府。40 年代，宫廷麦吉里斯的机构不断增加，权限逐渐扩大，利雅得随之成为沙特王国的政治中心。1953 年 10 月，伊本·沙特在临终前颁布敕令，在利雅得成立沙特王国大臣会议，是为沙特王国的内阁，明确规定大臣会议的人员组成、权限范围、运作程序和组织机构，指定王储沙特出任大臣会议首相，沙特王国内阁政治的序幕由此拉开。1954 年，沙特国王颁布《大臣会议条例》，内容如下：一是大臣会议由国王、王储、各部大臣以及国王顾问组成，国王兼任大臣会议首相并亲自主持大臣会议，王储兼任大臣会议副首相；二是大臣会议兼有立法和行政职能，是最高立法机构和政府机构；三是大臣会议的决议采用投票表决的方式，大臣会议的决议须经国王批准方能生效。[1] 1958 年，沙特国王颁布敕令，修订《大臣会议条例》，规定王储兼任首相，主持大臣会议，决定大臣会议的人选，大臣会议负责制定国家的政策以及政府预算和财政计划，统辖地方政府，大臣决议需经 2/3 成员的批准方能生效，国王有权否决大臣会议的决议。1964 年，费萨尔国王再次修订《大臣会议条例》，明确规定国王兼任大臣会议首相，大臣会议直接对国王负责。[2] 到 1975 年，大臣会议已经成为包括外交部、财政部、国防部、通讯部和司法部等几十个部级单位的内阁机构，但其作为立法、司法和行政三位一体的机构，兼具议会、最高法院和内阁的三重功能，这是区别于西方三权分立体制的重要特点。尽管如此，其给沙特政治秩序赋予现代色彩，并使现代政治活动的实行成为可能。

20 世纪 60 年代以来，具有浓厚世俗色彩与共和制倾向的阿拉伯民族主义思潮风行一时，构成挑战沙特王国君主制度的外部政治隐患，具有民族主义、宪政主义和社会主义倾向的世俗政治组织逐渐萌生。"民族改革阵线"始建于 1953 年罢工期间，该组织反对帝国主义和西方石油公司对

---

① Fouad Al - Farsy, *Saudi Arabia: A Case Study in Development*, London and New York: Routledge, 1986, p. 93.

② Ibid., pp. 97 - 98.

于沙特的控制与束缚，强调沙特的民族独立和国家主权，主张制定宪法，实行政党政治和选举政治基础上的宪政制度，实行新闻自由和结社自由，保障民众的权利，发展民族经济，废除奴隶制，加强与其他阿拉伯国家以及社会主义国家的广泛合作。[①] 1956 年，沙特政府取缔"民族改革阵线"，逮捕其主要成员，其余人员逃往埃及、叙利亚和黎巴嫩。"阿拉伯半岛人民联盟"始建于 1956 年，深受纳赛尔主义的影响，与埃及政府联系密切。1958 年，"阿拉伯半岛人民联盟"的领导人纳赛尔·赛义德发表致国王沙特的公开信，主张举行议会选举、制定宪法和实行宪政，呼吁沙特政府承认民众的结社权和罢工权，保障民众的新闻自由和言论自由，释放政治犯，反对歧视什叶派穆斯林，废除奴隶制，关闭宰赫兰的美国军事基地。"民族解放阵线"始建于 1958 年，具有鲜明的社会主义政治倾向，反对帝国主义和犹太复国主义，废除与西方国家缔结的军事条约，关闭外国军事基地，实行民主制度，保障民众的基本权利，发展公有制经济，实现石油开采的国有化，扩大与苏联以及其他社会主义国家的交往。[②] 1975 年，"民族解放阵线"更名为"沙特阿拉伯共产党"，强调政治民主、信仰自由和司法公正，形成阿拉伯政坛的左翼力量。这些世俗政党在不同程度上带有鲜明的纳赛尔主义痕迹和政治色彩，与沙特阿拉伯教俗合一的政治体制相抵触，尽管他们的诉求体现了沙特国内民众对政党政治的呼吁，但其作为政治舞台的边缘派别，对沙特政治现代化进程影响并不大。

随着世界范围内伊斯兰复兴运动的兴起，沙特国内也遭受伊斯兰主义的冲击，表现为影响深远的 1979 年"麦加事件"。20 世纪 70 年代后期，"阿拉伯半岛伊斯兰革命组织"成为哈萨省什叶派穆斯林反对沙特政府的主要政治组织。沙特宗教政治的家族色彩使得伊斯兰主义对其触动并不大，但是 20 世纪 90 年代以来，周边科威特、巴林、也门和阿曼的政治改革进程影响了沙特的政治生活。1990 年 12 月，沙特国内的中产阶级首先发难，作为"忠于国王的臣民"公开递交致国王法赫德的所谓世俗请愿书。该请愿书由 43 名商人和知识分子签名，援引《古兰经》和"圣训"以及伊斯兰教法的相关内容，呼吁召开协商会议和地方议会，给予民众相

---

① Alexei Vassiliev and Philip Jenkins, *The History of Saudi Arabia*, p. 339.

② Ayman Al - Yassini, *Religion and State in the Kingdom of Saudi Arabia*, Boulder: Westview Press, 1985, p. 122.

应的政治权利，扩大民众的政治参与。[1] 1991 年 5 月，伊本·沙特伊斯兰大学教授阿卜杜拉·图瓦吉里向沙特政府提交宗教请愿书，要求成立协商会议作为决定国家政策的最高机构，成立教法监护委员会，实现司法公正，保证财富公平分配，建设强大的国防力量，保障人权等。[2] 1992 年 9月，反对派再次递交所谓的建议备忘录，要求遵循沙里亚法的原则，回归伊斯兰的道路，改革政治体制，打破沙特家族的权力垄断，提高乌莱玛的政治地位，惩治腐败，保障人权，实行新闻自由和言论自由，创办伊斯兰银行，结束西方异教国家的驻军。[3] 1993 年 5 月 3 日，6 名沙特著名宗教人士公开宣布建立"保卫合法权利委员会"。尽管该组织的创建者声称其宗旨是依据古兰经、圣训和沙里亚法的原则，实现社会公正和保障个人权益，而无疑成为反对政府的政党，[4] 发挥了反对派政党在国家政治生活中的作用，体现了政党政治对 20 世纪 90 年代的沙特政治的影响。20 世纪90 年代以来，沙特政坛还出现"阿拉伯半岛伊斯兰改革运动"和"沙特阿拉伯反对腐败委员会"等反对派组织，尽管它们规模不大，影响范围有限，但标志着沙特阿拉伯在世纪之交也出现现代政党政治的全新发展趋势。21 世纪以来，面对民间宗教政治运动的挑战，沙特王国统治者启动扩大政治对话和政治参与的改革进程。2003 年 4 月，沙特王室宣布组成由法赫德国王领导的、由 27 名大臣组成的新内阁，包括力主革新的外交大臣费萨尔亲王、文化新闻大臣福阿德·阿卜杜·萨拉姆·穆罕默德，以及多名年轻的官员，[5] 他们成为推动沙特阿拉伯政治改革的主要力量。与此同时，沙特政府启动了全国范围内的政治对话，先后召开多次国家对话会议，在保证沙特家族统治权威的基础上实现民众一定范围的政治参与。由于沙特家族政治与宗教政治高度合一，尽管推行了一定范围的改革，但挑战传统君主制统治的政党未能获得有效发展，所以沙特阿拉伯作为中东

---

[1] Joseph A. Kechichian, *Succession in Saudi Arabia*, London and New York: Palgrave MacMillan, 2001, pp. 131 – 136.

[2] Anders Jerichow, *The Saudi File: People, Power, Politics*, New York: St. Martin's Press, 1998, pp. 53 – 54.

[3] R. Hrair Dekmejian, *Islam in Revolution: Fundamentalism in the Arab World*, New York: Syracuse University Press, 1985, p. 145.

[4] Mamoun Fandy, *Saudi Arabia and the Politics of Dissent*, London and New York: Palgrave Macmillan, 2001, pp. 118 – 119.

[5] 转引自吴彦《沙特阿拉伯政治现代化进程研究》，浙江大学出版社 2011 年版，第315 页。

地区相对保守的国家，其政党政治的发展前景任重道远。

　　海湾诸国包括科威特、阿曼、巴林、卡塔尔、阿联酋等疆域范围较小的君主国。"二战"后，这些国家相继摆脱英国殖民统治宣布独立，先后建立起君主制政权，并在奥斯曼帝国宪政运动和西方政治思想的影响下，建立了颇具现代政治色彩的政治制度。科威特在 20 世纪初，逐步建立现代政府机构。1918 年，科威特商人要求成立麦吉里斯，作为限制埃米尔个人权力和保护民众权利的国家机构。1921 年，埃米尔艾哈迈德成立包括 12 名成员的协商会议，该会议由埃米尔任命产生，仅行使建议权和协商权，不久便遭到解散。1938 年，第一届麦吉里斯召开，埃米尔批准麦吉里斯起草的基本法，授予麦吉里斯监督政府预算、司法、安全、教育、社会福利和批准涉外条约。[1] 与此同时，科威特商人首次组建政党，名为民族阵线。[2] 1939 年 3 月，埃米尔解散麦吉里斯，成立协商会议，任命 14 名协商会议成员。1961 年 12 月，科威特举行立宪会议选举。1962 年 1 月，科威特正式成立由 14 名大臣组成的第一届内阁，内阁首相为王储萨巴赫·萨利姆。1962 年 11 月，科威特颁布宪法，规定科威特实行议会选举制，宣称内阁对埃米尔负责，首相和大臣由埃米尔任免。其核心原则是埃米尔服从宪法，民众服从埃米尔。[3] 科威特实行党禁，议会选举采用独立选举的方式。议员包括萨巴赫家族成员、商人、知识分子、什叶派和贝都因人。科威特实行君主拥有绝对权力的议会君主制形式，由于禁止政党存在，所以在 20 世纪 90 年代之前，政党政治在科威特并未出现。科威特通过议会选举，表达了民众的民主与社会诉求。不过，随着国际形势的变化，科威特的自由化改革呈现松动的迹象，政党政治逐渐出现。在 1992 年 10 月的第七届议会选举中，反对派获得 35 个议会席位，其中什叶派的伊斯兰民族联盟获得 3 个席位，赛拉菲叶的伊斯兰民众集团获得 3 个席位，穆斯林兄弟会的伊斯兰宪政运动获得 3 个席位，商人的宪政联盟获得 1 个席位，前议会反对派成员组成的议会联盟获得 11 个席位，自由派和

---

① R. Said Zahlan, *The Making of the Modern Gulf States: Kuwait, Bahrain, Qatar, United Arab Emirates, Oman*, London: Routledge, 1989, pp. 37 - 38.

② Jill Crystal, *Kuwait: The Transformation of an Oil State*, Boulder: Westview Press, 1992, p. 19.

③ Tareq Y. Ismeal, "Middle East Politics Today: Government and Civil Society", *The Journal of Politics*, Vol. 65, No. 3, August 2003, p. 354.

世俗民族主义的科威特民主论坛获得 2 个席位，独立人士获得 12 个席位。① 20 世纪 90 年代的议会选举标志着科威特民主化进程的启动，反对派政党开始成为影响科威特政坛的重要力量，然而由于科威特长期实行党禁，反对派组织无法获得合法地位，独立候选人在议会中占据多数。科威特的反对派并非浑然一体，他们的政治立场各异，主要反对派组织有国家宪政阵线、穆斯林兄弟会、伊斯兰联盟、伊斯兰宪政运动、伊斯兰遗产复兴协会、全国伊斯兰联合会和科威特民主论坛等，它们都具有鲜明的宗教色彩。反对派政党的存在对科威特的政治现代化起了重要的推动作用。

巴林由哈利法家族统治。1953 年 10 月，由 120 名代表组成的高级执行委员会成立，要求举行议会选举，引进新的刑法和民法，建立工会和世俗法庭。1956 年 3 月，高级执行委员会与埃米尔达成妥协，放弃参选议会的要求，埃米尔承认其合法地位，随后高级执行委员会改名为国家统一委员会。11 月，埃米尔宣布国家进入紧急状态，取缔国家统一委员会，逮捕和囚禁其成员，扼杀了巴林国内最有可能成为政党的组织。1972 年 6 月，埃米尔伊萨·萨勒曼宣布召开立宪会议。12 月，举行立宪会议选举。1973 年 12 月，立宪会议颁布宪法，规定巴林实行议会君主制，议会设立 42 个席位，其中 30 个席位由选举产生，12 个席位由埃米尔任命，年满 20 岁的男性公民有选举权，议会无立法权。② 1975 年 8 月，议会否决埃米尔颁布的国家安全法令以及埃米尔与美国政府达成的军事基地使用权的协议，随后埃米尔解散议会，议会与政府合并。尽管巴林给自己披上一定的现代政治外衣，但实际上哈利法家族长期垄断国家权力，控制内阁要职，宪法与议会形同虚设。最终，民众的抗议活动使得新式的政党组织在巴林出现。20 世纪 70 年代，巴林连续发生工人罢工和示威，要求提高工资、组建工会和进行政治改革，包括巴林民众阵线、民族解放阵线和复兴党分支机构在内的左翼政治组织在巴林初露端倪。1979 年，巴林民众阵线与民族解放阵线通过谈判合并，1981 年 1 月，双方发表共同政治宣言，要求恢复议会制政府和组建独立工会。③ 随着民族主义政党的衰落，这些

---

① Mary Ann Tétreault, *Stories of Democracy*: *Politics and Society in Contemporary Kuwait*, New York: Columbia University Press, 2000, p. 128.

② Don Peretz, *The Middle East Today*, Westport: Praeger Publishers, 1994, p. 496.

③ Fred H. Lawson, *Bahrain*: *The Modernization of Autocracy*, Boulder: Westview Press, 1989, p. 86.

左翼组织对巴林政治的影响并不大。1991 年海湾战争后，巴林民众上书埃米尔伊萨·萨勒曼，要求重新召开议会和扩大议会权限。1992 年 12 月，埃米尔伊萨·萨勒曼宣布建立协商会议，1996 年，将协商会议成员由 30 名增加到 40 名以扩大其代表范围。1999 年，埃米尔哈马德·伊萨继位，尝试推行民主化改革；2003 年，他举行议会选举，开启了巴林民主政治的新篇章，但政党政治的发展还有待于进一步突破。

1970 年，卡塔尔成立内阁和协商会议，萨尼家族垄断内阁要职，协商会议成员由埃米尔任命。内阁首相最初由埃米尔兼任，后改由王储兼任。1974 年，卡塔尔颁布临时宪法。1992 年，卡塔尔民众采取请愿的方式，要求进行议会选举和赋予议会以立法权。1995 年，谢赫·哈马德·本·哈利法·阿勒萨尼继任埃米尔后，推行政治改革，修改宪法，明确划分宫廷与内阁的权限，赋予妇女选举权。2003 年，卡塔尔新宪法草案以全民公决方式获得通过；埃米尔谢赫·哈马德·本·哈利法·阿勒萨尼颁布首部永久宪法，规定卡塔尔实行行政、立法、司法三权分立，而行政权由埃米尔总揽；协商会议由 45 名成员组成，其中 30 席由公民投票选举产生，另外 15 席由埃米尔任命，这为卡塔尔披上宪政外衣，建立议会民主制铺平道路，但很难打破埃米尔的权力垄断，所以政党政治对于卡塔尔而言还很遥远。

阿拉伯联合酋长国长期延续家族世袭的政治传统。根据 1971 年颁布的临时宪法，阿拉伯联合酋长国实行于酋长制基础上的联邦制，设最高会议、总统、联邦内阁和议会。最高会议由加入联邦的各酋长国酋长组成，是国家权力的核心机构，负责选举联邦总统和副总统，任免联邦内阁总理。议会系咨议机构，设 40 个议席，议员由酋长任命产生，其中阿布扎比和迪拜酋长分别任命 8 名议员，沙迦和哈伊马角酋长分别任命 6 名议员，阿治曼、乌姆盖万和富查伊拉酋长分别任命 4 名议员。[①] 这种分布带有权力制衡的色彩，但绝非民众意愿的产物，所以尽管有了现代政治的形式，然而部落传统与现代政治的碰撞将会在阿拉伯联合酋长国的现代化进程中继续延续。

阿曼苏丹国的苏丹来自阿布·赛义德家族。1932—1952 年，赛义

①　William Ochsenwald, Sydney Nettleton Fisher, *The Middle East: A History*, Boston: McGraw Hill Higher Education, 2010, p. 679.

德·塔伊穆尔苏丹为摆脱英国殖民统治进行了艰苦斗争，并积极改组完善内阁，设立现代意义的财政部、内务部、司法部和外交部。1970 年，卡布斯·赛义德将马斯喀特苏丹国改称阿曼苏丹国。1972 年 1 月，卡布斯·赛义德苏丹组建新内阁，兼任首相和外交、国防、财政大臣。1975 年，阿曼颁布政府组织法，明确规定内阁成员由苏丹任命。阿曼于 1981 年成立协商会议，其成员由苏丹制定，任期两年。1993 年，成员飙升至 80 人，任期延长为三年，部分成员改为选举产生。1996 年 11 月，阿曼苏丹卡布斯·赛义德颁布基本法，这是阿曼的第一部宪法，规定阿曼苏丹拥有统治国家的最高权力，首相和内阁成员由苏丹任命。① 虽然拥有部分民主色彩，但总体来看，阿曼至今仍然是世界上为数不多的绝对君主制国家，国家和政府依然处于苏丹的控制之下，其政党政治之路还很漫长。

约旦从君主制到二元君主立宪制的过渡也体现了君主国政党政治的发展新趋向。第一次世界大战后，奥斯曼帝国的瓦解使得英国实施了对巴勒斯坦地区的委任统治，后来英国将委任统治的巴勒斯坦划分为两部分，约旦河以西地区称巴勒斯坦，由英国委任统治当局直接管理；约旦河以东地区称外约旦，实行阿拉伯人的自治。1921 年 3 月，英国委任统治当局邀请阿卜杜拉出任外约旦自治区的埃米尔，此为约旦王国的起始点。20 世纪 20 年代以来，阿卜杜拉亲王为争取外约旦的独立和英国委任统治当局展开一系列谈判和磋商，1928 年 2 月，阿卜杜拉亲王与英国达成协议，阿卜杜拉政府负责外约旦的内政和司法事务，英国委任统治当局负责外约旦的财政、军事和外交事务。② 同年 4 月，阿卜杜拉亲王颁布约旦政府组织法和选举法，规定立法会议设 22 个席位，其中 6 个属于内阁成员，其余的实行间接选举，年满 18 岁的男性公民享有选举权，内阁首相主持立法会议，埃米尔有权任免首相和内阁成员，有权召开和解散立法会议。③ 1929 年，阿卜杜拉亲王在安曼组建国民大会、立法会议和具有内阁职能的执行会议。④ 1946 年 3 月，英国正式承认外约旦独立；不久，外约旦埃

---

① 　Francis Owtram, *A Modern History of Oman: Formation of the State Since* 1920, London and New York: I. B. Tauris, 2004, pp. 182 – 183.

② 　Don Peretz, *The Middle East Today*, p. 344.

③ 　Rodney Wilson, *Politics and the Economy in Jordan*, London and New York: Routledge, 2005, p. 186.

④ 　Philip Robins, *A History of Jordan*, Cambridge: Cambridge University Press, 2004, p. 36.

米尔国改称外约旦哈希姆王国。1947 年，外约旦哈希姆王国颁布宪法，实行议会君主制，议会由上下两院组成，下院 20 名议员经选举产生，上院 10 名议员由国王任命，首相和内阁对国王负责。① 第一次中东战争后，外约旦哈希姆王国更名为约旦哈希姆王国，1950 年，其在约旦河西岸和东岸举行议会选举，组建新政府。② 1952 年 1 月，阿卜杜拉国王之子塔拉勒国王颁布宪法，规定实行君主立宪制，国王有权颁布法律、任免首相、解散议会和统率武装部队；议会采取两院制，上院议员由国王任命，下院议员由选举产生，议员任命四年，首相和内阁对议会负责。③ 此后 10 年间，议会选举处于政府的控制之下，政党为数甚少且屡遭取缔，议会俨然是国王的御用工具。④ 20 世纪五六十年代，在阿拉伯民族主义浪潮日趋高涨的背景下，约旦国内由阿拉伯民族主义者领导的民族社会主义阵线兴起，在 1956 年 10 月的议会选举中，民族社会主义阵线赢得议会下院的多数席位，其领导人苏莱曼·纳布尔斯出任内阁首相。⑤ 苏莱曼·纳布尔斯的亲叙利亚和埃及行为遭到约旦传统贵族的反对，1957 年 4 月，侯赛因国王解除苏莱曼·纳布尔斯的首相职务，解散反对派控制的议会，取缔政党和工会，实行军事管制。⑥ 尽管实施党禁政策，但国内的纳赛尔主义者、社会主义者和复兴党势力作为政治反对派影响了约旦政局的走向。1971 年，侯赛因国王创建"约旦国家联盟"作为唯一的合法政党，自任主席，旨在遏制纳赛尔主义、阿拉伯复兴社会主义和巴勒斯坦民族主义的渗透；1972 年，该组织改称"阿拉伯民族联盟"，1976 年解散。⑦ 随着伊斯兰复兴浪潮的兴起，伊斯兰势力作为重要的政治反对派对约旦政治民主化进程产生深远影响。1978 年 4 月，侯赛因国王制定 60 名政界精英组成"国家协商会议"，作为发表不同政见的论坛。1984 年 1 月，侯赛因宣布恢复原有的议会，国家协商会议解散。⑧ 1989 年 11 月，约旦举行自 1967

---

① Rodney Wilson, *Politics and the Economy in Jordan*, pp. 186 - 187.

② William Ochsenwald, Sydney Nettleton Fisher, *The Middle East: A History*, p. 539.

③ Rodney Wilson, *Politics and the Economy in Jordan*, p. 188.

④ 哈全安：《中东史：610—2000》，第 707 页。

⑤ Kamal S. Salibi, *The Modern History of Jordan*, London and New York: I. B. Tauris, 1998, p. 190.

⑥ Malcolm E. Yapp, *The Near East Since the First World War: A History to 1995*, London and New York: Routledge, 1996, p. 296.

⑦ Don Peretz, *The Middle East Today*, p. 357.

⑧ Philip Robins, *A History of Jordan*, p. 154.

年以来的首次议会选举，全国划分为 21 个选区，下院席位增至 80 个（2001 年增至 104 个席位）。由于实行党禁，议会下院席位的候选人以独立身份参与竞选，最终穆斯林兄弟会成员获得 20 个席位，其他伊斯兰主义者获得 14 个席位，世俗左翼派别获得 13 个席位，亲政府的右翼势力获得 35 个席位。① 1991 年 6 月，侯赛因国王指定来自不同政治团体的 60 人起草《国民宪章》。在侯赛因国王的召集下，社会各界代表 2000 人进行讨论，通过《国民宪章》。《国民宪章》强调在君主制政体的前提下扩大国民的政治参与范围和议会的权力，明确伊斯兰教法作为立法的基础，解除 1963 年以来的党禁，结束 1967 年以来的军事管制，放松新闻审查。② 1992 年 9 月，议会批准国民宪章作为 1952 年宪法的补充，同时通过政党法，确立多党制的政党制度。1993 年 8 月，约旦修改选举法，选民由一人多票改为一人一票。同年 11 月，约旦举行 1956 年以来的首次多党议会选举，22 个政党参与下院席位的竞争。穆斯林兄弟会获得 16 个议席，伊斯兰独立人士获得 5 个席位。③ 在 1993—1997 年的议会下院中，政党占 35 个席位，独立候选人占 45 个席位，由此可见约旦的政党政治并不成熟。尽管如此，穆斯林兄弟会约旦分支组织伊斯兰行动阵线成为议会中最重要的反对派政党，阿拉伯复兴社会党则作为世俗力量的代表质疑当局的统治。1994 年起，随着国内反对派政党的活跃，约旦当局加强了对政权的控制，使得政党政治与民主化进程呈现悖论性的发展趋势。1997 年 11 月，由于缺乏必要的自由氛围和不满约旦当局与以色列的和平协定，包括世俗左翼政党和伊斯兰行动阵线在内的数十个反对派政党抵制选举，最终政党政治在此次议会选举中遭遇滑铁卢。21 世纪以来，随着中东诸国现代化进程的推进，尤其是 2011 年中东剧变以来，约旦的政党政治逐渐趋于自由开放，政党政治、议会选举必然朝着与民主化进程相适应的方向前进。纵观约旦政党政治的发展历程，可见约旦的大多数政党不仅规模小，制度化程度低，群众基础薄弱，而且带有浓重的家族和部落色彩，在公众中的形象和影响力均欠佳。在约旦，政党注册只要 50 名初始党员即可，

---

① Najib Ghadbia, *Democratization and the Islamist Challenge in the Arab World*, Boulder: Westview Press, 1997, p. 122.

② Philip Robins, *A History of Jordan*, pp. 174 – 175.

③ Curtis R. Ryan, *Jordan in Transition: From Hussein to Abdullah*, Boulder: Lynne Rienner Publishers, 2002, pp. 26 – 28.

在这种情况下，许多政党实际上在群众中几乎没有影响力可言。有些只是围绕在某个有影响的政治人物周围而成立的政党，这样的政党在很大程度上也就成了实现个人利益和政治野心的工具。此外，普遍缺乏活动经费也限制了政党的发展。亨廷顿指出，在这种政党发展的最初阶段，"政党基本上只是少数人在为数众多的弱小而短暂的同盟和集团之中相互进行竞争，这些集团持久性很差，且无结构可言，通常只是个人野心的一种投影，离不开私人和家族的恩怨瓜葛。这些政治集团未尝不可谓之政党，但它们缺乏政党必备的持久组织和社会支持。这些集团事实上是些宗派"。①

总之，就中东君主国的政党政治而言，其仅仅是现代化进程中民主发展的点缀。尽管这些国家深受奥斯曼帝国和西方国家民主化的影响，也进行了几十年的政治民主化的改革，但这些国家的政治民主化进程和所谓的自由选举以及多党政治的尝试，都是在王室的控制下进行的，国王及其代表的政治实力掌控这些国家的民主化进程，民主化所迈出的每一步都被严格限定在国家划定的范围之内。不过，国王的专制权力随着民众政治参与的扩大而逐渐弱化，这在一定程度上顺应了中东民主化的进程。列宁说过，"君主制根本不是形式单一和一成不变的制度，而是非常灵活的和能够适应各阶级的统治关系的制度"。② 所以说，在政党政治的发展进程中，君主制不自觉地采取了弱化自身实力和影响的改革措施，为民主化进程的长足进步铺平道路，这是历史发展的必然。

2. 世俗民族主义政党的"一党独大"

近代以来，随着资本主义从西欧、北美向世界范围扩展，亚洲、非洲、拉丁美洲和大洋洲的广大地区被迫纳入资本主义体系，被侵略的民族和国家沦为殖民地、半殖民地，成为西欧、北美工业化国家所组成的全球经济体中心的依附边缘地区。依附边缘地区的广大民众同帝国主义、殖民主义的矛盾成为该地区众多国家的主要矛盾，摆脱帝国主义、殖民主义的侵略和统治，争取民族独立则成为其面临的主要任务。这些国家的有识之士纷纷模仿西方国家政党政治斗争方式，努力团结国内各个阶层的民众，以政党为纽带号召民众团结奋起、抗击外来侵略，以争取民族解放和国家独立，所以在民族意识觉醒和民族情绪高涨的民族主义运动发展过程中，

---

① ［美］塞缪尔·P. 亨廷顿：《变化社会中的政治秩序》，第381页。
② 列宁：《关于选举运动和选举纲领》，《列宁全集》第二十卷，人民出版社1984年版，第358页。

民族主义政党纷纷产生。这些殖民地、半殖民地国家的政党主要受外界政治因素的刺激，仿效外界的斗争方式，就世界范围来看可谓"政党产生的次生型模式"。[①] 与原生型以阶级为基础产生的政党相比，民族主义政党具有如下特征：一是民族主义政党不是代表某个阶级、阶层或集团的意志和利益，而是反帝反殖的民族统一战线式组织，不少政党明确宣布自己是"全民性的党"或"全国的党"；二是政党的政治纲领不够周密和完整，政治主张重在对外，斗争目标也主要是对外，国内现代化建设目标相对模糊；三是很多的民族主义政党尤其是非洲的民族主义政党是在民族、部族、地区或宗教的基础上建立的，具有民族、部族、地区、宗教的强烈背景。民族主义政党的历史使命和发展轨迹很难将其与国家区分开来，所以在诸多地区出现"党国合一"的政党政治模式。

20世纪50年代以来，在世界民族民主运动的大潮中，中东诸国相继摆脱殖民或半殖民统治而独立，新生的民族国家如何捍卫民族独立、反对帝国主义和殖民主义的渗透和控制便成为其在现代化进程中无法回避的主题。尽管部分国家在独立之后建立了君主制国家，诸如埃及、叙利亚、利比亚和伊拉克等国，但君主在抗击帝国主义和促进民族发展方面的乏力促使军人打着民众的旗号推翻君主制，建立了带有鲜明军人色彩的威权模式的共和制，这些带有鲜明军人背景的统治者纷纷在上台前后建立了一系列带有鲜明世俗特色的民族主义政党。尽管部分中东国家存在一个或者几个政党，但民族主义政党或民族主义政党联盟往往主宰国家政治生活。民族主义政党是一个极其庞大的系列，由于各国的经济发展水平、阶级构成、文化传统各不相同，因而各党的纲领、口号、奋斗目标、活动方式也千差万别，各具特色。在中东，颇具代表性的民族主义政党包括埃及的"阿拉伯社会主义联盟"、"民族民主党"，巴勒斯坦的"巴勒斯坦民族解放组织"，叙利亚的"阿拉伯复兴社会党"，土耳其的"共和人民党"，阿尔及利亚的"民族解放阵线"，南也门的"民主社会党"，等等。由于大多数中东国家有着相似的历史演进轨迹，因此各民族主义政党或民族主义政党联盟存在某些共同特征：

第一，大部分民族主义政党都把本民族的独立和解放作为奋斗目标，以脱离殖民统治和建构现代民族国家作为主要任务。在殖民主义者统治的

---

① 周淑真：《政党和政党制度比较研究》，第112—113页。

年代里建立的民族主义政党是被压迫民族向殖民主义者做斗争的产物。被压迫民族中最先觉醒的人们认识到只凭自己或几个人的力量单枪匹马向殖民主义者做斗争很难成功，于是纷纷效仿西方资本主义国家组织政党，以政党的力量带动整个民族抗击殖民主义，捍卫民族利益。这些政党在其政治纲领、行动口号、奋斗目标里都把争取本民族的独立和解放作为主要奋斗目标，顺应了民众诉求和时代发展趋势。一般来说，这些民族主义政党打着反对帝国主义和殖民主义的旗号，打着本民族是世界上最优秀民族的旗号，激励本民族的自尊心和自信心，从而获得振臂一呼、响应者云集的效果。土耳其的"共和人民党"、阿尔及利亚的"民族解放阵线"和"巴勒斯坦民族解放组织"即是这方面的典型例子。

以土耳其的"共和人民党"为例。凯末尔通过领导民族解放运动捍卫了土耳其的民族独立，凭借崇高的政治威望成为现代土耳其之父。出于建构现代民族国家的需要，凯末尔于 1923 年 8 月组建"人民党"；1924 年 11 月，将"人民党"改名为"共和人民党"，作为实践土耳其民族主义的政治工具。在创建民族国家的过程中，"共和人民党"内部出现严重政治分歧，以侯赛因·劳夫领导的右翼派别组建进步共和党，倡导西方自由主义模式，反对凯末尔的激进举措以及国家主义经济政策，主张权力制衡和保障公民自由的原则。[①] 鉴于"进步共和党"日益增强的威胁，"共和人民党"政府以涉嫌卷入赛义德叛乱为名在其成立 6 个月后将其取缔，并通过颁布《秩序法》从法律意义上取消其合法地位，土耳其进入一党制时代。随着凯末尔改革的深入发展，"共和人民党"的一党制逐渐强化。1931 年，"共和人民党"召开第三届大会，通过了党纲和党章，确立了党国合一的体制，"共和人民党"主席担任共和国总统，副主席担任政府总理。1935 年，"共和人民党"召开第四届大会，决定实行共和人民党与政府部门的一体化，"共和人民党"总书记兼任政府的内务部长，"共和人民党"地方组织的负责人兼任省长。政党政治与政府政治浑然一体，凯末尔等同于"共和人民党"，而"共和人民党"等同于国家，成为凯末尔时代土耳其政治制度的显著特征。1937 年，凯末尔政权通过修改宪法将凯末尔主义作为治国的基本原则，这表明土耳其党政合一的政治体制已经高度强化，形成"一个政党、一个民族、一个领袖"的局面，此时

---

① Erik J. Zürcher, *Turkey: A Modern History*, p. 176.

"共和人民党"与其说是一个取得与保持权力的工具，不如说是一个行使这种权力的工具。

就阿尔及利亚的"民族解放阵线"而言，自从 1905 年阿尔及利亚沦为法国殖民地，阿尔及利亚人民为民族解放进行了长期斗争，先后爆发武装起义达 50 多次。1954 年 11 月 1 日，阿尔及利亚民族解放阵线建立并领导民族解放军，在奥雷斯山区举行武装起义。1962 年 7 月，阿尔及利亚获得完全独立。1963 年 9 月，制定了阿尔及利亚第一部宪法，宣布"民族解放阵线"为全国唯一政党，实行总统制。1964 年该党召开独立后首次代表大会，选举本·贝拉为总书记，通过党纲、党章。党纲规定其任务是开展土地、工业和文化三大革命，实现工业化、计划化和生产资料国有化，建立一个没有剥削的、保证人民全面发展和进步的社会主义社会。直到 1989 年，"民族解放阵线"作为执政党围绕着捍卫民族独立和国家主权实行了一党制的统治，尽管其统治地位遭到一定冲击，但并未动摇。20 世纪 90 年代以来，随着东欧剧变和苏联解体，阿尔及利亚实行了一系列的开放政策和民主实践，"民族解放阵线"一党执政的局面遭受冲击，经过在野和重新上台的变换，其政治纲领有了相应的变化，但至今仍然是阿尔及利亚政坛的第一大党。

再以"巴勒斯坦民族解放组织"为例，"二战"后特殊的政治社会环境促成以色列的建立，联合国 181 号决议中拟议的阿拉伯国错过建国机会。为了反对以色列的侵略扩张，恢复民族权利，巴勒斯坦人民进行了长期斗争，巴解组织应运而生。1964 年 5 月 28 日，400 多名巴勒斯坦和阿拉伯国家的代表，在耶路撒冷举行巴勒斯坦人国民大会，决定成立"巴勒斯坦解放组织"。参加"巴勒斯坦解放组织"的民族主义组织和游击队组织共有 8 个，分别是"巴勒斯坦民族解放运动"、"人民解放战争先锋队"、"解放巴勒斯坦人民阵线"、"解放巴勒斯坦民主人民阵线"、"解放巴勒斯坦人民阵线总指挥部"、"巴勒斯坦解放阵线"、"解放巴勒斯坦阿拉伯阵线"、"巴勒斯坦人民斗争阵线"。"巴勒斯坦解放组织"自成立以来，就为在巴勒斯坦土地上建立独立的民族国家进行着艰苦的斗争，至今仍然为建立独立的巴勒斯坦国而努力。

总体而言，中东各民族主义政党的纲领和口号都以类似的方式，表达反对殖民主义的思想，都用民族主义的情感来武装和动员群众。虽然这些民族主义政党在刚成立时人数不多，但是由于他们的政治口号充满民族主义激情，受到本民族广大人民的欢迎，得到各阶层民众的支持和拥护。因此，民族主义政党在本民族中享有较高的威望，组织发展速度较快。许多民族主义政党取得了民族解放运动的领导权，领导各阶层民众开展反对帝国主义、殖民主义的斗争并最终取得民族独立，建立独立的国家，其中不少民族主义政党在国家取得独立后成为新建国家的执政党。执政后的民族主义政党面临的主要任务是发展民族经济，摆脱贫困，因此继续贯彻民族主义的方针政策，提出一系列发展民族经济、维护民族尊严、改善民族素质的措施，这些方针、政策与措施同样渗透着民族主义情绪，如将外国控制的资本收归国有，使用本民族的语言作为官方语言等，这就在一定程度上捍卫了民族利益和尊严。随着国际环境的变化，民族主义政党的基本纲领在冷战结束后发生变化，其在国家政治生活中的地位受到一定削弱。

第二，民族主义政党的政治纲领大都带有浓厚的民族主义色彩，强化民族意识和民族认同是其建构现代国家的重要手段。独立之前的中东诸国情况复杂，殖民传统与部族传统并存，伊斯兰主义与世俗主义的话语并行。为了建构现代民族国家，各民族主义政党在民族解放运动胜利之后，纷纷推行带有鲜明民族主义特色的改革或运动，这种积极的民族主义政策尽管与多元主义的政治取向背离，但却有效地捍卫了民族意识、民族认同。

奥斯曼帝国的分崩离析，使得土耳其人认识到其现实选择是"回到我们自然的合理的限度中去"[1]，所以领导民族解放运动的凯末尔要"把土耳其民族变成一个意识到自己历史地位、有自己纯洁民族语言和顺应时代潮流的新民族"。[2] 凯末尔强化民族认同和民族意识的政策主要体现在改革语言文字和重写突厥人历史。为了隔断与泛伊斯兰主义的联系，凯末尔政权推行用拉丁字母取代阿拉伯字母书写土耳其语的政策。亚萨尔·纳比·纳伊尔曾说："文字改革切断了与伊斯兰东方文明及文化的最后联系。事实上，为了在西方文明的范畴内建立我们的民族文化，为了从乌玛制度逐渐演变到民族国家制度，把我们自己从阿拉伯宗教哲学的影响下解放出来是完全必要的。只要我们用阿拉伯语读和写，就无法实现这种解放。……随着老一代的减少和新一代的增加……西方的思维和理解方法将

---

① 彭树智：《现代民族主义运动史》，西北大学出版社1987年版，第92页。
② 彭树智：《东方民族主义思潮》，西北大学出版社1992年版，第269页。

大大加快。"① 1928 年 11 月 3 日，禁止在公共场合使用阿拉伯字母的文件得以通过，自此采用拉丁字母拼写土耳其语获得广泛接受。1932 年 7 月 12 日，土耳其语言协会成立，提出了阳光语言理论，指出人类文明起源于古代土耳其人从中亚向世界各地的迁移过程，土耳其语是其他各种语言的基础，显然这是为了激发土耳其的民族自豪感而进行的杜撰，是对历史的歪曲与误读。为了达到强化土耳其民族意识的目的，土耳其历史协会重写了土耳其历史，强化了凯末尔关于"中亚是土耳其人的原始起源地和人类文明的摇篮"的观点，指出突厥人是最早的文明民族，是包括近东苏美尔和赫梯在内的许多文明的祖先。土耳其历史协会多次召开会议，就历史分期进行讨论，并编纂了《土耳其历史纲要》，该书对土耳其历史有许多歪曲之处，体现了片面提高土耳其历史作用的大土耳其主义倾向。虽然这项改革有利于促进土耳其的民族意识和爱国热忱，"但不实事求是地突出，以致提高土耳其在历史上的作用，在一些方面导致了对历史的歪曲"。② 而"凯末尔关心的并不是历史的准确性，而是为了给土耳其民族主义找到一个可以依托的早于奥斯曼和伊斯兰过去的支撑。"③ 另外，凯末尔政权为了强调国家的民族单一，否认库尔德人的民族身份，将其称为"山地土耳其人"。这种"积极的民族主义"是凯末尔主义六大支柱中民族主义的核心内容，在相当长的时间里主宰了土耳其民族的历史观与社会观，其狭隘性、非理性与破坏性显而易见。

形成于 1953 年的"阿拉伯复兴社会党"是一个激进的、非宗教的民族主义政党。作为一个泛阿拉伯的政党，它在多个阿拉伯国家都有分支，其中在伊拉克和叙利亚影响力最大。"阿拉伯复兴社会党"的民族主义观主要体现在其纲领和章程中，其怀着"阿拉伯复兴"的理念试图恢复阿拉伯民族的辉煌。"复兴"概念的提出是阿拉伯政治精英通过对辉煌历史的展示，警醒当时自卑的阿拉伯人。"复兴"含义的理论核心是作为阿拉伯人有充分理由来为本民族骄傲，因为阿拉伯民族有着引人瞩目的古代成就和博大精深的历史文化。米歇尔·阿弗拉克认为，阿拉伯民族有 1000 多年的历史，并有光明的未来，为了摆脱外来力量的控制，阿拉伯人必须

①　Kemal H. Karpat ed. , *Political and Social Thought in the Contemporary Middle East* , Westport：Green wood press, 1982, pp. 323 – 324.

②　彭树智：《现代民族主义运动史》，第 102 页。

③　John L. Esposito, *Islam and Politics* , Syracuse：Syracuse University Press, 1998, p. 97.

骄傲于自己的民族，并无限制地热爱它。① 复兴社会党的党纲对阿拉伯民族统一、个人自由、妇女解放、社会主义问题及社会经济教育政策均作出了规定，体现了复兴社会党的"统一、自由和社会主义"三大目标，但民族主义无疑是其核心内核。就复兴社会党在伊拉克的政治实践而言，伊拉克脆弱的国家认同使其要通过神化萨达姆这个承载复兴阿拉伯民族历史重任的人物来强化国家意识，通过构建共同的民族历史意识来复活被打击的民族热情。一方面，伊拉克复兴社会党大力宣扬萨达姆的丰功伟绩，通过国家权力的人格化将萨达姆塑造成为阿拉伯民族主义任务的执行者和众望所归的人物。另一方面，大力宣称伊拉克古典文化艺术，正如安东尼·史密斯所言，"民族主义的力量恰恰来源于它的历史积淀。"② 格尔纳认为，民族主义理论内核是文化决定了人们的命运。也就是说，古典文化是一个民族、国家固化凝聚力的历史资源。③ 伊拉克复兴社会党认识到历史资源在国家建构中的突出功能，夺权不久便在现实生活中大肆宣传伊拉克民间传说、古典音乐、民间故事、诗歌、民间舞蹈、艺术，这是其寻求历史认同所采取的首要措施，以为现代伊拉克民族国家构建多元的历史认同基础。所以说，伊拉克复兴社会党继承了早期阿拉伯民族主义的内容，倡导反对外来力量，树立民族精神，带有强烈的人为干预色彩和工具性特征。

民族主义是一种反抗的情绪，反抗外来压力和争取民族解放是激活民族主义情绪的重要基因。④ 随着反殖民主义等历史任务的完成，民族主义面临着理论基础重构、奋斗目标重塑和历史任务重定等诸多命题。⑤ 就中东民族主义产生的历史渊源而言，其本身是反对外来压迫的产物，"它是借助西方标准和价值观来与西方进行斗争的。"⑥ 所以具有特的历史使命，有为了完成使命而采取的极端步骤和措施，尽管这些措施颇受诟病，但在

---

① 韩志斌：《伊拉克复兴党民族主义理论与实践研究》，中国社会科学出版社 2011 年版，第 30 页。

② ［英］安东尼·D. 史密斯：《全球化时代的民族与民族主义》，龚维斌、良警宇译，中央编译出版社 2002 年版，第 6 页。

③ 周旭芳：《安德森与格尔纳民族主义理论评析》，《国外社会科学》1999 年第 2 期。

④ ［美］安东尼·吉登斯《民族——国家与暴力》，胡宗泽、赵力涛译，生活·读书·新知三联书店 1998 年版，第 349 页。

⑤ 韩志斌：《伊拉克复兴党民族主义理论与实践研究》，第 289 页。

⑥ 田文林：《从革命到建设的艰难转型——历史视角的民族主义》，《国际论坛》2004 年第 7 期。

民族大义下这些微词被遮掩。但一旦这些使命完成，如何调适其时代要求与现代化的要求，则成为民族主义政党考虑的首要问题。尽管民族主义像一条政治上的变色龙，能够随着生存环境的变化，随时改变自己的颜色，但这种变换的过程在不同国家还是经历着不同的阵痛。总体而言，在全球化背景下，留存下来的民族主义政党在政治发展、经济变革和国际关系等层面都进行了调整和变革，但仍然面临着民众全新的民族意识认同危机的问题。

第三，民族主义政党具有广泛的社会基础，但随着威权政治的强化呈现精英政治乃至专制的发展趋向。民族主义政党大都萌生于反抗外来殖民统治的腥风血雨中，在民族矛盾空前激烈的情况下，各个阶层的民众空前联手组成一致对外的民族统一战线，所以说许多民族主义政党实质上是本国各阶级各阶层的民族统一战线组织，他们的成员几乎包括社会的一切阶层。这种广泛的社会基础使其在建国初期获得广泛的民众支持，但随着治国方略的推行，既得利益的精英阶层垄断了国家权力，排斥了边缘群体对国家权力的参与与分享，使得国家政权逐渐趋于威权乃至独裁倾向，其政治合法性无疑会遭受广泛的质疑与反对。

叙利亚经历独立前后短暂的多党民主制实验之后，随着复兴社会党的上台而呈现全新的发展趋势。1963 年，叙利亚复兴社会党政权建立；1970 年，阿萨德出任复兴党地区委员会总书记；1971 年，兼任复兴社会党民族委员会总书记；1972 年 3 月，阿萨德创建复兴社会党主导的政党联盟——民族进步阵线，涵盖除复兴社会党之外的"叙利亚共产党"、"阿拉伯社会主义联盟"、"社会主义联盟运动"、"民主社会主义联盟党"、"阿拉伯社会主义运动"五个左翼政党，代表了叙利亚最为广泛的民众利益。1973 年，复兴党主导的民族进步阵线首次参与议会选举，获得 2/3 的议会席位①，这说明其获得广泛的民众支持。尽管阿萨德宣称实行多党制的政党制度，但阿萨德的个人独裁倾向日益严重，"复兴社会党"的权力垄断日趋强化。1971 年，"复兴社会党"修改章程，以阿萨德的个人领导权取代集体领导权。1985 年召开的"复兴社会党"大会明确规定"复兴社会党"民族委员会和地区委员会的领导机构由阿萨德任

---

① Don Peretz, *The Middle East Today*, p. 427.

命。① 在阿萨德时代，复兴社会党演变为官僚化的国家机构，家族政治、教派政治与政党政治的三位一体和军人政治的浓厚色彩是阿萨德独裁政权的突出特征。② 阿萨德政权的威权主义主要表现在总统权力至大，总揽党政军大权。阿萨德将"阿拉伯复兴社会党是社会和国家的领导党"写进宪法，使其成为法定的执政党。其他政党迫于压力，同意接受其领导，但在议会中仅仅是点缀。随着现代化进程的推进，阿萨德政权的威权性和专制性遭到广泛反对，"复兴社会党"的一党至上统治也遭受广泛质疑，目前巴沙尔政权的风雨飘摇即为其最好的注脚。

1952 年之前"自由主义时代"的埃及存在较为活跃的政党政治。但1952 年七月革命后，多党制被取缔而代之以人民解放大会。1956 年民族联盟成立，六年之后民族联盟又被"阿拉伯社会主义联盟"所取代，该党在其纲领《全国行动宪章》中指出：用一切力量和方法同帝国主义和帝国主义的控制进行斗争，揭露帝国主义的一切假面具，并在作为帝国主义巢穴的一切国家中与之进行斗争，致力于和平，因为和平的气氛及其可能性是维护这个民族发展的唯一机会。"阿拉伯社会主义联盟"的章程规定其是"社会主义先锋队"，是一个具有广泛民族性的"人民性政治组织"，成员包括工人、农民、士兵、知识分子和民族资本家阶层，具有广泛的社会基础和民众代表性。所以说，不管采取什么样的名称，人民解放大会、民族联盟和"阿拉伯社会主义联盟"都被"设想成垄断合法政治活动的大众组织"。③ 这些都成为纳赛尔以及萨达特维系个人威权的有力工具。随着埃及民主化进程的推进，萨达特于 1978 年创建"民族民主党"，开始了多党制的尝试，这种多党制是"萨达特自上而下设立的多党制，并且强加了严格的限制条件以阻止那些受大众欢迎并且有潜在竞争力的组织出现，萨达特的目标就是确保一个软弱的单一政党制向一个同样软弱的多党制的过渡与转变"。④ 穆巴拉克近三十年的执政实践更多倾向于控制而非促进埃及多党制进程的发展。

中东民族主义政党及其派生的军人威权是中东现代政治进程的独有特

---

① Tareq Y. Ismeal, "Middle East Politics Today: Government and Civil Society", p. 253.

② 哈全安：《中东史：610—2000》，第 666 页。

③ Maye Kassem, *Egyptian Politics: The Dynamics of Authoritarian Rule*, Boulder: Lynne Rienner Publishers, 2004, p. 82.

④ Ibid., p. 54.

色，土耳其的凯末尔、埃及的纳赛尔、萨达特，叙利亚的阿萨德，也门的萨利赫，伊拉克的萨达姆，突尼斯的布尔吉巴，巴勒斯坦的阿拉法特，都通过建构民族国家建立了事实上的个人威权或者强人政治。他们凭借个人威望和对国家的贡献建立了一党制或一党独大制的统治，建立了政党政治的外衣，实际上政党政治只是他们御用统治的工具。不过，他们依据个人的超凡魅力、德行、智慧和号召力、吸引力进行了广泛的社会动员，利用种种策略赢得民众的支持和认同，从而实现政治稳定和经济社会发展进步，所以说威权政治是专制政治与民主政治的中间环节，他们对中东民主政治体系的建构功不可没。

第四，民族主义政党的缔造者大多具有学贯内外的视野和经历，具有整合传统文化与现代政治理念的气度与能力。民族主义政党的领导人是中东各国具有民族主义思想的代表人物，他们中的许多人为了民族独立和繁荣曾到西方国家学历或考察。早在殖民主义统治的岁月里，殖民地民族中首先觉醒的人们为了推翻殖民主义统治，纷纷到西方寻求救国救民的道路。

"阿拉伯复兴社会党"的创立者米歇尔·阿弗拉克18岁时曾到索崩神学院（Sorbonne）艺术系学习，此间深受法国资产阶级自由主义、德国大日耳曼民族主义以及科学社会主义思想的熏陶和影响。[①] 他通过阅读马克思主义经典著作，开阔了视野；在与其他阿拉伯国家留学生接触的过程中，将叙利亚民族主义扩大到阿拉伯民族主义。1933—1936年，米歇尔·阿弗拉克同叙利亚共产党的一些负责人创办了《先锋》（The Vanguard）杂志，对共产主义思想产生浓厚兴趣，"在此期间，我羡慕共产主义反法的坚定性，我过去经常钦佩共产党人对殖民者的强硬立场。"[②] 这些到西方学习和考察的人们发现政党在近代西方政治和社会生活中发挥着极其重要的作用，他们在回国后仿效西方政党的组织形式，组成民族主义的政党，利用这些政党发动和领导推翻帝国主义、殖民主义的民族解放斗争。所以说民族主义政党是宗自西方，与西方资产阶级政党有着某种天然的联系，甚至在其纲领的字里行间也充满着西方议会民主的色彩，如自

---

① 王仲义：《阿弗拉克与"复兴社会党"及其复兴社会主义》，《河北师范大学学报》（哲学社会科学版）1994年第3期。

② Kemal S. Abu Jaber, *The Arab Ba' th Socialist Party History, Ideology, and Organization*, Syracuse：Syracuse University Press, 1966, p. 11.

由、平等、博爱、议会民主等。还有一些领导人将西方的政党政治与社会主义思想与本土实践相结合，创造出独具特色的民族国家建设模式，"突尼斯社会主义宪政党"的缔造者布尔吉巴倡导的宪政社会主义，利比亚卡扎菲创建绿色社会主义，"阿拉伯复兴社会党"更是整合阿拉伯传统与现代政治理念的典范。一些民族主义政党的领袖还把国外的政治思想和统治模式同本民族的文化传统和实际情况相结合，提出该党指导本民族解放斗争的理论，并根据时代的发展需要及时调整政党纲领。比如萨达特创建的"民族民主党"就摒弃"阿拉伯社会主义联盟"的狭隘，强调其宗旨是造就埃及人，实现埃及人民的繁荣与幸福，建立一个公正的、团结一致的民主的社会主义的社会。党的信仰基础是作为国家立法依据的伊斯兰教教义、阿拉伯民族主义和以埃及文明为基础的民族民主社会主义；党的思想原则是宗教价值、民主、全面发展、社会公正和阿拉伯属性。另外，阿尔及利亚民族解放阵线随着时代的发展，也逐渐调整自己的执政纲领与方针。1979 年 1 月召开第四次全国代表大会，通过的新党章规定其最终目的是"社会主义胜利"，"巩固民族独立"，建设"具有民族和伊斯兰价值的社会主义"。1983 年 12 月召开第五次全国代表大会，提出调整经济发展战略，加强农业的优先地位，调动私人企业的积极性，坚定不移地实行社会主义。对外政策上，坚持不结盟原则，推动南北对话和南南合作，为建立国际经济新秩序而奋斗。1989 年 2 月公民投票通过新宪法修改草案，不再提一党制和民族解放阵线在国家政治生活中的地位和作用，允许多党并存。① 能够根据国际局势的变化和时代的需要调整政党纲领和奋斗目标，这是部分民族主义政党在全球化背景下仍然具有生命力的原因所在。

3. 宗教型政党的异军突起

中东作为世界上三大一神教的诞生地和奉行教俗合一传统的地区，近代以来尽管遭受世俗主义的侵染，但浓厚的宗教情感仍然沉浸在民众的心底，宗教认同仍然是诸多组织号召民众的强有力工具。毋庸置疑，在传统帝国瓦解后，以西方和苏联为模板的中东诸国纷纷启动现代化进程，但在现代化建设过程中，诸多宗教型政党纷纷建立，并在 21 世纪的中东政治舞台异军突起。所谓宗教型政党，一般是指一些有与宗教教义相结合的党纲、带有普遍的民族、地域性并对国家的政治稳定与和平发展产生巨大影

---

① 此部分参考周淑真《政党和政党制度比较研究》，第 112—115 页。

响的政党。就中东地区而言，宗教型政党主要包括犹太教政党和伊斯兰政党，前者是信仰犹太教教义的政党，后者则倡导以现代伊斯兰主义作为立党的思想根基，坚持在复兴伊斯兰文化伦理的基础上以伊斯兰原则建设国家，它们在中东诸国的民族建构中发挥重要作用。据不完全统计，目前活跃在中东地区的有 50 多个宗教型政党，包括以色列的"国家宗教党"，阿富汗的"阿富汗伊斯兰运动"（Islamic Movement of Afghanistan）、"阿富汗伊斯兰政党"（Islamic Party of Afghanistan），伊朗的"伊斯兰共和党"、"伊斯兰伊朗参与阵线"（Islamic Iran Participation Front），伊拉克的"伊斯兰党"（Iraqi Islamic Party），科威特的"伊斯兰宪政运动"（Islamic Constitutional Movement），黎巴嫩的"伊斯兰集团"（Islamic Group）、"真主党"（Hizballah），摩洛哥的"正义与发展党"（Justice and Development Party），巴勒斯坦的"哈马斯"（Islamic Resistance Movement，Hamas），苏丹的"民族伊斯兰阵线"（National Islamic Front），叙利亚的"穆斯林兄弟会"（Muslim Brotherhood），突尼斯的"伊斯兰复兴党"（Renaissance Party），埃及的"自由与正义党"、"光明党"，土耳其的"民族拯救党"、"繁荣党"、"幸福党"（Felicity Party）、"正义与发展党"，阿尔及利亚的"伊斯兰拯救阵线"等。宗教政党根据其政治纲领与社会诉求可细分为以下几种类型：

第一，宗教民族主义政党。厘清宗教民族主义政党的内涵，必须首先澄清宗教民族主义的含义。目前针对宗教民族主义大致有两种观点：一种观点认为，宗教民族主义就是指以共同的宗教为思想核心，以共同的宗教信仰为联系纽带，以同一宗教的信徒为民众基础，并以这种宗教为载体而形成的民族主义。这种民族主义以共同的宗教信仰进行号召，要求信徒为本教派或本教信徒的集体利益而奋斗——"进行圣战"。[①] 另一种观点则认为，所谓宗教民族主义，就是民族宗教与民族主义结合在一起，使本民族神圣化，使宗教为本民族或本国家的一切利益服务。[②] 显然前者涵盖空间更为广泛，而后者得到多数学者的认可。一般而言，宗教民族主义通过民族国家的力量把自己提升为"国教"，同时又把民族主义及其意识形态嬗变为精神信仰，从而实现宗教信仰与民族认同的合二为一。在这种以

---

① 魏光明：《当代民族主义的类型学分析》，《中南民族学院学报》（人文社会科学版）2001 年第 2 期。

② 董小川：《美国宗教民族主义的历史省察》，《史学集刊》2002 年第 1 期。

"民族"为中心的国家性质的宗教信仰中,所谓"民族"转变为上帝的同义语,具有了如同上帝那样的神圣性与超越性;而民族主义也随之摇身一变成为信仰,要求本民族的所有成员必须对本民族绝对信奉。"民族主义已经变成一种宗教替代物。在民族主义者看来,民族是一个替代的神灵。"① 在国家暴力或极权主义的利用和操纵下,这种宗教民族主义就会成为走向专制的价值动力,走向暴力极端的精神发酵剂。尽管民族主义只是一种历史性的社会力量、特殊的组织形态以及特殊的文化价值系统,但是民族主义与国家权力的结合形式,以及这种结合形式的精神价值基础便造成了宗教民族主义的多种后果。以凯末尔的土耳其民族主义为例,尽管其以世俗性著称,但国家对宗教的严格控制使传统神学信仰退居次要地位后,土耳其人不得不将民族主义作为"公民宗教"加以信奉,进而将其神话为否定库尔德人民族身份和非穆斯林少数民族合法地位的理论依据。在这种宗教民族主义的话语中,民族与民族之间具有"优等"和"劣等"之分,而宗教信仰的不同是区分精神高下的主要标准,进而强调本民族文化精神的特殊性,从而否定其他民族所共有的普遍性。宗教文化及其价值体系,在近代民族国家的形成过程中出于不同目的与民族主义相结合,成为难以厘清其价值内涵的宗教民族主义。宗教民族主义政党则是将宗教民族主义基本思想付诸实践的政治组织,为数不少的民族主义政党把党的理论、政策同宗教传统结合起来,利用宗教的影响团结本民族人民,壮大本民族的力量,向殖民主义做斗争。由于在民族独立过程中,世俗的民族主义政党往往居于统治地位,所以宗教民族主义政党往往处于附属甚至服从地位,在民族大义面前,世俗主义与宗教的冲突往往退居次要地位,所以不同类型的民族主义政党往往能够联手反对外来的殖民侵略,共同创建现代民族国家。但在国家建设的过程中,世俗主义与宗教之间的矛盾便日益激化,宗教民族主义政党与世俗民族主义政党由于纲领的歧义便分道扬镳。一些暂居领导地位的宗教民族主义政党将宗教信仰、国家权力与民族主义相结合,形成颇具负面影响的宗教民族主义运动。

以中东国家为例,部分国家的政党把其政治理论与伊斯兰教相结合,创建伊斯兰民族主义政党。成立于1934年的"突尼斯宪政联盟",在

---

① [英]休·希顿—沃森:《民族与国家——对民族起源与民族主义政治的探讨》,吴洪英、黄群译,中央民族大学出版社2009年版,第610页。

1956 年突尼斯独立后即为执政党并保持国内第一大党地位，党的名称几经变化，但主张维护突尼斯的阿拉伯伊斯兰属性始终如一。再以阿尔及利亚"民族解放阵线"为例，尽管其是典型的世俗民族主义政党，但明确宣称"我们的思想并不脱胎于外来的思想体系，而是从本国的现实，从我们的阿拉伯和伊斯兰教的精髓中产生的。"① 这是民族主义与世俗民族主义合作的重要表现。黎巴嫩的马龙派政党"民族集团"也要求建立马龙派主导的基督教国家。"巴勒斯坦解放组织"的核心力量"法塔赫"更是带有鲜明的民族宗教色彩，主张在整个巴勒斯坦土地上建立一个以耶路撒冷为首都的民主国家，并利用伊斯兰教争取阿拉伯和伊斯兰世界的支持，将泛阿拉伯主义与国家民族主义完美地结合在一起，把反对犹太复国主义与建立一个包括犹太人在内的世俗国家结合在一起，表现出深远的政治眼光和对宗教信仰与民族主义的有效利用。最为典型的是在 20 世纪 70 年代三次参与联合政府的"土耳其民族拯救党"，其强调民族、宗教与历史之间的联系，土耳其民族主义与伊斯兰信仰的结合；认为"伊斯兰教不是土耳其民族落后的原因，伊斯兰教是具有高尚道德的宗教，在历史上散发出光芒，开辟通往文明的道路"。② 它坚持反西方的立场，谴责自由主义和批评资本主义经济，反对与欧洲经济共同体和北约有任何联系，主张发展与阿拉伯和伊斯兰国家的关系。"民族拯救党"的诉求体现了对民族历史根源的回归③，这是将国家建设与伊斯兰教和民族主义有效整合的实例，不过其未能占据政治舞台的主流，仅仅作为配角出现。

　　宗教民族主义政党借助民族主义情绪和宗教观念相互渗透而构建自己的政治理想。宗教民族主义政党大多数源于追求国家富强和民族独立、反对外来剥削与压迫的民族解放运动，其通常具有整合民族精神，增强民族自尊心和民族自豪感的积极作用，往往成为推动民族独立、统一，促进民族团结、奋发图强的重要力量。但是随着时间的推移，由于价值指向的狭隘性和行为方式的非理性，宗教民族主义政党的发展往往具有自我封闭的倾向，并常常排斥和歧视其他民族或其他宗教，这就使其在全球化背景下

---

　　① 转引自周淑真《政党和政党制度比较研究》，第 147 页。

　　② ［美］凯马尔·H. 卡尔帕特编：《当代中东的政治和社会思想》，陈和丰等译，中国社会科学出版社 1992 年版，第 535 页。

　　③ 转引自 Binnaz Toprak, *Islam and Political Development in Turkey*, Leiden: E. J. Brill, 1981, pp. 103 – 104。

逐渐丧失发展的空间和动力，其在政治舞台的影响力也逐渐弱化。

第二，以宗教复兴为目的的宗教型政党。20 世纪 70 年代以来，中东诸国在民族主义、社会主义和阿拉伯主义思潮衰落之后，兴起一场席卷中东乃至全球地区的对传统文化探寻和回溯的社会运动。随着中东诸国民主化进程的推进和以美苏对峙为特征的雅尔塔体系的瓦解，伊斯兰复兴运动逐渐由轰轰烈烈的群众运动向组织群众成立宗教政党，进而夺取政权的方向发展。所以说在这场复兴运动浪潮中，中东地区出现了数以百计的或公开，或秘密的伊斯兰教政党、派别和组织。一些被取缔的伊斯兰教政党、组织也相继恢复活动，这些非官方的宗教组织成为当今伊斯兰复兴运动的鼓吹者、领导者和组织者，他们构成中东政治舞台的重要政治反对派。[①]这些组织与以色列的犹太教政党一起，构成中东政治舞台上的以宗教复兴为目的的"宗教型政党"，主要包括以色列的"国家宗教党"、"沙斯党"，阿尔及利亚的"伊斯兰拯救阵线"和超越国界的"穆斯林兄弟会"、"伊斯兰促进会"等。

按照犹太复国主义先驱西奥多·赫茨尔的最初设想，在巴勒斯坦建立的犹太国家是一个世俗的现代民主国家。但是从以色列建国 60 多年的历史发展来看，犹太教实际上处于国教地位，以色列宗教政党对国家政治生活和社会生活的渗透和干预超出通常人们对现代民主国家的理解。以色列的国家宗教党是一个犹太教政党，于 1956 年由"精神中心党"和"精神中心工人党"合并而成。1918 年，一些犹太教士为反对在巴勒斯坦实行世俗教育，创建"精神中心党"——以色列犹太复国主义党派的母党。1922 年，该党部分成员在世俗社会主义的影响下，出于争取劳工的支持需要又创建了"精神中心工人党"。"国家宗教党"主张加强宗教势力，对内主张犹太人应根据犹太教教义和教规生活，制定以《摩西五经》为基础的宪法，维护以色列国的犹太教属性，加强宗教立法和教育。对外赞成让被占领土的巴勒斯坦人实行自治，但反对领土妥协，反对在古以色列地建立任何独立的阿拉伯实体，要求在被占领土兴建犹太居民定居点。此外，以色列还有成立于 1984 年的宗教政党"东犹古经卫士党"，直接宣称犹太教教义、教规为党的纲领，要求把以色列建成以犹太教为中心的国家，主张保持犹太教传统生活方式，维护和加强东方犹太人的权益。"沙

---

① 参见曲洪《当代中东政治伊斯兰：观察与思考》，中国社会科学出版社 2001 年版。

斯党"是当今以色列政治舞台上最大的宗教政党，它的崛起是东方犹太人民主意识觉醒的逻辑结果。所以说，宗教政党对以色列社会和政治生活的影响是双重的，其对公民自由权的行使有着某种程度的制约作用，对政府执政效能的发挥也具有一定的阻滞作用，这是其对以色列社会和政治生活产生的主要负面影响。以色列宗教政党发挥的积极作用不仅表现在维护优秀犹太传统道德和价值观上，而且作为多党政治生活中一以贯之发展下来的力量，作为绝大多数联合政府的重要组成部分，对大党专权起到一定的制约作用，对以民众政治参与为核心内容的政治民主化进程发挥极大的促进作用，但其浓厚的宗教色彩又呈现出与现代民主的背离倾向。

"伊斯兰促进会"（Jamaati al – Islami）也是一个对中东地区有一定影响的宗教型政党，其前身为"印度伊斯兰促进会"，于1941年8月在拉合尔创建，创始人为毛拉那·艾布·阿拉·毛杜迪（1903—1979）。1948年印巴分治后，"伊斯兰促进会"除保留在印度的组织外，于1950年起开始在巴基斯坦活动。1951年在卡拉奇召开"伊斯兰促进会"全巴大会，在巴基斯坦建立组织。1952年8月制定新章程。其宗旨和主要政治主张是完善伊斯兰教的各项社会制度，进行以伊斯兰教原则和道德为标准的义务教育，制定符合《古兰经》和圣训精神的伊斯兰教法，政府所制定的全部政策必须在文字上和精神上与伊斯兰教义相一致，对穷人实行社会救济，在符合伊斯兰教义的原则下，民众有言论、行动、集会和结社等自由，主张维护国家主权和民族独立，反对亲西方国家的外交政策。其成员以伊斯兰著名学者为核心，宗教上层、穆斯林贵族和大商人为主体，也有一般市民和农民参加。总会是最高权力机关，设主席、副主席和秘书长。总会设有中央咨询委员会，包括总书记及教育、新闻情报、群众关系、社会福利、青年、农民和劳工等委员，各省、市、县亦建有促进会分支组织。外围组织有作家协会、学生联合会、农民协会和职工战线。该会各级组织通过出版刊物、发表演说、创办学校及图书馆、建立免费医院和慈善机构、社会募捐等进行活动。1958年巴基斯坦实行军管体制后，该会中止活动。1962年7月，阿尤布·汗总统签署允许重新成立政党的法令后，开始恢复活动。1964年1月"伊斯兰促进会"因"从事颠覆活动"被巴政府正式取缔，60名领导人相继被捕。同年9月巴最高法院宣布废止取缔令后再次恢复活动。1970年该会在米尔·图菲勒·穆罕默德领导下参加大选，曾获4个席位。该会的宗教上层和学者经常利用在清真寺讲经宣传其宗教政治主张，并派代表参加世界伊斯兰教组织的各种活动。创办有乌尔都文《时代之声》、《天河报》等报纸，出版有《古兰经释义》等宣教月刊。中东伊斯兰复兴运动的诸多领导人都深受毛杜迪思想的影响，也深受伊斯兰促进会的直接或间接支持，所以其对中东伊斯兰政党的政治活动产生一定影响。

以宗教复兴为目的的宗教型政党是20世纪70年代以来，中东政治舞台的主要反对派借助民主化的政治环境表达自己的社会与政治诉求，提出复兴伊斯兰文化的全新构想。但是，他们并非真正的返璞归真，而是借助复兴伊斯兰教的名义达到控制国家政权的目的。所以说，这些宗教型政党一方面悄悄地对伊斯兰信仰进行政治化加工，另一方面宣扬政教合一是伊斯兰教固有的属性，为建构所谓的民族宗教国家而努力。必须承认，这些宗教型政党随着时代的变迁逐渐分化，一部分趋于顽固的坚守建立政教合一国家，另一部分则转型为宗教民主政党。

第三，以建立政教合一国家为目的的宗教型政党。这种宗教型政党与上述的以宗教复兴为目的的宗教型政党并无严格的界限，但是前者更多强调成立政教合一的神权国家，而后者更多强调复兴衰落了的伊斯兰教，不过随着时代的变迁，二者作为宗教政治组织，呈现合流的趋势，都是宗教政治化的工具和手段。它们都明确提出建立政教合一的国家，并主张借助伊斯兰教的名义通过暴力斗争达到建立伊斯兰神权国家的目的，这以伊朗"伊斯兰共和党"、黎巴嫩"真主党"和巴勒斯坦的"哈马斯"等宗教型政党为代表。在这些政党中，宗教领袖或神职人员具有一定的影响和威望，善于利用宗教形式发动群众，以达到自己的政治目的，但他们也因为赤裸裸的暴力色彩遭到民主社会的诟病和反对。

创建伊朗"伊斯兰共和党"的穆罕默德·侯赛因·贝赫什提，青年时代就在库姆神学院拜霍梅尼为师，长期学习和研究伊斯兰神学，被认为是伊斯兰什叶派的理论家和伊斯兰法学权威。他在1979年2月巴列维政权倒台后，根据霍梅尼的指标，同阿里·哈梅内伊和拉夫桑贾尼一起建立"伊斯兰共和党"，并任总书记。贝赫什提虽然在1981年被伊朗人民圣战者组织炸死，但是"伊斯兰共和党"迅速掌握了国家的全部权力，建立起政教合一的伊斯兰政权。该党囊括了总统、议长、最高法院院长、总理等要职，控制着议会、内阁、法庭、宣传机构、革命卫队直至街区委员会，并通过8万清真寺和30万毛拉从思想上、政治上控制着整个社会，成为政权的支柱。"伊斯兰共和党"是一个宗教色彩非常浓厚的政党，该党声称其宗旨是以《古兰经》为指导思想，遵循霍梅尼的路线，继续深入进行伊斯兰革命，建立和完善政教合一的伊斯兰政权，在国家和社会生活各个领域中贯彻伊斯兰原则，实现百分之百的伊斯兰化。对内主张维护国家的团结与统一，捍卫领土与主权完整，为贫苦群众服务；对外主张不要东方、不要西方，只要伊斯兰，并向外输出伊斯兰革命。1987 年 6 月，霍梅尼以"党内的不和和宗教活动破坏了国家的团结"为由，停止"伊斯兰共和党"的活动，此后伊朗实施相当长时间的党禁。

黎巴嫩"真主党"（Hizballah）是 1982 年黎巴嫩人为了抵抗以色列侵占该国南部，在伊朗的帮助下成立的什叶派伊斯兰政治和军事组织。1982 年的黎巴嫩处于内忧外患的状态，内战进入第 7 个年头，以色列大举入侵黎巴嫩，占领了黎巴嫩半壁河山，近 60 万名什叶派难民涌入首都贝鲁特南郊。这些没有住房、工作和缺乏关心的难民渴望返回自己的家园，于是在伊朗最高精神领袖霍梅尼的支持和操控下，"真主党"在黎巴嫩首都贝鲁特南郊诞生。作为什叶派政党，真主党打出开展武装斗争、将以色列占领军赶出黎巴嫩南部、帮助难民早日返回家园的旗号；宣称遵从霍梅尼的思想意识，号召在黎巴嫩建立伊斯兰共和国形式的政府。20 世纪 80 年代中期之后，真主党逐渐调整政策策略和斗争纲领，主张在反对以色列占领的前提下与黎巴嫩各政党、各教派、各阶层进行广泛对话，共同协商、加强合作、积极参与国家的政治和民主生活，通过民主选举积极参与政府，成为目前黎巴嫩国内最大的政党。

巴勒斯坦"哈马斯"是在巴勒斯坦被占领土上成立的激进组织"伊斯兰抵抗运动"的简称，是由"伊斯兰"、"抵抗"、"运动"3 个阿拉伯语词头字母拼写而成。1987 年 12 月 9 日，谢赫艾哈迈德·亚辛与谢赫萨拉赫、伊萨·塔夏尔、易卜拉欣·雅祖里、阿卜杜·伦提西、法泰赫·杜汉等人开会，决定成立加沙地区的"伊斯兰抵抗运动"。1988 年 1 月，吉米勒·哈马米求见谢赫亚辛，商妥在西岸地区也建立哈马斯组织。在理论上，哈马斯主要受埃及穆斯林兄弟会思想家赛义德·库特布和伊朗精神领袖霍梅尼的现代伊斯兰主义思想的影响，认为伊斯兰世界的当务之急是消除一切外来影响，重建真正的伊斯兰社会。他们认为巴勒斯坦阿拉伯人反以斗争之所以一再失败，主要原因就是穆斯林偏离了真主的道路，受世俗民族主义、共产主义等各种外来思想影响的缘故。因此，他们要求穆斯林正本清源、返璞归真、净化信仰，完全按照伊斯兰教的教规生活，用伊斯兰教的教法、教义来改造社会，以加强自己的信仰和力量，并通过"圣战"最终战胜犹太复国主义，解放整个巴勒斯坦。他们通过与以色列的斗争确立了建立伊斯兰国家的设想，但随着时代的变迁，他们也逐渐摒弃保守的反对民主选举的建议，开始通过参与民主选举而染指乃至主宰巴勒斯坦权力，并在2006年巴勒斯坦立法委选举中击败法塔赫，但由此却激化了巴勒斯坦的权力斗争。

以建立政教合一国家为目的的宗教型政党都存在将伊斯兰思想极端化的倾向，都将建立伊斯兰神权国家作为奋斗的目标，大多与什叶派的激进思想相关，存在将伊斯兰思想激进化、政治化、工具化和极端化的倾向，都提出与世俗主义政党相对立的意识形态，遭到全世界的广泛质疑与反对。尽管它们仍然借助复古的名义达到获得国家政权的目的，但仍然属于现代政治的范畴。随着中东局势的变化和伊斯兰主义的与时俱进，这类政党除了少数湮灭于历史的长河中，大多数逐渐改变其保守的倾向，接受议会民主和选举政治，逐渐通过参与国家大选参与联合政府甚至主宰国家权力，这是现代伊斯兰主义转轨的重要体现。

第四，以宗教道德和原则为政治哲学基础带有宗教色彩的政党。这些政党以基督教民主党、天主教民主党和穆斯林民主党等为代表。在"二战"后的冷战格局下，随着共产党在西方国家遭受压制，基督教民主政党成为部分西欧国家和拉美国家的重要政治力量。它们虽然名称不一，有的称作人民党、有的称为运动、有的以基督教民主党命名，但都属于基督教民主政党的范畴。中东诸国在现代化进程中，诸多伊斯兰政党随着时代的变迁逐渐出现异化的趋势，它们吸取西方基督教民主党成败的经验教训，并结合伊斯兰世界变迁的现实需要，逐渐放弃建立伊斯兰神权国家的理想，试图调和世俗主义和伊斯兰教，在接受现代民主理念的同时，主张建立具有伊斯兰特色的民主制度，以适应中东伊斯兰国家的政治文化，他们在本书中被纳入穆斯林民主政党的范畴。这些穆斯林民主政党对自由民主的强调、对宗教道德价值的遵循，在很大程度上类似于欧洲的基督教民主政党。

20世纪90年代以来，随着全球化浪潮的兴起、两极格局的终结和中东诸国现代化进程的推进，伊斯兰政党的社会处境得到逐步改善，通过参与民主选举在国家层面行使话语权。土耳其"繁荣党"在1995年大选中成为议会第一大党，与"正确道路党"组建联合政府；埃及"穆斯林兄弟会"以个人身份参与议会选举，支持率逐渐上升；摩洛哥"正义与发展党"在 21 世纪初的历次选举中崭露头角；突尼斯"伊斯兰复兴党"也通过民主途径角逐国家政权。伊斯兰政党的这些胜利一方面说明了伊斯兰政党改变斗争策略，朝着务实开放的方向发展；另一方面说明当政者意识到单纯的压制并不能解决问题，逐渐通过民主渠道将它们纳入国家政治生活。所以说随着政治环境的改善，这些伊斯兰政党乃至继承者的政治纲领发生相应变化，从强调伊斯兰认同向强调民主自由人权的现代意识形态过渡，逐渐实现从传统伊斯兰政党到穆斯林民主政党的转变。① 2010 年底以来，继突尼斯发生社会骚乱导致本·阿里政权垮台，埃及、利比亚、叙利亚、也门等国出现政治动荡。当中东不同政治力量面临重新洗牌时，现代伊斯兰主义者以全新面貌登上中东政治舞台：土耳其"正义与发展党"以绝对优势赢得大选而第三次执政，被本·阿里政府长期压制的突尼斯"伊斯兰复兴党"成为议会第一大党，摩洛哥"正义与发展党"赢得议会395 个席位中的 107 席，"穆斯林兄弟会"成立的埃及"自由与正义党"获得人民议会503 个席位中的 235 席，成立不久的利比亚"公正与建设党"以 21.3% 的支持率成为议会第二大党。这些脱胎于传统伊斯兰政党的新型宗教政党"超越原先的伊斯兰主义属性，向'非神权'的、与现代民主政治相容的'公民政党'转变"。② 所以本文将其称为穆斯林民主政党，成为中东剧变中整饬社会秩序的重要力量，后文详述。

　　穆斯林民主政党作为中东政治舞台的新生力量，除了在土耳其具有相对较长的执政经验之外，在其他国家都处于新生事物，刚刚参与国家政权或参与政治生活。它们更多倚重民主的统治范式来强化自身的合理性与执政的权威性，这是其区别于传统伊斯兰政党的重要地方。对于这类政党而言，伊斯兰教只是维系共同道德模式的工具，只是它们吸引普通穆斯林的道德工具。它们在选举中也多用宗教色彩浓重的口号阐述其执政理念来赢得更多的选民认同。所以尽管它们会喊出相对激进的宗教口号，但这些口号只是选举语言而已，一旦执政，这些政党也与其他世俗主义政党并无本

　　① A. Kadır Yildirim, "Muslim Democratic Parties in Turkey, Egypt, and Economic Explanation", *Insight Turkey*, Vol. 11, No. 4, 2009, pp. 65－76.

　　② 王凤：《中东剧变与伊斯兰主义发展趋势初探——以埃及穆斯林兄弟会和突尼斯伊斯兰复兴党为例》，《国际政治研究》2011 年第 4 期。

质区别。在中东现代化进程中，这些政党与民主的联系最强，它们积极支持民主化进程，反对威权主义统治，日趋成为参与国家政治生活的正常派别。这些党派与世俗主义党派的差别甚小，政治理念日趋接近，在中东伊斯兰国家政治中发挥着日益重要的作用，所以其更符合中东伊斯兰国家的政治现实和世界民主化趋势，是政治伊斯兰与民主良性互动的积极表征。

4. 多党民主制的广泛实践

在中东现代化进程中，民族主义政党的相对衰落与宗教型政党的异军突起同相对宽松的政治环境密切相关。随着现代化进程的推进，中东地区除了奉行君主制的国家相对稳定之外，其他大部分国家纷纷进入政府频繁更迭的多党民主制的发展轨迹中。尤其是自 21 世纪以来，在美英等国家的干预下，中东诸军事强人政权纷纷垮台，诸多国家在西方的干预下复制了西方的多党民主制的实践，除了转轨较早的土耳其、以色列保持了相对平稳的发展趋势，其他国家的多党民主制实践都面临着重重考验：埃及受穆巴拉克监视下的多党民主制抵不住中东剧变的权力更迭，军方迫使穆尔西下台又使得多党民主选举前程未卜；阿富汗塔利班的上台导致外部干预，外来扶植的多党民主制选举仍然步履艰难；萨达姆倒台十年的伊拉克依然遭受恐怖袭击的考验，美国主宰的中东民主秩序仍未明朗；北约的干预导致卡扎菲政权下台，但利比亚民众至今还在民主和动乱的博弈中苦苦挣扎；黎巴嫩的多党派由来已久，但权力分配的争夺仍然使黎政坛扰攘不休……

20 世纪 70 年代以来，他继承纳赛尔遗留下来的政治经济与社会危机，为了强化其政权的社会基础，他上台不久即着手进行改革。尽管萨达特执政期间还具有强烈的军人威权色彩，但逐渐在埃及推行一党独大的多党制体制。这种政治体制在萨达特和穆巴拉克时期，其致命的缺陷是对总统行为和政府工作都缺乏有效的监督机制。[1] 不但反对党处于政治边缘地位，执政党也成为贯彻总统决策的工具，政府则成为执行总统意志的机构。由于缺乏有效的监督机制，以总统为首的集团从维护自身既得利益出发，决策难免失误，因而造成埃及政权虽稳定，但政治不稳定，恐怖、暴力事件时有发生；经济虽未出现高通货膨胀和高财政赤字，但改革艰难，发展缓慢。民主化进程步履维艰，执政党政治声望下降。2011 年初，受

---

① 王彤主编：《当代中东政治制度》，第 14 页。

突尼斯"茉莉花革命"的影响，执政近 30 年的穆巴拉克因其不民主的统治被民众推下台。随后军方监管之下的多党民主选举经过复杂的权力博弈而使得穆斯林兄弟会主宰的自由与正义党成为最大的赢家，具有浓厚宗教背景的穆尔西以不大的优势赢得总统选举，"自由与正义党"成为议会第一大党。积重难返的问题并非穆尔西一人、自由与正义党一党能够扭转，反对党的抵制与军方的不信任使得执掌权柄仅一年的穆尔西被赶下台，埃及的多党民主制最终将何去何从，至少在目前尚不明朗。

实行多党民主制较早的土耳其，也是由一党制过渡而来的。长期执政的"共和人民党"曾为捍卫土耳其的民族独立做出过重要贡献，但其专制倾向和精英趋势也为失去民众支持埋下了伏笔。1950 年，土耳其举行第一次相对公平的多党民主选举，民主党上台执政。民主党尽管以民主程序上台，形式上实施多党民主政治制度，但仍然维系了一党制的传统和特性。土耳其的多党制真正开启是在 20 世纪 60 年代军事政变后还政文官政府。1961 年宪法坚持三权分立，承认政党是民主政治生活中必不可少的实体，从法律上固定了多党制并使其初步完善。但是 1961 年宪法过分扩大了公民的基本权利和自由，国内外左右翼势力的激烈斗争使得国家陷入无政府状态，于是军人先后出马，以不民主的方式捍卫了土耳其的民主化道路，并在 1980 年政变后确立了带有鲜明威权特色的土耳其多党民主制，军方以国家安全委员会来监控多党制的运行。20 世纪 80 年代以来，土耳其遭受伊斯兰主义与库尔德主义的冲击，联合政府频繁更迭、多个政党分化组合。土耳其政坛经过多次洗牌，带有鲜明伊斯兰背景的"正义与发展党"凭借"伊斯兰＋民主"的统治模式自 21 世纪连续三次蝉联执政，并逐渐成为主宰政坛的唯一力量。正义与发展党依照其鲜明的执政模式逐渐理顺了土耳其的多党民主制度，保障了民众的权利和自由，使土耳其成为中东诸多国家谋求政治变革的模板。

实行多党民主制度的以色列，其议会民主制来源于英国委任统治时期伊休夫的自治机构。伊休夫是犹太移民建立的犹太社团，或称民族之家，其包括立法机构——按照单一比例代表制原则，从数十个政党、组织中选出的犹太民族议会，行政管理机构——从民族议会选出的犹太民族委员会，以及犹太代表机构——犹太代办处三部分组成。以色列建国后，伊休夫自治机构逐渐形成了由总统、议会、政府和司法等部门组成的当代以色列政体基本结构。总统是国家元首，是超越各党派和集团的国家统一象征，其职责是将立法、行政、司法分立的三权结合在一起。议会式立法机构，实行一院制。政府是行政机构，由总统授权议会中最大党派的领袖担任总理。司法权属于法院，完全不受行政和党派的干预。经过不断补充、修正、完善而形成的以色列现行两大政党集团联合或轮流执政的三权分立的整体模式，与西方国家并无太大区别。但由于它是在中东土地上发展起来的，不可避免地留下了某些地方特色，如曾经经历长期一党主导的多党执政局面和宗教政党积极参与政治的现象。所以说，以色列的多党议会民主制是在特殊的历史背景和国际环境下，根据其社会、政治和经济发展的需要逐步确立的。①

中东地区自古是兵家必争之地，"二战"结束之后，美苏双方在此地区展开激烈的权力博弈；冷战结束后，美国为主宰该地区做出一系列努力。阿富汗战争、伊拉克战争都是为重塑所谓的中东民主秩序而做出的尝试。2004 年 6 月 9 日，八国集团首脑会议以八国集团的名义正式推出美国倡导的大中东计划，该计划意在对以色列、土耳其、伊朗、阿富汗、巴基斯坦和其他 22 个阿拉伯国家实施政治、经济、社会和文化改革，成为布什政府对大中东国家的一项基本战略和政策。大中东计划囊括了阿富汗重建、伊拉克重建、以巴和平进程、伊朗核问题、叙利亚问题、利比亚问题等，甚至涉及土耳其和巴基斯坦这两个重要的伊斯兰国家的未来走向。美国认为通过和平或非和平的手段扩展民主，可以实现重塑中东秩序、确保美国霸权与安全的战略目标，但是这个计划面临重重困难和考验。经过阿富汗战争，塔利班作鸟兽散，但并没有消失，此起彼伏的恐怖袭击仍然刺激着美国大兵及其扶植的卡尔扎伊政府的神经，美国监视下的阿富汗民主秩序仍然遭遇重重考验；伊拉克战后按照美国政府的设计完成了制宪进程和议会选举，但伊拉克局势并没有因为这一进程而有所改观；巴勒斯坦的民主改造之路似乎也没有以美国人的意志为转移，哈马斯以压倒性的优势战胜了长期执政的法塔赫赢得立法委选举为此后的权力博弈埋下伏笔。种种迹象表明，美国推行以"通过迫使中东地区那些民主制度的社会基础十分薄弱或者根本缺乏的国家进行民主改革来遏制中东激进势力和恐怖主义"为重要内容的中东民主改造计划并非一帆风顺。

2010 年底以来，从突尼斯到苏丹，从埃及到利比亚，从也门到叙利

---

① 王彤主编：《当代中东政治制度》，第 16—17 页。

亚，不断蔓延的西亚北非乱局，将中东地区拖入新的动荡、转轨和重塑时期。这场由中东内部激发，由外来势力干预的变革进程将极大地影响中东地区未来的走向。在这场政治动荡中，突尼斯的本·阿里悄然出走、埃及的穆巴拉克下台受审、利比亚的卡扎菲喋血当场、也门的萨利赫黯然谢幕、叙利亚的巴沙尔风雨飘摇……这些奇理斯玛式的人物留给中东国家不民主的影子，在外来干预下，中东诸国开始了民主化的尝试：承载民主重任的多党民主制选举。在这场权力博弈中，传统伊斯兰政党悄然兴起，在完成向穆斯林民主政党过渡之后纷纷参与甚至主宰中东诸国政权。尽管中东局势的动荡仍在延续，但在民主政治建构的过程中，不同国家的领导者纷纷寻求努力建设现代与传统政治结合的具有中东特色的民主政治，经过十多年经营的土耳其正义与发展党的统治模式将为其他国家提供重要借鉴；传统君主制国家也在这场变革中纷纷放松党禁，开启了民主变革之路；中东的政党政治将呈现全新的发展趋势。

第二编　中东世俗政党政治的演变

第一章 土耳其的世俗政党政治

土耳其共和国是土耳其人在民族危亡之际争取民族解放和主权独立的产物。第一次世界大战后，分崩离析的奥斯曼帝国面临着被西方列强肢解与瓜分的命运，以凯末尔为首的土耳其主义者通过艰苦卓绝的民族主义运动赢得民族独立，在废除传统政治制度、扫清建国障碍之后，在奥斯曼帝国的废墟上仿照西方政治体制建构现代民族国家，一党制的威权政治是凯末尔时期政党政治的主要特征。"二战"后多党制的启动突破凯末尔威权政治的窠臼，但一党制向多党制的转变过程带来社会动荡与意识形态的尖锐对立，促使土耳其政党政治的演进伴随频繁的军人干政。军人作为社会秩序的稳定者充当了民主化进程的不自觉工具。20世纪80年代以来，土耳其民主框架的理性收缩为多党民主制的成熟提供基础，意识形态的多元化导致伊斯兰政党的兴起，世俗政党的相对弱化和伊斯兰政党的强势对垒构成世纪之交土耳其政党政治的重要特征。"正义与发展党"的异军突起和蝉联执政既给土耳其带来政治稳定和经济发展，但一党独大的选举霸权使得世俗政党染指政治成为愿景。总体而言，威权政治让步于民主政治促使土耳其政党政治趋于成熟，但政党政治的不完善又对民主化进程的纵深发展形成重要障碍。

一 土耳其一党制的政治统治

自土耳其共和国成立，凯末尔政权就开启一系列世俗化改革运动。这场运动实质上是摒弃多元文化认同而趋于社会单一认同的均质化过程，在这个过程中，公共机构中只允许使用土耳其语，只存在单一的民族认同，以使每个公民的职责和义务指向土耳其共和国，这种约束的最终结果是试图形成一种集体认同，以将不同的认同和社会运动清除出公共视野，像科尔文·罗宾斯（Kevin Robins）所言："民主生活必需的多样性和多元主义从一开始就被抑制了。"① 所以说，凯末尔的一元化政权与一党制的建立息息相关，二者之间是相辅相成的关系，凯末尔通过一党专制确立起典型的威权政治体制。

1. 土耳其一党制的确立

1922 年 12 月，当土耳其民族独立运动如火如荼之际，凯末尔曾向报界透露建立人民党的意图，使其作为效仿西方建构现代政治的工具。1923 年 4 月，凯末尔出于推行改革的需要，在安那托利亚和鲁米利亚"保卫权利协会"的基础上组建"人民党"作为政治斗争的工具；8 月，"人民党"在第二届大国民议会选举中获得垄断性胜利。1923 年 10 月 29 日，凯末尔宣布土耳其为共和国，他在西方自由民族主义、民主主义、宪政主义和世俗主义的影响下，着力把土耳其缔造成一个融入西方文明的世俗民族国家。"阿塔图尔克的基本理想是一个伟大的、被解放的土耳其，它甚至比当代文明更发达，它要成为一个按照西方标准生活的国家，是西方不可分割的一部分。……阿塔图尔克懂得这一理想只有通过一切领域的世俗化才能实现。"② 人民党无疑是实施世俗化改革的重要工具。1924 年 11 月，"人民党"改名为"共和人民党"，其成员包括城市与乡村、传统与现代、宗教与世俗的诸多社会成分抑或社会阶层，是典型的民族主义政党和实践民族主义的政治工具，可谓土耳其民族主义的象征。"共和人民党"的基本纲领为全部政权集中于国家，议会是国家最高权力机构，保卫国家安全，改善司法制度和诉讼程序，发展国民经济，健全政府体制，鼓励私人投资经济建设。1924 年颁布的土耳其宪法集中体现了共和人民党的政治纲领，凯末尔主义的六大原则——民族主义、共和主义、世俗主义、平民主义、国家主义和革命主义则是"共和人民党"的主导意识形态。③ "共和人民党"成立后不久就出现严重的政治分歧，以凯末尔和伊诺努为代表的左翼激进势力与以侯赛因·劳夫领导的右翼温和派日趋对立。1924 年底，侯赛因·劳夫领导的 22 名右翼温和派议员宣布脱离"共

---

① Kevin Robins, "Interrupting Identities：Turkey/Europe", in Stuanf Hall and Paul Du Gay eds., *Questions of Cultural Identity*, London：Sage, 1996, p. 70.

② Kemal H. Karpat ed., *Political and Social Thought in the Contemporary Middle East*, p. 326.

③ Metin Heper and Jacob M. Landau eds., *Political Parties and Democracy in Turkey*, London：I. B. Tauris, 1991, p. 513.

和人民党"，组建"进步共和党"，获得批准。"进步共和党"倡导西方自由主义模式，反对凯末尔的激进举措以及国家主义①经济政策，主张权力制衡和保障公民自由的原则，具有改良主义的浓厚色彩。② 鉴于"进步共和党"日益增强的威胁，"共和人民党"政府以涉嫌卷入赛义德叛乱的借口在其成立6个月后将其取缔，并通过颁布《秩序法》从法律意义上取消其合法地位，从此土耳其进入一党制时代。

2. 土耳其一党制的巩固

1925年以来，虽然土耳其确立了"共和人民党"的一党统治地位，但是凯末尔并没有放弃多党制的尝试。1930年8月，凯末尔委托"共和人民党"的温和派成员费特希·奥克亚尔组建"自由共和党"，作为民主政治的点缀和制约总理伊诺努的政治工具③，凯末尔的诸多亲信成为"自由共和党"的核心成员。"自由共和党"的纲领包括行共和主义、世俗主义和自由主义，反对政府的经济垄断，主张降低税收和稳定货币政策，增加农业信贷，鼓励民间投资和吸引国外投资，实行直接选举，保障公民言论自由，保障妇女权益。"自由共和党"作为议会内部的反对党，激烈抨击伊诺努政府的经济政策。在宣布成立后的12天内，1.3万人申请加入"自由共和党"。"自由共和党"创建初期，仅占议会15个席位。同年10

---

① 国家主义是一党专制和凯末尔威权政治在经济领域的延伸和表现。国家主义的广泛实践，提供了一党威权主义政治原则的物质保障。国家主义的核心内容是在私有制的前提下实现国家对经济活动的广泛干预，一方面强调政府在经济领域特别是工业化进程中的主导作用，另一方面，强调私人经济与国有经济的长期共存和相得益彰。1935年，凯末尔对国家主义的经济政策做出如下说明："我们正在实行的中央集权下的经济统制，是由土耳其本身需要促成的，是一种特有的制度。它意味着在承认私人企业是主要基础的同时，也认识到许多活动没有开展起来，国家必须被赋予对经济的控制，也应付一个很大的国家和一个伟大的民族的一切需求……国家要在尽可能短的时间内开展某些尚未由私人企业开展的经济活动，结果它成功地这样做了……我们选择遵循的道路是一种区别于经济自由主义的体制。"1937年，凯末尔政府发布第3125号法令，对国家主义做出进一步解释："在经济和制造业领域，私人投资感到困难时，以国家经营的形式及更大的力量来从事，即在允许私人经营的同时，凡关系到公共生活及国家的和更高的利益所及的行业，由国家经营。"以此为基础制定和执行国民经济发展计划，保护关税，实施进口替代政策，加强外汇管理以服务于民族主义和威权政治的需要。所以说凯末尔时代国家主义的核心内容是扶植基础薄弱的民族工业和加速土耳其工业化进程，当威权政治的基础不复存在时，国家主义经济政策将面临巨大的冲击。

② Erik J. Zürcher, *Turkey: A Modern History*, p. 176.

③ Metin Heper and Jacob M. Landau eds., *Political Parties and Democracy in Turkey*, p. 84.

月的议会选举中，"自由共和党"获得30个席位①，这引起"共和人民党"震惊。11月，"自由共和党"迫于"共和人民党"的压力在成立99天后宣告解散。②

1931年，共和人民党召开第三届大会，通过了党纲和党章，确立了党国合一的体制，共和人民党主席担任共和国总统，副主席担任政府总理。党国合一体制的经济基础是国家主义的经济政策，凯末尔谈到国家主义时说道："我们的国家主义不是19世纪社会主义思想家提出的政策。我们的国家主义产生于土耳其的需要，是适应土耳其特性的制度。"③ 国家主义的实施保证了经济的稳定增长，大批国企管理人员扩大了党政官员的队伍，共和人民党的一党统治从而得以强化。1935年共和人民党召开第四次代表大会，明确规定凯末尔主义的核心内容即民族主义、共和主义、世俗主义、平民主义、国家主义和革命主义是共和人民党的纲领和"基本的不可改变的原则"，并决定实行共和人民党与政府部门的一体化，共和人民党总书记兼任政府的内务部长，共和人民党地方组织的负责人兼任省长。④ 政党政治与政府政治浑然一体，凯末尔等同于共和人民党而共和人民党等同于国家，成为凯末尔时代土耳其政党政治的显著特征。1931年，凯末尔建立"人民园地"和"人民之家"作为从属于共和人民党的民间组织。"人民园地"包括479个分支机构，"人民之家"包括4322个分支机构。⑤ "人民园地"和"人民之家"旨在宣传共和人民党的基本纲领和凯末尔主义的意识形态，在文化、教育、卫生和社会福利诸多层面控制民众，进而构建联结城市与乡村的纽带，为巩固共和人民党的一党制统治发挥重要作用。1937年，凯末尔政权通过修改宪法，将凯末尔主义的六大原则作为治国的基本原则，这表明土耳其党政合一体制已经高度强化，形成"一个政党、一个民族、一个领袖"的局面，此时共和人民党与其说是一个取得与保持权力的工具，不如说是一个行使这种权力的工

---

① Walter F. Weiker, *Political Tutelage and Democracy in Turkey*: *The Free Party and Its Aftermath*, Leiden: E. J. Brill, 1973, p. 115.

② Erik J. Zürcher, *Turkey*: *A Modern History*, p. 187.

③ 转引自王彤主编《当代中东政治制度》，第489页。

④ C. H. Dodd, *Politics and Government in Turkey*, Berkeley: University of California Press, 1969, p. 44.

⑤ Walter F. Weiker, *The Modernization of Turkey*, New York: Holmes&Meier Publishers, 1981, p. 4.

具。共和人民党对国家权力的高度垄断体现了凯末尔时代威权政治的基本内容，威权政治的强化是凯末尔时代土耳其共和国政党政治的重要表现。

1938 年 11 月，凯末尔去世后，共和人民党宣布凯末尔为该党"永远的领袖"，伊诺努则以共和人民党"终身主席"的身份出任总统。凯末尔奇理斯玛式的政治权威不复存在，共和人民党内部发生裂变，政府、共和人民党和个人权威的三位一体出现危机的征兆。1939 年，共和人民党召开第五次代表大会，实行政党组织与政府机构的分离，并允许反对党的存在。党和政府的任命不再互相结合，另外在议会的共和人民党议员中组成一个"独立团体"，以发挥议会中反对党的作用。虽然伊诺努时代基本沿袭凯末尔时代的威权政治模式，总统操控政党和议会，控制政府，政党、议会和政府构成威权政治的御用工具，但是严格的党政合一政治体制呈现松动的迹象，这为土耳其从一党制向多党制的转变提供了可能。

3. 土耳其一党制的衰落

随着凯末尔改革的推进，土耳其的城市化进程加快，1927 年居住在 10 万以上人口的城市居民占总人口的 6.2%，1945 年为 7.4%，1950 年则为 8.3%。随着城市化水平的提高，识字率也有增加，1927 年为 10.6%，1935 年为 20.4%，1945 年 30.2%，1950 年为 34.6%，城市中男子识字率的比率在 1950 年则为 72%。[1] 新社会阶层出现、城市化进程推进和识字率的提高都为土耳其民主转型准备了条件。第二次世界大战期间，土耳其由于大量出口战略物资使得对外贸易大为兴盛，政府的庞大支出使商人、资本家大发其财，民族资产阶级迅速发展壮大，他们对国家主义的经济政策和经济上的家长制统治表示不满。这使得执政当局开始调整政策。1944 年 11 月，伊诺努总统在议会发表演说，强调宪法赋予的议会权力，允诺实行民主政治和承认反对派政党的合法存在，以缓解日益加剧的国内矛盾。1945 年 5 月，议会审议新的土地分配法案。审议期间，新的土地分配法案尽管得到伊诺努的支持，却在议会内部引发明显的分歧和尖锐的对立，土耳其政坛开始出现反对派的声音。[2] 1945 年 6 月 7 日，共和人民党议员杰拉尔·拜亚尔、阿德南·曼德勒斯、福阿德·科普鲁卢和雷菲克·考拉尔坦联名向大国民议会提出针对共和人民党的《关于修改党章

---

① ［英］伯纳德·刘易斯：《现代土耳其的兴起》，第 326 页。

② Ergun Özbudun, *Contemporary Turkish Politics*: *Challenges to Democratic Consolidation*, Boulder: Lynne Rienner Publishers, 2000, p. 14.

若干细则的建议》，要求成立反对党、取消经济限制。[1] 福阿德·科普鲁卢在随后发表的文章中，指责一党独裁背离民主制的政治原则，抨击共和人民党政府滥用权力，呼吁强化议会对于政府的制约功能。[2] 这标志着反对共和人民党一党专制的正式开始。显然，他们希望改变共和人民党凌驾于其他政权机构之上的政治局面，认为宪法规定的赋予个人权利和自由以及发展多党制是实现这种政治变化的理想手段，认为如果这个方案被接纳，土耳其的政治生活将会急剧变动，所以杰拉尔·拜亚尔等人希望该建议能提交公众讨论，在民众支持的基础上获得通过。然而，共和人民党抵制了该建议，宣称"民主在土耳其已经存在 23 年了，从共和国建立开始就存在着。"[3] 这就意味着拒绝了杰拉尔·拜亚尔等人的建议，然而形势的发展使得改变已经不可避免。在 1945 年 6 月 17 日的伊斯坦布尔选举中，共和人民党政府首次实行自由提名候选人制度，由于过去的候选人均由共和人民党中央委员会操控确定，这就意味着在共和人民党内部做出了民主的尝试。第一个打破共和人民党垄断的新政党是经过伊斯坦布尔当局批准于 1945 年 7 月 18 日成立的"国民复兴党"，发起人为支持自由企业、反对国家主义政策的努里·德米拉、许塞因·阿夫尼·乌拉什以及杰瓦特·里法特·阿特尔汗等。"国民复兴党"的纲领相当混杂，在政治斗争中并未产生重大影响，但是政府允许它成立就表明政府在一定程度上愿意接受反对党，至少可以认为当局在反对党问题上的立场有所松动。11 月 1 日，伊诺努总统在议会发表了著名演讲，宣布共和国一直具有"民主特征"，从来没有接受过独裁，土耳其所缺乏的只是一个反对党，"为了适应国家的需要，在适当的民主自由气氛中，有可能建立另一个反对党"。[4] 伊诺努声称允许反对党的存在"是发展我国政治生活的正当途径，也是促进民族福利和政治成熟、更具建设性的办法。我们必须尽自己最大努

---

① Ali Yaşar Sarıbay, "The Democratic Party, 1946 – 1960", in Metin Heper and Jacob M. Landau eds., *Political Parties and Democracy in Turkey*, p. 120.

② Yıdız Atasoy, *Turkey, Islamists and Democracy: Transition and Globalisation in a Muslim State*, p. 67.

③ Kemal H. Karpat, *Turkey's Politics: The Transition to a Multi – party System*, Princefon: princeton Uniuersity Press, 1959, p. 144.

④ Feroz Ahmad, *The Turkish Experiment in Democracy, 1950 – 1975*, London: Royal Institute of International Affairs, 1997, p. 53.

力，来防止因政见不同而造成同胞之间的彼此敌视。"① 在随后的 1945 年和 1950 年间，土耳其先后成立 27 个政党：社会公正党、工农党、一切为祖国党、纯洁与保卫党、捍卫伊斯兰党、理想主义党、纯民主党、自由民主分子党、土地财产自由企业党以及由苦力和工人、社会主义者和自由主义者所组成的形形色色党派②，它们成为土耳其多党制开启之初的重要点缀。

对土耳其政党政治产生划时代影响的是杰拉尔·拜亚尔于 1946 年 1 月 7 日成立的民主党，民主党在很多方面与共和人民党具有相似之处，但其强调经济自由主义和尊重宗教自由。起初共和人民党对民主党并不担心，因为成立两个月后的民主党虽在诸多省份设立了分支机构，但发展速度仍然缓慢。另外共和人民党对 20 多年的治国成就相当自信，认为一个反对党在土耳其并不容易生根发芽，然而民主党的发展势头和影响力远远超过了共和人民党的意料。1946 年春末，民主党的地方分支机构已遍及全国，几乎成为所有反对派力量的代表，城镇和乡村民众聚集到一起组成民主党的地方分支机构，然后与民主党中央建立联系。这些被动员起来的民众"并不考虑民主党甚至都还没有发表可以为共和人民党政府接受的纲领，也不考虑民主党的观点是不是确实与众不同"。③ 民主党迅速壮大对共和人民党构成严峻挑战，于是共和人民党迅速采取行动，在同年 5 月举行的第六次代表大会上提出实行党内的民主化改革，废除党内领袖的终身制，规定共和人民党主席选举产生和任期四年的组织原则，同时宣布1946 年 7 月举行议会选举，取消间接选举，实行直接选举。④ 1946 年 7 月举行的议会选举，在土耳其历史上首次由执政党和反对党共同参与，成立不久的民主党仓促参加选举，结果共和人民党赢得议会 465 个席位中的396 个，民主党作为反对派赢得 62 个议席，独立候选人赢得 7 个席位。⑤然而，根据民主党的说法，该党实际获得的议席是 279 个。共和人民党试图争取民主党作为自己的执政伙伴加入政府，但遭到民主党的拒绝。⑥ 共

---

① Feroz Ahmad, *The Turkish Experiment in Democracy*, 1950 – 1975, p. 9.

② ［英］伯纳德·刘易斯：《现代土耳其的兴起》，第 404 页。

③ Kemal H. Karpat, *Turkey's Politics: The Transition to a Multi – party System*, p. 153.

④ Ibid. , pp. 153 – 154.

⑤ Hisham B. Sharabi, *Governments and Politics of the Middle East in the Twentieth Century*, Princeton: van Nostrand, 1962, p. 53.

⑥ Erik J. Zurcher, *Turkey: A Modern History*, p. 222.

和人民党庞大的分支机构和广泛的政治势力，特别是选举程序的缺陷，明显决定了这次选举结果。民主党的失利源于准备工作的欠缺和民主政治环境的不成熟，一方面，民主党主要关注的是民众的生活成本太高、缺少自由、法律不民主、政府滥用职权等问题，这些作为宣传口号尚可，但不足以成为赢得多数选民支持的制胜法宝；另一方面，民主党没有一个系统的选举纲领，也没有解决经济和社会问题的详细规划；再一方面，民主党的基本主题是谴责共和人民党，抨击其缺点，表达人们在战争年代和改革时代聚集起来的不满情绪，却很少考虑到他们对共和人民党的实际影响，所以初次选举失利在所难免。① 尽管如此，1946 年 7 月的大选拉开了多党角逐议会席位的序幕，标志着土耳其共和国的政治民主化进入新的历史阶段。

1947 年 1 月，民主党召开第一次大会，发表自由宪章，肯定凯末尔在实现民族独立和改造社会方面的历史功绩，宣布致力于民主政治的建设，在 1920 年民族宪章的基础上完成凯末尔的未竟事业。② 会议期间，民主党主席拜亚尔提出著名的三项要求，即修改选举法、总统与执政党主席职位分离、废除违背宪法和民主原则的相关法律条款。③ 同年 7 月，伊诺努宣布承认反对派政党的合法地位以及反对派政党与共和人民党的平等地位，赋予工人组织工会的合法权利。伊诺努声称："在一个多党制国家里，总统应该置身于政党政治至上，应该是一个无党派的国家元首，并且对于各个政党都负有同样的义务。"④ 随后，伊诺努与共和人民党政府总理佩克尔、民主党主席拜亚尔发表联合声明，宣布政党组织与政府机构分离⑤，土耳其的一党制由此退出历史舞台。

1948 年中期，共和人民党采取了许多自由化的措施，如将一些不称职的官员送交法办，废除了治安法的第 18 条⑥，修改了选举法中一些不民主条款，实行无记名投票、公开计票等新制度。共和人民党还修改了党

---

① Sabri Sayarı and Yılmaz Esmer, *Politics, Parties and Elections in Turkey*, London: Lynne Rienner Publishers, 2002, p. 10.

② Erik J. Zurcher, *Turkey: A Modern History*, p. 223.

③ Irvin C. Schick & Ertuğrul A. Tonak eds., *Turkey in Transition*, Oxford: Oxford University Press, 1987, p. 105.

④ Kemal H. Karpat, *Turkey's Politics: The Transition to a Multi - Party System*, p. 192.

⑤ Erik J. Zurcher, *Turkey: A Modern History*, p. 225.

⑥ 该法赋予警察未经授权即可逮捕公民的权利。

章，对党主席和总统的关系进行了重新界定，这些措施无疑给反对党提供了生存空间。1948 年 10 月 17 日，土耳其举行了一次补选，由于共和人民党拒绝民主党提出的由司法机关充任选举的最高监督机构的提案而导致民主党最终没有参加这次补选，所以共和人民党成为这次补选的赢家。1948 年 12 月 23 日，反对党发表联合声明要求将共和人民党的六大原则从宪法中清除，伊诺努在 1950 年大选来临之前接受了联合声明，并在 1950 年 4 月 14 日宣布允许重新开放圣陵和圣墓。① 事实证明这些自由化措施实行得太迟了，民众希望通过支持民主党带来社会的根本性变化。1950 年 5 月，土耳其举行新一届议会选举，此次议会选举的突出特点在于自由公平的选举环境，首次实行选民的直接选举取代以往的间接选举，由司法机构取代行政机关监督选举程序，采用秘密投票和公开计票的原则。在全国 890 万选民中有 795 万选民参加投票，投票率为 90%，结果民主党获得 424 万张选票，占总投票数的 53.3%；共和人民党获得 318 万张选票，占总投票数的 39.7%。根据土耳其的选举制度，民主党获得议会 487 个议席中的 408 个，共和人民党获得 69 个席位，民族党获得 1 个席位，独立候选人获得 9 个席位。② 民主党的选举胜利在于诸多传统社会阶层与新兴社会群体的广泛支持，"农村豪门、农民、新兴商业阶级和旧宗教阶级，这些大概便是 1950 年支持民主党的最重要的分子。"③ 民主党获得单独组建政府的机会，成为土耳其历史上第一个通过民主选举赢取政权的政党，共和人民党失去执政党地位而成为议会中占少数席位的反对党。

共和人民党的失势是历史发展的必然。一方面，共和人民党诞生于土耳其人进行民族民主革命的历史进程之中，其基本历史任务是反对异族统治争取民族独立，排斥传统势力的政治参与和建立现代民族国家。在共和人民党的主导之下，土耳其政府实行了一系列激进改革，促使新生的土耳其共和国在政治、经济和社会文化领域发生翻天覆地的变化，并最终实现了政治和经济上的独立，初步建立起现代民族国家的基本架构，所以说共和人民党已经完成了历史赋予它的基本任务。另一方面，虽然国家资本主

① Mehmét Yaşar Geyikdaği, *Political Parties in Turkey: the Role of Islam*, New York: Praeger, 1984, p. 70.

② Metin Heper and Jacob M. Landau eds., *Political Parties and Democracy in Turkey*, p. 121.

③ ［英］伯纳德·刘易斯：《现代土耳其的兴起》，第 334 页。

义政策对土耳其民族经济体系的建立起着不可替代的作用，然而经过近20年的发展，土耳其社会发生的深刻变化已经使国家主义政策及其主要倡导者共和人民党逐渐失去了包括农民、劳工甚至富裕者的支持，所以共和人民党在主导了土耳其政坛近三十年的同时，也为自己的衰落埋下了祸根。"二战"之后的艰难形势表明共和人民党的治国模式已经不适应新的国情，统治已然岌岌可危，调整治国方略以适应新形势的需要是土耳其政治精英不可回避的抉择。1950 年的议会选举，可谓土耳其现代政治史的重要"分水岭"，标志着土耳其现代化进程中政治层面的深层变革和政治民主化的长足进步。从 1946 年多党政治的合法化到 1950 年议会选举的民主化，在短短的四年时间里通过和平方式实现政治领域的历史性转变，在发展中国家堪称绝无仅有。不同政党之间通过议会选举的形式实现权力的和平移交，成为此后土耳其共和国政治生活的基本原则①，也是土耳其政党政治的基本表现形式。

二　土耳其从一党制到多党制的转变

20 世纪 50 年代以来，伴随着普选制的完善与多党制的广泛实践，总统权力逐渐削弱，议会成为国家政治生活的核心舞台，国家、政党与社会三者之间的关系发生明显变化。一党制时期，政府机构与共和人民党组织在某种程度上处于重合状态，共和人民党是国家控制社会的工具，而民主党上台执政之后，国家、政党与社会之间的传统模式遭到否定，政党政治与政府政治逐渐分离，土耳其的民主化进程逐渐开启，也标志着凯末尔于1919 年提出的"真正的自下而上结构"的政治已经开始。② 但是，民主党执政的 20 世纪 50 年代，形式上实施多党民主政治制度，1954 年、1957 年两次全国大选都有反对党参加，议会内部也有反对党成员，反对党领袖在各种庆典仪式上处于显著位置，但实际上民主党政权却具有浓厚的一党制的色彩，其与共和人民党政权有着一脉相承的关系。

---

① 哈全安：《土耳其共和国政党政治的演变》，《南开大学学报》（哲学社会科学版）2010年第 5 期。

② Dankwart A. Rustow, "Political Parties in Turkey: An Overview", in Metin Heper and Jacob M. Landau eds., *Political Parties and Democracy in Turkey*, p. 16.

1. 民主党的执政之路

1950 年大选中民主党以压倒性优势赢得了大选的胜利,"民主党自己对选举的结果都很吃惊"。① 根据选举结果,杰拉尔·拜亚尔当选土耳其共和国第三任总统,阿德南·曼德勒斯成为政府总理,这是第一个基于民众意愿产生的政府,而叱咤土耳其政坛数十年的伊诺努则沦为反对党领导人,民主党通过合法途径成为执政党,这在土耳其历史上有着非同寻常的意义。罗斯托认为这次选举具有里程碑式的意义②,萨勒贝伊认为"民主党上台是土耳其历史上的重要转折点"。③ 在理论上,这次选举的意义在于它开启了土耳其多党民主制的大门,实现了从一党制到多党制的真正转变,是民主政治的巨大进步。然而民主的真正实现在于民众广泛的政治参与,而民众的政治参与程度不但与其自身的经济状况、文化教育水平密切相关,而且还与国家的整体发展水平紧密相连,所以实现精英政治向民众政治的过渡,不能单凭一次选举胜利来实现;尽管这次选举是土耳其政治民主化进程中的一次里程碑式事件,但不可能在一夜之间彻底改变国家的基本面貌。土耳其政权在两个政党之间平稳更替,还有赖于两党在某种意义上的继承性以及观点和立场的相似。曼德勒斯领导的民主党政府承诺发展国民经济,通过增加产出、减税计划、取消政府专卖、根据国家的财力平衡预算等措施为私人经济和外资经济的发展提供更大的空间;而共和人民党也鼓励发展私人经济,并承诺执政后将为企业提供更多贷款和改善外商的投资环境。在政治上,民主党与共和人民党均认同民主秩序和原则;在外交政策上,民主党与共和人民党的政策也比较类似。所以,民主党执政的十年,延续了一党制时期的传统,并最终走向独裁。

民主党在获得执政地位之前,可谓民众意志的代言人和民主政治的象征。1950 年民主党在大选中获胜后,安卡拉的教界人士曾经表示:"感谢安拉让我们从共和人民党的统治下获得解放"。民主党议员亦公开宣称:"阿塔图尔克是独立的总统,伊诺努是专制的总统,而拜亚尔则是自由的总统。"④ 然而,民主党在取代共和人民党成为执政党之后,排斥政治异

---

① Kemal H. Karpat, *Turkey's Politics: The Transition to a Multi‐party System*, p. 242.

② Dankwart A. Rustow, "Politics and Islam in Turkey", in Richard N. Frye ed., *Islam and the West*, The Hague: Mouton, 1957, pp. 69 – 107.

③ Ali Yaşar Sarıbay, "The Democratic Party, 1946 – 1960", p. 119.

④ Mehmét Yaşar Geyikdaği, *Political Parties in Turkey: the Role of Islam*, p. 74.

己的专制倾向逐渐显现，其对于共和人民党的限制程度甚至超过共和人民党执政时期对于民主党的限制程度。民主党执政期间，其与共和人民党之间的关系始终处于紧张状态。民主党自称是民众意志的代言人，负有实现社会转型的历史使命，同时希望共和人民党成为顺从自己的合作伙伴。共和人民党作为凯末尔主义的象征，长期以来在官僚和军队中有较大的影响，尽管丧失执政的地位，仍然不失为举足轻重的政治势力，加之拥有雄厚的财力支撑，是挑战民主党执政地位的潜在威胁。1951 年，民主党政府取缔共和人民党的重要外围组织"人民园地"和"人民之家"。1953年，民主党控制的议会通过决议，将共和人民党以及"人民园地"和"人民之家"的财产收归政府，旨在打击共和人民党的势力和削弱其作为反对党的政治影响。① 20 世纪 50 年代前期是土耳其经济的繁荣时期，也是民主党统治的黄金时期。曼德勒斯政府加快经济建设，为缩小城乡经济差距做出一定贡献。1951 年 3 月 30 日制定的施政纲领重申土耳其将朝着资本主义经济体制转变，政府承诺降低贷款利率，扩大私人企业规模和增加贷款数额，降低公共消费水平，鼓励和保护外商在土耳其投资，打破国家在某些商品上的垄断，优先解决公路、高速公路和港口建设等问题。国家还在水泥、糖、电力和建筑工业等领域投入重金，并通过放宽对农业的贷款限制、免除税收以及给予外资特别待遇等方式竭力推动私人投资。② 另外政府对乡村控制的减弱与政治活动对农业影响的结束也促进了农村经济的进步。土耳其经济发展的良好势头使改善民众的福利计划成为现实，民众自然乐于支持为其带来实惠的政府和政党。民主党政府推行的政策促进了土耳其经济的发展，尤其是农业产值增长迅速，农民成为新经济政策的最大受益者。农业的巨大进步换取了农民对民主党政府的广泛支持，经济政策的成功保证了民主党在新一届议会选举中的胜利。1954 年 5 月，土耳其举行议会选举，结果民主党获得 515 万张选票，占选票总数的56.6%；共和人民党获得 316 万张选票，占选票总数的 34.8%；民主党在议会中的席位从 420 个增至 505 个，共和人民党的议席从 63 个降至 31

---

① Mehmét Yaşar Geyikdaǧi, *Political Parties in Turkey: the Role of Islam*, p. 74.

② Kemal H. Karpat, "Political Developments in Turkey, 1950 – 1970", in Kemal H. Karpat ed., *Studies on Turkish Politics and Society: Selected Articles and Essays*, Leiden: E. J. Brill, 2004, p. 40.

个，布鲁克帕希领导的民族党获得 5 个议席。①

1954 年之后，土耳其的经济形势开始恶化，价格机制的崩溃、市场正常交易功能的丧失、进口商品价格的暴涨，导致政府控制机制失效。政府的官僚作风、资源配置不合理更加剧了经济的衰退。经济形势的恶化导致社会不满加剧，民主党政府的支持率随之下降。1955 年，伊斯坦布尔、安卡拉和伊兹米尔发生示威活动，民主党政府立即在这三个城市实行军事管制，在政党内部加强控制，清除党内反对派，这些做法导致许多人退出民主党，另组自由党，极大削弱了民主党实力。此后，自由党与共和人民党、民族党共同构成议会内部的反对派。1956 年夏，曼德勒斯援引 1940 年颁布的"国家安全法"，控制市场物价和物资供应，强化新闻管制，取缔政治集会，民主党政府的专制倾向进一步加强。② 1956 年 8 月，共和人民党总书记古里安遭到监禁。1957 年 4 月，工会联盟遭到取缔。同年 7 月，民族党领导人布鲁克帕希被逮捕。民主党政府的高压政策导致反对派政党的联合，共和人民党、自由党和民族党试图建立竞选联盟，共同挑战民主党的执政地位。1957 年 9 月初，科普鲁卢宣布退出民主党，加入反对派阵营。来自反对派的巨大压力，迫使民主党政府决定提前举行大选。与此同时，民主党政府颁布法令，禁止不同政党建立竞选联盟。③ 1957 年 9 月 4 日，曼德勒斯宣布将在 10 月 27 日举行大选以使反对党措手不及。在竞选中，曼德勒斯为了拉拢农民的选票，宣布政府允许农民延期偿还农业贷款，高价收购农产品，增加对宗教学校和清真寺的投资，最终民主党再次获胜，但还是失去了原有的绝对优势，仅获得 437 万张选票，占选票总数的 47.3%，赢得 424 个席位。相比之下，反对党呈上升趋势，共和人民党获得 375 张选票，占选票总数的 40.6%，赢得 178 个议席，自由党获得 3.8% 的选票和 4 个议席，民族党获得 7.25% 的选票和 4 个议席。④针对此次选举，科普鲁卢声称："这次选举斗争是整个民族反对一个人复活一个政党一个领导体制的斗争。"⑤ 但是获胜的民主党政府并没有控制

①　Stanford J. Shaw and Ezel Kural Shaw, *History of the Ottoman Empire and Modern Turkey*, Cambridge: Cambridge University Press, 2002, Vol. 2, pp. 406 – 407.

②　Erik J. Zürcher, *Turkey: A Modern History*, pp. 241 – 242.

③　Irvin C. Schick & Ertuğrul A. Tonak eds., *Turkey in Transition*, p. 113.

④　Feroz Ahmad, *The Turkish Experiment in Democracy*, *1950 – 1975*, p. 57.

⑤　Irvin C. Schick & Ertuğrul A. Tonak eds., *Turkey in Transition*, p. 115.

住严重的通货膨胀和克服严重的经济困难，因而遭到反对党和公众的尖锐批评。此时民主党开始表现出对知识分子、军队以及官僚的不信任，称知识分子已经成为共和人民党获取权力的工具，所以民主党虽然获得大选胜利但局势却不安宁。共和人民党在大选后第三天在加济安泰普市举行"共和纪念日"活动，演变成反政府的示威游行，政府调动军队强行解散游行队伍，随后关闭了共和人民党的200多个分支机构。1957年12月27日，民主党政府通过"议会禁止议员将议会中进行争论的情况泄露于人民群众之间"的法令来限制反对党的宣传活动，此举显然有违宪法和民众言论自由。此时军方也表现出对民主党的反感，1958年1月17日，政府逮捕了9名涉嫌发表反政府言论的军人。由此国家公务员、新闻界、司法界、教育界的知识分子都和民主党政府对立起来，各种矛盾交织在一起，动摇了民主党的执政根基。

面对如此困境，民主党政府开始利用宗教以达到政治目的，民主党政府把加入"祖国阵线"视为一种宗教责任和国民义务。[①] 在这种背景之下，民主党接受了新苏非主义运动——努尔库运动的支持，并表达了将伊斯兰教政治化的意愿[②]，这显然不能得到凯末尔主义者的认同。伊诺努认为"祖国阵线"的实践会使国家朝着危险的方向发展，然而大国民议会中的民主党集团认为无论如何不能用任何方式去反对宗教，于是民主党对伊斯兰教的应用更为频繁。1960年2月13日，安塔利亚的民众欢迎曼德勒斯时打出如下横幅：我们信任真主和你，曼德勒斯![③] 共和人民党和民主党之间的矛盾进一步激化，1960年2月，曼德勒斯办公室致函议会，要求剥夺伊诺努等十多名议员的豁免权，该党一些议员甚至要求判处伊诺努死刑。4月，民主党政府成立一个拥有绝对权力的调查委员会以审查共和人民党的颠覆活动，声称其目的在于阻止军队卷入政治，最终恢复法律秩序，共和人民党在大国民议会中的活动一度被中止。[④] 实际上，民主党此举旨在迫使反对党及其媒体保持沉默。伊诺努宣布：在条件成熟的时候，革命将成为民族合法的权利，因为公民开始思考是否有其他制度或者

---

① Feroz Ahmad, *The Turkish Experiment in Democracy*, *1950 – 1975*, pp. 367 – 372.

② Şerif Mardin, *Religion and Social Change in Modern Turkey: The Case of Bediüzzaman Said Nursi*, p. 98.

③ Mehmét Yaşar Geyikdaği, *Political Parties in Turkey: The Role of Islam*, p. 79.

④ Feroz Ahmad, *The Turkish Experiment in Democracy*, *1950 – 1975*, pp. 64 – 65.

方法能够保护他们的权利。他指出，土耳其经过长时期的斗争才结束共和人民党的一党统治，建立了民主制度，如果民主党继续采取压制性的统治，将不可避免地引起一场革命，"我们是不会卷入革命的"，"这样一场革命应该来自与我们无关的外部其他力量。"① 伊诺努的演说立即遭到封禁，但是通过地下印刷所的印制，一夜之间这个讲演在社会上广为流传。民主党与反对党之间的不信任程度日益加深，民主党逐渐恢复了独裁的统治，这种做法的代价是民主党统治的终结。② 与此同时，许多报刊大张旗鼓地宣传民主，反对民主党的专制和压迫，但遭到民主党的迫害，报刊被封，一些新闻记者被捕，于是大学生们率先走上街头举行反政府示威游行，民主党政府试图镇压学生游行但没有得逞，因为军队拒绝向学生开枪，甚至不愿意逮捕学生。于是民主党政府开始实施军事管制，即将退役的陆军总司令杰玛勒·古尔塞勒（Cemal Gursel）将军曾经建议国防部长采取一系列政治措施以恢复秩序，在劝阻无效的情况下土耳其军方于1960年5月27日接管了政府，以古尔塞勒将军为首的"民族团结委员会"控制了国家权力，民主党的政治统治宣告终结。总的来说，导致民主党下台的最根本的原因是经济形势的恶化，随之而来的无政府状态和民主党对自由的压制所引起的广泛不满，这期间虽有宗教极端分子的活动，但宗教导致政变的说法是站不住脚的。上述现象说明民主党统治时期的多党制还处于初始阶段，许多地方极不完善，主宰政坛的民主党实际上与共和人民党具有相同的领导基础，保留了1923—1946年代表一党专制残余的统治机构和制度，有倾向于一党专制的迹象，历史、文化和机制等诸因素有助于多党制度在从威权政治向民主政治的过渡中趋于巩固和成熟，军人作为不民主的因素保障了土耳其朝着民主的轨道前进。

2. 20世纪60年代的政党政治

1960年军事政变后，土耳其大国民议会解散，总理、政府成员和所有民主党议员被捕，民选政府的垮台标志着土耳其政党政治发展的新阶段。在古尔塞勒将军领导下成立的"民族团结委员会"成为立法和行政机构，宣称"民族团结委员会的伟大目的是捍卫我们神圣的宗教（其是自由和意识的财富，是纯洁无瑕的），避免宗教成为反对派和政治运动的

---

① Kemal H. Karpat, "Political Developments in Turkey, 1950 – 1970", p. 45.
② Ali Yaşar Sarıbay, "The Democratic Party, 1946 – 1960", p. 128.

工具。"① "民族团结委员会"作为过渡政府主要致力于审判民主党领导人，邀请有进步思想的法学教授制定一个更适合多党制的新宪法，并禁止所有政治活动。当时建立的高级调查委员会和最高法院调查了前民主党政府的部长、议员以及主要负责人的罪行并进行了审讯，曼德勒斯被处以绞刑，拜亚尔被判终身监禁，其他政府要员也遭受不同程度的刑罚。1960年12月，"民族团结委员会"通过了恢复制宪会议及选任制宪会议委员的法令。1961年5月27日，新宪法诞生，经公民投票于7月宣布生效。1961年宪法带来土耳其社会和政府机构的巨大变化，大国民议会由一院制改为两院制，参议院为上院，民族团结委员会成员和前总统为永久议员，另外15名由总统任命，任期六年；下议院通过比例代表制由公众选举，法律必须由两院同时通过，下院拥有立法权，下院有权以2/3的多数来否定上院的决定，并拥有最终的裁决权；还成立了由15名成员（来自司法部、议会、大学和总统任命）组成的宪法法院，有权修改法律和法规；总统由议会选出，任期7年，总统任命总理，总理选择其他政府成员。新宪法基本遵循了凯末尔的世俗化原则，增加了1924年宪法没有的权利和自由，保护思想言论、协会和出版自由，明确禁止利用宗教、压制公正和思想自由，但宪法公投时仍有40%的民众反对，说明有相当多的人并不认可新宪法。1961年宪法为20世纪60—80年代的土耳其政治发展提供了基本的指导原则。

经过十多年的政治实践，土耳其的多党民主政治已经具有一定的基础。民主党与共和人民党的政治角逐，构成20世纪40年代中后期及50年代土耳其政治生活的主要内容。然而，此间土耳其的政党政治仍具有一党制时代的显著特征。1960年政变之后，民主党被取缔，主要领导成员以违反宪法的口实被禁止参与政治和接受严惩。土耳其的政党政治呈现新特征：自下而上的政治运动开始显现力量，具有重要影响的政党不断增多，政党中央开始向地方分权。换言之，土耳其政治舞台上活跃的政党更多，政党内部活跃的基层党员开始增多。20世纪60年代的土耳其政坛除了共和人民党和共和农民民族党之外，还包括随后成立的正义党、新土耳其党。正义党于1961年由拉伊普·居米什帕拉（Ragıp Gümüşpala）将军

---

① Feroz Ahmad, *The Turkish Experiment in Democracy, 1950 – 1975*, p. 374.

创立，是民主党的继承者，主张通过自由经济加强资本主义化①，强调宗教信仰自由是人类的自然权利，在世俗原则的框架内实行公平的宗教教育。② 新土耳其党于 1961 年 1 月由经济学家埃克罗姆·阿里坎（Ekrom Alican）组建。"民族团结委员"会鼓励退出前民主党的人组织新土耳其党以赢得前民主党选民支持。新土耳其党成员主要是知识分子、民主党的城市派、高级官吏、教授和专家以及东部的大土地所有者，群众基础较为薄弱，这使其在与正义党的竞争中处于不利地位。新土耳其党强调经济发展必须通过尽可能少的干预和自由的方法来实现，主张最大限度地利用外资和消除自由贸易障碍，这与凯末尔主义的国家主义经济政策形成鲜明对照。但是除经济政策之外，新土耳其党和共和人民党在许多方面是一致的，在纲领中坚决拥护世俗化③，认为教育的充分发展是实现发展的核心要求。1954 年奥斯曼·伯吕克巴舍（Osman Bolukbasi）重建共和民族党，后与农民党合并组建共和农民民族党，该党秘书长曾经宣称国民间财富分配不合理以及机会不均等会导致社会紧张④，西方世界的工业革命创造了新经济与社会体制以及新文化，土耳其也在经历类似的转型，因而政府必须按照民众的能力和需要为民众提供就业机会。据传该党在 1961 年的选举会议上宣称忠诚世俗主义原则的同时，高度赞扬伊斯兰国家和伊斯兰政治原则，这种观点遭到世俗主义者的强烈反对。

　　1961 年 10 月 15 日，土耳其举行大选，一些政党由于尚未在 15 个以上省份获得选票而被排斥在大选之外，最终共和人民党、正义党、共和农民民族党和新土耳其党角逐国家政权。登记选民 1291 万人，实际参与投票者 1052 万人，投票率为 81%。共和人民党获得 372 万张选票，占 36.7%，赢得议会下议院 173 个席位，在民主党的基础上重新组建的正义党获得 353 万张选票，占 34.8%，赢得议会下议院 158 个席位，在自由党的基础上重新组建的新土耳其党获得 139 万张选票，占 13.7%，赢得议

① Walter F. Weiker, *The Turkish Revolution 1960 - 1961: Aspects of Military Politics*, Washington D. C. : Brookings, 1963, pp. 94 - 95.

② Kemal H. Karpat, "Social Groups and the Political System after 1960", in Kemal H. Karpat ed. , *Social Institution Change and Politics in Turkey: a Structural - Historical Analysis*, Leiden: E. J. Brill, 1973, p. 242.

③ Walter F. Weiker, *The Turkish Revolution 1960 - 1961: Aspects of Military Politics*, pp. 99 - 100.

④ Kemal H. Karpat, "Social Groups and the Political System after 1960", p. 242.

会下议院 65 个席位，民族党获得 142 万张选票，占 14%，赢得议会下议院 54 个席位。① 尽管民主党的继承者联盟即正义党和新土耳其党一共获得了 223 个席位，而共和人民党只获得了 173 个席位，但组建内阁的任务还是落在了共和人民党领袖伊诺努的肩上。由于共和人民党并没有获得绝对多数的选票和席位，最终与正义党组成第一届联合政府，其施政纲领宣称"政府的任务是将土耳其共和国在自由的条件下保证最快地发达兴旺起来，并在最近的将来赶上先进的国家。"② 由于联合政府面临的社会问题较为复杂，两党之间的矛盾较多，在经历一场未遂的政变③之后，1962 年 5 月 31 日，伊诺努总理辞职，第一届联合政府执政七个月之后宣告垮台。同年 6 月，共和人民党、新土耳其党、共和农民民族党组建第二届联合政府，其中共和人民党占据重要地位，基本纲领和前一届联合政府大致相似。10 月 6 日，联合政府不顾社会各界的反对通过了赦免部分曼德勒斯分子的法案，从而加剧了政局动荡，最终使该联合政府仅仅持续到 1963 年 12 月。

在 1963 年 11 月 17 日的补缺选举中，正义党取得胜利，但也无力组织一党制政府。由于正义党不愿意与伊诺努联合，于是伊诺努和独立派组织了第三届联合政府。这届政府纲领只增加了农业与土地改革的内容以及发展社会公正、提高公共服务投资五年财政计划，其他则延续了前任政府的政策，由于提交给议会的预算案未获通过，该届政府于 1965 年 2 月 12 日辞职。2 月 20 日以过渡政府著称的第四届联合政府成立，无党派参议员苏阿特·于尔古普吕（Suat Hayri Urguplu）任总理，该政府维持到 1965 年大选。

在 1965 年大选前夕，正义党和共和人民党的意识形态都发生重大变化，正义党由于对宗教的让步而变得日益右倾。正义党成员伊赫珊·杰格莱扬吉尔（Ihsan Sabri Caglayangil）声言可以运用宗教作为促进农村发展的工具，由于几乎每个农村都有清真寺，应将其作为知识传播的场所。正

---

① Sabri Sayarı and Yılmaz Esmer, *Politics, Parties and Elections in Turkey*, pp. 190 – 191.

② 杨兆钧：《土耳其现代史》，云南大学出版社 1990 年版，第 284 页。

③ 1962 年 2 月 22 日晚，在推翻民主党政府中起了积极作用的安卡拉军官学校、坦克学校、宪兵学校的学员包围了议会大厦、总统府和广播电台。但暴乱很快被政府军队镇压，约有 300 名军官被捕，69 人被解除职务。参加这次行动的青年军官们是激进的改革派，他们看到新政府的措施不能令人满意，打算通过政变解决国内的一些问题，推动经济进步。

义党的另一个议员萨迪林·比尔吉奇（Sadetlin Bilgic）曾说："宗教既是一种现实也是一种需要。世俗国家并不意味着公民坚持无神论。反对反动派的方法应该是造就高素质的神职人员。""回到我们的传统是必要的，我并不认为伊斯兰教是阻碍进步的。只是在神学院衰落之后，迷信才开始盛行并阻碍进步。我们的纲领要将宗教与这些迷信区别开来。"① 正义党1965 年的竞选纲领含有以私营企业、外国援助、政治自由化和加强与西方联系为基础的发展思想，纲领在提到世俗主义时说："在经济发展之外，我们也相信道德的发展，我们所理解的世俗主义不是亵渎神灵或不信教"。德米雷尔还宣称正义党代表所有基层的利益，包括城市居民和农民、工人和雇主等②，提出优先发展经济的策略，将所有人的利益融合到国家利益中，民族主义是国家统一的组成部分，反对阶级斗争。共和人民党在埃杰维特执掌权柄之后，主张土地改革、社会正义、社会安全和政治发展，提出"中间偏左"的口号以赢得更多支持。正义党攻击共和人民党成为"通向莫斯科"的左翼政党，强调左翼思想是民族统一的主要威胁，将意识形态因素带入国家政治生活，因而这是意识形态分野的开端。共和人民党的尼哈特·艾瑞姆（Nihat Erim）在 1965 年大选之前说："土耳其当前面临的主要问题是发展，这是由于虽然土耳其已于 19 世纪启动现代化，但现代化的过程仍未完成，这部分是由于缺乏对教育问题的解决方法，因此存在威胁革命的危险。出现接受阿拉伯字母的新一代将来就会产生问题……教界人士认为既然国家是世俗的，就不应该干预宗教事务，并且宗教事务局应该有自治权，然而政府的职责之一便是维护公共秩序，因而国家不一定必须干预宗教事务。"③ 这表现了共和人民党对凯末尔主义国家严格控制宗教的世俗主义模式的怀疑和修正。

　　1965 年大选是土耳其共和国政治史上的大事，此次大选表明政权从代表军事—资产阶级精英分子（支持世俗化和西方化及凯末尔现代化纲领的阶层）向自由主义者的过渡，也表明了以土耳其工人党为代表的社会主义势力的兴起。正义党获得了 52.9% 的支持率和 240 个议席；共和人民党获得 28.6% 的支持率和 134 个议席，其他 4 个政党也分别获得相

---

①　Mehmét Yaşar Geyikdaği, *Political Parties in Turkey：The Role of Islam*, pp. 97 – 99.

②　Avner Levi, "The Justice Party, 1961 – 1980", in Metin Heper and Jacob M. Landau eds., *Political Parties and Democracy in Turkey*, p. 140.

③　Mehmét Yaşar Geyikdaği, *Political Parties in Turkey：The Role of Islam*, p. 100.

应席位①，德米雷尔受命组织新政府。正义党政府表示重视私人企业和思想宗教自由，伊玛目－哈提普学校的学生可以接受高等教育。经济方面，宣布建立自由市场经济体制，政府工作重点从公有企业向私有企业，从小的传统生产组织向大型的资本主义生产转移，减少外贸和资本方面的限制；倡导福利国家以及政府与公民之间的互助，宣称福利国家将建立在混合经济体制之上，并且这种制度将不会向国有或集体主义过渡；政府对宗教表示一定程度的宽容，并发展与所有阿拉伯或伊斯兰国家的友好关系，土耳其理解并支持所有阿拉伯国家的合法事业。正义党上台后不久，古尔塞勒总统去世，1966 年 3 月，议会选举总参谋长杰夫代特·苏奈担任新总统。德米雷尔致力于改善军官和士兵的待遇，避免干涉军队事务，苏奈总统也约束军队，使之不卷入政治斗争，所以正义党政府和军方之间维持了较好的关系。60 年代后半期共和人民党和正义党的斗争激烈，尤其是德米雷尔政府的亲宗教政策遭到共和人民党的激烈批评。同时共和人民党内也出现了危机，埃杰维特的"中间偏左"路线遭到党内右翼党员反对，1967 年初 15 名参议员和 32 名众议员宣布退出共和人民党，建立信任党。随着意识形态斗争加剧，左右翼之间斗争的公开化，政党制度不能有效的控制秩序，造成人们的失望和无助，正义党成为大工业家的政党，共和人民党不能实现社会正义、平等和民主，政治系统受到冲击，有必要成立新的政党来满足社会需要，伊斯兰政党——民族秩序党应运而生，伊斯兰政党对现存的世俗主义秩序给予批评，主张用伊斯兰教的观点和纲领来取代世俗的现代化纲领，得到边缘人群的广泛支持，为土耳其政坛注入全新力量。

　　20 世纪 60 年代的土耳其政坛，深受国际两极格局的影响，国内政党斗争带有左右意识形态斗争的浓厚色彩。"20 世纪 60 年代，马克思主义首次产生重大的影响力，或许现在对土耳其知识分子还有重大影响，与此同时，它使自己成为一支主要政治力量。"② 左派的兴起是马克思主义在土耳其政治实践的反映。土耳其左派最早存在于知识分子中，随后在劳工和城市下层中出现，最后扩散至社会各阶层。大致而言，土耳其劳工党、

　　① Meliha Benli Altunışık and Özlem Tür, *Turkey: Challenges of Continuity and Change*, London and New York: Routledge, 2004, p. 35.

　　② Ahmet Samim, "The Tragedy of the Turkish Left", *New Left Review*, No. 126; March/April, 1981, p. 64.

土耳其工会组织、土耳其青年学生和一部分知识分子的激进政治主张即表达了土耳其左派的基本观点。……土耳其革命工会联合会组织了大量的罢工，成为城市工人运动主要的领导机构。① 尽管土耳其左派力量很强大，但他们并没能通过合法途径参与国家政治生活。在 1969 年的全国大选中，土耳其劳工党仅赢得 2.7% 的选票，在国民议会中获得两个席位。② 因此，许多左派成员认为议会斗争的道路行不通，必须走一条革命的路。土耳其的阶级斗争空前尖锐。1970 年 6 月 15 日和 16 日，革命工会联合会从 100 多个工作地召集了近十万工人示威游行以表达对"工会法"的抗议。其间，游行工人与警察发生冲突，导致政府派军队镇压示威游行。对现实不满的青年学生中的激进力量逐渐与恐怖暴力活动联系在一起，使得社会矛盾更加尖锐。左派与极端民族主义势力的竞争加剧了政局动荡。

动荡的局势给 1969 年大选后上台的德米雷尔政府造成了极大的压力，社会各界对正义党的执政能力产生怀疑。1970 年土耳其工人的示威活动影响了土耳其各个政治集团。"该事件可能是最能使资产阶级对德米雷尔政府和正义党的执政能力失去信心的事件。"③ 军队当局对工人示威显示出的巨大能力和德米雷尔政府控制局势的无能十分恼怒，军方的干预似乎已不可避免。在蒙督赫·塔马齐（Memduh Tağmaç）看来通过目前的政府来恢复秩序已无指望，蒙督赫·塔马齐非常担心军队作为一种机构是否能够继续存在，他非常厌恶当时的政治形势和德米雷尔政府的低效。然而，最令他生气的是媒体和其他反政府人士对军队的攻击。当时有人称军人为"法西斯主义者"、"变节者"和"跟班"等。④ 1970 年，左派军官寻找德高望重的高级军官担任政变领袖，试图为已在策划中的政变寻求支持。1971 初，政变策划者拟定了一份人事任免名单，旨在为政变后高级职位的安排做准备，法鲁克·居莱尔（Faruk Gürler）上将和穆赫辛·巴图尔（Muhsin Batur）上将分别是新的总统和政府总理人选。1971 年 3 月 12 日，土耳其发生了历史上著名的备忘录政变。20 世纪 60 年代土耳其动荡

---

① Doğu Ergil, "Identity Crises and Political Instability in Turkey", *Journal of International Affairs*, Vol. 54, No. 1, Fall 2000, p. 53.

② Frank Tachau and Mary – Jo D. Good, "The Anatomy of Political and Social Change: Turkish Parties, Parliaments, and Elections", *Comparative Politics*, Vol. 5, No. 4, Julg, 1973, p. 560.

③ 转引自 Peter B. Koelle, "The Inevitability of the 1971 Turkish Military Intervention", *Journal of South Asian and Middle Eastern Studies*, Vol. 24, No. 1, 2000, p. 47。

④ Peter B. Koelle, "The Inevitability of the 1971 Turkish Military Intervention", pp. 51 – 52.

的政党政治局势以军事政变的形式结束，在军方主导下的新的政党政治即将开启，这为伊斯兰政党登上历史舞台提供契机。

3. 20 世纪 70 年代的政党政治

1971 年 3 月 12 日，土耳其武装部队在蒙督赫·塔马齐、法鲁克·居莱尔、穆赫辛·巴图尔等人的领导下发表一份备忘录，要求政府立即着手改革，并威胁说如果政府拒不执行，军队将接管政权。① 备忘录发布之后，德米雷尔总理辞职，土耳其大国民议会随后投票产生一个技术专家政府。3 月 19 日，尼哈特·埃里姆（Nihat Erim）受命正式组阁②，新政府即土耳其历史上著名的"智囊团"政府。由于正义党拒绝加入，尼哈特·埃里姆组建的新内阁仅包括独立人士和原属共和人民党的退伍军人和保守派成员。③ 埃里姆事实上只是一个傀儡，几乎所有的实权都掌握在总参谋长手里。④ 这个政府带有军人威权的浓厚色彩，再加上土耳其的动荡形势，1971 年 4 月 27 日，埃里姆政府宣布在 11 个省份实行军事管制。次日，两家主要报纸《晚报》（Akşam）和《共和报》（Cumhuriyet）被勒令关停整顿，随后许多期刊被禁。1971 年军事政变对土耳其政党制度影响较小，只有左派的土耳其劳工党和伊斯兰倾向的民族秩序党被宪法法院取缔，其他政党仍然相当活跃。这次政变对于德米雷尔和正义党而言则是一个胜利，因为政变不但使他们免受左派的威胁，而且政变完成了他们通过民主方式不可能完成的任务。⑤ 埃里姆和军方高层指出自由的宪法对土耳其来说是一种奢侈。这种奢侈对一个发展中的社会，用激进的办法去实现资本主义，是不合适的。⑥ 的确，相对自由的 20 世纪 60 年代是一个乱象丛生的年代，当时暴力活动增加，政党不断分裂，政府非常软弱和低效。⑦ 然而，军方在此刻并没有深刻认识到这一点，20 世纪 70 年代的土耳其政坛局势动荡不安，暴力冲突仍然继续，1980 年政变结束了这种局

---

① Frank Tachau and Metin Heper, "The State, Politics, and the Military in Turkey", *Comparative Politics*, Vol. 16, No. 1, 1983, p. 23.

② Feroz Ahmad, *The Making of Modern Turkey*, London: Routledge, 1993, p. 149.

③ Kemal H. Karpat, "Domestic Politics", in Kemal H. Karpat, ed., *Studies on Turkish Politics and Society: Selected Articles and Essays*, p. 128.

④ Peter B. Koelle, "The Inevitability of the 1971 Turkish Military Intervention", p. 52.

⑤ Ibid., p. 54.

⑥ Feroz Ahmad, *The Making of Modern Turkey*, p. 152.

⑦ Feroz Ahmad, *The Turkish Experiment in Democracy, 1950 – 1975*, p. 205.

面，带来土耳其政党政治的重新整饬和民主框架的理性收缩。

尽管埃里姆政府在军方的监管下成立，但其试图进行一些社会经济方面的改革以赢得民众支持，结果遭到议会中右翼势力的激烈反对，1972年4月17日，埃里姆被迫辞职，技术专家政府解体。5月15日，苏奈总统授权费立特·梅林组织新政府，梅林组建了正义党、信任党、共和人民党三党联合政府，新政府承诺维护凯末尔改革和世俗化原则，实行无党派政策，以严格的措施恢复法律与秩序以反对专制与共产主义，实行土地改革，纲领获得议会的信任而得以通过，该政府持续到1973年大选。1973年10月14日，土耳其举行大国民议会选举，登记入册的19798164名选民中有11223843名参加选举，全国67个选区中共选出450名大国民议会成员，27个选区中选出49名参议员，参议员的民众投票率为66.8%，高于1969年大选的64.3%，其中有550185张无效或空白选票。共和人民党是这次大选的最大赢家，获得3570583张选票，支持率为33.3%，议席数为186，高于1969年的2487006张选票，27.4%的支持率和143个议席。正义党获得3197897张选票，29.8%的支持率和149个议席，低于1969年大选中的4229712张选票，46.5%的支持率和256个席位。[①] 尽管共和人民党和正义党的支持率都相当高，但并没有达到单独组阁的法定席位，所以组建联合政府便成为必然选择。10月19日，正义党拒绝与其他右翼政党组成联合政府，10月28日，法赫里·科鲁蒂尔克（Fahri Korutürk）总统要求埃杰维特组建新政府。埃杰维特最终与民族拯救党组建联合政府，1974年1月26日，总统批准共和人民党和民族拯救党联合政府成立。但由于二者分歧严重，5月20日，共和人民党决定退出联合政府，9月18日，埃杰维特宣布辞去总理职务，11月13日总统任命参议员沙迪·艾尔马克（Sadi Irmak）组织新政府，艾尔马克总理呈交总统的26名部长名单中包括15名非议会成员，新政府纲领于11月24日在议会中公布，但11月29日以358:17的投票结果被否决。12月13日，四个右翼政党正义党、民族拯救党、共和信任党和民族行动党商讨组建选举联盟，12月18日，四党一致同意组建祖国阵线联盟。由于艾尔马克的新政府纲领未获议会通过，总统要求埃杰维特组织新政府也遭拒绝，于是总统要求德米雷尔组织政府，祖国阵线联盟予以支持，9名前新民主党成员和

① Binnaz Toprak, *Islam and Political Development in Turkey*, p. 104.

4名独立议员宣布支持祖国阵线联盟，这就使拥有228席的祖国阵线联盟在议会中占绝对多数。1975年4月1日，德米雷尔向总统提交了新政府名单并获得批准，新政府的3位副总理由祖国阵线联盟的其余三党领导人担任，30名部长中正义党占16名、民族拯救党占8名、共和信任党占4名、民族行动党占2名（而其在议会中仅有3个议席）。4月12日，议会以222∶218的微弱优势通过了德米雷尔政府，第一届祖国阵线政府宣告成立。该政府一直持续到1977年。

1977年大选之后，尽管共和人民党获得41.4%的支持率和213个下院席位，但并没有达到单独组织政府的议席数，而又找不到联合组阁的对象，于是以德米雷尔为首的第二届民族阵线政府成立，民族拯救党再次入主联合政府，但这个联合政府极为短命，由于国内严重的政治、经济危机问题不久便宣告辞职。1978年1月埃杰维特与独立人士组建联合政府，由于政治局势动荡仍然不能持久，于1979年10月16日宣告垮台。德米雷尔于1979年11月组织了受民族拯救党、民族行动党和独立派支持的正义党领导的少数派政府，这届政府最终于1980年9月12日被凯南·埃夫伦（Kenan Evren）将军领导的军事政变推翻。至此，土耳其1961年宪法框架下的多党民主制阶段宣告结束。

在国际冷战格局的影响下，土耳其政党政治在20世纪60年代之后经历了日趋严重的意识形态分化。在埃杰维特领导下的共和人民党倾向于左翼立场，采取一种对工人和农民具有较强吸引力的政党话语，进而致力于对右翼运动和政党尤其是民族行动党的批评。正义党将其定义为中右政党，成为左翼意识形态的主要反对者。在1974—1977年土耳其由右翼的祖国阵线联盟主宰联合政府之后，再加上土耳其日趋严重的政治和经济危机带来政治暴力和恐怖主义的升级，都促使政党制度从中庸趋于意识形态的两极分化。高度分化和多极化的政党制度对民主政治产生严重威胁，政治经济危机演化为暴力冲突，右派和左派之间的竞争进一步升级，无政府主义盛行，而政府却不能控制暴力。不但大学生参加政治暴力活动，一些工人和失业的年轻人，甚至一些十几岁的中学生也参加政治暴力活动。[①]所以土耳其此间的政党政治呈现一种混乱的状态，联合政府的更迭频繁偏

---

① Kemal H. Karpat ed. , *Studies on Turkish Politics and Society*：*Selected Articles and Essays*,
p. 133.

离了多党民主制的发展轨道。尽管土耳其 20 世纪 60、70 年代政治和意识形态的多元化给人以民主的印象，但是意识形态的过于自由和多元化使得伊斯兰极端主义和民族主义都找到潜在的市场，马克思主义、伊斯兰主义和自由主义诸多意识形态此起彼伏加剧了混乱局势。尽管 1961 年宪法与 1924 年宪法相比更加自由、民主，然而主权在民、宪法至上的政治理想并没有真正实现。虽然议会选举在土耳其政坛有序进行，参政的政党数量也前所未有地扩大，但是囿于当时条件，政党数量的增加非但不能完全反映选民的意志，而且过于分散的政治纲领和利益分歧导致联合政府更迭频繁，整个国家未能形成系统的政治制度和统治模式，此时所谓的民主给土耳其带来混乱和动荡，这既非民主的初衷，也不是民主的本质所在；在当时所谓民主的体制之下，非但民众的政治诉求得不到明确地表达，而且基本的生存和安全都得不到保障，这自然不是民众所期许的、可以实践的民主，所以对于土耳其此阶段的民主政治也不能高估。土耳其此间的政治动荡既说明了土耳其尚不具备接纳 1961 年宪法所推崇的两院制议会民主制的社会基础，也说明以整饬秩序为名的军事政变必然带来民主框架的理性收缩。

三　土耳其多党民主制的政治建构

20 世纪 80 年代以来，土耳其告别此前二十年左右翼政党两级对垒的局面，选民的意识形态分歧逐渐缩小，土耳其政坛呈现世俗政党与伊斯兰政党的分野。随着 1980 年军事政变后政治秩序的恢复，带有鲜明的军方监管色彩的多党民主制得以建立，20 世纪 80 年代，祖国党以绝对优势主宰土耳其政坛。20 世纪 90 年代以来，世俗的中右政党逐渐丧失掌控国家政权的优势，伊斯兰主义政党异军突起成为举足轻重的政治力量，土耳其政坛呈现联合政府甚至少数派政府更迭频繁的局面。伴随着现代伊斯兰主义和库尔德民族主义的兴起，世俗的中右政党、民族主义政党和伊斯兰主义政党呈现合流的趋势，土耳其政坛再次呈现以共和人民党为代表的中左政党与以正义与发展党为代表的中右政党的意识形态分歧，正义与发展党的选举优势和蝉联执政使得政党政治的宗教色彩逐渐增强。

1. 1980 年军事政变与社会秩序整饬

1980 年 9 月 11—12 日夜，军方在总参谋长埃夫伦将军的领导下发动军事政变，德米雷尔总理领导的少数派政府被推翻。9 月 21 日，军方主导组建了由前海军司令、退休的布伦特·乌鲁苏（Bülend Ulusu）将军任总理、由技术官僚、教授和退休将军担任政府部长的新政府，形成典型的"专家治国"模式。随后新政府在国家安全委员会的监视下对造成 20 世纪 70 年代政局混乱的各种力量进行整饬，取缔了所有政党活动，一年后解散所有政党，禁止前政党领导人在 5—10 年内参政；① 紧接着国家安全委员会加强对非政府组织的控制，通过采用特别法来管理商会、大学和相关组织；宣布罢工为非法，罢工工人必须恢复工作；军人取代各省官僚和市长等执掌政权。不久乌鲁苏成立了咨询委员会为建立新的法律体系提供人员和技术保障，咨询委员会是一个咨询或建议性的机构，其成员必须是无党派民主人士，经过对 11640 名候选人的层层选拔最后选出 160 人担任咨询委员会成员，包括 45 名律师，29 位教授，25 名退休军官，14 名前政府官员和 3 名工人领导人，著名的退休教授和政治家萨迪·艾尔马克（Sadi Irmak）担任发言人。② 咨询委员会的主要任务是起草法律，并向国家安全委员会提出建议，1982 年宪法、政党法和议会选举法都出自咨询委员会之手。咨询委员会第一次会议于 1980 年 10 月 23 日召开，埃夫伦在致开幕词时指出新宪法必须尊重人权和自由，实现社会正义，确立政府的法制原则以满足社会需要；指出政党法不允许政党领导人拥有绝对权力，结束政党的分散性局面。会后成立以伊斯坦布尔大学宪法学教授奥尔罕·艾尔迪卡提（Orhan Aldikacti）领导的包含 15 名成员的宪法委员会，并于 1982 年 10 月 18 日完成了宪法草案，稍作修改之后于 11 月 7 日提交全民公决。在 20690914 名注册投票者中，实际参与投票者 18884488 人，即投票率为 91.27%。赞成新宪法的有 17215559 人，反对的只有 1626431 人，③ 90% 以上的投票者赞成新宪法，这说明 1982 年宪法得到绝大多数人的支持，至少"回击了那些认为土耳其的统治得不到人民支持的批评；鼓舞了包括凯南·埃夫伦将军在内的军方，使他们认为人民会支持他们的

---

① 这些政党领导人中间有 723 人禁止参与政治，其中 242 人禁止参政的期限是 10 年，481 人是 5 年。

② Mehmét Yaşar Geyikdaği, *Political Parties in Turkey: the Role of Islam*, p. 142.

③ Kemal H. Karpat, "Domestic Politics", p. 141.

任何决定；也给了人民信心，相信恢复文官秩序指日可待"。①

1982年宪法明确宣布完全根据凯末尔对民族主义、革命主义和其他信条的解读来制定，宣称国家利益至上、民族和领土主权不容置疑，神圣的宗教情感绝不能成为政府或政治的组成部分。宪法序言强调"任何与土耳其民族利益、领土与国家完整、历史与道德价值或民族主义、原则、改革和阿塔图尔克现代主义相违背的思想或观念都不能得到保护"。②1982年宪法的前三条进一步强化了该规定。第一条指出"土耳其是一个共和国"；第二条描述该共和国为"一个民主的、世俗的、法制的社会国家，坚持公众和平观念、民族团结与正义……忠诚于阿塔图尔克的民族主义，以前言中的基本原则为基础"。第三条宣称"在其疆域与国家之内，土耳其是一个不可分割的实体，其语言是土耳其语，其国旗是红底白色新月和星星。其国歌是独立的三月（Independence March），首都是安卡拉。"第四条强调前三条不能被修改，也不能提出与其相关的任何修正案。1982年宪法是对1961—1980年土耳其政治生活的总结和反映，各个条款对国家基本方向做了明确规定，存在强化中央集权的趋向。1982年宪法的制定者认为虽然1961年宪法给予了广泛的自由，但却被不同团体利用和滥用，因为在这里自由意味着对他人自由的压制，所以强化总统权力是1982年宪法的重要特征，赋予总统极大的行政任命权，其可以解散议会提前进行大选，任命最高教育委员会、任命宪法法院、上诉法院和最高检察院成员等，允许总统否决议会立法和宪法修正案；规定政府高于议会，并对个人的政治和公民权利进行了严格限制，限制新闻媒体和工会联盟自由，取消大学和国有电视台的自治地位；规定土耳其经济建立在自由企业之上，国家对经济起监督作用，政府不能为了公共利益而限制私人利益。另外，1982年宪法条款列举的基本公民自由在现代西方宪法中也存在，但对他们的限制如此严格而频繁，该宪法被许多批评家戏称"是的，但是，宪法"。③ 总体而言，1982年宪法体现了国家安全委员会各派之间的妥协，大部分观察家认为"1982年宪法的主要目标是……保护国家免受

---

① Kemal H. Karpat, "Domestic Politics", p. 142.

② Michael M. Gunter, "Turkey: The Politics of a New Democratic Constitution", *Middle East Policy*, Vol. XIX, No. 1, Spring 2012, p. 120.

③ Ergun Özbudun, *The Constitutional System of Turkey: 1876 to the Present*, London and New York: Palgrave Macmillan, 2011, p. 50.

公民的行动，而非保护个人的自由免受国家的侵害"，[1] 所以使得土耳其此后的民主化进程呈现被监护的特征，虽然几经修改，至今仍然是国家的根本大法。

土耳其大国民议会于 1983 年 4 月颁布政党法，为参加 1983 年大选的新政党提供了法律依据，并对政党活动、原则做了明确规定。议会选举法于 1983 年 6 月 10 日获得通过，该法呼应和补充了宪法与政党法，为了防止议会分散，阻止 1980 年政变前混乱局面产生以及联合政府的频繁更迭，第 33 条规定大选中未得到 10% 以上有效选票的政党不能在议会中赢得席位，这就是所谓的"10% 的门槛"。第 34 条规定大选中超过 10% 的政党也必须在选区内超过 10% 才能拥有相应的议员数。这种规定一方面是为了避免此前土耳其政坛的混乱局面，以防止小政党对国家的大政方针造成的负面影响；另一方面则为了强化国家主流的意识形态，达到少数服从多数的效果。但这种规定使得土耳其的民主饱受诟病，因为一方面代表少数人的小政党由于门槛限制而不能进入议会，因而在国家中不能获得代表权，其声音也不能被真正表达；另一方面有限的民主是对民主本身的一种限制，这种情况在 20 世纪 90 年代并没有阻滞联合政府更迭频繁的局面，并且伊斯兰政党登顶政坛也是得益于这种规定。同期制定的其他法律也对政治和社会生活做了进一步细化规定，1983 年的结社法对相关组织进行严格限制，不允许士兵、教师、公务员和高中学生组建社团，[2] 而且同样的专业团体和协会组织如涵盖手工业者、工匠、建筑师、医生、律师、工程师、大工业家和商人的组织都禁止卷入政治或与政党有染，他们的活动必须遵循宪法第 13 条的规定。1980 年政变后制定的法律都明确表示反对利用和滥用宗教和信仰，但却规定将宗教教育作为学校的必修课，这是从提高年轻人的道德素质和宗教素养的角度出发的，以弥补激进的世俗主义带来的道德缺失和信仰危机。因而此时的法律仍是以世俗主义为准绳，所进行的一些有利于伊斯兰教的规定仅仅是从服务于政治稳定出发的，但这使得伊斯兰势力通过法定渠道参与政治成为可能。

当新的法律尘埃落定、政治动荡归于平静时，军方领导人决定恢复民主统治。1982 年 11 月通过无记名投票，埃夫伦当选为土耳其第七任总

---

① 　Ergun Özbudun, *The Constitutional System of Turkey*: 1876 *to the Present*, p. 44.

② 　Lucille W. Pevsner, *Turkey's Political Crisis*: *Background*, *Perspectives*, *Prospects*, New York: Praeger, 1984, p. 99.

统，任期 7 年，民众逐渐接受了这种新的宪政秩序，国家安全委员会的其他成员成为新总统委员会成员。1983 年 5 月，国家安全委员会废除政党禁令，15 个政党先后成立以谋求参加即将到来的大选。由于国家安全委员会对那些有可能挑战现行政治秩序的政党给予限制或拒绝，并对新成立政党的成员进行严格审查，[①] 部分与 1980 年政变后被取缔的政党具有一定继承性的政党包括正确道路党、繁荣党、民族工作党（不久恢复原名民族行动党）、民主左翼党和社会民主平民党等未被允准参加议会选举，最终获得角逐议席资格的是图尔古特·苏纳勒普（Turgut Sunalp）领导的国家民主党（Nationalist Democracy Party）[②]，乌鲁苏总理的秘书纳杰代特·贾勒普（Necdet Calp）领导的平民党（Populist Party）[③] 和技术专家图尔古特·厄扎尔领导的祖国党（Motherland Party）。[④][⑤]

　　1983 年大选于 11 月 6 日如期举行，参加投票的选民比例为 1946 年实行多党制以来最高，达到了 92%。[⑥] 尽管军方希望民族民主党成为执政党，平民党成为反对党，但大选的结果超出他们的预料，民族民主党获得23.2% 的支持率，平民党和祖国党分别获得 30.4% 和 45% 的支持率，这是由于多数选民倾向于支持"平民政党"，而祖国党是唯一非军方支持的政党。根据大选结果的议席分布，祖国党获得 212 席，平民党为 117 席，民族民主党为 71 席。[⑦] 祖国党的"意外"胜出让军方措手不及，但也只能认同民众的选择，祖国党最终得以单独组阁，这表明土耳其已经回归到

---

　　① 　关于不同政党遭审查和取缔的命运具体参见 Birol Ali Yesilada，"Problems of Political Development in the Third Turkish Republic"，*Polity*，Vol. 21，No. 2，Winter 1988，pp. 360 – 361。

　　② 　退休将军图尔古特·苏纳勒普于 1983 年 5 月 16 日组建右翼倾向的民族民主党，完全采取了国家安全委员会的政策，主张对私有组织的活动进行限制，吸收外国资本，以及用新的共和国的民族原则和精神教育青年；主张建立基于自由竞争的经济体系，强调工业尤其是出口工业的发展，抑制通货膨胀，创造更多的就业机会。

　　③ 　乌鲁苏总理的秘书纳杰代特·贾勒普于 1983 年 5 月 20 日组建具有左翼倾向的平民党，主张促进社会正义与安全，提高生活水平，提高工人待遇，实行国家主义，主要和社会民主党争取前共和人民党成员和选民。

　　④ 　技术专家图尔古特·厄扎尔（Turgut Özal）于 1983 年 5 月 20 日组建中间偏右立场的祖国党，主张采用更加自由的新古典主义经济政策，要求进口自由化、促进出口导向，将国有企业卖给私人，削减国家对企业的控制，降低通货膨胀率，遵循自由市场经济的指导原则；强调社会均衡发展，提高竞争力，阻止公共垄断，通过增加投资来促进经济增长；遵循国家安全委员会的原则和基本政策等。

　　⑤ 　Feroz Ahmad，"The Turkish Elections of 1983"，*p.* 3.

　　⑥ 　Kemal H. Karpat，"Domestic Politics"，p. 144.

　　⑦ 　Feroz Ahmad，"The Turkish Elections of 1983"，p. 3.

多党政治的轨道。选举结果表明支持右派和中间派的选民占了至少90%，只有10%的选票投给了极右派和极左派。祖国党领导人图尔古特·厄扎尔逐渐掌握了最高的政策制定权，[①] 文官政治渐趋巩固，但是这仍然以不超过军方的容忍程度为前提，在某种意义上恢复文官政治只是治理模式的变换，对军方利益并没有太大冲击。当然，埃夫伦将军本人在由军人政治向文官政治过渡中起了重要作用，"如果不是他积极干预，土耳其在由军人政治向文官政治的转变过程中会有更多波折，也不会像现在这样转变得如此彻底。"[②] 这说明土耳其军方不仅是国家秩序的捍卫者，而且还是民主化进程的护航者。祖国党的统治预示着土耳其政治全新局面的到来，其亲伊斯兰的政策和实践对于此后土耳其政党政治的发展产生重要影响。

2. 厄扎尔时代的政党政治

1983年大选后，祖国党以绝对优势获得单独组阁的机会，随后厄扎尔凭借祖国党独特的政治、经济、外交定位，主宰土耳其政坛十余年，称为土耳其历史上著名的"厄扎尔时代"抑或"厄扎尔王朝"。厄扎尔的经济发展战略是帮助祖国党获得选举胜利的重要因素，无论是厄扎尔本人还是他领导的祖国党都给民众留下了"民主践行者"的印象，改善经济的承诺也强化了这一形象。厄扎尔承诺要建立一个基于个人创新的、竞争性的、强调收益的自由市场经济体制，[③] 因而获得相应多的支持。祖国党的中右政治立场也是其获得执政地位的重要原因。祖国党不是1980年之前任何政党的化身抑或后继者，坚持比较温和的"中右"路线。厄扎尔曾表示祖国党与被解散的1980年政变前的政党没有任何关系，并且包含了那些政党最优秀的成分和思想。[④] 祖国党的203名地方领导人中，有106名曾经在1980年以前的各政党地方组织中供职，占到了52.2%，而其中又有73%是正义党成员，8.7%曾在共和人民党和民族行动党的地方机构

---

①　Ergun Özbudun, *Contemporary Turkish Politics：Challenges to Democratic Consolidation*, p. 118.

②　William Hale, *Turkish Politics and the Military*, London and New York：Routledge, 1994, p. 296.

③　Kemal H. Karpat, "Domestic Politics", p. 144.

④　Feroz Ahmad, *Turkey：The Quest for Identity*, Oxford：Oneworld Publications, 2003, p. 154.

中任职。① 所以，祖国党虽非某一政党的继承者，却与过去几乎所有的政治力量都有联系，其政治立场呈现出某种杂糅特征，因而更容易获得选民的支持。祖国党获胜还得益于其行之有效的选举纲领，在 1983 年大选之前，祖国党将其界定为民族主义的、保守的、旨在实现竞争性和社会正义的市场经济的政党。② 祖国党的领导集团似乎已经感觉到土耳其选民偏爱中间路线和实用主义，因为提出实用主义的竞选策略以吸引民众，承诺增加就业机会，改善社会福利；支持自由经济，解除官僚机构对经济发展的限制，裁汰冗余的政府部委。在外交政策上主张"既要东方，又要西方"，不但发展与阿拉伯国家的关系，而且加强与西方的关系。所以，祖国党能凭借足够多的选票支持而上台执政，这意味着土耳其的民主制度并没有因为军方干预而崩坏，民主制度仍然得到民众的尊敬和遵循。另外，厄扎尔来自保守的东南部城市马拉蒂亚（Malatya），其自由主义、反官僚主义和泛伊斯兰主义立场在不同社会阶层中获得广泛支持，支持者中间不仅包括各省中产阶级和新的城市阶层，也包括自由经济模式下的管理阶层。许多在出口导向战略中涌现的新商业精英由于代表他们利益的伊斯兰政党尚未参加选举而支持祖国党，这也延续了其在 20 世纪 80 年代的选举优势。

随着政治环境的相对宽松，官方对 1980 年政变之前的政党及政党领导人的限制逐渐放松，诸多政党相继建立，代表各种利益群体的政党的出现是 1983 年后土耳其政治发展的突出现象。1983 年之后的政党无论在意识形态还是在政治纲领或具体政策方面，都与 1980 年以前的政党有着千丝万缕的联系。正确道路党、社会民主平民党③、民族工人党（The Nationalist Work Party）和繁荣党等几个政党，被视为 1980 年以前的正义党、共和人民党、民族行动党和伊斯兰拯救党的继承者。1987 年，土耳其以

---

① Üstun Erguder, "The Motherland Party, 1983－1989", in Metin Heper and Jacob M. Landau, ed., *Political Parties and Democracy in Turkey*, p. 155.

② Üstun Erguder, "The Motherland Party, 1983－1989", p. 164.

③ 该党是 1980 年政变之前的共和人民党的主要继承者，作为最大的中左政党，其由伊斯梅特·伊诺努的儿子埃尔戴勒·伊诺努领导，其主要由 1980 年政变之前挑战埃杰维特领导权、由巴伊卡尔领导的部分共和人民党成员组成，主张割裂与共和人民党的传统关系，按照现代欧洲的社会民主路线重组共和人民党。1992 年 9 月，巴伊卡尔领导部分成员和 18 名议员一起重建新的共和人民党，1995 年两党再次合并。该党与埃杰维特的民主左翼党、新共和人民党一起组成土耳其政坛的中左政党。

公民投票的方式通过了宪法修正案，恢复了德米雷尔、埃杰维特及其他 1980 年政变以前的政党领导人参与政治活动的权利，① 德米雷尔、埃杰维特、埃尔巴坎和图尔克斯随之担任正确道路党、民主左翼党②、繁荣党和民族行动党的领导人。有学者将此时土耳其政坛较为活跃的政党意识形态以左右为尺度来衡量，将左为 1 右为 10 这样的数轴加以界定，得出社会主义党（Socialist Party）为 1.67，人民劳工党（People's Labor Party）为 3.25，社会民主平民党（Social Democratic Populist Party）为 3.45，共和人民党为 3.80，民主左翼党为 4.0，正确道路党为 6.55，祖国党为 6.55，民族行动党为 8.33，繁荣党为 8.50。③ 尽管这种划分未得到学界的广泛接受，但可以清晰地看到不同政党意识形态的分歧。在祖国党当政期间，尽管诸多政党较为活跃，但埃尔戴勒·伊诺努（Erdal Inönü）的社会民主平民党和德米雷尔的正确道路党是其主要反对党。

1983 年大选之后，在军方的监管下，土耳其政党政治在民主程序下继续推进。1985 年之后，土耳其共和国的政治选举变得更加自由，政治家被迫对来自民众的压力作出反应，④ 政党重新成为政治活动的主角。1983 年大选中得到军方支持的民族民主党解散，其大部分议员加入正确道路党；平民党由于意识形态的趋近性与社会民主平民党合并，正确道路党和社会民主平民党的社会支持率日趋上升，并纷纷为即将到来的 1987 年大选做准备。1987 年 10 月 29 日，土耳其大选如期举行，由于军方并不像 1983 年大选之前那样对政党做出明确限制，大多数政党都参与了议会选举，结果祖国党获得 36.3% 的支持率和 292 个议席，社会民主平民党获得 24.7% 的支持率和 99 个议席，正确道路党获得 19.1% 的支持率和 59 个议席，其他如民主左翼党、繁荣党、民族工人党等由于未能突破 10% 的门槛限制，没能在议会中获得议席。⑤ 此次大选说明正确道路党地

---

① Dankwart A. Rustow, "Political Parties in Turkey: An Overview", p. 19.

② 在 1983 年大选之后，埃杰维特致力于成立一个基于大众政党组织模式的新左翼政党，该党不仅旨在实现参与性民主，而且希望与此前共和人民党的精英模式决裂。1985 年，由于埃杰维特仍被禁止参与政治，其长期政治盟友、妻子拉赫珊·埃杰维特（Rahsan Ecevit）成立民主左翼党，在其从政禁令被解除后，埃杰维特担任政党领导人。

③ John Huber and Ronald Inglehart, "Expert Interpretation of Party Space and Party Location in 42 Societies", *Party Politics*, Vol, No. 1, January 1995, pp. 107 – 108.

④ Feroz Ahmad, *The Making of Modern Turkey*, p. 204.

⑤ Sabri Sayarı and Yılmaz Esmer, *Politics, Parties and Elections in Turkey*, pp. 190 – 191.

位的上升，其作为继承正义党衣钵的中右政党与祖国党的意识形态并无本质差异，但反对党的地位又极易成为那些要求限制军队干预政治生活的社会集团的代言人，所以二者之间的竞争成为此后十多年土耳其政坛的突出现象。祖国党和正确道路党之间的竞争导致持中间立场的选民分裂，使得繁荣党的兴起与祖国党的衰落成为可能。尽管与1983年相比祖国党的选举优势有所下降，但仍然在大选后组建一党制政府，其所强调的稳健温和的政治发展进程对于土耳其政党政治的发展意义非凡。

20世纪80年代后期，土耳其经济发展出现困难，通货膨胀率从1983年的30%多增加到1988年和1989年的大约80%。[①] 政府官员的腐败引发了民众对祖国党政府的信任危机，经济与政治的双重困境给祖国党政府带来巨大的压力。居高不下的通货膨胀率和反对党的猛烈抨击给厄扎尔制造了不小的麻烦，祖国党内部不和则动摇了其执政根基。1980年之后，祖国党内有四种意识形态蔓延，即自由主义、伊斯兰主义、民族主义和社会民主主义，厄扎尔总理曾对此深感自豪，认为这是一种民主的气氛。但在1988年祖国党的代表大会上，党内的民族主义者和伊斯兰主义者结成"神圣同盟"，攻击党的自由主义倾向，直接挑战厄扎尔的权威，这使得祖国党的危机日益深化。祖国党出现的执政危机在1989年3月26日举行的地方选举中表现得淋漓尽致，此时受支持者追捧的伊斯坦布尔市长贝德雷丁·达兰（Bedrettin Dalan）拒绝以祖国党的名义参加选举；转而有谣言称祖国党伊斯坦布尔支部拒绝为贝德雷丁·达兰提供竞选支持，导致其在竞选中意外失败的结局，不能继续担任市长；祖国党在很多城市的分支组织通过抵制竞选以示对厄扎尔日趋专制的领导方式的不满。结果祖国党在此次选举中的支持率骤降到21.8%，在67个城市中仅仅赢得了两个市的选举。[②] 在1989年3月之后严峻的政治形势下，厄扎尔无法限制祖国党成员寻求新的认同。祖国党内一些派系的领导人如自由主义者代表马苏德·耶尔玛兹（Mesut Yılmaz）、民族主义者代表哈桑·杰拉勒·居泽勒（Hasan Celal Güzel）到处宣传自己的观点，[③] 这是祖国党行将分裂的前兆。另外一个困扰祖国党的问题是党内对于厄扎尔本人的反对一直没有停止，媒体上常常提及在土耳其国民议会中，祖国党有一个"四十五人集

---

① Üstün Ergüder, "The Motherland Party, 1983 – 1989", p. 155.

② Ibid. , p. 161.

③ Üstün Ergüder, "The Motherland Party, 1983 – 1989", p. 162.

团",如果厄扎尔宣布竞选总统,这45位祖国党的议会代表就不会支持厄扎尔作为总统候选人。① 无休止的内耗削弱了祖国党的实力,其日渐式微已不可避免。

1989年,凯南·埃夫伦卸任总统职务;10月31日,厄扎尔在大国民议会第三轮投票中被选为土耳其第八任总统,尽管担任总统后的厄扎尔宣布脱离祖国党,但也不能挽救祖国党在未来的选举中的颓势。1991年,衰退中的祖国党迎来了新一次大选,结果正确道路党获得27%的支持率和178个议席,祖国党获得24%的支持率和115个议席,社会民主平民党获得20.8%的支持率和88个议席,以繁荣党为首的选举联盟②获得16.9%的支持率和62个议席,民主左翼党获得10.7%的支持率和7个议席。③ 此次大选结束了祖国党一党独大的局面,德米雷尔领导下的正确道路党成为议会第一大党,但并未达到单独组阁所需的相对多数。这次大选另一个显著特征是包括社会民主平民党和民主左翼党在内的中左政党获得1/3的议席,经过复杂的协商,正确道路党与社会民主平民党组建联合政府,执政近十年的祖国党沦为反对党,土耳其政党政治进入新的联合政府更迭频繁的时期。

3. 新联合政府的成立与世俗政党的弱化

20世纪90年代,土耳其出现了一系列联合政府,政党政治的活跃和选举制度日趋成熟成为这一时期土耳其政治发展的重要特征,意识形态迥异的不同政党组建相对稳定的联合政府是此间政党政治的突出现象,包括祖国党和正确道路党在内的中右政党的相对衰落是世俗政党政治地位弱化的重要表现,库尔德政党的日趋活跃和伊斯兰主义、极端民族主义政党上台参政是政治多元化的逻辑必然,特殊的历史转轨背景为正义与发展党确立一党独大的政党政治奠定基础。

1991年大选之后,正确道路党与社会民主平民党组建1980年政变后的第一任联合政府,这两个意识形态迥异的政党组建的联合政府持续到1995年大选,这使得各政党在一定程度上背离了其所归属的意识形态阵

① Üstün Ergüder, "The Motherland Party, 1983 – 1989", p. 162.

② 由民族行动党、繁荣党和改革民主党(Reformist Democracy Party)三个极右的小党组成选举联盟,其最终获得16.9%的支持率而成为议会第四大政治力量。

③ Nilufer Narli, "The Rise of the Islamist Movement in Turkey", *Middle East Review of International*, Vol. 3, No. 3, September 1999, p. 40.

营，造成同一意识形态政党内部的分化，也说明了此间土耳其政党制度的碎片化趋势。中右的正确道路党与中左的社会民主平民党签署实现经济增长和民主改革的协议组建联合政府被视为民主的胜利。联合政府的纲领一方面强调国家面临的社会经济困难，因为土耳其位于世界上收入分配最不公平的 10 个国家之一，50% 的公民并没有社会安全感，年通货膨胀率达到 70%，外债达 500 亿美元，① 所以经济恢复是联合政府关注的焦点之一。联合政府另一方面着眼于对土耳其民主的批评，根据联合国针对人权和民主的标准指数，土耳其处于第 66 位，所以实现多元主义、政治参与和民主政权是联合政府协议的精髓所在。② 1991 年 11 月成立的联合政府占有议会 450 个议席中的 266 席，不过其在任期间仅部分地实现了民主化的目标。1993 年 4 月 17 日，厄扎尔总统去世，德米雷尔当选为土耳其新一任总统，奇莱尔随之担任正确道路党领导人和联合政府总理。新官上任的奇莱尔关注安纳托利亚东南部的分裂主义者，在军方高层和党内右翼势力的支持下，联合政府再次牺牲了民主化进程所需要的深层次改革。联合政府当政期间，其面临的主要问题是如何调适私有化与民主化政策。由于正确道路党坚持将国有企业卖给私人，而这将造成相当高的失业率，这是社会民主平民党所反对的。1994 年，当数名社会民主平民党成员宣称他们对私有化的支持取决于正确道路党对民主化的支持，正确道路党无视其盟友的要求，寻求祖国党的支持通过私有化法。由于双方意见分歧导致两党罅隙发生，由于社会民主平民党的分化③，联合政府逐渐演变成为一个仅得到 225 名议员支持的少数派政府。考虑到政党制度的分化和主要政党内部分化的不可逆转，这对于奇莱尔而言寻找新的组建联合政府对象极为困难。

在 1994 年 3 月 27 日的地方选举中，社会民主主义者为其内部的冲突和分裂付出惨重的代价。社会民主平民党获得 13.6% 的支持率成为第一大党，紧随其后的民主左翼党获得 8.8% 的支持率，共和人民党获得

---

①　Huri Türsan, *Democratisation in Turkey: The Role of Political Parties*, Bruxelles: PIE - Peter Lang, 2004, p. 231.

②　Huri Türsan, *Democratisation in Turkey: The Role of Political Parties*, p. 231.

③　社会民主平民党中的相当一部分组织在 Gürkan 周围形成党内的左翼派别，占有该党 53 个议席中的 35 席，坚决支持采用民主化战略，指出其对联合政府的支持以联合政府实现政治制度的民主化为前提。由于民主化纲领并没有被联合政府贯彻，他们认为参与联合政府损害了该党的选举基础。

4.6%的支持率。左翼力量总共赢得27%的支持率，社会民主平民党失去在所有大城市的选举优势，[①] 其留下的权力真空被繁荣党填补。社会民主主义者在地方选举中失利、对联合政府影响力的弱化和实现民主化目标的无效导致政党内部的衰落。正确道路党赢得21.4%的支持率使其努力谋求1995年大选的绝对优势，并试图通过修宪达到预期目标。1995年12月，社会民主主义者在共和人民党[②]的旗帜下重新团结起来并选举丹尼兹·巴伊卡尔为共和人民党领导人成为正确道路党——共和人民党联合政府终结的开端。履新不久的巴伊卡尔向奇莱尔总理提交了一份内部安全咨询报告，要求采取有效措施使得联合政府得以延续，该报告谈及内务部、健康教育部对原教旨主义者和极端民族主义者的亲近，提及军方在国家中的特殊作用，但该报告并没有得到奇莱尔总理的重视，联合政府解体。9月21日，奇莱尔作为议会第一大党的领导人，被任命组建新一届政府，由于坚持组建一个由民族行动党和民主左翼党支持的少数派政府而招致党内外的反对，党内的反对以12名部长的辞职和脱离正确道路党达到顶峰。少数派政府的危机以恢复正确道路党—共和人民党联合政府而得以化解，该联合政府持续到1995年大选。

1995年12月24日，土耳其第十三次议会大选举行，12个政党参加选举，大选结果如下：繁荣党赢得21.38%的支持率和158个议席，祖国党赢得19.65%的支持率和132个议席，正确道路党赢得19.18%的支持率和135个议席，民主左翼党赢得14.64%的支持率和76个议席，共和人民党赢得10.71%的支持率和49个议席，其他政党由于未能突破10%的门槛限制而未能获得议席。[③] 从1995年大选到1999年大选之间，土耳其政坛经历四届联合政府：第一届联合政府由耶尔玛兹领导的祖国党与奇莱尔领导的正确道路党联合组阁，第二届联合政府由埃尔巴坎领导的繁荣党与奇莱尔领导的正确道路党联合组阁，第三届联合政府由耶尔玛兹领导的

---

① Huri Türsan, *Democratisation in Turkey: The Role of Political Parties*, p. 234.

② 1994年地方选举的结果对社会民主平民党和共和人民党产生很大触动，激发了他们统一的动力。1994年6月，社会民主平民党和共和人民党的2/3市长启动"基层统一运动"（"Grass-Roots Unification" movement）。1995年2月18日，在基层统一运动的压力下，社会民主平民党与共和人民党合并，海克门特·塞廷（Hikment Cetin）当选合并后政党领导人。但针对政党领导权的斗争此起彼伏，直到10月9日巴伊卡尔当选政党领导人，他是1980年政变后左翼系列的第六任领导人。

③ Sabri Sayarı and Yılmaz Esmer, *Politics, Parties and Elections in Turkey*, p. 191.

祖国党在埃杰维特领导的民主左翼党等小党的支持下组建，第四届则是埃杰维特领导的少数派政府，四届政府本身体现了政府与反对派之间的冲突和政党领导人之间的矛盾。大选之后，繁荣党因为其伊斯兰背景而遭到军方的反对，于是祖国党与正确道路党组建联合政府，耶尔玛兹担任总理，奇莱尔担任副总理，由于奇莱尔被怀疑与军方的库尔德镇压活动以及有组织犯罪有染，并且面临贪污的指控，联合政府仅仅维持了11周便宣告解体。繁荣党受命组阁，由于意识形态的差异，其他政党拒绝与其组织联合政府，身处窘境的奇莱尔为改变被动局面答应与其组建联合政府，此为土耳其历史上由伊斯兰政党主导的联合政府，是伊斯兰政党参与政治的重要表现。1996年6月29日，繁荣党与正确道路党组成联合政府，尽管新政府宣称坚持凯末尔主义和国家的既定方针政策，但埃尔巴坎政府遭到军方的质疑和反对，其复兴伊斯兰文化的举措引起军方的不满，于是军方发动后现代政变，迫使正确道路党退出联合政府，埃尔巴坎被迫下台。埃尔巴坎辞职之后，耶尔玛兹在德米雷尔总统的授权之下联合埃杰维特组建联合政府。1998年11月，由于支持耶尔玛兹的商业贸易公司涉嫌违法操作，耶尔玛兹因面临指控而被迫辞职。美德党作为议会第一大党理应成为组阁的首选对象，但对其伊斯兰色彩颇有疑虑的德米雷尔总统和军方却授权埃杰维特组建少数派联合政府，该政府即为实现1999年大选平稳过渡的看守政府。

　　1999年4月18日，土耳其大选提前举行，20个政党角逐议会议席，是土耳其政治生活多元化的重要表现，结果民主左翼党获得22.19%的支持率和136个议席，民族行动党获得17.98%的支持率和129个议席，美德党获得15.41%的支持率和111个议席，祖国党获得13.22%的支持率和86个议席，正确道路党获得12.01%的支持率和85个议席，其他政党由于未能突破10%的门槛限制而未能获得议会席位。此次大选体现了土耳其政党政治的新变化，土耳其人用一种"民主"的方式表达了自己的失望，他们把选票分别投给最不可能受到欢迎，并在意识形态上处于反对派立场的民主左翼党和民族行动党，此即为土耳其选举中的所谓"保护性投票"。① 而叱咤土耳其政坛近二十年的中右政党正确道路党和祖国党的影响力进一步弱化，当然他们支持率的下降还在于其领导人面临的腐败

---

　　① Frank Tachau, "Turkish Political Parties and Elections: Half a Century of Multiparty Democracy", *Turkish Studies*, Vol. 1, No. 1, 2000, p. 142.

丑闻和执政不力，以及他们所宣扬的对政治多元主义和经济自由主义同时尊重的毫无新意的政治纲领，这就为下次大选的彻底出局埋下伏笔。1999年大选之后，议会第一大党民主左翼党与民族行动党和祖国党组建57届联合政府，新联合政府从一开始就充满了内部矛盾，各方在经济政策和政府工作的分配问题上，加入欧盟的民主化进程问题上，妇女是否戴穆斯林标志性的头巾等问题上意见难以统一。① 新政府成立不久，就面临严重的经济危机，为了尽快摆脱危机的困扰，联合政府采纳了国际货币基金组织的稳定战略，但由于未能得到公众的支持，导致其社会支持率下降。此时土耳其大国民议会内部议席的政党分布发生变化，1999年大选后有5个政党在议会中拥有议席，美德党和民主左翼党的瓦解和新政党的形成使得到2002年9月，议会中拥有议员的政党数目达到11个，新成立的正义与发展党和幸福党分别拥有59个和46个议席，民主左翼党的议席数量锐减到58席，59名议员加入新成立的新土耳其党（the New Turkey Party）。当埃杰维特由于健康状况和严重的经济危机而导致民主左翼党—民族行动党—祖国党联合政府难以为继时，土耳其当局决定提前举行大选。

2002年11月3日，土耳其第十五次大选举行，活跃在土耳其政坛的50个政党中只有18个参与议会角逐，大选结果出人意料。成立于2001年8月14日、由雷杰普·塔伊普·埃尔多安（Recep Tayyip Erdoğan）领导的正义与发展党（Justice and Development Party，AKP）以压倒性优势获得胜利，获得34.28%的支持率和363个议席，巴伊卡尔领导的共和人民党赢得19.4%的支持率和178个议席，② 其他政党都因为选票没有过10%的门槛，而被议会拒之门外，那些在土耳其政坛叱咤风云的著名人物包括前政府总理、正确道路党领导人奇莱尔、祖国党领导人耶尔玛兹、民主左翼党领导人埃杰维特和德米雷尔都被排除在政治舞台之外。正义与发展党的巨大胜利让信奉凯末尔主义的军队和政治精英惊恐不安，也引起了土耳其西方盟友的关注。③ 大家普遍担心这个具有浓厚伊斯兰背景的政党

---

① Meltem Müftüler - Bac, "The Never - Ending Story: Turkey and the European Union", in Sylvia Kedourie ed., *Turkey before and after Atatürk: Internal and Ecternal Affairs*, London: Frank Cass Publishers, 1999, pp. 248 - 250.

② Huri Türsan, *Democratisation in Turkey: The Role of Political Parties*, p. 193.

③ Thomas Patrik Carroll, "Turkey's Justice and Development Party: A Model for Democratic Islam?", *Middle East Intelligence Bulletin*, Vol. 6, No. 6/7, 2004, p. 22.

最终将把土耳其引向何处？关于正义与发展党执政期间土耳其政党政治的发展情况，以后章节详述。

20世纪80年代以来，祖国党的一党统治保证了政治秩序的日趋正常和政党政治的良性发展。20世纪90年代，尽管土耳其联合政府更迭频繁，但政党政治以民主的形式表达了民众的意愿。这十年间，没有一个政党能够获得足够多的选票而单独执政，到1999年大选出现没有一个政党获得超过25%的选票和议会席位的局面，[1] 旗鼓相当的得票率使其只能组成脆弱的联合政府，于是政党政治与机会主义相互妥协，导致政党政治的多元化和意识形态的趋同化。联合政府的频繁出现与政党政治的更迭频繁与特定的时代背景相联系，进入21世纪，土耳其政党政治进入一个深度调整阶段，民族主义政党和伊斯兰主义政党活动频繁，并逐渐成为土耳其政坛的重要力量，传统中右政党由于意识形态的过时也遭到民众的摒弃，而左翼政党由于其激进的主张也引起了民众的反感，所以2002年大选是土耳其选民政治偏向的晴雨表。民众已经厌烦了联合政府更迭频繁和执政不力的状况，开始倾向于那些纲领务实、立场温和的坚持中间路线的政党。正义与发展党占据了政治光谱上的中右立场因而容易得到选民支持，2002年、2007年和2011年大选中正义与发展党高票当选即为证明，正义与发展党的执政实践标志着土耳其政党政治的全新阶段，其整合传统文化与现代政治理念的土耳其模式促进了政党政治的成熟与完善，但一党独大的选举优势和埃尔多安的独裁倾向也使得其执政前景不容乐观，军方势力的虎视眈眈与库尔德人的蠢蠢欲动都给这个长期执政的一党独大政府带来一定的麻烦。

从土耳其成立到现在，土耳其共和国的政党政治经历了从一党制到多党民主制转变的艰难历程，其发展完善不仅需要与之相适应的社会经济发展水准，而且需要一定的多元政治经验。凯末尔两次多党制实验的失败固然与个人主观行为有关，但也与土耳其国家利益至上的特定历史阶段密不可分。多党民主制启动后，民主党的多党制外衣也难以摆脱威权政治的遗产。可以说，在1960年军事政变后，土耳其的多党制才进入基本正常的操作阶段，但由于以西方的多党制为模板，再加上探索过程中脱离现实的

---

[1]　Frank Tachau, "Turkish Political Parties and Elections: Half a Century of Multiparty Democracy", p. 142.

情况时有发生，以及外来力量的影响，土耳其的多党民主制实验步履维艰。缺乏有效控制的多党民主制带来的是政治动荡与社会混乱，20 世纪70 年代联合政府更迭频繁和极端民族主义和伊斯兰主义的盛行意味着 20世纪 80 年代以后土耳其民主政治框架的理性收缩。尽管经历了祖国党相对稳定的统治，但随着议会中议席的分化，多数派政党政府逐渐让位于联合政府甚至是少数派政府，选举行为已经越来越变动不居，政党制度中意识形态的两极化逐渐演变为世俗和伊斯兰思想意识的分化，"越来越明显的是民主可以存在于制度化的、脆弱的政党制度中，但是脆弱的制度化损害了民主的品质和民主巩固的前景"。[1] 21 世纪的土耳其，三次大选结果证明了正义与发展党不可撼动的一党独大优势，但植根于有限民主框架下的选举制度和政党制度遭到了民众的普遍质疑，取消 10% 的门槛限制是当前民主改革的焦点所在。但当政的正义与发展党不可能轻易废弃这个使其拥有选举优势的规定，这也意味着土耳其政党政治的成熟与完善还有相当长的路程要走。

---

① Scott P. Mainwaring, "Party System in the Third Wave", *Journal of Democracy*, Vol. 9, No. 3, July 1998, p. 79.

第二章 埃及的世俗政党政治

现代埃及政党政治缘起于 20 世纪初，历经宪政时代、纳赛尔时代和后纳赛尔时代三个阶段。从宪政时代的多党政治到纳赛尔时代的一党政治再到后纳赛尔时代的政党政治的多元化进程，构成埃及现代政党政治演变的历程。民族主义政党与民主主义政党的此消彼长，世俗政党与宗教政党的错综交织，议会政党与非议会政党的激烈角逐，构成埃及现代化进程中政党政治的主题画面。埃及政党政治既促进了民主化进程的长足进步，又体现出有限的多党民主制的弊端，为当今的埃及乱局埋下隐患。世俗政党政治作为埃及独立以来政治舞台的主角，在不同的时代呈现不同的发展轨迹，并对政治现代化进程产生深远影响。

一 宪政时代的政党政治

近代以来随着奥斯曼帝国的衰落和西方入侵，穆罕默德·阿里家族迅速在埃及兴起，并通过现代化改革将埃及及其周边地区纳入现代化的发展轨道，在英国操纵下建立现代政治的雏形。随着 19 世纪埃及的智力觉醒和现代政治思想的萌生，拯救埃及于危亡之中的民族主义思想和政治运动成为阿拉比起义具有强大民众动员能力的根据。20 世纪初，西方的冲击导致埃及传统经济社会秩序的衰弱，传统政治统治模式摇摇欲坠。民主、科学、工业化成为民众追逐的时尚和潮流，埃及社会呼唤着政治变革；宪政、民主、人权的现代政治思想传入埃及，自由与民主成为上层社会精英改造社会的主导思想，由此开启了埃及政治发展的崭新阶段。伴随着民众智力的提升，宪法、议会和政党政治在埃及初露端倪，现代政治制度的移植成为埃及政治生活的突出表现。自 1907 年起，诸多政党在埃及相继组建，政党政治在埃及正式出现。埃及现代政党政治兴起于埃及民众与英国殖民当局尖锐对立的历史环境，尖锐的民族矛盾决定初兴的现代政党具有浓厚的民族主义色彩，争取民族解放和建立现代主权国家是诸多政党的共同政治目标。

1. 埃及现代政党的出现

随着埃及宪政秩序的确立，现代政党也出现在埃及政治舞台，但多数政党相对短命且影响不大。1907 年，由马哈茂德·苏莱曼和哈桑·阿卜杜拉·拉泽克组建的民族党是第一个现代意义的政党。民族党坚持民族利益至上的政治原则，强调埃及人的民族性和民族意识，指出埃及民族是超越宗教界限的统一社会整体。民族党反对奥斯曼帝国的宗主权地位和突厥贵族在埃及的统治，反对英国占领，主张依靠埃及民众的力量实现独立，实现宪政，保障民众的自由权利。该党反对民众的暴力运动，倡导自上而下的渐进改良，主张与英国合作和通过谈判实现独立。该党还主张淡化穆斯林与非穆斯林的界限，崇尚欧式的人文主义和科学精神，主张个人自由和代议制政府，倡导教俗分离和妇女解放，将伊斯兰教的统治视为保守的象征和落后的根源。民族党得到埃及社会上层知识分子、地主、商人和官吏的支持，但在下层民众中影响不大。1907 年创建于亚历山大的祖国党是具有激进倾向的世俗民族主义政党，主要得到来自城市市民阶层的支持，由穆斯塔法·卡米勒领导。① 祖国党支持民族党对民族性的强调和反对英国的占领，倡导民众超越宗教界限的广泛政治联合，强调建立包括苏丹在内的整个尼罗河流域的独立国家，主张实现下层民众的广泛政治参与和诉诸暴力手段。② 1908 年，穆斯塔法·卡米勒死后，穆罕默德·法里德继任祖国党领导人，祖国党出现分裂，形成温和派与激进派的对立。温和派成员寄希望于温和的斗争方式，主张通过与英国殖民当局的谈判争取埃及的民族独立；激进派成员主张依靠奥斯曼帝国苏丹的支持和穆斯林民众的政治联合，诉诸暴力，达到摆脱英国殖民统治和争取民族解放的政治目标。1910 年，祖国党解体，温和派成员退出祖国党，此后祖国党演变为泛伊斯兰主义激进政治组织。③ 立宪改革党成立于 1907 年 12 月，由阿

---

① Moustafa Ahmed ed. , *Egypt in the* 20th *Century*：*Chronology of Major Events*, London：Mega-Zette Press, 2003, p. 23.

② Janice J. Terry, *The Wafd*, *1919 - 1952*：*Cornerstone of Egyption Political Power*, London：Third World Center, 1982, p. 160.

③ Moustafa Ahmed ed. , *Egypt in the* 20th *Century*：*Chronology of Major Events*, p. 27.

里·优素福领导，其政治立场介于民族党和祖国党之间，强调赫迪威与埃及民族的共性，主张强化赫迪威的统治地位和在其领导下实现社会变革与国家独立。立宪改革党缺乏广泛的社会基础，追随者局限于宫廷。1913年，阿里·优素福死后，立宪改革党退出埃及政坛。[①] 自由宪政党始建于1922年，代表大地主以及贵族和知识界精英的政治立场，具有浓厚的世俗民族主义色彩，主张通过与英国殖民当局的谈判而逐渐实现埃及的独立，立场颇为温和，但缺乏广泛的民众基础。

始建于1918年的华夫脱党是埃及宪政时代议会框架内最重要的政治组织，其社会基础包括穆斯林和科普特人在内的埃及土著乡绅和市民阶层，其政治纲领是通过合法的和非暴力的斗争方式，结束英国殖民统治，争取民族独立。华夫脱党代表中上社会阶层的利益，具有精英政治的浓厚色彩，这决定了其排斥下层民众的保守倾向。"华夫脱党的第一代领导人代表地主和新兴资产阶级的利益……华夫脱党之所以得到民众的广泛支持，并非由于其倡导激进的经济社会改革，而是由于其反对英国殖民统治的政治立场。"[②] 华夫脱党可谓宪政时代埃及议会政党的原型，其他诸多政党大都脱胎于华夫脱党的分裂，是为议会框架内的少数派政党。

2. 法鲁克王朝与政党政治的博弈

第一次世界大战结束后，埃及正式成为英国的保护国。由于埃及国内民族主义运动日趋高涨，1922年，英国政府宣布承认埃及的独立主权国家地位，同时保留英国在埃及的四项特权：埃及服务于英国交通的需要、埃及的外国人处于英国的保护之下、英国控制埃及的防务、苏丹脱离埃及。[③] 由此可见，埃及仅仅获得有限的自治地位，在诸多方面依附于英国当局。1922年3月，苏丹福阿德改称国王，委托前首相侯赛因·鲁什迪帕夏组建立宪委员会，制定宪法。来自社会各阶层的地主、工商业者、律师、法官、教界人士以及科普特基督教徒代表共32人组成立宪委员会。然而，华夫脱党和祖国党反对官方任命的立宪委员会，主张选举产生立宪委员会以真正代表民众意愿，并且要求废除军事管制法，释放政治犯。国王意在强化王权，首相萨尔瓦领导的自由宪政党试图扩大内阁权限，华夫脱党和民族党主张提高议会地位，英国极力维护其既得利益，各方势力在

①　Moustafa Ahmed ed. , *Egypt in the 20th Century*：*Chronology of Major Events*, p. 23.

②　Janice J. Terry, *The Wafd, 1919 - 1952*：*Cornerstone of Egyption Political Power*, p. 208.

③　转引自哈全安《中东史：610—2000》，第513页。

立宪过程中激烈角逐。

1923 年 4 月，包括 170 项条款的新宪法以及选举法正式颁布，其参照 1831 年比利时宪法与 1876 年奥斯曼帝国宪法，规定埃及政体为君主立宪制；议会实行两院制，上院议员任期 10 年，下院议员任期 5 年；上院议员的 2/5 由国王任命，另 3/5 和下院全体议员由年满 21 岁的男性公民选举产生；内阁对议会下院负责；国王与议会分享立法权，议会通过的议案须经国王批准方可生效。宪法赋予国王很大的权力，包括任免首相、解散内阁和议会以及延长议会的任期。国王凌驾于议会和宪法之上，议会和内阁的权力相对有限。① 1923 年宪法表明，埃及的政体在理论上处于君主政治与议会政治的二元状态，君主政治占据主导地位，议会政治居于次要地位。宪法和议会选举在一定程度上体现民众参与政治的现代政治模式，然而宪政制度即宪法、议会政治、选举政治和政党政治徒具形式，其实际作用微乎其微。②

1924 年 1 月，埃及举行第一次议会选举，华夫脱党、自由宪政党、祖国党和独立候选人角逐议席，结果华夫脱党获得 211 个议席中的 179 个，扎格鲁勒出任首相，组成第一届华夫脱党政府。③ 11 月，驻埃及英军司令兼苏丹总督李·斯塔克在开罗遇刺身亡，英国高级专员艾伦比要求埃及政府惩处凶手，支付 50 万英镑的赔款，从苏丹撤出埃及军队。扎格鲁勒拒绝英国的要求，被迫辞职。福阿德国王随后解散议会，承诺从苏丹撤军，任命亲英的齐瓦尔帕夏为首相。1925 年 1 月，联盟党成立，这是福阿德国王发起创建的御用政党，代表贵族、官僚和高级将领的利益，其主要成员出任军政要职，被称为 "国王党"。④ 1925 年 3 月，议会选举再次举行，华夫脱党获得 46% 的选票，自由宪政党获得 20% 的选票，联盟党获得 17% 的选票；在国王的操纵下，自由宪政党、联盟党和无党派人士组建联合政府，齐瓦尔帕夏出任首相，扎格鲁勒当选议长。随后，福阿德国王宣布解散议会。新政府在福阿德国王的支持下，修改选举程序，实行间接选举，提高选民的资格限制，旨在排斥华夫脱党的政治地位，削弱宪

① Moustafa Ahmed ed. , *Egypt in the 20th Century*：*Chronology of Major Events*, pp. 85 – 86.
② 哈全安：《中东史：610—2000》，第 514 页。
③ Janice J. Terry, *The Wafd, 1919 – 1952*：*Cornerstone of Egyptian Political Power*, p. 158.
④ Ibid. , p. 182.

政，强化君主地位。① 1926 年 5 月，举行第三次议会选举，华夫脱党获得 171 个议席，自由宪政党和祖国党分别获得 29 个议席，联盟党获得 1 个议席，华夫脱党与自由宪政党组建联合政府，自由宪政党领导人阿德里·亚昆出任首相，扎格鲁勒出任议长。② 1927 年 8 月，扎格鲁勒去世，穆罕默德·纳哈斯继任华夫脱党领袖和议长职位。1928 年 6 月，福阿德国王解散议会，任命自由派人士穆罕默德·马哈茂德组建内阁，极力排斥反对派政治势力，取缔宪法曾经赋予民众的新闻自由和结社自由，被时人称为宫廷政变。③ 1929 年 12 月，埃及恢复议会选举，华夫脱党获得 235 个议席中的 212 个，纳哈斯出任首相，第一届华夫脱党内阁成立。1930 年，人民党成立，该党代表大地主阶级的利益，是伊斯玛仪·西德基与华夫脱党角逐议会权力的政治工具。1930 年 6 月，福阿德国王罢免纳哈斯，解散华夫脱党内阁，人民党领导人伊斯玛仪·西德基出任首相，组织新内阁，宣布废止 1923 年宪法，解散议会，以根除华夫脱党东山再起的政治基础。根据国王授意，伊斯玛仪·西德基着手起草新宪法和新选举法以强化君主政治。根据 1930 年宪法，内阁不再对议会负责而对国王负责；国王有权决定首相人选，有权解散内阁和议会；议会法案须由国王批准方可生效，国王有权否决议会通过的法案。新选举法实行两级选举制，提高选民的财产资格标准，选民由年满 21 岁的男性公民改为年满 25 岁的男性公民，议员人数由 235 人降为 150 人。④ "西德基俨然是反宪政主义的象征，西德基内阁成为独裁的政府"。⑤ 西德基内阁的成立，标志着埃及宪政实践出现重大转折，宪政制度和代议制原则遭到严重破坏，独裁君主的统治权力急剧膨胀，民众政治与政府政治之间的联系明显削弱，进而导致国内政治的暴力化和极端化倾向。

1933 年，福阿德国王罢免西德基，解散 1931 年选举产生的议会。1935 年 12 月，福阿德国王迫于压力，宣布恢复 1923 年宪法和 1924 年规

---

① Moustafa Ahmed ed., *Egypt in the 20th Century: Chronology of Major Events*, p. 97.

② Janice J. Terry, *The Wafd, 1919－1952, Cornerstone of Egyptian Political Power*, p. 188.

③ Amy J. Johnson, *Reconstructing Rural Egypt: Ahmed Hussein and the History of Egyptian Development*, Syracuse: Syracuse University Press, 2003, p. 28.

④ Moustafa Ahmed ed., *Egypt in the 20th Century: Chronology of Major Events*, pp. 116－117.

⑤ Amy J. Johnson, *Reconstructing Rural Egypt: Ahmed Hussein and the History of Egyptian Development*, p. 29.

定的选举程序。① 1936 年 4 月，福阿德国王去世，法鲁克国王继位。同年
5 月，埃及恢复议会选举，华夫脱党获得 89% 的选票和 157 个议席，自由
宪政党获得 17 个议席，人民党获得 8 个议席，联盟党获得 5 个议席，祖
国党获得 4 个议席，独立候选人获得 16 个议席，纳哈斯出任首相，组成
第三届华夫脱党内阁。1936 年 8 月，华夫脱党内阁与英国殖民当局签署
英埃协议②，埃及获得进一步独立。随着英国与埃及矛盾的缓解，王室与
华夫脱党之间的权力斗争日趋加剧。与此同时，华夫脱党内部出现分裂，
其主要成员马哈茂德·努克拉什和艾哈迈德·马希尔被纳哈斯驱逐出党，
两人遂组建萨阿德党。1937 年 12 月，法鲁克国王解散华夫脱党政府。

"二战"前夕，华夫脱党与王室之间的关系进一步恶化，继纳哈斯政
府之后的马希尔内阁、萨布里内阁和西里内阁均非华夫脱党政府。"二
战"爆发后，法鲁克国王试图依靠轴心国的支持摆脱英国的控制。1942
年 2 月，英国出于自身利益考虑，强迫法鲁克国王委派纳哈斯出任首相，
组建新一届华夫脱党政府。此后，华夫脱党与国王之间的矛盾加剧，国王
支持的诸多政党由于长期排斥华夫脱党而成为纳哈斯政府迫害的对象。华
夫脱党重新执政后利用军事管制法作为排斥政治异己以及垄断权力的工
具。华夫脱党也逐渐成为英国的战时盟友，而不再是领导民众开展反英运
动的代言人，"所有的开罗人和埃及人都知道，华夫脱党与英国殖民当局
合作，共同反对国王，华夫脱党的领导人纳哈斯成为帝国主义的政治盟
友"。③ 自 1943 年起，法鲁克国王与遭到华夫脱党排斥的诸多议会政党在
立场上趋于一致，华夫脱党成为埃及政坛的众矢之的。反对华夫脱党的诸
多政党组成民族阵线，公开抨击华夫脱党的统治导致埃及重新沦为英国殖
民地。1943 年 2 月，华夫脱党内部的反对派麦克拉姆·欧拜德发表《黑
书》，揭露纳哈斯和华夫脱党的腐败行为，指责纳哈斯与华夫脱党勾结英

---

① Moustafa Ahmed ed., *Egypt in the 20th Century*: *Chronology of Major Events*, pp. 127 – 135.

② 英埃协议对英国与埃及的关系做了进一步规定，埃及借助该协议获得进一步独立：英国
高级专员改称英国驻埃及大使，英国在埃及的防务改为英埃军事联盟的形式，英国在埃及的驻军
限于开罗、亚历山大和苏伊士运河区，驻军规模不超过 1 万人；埃及军队隶属埃及政府，埃及军
队的英籍总监改由埃及人担任，埃及的军事学院招收埃及学员，埃及军队进驻苏丹，允许埃及向
苏丹移民，苏丹问题留待苏丹人在建立主权国家与演习英埃共管两者之间进行选择，取消领事裁
判权和外国侨民在埃及享有的特殊保护，混合法庭将于 12 年后即 1949 年取消，废除以前强加给
埃及的不平等条约，英国承诺支持埃及成为国联成员。

③ Janice J. Terry, *The Wafd, 1919 – 1952*: *Cornerstone of Egyptian Political Power*, pp. 252 –
253.

国、出卖国家利益，产生广泛政治影响。①

1944 年 10 月，纳哈斯领导的华夫脱党政府垮台，萨阿德党领袖马希尔组建联合政府。1945 年 2 月，马希尔被暗杀，萨阿德党新领袖努克拉什继任首相。由于以学生和工人为主体的民众抗议和请愿活动日渐频繁，1946 年 2 月 9 日，示威学生与警察发生冲突，造成数人伤亡，努克拉什辞职，法鲁克国王任命西德基为首相。② 1946 年 5 月，西德基政府与英国殖民当局谈判，后者坚持以保留在苏伊士运河区驻军作为撤出开罗和亚历山大驻军的条件，谈判失败。与此同时，西德基政府实行高压政策，解散政治组织，镇压政治运动，囚禁政治反对派。随后西德基与英国殖民当局再次进行谈判，双方同意英军在未来三年内撤离埃及，英国与埃及签署共同防御条约，苏丹在名义上隶属埃及国王直到建立自治政府。③ 此后，埃及民众强烈要求结束殖民统治、撤走英军和实现埃及与苏丹的统一，反英示威运动风起云涌。1946 年 12 月，努克拉什取代西德基出任首相，与英国政府就埃及主权和国际地位进行谈判，并将相关问题提交联合国，但无果而终。1947 年 1 月 19 日即 1899 年英埃共管条约签订的周年纪念日成为埃及国家哀悼日，民众反英情绪日趋高涨。努克拉什政府在国内实行自由化政策，取消新闻审查，允许政治结社，废除军事管制，然而在与英国交涉方面，作为不大。此间由于国王的专制、政党的腐败和议会政治的徒具虚名，埃及国内军事陷入极度混乱的状态，华夫脱党进一步分化，党内激进派思想逐渐向自由主义和社会主义靠近，1947 年，华夫脱与工会组织、左翼妇女组织、马克思主义的民族解放民主运动组织联合成立全国民众阵线。1947 年 8 月 22 日，全国民众阵线组织开罗民众数千人举行示威，要求英军撤出埃及领土，导致激烈冲突，45 名军警和 38 名示威者丧生。④

1949 年巴勒斯坦战争结束后，埃及财政陷入危机，法鲁克国王试图组建新政府，华夫脱党则因穆斯林兄弟会的极端活动而被迫让步。6 月，无党派人士西里受命组阁，包括华夫脱党在内的主要政党加入新政府，新政府释放政治犯，承诺结束军事管制。1950 年 1 月，埃及举行大选，华

---

① Janice J. Terry, *The Wafd, 1919 – 1952: Cornerstone of Egyptian Political Power*, p. 281.

② Moustafa Ahmed ed. , *Egypt in the 20th Century: Chronology of Major Events*, pp. 172 – 178.

③ Selma Botman, *Egypt from Independence to Revolution, 1919 – 1952*, Syracuse: Syracuse University Press, 1991, pp. 49 – 50.

④ Ibid. , pp. 61 – 62.

夫脱党赢得议会 319 个议席中的 228 席，纳哈斯再次担任首相。新一届华夫脱党政府致力于埃及经济社会的发展，兴建医院、启动阿斯旺水电计划、创办工业银行，进行了工业化、国有化和民族化的初步尝试。华夫脱党于 1951 年 10 月单方面废除 1936 年英埃协议和 1899 年有关苏丹的英埃共管条约，宣布法鲁克是埃及与苏丹的国王。英国对此极为不满，1952 年 1 月 25 日，英军进攻伊斯梅利亚的埃及警察驻地，造成多人伤亡。次日民众反英运动在开罗达到高潮，进而掀起全国范围的总罢工。1 月 27 日，法鲁克国王解散纳哈斯政府，委任马希尔出任首相。3 月 1 日，希拉里政府取代马希尔政府。6 月 28 日，希拉里政府辞职，西里组成新政府。① 动荡的政治局势、民众的群起反抗和混乱的经济状况使得政治革命提上议事日程。1952 年 7 月，纳赛尔领导自由军官组织发动政变，宪政时代结束。

　　1923—1952 年是埃及现代化进程的宪政时代，宪政制度的建立与议会框架内政党政治的活跃，标志着埃及传统政治模式的衰落和现代政治模式的初步实践。宪法的制定和议会的建立无疑是宪政制度的重要外在形式，诸多政党通过议会选举的形式角逐国家的统治权力则是宪政制度的明显特征。宪政时代埃及历史的突出现象，在于政党政治形式下民主与专制的激烈抗争。宪法的制定和议会选举的初步实践初步体现着现代模式的民众政治参与，而国王随意践踏宪法和解散议会则是专制政治排斥民主政治的基本手段。政党政治既是民众政治参与的形式，亦是君主专制排斥民众政治参与的工具。包括华夫脱党在内的诸多政党作为埃及政坛的主导势力，其支持者主要来自地主、商人、企业家、官吏、知识分子，只是社会上层操纵议会选举和角逐权力的政治工具，无意扩大政治参与的社会基础和推动民众政治的历史进程，具有明显的狭隘倾向和非民众性，无力实现民族独立和推动现代化的长足进步。宪政时代埃及的政治局势长期处于动荡状态，议会屡遭解散，内阁更迭频繁，表明宪政制度的脆弱性。② 而且，此一时期的政党并非民主政治的真正代言人。以政坛的主宰者华夫脱党为例，扎格鲁勒领导的华夫脱党诞生于埃及民众与英国殖民统治激烈对抗的历史环境，曾经是"一战"后埃及独立运动的核心与民族的象征，其对英国殖民统治的不妥协政治立场博得埃及民众的广泛支持。相比之

---

① Moustafa Ahmed ed., *Egypt in the 20th Century: Chronology of Major Events*, pp. 204 – 208.

② 哈全安：《中东史：610—2000》，第 524 页。

下，"二战"期间纳哈斯领导的华夫脱党依靠英国殖民当局的支持回归政坛，民族主义立场逐渐温和，不再被民众视为埃及民族利益和国家主权的捍卫者，组织和号召民众的政治能力遭到削弱，逐渐蜕变为腐败、专制、特权的象征，进而丧失原有的社会基础。另外，华夫脱党的内部机制并不具有民主的性质，只是介于君主独裁与民主政治之间的寡头政治，华夫脱党的一般成员缺乏必要的政治参与，对民众的号召力也不强，而更多依靠民主的形式进行权力博弈与斗争，所以此间的政党政治在一定程度上是埃及政党政治的初步尝试，并将在拨乱反正之后迎来一党制的威权统治。

二　纳赛尔政权的一党制统治

1. 纳赛尔政权的建立

1952年7月23日，纳赛尔领导的自由军官组织发动政变，控制开罗。7月25日，自由军官组织宣布废黜法鲁克国王，拥立王储艾哈迈德·福阿德即福阿德二世为国王，此为著名的"七月革命"。自由军官组织的政变貌似偶然，实为民众政治兴起的产物与表现，构成埃及现代化进程中权力更替和政治变革的外在形式，进而在新的时代打上军人政治的深刻烙印。① 随后，自由军官组织成立革命指挥委员会，代行议会和内阁权力，穆罕默德·纳吉布出任革命指挥委员会主席、内阁总理、国防部长和武装部队总司令。1953年1月，自由军官组织宣布解散原有的诸多议会政党，成立解放大会②，作为动员民众政治力量进而巩固新政权的社会组织和政治工具。纳赛尔声称解放大会并非政党，而是实现民众权力的组织机构。解放大会的基本纲领是促使英军撤离尼罗河流域，实现苏丹的民族自决，开发国内资源，鼓励私人投资，发展本国工业，建立平等的社会秩序、公平的经济秩序。③ 解放大会设有中央最高委员会和执行委员会，地

---

① 哈全安：《中东史：610—2000》，第551页。

② 解放大会主席最初由纳吉布担任，纳赛尔任副主席兼总书记。1954年起，纳赛尔任主席兼总书记。1955年，解放大会成员达550万人，占埃及当时总人口的1/4。参见杨灏城、江淳、唐大盾等《纳赛尔和萨达特时代的埃及》，商务印书馆1997年版，第157页。

③ Derek Hopwood, *Egypt, Politics and Society, 1945 – 1984*, Boston：Allen & Unwin, 1985, pp. 87 – 88.

方设各级办事机构。1953 年 6 月，革命指挥委员会宣布废除君主制，罢免福阿德二世的王位，没收王室财产，埃及进入共和制时代。纳赛尔政权实行军事管制，废除 1923 年宪法，推迟议会选举，宣布 1953—1956 年为过渡时期。1956 年 1 月，纳赛尔政权宣布结束三年过渡期，解散革命指挥委员会，颁布临时宪法。根据 1956 年临时宪法，埃及实行总统制，总统由议会提名后经公民投票选举产生，任期 6 年可连选连任；年龄 35 岁以上，必须是在埃及居住三代以上且非王室成员；总统是国家元首、政府首脑和武装部队最高统帅；内阁对总统负责，总统主持内阁会议和任免部长；实行一院制议会；总统有权解散议会和否决议会议案，总统否决的议案经议会 2/3 的多数通过也可生效。1956 年 3 月颁布的选举法规定取消选民的财产资格限制，选民年龄由 21 岁降至 18 岁，奉行男女平等原则，规定男性公民必须参加选举投票，女性公民则自愿参加；规定议员应是年满 30 岁且拥有超过 50 埃镑资产的埃及公民，议员不得兼任军政职务和其他公职，任期 5 年。① 第一届议会共有议员 350 名，其中总统任命 10 名，正副议长由总统指定。在同年举行的总统选举中，纳赛尔获得 99.9% 的选票，当选埃及共和国第一任总统。②

2. 纳赛尔一党制的政治实践

1957 年，解放大会解散，民族联盟取而代之，纳赛尔任主席，萨达特任总书记。民族联盟设有全国代表大会、中央委员会和遍布各地的基层委员会，行使法律建议权和行政监督权。民族联盟是实践纳赛尔民族主义思想的工具。纳赛尔的民族主义思想与实践，是埃及民族解放运动的历史产物。苏伊士运河战争后，纳赛尔政权在国际社会声威大震，纳赛尔不仅被视为埃及主权独立和民族尊严的象征，而且通过声援和支持阿拉伯人民的反帝斗争，成为阿拉伯民族主义的代言人。1956 年临时宪法宣布埃及人民是伟大的阿拉伯民族大家庭的组成部分，在阿拉伯民族争取解放的斗争中负有不可推卸的责任。③ 根据该宪法，埃及全体公民均为民族联盟的后备成员，议会议员须由民族联盟中央执行委员会提名。由此可见，民族

---

① Derek Hopwood, *Egypt*, *Politics and Society*, *1945 – 1984*, p. 90.

② Anthony Mcdermott, *Egypt From Nasser to Mubarak*, *A Flawed Revolution*, London and New York: Croom Helm, 1988, p. 102.

③ Kirk J. Beattie, *Egypt during the Nasser Years*: *Ideology*, *Politics*, *and Civil Society*, Boulder: Westview Press, 1994, p. 117.

联盟代行了执政党的功能。但纳赛尔声称："民族联盟并不是一个政党……而是埃及全体人民的联盟","民族联盟是一个民族阵线,包括整个民族的所有成员,只有反对者、机会主义者和帝国主义的代理人除外。"① 显然,这是奉行不结盟运动的纳赛尔与东西方国家保持距离的一种手段,但却不能否认民族联盟的政党本质。1957 年,纳赛尔首次提出"民主、合作的社会主义"的思想意识,民族联盟是实践这一思想的重要工具,并在埃及与叙利亚的结盟过程中起到了思想统领的作用。

1962 年,纳赛尔政权颁布民族宪章,正式确定将阿拉伯社会主义②作为埃及官方意识形态。纳赛尔的阿拉伯社会主义包括以下内容:第一,主张人民控制生产资料,实行国有化与私有制并存的国家资本主义;第二,反对阶级斗争与暴力革命,倡导不流血的白色革命,强调阶级的可调和性与非对抗性,主张融合阶级差别;第三,强调阿拉伯民族与埃及国家的共同利益;第四,坚持伊斯兰信仰与推行世俗化举措的并行不悖。纳赛尔宣称阿拉伯社会主义的目的在于消灭阶级界限,建设阶级平等社会。"我们希望在友爱和民族统一的范围内,把我们的阶级团结起来,通过和平的方式解决阶级搏斗,既不用暴力,也不用流血……我们要在民族联盟内部解决分歧"。③ 1962 年民族宪章的颁布,标志着埃及走上阿拉伯社会主义的道路。与阿拉伯社会主义纲领相适应,纳赛尔政权解散民族联盟,成立"阿拉伯社会主义联盟"。民族宪章明确规定,包括工人、农民、士兵和知识分子在内的劳动人民以及其他非剥削阶层构成"阿拉伯社会主义联盟"的政治基础,土地改革和国有化的对象以及相关社会团体则是"阿拉伯社会主义联盟"所排斥的目标。④

---

① Keith Wheelock, *Nasser's New Egypt*: *A Critical Analysis*, New York: Praeger, 1960, p. 54.

② 纳赛尔的阿拉伯社会主义与马克思主义的科学社会主义有着本质区别。纳赛尔宣称阿拉伯社会主义与马克思主义存在五个方面的区别:"第一个区别是,我们信仰宗教,马克思主义否认宗教……第二个区别是,我们要从反对派专政过渡到全民民主,马克思主义要从反对派专政过渡到无产阶级专政。这是一种阶级专政,我们拒绝任何一个阶级的专政……第三个区别是,马克思主义规定土地国有化。我们没有规定土地国有化。我们相信在合作范围内的土地私有制……第五个区别是,马克思主义要通过暴力消灭和粉碎资产阶级即我们所说的反对派,我们要在不使用暴力消灭统治阶级的情况下,通过和平的方式解决冲突的矛盾。这些就是我们同马克思主义之间的基本不同点。"(K. H. 卡尔帕特:《当代中东的政治与社会思想》,第219—221 页)

③ 唐大盾等:《非洲社会主义:历史·理论·实践》,中国社会科学出版社 2007 年版,第103 页。

④ Moustafa Ahmed ed., *Egypt in the 20th Century*: *Chronology of Major Events*, pp. 244 – 245.

"阿拉伯社会主义联盟"决定议会人选，审定议会的议程，议会和内阁负责执行"阿拉伯社会主义联盟"制定的政策。阿拉伯社会主义联盟的中央机构是全国代表大会、中央委员会、执行委员会和书记处，地方设省市县三级委员会，主席是纳赛尔，总书记先后由侯赛因·莎菲和阿里·萨布里担任。1964年，纳赛尔政权颁布新的临时宪法，根据宪法，埃及继续实行总统制，总统由议会提名并由全民公决，副总统和内阁成员由总统任免；出身工人和农民的议员不得少于议员总数的1/2；内阁对议会负责而不再对总统负责，却必须执行总统制定的基本政策。总统作为国家元首，有权授意内阁拟定国家政策和监督国家政策的执行，有权否决议会通过的法案，有权颁布紧急法令。① 该宪法与1956年宪法一样，保障纳赛尔至高无上的统治地位和威权政治的统治模式。"议会名为最高立法机构，却缺乏独立的政治地位，无法独立行使政治权力，依附于总统，其决议只是一纸空文，内阁成员只能充当听众的角色，只有纳赛尔才是发言人。"②

1964年议会选举将全国划分为175个选区，每个选区选举两人，其中一人必须来自工人或农民，当选者必须是"阿拉伯社会主义联盟"的成员。基于此因，"阿拉伯社会主义联盟"发展迅速，1968年，成员总数达到500万人。③ 1968年7月，纳赛尔为改变形象，平抑人民的不满情绪，进行自下而上的改革，召开全国代表大会，选举产生了"阿拉伯社会主义联盟"中央委员会和执委会。此外，还成立青年组织，出版《社会主义》半月刊。1969年，纳赛尔授意颁布第81号法令，成立最高宪法法院。最高宪法法院名义上是独立的司法机构，然而最高宪法法院的法官由总统直接任命，而且最高宪法法院的法官必须加入"阿拉伯社会主义联盟"，拒绝加入"阿拉伯社会主义联盟"者不得出任最高宪法法院的法官。④ 至此，纳赛尔在确立起至高无上的权威时，建立起具有宪政外衣的党国合一的威权政治体制，并借助"二战"后中东特殊的政治环境将阿拉伯民族主义和阿拉伯社会主义付诸实践，其强大的人格魅力使得中东诸多国家都唯纳赛尔的马首是瞻，甚至他本人被誉为阿拉伯世界的"现代

① Ninette S. Fahmy, *The Politics of Egypt: State - Society Relationship*, New York: Routledge, 2012, p. 45.

② Derek Hopwood, *Egypt, Politics and Society, 1945 - 1984*, p. 103.

③ Ibid., p. 91.

④ Maye Kassem, *Egyptian Politics: The Dynamics of Authoritarian Rule*, p. 19.

阿拉丁"。

　　尽管纳赛尔建立起高度统一的一党制政权，但其本人一再重申反对任何形式的政党制度，声称"一党制不适合我们，因为它意味着政治垄断；多党制也不适合我们，因为它是当今外国势力渗入我国的一种手段，借此破坏我们奠定的用来动员人民的基础。"[①] 然而，政党制度在纳赛尔时代占据重要地位，纳赛尔政权所反对的只是七月革命之前活跃在埃及政坛的诸多政党。其上台后成立的解放大会、民族联盟和"阿拉伯社会主义联盟"都有鲜明的立场、明确的纲领、严密的组织和完整的机构，具备政党的基本要素，所以是具有鲜明的民族主义与意识形态特色的政党。解放大会、民族联盟和"阿拉伯社会主义联盟"先后作为埃及政坛的唯一合法政治组织，处于纳赛尔政权的操纵之下，服务于纳赛尔政权排斥异己、驾驭社会和控制民众的政治需要，是纳赛尔时代极权主义的政治工具。[②] 另外，解放大会、民族联盟和"阿拉伯社会主义联盟"的核心组织与政府机构之间缺乏明确的界限，自由军官往往身兼政府与政党的双重职务，纳赛尔集国家元首与政党领袖于一身，政党机构兼有政府职能，政党政治与政府政治浑然一体，所以纳赛尔时期的埃及和凯末尔时期的土耳其一样，建立起高度的党国合一的政治体制，是典型的一党制国家。在这个体制中，纳赛尔政权绝不允许任何反对派的存在，竭力镇压埃及共产党和穆斯林兄弟会。所以在纳赛尔的威权体制下，民主只是一种形式，如民族宪章宣称埃及的"民主……将整个权力置于人民的掌握之中，并将这种权力贡献给实现人民的目的"，[③] 则是一种与现实严重不符的美好幻想。

　　在纳赛尔主政期间，先后通过颁布三部宪法、建立三个政治组织、召开四届议会的形式确立现代宪政民主政治的外在形式。宪法从根本大法的地位确立共和制形式，议会在一定程度上激发了民众的政治参与，政治组织发挥了政治纲领的实践途径功能。纳赛尔时代的一党制统治，适应埃及建构民族独立国家的社会形势需要。自由军官组织推翻法鲁克王朝统治之后，民族解放和主权独立是埃及民众的共同愿望。弥合国内不同群体之间的对立冲突，实现社会整合与民族建构，是现代化的必然。纳赛尔借助苏伊士运河战争的历史契机，借助群情高涨的民族激情，实现了国家主权和

---

① 杨灏城、江淳、唐大盾等：《纳赛尔与萨达特时代的埃及》，第156页。
② 哈全安：《中东史：610—2000》，第554页。
③ 转引自王彤主编《当代中东政治制度》，第387页。

民族独立。"客观环境塑造了奇理斯玛式的民族领袖……纳赛尔恰逢其时，成为千余年来统治埃及的第一个真正的埃及人……在长期的民族运动中，纳赛尔最终战胜了强大的外族，使埃及摆脱了从属于西方的地位，成为颇具国际影响的主权国家。"[1] 苏伊士运河战争之后，纳赛尔政权在中东声威大震，纳赛尔不仅被视作埃及主权独立和民族尊严的象征，而且通过声援和支持阿拉伯各国人民的反帝斗争，赢得阿拉伯世界的广泛拥戴，纳赛尔的民族主义由此升华为阿拉伯民族主义。此后，纳赛尔政权极力倡导阿拉伯世界的广泛政治联合，进而将反对帝国主义和犹太复国主义视作阿拉伯民族共同的奋斗目标。从埃及与英国的冲突到阿拉伯世界与西方诸国的对立，是纳赛尔将埃及民族主义提升为阿拉伯民族主义的政治基础。而从解放大会到民族联盟的过渡，则是承载这一转变的重要载体。随着两极格局在中东的渗透，纳赛尔作为苏联在中东的重要盟友，意识形态开始向社会主义倾斜，最终形成颇具影响力的阿拉伯社会主义思想，并建立"阿拉伯社会主义联盟"来实践这一思想。所以纳赛尔一党制政权的演变与意识形态的变迁息息相关。随着 1967 年六五战争的失利，纳赛尔政权深受打击；国际两极冷战格局的相对缓和，使得中东的对抗失去外援；埃及国内对纳赛尔的独裁倾向日趋不满，民众对自由民主的呼唤日趋高涨。1970 年 9 月，纳赛尔去世，其所创立的一党制威权政体随之瓦解。

三 萨达特时代从一党制到多党制的转变

1. "阿拉伯社会主义联盟"一党制的松动

1970 年纳赛尔去世后，副总统萨达特继任总统。萨达特执政初期，埃及政坛出现严重的分歧和对立。以副总统兼"阿拉伯社会主义联盟"秘书长阿里·萨布里为首的政治集团主张沿袭纳赛尔的内外政策，强调"阿拉伯社会主义联盟"的集体领导权，限制总统的个人权力，对萨达特的统治构成严重威胁。1971 年 5 月，萨达特政权逮捕阿里·萨布里，监禁其追随者 90 余人，随后宣布发动继"七月革命"之后的第二次革

---

[1] Raymond A. Hinnebusch, *Egyptian Politics under Sadat: The Post–Populist Development of an Authoritarian Modernizing State*, Cambridge: Cambridge University Press, 1985, p. 13.

命——纠偏运动。纠偏运动的目的是"撤销所有的非常措施，确保法律、制度的稳定"，使埃及成为真正的宪政国家。[1] 与此同时，萨达特政权开始推行新政举措，推行外交关系的西方化、政治生活的自由化和经济政策的非国有化。

1971 年 7 月，萨达特宣布保护民众自由和扩大民众参政范围，改组执政的"阿拉伯社会主义联盟"。[2] 同年 9 月，埃及议会颁布第一部正式宪法，取代纳赛尔时代的临时宪法，规定埃及是"建立在劳动人民力量联盟基础上的社会主义和民主制国家"[3]，强调公民在法律面前一律平等，公民享有信仰、言论、新闻、迁徙、集会和结社的自由。规定共和国总统是国家元首，承担和行使行政权，既是事实上的行政首脑，又是武装部队最高统帅、国防委员会主席和最高警察长官。总统之下设有政府，政府是国家最高行政和执行机构，由总理、副总理和正副部长组成，他们皆由总统任免。政府工作由总理主持，政府向总统负责，必须执行总统的指示。政府的更迭由总统定夺，与议会大选中政党席位分配及变更无关。总统选举与议会选举分开进行，总统经公民投票产生，在法律上向全体公民负责，不向议会负责。议会是最高立法机关，不是最高权力机关，不能迫使总统辞职，只能指控总统犯有严重叛国罪或刑事罪而加以弹劾。[4]

1973 年十月战争中，以埃及为首的阿拉伯军队打破了以色列不可战胜的神话，进一步强化和巩固了萨达特的统治权威。1974 年以来，埃及的政治、经济形势和外交政策的深刻变化对政治发展提出了新的要求，在"阿拉伯社会主义联盟"内部也出现不同的声音。同年 4 月，萨达特总统发布革故鼎新的《十月文件》。该文件一方面强调"阿拉伯社会主义联盟"作为唯一合法的民众性政治组织的存在；另一方面承认纳赛尔时代缺乏民众的政治自由，应当实现法律主权和保障人权，在推行社会自由的同时强调政治自由，取消新闻监督，允许在现行框架内发表不同意见。8 月，萨达特制定"阿拉伯社会主义联盟发展方案"，呼吁重新审视政治组织形式，重申坚持一党制、反对多党制的同时，规定"阿拉伯社会主义

---

[1]　Raymond W. Baker, *Egypt's Uncertain Revolution under Nasser and Sadat*, Cambridge: Harvard University Press, 1978, p. 150.

[2]　Kirk J. Beattie, *Egypt during the Nasser Years: Ideology, Politics, and Civil Society*, p. 79.

[3]　转引自王彤主编《当代中东政治制度》，第 418 页。

[4]　王彤主编：《当代中东政治制度》，第 421 页。

联盟"不再行使国家权力，仅仅作为表达民意的政治组织而存在，进而
建议其向社会各个阶层和群体开放，允许以前的反对派加入，以淡化一党
制的威权色彩。9月，萨达特在议会公开指责阿拉伯社会主义联盟的内部
机制缺乏政治民主，主张政府政治脱离政党政治，进而恢复多党制。然
而，萨达特的建议并未得到议会多数议员的支持。1975年5月，在议会
选举前夕，大约400万人加入"阿拉伯社会会主义联盟"，这说明纳赛尔
的威权政治模式尚有相当大的社会影响力，也说明萨达特注定是一党制向
多党制转变的过渡人物。1975年7月，"阿拉伯社会主义联盟"全国代表
大会发表决议，允许在其内部建立论坛。①

　　1976年1月，萨达特重新发起有关一党制与多党制的讨论，有关在
"阿拉伯社会主义联盟"内外设立论坛的讨论也广泛开展。3月，"阿拉
伯社会主义联盟"内部出现左中右三大政治论坛，其中阿拉伯社会主义
组织持中间立场，拥护萨达特实行的内外政策。自由社会主义组织持右翼
立场，强调实行进一步的自由化政策。民族进步联盟组织持左翼立场，主
张沿袭纳赛尔主义的传统。1976年10月举行的议会选举中，政治环境相
对宽松，结果在议会342个席位中，阿拉伯社会主义组织获得280个席
位，自由社会主义组织获得12个席位，民族进步联盟获得2个席位，独
立候选人获得48个席位。②"阿拉伯社会主义联盟"内部的裂变，构成萨
达特时代多党制进程的起点。"阿拉伯社会主义联盟"内部左翼、右翼和
中间势力的划分，则是萨达特时代多党政治的雏形。③1976年11月，萨
达特开始推行全新的民主试验，阿拉伯社主义联盟内部的三个论坛随之分
别更名为阿拉伯社会主义党、自由社会主义党和民族进步联盟党。埃及三
个政党的产生是现实社会的折射与反映，其政治纲领集中反映了各自所代
表的阶级、阶层和利益集团的利益和意志，其目标绝不仅限于在"阿拉
伯社会主义联盟"内部的活动，而是为了特定的政治目的——夺取或参
与政权，这就具备了多党制的外在形式。与此同时，"阿拉伯社会主义联
盟"保留中央委员会，负责监督政党活动和控制政党的财政开支，解散
其他机构和组织，④纳赛尔时代遗留的一党制至此完全瓦解。

---

① 毕健康：《浅析当代埃及政党制度的演进》，《世界历史》2001年第5期。
② Kirk J. Beattie, *Egypt during the Nasser Years: Ideology, Politics, and Civil Society*, p. 200.
③ 哈全安：《中东史：610—2000》，第565—566页。
④ Raymond W. Baker, *Egypt's Uncertain Revolution under Nasser and Sadat*, p. 165.

2. 萨达特的多党制实践

1976—1981 年是萨达特推行多党制的时期。由于埃及政党政治的个人操控性，再加上多党制初兴，所以政党政治处于变动之中。1977 年 6 月，埃及议会颁布《政党组织法》，并成立由"阿拉伯社会主义联盟"中央委员会第一书记、内政部长、司法部长、内阁事务部长以及"阿拉伯社会主义联盟"中央委员会主席下令挑选的 3 名前司法机构无党派领导人组成的政党事务委员会。《政党组织法》规定："政党是指根据法律规定成立的有组织的集团，建立在共同的原则和目标的基础上，用民主的政治方式进行活动，以实现与国家政治、经济、社会事务有关的纲领，途径是通过参与统治责任。"[1] 规定埃及公民享有组建政党和参加政党的政治权利。但是该法案对政党做出诸多限制，这说明其并非真正开放的多党民主制。首先，《政党组织法》规定组建政党须有 50 人以上（其中，工人和农民不得少于半数）的签名，还要经过政党委员会审批，这就使得新政党的成立要受当局的控制。其次，《政党组织法》规定新建政党不能基于特定的阶级、教派和民族，其在纲领、政策和目标方面明显区别于现存政党，政党的宗旨、纲领、政策和活动方式不能有悖于伊斯兰教法，不得损害国家的统一以及"七月革命"和纠偏运动的革命原则，严禁恢复 1953 年被取缔的政党。[2] 最后，《政党组织法》的补充条款规定，在本届议会届满之前即 1980 年 10 月之前，各政党至少在议会中占据 20 个席位，实际上，除执政党外，其他政党均不符合这一条件。[3] 这些细化的规定严重阻碍了新政党的诞生。另外，政党事务委员会的职责是在接受建党申请的 3 个月内决定是否批准成立。政党事务委员会用投票方式来决定政党存废，如票数相等，则以主席所在一方为准。在 7 名成员中，4 名来自统治当局，3 名由统治当局钦定，所以说其自从成立就被萨达特政权所操控，许多政党由于不符合当局的要求而被《政党组织法》扼杀在摇篮中，埃及共产党和穆斯林兄弟会就是鲜明的例子。

1977 年 8 月，原华夫脱党总书记福阿德·萨拉杰丁复出，筹建新华夫脱党。福阿德·萨拉杰丁表示承认七月革命和纠偏运动的基本原则，拥护宪法。1978 年 1 月，福阿德·萨拉杰丁向政党事务委员会申请重建华

---

① 转引自王彤主编《当代中东政治制度》，第 434 页。

② Ninette S. Fahmy, *The Politics of Egypt: State – Society Relationship*, pp. 67 – 68.

③ Derek Hopwood, *Egypt, Politics and Society, 1945 – 1984*, p. 114.

夫脱党，获得591人的签名支持和22名议员支持。2月，新华夫脱党获准成立。随后发展迅速，到5月，申请加入新华夫脱党者达到百万人，人数远远超过自由社会主义党和民族进步联盟党，而仅次于执政的阿拉伯社会主义党。尽管新华夫脱党的成立是萨达特宣扬多党自由的结果，但其标志着埃及多党制政治生活的明显进步。

1977年11月，萨达特的耶路撒冷之行在国内外引起轩然大波，民族进步联盟党对此加以谴责，新华夫脱党在支持萨达特和平协议的同时指责政府只为执政党谋取私利，自由社会主义党赞成萨达特出访以色列，但却嫌政府优柔寡断；三党联合起来攻击当局腐败无能。福阿德·萨拉杰丁曾沾沾自喜地认为自己的党"非常可能掌权，并随时准备组成一个强有力的政府"。① 反对派对当局的指责使得以萨达特为首的统治当局忍无可忍。1978年5月，萨达特公开谴责新华夫脱党企图恢复旧制度，谴责民族进步联盟党是苏联的代理人。6月，由阿拉伯社会主义党控制的议会通过《保护国内和社会安全法》，该法规定：禁止一切反对"七月革命"和纠偏运动的政治原则以及敌视"民主社会主义"的宣传活动，禁止一切违背伊斯兰教法的人担任重要公职，禁止1952年"七月革命"和1971年纠偏运动中被清洗者以及损害民族团结和社会安定者参加政党和政治活动，政党事务委员会有权取缔与该法令相抵触的政党决定和政党活动。② 在当局的高压下，新华夫脱党被迫停止所有政党活动，民族进步联盟党亦中止所有行动，萨达特主导下的多党制徒有其名。

1978年7月，萨达特提出新的政治改革方案，决定终止"阿拉伯社会主义联盟"的合法存在，宣布成立民族民主党，自任民族民主党主席，该党宗旨是建设"基于科学和信仰的现代化国家"，维护国家统一与社会稳定，调和个人利益与群体利益，实现"大家有饭吃，大家有房住，大家生活幸福"的目标。③ 随后，执政的阿拉伯社会主义党宣布并入民族民主党，右翼的自由社会主义党亦宣布与民族民主党合并。在萨达特的授意下，易卜拉欣·舒克里于1978年12月创立社会劳动党，作为新的左翼政

---

① 杨灏城、江淳、唐大盾等：《纳赛尔和萨达特时代的埃及》，第397页。
② 哈全安：《中东史：610—2000》，第567页。
③ Kirk J. Beattie, *Egypt during the Nasser Years*: *Ideology*, *Politics*, *and Civil Society*, pp. 237–238.

党，时人称为"政府主办的反对党"。①

1978 年 9 月的《戴维营协议》与 1979 年 3 月的《埃以和约》使得埃及在阿拉伯世界陷入空前孤立，萨达特本人也遭到国内反对派的攻击，持不同政见的集团、被停止活动的新华夫脱党和穆斯林兄弟会都对萨达特政权的行为大加指责，授意成立的社会劳动党也对其极为不满。在这种情况下，萨达特政府 1979 年颁布的选举修正案第 36 号令禁止政党以任何方式宣传与埃以和约相违背的政见。1979 年 6 月，埃及举行新一届议会选举，民族民主党获得总共 382 个席位中的 339 个，左翼的社会劳动党获得 30 个，右翼的自由社会主义党获得 3 个，独立人士获得 10 个。② 反对派对萨达特的抗议并没有因为大选而停止，1980 年 5 月，萨达特政府颁布《耻辱法》，把反对、仇视、藐视国家的政治、社会、经济制度、广播或发表凭空捏造的或使人误入歧途的消息或资料等行为列入罪行，决定予以惩处。③ 与此同时，埃及举行全民公决，修正 1971 年宪法，成立协商会议，与原有的人民会议构成议会的上下两院，协商会议设 210 个席位，其中 140 席由选举产生，70 席由总统任命。④ 1981 年 9 月，国内的动荡局势和萨达特的微妙处境使其通过逮捕来打击反对派，萨达特政府一下子逮捕了 1536 人，包括新华夫脱党主席福阿德·萨拉杰丁、穆斯林兄弟会总训导师泰勒迈萨尼、社会劳动党总书记穆罕默德·希勒米·穆拉德等主要的反对派领导人，多党制名存实亡。⑤

萨达特时期埃及由一党制转化为多党制，尽管与经济社会发展以及历史现实相契合，但却与萨达特个人的推动密不可分。埃及的政党制度由"阿拉伯社会主义联盟"一党专制发展成为"阿拉伯社会主义联盟"内部分化为不同的倾向或论坛，再由论坛改为组织，最后将组织转化为政党，这种转变与萨达特的个人引导与专断密不可分。所以说，萨达特的一党到多党的过渡是自上而下的产物。但是，萨达特时期反对党的经历和萨达特政权的反应足以证明，"他实行的多党制，不是像他自吹的'完全的多党

---

① Kirk J. Beattie, *Egypt during the Nasser Years: Ideology, Politics, and Civil Society*, p. 241.

② 转引自毕健康《浅析当代埃及政党制度的演进》。

③ 王彤主编：《当代中东政治制度》，第 437 页。

④ Charles Tripp and Roger Owen eds., *Egypt under Mubarak*, London and New York: Routledge, 1989, p. 9.

⑤ Kirk J. Beattie, *Egypt during the Nasser Years: Ideology, Politics, and Civil Society*, p. 273.

制'，而是十分有限的多党制。"① 萨达特时期有限多党制的法律框架还存在如下局限性：第一，没有坚实的宪法基础。1971 年永久宪法是适应一党制的，虽然 1980 年修改第五条："埃及阿拉伯共和国的政治制度建立在宪法规定的埃及社会的基本因素和原则框架内的多党制的基础上。"但其他条款未作相应的修改，宪法的基本结构仍然是权力集中在总统手里，恢复政党生活的宪法决定并未导致权力结构的变化。第二，关于政党制度的法律严重限制了反对党的建立（如果说不是完全禁止的话）和正常活动。1977 年 40 号法，即政党法，规定了人们建党和入党的权利，但又对建党做出诸多限制，如党的原则、目标或纲领不得违背伊斯兰教法、"七·二三革命"原则和纠偏运动的原则。而且还规定拟建立的政党的纲领、政策要明显不同于其他政党。② 这都限制了反对党的地位和政治参与。

萨达特时代埃及政党政治的变化，根源于埃及由国家资本主义向自由资本主义转变所带来的所有制的深刻变革，集中体现了不同社会阶层的尖锐对立和诸多统治集团之间的激烈角逐。随着一党制的衰落和多党制的初步实践，政党政治、选举政治、议会政治开始成为不同的社会群体角逐权力的政治形式，埃及的政治生活逐渐趋于多元化和民主化，这就为穆巴拉克时代多党制的深入实践奠定了基础。但是，萨达特政权改革政党制度的目的在于否定纳赛尔主义的历史遗产，结束"阿拉伯社会主义联盟"的统治地位，削弱纳赛尔主义的参与势力，排斥政治异己，寻求建立新的政治基础，这是萨达特时代从一党制向多党制转变的直接原因。③ 萨达特时代多党制的初步尝试并未改变威权政治模式与官僚政治体制，政治舞台上活跃的仍然是社会精英与上层分子，广泛民众仍然被排斥在国家权力之外，他们必然要借助伊斯兰组织来表达其政治与社会诉求，所以在世界伊斯兰复兴运动大潮中，埃及的穆斯林兄弟会空前活跃，而萨达特本人也成为牺牲品。必须说明的是，萨达特时代的多党制尝试与其本人的推动密不可分。萨达特本人的多党制追求使其在一党制的框架下构建了多党制的现实，但反对党有可能威胁其统治时，其毫不留情地将其逐出政坛、限制活动，所以说萨达特时代多党制的建立处于统治者的主观推动，这决定了民

① 王彤主编：《当代中东政治制度》，第 438 页。
② 毕健康：《浅析当代埃及政党制度的演进》。
③ 哈全安：《中东史：610—2000》，第 572 页。

众政治参与的有限性与民主社会基础的缺乏性，所以说多党并存和一党独大仍然是萨达特时代后期埃及政党政治的突出特征。但是，"阿拉伯社会主义联盟"的解体和多党制的兴起毕竟在客观上削弱了政府对于议会的控制，反对派议员开始通过议会表达自己的诉求，这就为穆巴拉克时期较为宽松的多党制的贯彻实施提供保障。1981 年 10 月，萨达特的遇刺身亡，标志着萨达特时代的结束。

四　穆巴拉克时代一党独大的多党制实践

1. 穆巴拉克权威与一党独大体制的确立

1981 年 10 月，萨达特去世后，穆巴拉克以全民公决的方式当选总统，由此开启了穆巴拉克时代。随着多党制的初步实践和自由化的经济改革进程，政治生活的多元化格局日渐凸显。早在 1980 年，时任副总统兼民族民主党总书记的穆巴拉克在民族民主党第一次代表大会上就说过："我们的党是埃及新型民主之基石，承担领导祖国民主发展的重大使命……"[1]穆巴拉克在执政之初也表示无意垄断国家权力和谋求延长总统任期，宣称民主制是国家前途命运的保证，国家权力属于全体公民。[2] 但是随着其统治地位的确立，逐渐建立起一党独大的多党政治体系。穆巴拉克时代，司法权力的独立化倾向对于政党政治和民主化进程产生重要影响。纳赛尔和萨达特时代，司法机构处于政府的控制之下，1984 年设立由最高宪法法院院长主持的最高司法委员会，其独立于总统和政府。反对党在政党委员会拒绝其组建申请的情况下，可以借助司法独立的诉讼程序，提交最高司法委员会予以裁定，所以最高司法委员会逐渐成为批准政党成立的主要机构。穆巴拉克时代较为活跃的政党——新华夫脱党、乌玛党、青年埃及党、绿党、联盟党、联盟民主党、人民民主党、埃及阿拉伯社会主义党、民主阿拉伯党、社会平等党均由最高司法委员会裁定获得合法政治地位，使得多党制的政治生活进一步活跃。尽管民族民主党一党独大，但穆巴拉克在一定程度上允许反对派政党的合法存在，释放萨达特时

① 毕健康：《浅析当代埃及政党制度的演进》。
② Maye Kassem, *Egyptian Politics：The Dynamics of Authoritarian Rule*, pp. 26 – 27.

期遭受监禁的反对派政党成员，使得诸多政客重返政坛，成为埃及民众政治参与的代言人。

1983 年，埃及议会颁布第 114 号法令即《选举法》，该法令规定议员席位由 380 个增至 448 个，议会选区由 176 个改为 48 个，只有获得超过 8% 选票的政党才能获得议会席位，独立候选人不得参与议会竞选。[1] 1984 年 4 月，穆巴拉克提出要在埃及举行 30 多年来首次"自由、正直而诚实的"议会大选。5 月 27 日，选举正式举行，结果民族民主党获得 72.9% 的选票和 389 个议席，新华夫脱党在穆斯林兄弟会的支持下赢得 15.1% 的选票和 58 个席位，社会劳动党获得 7.73% 的选票，民族进步联盟获得 4.1% 的选票，自由党获得 0.65% 的选票，由于没能突破 8% 的门槛限制，后三个政党在议会中没能获得席位。[2] 这是穆巴拉克时代较为民主的一次选举，但仍然遭到反对派的批评，认为其并非出于穆巴拉克对民主改革的承诺，而是为了巩固其权力和把自己树立为大众的总统。1986 年，埃及高等宪法法院以 1984 年选举没有允许独立候选人参与竞选为理由宣布 1984 年选举违宪，并通过了新的选举法，主要变化是在总共 448 个席位中，为独立候选人提供 48 席，采用以政党提名和独立候选人单独提名并存的选举办法。[3] 1987 年 2 月 12 日举行的全民公决同意解散 1984 年大选成立的议会。同年举行的议会选举中，投票率约为 50%，民族民主党获得 475.2 万张选票，反对派政党共计获得 207.3 万张选票，其中新华夫脱党获得 116.2 万张，民族进步联盟党获得 15.1 万张。结果民族民主党获得 346 个议席，[4] 劳动党、自由党与穆斯林兄弟会组成的竞选联盟获得 60 个议席，[5] 新华夫脱党获得 35 个议席，独立候选人获得 7 个。[6][7] 1987 年 7 月，穆巴拉克被议会 2/3 的多数提名为总统，在 10 月 5 日的全民公决中得到了 97.1% 的选民支持。总的来讲，在穆巴拉克执政的前十年，埃及逐渐从一党制威权主义政体向多党制威权主义政体转变，原来是国家完全控制议会和新闻媒体，现在则赋予更多意义的选举、传媒自由，

---

① Maye Kassem, *Egyptian Politics*: *The Dynamics of Authoritarian Rule*, pp. 59 – 60.

② Charles Tripp and Roger Owen eds., *Egypt under Mubarak*, pp. 13 – 14.

③ Ninette S. Fahmy, *Politics of Egypt*: *State – Society Relationship*, pp. 70 – 71.

④ 由于民族进步联盟党、乌玛党没有超过 8% 的门槛限制，其选票转给民族民主党。

⑤ 其中，穆斯林兄弟会获得 37 席。

⑥ 根据 1986 年的新选举法，独立候选人的席位是 48 个，但是其有 41 个隶属于民族民主党。

⑦ Najib Ghadbian, *Democratization and the Islamist Challenge in the Arab World*, p. 92.

对政治反对派也表现出一定程度的宽容，穆斯林兄弟会和其他声称建立伊斯兰政治秩序的组织也被准许存在。

20世纪80年代末期，埃及政坛发生新的变化，政府在加强对伊斯兰武装分子打击的同时，对温和的伊斯兰势力更为宽容。1990年4月，绿党、民主统一党、青年埃及党这三个新成立的政党得到当局承认，埃及合法政党达到9个，尽管其并没有强大的群众基础，但却为多党制披上一层更为宽松的外衣。同年，高等宪法法院再次宣布1987年议会选举违宪，原因在于歧视独立候选人，结果议会在10月12日被解散。随后当局重新修订选举法，取消8%的限额和政党提名制，代之以独立候选人制度，全国设立222个选区，每个选区选出两名代表。虽然各主要反对派对议会的解散表示欢迎并且准备参加新一届议会选举，但是由于政府拒绝由法官而非内政部来监督选举，而且拒绝废止紧急状态法，结果反对派联合抵制了1990年选举。民族进步联盟党作为主要的反对党参加了11月29日、12月6日的选举，民族民主党获得348个席位，民族进步联盟党获得6个席位，独立候选人获得83个议席，还有7个席位由于拖延未能选出。[①] 此次选举由于遭到抵制，其公正性与合法性遭到民众质疑，也说明埃及民众对政治选举失去兴趣，部分年轻人和边缘化力量转而支持伊斯兰运动以表达对统治当局的不满，这导致埃及伊斯兰运动的日趋高涨。

20世纪90年代，由于伊斯兰运动的高涨，埃及政府随之出台一系列强硬政策，其政治改革方向急速转向"去自由化"。[②] 所以一党独大制的政党体制更为明显，呈现出穆巴拉克威权政治的发展倾向。1992年7月，国家决定修订刑法、最高法院安全法，规定只要被视为破坏社会稳定与法治，或者妨碍法律的执行、阻挠司法人员办案都将被判刑。12月，重新修订的政党法规定政府严禁接受国外基金赞助的组织成立新党，严禁那些在其政党尚未得到官方承认的情况之前从事任何政治活动。政党要想取得合法地位需要得到政党委员会的认可，其中新成立政党的党纲必须区别于已有政党的党纲，还要与政党法、宪法的规定相一致才能成立，这就使得政党的活动空间大大缩小。1993年12月，在有关总统选举的全民公决

① Najib Ghadbian, *Democratization and the Islamist Challenge in the Arab World*, p. 94.

② 参见 Eberhard Kieenle, "More than a Response to Islamism: the Political Deliberalization of E-gypt in the 1990s", *The Middle East Journal*, Vol. 52, No. 2, Spring 1998, pp. 220 - 221。

中，穆巴拉克以 94% 的绝对多数成功连任第三届总统。①

1995 年大选前夕，政府实行"高压"政策，排斥反对派的政治参与，穆斯林兄弟会重要成员 80 余人被指控属于非法组织和从事恐怖活动而送交军事法庭。在随后的议会选举中，民族民主党获得 417 个议席，新华夫脱党获得 6 个议席，民族进步联盟党获得 5 个议席，自由党和穆斯林兄弟会各获得 1 个议席，独立候选人获得 13 个议席。由于对选举过程的控制，使得本次选举成为埃及有史以来最差的一次选举。人权组织在 1995 年 12 月 28 日以"大选没有获胜者"为题发表了报告，对选举提出 9 点评估，包括大规模的暴力导致竞选对手至少 40 人死亡，数百人受伤；对反对派候选人进行胁迫、阻碍、拘捕，乃至禁止他们走进投票站；伪造票箱；在候选人报告受到侵害时政府仍然拒绝执行法院的命令；兄弟会成员被逮捕者达到上千人。报告评估的结果是应该解散议会，在检察官和中立机构的监督下重新进行选举。② 1998 年，最高宪法法院裁定 1995 年大选产生的议会中 170 名议员不具合法性。③ 但并未动摇民族民主党"一党独大"的优势。1999 年 6 月，民族民主党控制的议会提名穆巴拉克作为新一届的总统候选人，同年 9 月，时年 71 岁的穆巴拉克以全民公决的形式第四次出任总统。④

2. 穆巴拉克政权的多党制实践

2000 年 7 月 8 日，最高宪法法院宣布 1971 年宪法中的第 88 条款——在立法选举中必须进行完全的司法监督——按照法律必须实施。这一规定实现了政治反对党多年来的诉求，不仅有利于促进埃及民主的发展，而且有助于提升反对党的地位和影响。2000 年埃及议会选举处于最高宪法法院的监督之下，政府被迫减少对于议会选举的干预，尽管民族民主党仍然居于突出地位，但选举结果呈现一定变化：民族民主党获得 388 个议席，新华夫脱党获得 7 个席位，民族进步联盟党获得 6 个席位，纳赛尔主义党获得 2 个席位，自由党获得 1 个议席，穆斯林兄弟会成员作为独立候选人

① Phebe Marr ed. , *Egypt at the Crossroads: Domestic Stability and Regional Role*, Washington US National Defense University Press, 1999, p. 14.

② Najib Ghadbian, *Democratization and the Islamist Challenge in the Arab World*, p. 94.

③ Tareq Y. Ismeal, "Middle East Politics Today: Government and Civil Society", pp. 263 – 264.

④ Michele D. Dunne, *Democracy in Contemporary Egyptian Political Discourse*, Amsterdam: John Benjamins Publishing, 2003, p. 44.

获得 17 个议席，其他独立候选人获得 21 个议席。① 另外，亚历山大一个选区的两个候选人席位被推迟。此次大选开启了 21 世纪以来的民主化改革。而且，埃及国内公民社会的发展壮大，美国大中东计划的推动，都使得埃及的民主化改革势在必行。

数年来埃及反对派一直要求对宪法进行改革，限制总统任期，举行普选，但均受到政府的压制。2005 年 1 月底，埃及政府以伪选筹组政党所必需的民众签名为由，逮捕了反对党"明日党"领袖艾曼·努尔，并做出对其拘禁 45 天等待调查结果的判决。但在随后美国压力和外界影响以及反对派的强烈反对下，被迫于 3 月 12 日提前释放了艾曼·努尔。在这种情况下，埃及国内的反对派活动越来越公开化。2 月 21 日，开罗大学发生反对穆巴拉克的示威活动，包括自由派、左派和伊斯兰教人士在内的 500 多名示威者公然打出了"打倒穆巴拉克"的标语，并要求进行宪法改革，让更多的候选人角逐总统职务。2 月 26 日，埃及传出了令整个阿拉伯世界乃至国际社会震惊的消息，穆巴拉克总统向人民议会提出宪法第七十六条修正案，指示议会废除"唯一候选人"的选举制度，提议允许有多党多名候选人通过直接选举产生总统。穆巴拉克这一宪法修正案的指示一经做出，立即引起轩然大波。新华夫脱党总书记赛义德·巴达维（Say-yid Badawi）认为，"宪法修正是实现民主的胜利……它搬掉了在通向政治和民主改革道路上的巨大绊脚石"。国家进步联盟党主席里夫特·萨伊德（Rif'at al－Sa'id）认为总统的声明"是一个积极的进步……它将把埃及置于通向真正自由和民主的大路上。"② 他们在对穆巴拉克的行为表示赞赏的同时，要求政府进行更大的改革，包括限制总统任职期限和年限、减少总统权力、停止紧急状态法的实施等，不然的话，仅是修正第七十六宪法条款改革仍是有限的。自由派的明日党甚至提出一部题为"明日的宪法：他们只是针对过去，而我们却面向未来"一共有 209 条规定的所谓"新宪法"。穆斯林兄弟会对穆巴拉克的这一决定同样表示欢迎，称之为一项重大的进步。③

2005 年 5 月 10 日，埃及就宪法第 76 条修正案举行全民公决，虽然遭

---

① Ninette S. Fahmy, *Politics of Egypt: State－Society Relationship*, p. 87.
② 转引自王泰《埃及的政治发展与民主化进程研究》，人民出版社 2014 年版，第 231 页。
③ Yoram Meital, "The Struggle over Political Order in Egypt: the 2005 Election", *Middle East Journal*, Vol. 60, No. 2, Spring 2006, p. 257.

到反对党的抵制，但宪法修正案还是以绝对多数被通过，从而为改革总统竞选规则提供法律依据。9 月 7 日，埃及举行"历史性"的总统大选，共有 700 多万人、约占选民总数 23% 的人参与投票，这在埃及历史上第一次由多个候选人（共 10 位）采用公开、直接、秘密的方式竞选国家总统，包括穆巴拉克在内的总统候选人借助宣传、演说、集会等手段寻求民众支持，并抛出一个又一个颇为诱人的执政纲领。投票结果显示执政 24 年的民族民主党候选人、现总统穆巴拉克获得 88.6% 的选票获胜；9 月 27 日，穆巴拉克宣誓就任总统，开始第五任总统的任期之旅。①

2005 年年底，埃及民众又迎来新一届的议会选举，这次选举因承启全新政治改革的使命而备受瞩目。11 月 6 日，最高宪法法院赋予有关公民社会组织正式监督大选的权力，该次选举分别于 11 月 9 日、20 日和 12 月 1 日在全国各省进行。反对派组建了所谓的"促进变革民族统一战线"，包括华夫脱党、劳动党、阿拉伯民族主义纳赛尔党、伊斯兰中间党、肯飞亚运动②、促进民主转型的国家团结运动、促进改革全国联盟等 11 个政党和组织。而穆斯林兄弟会提出 150 个候选人的阵容，决定在选举期间与"促进变革民族统一阵线"合作，不过仍然以独立候选人的身份参选。在第一轮选举中，民族民主党就获得了 69.7% 的选票，而穆斯林兄弟会获得了 20.0% 的选票，非伊斯兰的反对党和独立候选人只得到了 4.8% 的支持。三轮选举结束后，民族民主党赢得了 70% 的席位（311 席），穆斯林兄弟会赢得了 20%（88 席）的席位，其他反对党赢得 3.5% 的席位——华夫脱党 6 席，国家统一进步党 2 席，明日党 2 席，阿拉伯民族主义纳赛尔党 2 席。独立候选人获得了 6.5% 的席位。选举结束后，穆巴拉克总统依据宪法分别任命了 5 位妇女和 5 位科普特人为议员。③ 这次选举尽管得到了较为广泛的支持，但其选举过程和结果体现了穆巴拉克政治改革的有限性。2005 年大选结果表明穆斯林年兄弟会已经成为"事实

---

① Khair Abaza, "Political Islam and Regime Survival in Egypt", *The Washington Institute for Near East Policy*, January 2006, p. 10.

② "肯飞亚运动"源自阿拉伯语 Kifaya，意为"够了"，又为"改变埃及运动"，其最早出现在 2003 年斋月期间，主要由一批对政府持批评意见以及要求中东地区进行变革的埃及知识分子组成。针对穆巴拉克连续执政且有可能把总统职位传给儿子的行为，他们提出了"不要继承、不要连任"的口号；他们呼吁宪政和政治改革，要求当局改变内外政策，举办自由直接的选举；对外反对美国和以色列，对内则要求改变甚至推翻政府。

③ Khair Abaza, "Political Islam and Regime Survival in Egypt", p. 10.

上最大的反对党"，但其在法律上是不被承认的政治组织，所以穆斯林兄弟会要竞选总统职务，只能以独立候选人的身份参选，但根据宪法修正案的规定，需要250名议员的签名，显然这是难以实现的。2005年选出的议会最大的"合法的反对党"是仅仅获得6席的华夫脱党，与宪法修正案规定的5%的议席数相去甚远；这就在很大程度上降低了除民族民主党之外的其他合法政党参选总统的可能性。

2006年12月26日，穆巴拉克总统向人民议会提出对1971年宪法的34条规定进行修正。2007年3月13日，人民议会立法和宪法委员会以及协商会议批准了修正案。经过多轮会议和辩论，3月19日在人民议会中这些修正案条款被以315∶109的绝对多数通过。随之穆巴拉克要求在3月26日举行全民公决，而公决日期原定在4月的第一个星期。以修宪条款和提前举行全民公决为核心，埃及政治出现了前所未有的"宪改纠纷"。穆斯林兄弟会对修订的宪法第八十八条和第一百七十九条提出质疑，认为它们"排除司法对议会选举的监督，为（政府）束缚（选举）敞开了大门，是对基本人权和政治自由的一记重拳"。设在伦敦的国际特赦组织也表示即将进行的全民公决，特别是其中的反恐怖法令，将会导致"26年来对权利最严重的侵害"。华夫脱党、国家进步联盟党和纳赛尔主义党也纷纷指责提前举行的全民公决日"是埃及历史上一个黑暗的日子，它是埃及民主的葬礼日"。肯飞亚运动则指斥宪法修正为"荒谬的过程"，甚至指出宪法修正继续赋予"总统已没有任何约束的权力，这些修正案抑制了公共自由，为加麦尔·穆巴拉克顺利接班铺路。"以前总理阿齐兹（Aziz Sidqi）领衔的全国联合促变运动召开大会号召抵制公决，阿齐兹认为"埃及处在关键时刻，而修正案的公决将是灾难性的。"[①] 他认为穆巴拉克身边的那些利益集团联合起来为的就是获取非法利益。尽管遭受抵制，但民族民主党控制的议会仍然促使宪法修正案的生效与实施。从穆巴拉克总统2月份讲话提出宪法修正建议，到5月第76条修正案被通过，以及9月的大选，都极为成功。穆巴拉克总统关于埃及大选多人竞选的决定无疑对于埃及的政治进步、社会发展产生深远影响。正如穆巴拉克总统大选获胜后在民族民主党议会委员会的会议上发言所指出的，选举中没有

---

① 转引自王泰《当代埃及的威权主义与政治民主化问题研究——文明交往视角下国家、社会与政治伊斯兰的历史嬗变》，博士学位论文，西北大学，2008年，第210—211页。

胜利者和失败者之分……宪法的修正案落到了实处，因而真正的胜利者是埃及和全体埃及人，真正的胜利是差额选举制度的胜利，是民主的胜利，埃及人民是真正的胜利者，因为选举尽管不一定是完美的，但选举结果为民主奠定了基础，从此选民的意愿得到尊重，候选人之间光荣的竞争也得到尊重。① 尽管这些言辞冠冕堂皇，但埃及随后的历史发展证明，这种改革对于穆巴拉克威权政治的触动相对有限，比如当2005年议会选举带来穆斯林兄弟会前所未有的机会时，其便诉诸修宪来限制穆斯林兄弟会的合法地位。

2010年11月28日，埃及举行人民议会选举，超过5000名候选人角逐新一届议会中的508个席位，结果民族民主党获得420个议席，独立人士获得53席，新华夫脱党获得6席，进步民族同盟党获得5席，明日党获得1席。民族民主党的一党独大使得2005年以来开启的民主化进程呈现收缩的趋势，尽管穆巴拉克仍然依靠奇里斯玛魅力征服大多数埃及民众，并借助特定的政治制度和统治模式长期以来高居国家权力中心，但是形势的发展已经今非昔比。2011年1月，从突尼斯发起的抗议示威运动波及埃及，在民众的强烈抗议反抗之下，穆巴拉克匆忙辞去总统职务并将权力移交给武装部队最高委员会，民族民主党的世俗政治统治宣告结束。随后埃及先后建立过渡政府，修改宪法，确定议会和总统选举时间表，进行政治重建，埃及进入新的历史时期。

纵观穆巴拉克近三十年的执政历史，我们可以看到其在有步骤地放宽民主尺度，从十分有限的多党制向较为宽松的有限多党制方向转变。② 但是，穆巴拉克时代埃及的政党政治依然具有明显的局限性，尤其是政党法和选举法对于反对派政党参与议会竞选限制颇多，政党政治与政府政治亦为完全分离。执政的民族民主党长期控制国家机器，操纵选举，在议会中处于一党独大的地位。反对派政党缺乏完善的民主范围，政党领导权表现为个人化和威权化的浓厚色彩。他们在国家政治生活中也缺乏宽松的活动空间，尚未与民众政治广泛结合，加之派系林立，难以真正形成有效的竞选联盟，所以在历次议会选举中充当民族民主党的配角而无力挑战其政治权威。这种局面需要一个全新的机遇才能打破，中东剧变的发生无疑为埃

---

① 埃及《金字塔报》，2005年9月12日。转引自王泰《当代埃及的威权主义与政治民主化问题研究——文明交往视角下国家、社会与政治伊斯兰的历史嬗变》，第213页。

② 王彤：《当代中东政治制度》，第455页。

及政党政治进入新阶段创造条件。

　　在埃及现代化进程中，埃及的政治民主化进程经历了艰难曲折的发展历程。宪政时代，现代宪政制度的确立首开埃及政治民主化进程的先河，议会选举与诸多政党之间的权力角逐标志着民主政治的初步尝试。纳赛尔时代，威权政治长期占据统治地位，一党制的政党制度构成威权政治的重要工具，党国合一的政治体制使得总统的个人意志、"阿拉伯社会主义联盟"的纲领与议会通过的法案存在着内在的统一性。萨达特政权建立后，废除一党制，建立起受自己控制的有限的多党制，掀开埃及政治民主化运动的新篇章。穆巴拉克时期，在国内外环境的影响下，尽管贯彻了较为自由的多党制，但民族民主党的一党独大使得威权政治仍然是埃及政治的重要表征，所以中东剧变带来的第三次民主运动必将瓦解这一体制，带来埃及政治体制乃至政党制度的重塑。

第三章 伊朗巴列维王朝的世俗政党政治

1905—1911 年的宪政运动开启了伊朗政治现代化的大幕，在宪政政治的框架下伊朗的政党政治获得一定的发展。巴列维王朝作为西方君主立宪政治形式与伊朗专制主义历史传统有机结合的产物，其独裁倾向使伊朗的政党政治呈现强烈的依附性与工具性特征。礼萨汗时代伊朗特殊的内外环境使得议会形同虚设，政党活动受到严格限制；巴列维国王上台后，议会逐渐成为政党角逐国家权力的政治舞台；但强化国王权力和推行白色革命的需要使得伊朗君主专制日趋膨胀，政党政治成为伊朗政治民主化进程的重要点缀；伊朗伊斯兰革命的胜利标志着巴列维王朝世俗政党政治的终结。

一 礼萨汗时代的世俗政党政治

1. 巴列维王朝的建立

1905—1911 年宪政运动结束后，伊朗政局趋于严重动荡，国内诸多政治势力斗争激烈，英俄列强对伊朗虎视眈眈，立宪政府和民族命运岌岌可危。1915 年 3 月，英俄签署秘密协议瓜分伊朗：英国控制原由英俄两国在伊朗划定的包括产油区在内的中立地带，俄国则在伊朗北部的原有势力范围之内行使充分的控制权并且在战后控制伊斯坦布尔和土耳其海峡。[1] 第一次世界大战爆发后，伊朗召开第三届议会，该次议会拒绝批准加入协约国阵营，持亲同盟国立场，选举民主党和温和党领导人成立民族抵抗委员会。[2] 1917 年十月革命胜利后，苏俄政府宣布废除沙俄时代与伊

① Nikki R. Keddie, Yann Richard, *Roots of Revolution: An Interpretive History of Modern Iran*, New Haven: Yale University Press, 1981, p. 79.

② Ervand Abrahamian, *Iran between Two Revolutions*, p. 111.

朗签署的一系列不平等条约，英国随之成为操纵伊朗政局的主要外部势力。此时，深受布尔什维克主义影响的伊朗左翼派别民主党复兴，主张实行土地改革，捍卫伊斯兰教的尊严，废除所有不平等条约，要求英国军队撤离伊朗。1920 年，民主党在阿塞拜疆和吉兰组建自治政府，成为伊朗北部举足轻重的政治势力。① 同年 6 月，伊朗共产党在恩泽里成立，其支持者是来自高加索、中亚、吉兰和阿塞拜疆等地的产业工人和工商业者。同年底，伊朗共产党在里海沿岸相继成立吉兰苏维埃社会主义共和国和拉什特苏维埃社会主义共和国。伊朗共产党曾经在德黑兰、大不里士、马什哈德、伊斯法罕、恩泽里、克尔曼沙赫和南部诸多城市设立支部，组建工会。然而，伊朗共产党的支持者主要是操阿扎里语的阿塞拜疆人和亚美尼亚人，在波斯地区影响甚微，在广大乡村地区缺乏广泛的社会基础，② 因而对伊朗的政党政治影响不大。

吉兰和拉什特的红色威胁、阿塞拜疆的骚乱、部落之间的仇杀、苏俄的共产主义扩张和英军的殖民主义入侵、宪兵和哥萨克旅的哗变以及 1919 年英伊条约引发的民众示威，加剧了德黑兰的政治危机。国内社会运动、政府和外国势力的矛盾急剧发展，三种势力的互相牵制为礼萨汗的崛起创造了条件。伊朗诸多的社会势力，特别是保守派、改革派、激进派和革命派的广泛联合，为巴列维王朝的建立提供了必要的政治基础。保守派源于早期国民议会中的温和党，伪称改革党，代表教界上层、大商人和土地贵族的利益，在第四届国民议会中占据多数。改革派源于早期国民议会中的民主党，亦称复兴党，主要由受西方教育的青年知识分子组成，在第五届国民议会中占据多数，具有民族主义、世俗主义和极权主义的政治倾向，主张依靠政治精英即"革命的独裁者"实现改革和教俗分离，强化军队和完善国家机构，倡导工业化和民族经济，推进游牧群体的定居化，普及现代教育，在全国范围推广波斯语。该派创办的报纸倡导发展世俗教育，改善妇女地位，学习西方的先进思想和科学技术，主张从教界的束缚下解放民众。"在一个 99% 的民众处于反动毛拉选举控制下的国家，我们希望出现墨索里尼式的人物来打破传统权威的影响，以便创造一个现

---

① John Foran ed., *A Century of Revolution: Social Movement in Iran*, Minneapolis: University of Minnesota Press, 1994, p. 50.

② Ali M. Ansari, *Modern Iran since 1921: The Pahlavis and After*, Lordon and NewYork: Pearson Education, 2003, p. 29.

代的前景、现代的民族和现代的国家"。"我们的首要愿望是伊朗的国家统一"。① 社会党亦源于早期国民议会中的民主党,颇具激进倾向,强调依靠资产阶级和下层民众改造社会,崇尚自由和平等的政治原则,倡导普选制,主张强化国家机构和实行生产资料的国有化,消灭失业现象。在当时特定的历史条件下,尖锐的民族矛盾和深刻的民族危机制约着伊朗国内诸多社会群体和政治势力之间的冲突,民族主义成为伊朗民众的共同愿望,巴列维王朝的兴起则是伊朗国家主权的体现和民族尊严的象征。

在英国的扶植和军事支持下,礼萨汗迅速成为哥萨克旅的最高指挥官。1921 年 2 月,礼萨汗率哥萨克旅 3000 人自加兹温起兵发动政变,迅速进入德黑兰,实行军事管制,逮捕了 60 多名政治家,迫使国王任命赛义德·齐亚为首相组建新内阁,自任国防大臣,控制内阁,宣布将致力于消除内战,改造社会,结束外族占领,实现伊朗民族的复兴。② 1921 年政变为废除议会政治和建立巴列维王朝的独裁统治开辟了道路。礼萨汗控制的内阁一方面与苏俄政府签订友好条约,要求苏俄取消伊朗之前的所有债务,废止沙俄的专卖权,归还被沙俄占领的伊朗土地,并承认伊朗的领土范围,伊朗承诺不会攻击苏俄,为苏俄红军从吉兰撤军扫清道路。③ 另一方面废除 1919 年英伊协议,要求英军撤出伊朗,保留英国在伊朗原有的部分权利。④ 最终,礼萨汗结束了外国势力对伊朗的占领,伊朗历史出现新的转折。同年 5 月,艾哈麦德国王任命礼萨汗为军队总司令和国防大臣,礼萨汗逐渐控制了国防部。此后,礼萨汗通过将内务部下属的宪兵改为隶属于国防部来强化其军事权力。强大的军队成为礼萨汗扫除政治障碍的有力武器,他率兵以暴力手段镇压大不里士和马什哈德的宪兵兵变及丛林游击队的反抗。1922—1925 年,礼萨汗成功平息了一系列部落叛乱,阿塞拜疆西部的库尔德人、阿塞拜疆北部的沙赫萨文部落、法尔斯的库西吉鲁耶部落、克尔曼沙赫的桑加比部落、东南边陲的俾路支人和西南边陲的鲁里人、马赞德兰的土库曼人和呼罗珊北部的库尔德人先后被剿灭,礼

① Ervand Abrahamian, *Iran Between Two Revolutions*, p. 124

② Homa Katouzian, *State and Society in Iran: The Eclipse of the Qajars and the Emergence of the Pahlavis*, p. 242.

③ Ervand Abrahamian, *Iran between Two Revolutions*, p. 118

④ Nikki R. Keddie, Yann Richard, *Roots of Revolution: An Interpretive History of Modern Iran*, p. 87.

萨汗进一步强化政治、军事地位，为巴列维王朝的建立奠定基础。

1925 年初，礼萨汗羽翼丰满，进而问鼎伊朗政坛。政体的选择是此间伊朗国内各派势力激烈争论的焦点。新兴社会群体大都支持共和制，传统社会群体则倾向于君主制；尤其是教界保守势力惧怕凯末尔式的世俗化举措，极力主张实行君主制，宣称共和制背离了伊斯兰教的政治传统。礼萨汗表现出对共和制的支持，"一个健全兴旺的共和政体，总要比一个衰弱腐败的君主政体优越得多。"[1] 但是教界的反对迫使礼萨汗放弃了共和制立场。10 月，伊朗第五届国民议会投票表决废黜恺加王朝末代君主艾哈迈德；12 月，议会以 115 票赞成、4 票反对、30 票弃权的表决结果，拥立礼萨汗为国王，建立巴列维王朝。[2] 1926 年 4 月，礼萨汗宣布成为伊朗国王。巴列维王朝的建立，标志着西方君主立宪的政治形式与伊朗专制主义的历史传统的结合。[3]

2. 礼萨汗时代的政党政治

礼萨汗上台执政后，在加强中央集权、强化国家机器的同时，效仿阿拔斯·米尔扎、阿米尔·卡比尔、马尔库姆汗和宪政运动期间的民主党，致力于经济、社会诸多层面的现代化改革，这包括试图将传统社会整合为现代民族国家；照搬西方的现代化模式推动现代化进程，力图提高政府效率，消除部落纷争，排斥教界的政治影响；努力摆脱外来势力控制，建立民族主权国家等。这些带有鲜明的民族主义、世俗主义和现代化倾向的改革措施使得伊朗的经济、社会现代化进程取得长足进步。但礼萨汗改革的精英政治倾向和自上而下的实施使其主要局限于城市范围，并未对传统势力根深蒂固的乡村社会产生很大影响，而且政治上的独裁倾向使伊朗的民主化趋势出现逆转。所以说，礼萨汗一方面通过世俗化的举措，着力扩充国家机构和完善政府职能，进而强化君主专制，在政治层面形成对宪政运动的反动；另一方面借助独裁政治的外在形式，致力于改造伊朗传统的经济秩序和社会结构，促进了经济与社会层面的现代化进程；军队、官僚机构以及议会是礼萨汗专制统治的基础。

军队是礼萨汗实行专制统治的首要支柱，是控制议会、地方机构和军

---

[1]　[法] 热拉德·德·维利埃等：《巴列维传》，张许萍译，商务印书馆 1986 年版，第 43 页。

[2]　Homa Katouzian, *State and Society in Iran: The Eclipse of the Qajars and the Emergence of the Pahlavis*, p. 297.

[3]　哈全安：《中东史：610—2000》，第 413 页。

事机构的有力武器，是其强化政权的政治基础。礼萨汗建立了强有力的国家军队，并投入大量资金发展军事。据官方资料显示，1926—1941 年间，军费开支占国家岁入的平均比例为 33.5%，军费总额增长 5 倍。[①] 军队规模迅速扩大，1920 年初仅数千人的哥萨克旅到 1941 年扩大为 12.6 万的武装部队，并装备了包括飞机、坦克、炮舰在内的先进武器装备。为了保障兵源，礼萨汗在全国实行强制兵役制，城市、乡村和游牧部落的所有成年男性都必须服两年兵役，以扩大兵源。1920—1930 年，礼萨汗还建立起大量的军事机构，主要用于镇压国内社会运动和反对活动。由于军队的特殊地位，高级军官尽管不在官僚机构和内阁任职，却成为有影响力的统治阶层。

庞大的官僚机构是礼萨汗专制统治的另一支柱。礼萨汗不断完善现代官僚机构，在内阁中设立内务部、外交部、司法部、财政部、教育部、商务部、邮电部、农业部、交通部和工业部，公务员多达 9 万人。礼萨汗实行军事和国家统治的双重系统，使得权力高度集中，避免了地方自治运动的发生。礼萨汗按照国家战略需要将全国划分为 11 个省，49 个县，大量的自治市和乡村地区，分别由省长、县长、镇长、区长管理，这些地方主要官员均由中央任免，首都德黑兰成为国家真正的权力枢纽。1936 年 11 月至 1938 年 1 月，伊朗政府先后颁布法案建立乡村管理机构和军事机构，逐步完善由中央到地方和乡村的官僚统治体系。"自近代以来，国家权力第一次超越首都的范围，出现在外省的城市和乡村"。[②]

礼萨汗在执政期间，沿袭 1905—1911 年宪政运动期间形成的政治模式，实行议会君主制，选举产生的议会仍然存在。巴列维王朝成立之前，国民议会的选举均采取自愿选举的方式。礼萨汗掌权后，尽管国民议会的议员每隔两年照常进行选举，但是选举过程处于内务部的控制之下。从第 6 届到 13 届国民议会的选举，议员的人选均由国王提名，交由地方选区表决通过。礼萨汗的一名首相曾说："自从国王坚持所有的行政事务都要由合法的部门批准，议会就只能维持着仪式性的功能。"[③] 因而，议会名存实亡，成为礼萨汗的御用工具。有英国官员曾做如下评论："波斯的议

---

① John Foran, *Fragile Resistance: Social Transformation in Iran from 1500 to the Revolution*, p. 221. Ervand Abrahamian, *Iran between Two Revolutions*, p. 136.

② Ervand Abrahamian, *Iran between Two Revolutions*, p. 137.

③ Ibid. , p. 138.

会不能被看作是严肃的……国王需要的议案，在议会上通过。国王反对的议案，则由议会收回。至于国王犹豫不决的议案，则在议会上争执。"①礼萨汗对国家行使绝对的权力，凌驾于所有机构之上。议会被国王操纵，不必经过广泛的商议，国王可以随意挑选内阁成员，国王的信任是官员去留的衡量标准。

礼萨汗控制了军队、官僚机构以及议会，同时实行党禁，关闭报纸，解散工会，旨在强化独裁统治。国民议会内部的四个政党尽管明确表示支持礼萨汗的统治，但仍遭取缔。礼萨汗国王规定议员不得以任何党派的名义参与竞选，只能以个人名义参加选举。改革党、社会主义党和共产党遭到政府查封，共产党还遭到警察的严密监视，支持礼萨汗统治的复兴党则相继被新伊朗党和进步党取代，而所谓的进步党是礼萨汗效仿墨索里尼的法西斯党和凯末尔的共和党组建的政党。即便如此，进步党因被礼萨汗怀疑有宣传共和思想的苗头，亦遭取缔。对于礼萨汗的政变，共产党谴责礼萨汗是帝国主义的走狗，并将他与蒋介石做比较，号召"工人、农民和民族资产阶级"反对"封建主义、半殖民主义和买办资产阶级"的巴列维政权。②礼萨汗大搞政治谋杀，许多持不同政见者被暗杀、被逮捕、被驱逐。政府还禁止了所有的会，特别是联合工会中心委员会，1927—1932年间逮捕了150名工会组织者。礼萨汗保持着宪政主义的外表，实际上是一个"宪政独裁者"，不容忍任何有组织的不同政见者，并粗暴地挤压他们。③

礼萨汗时代的伊朗历史表现为双向的过程。一方面，礼萨汗极力强化君主独裁统治，民主势力销声匿迹，排斥宪法权威和国民议会的分权倾向，使得宪法如一纸空文，国民议会形同虚设，在政治层面构成宪政革命的逆向发展。另一方面，礼萨汗在经济社会层面沿袭宪政革命的历史传统，致力于现代化的经济建设和社会改造，旨在振兴国家，追求民族独立，促进伊朗社会的进步，在客观上具有重要意义。伴随着第二次世界大战的爆发，礼萨汗的现代化发展计划戛然而止。由于伊朗的重要军事地位，德国妄图利用伊朗成为反苏的基地，而同盟国则要伊朗成为苏联的补

---

① Ervand Abrahamian, *Iran between Two Revolutions*, p. 138.

② Ibid., p. 139.

③ John Foran, *Fragile Resistance: Social Transformation in Iran from* 1500 *to the Revolution*, p. 222.

给线。因而，英国、苏联向伊朗政府发表联合声明，要求伊朗驱逐德国军队，但是遭到亲德的礼萨汗国王的拖延和拒绝。1941 年 8 月 25 日，英苏联军进入伊朗，伊朗迅速被分成三部分，苏联占领伊朗北部地区，英国占领南部地区，德黑兰和其他重要地区未被占领。9 月 8 日，礼萨汗被议会免去军事指挥权。遭受挟制的礼萨汗国王被迫逊位，开始了流亡生涯。

二　巴列维国王的统治与政党政治

1941 年 9 月 17 日，礼萨汗之子穆罕默德·礼萨·巴列维国王在议会宣誓即位。礼萨汗的逊位导致他苦心经营的旨在将伊朗从一个"巨大的巴扎"转变为一个现代民族国家的改革事业的中断，同时也标志着其独裁统治的结束和事实上君主立宪制的开始。[①]

1. 1941—1953 年巴列维统治权威确立与政党政治

1941—1953 年是伊朗社会从独裁政治崩溃到独裁政治重建的历史时期，社会的动荡和诸多政治势力的激烈较量是此间伊朗历史的突出特征，盟军的占领和礼萨汗的被迫退位导致伊朗出现权力真空的政治现象，但是盟军的占领又使得礼萨汗当政期间备受压抑的政治能力得以释放，多元政治凸显，部落酋长、在外地主、教界上层人士和世俗知识分子纷纷登上政治舞台，角逐国家权力，进而形成议会政治、政党政治和君主政治多元并存的复杂局面。[②] 在英苏联军的占领下，伊朗的主要政治权力实际上掌握在英苏驻伊朗使馆手中，伊朗中央政府的政治权威仅限于德黑兰及其周围地区。尽管巴列维宣誓继承王位，但并没有机会建立新的独裁统治。在礼萨汗专制统治结束而巴列维独裁统治尚未建立时期，伊朗内阁政府更迭频繁。巴列维继位的前 12 年间，先后出现 12 位首相、31 届内阁和 148 名部长，首相任职时间平均 8 个月，每届内阁执政时间平均不足 5 个月。这 12 位首相中，9 位出身贵族家庭，2 位来自礼萨汗时期的官僚政府，1 位系礼萨汗麾下的高级将领。此间任职的 148 名部长中，81 人出身名门望族，13 人曾与宫廷保持密切联系，11 人系军队将领。[③] 这说明此间主宰

---

① 王彤主编：《当代中东政治制度》，第 199 页。

② 哈全安：《中东史：610—2000》，第 424 页。

③ Ervand Abrahamian, *Iran between Two Revolutions*, p. 170.

或控制伊朗政治的仍然是传统贵族，而非新兴的社会群体。但是，王权的衰微、英苏联军的占领使礼萨汗时期被压抑的社会能量得到释放，这就为诸多群体角逐政坛和社会运动的高涨提供了空间。

在1941—1953年间，伊朗国内政治生活趋于民主，政治犯被释放，政党和报纸大量涌现。尽管议会选举仍由国王控制，但是国王的权力已被架空，成为统而不治的虚君，国民议会出现初步的民主化趋势。议会有权批准和反对政府的举措，可以提出议案和立法，在内阁危机时可以决定首相人选。1941年11月至1943年11月召开的第十三届议会，经历民族统一联盟、爱国者联盟、阿塞拜疆联盟与正义联盟之间的激烈角逐。[1] 民族统一联盟是议会中人数最多的派别，代表中西部地主贵族的利益，支持宫廷，体现温和党传统的延续。爱国者联盟代表南部英国占领区地主商人利益，持亲英立场。阿塞拜疆联盟代表苏联占领区土地贵族和恺加王朝家族的利益，反对巴列维家族和英国，坚持亲苏立场。正义联盟代表新兴中产阶级和知识界的利益，反对宫廷独裁以及英苏的占领，持亲美立场。[2] 1943年底至1944年初，第14届议会召开，议会成为各派政治力量争斗的竞技场，选出的136名议员代表当时的主要党派：同志党、伊朗党、正义党、民族统一党、祖国党、人民党、民族意志党等。这些政党分别代表伊朗境内的左翼、右翼和中间派力量的利益和诉求。人民党始建于1941年10月，该党初创时自称是民主革命统一战线组织，其政治纲领明确宣布："我们的主要目的是动员伊朗的工人、农民、进步的知识分子、商贩和手工业者。我们的社会划分为两个阶层，即占有主要生产资料的富人和缺乏财产的穷人。后者包括工人、农民、进步的知识分子、手工业者和商贩。他们辛勤劳作，却不能获得劳动果实。……礼萨汗的退位并不意味着独裁制度的终结，产生独裁者的社会结构依然存在，继续塑造着新的礼萨汗。"[3] 其纲领的号召性吸引大批工人、知识分子和其他阶层的进步人士参加人民党，其成员在1942年约6000人，1944年增至2.5万人，1946

---

① Bahman Baktiari, *Parliamentary Politics in Revolutionary Iran：the Institutionalization of Factional Politics*, 1996, p. 29.

② Ervand Abrahamian, *Iran between Two Revolutions*, pp. 180 – 181.

③ Ervand Abrahaminan, *A History of Modern Iran*, Cambridge：Cambridge University Press, 2008, p. 108.

年达到 5 万人，① 成为伊朗国内最大、组织最严密的群众性政党。同志党始建于 1942 年，代表知识分子的激进立场，强调公民的政治平等、社会公正，主张主要生产资料的国有化。伊朗党具有世俗民族主义色彩，代表知识界的温和倾向，主张实施宪政运动期间制定的经济社会改革措施，倡导工业化和土地改革，巴扎尔甘和桑贾比是其主要成员。正义党系正义联盟的政党形式，民族统一党则是民族统一联盟的政党形式。二者都反对人民党的立场与纲领。成立于 1943 年的祖国党代表巴扎、乌莱玛和部落利益，反对土地规则、礼萨汗的军事独裁和人民党。② 1943 年，赛义德·齐亚丁·塔巴塔巴伊在英国的支持下创建民族意志党，坚持保守的政治立场，反对礼萨汗的各项改革举措，倡导回归伊斯兰政治传统，得到乌莱玛、商人、地主和部落贵族的广泛支持，是为伊朗政坛的重要右翼政党。③ 在巴列维执政的前 12 年，多元政治是伊朗社会的突出现象，各个政党在议会内部的权力角逐激烈，体现了伊朗国内政党政治的活跃与发展，但内阁的更迭频繁体现了政党政治与政府政治的脆弱与无序。

随着第二次世界大战的结束和苏联的撤军，伊朗政治局势渐趋稳定，巴列维国王加快了强化君主统治的步伐。1944—1947 年伊朗危机为巴列维国王在权力斗争中掌握权力提供了契机。由于苏联试图攫取伊朗北部的石油租让权，并在阿塞拜疆建立亲苏的分离主义政权，遭到了伊朗民族主义者和英美的联合抵制。1946 年 10 月，巴列维国王在美国驻德黑兰大使艾伦的支持下发动不流血政变，推翻了卡瓦姆的中左联合政府，迫使他重组内阁。同年底，伊朗政府军镇压了阿塞拜疆省的亲苏分离主义政权，实现了国家的统一，巴列维国王的政治威望大大提升。次年 10 月，国民议会通过了《沙法克法》，否决了苏伊石油协议，危机以苏联的失败而告终。此举使代表左翼倾向的人民党力量遭到沉重打击，而以国王为首的右翼亲美势力增长。这是冷战在伊朗内部辐射的重要体现。

1948 年，巴列维国王自恃地位巩固，公开违宪干预首相人选，引起部分议员不满。1949 年 2 月，巴列维国王在访问德黑兰大学时遇刺受伤，

---

① Nikki R. Keddie, Yann Richard, *Roots of Revolution: An Interpretive History of Modern Iran*, pp. 114 – 117.

② Ervand Abrahamian, *Iran between Two Revolutions*, pp. 186 – 193.

③ Nikki R. Keddie, Yann Richard, *Roots of Revolution: An Interpretive History of Modern Iran*, p. 117.

他认为还是人民党和宗教反对派的阴谋，趁机在全国实行军事管制，封闭所有批判宫廷的报纸，宣布人民党为非法，驱逐或软禁教俗反对派领袖。[1] 3 月 1 日，巴列维国王颁布法令，召开立宪会议，修改宪法。5 月 7 日，在军事管制背景下选举的立宪会议一致通过《基本法附加条款》即 1949 年宪法修正案，赋予立宪会议和国王在修改宪法方面的权力。根据该宪法修正案，国王既是国家元首，又是武装力量最高统帅，有决定宣战、媾和、缔约的权力。国王对议会负责，但议会通过的任何法律只有国王签署后方可生效，国王无权改变或拖延执行议会通过的法律。国王有权任命和罢免首相和大臣，但必须先由议会提名方可任命。国王有权解散议会两院或任何一院。议会增设参议院，其一半议员由国王任命。内阁是在国王领导下的执行机构。根据议会两院的提名，由国王任命首相。由首相挑选各部大臣，组成内阁。内阁和大臣对议会两院负责，并不得以国王的口头或书面命令为借口推卸自己的责任。6 月，巴列维国王宣布进行参议院选举，从而使 1906—1907 年宪法规定的立法机构两院制首次得以实施。1949 年修宪和设置参议院极大地削弱了议会的立法权，间接地增加了国王在立法中的权限。

巴列维国王强化王权和亲近西方大国的行为引起伊朗境内宪政主义者和民族主义者的警觉和抵制。1949 年 10 月，以摩萨台为首的"民族阵线"成立，其最初是一个维护 1906—1907 年宪法的改革派选举联盟，后来高举石油国有化旗帜，迅速发展成为声势浩大的民族民主运动。先后加入民族阵线的有伊朗党、劳工党、民族党和穆斯林战士协会等组织。伊朗党强调社会主义的意识形态，代表新兴中产阶级的利益，主张强化宪政制度、限制君主权力，主张民族独立和外交中立，实现石油国有化和工业化，推行土地改革，反对土地贵族。劳动党由前民主党成员创建，主张强化宪政，反对特权，实现民族独立，缓和劳资对立。民族党由达里乌什·福鲁哈尔创建，代表世俗知识界利益，倡导社会主义。穆斯林战士协会由阿亚图拉阿卜杜拉·嘎绥姆·卡萨尼创建，代表巴扎和教界利益。[2] 由此可见，民族阵线内部有现代与保守两种不同的社会势力，反对专制王权和英伊石油公司的共同斗争和摩萨台的超凡魅力将其整合在一起，但实际上

---

[1]　Ervand Abrahamian, *Iran between Two Revolutions*, pp. 245 – 250.

[2]　Bahman Baktiari, *Parliamentary Politics in Revolutionary Iran: the Institutionalization of Factional Politics* p. 39.

民族阵线基础广泛，组织松散。民族阵线成立后立即投入 1949—1950 年大选，由于当局的镇压和舞弊，保王派在议会中获得优势，民族阵线只赢得 8 个议席。阿里·曼苏尔组成清一色的保王派内阁。尽管民族阵线议员人数少，但他们深孚众望，政治能力惊人。摩萨台直言不讳地抨击国王违宪，"立宪会议是赝品，而且是非法的。称其为赝品是因为其不代表人民，称其为非法是因为它改变了立宪的法律。我这样说并不是主张宪法神圣不可更改。但我确实主张只有人民的真正代表才能修改宪法……最近对于宪法的修改是非法的，因为它们违背了人民的真正意愿。"① 在石油问题上，民族阵线议员反对政府与英伊石油公司谈妥的关于修改 1933 年协议的建议，主张国有化，因而深得民心。在公众的压力下，曼苏尔被迫辞职。

为了稳定局势和解决石油问题，巴列维国王于 1950 年 5 月任命总参谋长拉兹马拉将军为首相。拉兹马拉上台后，一方面倾向于左翼的政治立场，向议会提交了进行土地改革和建立省议会的法案，放松对人民党的限制，拒绝参加朝鲜战争，同苏联签订贸易协定；另一方面坚持同英伊石油公司妥协，反对石油工业公有化。这种政策不但同以摩萨台为首的民族阵线的石油国有化主张相悖，而且引起民族阵线内部右翼宗教势力的不满。1951 年 3 月初，拉兹马拉遇刺身亡。② 拉兹马拉遇刺和民众对石油国有化运动的支持使议会中的保王派颇受震动，议会开始与巴列维国王保持距离，以示自由的宪法权力。3 月 8 日，议会石油委员会建议实行石油工业国有化，3 月 15 日和 20 日，议会和参议院分别批准了该委员会的报告。4 月，人民党发动胡齐斯坦的石油工人举行罢工，抗议削减工资，要求实行国有化。4 月 28 日，议会以 79∶12 的绝对多数通过摩萨台取代上台不久的阿拉出任首相的决议。国王在议会的巨大压力下不得不任命摩萨台为首相。③ 摩萨台成立了以民族阵线为核心的联合政府，新政府上台伊始即提出石油国有化议案。4 月 28 日和 30 日，国会两院通过了石油国有化议案。5 月 1 日，巴列维国王正式颁布解散英伊石油公司的法令，批准成立伊朗国家石油公司，轰轰烈烈的石油国有化运动启动。英国对此反应强

---

① Ervand Abrahamian, *Iran between Two Revolutions*, pp. 261 – 263.

② Ibid. , p. 263.

③ John Foran, *Fragile Resistance: Social Transformation in Iran from 1500 to the Revolution*, p. 258.

烈，向国际法院和联合国安理会控诉伊朗的做法，并对伊朗实行经济封锁，甚至以武力相威胁。摩萨台一方面进行外交斗争，争取国际社会的同情和支持，另一方面在国内推行不依赖石油的经济政策。

1952 年初，在伊朗石油危机使英伊关系极度紧张之际，伊朗国内政治斗争也因大选而日趋激烈。以摩萨台为首的民族阵线不但把斗争的矛头指向王室和军队，而且反对地主和部族势力，主要获得城市民众的支持。为了防止反对派控制议会，摩萨台在选举的议员够 79 人后宣布停止选举。在这次选出的 17 届议会中，民族阵线议员占 30 名，另 49 名由地主、保王派和亲英势力所占据。反对派试图削弱摩萨台的权力，多方掣肘，使其难以实施施政纲领。① 摩萨台试图通过增加个人权力来应对危机。1952 年 7 月 16 日，他向巴列维国王要求兼任国防大臣，被拒绝。于是摩萨台通过辞职将其与国王的分歧公之于众，反对派议员推举主张在石油问题上妥协的卡瓦姆为首相，这激起民众的广泛抗议。民族阵线议员号召德黑兰人民举行总罢工和示威游行，人民党也发动群众支持摩萨台。民众的抗议使巴列维王朝摇摇欲坠，巴列维国王迫于形势，不得不罢免卡瓦姆，让摩萨台组阁。② 摩萨台再次上台后立即着手限制王权，打击反对派，扩大自己的权力。他从内阁中清除保王派，自任代理国防大臣；将部分王室土地收归国有，削减王室经费，禁止国王同外国使团直接接触等。摩萨台设法成立了一个议会特别委员会，研究内阁和国王之间的宪法关系。该委员会的报告称，根据宪法，军队应由政府而非国王管辖。③ 民族阵线政府强化对军队的控制，任命摩萨台的亲戚沃苏格将军为国防部长助理，并大量清洗忠于国王的军官。摩萨台还从议会中获得如下权力：在 6 个月内有权出于应付财政危机和进行广泛改革而颁布任何必要法令。随后，又将这种特殊权力延长了 12 个月。摩萨台成功使用该权力颁布了土地改革法令，减少低收入消费者的税收，指示有关部门彻底进行选举、司法和教育制度的改革。这些改革遭到保守派控制的议会两院的反对。在民族阵线政府的督促下，议会通过一项法律将参议院的任期从六年缩短为两年，从而使第二届参议院寿终正寝。此后，民族阵线议员全部辞职，使议会因不足法定人数

---

① Ervand Abrahamian, *Iran between Two Revolutions*, p. 269.

② 刘陵：《伊朗石油国有化运动》，载朱庭光、张椿年编《外国历史大事集》，现代部分第三分册，重庆出版社 1988 年版，第 262—263 页。

③ 王彤主编：《当代中东政治制度》，第 205 页。

而被迫解散。为了使解散议会合法化，摩萨台于 1953 年 8 月举行公民投票，结果绝大多数投票者对摩萨台表示信任。[①]

摩萨台当政期间致力于发展非石油经济，调整外贸结构，扩大国内生产，推行进口替代的经济模式。在政治上，采取多项政治自由化措施，以恢复宪政、扩大议会权力和限制君主权力。与此同时，摩萨台政府释放大批政治犯，给人民党提供更大的活动空间，新闻出版自由，改革司法、选举和教育机构，因而获得广泛支持。但是摩萨台的权力基础并不稳固，其激进的改革政策引起民族阵线内部传统力量的强烈不满，人民党的复兴使得摩萨台处境尴尬，原先支持摩萨台的乌莱玛担心人民党夺权，转而反对摩萨台的统治，深受石油国有化运动触动的美国也拒绝援助摩萨台。1953 年 8 月 19 日，在伊朗军队扎赫迪、什叶派保守势力和美国中央情报局的支持下，巴列维国王发动政变，摩萨台被逮捕，石油国有化运动随之流产。1951—1953 年石油国有化运动包含民族主义和民主主义的双重倾向，旨在摆脱英国的经济束缚，反对君主专制，以推动国内的政治民主化进程。"摩萨台的石油国有化的动力以是社会公平和民族国家作为前提。"[②]但是新旧力量的对比决定了摩萨台石油国有化运动失败的结局。而且，参与石油国有化运动的诸多势力所结成的联盟，包含着明显的非同源性和差异性，具有明显的松散倾向，导致其政治基础的脆弱性，进而决定了矛盾双方力量对比的天平向国王一方倾斜。人民党与民族阵线的分裂和教界与世俗反对派的分裂，削弱了摩萨台政府的政治基础，为巴列维国王成功发动政变和重建君主专制扫平了道路。

2. 1953—1963 年巴列维国王专制统治与政党政治

1953 年政变后，巴列维国王努力恢复石油国有化运动期间被弱化的权力和谋求更多的财富。首先，巴列维国王任命政变领导人扎赫迪将军为首相，在全国范围内实行军事管制；实行党禁取缔一切政党，残酷镇压民族阵线和人民党；通过萨瓦克的秘密警察控制工会组织和工人运动，实行严厉的新闻审查制度。在执政的两年中，扎赫迪政府"共逮捕数万人，其中有 5000 人被判处死刑。被迫逃亡国外的达 5 万人以上"。[③] 摩萨台政

---

① Ervand Abrahamian, *Iran between Two Revolutions*, pp. 272 – 274.

② Mohammed Amjad, *Iran: from Royal Dictatorship to Theocracy*, New York: Greenwood Press, 1989, p. 57.

③ 转引自王彤主编《当代中东政治制度》，第 206 页。

府成员有的被处决，有的被监禁，摩萨台本人被判处 3 年徒刑，刑满后遭终身监禁。① "1954 年，人民党在军队中的地下组织被破获，牵涉到 600 余人，其中 69 人被处死刑，92 人被处无期徒刑。"② 其次，巴列维国王凭借实力雄厚的石油政府和美国政府的支持，利用石油美元和美国军事援助来装备军队力量，以着力强化专制统治。1953—1963 年，巴列维国王从美国获得价值 5 亿美元的军事援助，军费开支从 8000 万美元增至 1.83 亿美元，军队规模从 12 万人增至 20 万人。③ 美国之所以要大力扶植巴列维国王出于以下考虑："从长远来看，保持伊朗倾向于西方的最有效工具是国王，而军队又是维持其权力的真正源泉。美国的军事援助有助于提高军队的士气，强化军队对国王的忠诚，从而巩固现政权，并确保伊朗目前对西方的态度持久不变。"④ 巴列维国王需要美国的支持来巩固和强化王权，而美国则需要巴列维国王来维护其在伊朗乃至中东的石油和地缘战略利益。再次，巴列维国王在政变后不断强化政府职能和完善官僚政治，日趋膨胀的官僚机构成为其控制社会的重要工具。最后，巴列维国王在政变后，部分收回石油权益。此时，巴列维国王亟须结束同英国的石油争端，以便获取石油收入重振经济和建立强大的国家机器，在美国国务院特别代表小赫伯特·胡佛的撮合下，扎赫迪政府与西方国际石油资本进行谈判，并在 1954 年 8 月达成协议，伊朗在名义上收回原英伊石油公司租让地的石油资源，国际石油财团取代英伊石油公司负责开采和销售这些石油。国际石油财团的股份分配如下：英国石油公司（原英伊石油公司）占 40%，多家美国石油公司共占 40%，英荷壳牌石油公司占 14%，一家法国公司占 6%。协议有效期至 1979 年，可以延长至 1994 年。伊朗和国际石油财团评分利润。⑤ 美国对伊朗石油资本的控制，使得伊朗对美国的政治依附更强，所以伊朗在冷战期间充分发挥了美国在中东的战略支柱和冷战屏障

---

① 王彤主编：《当代中东政治制度》，第 206—207 页。

② 张振国、刘陵编：《未成功的现代化——关于巴列维的"白色革命"研究》，北京大学出版社 1993 年版，第 17 页。

③ Ervand Abrahamian, *Iran between Two Revolutions*, p. 137.

④ Yanah Alexander and Allan Nanes eds., *The United States and Iran*, *A Documentary History*, Washington：Universiry Publication of American, 1980, p. 268. 转引自王彤主编《当代中东政治制度》，第 207—208 页。

⑤ George Lenczowski ed., *Iran under the Pahlavis*, Stanford：Hoover Institution Press, 1978, pp. 213 – 215.

的作用，并成为美国主导的《巴格达条约》的成员国之一。

1955 年，巴列维国王重新控制了伊朗局势，对各政党反对派的严厉打击使其难以在短期内东山再起，石油争端的解决使其与西方大国和苏联关系较为友好。于是巴列维国王解除军事强人扎赫迪的首相职位，而由阿拉取而代之，并采取一系列措施进一步强化君主专制统治。首先是加强情报安全部门。1957 年，在美国和以色列情报部门的支持下，组建"国家情报与安全机构"——所谓的萨瓦克（SAVAK）——作为军队力量的重要补充。萨瓦克负责监督新闻出版，监视官方工会，审查政府职位申请人，镇压反对派和持不同政见者。该机构拥有广泛的权力，可以随意逮捕、无限期拘留、秘密审判和严刑拷打。[1] 另外还设立其他情报安全部门作为萨瓦克的补充，诸如成立于 1958 年的"帝国监察机构"（The Imperial Inspectorate），以监视萨瓦克和军队，防止军事政变的发生。复兴创立于 1933 年、负责收集军事情报的"第二局"（The J2 Bureau），巴列维国王将其作为监视萨瓦克和"帝国监察机构"的工具。[2] 这三个机构直接对巴列维国王负责，相互制约和监督，形成对民众、军队和政府机构进行严密监视的立体网络。其次是削弱议会两院的权力。1957 年，巴列维国王援引 1949 年《基本法附加条款》规定的特殊程序，召开议会和参议院联席会议，对《基本法》第 4、5、6、7 条进行修改，规定议会的议员数从136 人增加至 200 人，议员任期从 2 年延长至 4 年。修改《基本法补充条款》第 49 条，规定赋予国王搁置议会通过的任何财政议案的权力；被搁置的议案送回议会重新审议，议会以与会人员的 2/3 多数再次通过后，国王才必须颁布该法案。[3] 显然此次修宪有助于强化国王对议会的控制和操纵，控制财政资源的分配。再次是推行所谓的御用"两党制"。当国王的权力得到保证之后，他需要政党政治来维持宪政的形象。1957 年，在巴列维国王的授意下，艾克巴尔（Manoucher Eqbal）和阿拉姆（Assadallah Alam）在议会组建两个政党。艾克巴尔作为新上任的首相领导多数党——民族党，阿拉姆是国王的好友，曾是锡斯坦的大地主，领导少数党——人民的党，使得伊朗的政党政治兼具两党制的外衣，两党偶尔相互

---

① 王彤主编：《当代中东政治制度》，第 209 页。

② Ervand Abrahamian, *Iran between Two Revolutions*, pp. 436 – 437.

③ George Lenczowski ed. , *Iran under the Pahlavis*, p. 438. Ali M. Ansari, *Modern Iran since 1921: The Pahlavis and After*, p. 139.

攻讦，但对国王唯命是从，实为国王的御用工具。① 最后，巴列维国王极力维护在外地主、什叶派乌莱玛和巴扎商人的既得利益，通过与传统势力建立广泛的政治联盟以强化王权。摩萨台政府颁布的土地改革法令被束之高阁，地主在议会中所占席位稳步增加：从 17 届议会（1952—1953 年）的 49%增加到 18 届议会（1953—1956 年）的 50%，再到 19 届议会（1956—1960 年）的 51%。巴列维国王和王后多次到麦加朝圣，出席在什叶派圣地卡尔巴拉、库姆和马什哈德举行的什叶派宗教庆典，并与教界上层特别是阿亚图拉布鲁杰尔迪、阿亚图拉贝赫贝哈尼等过从甚密，对卡沙尼等持不同政见的乌莱玛也从宽处理。巴列维国王还使军队远离巴扎，不干预巴扎行会高级理事会的选举，避免物价管制。1953—1963 年，巴扎在诸多方面享有自治地位，巴列维国王极力避免干涉巴扎内部事务。1954 年，行会首领组织罢市抗议政府与国际石油财团达成的协议，军队奉命开进德黑兰巴扎，但两天后就宣布撤离。② 这些措施在强化君主专制的同时，也埋下了分离的危机。

巴列维国王在强化专制统治的同时，通过实施七年计划和关注经济发展，来为政权谋求广泛的社会基础，但是 1960 年经济危机使伊朗社会遭遇严重困难。20 世纪 50 年代后期，石油收入不能满足雄心勃勃的七年计划和增加军费的需要，因此伊朗政府只得依靠赤字财政和举外债度日，这种政策显然难以持久，且容易引发通货膨胀，1959—1960 年的严重歉收又雪上加霜。伊朗不得不向国际货币基金组织求助，尽管国际货币基金组织许诺提供 3500 万美元的贷款，但条件是伊朗政府同意削减预算、冻结工资和搁置部分发展项目。按照国际货币基金组织的要求实施"经济稳定方案"固然有利于缓解政府的财政危机，但却使经济更加萧条。许多商人破产，20%以上的劳动力失业，经济危机引发社会动荡，1960 年共爆发 100 多次罢工和反政府示威游行。③ 经济危机和社会动荡进一步导致政治危机。出于安抚反对派和取悦美国的考虑，巴列维国王许诺 1960 年举行自由大选。但第 20 届议会选举舞弊严重，御用的"人民的党"领导人阿拉姆也指责首相艾克巴尔操纵选举，于是反对派掀起声势浩大的抗议浪潮。迫于公众压力，巴列维国王于 1960 年 9 月"建议"第 20 届新议会

①　王彤主编：《当代中东政治制度》，第 210 页。

②　Ervand Abrahamian，*Iran between Two Revolutions*，pp. 420 – 421.

③　Ibid. ，pp. 421 – 422. Mohammed Amjad，*Iran: from Royal Dictatorship to Theocracy*，p. 67.

的全体议员辞职，并让无党派的艾马米（Emami）取代艾克巴尔担任首相。此时，美国也一改无条件支持巴列维国王的政策，要求其顺应中产阶级的政治要求，满足其对政权的参与和认同。随着国内危机的加深和美国对伊朗政策的变化，伊朗境内的反对派日趋活跃，其主要包括复兴的民族阵线，以阿里·阿米尼（Ali Amini）①为首的技术官僚集团和饱受经济危机之患的巴扎商人。1961 年 8 月，经过处于软禁状态的摩萨台的首肯，"第二民族阵线"成立，其与前身一样成分复杂，组织松散，不过领导权掌握在以阿米尼为首的保守派手中。伊朗政坛反对派的联合斗争迫使艾马米在执政几个月后辞职。此时，由于美国肯尼迪总统欣赏伊朗自由派人士阿米尼，于是巴列维国王被迫于 1961 年 5 月上旬任命阿米尼为首相，并宣布解散议会和参议院，以便"被任命的强有力的政府能毫无阻碍地进行至关重要的改革"。②

阿米尼上台后立即进行大刀阔斧的整顿和改革：一是放松书报检查制度，吸收民族阵线的领导人加入内阁，以争取城市中产阶级的支持；二是通过反腐败运动逮捕和放逐一批军政要员，其中包括一直掌控萨瓦克的巴赫提亚尔将军，以减少改革的阻力；三是稳定经济；四是进行土地改革。③④ 但是阿米尼执政仅 14 个月就被迫辞职，统治基础薄弱和树敌过多是其下野的主要原因。反腐败运动触及上层统治集团的利益，土地改革触犯贵族、地主和宗教阶层的根本利益；经济紧缩政策引发商人和工人的不满。巴列维国王与阿米尼在军事预算问题上罅隙丛生，激进的土地改革政策也引起国王亲信的反对。而且阿米尼未能与民族阵线结成反对王室和右翼保守势力的统一阵线，于是后者发动反对阿米尼政府的示威游行，美国

---

① 阿里·阿米尼属于恺加贵族，曾在摩萨台和扎赫德两届内阁中认知，还曾出任驻美国大使。他反对国王的亲信艾克巴尔和艾马米，主张土地改革，在部分知识分子和技术官僚中颇孚众望。1960 年 5 月，阿米尼同其他一些技术官僚和自由派人士一起组建"独立"集团，成为伊朗政坛举足轻重的力量。

② George Lenczowski ed. , *Iran under the Pahlavis*, p. 438.

③ 土地改革是阿米尼施政纲领的核心内容。自 40 年代初就以宣扬土地改革闻名的激进记者阿尔桑贾尼（Hassan Arsanjani）出任农业大臣，具体负责实施土地改革。1962 年 1 月，阿尔桑贾尼的土地改革计划获得批准，主要包括三点：一是地主拥有的土地限于一个村庄，多余的土地必须出售给国家，但果园、茶场和机耕地除外。二是对地主的赔偿依据以往的赋税计算，10 年付清。三是国家购买的土地立即卖给耕种这些土地的分成制佃农。参见 Ervand Abrahamian, *Iran between Two Revolutions*, p. 423。

④ 王彤主编：《当代中东政治制度》，第 214 页。

也撤回对其支持。1962 年 7 月，阿米尼以美国拒绝向他提供伊朗急需的贷款为由辞职，巴列维国王任命"人民的党"的首领阿拉姆组阁。其作为巴列维国王的亲信，设法强化军队和萨瓦克的力量，分化瓦解反对派，进一步巩固被阿米尼政府弱化的王权。随后，巴列维国王启动"白色革命"，巴列维王朝的专制统治发展到新阶段。

3. 1963—1979 年巴列维白色革命与政党政治

1963 年 1 月，在德黑兰召开的全国第一次农业合作社代表大会上，巴列维国王宣布发动包括六点改革计划的"白色革命"，这是国王领导的自上而下的和平革命，也称"国王与人民的革命"，是相对于左派力量领导的"红色革命"和由宗教势力领导的"黑色革命"而言的。其六点计划如下：一是土地改革；二是森林国有化；三是出售国有企业以筹措土改基金；四是工人参与企业分红；五是赋予妇女选举权；六是成立扫盲大军。白色革命后来陆续增加了一些新政策内容。1964—1965 年间宣布了三项针对农村的政策：一是 1964 年 1 月 21 日组建"医疗大军"；二是 1964 年 9 月 23 日组建"重建与开发大军"；三是 1965 年 10 月 13 日组建"公正法庭"。1967 年 10 月 6 日宣布了三项政策：一是水资源国有化计划；二是城市和农村重建计划；三是行政改革。1975 年宣布了五项改革措施：一是 1975 年 9 月 9 日宣布国有企业和私人公司吸收雇员和公众入股；二是同期积极稳定价格，反对投机倒把；三是 1975 年 12 月中旬宣布实施从幼儿园到八年级的免费教育；四是 1975 年 12 月下旬宣布为两岁以下的婴儿免费提供营养品；五是同期宣布实施城乡社会保险。[①] 巴列维国王发动的这场白色革命以土地改革为核心内容，旨在维护专制王权，因为他绝不甘心做一个统而不治的立宪君主，他曾经宣称："从根本上说，在我们国家里，国王是三权——行政、立法和司法——之首"。[②]

白色革命的最初六点改革计划是以国王敕令的形式颁布的。在议会已经解散的情况下，为了使该计划合法化，巴列维国王于 1963 年 1 月 26 日举行全民公投。据官方统计，公民投票的结果是 5598711 票赞成，4115

---

①　George Lenczowski ed., *Iran under the Pahlavis*, p. 477.

②　［伊］费雷敦·胡韦达：《伊朗国王倒台始末记》，周仲贤译，广东人民出版社 1981 年版，第 64 页。

票反对。① 尽管官方的统计有一定水分，但该项改革计划得到广大农民和城市中产阶级的支持却是不争的事实。一位伊朗知识分子曾经写道："1963 年，国王提出一个革命改革计划，唤起了人民一时的希望。伊朗看起来沿着合理的方向前进，以至于许多知识分子和技术专家，纷纷参加了国王的现代化运动。"②

巴列维国王的白色革命以土地改革为中心，旨在对传统的伊朗社会经济进行改革，用现代的大工业和农业取代旧式巴扎手工业和分成制佃农经济，同时以新兴的工业金融资产阶级和富农取代传统的商人阶层和地主，作为政权的主要支柱，并在工人、知识分子、妇女和青年中寻求支持，以巩固王权统治。这些目的在一定程度上得以实现。③ 但是，巴列维国王的白色革命遭到以乌莱玛为代表的传统宗教势力的抵制和反抗，他凭借全民公投的结果和美国的支持，对反对派态度强硬。阿拉姆政府血腥镇压了1963 年 6 月乌莱玛领导的大规模抗议运动，大肆逮捕和驱逐教俗反对派领导人，为进一步强化君主专制和贯彻白色革命扫清道路。

巴列维国王推行白色革命期间，伊朗的工业化、城市化和现代化都达到前所未有的程度，社会福利方面也取得长足发展，医疗和教育领域成效显著。但是加速的现代化措施导致大批传统工商手工业者破产，巴扎商人和手工工匠被迫向传统教界寻求保护，产业工人的兴起也增强了反对巴列维国王专制统治的力量。巴列维国王试图通过推行经济革命来进一步强化君主专制，在白色革命期间，伊朗的宪政制度徒具形式，宪法犹如一纸空文，议会形同虚设。议员的人选由国王确定，首相胡韦达自称是国王的奴仆。"巴列维国王俨然是国家权力的化身……伊朗民众并无公民的权利，而被视作是君主的臣民。"④ 所以说，白色革命的发生，既是君主政治日趋强化的结果，亦是君主政治极度膨胀的集中表现。⑤

巴列维国王在白色革命期间继续倚重军队和官僚机构作为政治统治的工具，并依靠石油美元给军队武装先进的武器装备。1963—1977 年，伊

---

① Mohsen M. Milani, *The Making of Iran's Islamic Revolution: from Monarchy to Islamic Republic*, p. 60.

② ［伊］费雷敦·胡韦达：《伊朗国王倒台始末记》，第 47 页。

③ 彭树智主编：《二十世纪中东史》，第 251 页。

④ Ali Farazmand, *The State, Bureaucracy and Revolution in Modern Iran: Agrarian Reforms and Regime Politics*, London and New York: Praeger Publishers, 1989, p. 22.

⑤ 哈全安：《中东史：610—2000》，第 444 页。

朗军队军费从 2.39 亿美元增加到 73 亿美元；军队规模从 20 万人扩充到 41 万人。1970—1977 年，巴列维国王斥资 120 多亿美元从西方购买武器，建立了一个庞大的先进武器库。到 1977 年，伊朗拥有波斯湾最大的海军、中东最先进的空军，号称世界第五军事强国。[1] 军队形成特权阶层，享受优厚的物质待遇，具有广泛的政治影响。巴列维国王作为军队的最高统帅，亲自任免所有高级将领，参与军事演练。萨瓦克遍布全国各地和各个角落，被称作"国王的耳目和铁拳"。[2] 1963—1977 年，伊朗官僚机构急剧膨胀，中央政府由 12 个部，15 万雇员增至 19 个部，30 万雇员。巴列维国王还重新划分全国政区，省区由 10 个增至 23 个。[3] 庞大的官僚机构、装备精良的军队和秘密警察成为巴列维国王独裁专制的三大支柱，国王控制军队，军队通过国家机器控制社会是巴列维国王专制统治的重要表征。

但伴随着白色革命的现代化脚步，众多政党或类似政党的组织相继成立或重新活跃，其中包括礼萨汗时期的复兴党、社会党、国民党、民族党、人民党、民主党、库尔德民主党、民族阵线、自由运动、新伊朗党、民族意愿党、人民圣战者组织、人民敢死游击队组织、伊朗人民劳工党等。这些党派在意识形态、阶级利益和政治主张上各不相同，诸如声称是工人阶级政党的人民党的前身即是在礼萨汗时期被镇压的伊朗共产党，致力于维护民族独立、推翻国王专制、建立社会主义民主共和国；由伊朗党、伊朗民族党、伊朗社会主义协会等民族资产阶级党派合并而成的民族阵线，主张建立君主立宪政体和实行石油国有化；库尔德民主党在苏联支持下要求实现库尔德人自治；由前民族阵线领导人巴扎尔甘和宗教领袖塔列加尼共建的自由运动则把宗教和政治相结合，主张建立资产阶级民主共和国；人民圣战者组织宣称要将马克思主义与伊斯兰教义结合，建立社会主义的伊斯兰民主共和国。他们对白色革命期间乃至伊斯兰革命初期伊朗的政党政治产生深远影响。

1963 年举行全民公投和血腥镇压反对派之后，议会被巴列维国王所操控。有学者指出，1963 年 1 月的全民公投标志着摩萨台下台后国王所进行的长达 10 年的加强和巩固权力的时期正式结束。此后议会虽然在法

---

[1] Ervand Abrahamian, *Iran between Two Revolutions*, pp. 435–439.

[2] Ibid., p. 436.

[3] Mohammed Amjad, *Iran: from Royal Dictatorship to Theocracy*, p. 94.

律上依然存在，但与大权在握的国王相比，在政治上已降到次要地位。①
巴列维国王希望御用政党在维护专制王权和动员群众参加白色革命方面发
挥独特的作用。1964 年，由于长期执政的民族党声誉不佳，巴列维国王
指令阿里·曼苏尔将国民党和民族党合并成立新伊朗党。"新伊朗党是国
王推行改革举措以及控制内阁和议会的政治组织……新伊朗党控制所有的
职业协会、工会、巴扎行会、民间服务性组织和土改合作社"。② 当阿拉
姆下台时，曼苏尔出任首相。"人民的党"仍是议会的少数党，改任宫廷
大臣的阿拉姆不再担任该党领袖。1965 年 1 月，曼苏尔被暗杀，阿巴
斯·胡韦达（Abbasi Hoveyda）继任首相。1975 年 3 月，巴列维国王宣布
两党制不再适应国家发展的需要，下令实行一党制，复兴党取代新伊朗党
成为唯一的合法政党。"一个国家、一个国王和一个政党"成为此时伊朗
社会的突出特征。③ 复兴党采取一系列措施来加强君主专制。首先，复兴
党努力完善组织机构。复兴党组建了以胡韦达任总书记的中央委员会和政
治局，囊括了新伊朗党和人民的党，吸收了几乎所有的议员，并建立了拥
有大约 500 万党员的地方支部。在萨瓦克的帮助下，复兴党实际接管了劳
工部、工矿部、住房和城市规划部、健康和社会福利部、农村合作社和村
务部等，并加强对出版、通信、传媒、科教和艺术部门的控制。④ 其次，
复兴党强化舆论控制。复兴党发行了《复兴报》、《工人复兴报》、《农民
复兴报》、《青年复兴报》和《复兴思想报》等多种报刊，操纵和控制诸
多政府部门和舆论媒体，同时实行严格的新闻监督，查封不符合其思想观
念的出版物。⑤ 再次，复兴党宣扬王权至上，伊朗复兴党从成立伊始就体
现出典型的御用政党特征，宣称："国王是雅利安人的灯塔，消灭了伊朗
的阶级对立，解决了伊朗所有的社会冲突；国王不仅是伊朗的政治领袖，
而且是伊朗的精神领袖；国王不仅为民众建造了道路、桥梁、水坝和沟渠，
而且指引着民众的精神、思想和心灵。"⑥ 复兴党甚至使用传统的伊朗历法

① George Lenczowski ed. , *Iran under the Pahlavis*, p. 476.

② Hossein Bashiriyeh, *The State and Revolution in Iran*, 1962 – 1982, London：Croom Helm, 1984, p. 30.

③ Mansoor Moaddel, *Class, Politics, and Ideology in the Iranian Revolution*, New York：Columbia University Press, 1993, p. 63.

④ Ervand Abrahamian, *Iran between Two Revolutions*, pp. 441 – 442.

⑤ Mohammed Amjad, *Iran：from Royal Dictatorship to Theocracy*, p. 99.

⑥ Ervand Abrahamian, *Iran between Two Revolutions*, pp. 441 – 442.

取代伊斯兰历法，进而于 1976 年将伊朗的纪年从伊斯兰历 1355 年改为伊朗历 2535 年，旨在美化君主制的悠久长远。① 最后，复兴党极力削弱什叶派乌莱玛的政治影响和社会影响。严禁妇女着伊斯兰传统服饰，清查宗教地产账目，派出大批人员到乡村地区宣传"真正的伊斯兰教"。② 复兴党的这些举措遭到教界的激烈反抗。阿亚图拉鲁哈尼宣布复兴党的行为违反宪法，违背伊朗人民的利益，违背伊斯兰教的原则。阿亚图拉霍梅尼在伊拉克公开指责复兴党是背离宪法和伊斯兰教的政治组织，号召伊朗真正的穆斯林远离复兴党，声称复兴党不仅侵犯人权、自由和国际法，而且旨在毁灭伊斯兰教和出卖国家利益。③ 当局随后逮捕了大批霍梅尼的支持者。在巴列维国王着力镇压伊斯兰主义者的同时，下层民众中涌现出许多政治组织，主要有伊斯兰圣战者组织、人民圣战者组织、国民自由运动和穆斯林人民革命运动等。下层民众反抗斗争的风起云涌预示着伊斯兰革命的发生。

白色革命后期，巴列维国王的专制统治达到登峰造极的程度，他甚至狂称："伊朗人可以选择支持或反对君主制、宪法和白色革命三位一体的基本原则。支持君主制、宪法和白色革命的人应当加入复兴党，致力于实现君主制、宪法和白色革命的目标。不支持君主制、宪法和白色革命的人可以保持冷漠和旁观的态度，然而他们将不得分享伊朗繁荣的果实。至于那些坚决反对君主制、宪法和白色革命的人，将被允许离开自己的国家。"④ 所以说，国王不但居于伊朗政治体系之巅，而且完全控制了伊朗政治体系；他的意志就是法律，军队、萨瓦克、内阁、复兴党和所有官员不过是供其驱使的臣仆和工具，这使得巴列维王朝统治岌岌可危。

20 世纪 70 年代，国际人权组织和西方报刊针对伊朗侵犯人权和国王虐待政治犯问题进行谴责。美国总统卡特亦于 1976 年初开始批评巴列维国王的独裁专制，要求巴列维国王改善伊朗的人权状况和恢复民主政治。巴列维国王于 1977 年初开始在国内实行自由化政策，许诺在伊朗创造自由的政治气氛，释放政治犯，修改司法程序以便于更好地保护政治犯的权

---

① Ali M. Ansari, *Modern Iran since 1921*：*The Pahlavis and After*, p. 189.

② Ervand Abrahamian, *Iran between Two Revolutions*, p. 444.

③ Mohsen M. Milani, *The Making of Iran's Islamic Revolution*：*from Monarchy to Islamic Republic*, p. 69.

④ Mansoor Moaddel, *Class*，*Politics*，*and Ideology in the Iranian Revolution*, p. 64.

利，复兴党则宣布欢迎自由讨论和发表批评意见，允许持不同政见者参与政治。同年 5 月，53 名律师发表致巴列维国王的公开信，抗议政府侵犯司法独立和干预司法审判。6 月，40 位著名诗人、作家、知识分子、艺术家致信首相胡韦达，谴责政府违反宪法，要求废除新闻审查制度，抗议萨瓦克对知识分子和艺术家的监控，恢复 1964 年被政府取缔的作家协会，并实行出版、言论自由和结社自由。与此同时，前民族阵线领导人卡里姆·桑贾比、沙赫普尔·巴赫提亚尔和达里乌什·福鲁哈尔致信巴列维国王，批评君主独裁，要求尊重人权和释放政治犯，声称"恢复国家统一和民众权利的唯一方式是放弃专制、尊重宪法、遵守联合国人权宣言、废除一党制、允许言论自由、释放政治犯、建立得到公众信任和履行宪法的政府。"① 7 月，巴列维国王解除胡韦达的首相职务，任命复兴党内的自由派贾姆希德·阿姆泽加尔出任首相，后者释放了几百名政治犯，但是继续打击巴扎商人和教界，引起民众的不满。此后，政府又颁布《军事法庭程序法规》以回应国际法律委员会的改革要求。然而，"国王只是打算给反对派提供有限的喘息空间，却不打算与任何人分享权力"。② 此时的反对派并无明确的政治纲领和严密的政治组织，只是强调恢复 1906 年宪法和立宪君主制以及限制巴列维国王的统治权力。8 月，巴列维国王宣布"民主不应该是伊朗引进的商品，对于我们只有伊朗式的民主才是可行的"，"只有支持君主制才能让人民获得政治自由"。③ 白色革命以来，巴列维国王日益明显的独裁倾向及其王室和官僚的腐败，促使社会各阶层倒向以阿亚图拉霍梅尼为代表的激进教士一边，"长期以来，当所有秘密的反对派似乎已经被打入地下或被特务机关全面渗透瓦解时，唯一有势力的反对派却从清真寺和古兰经学校的群众中产生出来。"④ 反对巴列维国王成为各阶层的共同政治目标，伊朗社会各阶层形成了广泛的政治联盟。

　　1978 年 1 月 7 日，复兴党控制的官方报纸《消息报》上刊载了一篇题为《伊朗：红色和黑色殖民主义》诋毁霍梅尼的文章，将反对政府的

①　Ervand Abrahamian, *Iran between Two Revolutions*, p. 502.

②　Mohsen M. Milani, *The Making of Iran's Islamic Revolution：from Monarchy to Islamic Republic*, p. 110.

③　Misagh Parsa, *Social Origins of the Iranian Revolution*, New Brunswick：Rutgers University Press, 1989, p. 185.

④　[奥] 海因茨·努斯鲍默：《霍梅尼：以真主名义的造反者》，倪卫译，世界知识出版社 1980 年版，第 70 页。

教职人员称作"黑色的反动派",诬陷他们勾结国际共产主义破坏白色革命,诬陷霍梅尼具有外国血统是"一个中世纪的反动派"并曾经充当英国间谍。[1] 该文章引起轩然大波,教界与世俗知识界结成联盟反抗国王的专制统治,进而巴扎商人和工人也纷纷响应加入到斗争行列之中,民众抗议运动范围随之扩大。在库姆,经学院和巴扎纷纷关闭,支持霍梅尼,数千名神学院学生及其同情者举行游行示威,高喊:"我们不要叶齐德的政府"、"我们要我们的宪法"、"我们要阿亚图拉霍梅尼的归来",示威学生与警察发生冲突,造成5人丧命。[2] 次日,霍梅尼发表声明,称赞库姆的做法是英雄的举动,谴责国王勾结美国败坏伊斯兰教、损害伊朗农业和将伊朗变成外国货的垃圾场。与此同时,阿亚图拉沙里亚特玛达里谴责政府的暴力行为,声称如果要求宪法是黑色反动的标志,那么自己宁愿成为黑色的反动派。库姆事件震惊全国,成为伊斯兰革命的导火线。[3] 各地先后发生了反对政府的抗议活动,全国各地的清真寺成为民众反对巴列维国王的据点。

　　1978年8月,为缓和紧张局势,巴列维国王解除首相阿姆泽加尔的职务,启用温和派人士沙里夫·艾玛米出任首相。艾玛米设立宗教事务部,恢复伊斯兰历法,允许政党自由活动,取消新闻审查制度,开展反腐败运动,军队撤出德黑兰,解散复兴党和实行自由选举。艾玛米政府极力拉拢沙里亚特玛达里、桑贾比、巴扎尔甘等反对派领袖。巴列维国王也同意停止针对教界和巴扎的政策,停止反暴利运动,结束建立大型超级市场的计划;政府公开向沙里亚特玛达里道歉,禁止色情电影,允诺开放法兹赫经学院,修建新的清真寺,提高到麦加的签证率;允许记者自由报道等。但是,巴列维国王和艾玛米政府的安抚措施并没有换取民众的妥协。9月7日,来自社会各阶层的50万人在德黑兰再次举行示威,要求释放政治犯,示威者高呼着激进的政治口号:"处死巴列维"、"国王是一个冒牌货"、"赶走美国人"、"侯赛因是我们的向导,霍梅尼是我们的领袖"、

---

①　John Foran, *Fragile Resistance: Social Transformation in Iran from 1500 to the Revolution*, p. 379. Bahman Baktiari, *Parliamentary Politics in Revolutionary Iran: The Institutionalization of Factional Politics*, p. 49.

②　Charles Kurzman, *The Unthinkable Revolution in Iran*, Cambridge: Harvard University Press, 2004, p. 33.

③　张振国主编:《未成功的现代化:关于巴列维的"白色革命"研究》,第226页。

"独立、自由、伊斯兰"、"我们要伊斯兰共和国"。① 实现共和、回归宪政，成为民众运动的全新政治目标。国王与民众之间的矛盾对抗趋于激化，巴列维国王宣布在德黑兰、卡拉济、库姆、马什哈德、大不里士、伊斯法罕、设拉子、阿巴丹、阿瓦士、加兹温、朱赫拉姆和卡泽伦等 12 座城市实行军事管制，发布针对桑贾比、巴扎尔甘、弗鲁哈尔等著名反对派领导人的逮捕令。9 月 8 日，当局对聚集在德黑兰南部贾莱赫广场的 1.5万名抗议者开火，死伤无数，史称"黑色星期五"事件。② 此后伊朗的革命形势急转而下。

世俗知识界原本是挑战巴列维王朝独裁统治的重要政治力量，然而其政治纲领相对温和，主张恢复宪政，进而与国王分享政治权力，并无意推翻君主制度。解放运动的领导人巴扎尔甘曾向美国驻伊朗大使表示："如果国王愿意实施宪法的所有条款，那么我们便会接受君主制和参加选举"。③ 随着政治形势的发展和民主与专制的激烈冲突，世俗知识界恢复1906 年宪法的诉求逐渐失去吸引力，而推翻巴列维王朝的统治、实现共和则成为民众运动的全新目标。现代伊斯兰主义由于超越以往各种政治诉求的狭隘界限，强调民主与平等，代表诸多社会群体的共同利益，能够将各种反巴列维王朝的社会力量凝聚起来进而实现广泛的政治联合，所以具有强大的号召力。远在巴黎的霍梅尼宣布，国王已经听到了革命者的呼声——他必须退位并接受伊斯兰的审判；民众与国王之间绝无妥协的余地，加入政府意味着背叛伊斯兰教；民众运动不会停止，直至将"卑鄙的君主制"扔进历史的垃圾堆，代之以崭新的伊斯兰共和国，推翻巴列维的专制统治成为革命的首要目标。④

1978 年 10 月底和 11 月初，解放运动领导人巴扎尔甘、民族阵线领导人桑贾比相继前往巴黎，与霍梅尼进行会谈。随后，桑贾比代表民族阵线宣布，目前的君主制是独裁和腐败的，不能履行法律和沙里亚法，不能抵抗外国的压迫，需要建立以伊斯兰民主和国家主权为基础的民族政府。

---

① Ervand Abrahamian, *Iran between Two Revolutions*, p. 515.

② John Foran, *Fragile Resistance: Social Transformation in Iran from 1500 to the Revolution*, p. 381.

③ Mohsen M. Milani, *The Making of Iran's Islamic Revolution: from Monarchy to Islamic Republic*, p. 114.

④ Ervand Abrahamian, *Iran between Two Revolutions*, p. 520.

巴扎尔甘代表解放运动宣布，目前的民众运动表明人民拥护阿亚图拉霍梅尼和要求用伊斯兰政府取代君主制。桑贾比、巴扎尔甘和霍梅尼一致宣称，现存的君主制度与伊斯兰原则不符，是政治独裁、社会腐败和民族屈辱的根源所在。三者共同宣布结束伊朗的君主制度，建立伊斯兰共和国，"借以保卫伊朗的独立和民主"。[1] 此次会晤标志着霍梅尼成为伊朗革命运动无可争议的政治领袖，反对巴列维国王的各个阶层实现空前的政治联合。

　　1978 年 11 月，巴列维国王撤换了艾玛米首相，代之以原帝国卫队司令艾兹哈尔将军接任首相职务，建立军事政府以维护法律和秩序，另一方面则向反对派伸出橄榄枝，赦免 1126 名政治犯，包括蒙塔泽里等人；结束新闻审查制度，撤除报社中的军官；逮捕 132 名前政府官员，包括胡韦达；建立巴列维基金会调查委员会；解散复兴党。国王前往卡尔巴拉朝圣，宣布所有被驱逐者包括霍梅尼都可以返回伊朗，并通过全国电视转播宣布："我承认和改正过去所犯的错误，向腐败和不公正宣战，建立一个民族政府以实行自由选举……你们的革命消息我已经听说了，我已经意识到每件事情你们都付出了生命的代价。"[2] 军事政府的成立和国王的妥协并没阻挡住民众的革命浪潮。11 月 23 日，霍梅尼号召人民反对军事政府，拒绝纳税，并要求神学院学生和神职人员深入乡村，动员更多的民众起来战斗。11 月底，随着悼念"黑色星期五"中死难者时期的来临，民众宗教情绪激化，加之霍梅尼的不断号召，伊朗国内政治局势临近白热化。11 月 26 日，全国 50 个城市举行游行，有些城市转化为骚乱。12 月 1 日，德黑兰举行游行，人民高呼"处死国王"的口号，军事政府的镇压无法阻止民众的革命热情，游行到 11 日才结束。游行结束后，民众提出了 17 点宣言，要求废除君主专制，结束外国剥削，建立一个公正民主的伊斯兰国家，使大多数人民、妇女和被驱逐者享有平等权利。军事政府对高涨的革命形势采取了暴力恐怖手段，企图将革命镇压下去。面对军事政府的镇压，霍梅尼号召人民在 12 月 18 日实行全国总罢工，致使政府机构和企业全面瘫痪，石油生产量继续下降，经济停滞，国王的军队内部倒戈，军事政府的统治实际上瓦解。

[1]　Mohsen M. Milani, *The Making of Iran's Islamic Revolution: from Monarchy to Islamic Republic*, p. 112.

[2]　Mohammed Amjad, *Iran: from Royal Dictatorship to Theocracy*, p. 126.

1978 年 12 月 30 日，巴列维国王指定前民族阵线成员巴赫提亚尔出任首相。巴赫提亚尔宣布国王将去欧洲休假，许诺解除军事管制和实行自由选举，取消 70 亿美元的武器交易，停止向以色列和南非出口石油，释放政治犯，解散萨瓦克，冻结巴列维基金会资产，称赞霍梅尼是"伊朗的甘地"并欢迎霍梅尼回国。反对派领导人对巴赫提亚尔政府态度各异。沙里亚特玛达里和许多温和的教界人士宣布支持新首相，以免国家陷于混乱。桑贾比和弗鲁哈尔坚持国王必须退位。霍梅尼则声称任何由国王任命的政府均属非法，顺从巴赫提亚尔便是顺从撒旦。罢工和示威并未因巴赫提亚尔的许诺而停止，越来越多的民众要求国王退位、巴赫提亚尔辞职、霍梅尼回国和废除君主制。1979 年 1 月 16 日，在教俗各界的强烈要求下，巴列维国王悄然逃往埃及，巴列维王朝寿终正寝。

20 世纪初的宪政革命首开伊朗政治现代化进程的先河，将西方的宪政制度和政党政治引入传统的伊斯兰国家。1925 年建立的巴列维王朝，在延续宪政制度形式的前提下，逐步确立起君主独裁统治，搁置或延缓了政治现代化进程的纵深发展。巴列维国王当政期间，世俗政治在伊朗政治领域长期居于主导地位，世俗化构成伊朗政治演进的主流倾向，排斥教界传统政治影响和强化君主统治地位是其主要目标。此间政党政治也顺应世俗政治的大趋势，主要表现为世俗政党或作为御用工具来强化君主专制，或作为反对派来抗衡君主独裁统治。所以说，在巴列维王朝统治期间，君主政治的强化延缓了宪政运动期间开启的宪政之路，现代政党政治也并未获得真正的发展和完善。醉心于白色革命经济现代化成就的巴列维国王被政治上的故步自封所埋葬，但其在经济社会方面的举措为伊斯兰革命的成功创造了必要的物质条件。伊斯兰革命的胜利宣告了伊朗传统政治模式的终结，进而为现代政治模式的诞生和民众广泛的政治参与开辟了道路，从此伊朗历史步入全新的神权共和政治时代。

第四章 叙利亚政党统治的变迁

现代叙利亚的政党政治萌生于 20 世纪 30 年代。在西方国家委任统治期间，叙利亚确立了宪政体制，并建立起议会民主制框架下的多党政治。第二次世界大战后，随着国际冷战格局向中东地区的渗透，"复兴社会党"逐步成为政治舞台的主角，并通过军事政变建立起一党制的威权政治体制。随着巴沙尔的上台和 21 世纪以来国际局势的变化，叙利亚一党制的威权政治体制逐渐弱化，呈现出自由的多元化趋向，但中东剧变的发生使得叙利亚的政治前途更趋复杂。

一 议会民主制时代的政党政治

1. 现代叙利亚国家与宪政框架的确立

现代叙利亚共和国有着悠久的历史，曾经参与创造了灿烂的闪米特文明与伊斯兰文明，并作为奥斯曼帝国的重要省份而存在。第一次世界大战结束后，叙利亚脱离奥斯曼帝国，开始了建立民族独立国家的尝试。1918年 10 月 3 日，阿拉伯起义军占领大马士革后不久，费萨尔亲王宣布成立"完全独立的包括全叙利亚的政府"①。费萨尔领导的民族政府，实际上只是一个自治政府，并没有得到英法列强和国际社会的承认，但却为叙利亚民族主义者建立民族国家政治体制铺平道路。1919 年年初，青年阿拉伯协会的分支组织阿拉伯独立党向自治政府倡议召开国民大会。自治政府按照一战前奥斯曼帝国的选举方式选出国民大会代表。1919 年 7 月 2 日，叙利亚第一届国民大会在大马士革召开，并通过了一系列统称为大会纲领

---

① Tabitha Petran, *Syria*, *Nations of the Modern World*, New York: Praeger Publishers, 1972, p. 55.

的决议和文件,[1] 号召叙利亚在其天然疆界之内——包括今天的叙利亚、黎巴嫩、约旦、巴勒斯坦和以色列——实现完全独立,建立拥有完全主权的立宪君主制国家,反对犹太复国主义和西方殖民列强的委任统治,反对任何分割巴勒斯坦和黎巴嫩的政治企图。[2] 大会纲领还提出起草宪法。大会纲领在叙利亚公开发表后得到广大民众的热烈拥护。由于费萨尔亲王在巴黎和会上对西方列强的妥协政策招致民众广泛反对,为此他终止了叙利亚第一届国民大会的活动。1920 年 3 月,在民族主义者的施压下,费萨尔亲王重新召集国民大会,第二届国民大会在大马士革召开。8 日,国民大会正式宣布建立包括大马士革、阿勒颇、黎巴嫩、巴勒斯坦和外约旦在内的叙利亚王国,成立以费萨尔为国王的立宪君主制国家,并宣布即将成立叙利亚民族政府。3 月 18 日,英法两国拒绝了叙利亚国民大会的独立声明。在这种情况下,叙利亚民族主义者被迫组建以哈希姆·阿塔西为首的民族政府。4 月 28 日,协约国在意大利签署《圣雷莫协议》,规定叙利亚和黎巴嫩由法国实行委任统治,巴勒斯坦、外约旦和伊拉克置于英国的保护之下。7 月 14 日,法国要求费萨尔亲王无条件承认法国在叙利亚的委任统治。费萨尔向法国妥协,国民大会则表示坚决反对法国人的统治,于是费萨尔解散了国民大会。但是法军最终进入大马士革,废黜费萨尔。[3] 独立声明的发表和民族政府的成立,振奋了叙利亚民众争取民族独立的信心。此时,在国民大会内部的两个具有政党属性的政治派别起草了宪法草案,规定叙利亚为统一的联邦制国家,建立基于选举的立法体制。该宪法在 7 月 10 日的国民大会上获得一致通过。[4] 通过宪法草案和建立统一的立宪君主制国家,是叙利亚民族主义者探索现代民主政治的初步尝试,然而这一尝试却因法国委任统治的实施而夭折。

法国委任统治初期实行分而治之的政策,率先在委任统治地组建所谓的大黎巴嫩,随后又设立阿拉维区、大马士革区、阿勒颇区、德鲁兹区和亚历山大勒塔特别区。1924 年,委任当局将大马士革区、阿勒颇区合并,

---

① Tabitha Petran, *Syria*, *Nations of the Modern World*, p. 54.

② Akram Fouad Khater, *Sources in the History of the Modern Middle East*, pp. 201 – 202.

③ William Ochsenwald, Sydney Nettleton Fisher, *The Middle East*:*A History*, p. 434. 郭应德:《阿拉伯史纲》,经济日报出版社 1997 年版,第 366 页。

④ Tabitha Petran, *Syria*, *Nations of the Modern World*, p. 59.

冠以"叙利亚国家"的称谓。这些地区的行政长官均由法国委任当局任命。[1] 根据 1922 年 7 月 22 日国际联盟理事会出台的有关叙利亚、黎巴嫩委任统治决议第一款规定："委任统治当局应在委任统治实施后三年内拟定叙利亚、黎巴嫩基本法，基本法的拟定应得到地方民族政府的同意，应考虑本区域内民众的权利、利益和愿望，委任统治当局应进一步采取措施促进叙利亚、黎巴嫩逐渐发展成为独立的国家"。[2] 这就为叙利亚、黎巴嫩的独立和发展趋向奠定基调。然而法国委任统治当局既不愿意为其颁布基本法，也不愿意实现叙利亚、黎巴嫩的真正独立，而是进一步加强殖民统治和镇压力度。1925 年 2 月 9 日，法国委任统治当局一度开放党禁，叙利亚人民党宣告成立。5 月，人民党通过政治纲领，宣称通过合法的途径和手段促使法国承认叙利亚的民族独立，然而该诉求遭到拒绝。[3] 民众反对法国委任统治的起义日趋高涨，几乎波及叙利亚全国的人民起义震动了委任统治当局，当局不得不考虑通过谈判解决现实问题，企图通过抛出自治条件下的立宪计划以继续巩固其委任统治。

　　1928 年 4 月，叙利亚经过两级选举产生制宪会议，哈希姆·阿塔斯当选制宪会议主席。8 月，制宪会议完成宪法起草工作，并获得一致通过。制宪会议拟定的宪法草案主要包括实行共和制，黎巴嫩和巴勒斯坦属于叙利亚共和国的组成部分，伊斯兰教是国教。法国委任统治当局拒绝了宪法草案，并解散了制宪会议。[4] 1930 年 3 月，法国高级专员提出宪法修改稿，并于 5 月强行实施。宪法修改稿坚持法国的委任统治地位，宣称叙利亚为委任统治下的共和国。尽管法国委任统治当局强行实施的宪法对原宪法草案做出多达 23 处的修改，但是关于国家体制和政治制度的基本内容却奠定了委任统治时期乃至独立初期叙利亚政治体制的基本框架。[5] 该宪法主要内容为：宣布叙利亚国家政治体制为共和制政体，建立一院制议会，议员经选举产生且任期四年；国家元首为信仰伊斯兰教、经选举产生

　　[1]　王新刚：《20 世纪叙利亚政治经济对外关系嬗变》，西北大学出版社 2003 年版，第 76 页。

　　[2]　Stephen Hemsley Longrigg, *Syria and Lebanon Under French Mandate*, London：Oxford University Press，1958，p. 376. 转引自王新刚《20 世纪叙利亚政治经济对外关系嬗变》，第 76—77 页。

　　[3]　王新刚：《20 世纪叙利亚政治经济对外关系嬗变》，第 77 页。

　　[4]　William Ochsenwald, Sydney Nettleton Fisher, *The Middle East：A History*, p. 438.

　　[5]　王新刚：《20 世纪叙利亚政治经济对外关系嬗变》，第 78 页。

的总统，其并不向议会负责；总统任命内阁成员，内阁不向总统而是议会负责；实施以地域和教派为基础的议会选举制，以保证少数派社团的权利。年满 20 岁的男性公民享有选举权，年满 30 岁的男性公民享有被选举权。① 尽管 1930 年宪法的颁布并没有使叙利亚摆脱委任统治的地位，但该宪法的实施使叙利亚纳入宪政的轨道，奠定了现代叙利亚政治制度的基础，是现代叙利亚国家政治制度的源头，是叙利亚政治现代化进程的初始阶段，标志着叙利亚现代政治的萌芽。② 议会选举构成议会民主制框架下国家权力更替的重要政治形式，诸多政党的权力角逐则是议会民主制框架下政治生活的突出现象。③ 1931 年 11 月，法国委任统治当局解散过渡民族自治政府，宣布将于 12 月至次年 1 月进行议会选举，实际上选举一直持续到次年三四月份才真正结束。6 月，议会选举穆罕默德·阿里·阿比德为总统，以哈基·阿兹姆任总理的首届民选政府成立。1936 年，叙利亚国民议会再度举行选举，著名政治家、与法国谈判的叙方代表团团长哈希姆·阿塔西当选总统。④ 9 月，法国委任统治当局与叙利亚政府经过艰苦谈判签署叙法条约，法国承认叙利亚共和国的统一和独立，但保留在叙利亚的驻军权，条约有效期为 25 年。随后拉卡提亚省和德鲁兹省并入叙利亚共和国。

尽管叙利亚在叙法条约签署过程中做出巨大让步，法国仍然保留了相当多的特权，但法国最终还是拒绝了该条约。1939 年年初，法国政府宣布终止 1936 年叙法条约，恢复在叙利亚的委任统治，终止 1930 年宪法，解散国民议会，并拼凑所谓"执法委员会"取代民族政府。法国在第二次世界大战初一度落败，"自由法国"迫于当时的国际形势和叙利亚国内民族民主运动的高涨，于 1940 年 6 月 8 日在名义上承认叙利亚的自由和独立，结束委任统治；并于 9 月 2 日正式宣布叙利亚有条件的独立，塔杰丁被任命为叙利亚总统，并组建民族政府。但是终止的宪法并未获得恢复，而且盟军在 1941 年占领大马士革，所以叙利亚并未获得真正独立。1943 年，法国当局被迫同意恢复叙利亚宪法，同意进行议会选举。7 月，

---

① Tabitha Petran, *Syria*, *Nations of the Modern World*, p. 67. Gordon H. Torrey, *Syrian Politics and the Military*, *1945 - 1958*, Columbus: Ohio State University Press, 1964, pp. 35 - 38.

② 王新刚：《20 世纪叙利亚政治经济对外关系嬗变》，第 80 页。

③ 哈全安：《中东史：610—2000》，第 650 页。

④ Malcolm E. Yapp, *The Near East Since the First World War: A History to 1995*, p. 94.

"民族爱国联盟"在议会选举中获胜，其领袖舒克里·库阿特里当选为共和国总统。10 月，叙利亚议会取消宪法中关于法国委任统治的条款，从宪政角度而言叙利亚自此成为共和制国家。1944 年叙利亚政府对轴心国宣战，法国、美国、英国和苏联相继承认叙利亚共和国的主权独立。"二战"结束后叙利亚成为联合国的创始国之一。[①] 1946 年 4 月 17 日，在叙利亚民众的抗争和世界舆论的双重压力下，法国军队被迫撤出叙利亚，长达二十多年的委任统治宣告结束，叙利亚获得真正意义上的独立。

2. 独立初期的多党政治与军人政变

叙利亚获得真正独立后，议会民主制得以自主实施。从独立伊始到复兴党上台执政，叙利亚政局动荡，体制变更频繁，除了扎伊姆和希沙克里两个政变将领实施过短暂的总统制，埃叙合并时期实施过总统制外，叙利亚在大部分时间仍然维持议会民主制。其间虽然几经修宪，但基本内容与 1930 年宪法大同小异，可以说 1930 年宪法奠定了叙利亚议会民主制框架的基础。1930 年宪法肯定了多党政治的合法存在，并对政党的组织、活动做出了法律上的相关规定。[②] 议会民主制与政党政治相辅相成，多党政治在宪政框架下得以运转。叙利亚的现代政党自法国委任统治时期便初露端倪，传统社会秩序的衰落是现代政党产生的历史基础，西方现代政治理念的渗透是现代政党产生的现实背景，民族独立和国家建构的迫切需要是现代政党产生的直接动力。法国委任统治期间尖锐的民族矛盾赋予叙利亚诸多政党鲜明的民族主义色彩，实现民族解放、建构主权独立、疆域完整的现代民族国家是诸多政党的共同政治目标。

叙利亚诸多政党是在法国委任统治期间建立的。民族联盟是法国委任统治时期最具影响的政党和叙利亚现代政党的原型，[③] 始建于 1928 年制宪会议选举期间。作为世俗民族主义组织，民族联盟成员主要来自大马士革和阿勒颇的土地贵族、商人、奥斯曼帝国的旧官僚和新兴知识界人士。民族联盟缺乏明确的政治纲领和严密的组织结构，具有浓厚的传统色彩和松散倾向。[④] 民族联盟主导的制宪会议曾经起草叙利亚第一部宪法，引进欧洲的宪政模式，强调国家主权、议会选举、法律平等和宗教信仰自由等

---

① William Ochsenwald, Sydney Nettleton Fisher, *The Middle East: A History*, p. 471.
② 王彤主编：《当代中东政治制度》，第 289 页。
③ 哈全安：《中东史：610—2000》，第 650 页。
④ Malcolm E. Yapp, *The Near East Since the First World War, A History to 1995*, p. 98.

现代政治原则。① 1943 年 8 月，叙利亚举行法国委任统治结束后的首次选举，民族爱国联盟（民族联盟）获得议会的绝大多数席位，其领导人舒克里·库阿特里当选总统。"二战"后，民族爱国联盟分裂为民族党和人民党，其中舒克里·库阿特里、贾米勒·马尔达姆和法里斯·胡姆领导的民族党代表大马士革以及叙利亚南部土地贵族和商人的利益，哈希姆·阿塔斯领导的人民党代表阿勒颇以及叙利亚北部土地贵族和商人的利益。② 叙利亚共产党始建于 1930 年，由来自大马士革的库尔德人哈立德·巴克达什建立，倡导马克思主义的意识形态，主要得到来自叙利亚北部的库尔德人和亚美尼亚人的支持。③ 叙利亚复兴党始建于 1941 年，由基督教徒米歇尔·阿弗拉格和逊尼派穆斯林萨拉赫丁·比塔尔创建。在 1946 年召开的复兴党第一次大会上强调阿拉伯民族主义和民粹主义，反对殖民主义和帝国主义。④ 该党将"统一、自由和社会主义"作为政党主要纲领，主张超越教派之间的狭隘界限，实现阿拉伯世界的广泛联合和建立自由民主的政治制度，强调发展国有经济和改善民众的物质生活，倡导土地改革和社会公正。其成员来自城市中的逊尼派穆斯林及阿拉伯基督徒，农村中的中产阶层，特别是德鲁兹地区和拉塔基亚的阿拉维派中产阶层和城镇小手工业者。⑤ 1945 年，来自哈马的阿克拉姆·胡拉尼创建阿拉伯社会党，其代表青年军官和乡村农民的利益，强调阿拉伯民族主义和社会主义的政治原则，主张铲除封建主义和改善农民境况，倡导激进的经济社会改革。⑥尽管此时叙利亚政坛政党活动活跃，民主政治气氛热烈，但部族、家族及宗教教派政治色彩仍然是政党以及政治活动的主要特征。民族爱国联盟以及新兴政党都带有鲜明的家族、地域及宗教教派色彩，多数地区的选举候选人都是部族酋长、农村土地贵族以及城镇富裕阶层的头面人物，这使得此间的政党政治带有浓厚的传统色彩。

　　1947 年 7 月，叙利亚举行独立后的首次大选，民族党获得 24 个席位，人民党获得 20 个席位，其他大部分席位被独立人士获得，共产党和

①　Derek Hopwood, *Syria 1945 – 1986: Politics and Society*, London: Academic Division of Unwin Hyman, 1988, p. 81.

②　Ibid. .

③　Ibid. , p. 84.

④　Ibid. , p. 88.

⑤　王新刚：《20 世纪叙利亚政治经济对外关系嬗变》，第 82 页。

⑥　哈全安：《中东史：610—2000》，第 651 页。

复兴党均无获得任何席位。舒克里·库阿特里连任总统，贾米勒·马尔达姆出任政府总理，法里斯·胡里当选议会议长。① 此次大选反映出新兴政治力量仍很脆弱，传统民族主义力量占据叙利亚政治的核心位置。1948年叙利亚国内局势开始动荡，第一次中东战争中阿拉伯一方的失败引起民众对舒克里·库阿特里总统和贾米勒·马尔达姆政府的不满。而且，政党代言人在议会中的纷争日趋激烈。11月，叙利亚民众举行罢工和示威游行。12月，舒克里·库阿特里总统宣布国家进入紧急状态，贾米勒·马尔达姆政府被迫辞职，哈立德·阿兹姆接手组建新政府。新政府意欲缓和国内金融动荡局势，与法国谈判贷款事宜，并与美国协商恢复阿拉伯输油管道公司在叙利亚敷设油管工程，美国以及西方国家对犹太复国主义的支持使阿兹姆政府此举招致民众和议会的强烈反对。1949年3月30日，叙利亚武装部队总参谋长胡斯尼·扎伊姆上校发动军事政变，逮捕舒克里·库阿特里总统和哈立德·阿兹姆总理。扎伊姆上台后，将舒克里·库阿特里驱逐出境，解散议会和政府，对内实行军事检查，禁止游行示威和民众集会，封闭报社和俱乐部，取缔包括民族党、人民党、复兴党在内的诸多政党。6月，胡斯尼·扎伊姆通过全民公决的方式当选总统，穆赫辛·巴拉兹出任政府总理。扎伊姆发动的军事政变首开叙利亚军人政治的先河。1949年8月，来自阿勒颇的军官穆罕默德·萨米·辛纳维上校发动第一次军事政变，逮捕并处死胡斯尼·扎伊姆。哈希姆·阿塔斯出任临时政府总理，阿拉伯社会党领导人阿克拉姆·胡拉尼出任教育部长，阿拉伯复兴党领导人米歇尔·阿弗拉克出任农业部长，民族党领导人哈立德·阿兹姆出任国务部长，人民党领导人纳兹姆·库德斯出任外交部部长。11月，总统选举和议会选举相继举行，哈希姆·阿塔斯当选总统，人民党获得114个议席中的51席，民族党获得13席，复兴党和叙利亚社会民族党各获得1席，独立人士和其余小党获得剩余席位，鲁什迪·基希耶当选议长。新政府持亲伊拉克的外交立场，在人民党主导的议会支持下，叙利亚内阁与伊拉克政府举行谈判，着手推动两国合并的进程。② 1949年12月，来自哈马的军官阿迪卜·希沙克里少将发动第三次军事政变，逮捕穆罕默德·萨米·辛纳维，民族党领导人哈立德·阿兹姆出任政府总理。

---

① Derek Hopwood, *Syria 1945 – 1986*：*Politics and Society*, p. 32.

② Sami M. Moubayed, *Damascus Between Democracy and Dictatorship*, Lanham：University Press of America，2000，pp. 53 – 56.

叙利亚在一年之内先后发生三次军人政变，这既是外来势力干预的结果，又是国内政治矛盾激化的产物，不仅使议会民主政治体制受到冲击，而且国家政治体制呈现出军人政治的发展趋向。扎伊姆上台后，将议会选举的总统库阿特里驱逐出境，自任元帅和总统，解散议会和政府，对内实行严格的军事检查，禁止游行示威和民众集会，封闭报刊和俱乐部，取缔一切政治党派。辛纳维政变后，处死扎伊姆和总理，自任军队总司令，委任人民党领导人哈希姆·阿塔斯组织政府。随后亲美的希沙克里再度发动政变，这些政变在一定程度上动摇了叙利亚本不稳固的宪政体制，促使议会民主制政体趋于动荡。然而，上台后的军人并没有抛弃宪政体制，辛纳维上台后迅速还政于民，敦促军队推出政坛，迅速组建以哈希姆·阿塔斯为首的人民党新政府，撤销党禁，除共产党和极右的社会合作党之外，其他党派重新获得合法地位，宣布 11 月 15 日举行宪法会议选举，将独立后的宪法起草工作提上日程。诸多政党在此次大选中获得席位，参与了新政府的治理。希沙克里通过政变上台后宣称议会政治将继续存在，有关制定新宪法的工作也从未停止。不过，他在幕后操控了议会和哈希姆·阿塔斯总统，这是叙利亚军人政治的重要特征。

3. 脆弱的多党议会民主制运行及崩溃

1950 年 5 月，经过激烈的斗争与磋商，叙利亚独立后的第一部宪法正式颁布。1950 年宪法宣称叙利亚是"具有充分主权的阿拉伯议会民主共和国"，议会行使立法权，总统和内阁行使行政权。总统由议会选举产生，任期 5 年，可连选连任。叙利亚是阿拉伯民族的组成部分，期待阿拉伯民族统一在一个国家之内。该宪法包括 28 项关涉公民民主自由的条款，直接保障公民的言论、出版、结社、集会的权利，确认公民享有就业权、义务教育权和社会福利权益。立宪会议最终排除了伊斯兰教为国家、伊斯兰法为司法及法律主要依据的条款，但规定共和国总统必须是穆斯林。[①] 1950 年宪法尽管带有 1930 年宪法的显著痕迹，但以宪法形式确立了叙利亚的议会民主制政体，并确定了叙利亚世俗国家国体的宪法基础，规定了政党政治的发展趋向。

1950 年宪法的颁布并没有改变叙利亚政坛更迭频繁的局面。5 月，哈立德·阿兹姆辞职，人民党领导人纳兹姆·库德斯出任政府总理。1951

---

① Tabitha Petran, *Syria*, *Nations of the Modern World*, p. 99.

年 3 月，纳兹姆·库德斯辞职，哈立德·阿兹姆出任内阁总理。7 月，人民党组织民众罢工，抵制民族党主导的政府，迫使哈立德·阿兹姆辞职，独立人士哈桑·哈基姆出任政府总理。12 月，哈桑·哈基姆辞职，人民党的马阿鲁夫·达瓦里比出任政府总理。① 由于阿迪卜·希沙克里与马阿鲁夫·达瓦里比政府以及人民党控制下的议会分歧重重，再加上人民党挑战军方权威，坚持由内政部管辖宪兵部队，要求文职人员担任国防部长，再加上美国胁迫叙利亚加入中东司令部，人民党政府内部分歧引发政府危机，于是阿迪卜·希沙克里第二次发动军事政变，推翻马阿鲁夫·达瓦里比政府，解散议会，总统哈希姆·阿塔斯被迫辞职。1952 年 1 月，阿迪卜·希沙克里宣布实行党禁，解散民族党、人民党、穆斯林兄弟会和共产党。他还压制新闻自由，禁止工人、教师、学生及政府文职人员参与政治活动，并逮捕人民党议员和内阁成员，共产党、阿拉伯复兴党领导人也成为逮捕对象，这对 1950 年宪法框架下的议会民主制造成一定破坏。8 月，阿迪卜·希沙克里创建阿拉伯解放运动作为动员民众的政治组织，提出阿拉伯民族主义、推动经济发展和实现社会进步的基本纲领。1953 年 7 月，阿迪卜·希沙克里为了获得宪法上的合法性，着手制定新宪法，该宪法在其操纵的全民公决中获得通过。该宪法除了宣布实行总统制外，其他方面几乎照搬了 1950 年宪法。实行总统直接选举制，改变以往总统由议会选举的制度，这是叙利亚由议会民主共和制向总统制共和制的一次预演。② 在全民公决通过新宪法的同时，阿迪卜·希沙克里作为唯一的总统候选人获得 99.6% 的支持率，正式出任总统。③ 10 月 9 日的议会选举前夕，阿迪卜·希沙克里名义上开放党禁，但只允许其创建的阿拉伯解放运动、叙利亚社会民族党及极右翼的社会合作党参加议会选举，结果阿拉伯解放运动获得 82 个议席中的 72 席，叙利亚社会民族党获得 1 席，其他 9 席由独立候选人获得，④ 阿迪卜·希沙克里出任政府总理。"阿迪卜·希沙克里是叙利亚第一个真正的军事独裁者……他将军人带入政治舞台，却未能建立起稳定和得到广泛承认的政府体系。"⑤

---

① 哈全安：《中东史：610—2000》，第 653 页。
② 王新刚：《20 世纪叙利亚政治经济对外关系嬗变》，第 87 页。
③ Sami M. Moubayed, *Damascus Between Democracy and Dictatorship*, p. 91.
④ 王新刚：《20 世纪叙利亚政治经济对外关系嬗变》，第 87 页。
⑤ Derek Hopwood, *Syria 1945 - 1986: Politics and Society*, pp. 35 - 36.

阿迪卜·希沙克里独裁统治引起各方不满，1953 年 6 月间，被当局宣布为非法的各党派和独立人士在霍姆斯召开国民大会。民族党、人民党、复兴党、阿拉伯社会党和共产党代表共同签署民族公约，决定推翻阿迪卜·希沙克里的独裁统治。与此同时，民众抗议活动此起彼伏。1954 年 2 月 25 日，阿勒颇驻军在穆斯塔法·哈姆敦的领导下发动兵变，阿迪卜·希沙克里被迫辞职并流亡国外。随后哈希姆·阿塔斯出任总统，宣布废除 1953 年宪法，恢复 1950 年宪法，重新召集共和国议会，解除党禁，解散阿拉伯解放运动。组建由人民党、民族党和独立人士共同参与的联合政府，民族党领导人萨布里·阿萨里担任政府总理。6 月，萨布里·阿萨里辞职，独立人士赛义德·加兹出任政府总理。① 在 9 月议会选举之前的一段时间内，叙利亚政党政治较为活跃。1954 年 9 月，议会选举如期举行，人民党获得 30 个议席，复兴党获得 22 个议席，民族党获得 19 个议席，独立候选人获得 64 个议席。② 这次大选被视为阿拉伯世界最为公正和自由的选举，它标志着叙利亚政治发展又回到民主政治的轨道，脆弱的宪政体制又得以恢复。③

此次选举结果表明，复兴党在叙利亚政坛的影响力上升。1953 年，阿拉伯社会党与阿拉伯复兴党合并，全称是阿拉伯复兴社会党，但仍被称为复兴党。两党合并使复兴党获得新的政治资源，在农村和军队中的影响力逐渐上升，特别是军事学院中出身贫苦的下层军官逐渐成为复兴党的追随者和骨干力量，他们在此后深深影响了叙利亚的政治发展进程。此次选举结果表明传统政治力量——人民党和民族党的影响力下降，由于彼此之间的分歧重重，获胜的主要政党未能组成联合政府，结果组成以人民党为主体、以 77 岁高龄的基督教民族主义者法里斯·胡里任总理的新政府，复兴党被排斥在国家权力之外。1955 年 8 月，叙利亚议会举行总统选举，舒克里·库阿特里当选总统，其当选与纳赛尔和沙特阿拉伯等国的支持密不可分。④

埃及 1952 年革命和苏伊士运河战争后，纳赛尔在阿拉伯世界的影响力与日俱增，不仅叙利亚民众敬仰其强烈的民族主义精神，而且各个政党

---

① Sami M. Moubayed, *Damascus Between Democracy and Dictatorship*, p. 91.

② Derek Hopwood, *Syria 1945 - 1986: Politics and Society*, p. 37.

③ 王新刚：《20 世纪叙利亚政治经济对外关系嬗变》，第 89 页。

④ Tabitha Petran, *Syria*, *Nations of the Modern World*, pp. 107 - 108.

尤其是民族党和复兴党都将纳赛尔视为阿拉伯民族的革命领袖。在叙利亚政坛，由于人民党涉嫌与伊拉克合并的阴谋，逐渐失去民众的信任。1957年6月15日成立的民族联合政府将人民党排斥出去，中间派人士阿兹姆应邀担任国防部长，复兴党获得外交部部长和经济部长两个重要职位。复兴党的入阁加快了埃及与叙利亚的统一进程。1957年11月，埃及议会代表团访问大马士革，与叙利亚议会共同请求两国政府尽快在联邦制基础上实现统一。复兴党领导人比塔尔赞同完全统一，另一领导人胡拉尼等认为统一应是邦联制统一。此时阿兹姆被任命为副总理，复兴党认为其将是1958年议会选举中的强劲对手，因而迫切希望与埃及实现统一。1958年1月12日，14人组成的军事代表团秘密前往开罗，请求纳赛尔先行实现两国军队的统一作为真正统一的基础。此时比塔尔受命前往开罗探寻纳赛尔的真实意图，结果比塔尔与军事代表团的立场一致，纳赛尔向军事代表团和比塔尔宣布埃叙统一的条件：无条件的完全统一，取消所有政党，军队完全放弃政治活动。以阿兹姆为首的叙利亚政治家呼吁议会及政府认真协商统一事宜，但舒克里·库阿特里总统接受了统一的条件。2月1日，纳赛尔总统和舒克里·库阿特里总统正式宣布成立阿拉伯联合共和国。5日，两国议会同时批准合并协议；21日，两国全民公决合并决议，并以99.5%的绝对多数选举纳赛尔为阿拉伯联合共和国总统，舒克里·库阿特里为副总统。[①] 1958年3月5日，纳赛尔颁布阿拉伯联合共和国临时宪法，规定阿拉伯联合共和国实行总统制，总统在其委任的各部部长的协助下行使职权，各部部长对总统负责，设立统一的国民议会行使立法权。[②] 此后3年间，纳赛尔政权在叙利亚推行埃及化的各项举措，解散政党，实行民族联盟的一党专政，实行国有化和土地改革，叙利亚成为埃及的附从。埃及的政策引起叙利亚民众的不满，1961年9月，以阿卜杜勒·卡里姆·纳赫拉维中校为首的军人集团发动政变，驱逐埃及官员，废除国有化和土地改革各项政策。纳赫拉维军人集团最初并未宣布脱离阿拉伯联合共和国，而是提出实行自治，但遭到纳赛尔政权的强烈抵制。在这种情况下，纳赫拉维军人集团正式宣布脱离阿拉伯联合共和国，直接导致阿拉伯联合共和国的解体。[③]

---

①　Tabitha Petran, *Syria*, *Nations of the Modern World*, pp. 122 – 127.

②　王新刚：《20 世纪叙利亚政治经济对外关系嬗变》，第 92 页。

③　Malcolm E. Yapp, *The Near East Since the First World War*, *A History to 1995*, p. 252.

纳赫拉维军人集团组成了以民族党和人民党为主体的新政府，库兹巴里出任政府总理。新政府承诺恢复政治自由，解除言论出版限制，废除紧急状态，保护工人及农民的政党权益。纳赫拉维军人集团一度宣称军人将退出政治生活，但是其很快建立国家安全委员会，行使监督政府的权利，成为事实上的国家最高权力机构。1961 年 11 月，新政府颁布临时宪法，同时宣布举行新的议会选举，并在 6 个月内起草正式宪法。① 12 月，叙利亚举行议会选举，尽管此次选举遭到纳赫拉维军人集团的各种限制，但却是一个相对民主自由的选举，结果人民党获得 32 个议席，民族党获得 20 个议席，复兴党获得 18 个议席，穆斯林兄弟会获得 10 个议席；人民党领导人纳兹姆·库德斯当选总统，马阿鲁夫·达瓦里比当选政府总理。② 此次议会选举标志着叙利亚脱离阿拉伯联合共和国之后，主权国家政治生活的恢复。此次议会选举和新政府的组成极大激发了国内民众的政治热情，国内出现有关国有化、土地改革和政治民主的广泛讨论。阿兹姆和胡拉尼等政治家强烈要求取消实施多年的紧急状态法，停止新闻检查等限制民主生活的法律条文。迫于压力，达瓦里比政府同意议会讨论上述问题，议会则要求达瓦里比辞职，为组建新的联合政府铺平道路。1962 年 3 月 25 日，达瓦里比辞去总理职务，并承诺取消紧急状态法，恢复政治民主自由，但是各方组建新政府的努力却被随后发生的三次军事政变打断。

1962 年 3 月 28 日至 4 月 3 日，在大马士革、霍姆斯和阿勒颇分别发生三次军人政变。1961 年 9 月政变领导人纳赫拉维于 3 月 28 日在大马士革发动政变，力图恢复土地改革和国有化，重新实现与埃及的统一。政变领导者逮捕了大部分政府部长，胁迫纳兹姆·库德斯总统解散议会，在后者拒绝后予以逮捕。此次政变没有得到军人和政治家的支持，各地方爆发了反政变、恢复民选政府的抗议浪潮。阿勒颇地区的民众举行声势浩大的、要求释放总统和其他政治家的抗议示威游行。政变领导者既无力组成新政府，更无力压制蔓延全国的抗议活动，国家陷入无政府状态。3 月 31 日，贾西姆·阿尔旺在复兴党社会党军官的协助下，在霍姆斯发动军事政变，旨在阻止纳赫拉维重建阿联，并希望借此强化其在军队中的地位，恢复名存实亡的阿联。霍姆斯政变导致军队内部发生分裂，叙军总司令扎哈

---

① Tabitha Petran, *Syria*, *Nations of the Modern World*, pp. 96 – 105.
② Don Peretz, *The Middle East Today*, p. 422.

尔·丁在政变后召集军队将领在霍姆斯召开军事会议，并通过了"霍姆斯会议决议"。为了反对该决议，阿尔旺及其追随者在阿勒颇再次发动兵变，此次兵变是霍姆斯政变的延续，在未获得广泛支持的情况下，兵变流产。① 三次政变加速了议会民主政治的衰亡，军人频繁干政使得宪政体制几近崩溃。但是三次政变激起了反纳赛尔主义的风潮，亲纳赛尔的人士和政治派别逐渐退出叙利亚的政治舞台。军队迫于形势也被迫宣布退出政治舞台，但其影响却无处不在，这也使得叙利亚境内的党派活动日益活跃。

随着叙利亚形势的变化，国内的政治力量呈现新一轮的分化组合，鼓吹与埃及合并的"复兴社会党"发生严重分裂。自从1953年阿拉伯复兴党与社会党合并以来，内部就存在着左右翼两个派别，但出于共同目的二者保持暂时的妥协。1963年5月，阿拉伯复兴社会党第五次民族代表大会召开，大会决定驱逐胡拉尼，复兴党左右两翼正式分裂。分裂后以阿弗拉克和比塔尔为首的"复兴社会党"采取与纳赛尔主义者及埃及政府合作的态度，并与纳赛尔主义者一起参与了企图推翻阿兹姆临时政府的未遂政变。7月，纳赛尔主义者及复兴党人策划政变，计划在政变成功后组成以比塔尔为首的纳赛尔主义者和复兴党政权。政变策划者与开罗之间的电文被叙利亚政府破译，政变流产。随后，阿兹姆临时政府邀请各方知名人士讨论制定政党组织活动条例，旨在取缔以宗教名义及反对阿拉伯民族主义的党派参与政治活动，叙利亚社会民主党、共产党、穆斯林兄弟会尤其是纳赛尔主义者均在被取缔之列，三次政变后一度恢复的民主政治遭受重创。②

1962年9月14日，叙利亚国民议会在各方呼吁下复会，在宪法修正案通过之后，哈立德·阿兹姆赢得议会信任表决，组建各党派联合政府，复兴党及纳赛尔主义者和共产党被排除在外。尽管该政府得到各党派的支持，但其深受政府内部各派系纷争的困扰。阿兹姆政府上台后承诺取消紧急状态法，筹备新议会选举，鼓励私营资本参与经济建设，③ 但在推进民主、恢复民主政治机制方面遭遇巨大阻力。尽管遭到军方和政府内部右翼力量的抵制，但阿兹姆政府终于在12月22日取消了紧急状态法，并承诺制定新的政党法和举行全国大选，但其对军人集团的清洗和对军人干政的

① 王新刚：《20世纪叙利亚政治经济对外关系嬗变》，第97页。
② 参见王新刚《20世纪叙利亚政治经济对外关系嬗变》，第98—99页。
③ Tabitha Petran, *Syria*, *Nations of the Modern World*, pp. 162–163.

排斥使其遭受军方抵制。1963 年 1 月初，纳赫拉维及其追随者回国，向阿兹姆政府施压，要求恢复被清洗军官的军职，重建最高安全委员会，举行全民公决，实现与埃及的再统一。尽管纳赫拉维的要求被阿兹姆政府拒绝，其本人也再次被驱逐出境，但阿兹姆政府此时处于风雨飘摇之中，阿兹姆民族联合政府中代表穆斯林兄弟会等党派的部长率先退出内阁，伊拉克卡赛姆政权的倒台也在叙利亚引发连锁反应，阿兹姆政府的部长加快辞职步伐。由于阿兹姆重病在身，已无力掌控全局，来自不同派别的军人集团乘机密谋发动政变。1963 年 3 月 8 日，齐亚德·哈里里上校在"复兴社会党"和纳赛尔主义者的支持下发动军事政变，推翻哈立德·阿兹姆政府，组建革命指挥全国委员会作为最高权力机构。革命指挥委员会由 20 人组成，其中 12 人为"复兴社会党"成员，其余大多为纳赛尔主义者，鲁阿维·阿塔斯出任革命指挥委员会主席。[1] 革命指挥委员会成立后立即实施紧急状态法，禁止议会活动，关闭新闻报刊（除三家亲军方及复兴党报刊），对所有自脱离阿联以来较活跃的政治家、新闻记者、知识分子等实行软禁和隔离，逮捕数百名知名政治及社会活动家。[2] 这次政变表明叙利亚脆弱的议会民主制已经走到尽头，叙利亚的现代政党政治进程从多党民主制向威权一党制过渡，揭开叙利亚经济社会领域自上而下深刻变革与现代化进程的新篇章。

二 威权政治体制下的"复兴社会党"政治统治

1. "复兴社会党"一党执政政治体制的初步确立

1963 年 3 月 8 日政变，被复兴党及其控制的叙利亚国家称为"三八革命"，"新一代复兴党领导人的目标并非只是通过政变夺取政权，而是发动一场革命"。[3] 1963 年复兴党政权的建立是叙利亚政党政治进入新阶段的重要标志，议会民主制的衰落和威权政治的确立，复兴党内部领导层的新旧更替，逊尼派军人与宗教少数派军人之间的激烈角逐，阿拉维派复

---

① Tarep Y. Ismeal, "Middle East Politics Today: Government and Civil Society", p. 244.

② 王新刚：《20 世纪叙利亚政治经济对外关系嬗变》，第 101 页。

③ Richard T. Antoun, Donald Quataer eds., *Syria: Society, Culture and Polity*, Albany: State University of New York, 1991, p. 33.

兴党军人的政治崛起，构成此间政治生活的主要内容。① 政变成功后，复兴党人特别是以军事委员会为代表的复兴党新生力量逐渐崛起，成为国家政治生活的主导力量，并初步确立起复兴党党政合一的军政体制，从而彻底改变叙利亚政治进程的发展方向。②

政变成功后，复兴党领导层成员参加了革命指挥委员会，并控制了随后成立的新政府。复兴党叙利亚地区委员会主席萨拉赫丁·比塔尔出任政府总理，军事政变领导人齐亚德·哈里里出任国防部长和总参谋长，一位并不知名的人士鲁亚·阿塔斯出任革命指挥委员会主席兼军队总司令，复兴党人阿明·哈菲兹应邀回国出任代理军事管制委员会主席和内政部长。复兴党人实际上控制了革命指挥委员会、政府及军事管制委员会的重要职位，成为执政党。军事政变领导人和所谓的纳赛尔主义者遭到排挤。政变领导人齐亚德·哈里里在出访阿尔及利亚期间被剥夺刚刚履新的国防部长和军队参谋长之职，被派往华盛顿出任使馆武官。军事管制委员会代理主席阿明·哈菲兹代理国防部长和总参谋长之职，同时担任政府副总理和内政部长。7 月 18 日，阿明·哈菲兹出任革命指挥委员会主席。阿联解散后，叙利亚国内的纳赛尔主义者强调埃及和纳赛尔政权在阿拉伯世界的主导地位，主张恢复阿拉伯联合共和国，实现叙利亚与埃及的重新合并。尽管得到上台不久的复兴党的首肯，且在其默许下叙埃双方代表起草了新的联盟宪章《开罗宪章》。但纳赛尔诋毁复兴党人，声称要与真正代表叙利亚人民的政府统一，复兴党主导的叙利亚政府以即将举行大选为由宣布延迟执行新联盟宪章，加快对纳赛尔主义者的清洗。纳赛尔主义者趁机在阿勒颇等地发起叛乱，遭到镇压。随后复兴党控制的政府清洗了包括国防部长在内的纳赛尔主义者，叙埃关系随之恶化。③ 纳赛尔主义者被镇压和哈菲兹掌控国家大权标志着复兴党人彻底取得一党执政地位，这也标志着下层军官出身的新兴政治精英取代传统政治力量成为叙利亚政治生活的主导，军队也成为复兴党最坚定的支持者和效忠者。

1963 年复兴党掌握国家政权后，其内部政治主张的分化趋于公开。10 月，复兴党民族委员会在大马士革召开第六次代表大会，会议期间复兴党内部的意见分歧更为明显。以复兴党总书记米歇尔·阿弗拉格、政府

---

① 哈全安：《中东史：610—2000》，第 658 页。
② 王新刚：《20 世纪叙利亚政治经济对外关系嬗变》，第 102 页。
③ Derek Hopwood, *Syria 1945 – 1986: Politics and Society*, p. 45.

总理萨拉赫丁·比塔尔和军方将领阿明·哈菲兹为代表的元老派代表逊尼派城市中产阶级的利益，坚持相对保守的政治立场，强调统一高于自由和社会主义，是复兴党三大基本原则的核心；倡导议会民主的政治制度，主张温和的经济社会改革和中立的外交政策，致力于推动叙利亚与伊拉克的统一。阿拉维派复兴党成员萨拉赫·贾迪德、哈菲兹·阿萨德、穆罕默德·乌姆兰以及德鲁兹派、伊斯玛仪派军官作为新兴势力少壮派，代表乡村和下层民众以及宗教少数派的利益，坚持激进的政治立场，强调国家利益至上、阶级斗争和社会主义政治革命，坚持一党制和亲苏的外交政策，倡导国有化、土地改革和农业合作化，以铲除传统贵族的经济基础。①"民族六大"后，复兴党元老派的影响明显削弱，左翼激进派成为复兴党内部的主导力量。复兴党体现在《意识形态报告》、《理论原则》等文件中的新政治纲领所倡导的社会主义理念和推行集体农场等政策，特别是将私营资本归入所谓"新殖民主义者的同盟"等政策，激怒了私营企业主等社会阶层，比塔尔政府内部也因政策分歧而发生危机。阿明·哈菲兹接管政府出任总理，乌姆兰出任副总理兼副总参谋长，萨赫拉·贾迪德任总参谋长。复兴党内部的少壮派势力得以巩固，但是此时叙利亚经历严重的经济危机，复兴党政权激进的政治路线和经济措施是危机的根源。1964年4月下旬，叙利亚国内几乎所有大中城市都发生了抗议活动和罢工罢市，这使得复兴党政权陷入孤立境地。复兴党内部的少壮激进派认为只有推行更为激进的政策才能稳定政局。于是阿明·哈菲兹政府于1964年4月颁布临时宪法。根据该临时宪法，叙利亚实行民主社会主义共和制的国家制度，伊斯兰教是官方宗教，伊斯兰教法构成国家的立法基础，全国革命委员会取代革命指挥委员会作为国家最高权力机构。② 哈菲兹政府甚至承诺邀请非复兴党人士进入全国革命委员会，并根据宪法规定在全国革命委员会中建立5人主席团，阿明·哈菲兹担任主席团主席，比塔尔随后出任政府总理。但比塔尔出任政府总理的任命招致复兴党地区主义者的激烈反对，同年10月，比塔尔被迫辞职并退出全国革命委员会主席团。哈菲兹再度接任总理，组成新政府，该政府推行更为激进的政治经济政策，包括加速土改步伐，实行企业的国有化等。这些措施导致复兴党内部存在的

① Raymond A. Hinnebusch, *Syria: Revolution from Above*, London and New York: Routledge, 2002, p. 49.

② Don Peretz, *The Middle East Today*, p. 424.

矛盾趋于激化，元老派与激进派之间的矛盾更为突出。1965 年 4 月，复兴党民族委员会召开第八次代表大会，米歇尔·阿弗拉克被迫辞去复兴党总书记的职务，马尼夫·拉扎兹当选新的总书记，此后阿明·哈菲兹、萨拉赫·贾迪德和哈菲兹·阿萨德成为叙利亚政坛的核心人物。不久，阿明·哈菲兹与萨拉赫·贾迪德之间的权力斗争公开化。7 月，复兴党地区紧急代表大会召开，本次会议旨在消除党内不和，由于会上选举出的地区领导机构成员中支持阿明·哈菲兹与萨拉赫·贾迪德的各占一半，党内冲突陷入僵局。8 月 23 日，新的全国革命委员会成立；9 月 2 日，举行第一次会议并选出新的 5 人主席团，阿明·哈菲兹担任主席团主席，此次会议遭到米歇尔·阿弗拉克、萨拉赫丁·比塔尔和萨拉赫·贾迪德等 13 人的抵制。在阿明·哈菲兹的压力下，萨拉赫·贾迪德被迫辞去总参谋长的职务，但很快又被选为叙利亚地区领导机构副总书记，对阿明·哈菲兹的权力构成威胁。1966 年 2 月，萨拉赫·贾迪德、穆罕默德·乌姆兰和哈菲兹·阿萨德发动政变，阿明·哈菲兹、米歇尔·阿弗拉克和萨拉赫丁·比塔尔遭到囚禁，随后被开除出复兴党。[①] 这些出身于阿拉维派的新复兴党人重组国家权力机构，将国家权力完全置于复兴党控制之下的全国革命委员会，使其拥有任命国家元首、政府总理和政府成员的权力，并行使立法权和行政权。随后，逊尼派复兴党成员努尔丁·阿塔斯和优素福·祖尔因分别出任总统和政府总理，阿拉维派军人控制复兴党地区委员会和武装部队，萨拉赫·贾迪德在幕后操纵党政大权，哈菲兹·阿萨德担任空军司令并兼任国防部长，艾哈迈德·斯维丹尼出任总参谋长，阿拉维派复兴党人逐渐成为叙利亚政坛的主导力量。

1966—1970 年是复兴党人再次分裂和所谓的纠偏运动时期，萨拉赫·贾迪德与哈菲兹·阿萨德之间展开激烈的权力角逐。以萨利赫·贾迪德为核心，包括扎亚因、阿塔斯为首的党政领导人形成的一派主张激进的内外政策；而以哈菲兹·阿萨德、穆斯塔法·塔拉斯为首的军方领导人形成的一派坚持务实的政治立场。1967 年 6 月，第三次中东战争爆发，阿拉伯一方遭受前所未有的失败，叙利亚作为战败方丢掉戈兰高地这一战略要地。战争的失败对国内政局产生强烈的冲击，复兴党内部激进派与务实派之间的矛盾凸显，军方和政治领导人相互指责对方应对战争失败负责，

---

① 　Derek Hopwood, *Syria 1945 – 1986: Politics and Society*, p. 47.

哈菲兹·阿萨德认为政治领导人屡次对军队的清洗削弱了军队作战能力，因此要求将军队置于优先地位，拒绝对党和军队的一切干预，并要求军方在抵抗以色列的军事行动方面握有绝对主导权。萨利赫·贾迪德等人极力主张党领导军队，保持军队的政治纯洁性，反对与约旦等国家结盟，继续号召在阿拉伯世界开展阶级斗争。[1] 1968 年 9 月，第四次复兴党叙利亚地区代表大会召开，哈菲兹·阿萨德等将上述建议作为政策纲领向大会提出，大会虽然拒绝了阿萨德的建议，但复兴党领导层遭到各阶层代表的批评。大会之后，复兴党重组政府，努尔·阿尔丁·阿塔斯作为国家元首兼任总理，以阿萨德为首的军方人员有 6 人进入政府，担任国防部第一副部长等要职。这说明以阿萨德为首的务实派在军政部门的地位日益增强。与此同时，哈菲兹·阿萨德主张放弃激进的外交政策，缓和与较为保守的海湾阿拉伯产油国的关系，换取其经济援助，同时缓和与伊拉克、约旦等国的关系，进而与伊拉克、约旦等国武装力量组成反对以色列的东方战线。1969 年，叙利亚经济形势严峻，外汇短缺，农业歉收，财源枯竭，无力负担庞大的国防开支；哈菲兹·阿萨德主张实行有限的经济自由化改革，鼓励私人投资和发展私人经济，向私人承包商出租国有土地，进而振兴国内经济。[2] 阿萨德的这些举措颇得民心。2 月 25 日，以色列空袭大马士革附近村庄，阿萨德利用军事戒严之际，调动军队占领首都战略要地和广播电台，调换政府机关报《革命报》和党报《复兴报》主编，释放政治犯，此举被视为哈菲兹·阿萨德发动的第一次军事政变，遭到以萨利赫·贾迪德为首的复兴党政治领导人的反对。但是以哈菲兹·阿萨德为首的军方阵营在 3 月召开的地区机构紧急代表大会之前和期间广泛活动，促使大家接受阿萨德的政治军事主张，缓和与阿拉伯国家的关系，并计划制定新的临时宪法，以哈菲兹·阿萨德为首的务实派逐渐在复兴党和叙利亚政府中占据上风。9 月，叙利亚临时宪法通过后，新政府成立。但复兴党内部的矛盾更趋尖锐，叙利亚实际形成了以两个不同派别为基础的两个权力中心。1970 年纳赛尔的病逝促使哈菲兹·阿萨德采取行动。10 月 30 日至 11 月 12 日，复兴党召开第十次民族代表大会，大会在萨利赫·贾迪德等人的把持下，指责以哈菲兹·阿萨德为首的军方领导人是造成两个权力中心的

① 王新刚：《20 世纪叙利亚政治经济对外关系嬗变》，第 110 页。
② Raymond A. Hinnebusch, *Syria: Revolution from Above*, p. 59.

始作俑者，违背了党的组织原则，导致政党政策不能贯彻执行，指控哈菲兹·阿萨德等在对外政策方面执行妥协投降政策，并作出将阿萨德和塔拉斯等调离党政领导岗位的决定，直接促使阿萨德再次发动政变。1970年11月13—16日，阿萨德调动军队占领当政机关，逮捕萨利赫·贾迪德等党政高级官员，再演不流血的军事政变，随后阿萨德出任政府总理。这是叙利亚独立后的最后一次军事政变，尽管阿萨德本人及复兴党喉舌一再宣称这次行动不是政变而是"我们党内一个正常发展的结果"，是一场"纠正运动"，① 然而其军事政变的性质不能否认。不过，这次政变是叙利亚政治发展历程的一个全新转折点，叙利亚由此进入了相对稳定繁荣的阿萨德时代。

2. 阿萨德时代"复兴社会党"—党制统治

议会民主制时代，叙利亚经历长期的政治动荡，权力更迭频繁，现代化进程表现出动荡不定的局面。阿萨德从1970年上台到2000年去世执掌叙利亚政权30年之久，他通过各种手段将权力集中在自己手中，确立了一种具有总统专制威权主义色彩的复兴党—党制，改变了以往权力角逐频繁的局面，并使叙利亚发展成为一个具有相当实力的地区强国。1970年11月16日，阿萨德宣布一系列政治改革承诺，重建国民议会和全国进步阵线，颁布新宪法等，随后开始紧锣密鼓的加以贯彻实施。1971年2月，复兴党组建新一届国民议会。3月，阿萨德以全民公决的方式当选总统，随后开始推行总统制。1972年3月，阿萨德创建民族进步阵线，并出任民族阵线主席。② 1973年3月，复兴党起草的新宪法经全民公决获得通过。至此，阿萨德从议会、政党和宪法角度初步完成新政权的构建。

阿萨德政权建立后，致力于所谓的"纠正运动"。所谓纠正运动，即在复兴党倡导的民族主义和社会主义框架下，纠正此前复兴党政权的诸多激进举措，减少对苏联和东欧的依赖，扩大与西方以及相对保守的阿拉伯产油国的关系，重建宪政秩序，释放政治犯，实现政治自由和社会稳定，推行相对温和的经济社会政策，放弃所谓的社会主义改造，鼓励发展私人经济，积极吸引国外投资，减少政府对于外贸和进口的限制，改善国内经

---

① 王新刚：《20世纪叙利亚政治经济对外关系嬗变》，第114页。

② Volker Perthes, *The Political Economy of Syria under Asad*, London：I. B. Tauris, 1995, p.136.

济形势。① "纠正运动"为建立阿萨德政权的宪政秩序提供保障。阿萨德在 1971 年召开的复兴党民族委员会第十一次大会上宣称，新政权无意改变民族社会主义的既定路线。阿萨德上台后，进一步完善和改组复兴党的组织秩序。阿萨德于 1970 年政变后出任复兴党地区委员会总书记，1971年兼任复兴党民族委员会总书记。1971 年召开的复兴党大会通过新章程，修改复兴党中央机构的选举制度和集体领导制度，明确规定阿萨德在复兴党内部的绝对领导地位，强化复兴党自上而下的政治原则。② 为了强化其政治合法性，阿萨德政权努力扩大复兴党的社会基础。1972 年 3 月，阿萨德创建复兴党主导的政党联盟——民族进步阵线。民族进步阵线除复兴党外，还包括叙利亚共产党、"阿拉伯社会主义联盟"、社会主义联盟运动、民主社会主义联盟党、阿拉伯社会主义运动五个左翼政党；其中社会主义联盟运动、民主社会主义联盟党、阿拉伯社会主义运动均脱胎于复兴党。③ 复兴党与加入民族进步阵线的各政党保持友好的政治合作，加入民族进步阵线的诸政党具有合法的地位，参与议会选举，出任内阁职位。④所以民族进步阵线是一个统一战线性质的政治协商机构，其在团结各方爱国力量、扩大复兴党的民众基础、稳定国内政局方面发挥积极作用。但是非复兴党党派处于从属地位，接受复兴党领导和复兴党的政治纲领和主张。⑤ 民族进步阵线的领导机构由 18 人组成，其中 10 人来自复兴党，8人来自其他的五个左翼政党。⑥ 根据民族进步阵线的章程，共和国总统、复兴党总书记兼任民族进步阵线主席。⑦ 民族进步阵线之外的一切政治组织及其政治活动均为非法，所有非法的政治组织和政治活动交由特别军事法庭审理，这是阿萨德威权政治的重要体现。

1973 年 3 月 12 日，新宪法经全民公投通过后颁布，进一步确认了叙利亚为总统共和制政体。根据 1973 年宪法，总统作为国家元首兼任军队最高统帅，总统有权任命副总统、政府总理以及政府各部部长、军队将领和法院法官等；总理辅佐总统行使权力，领导政府日常活动，实现政府职

---

① Ibid. , p. 41.
② Volker Perthes, *The Political Economy of Syria under Asad*, p. 155.
③ Ibid. , p. 163.
④ Malcolm E. Yapp, *The Near East Since the First World War: A History to 1995*, p. 262.
⑤ Volker Perthes, *The Political Economy of Syria under Asad*, pp. 153 – 170.
⑥ Derek Hopwood, *Syria 1945 – 1986: Politics and Society*, p. 56.
⑦ Volker Perthes, *The Political Economy of Syria under Asad*, p. 140.

能，总理和内阁对总统负责，省长和地方政府亦对总统负责，各级政府根据教派人数比例分配；总统由复兴党地区委员会推荐人选，经议会正式提名，通过全民公决选举产生，任期 7 年，可连选连任；总统向议会提出法律议案，议会通过后由总统宣布生效；议会在理论上可以 2/3 的多数否决总统的法律议案，但总统有解散议会的权力；在议会休会及特殊情况下，总统可以根据国家利益的需要自行颁布法令；宪法修正案须经议会 3/4 的多数通过和总统的批准方可生效。1973 年宪法规定，叙利亚共和国议会实行一院制，设立 195 个议会席位。议员由选举产生，任期 4 年，代表工人和农民的议员不得少于议员总数的 51%；年满 18 岁的公民享有选举权，年满 25 岁的公民享有被选举权；议会主要权力包括提名总统候选人、通过立法和批准政府财政预算和发展计划、批准有关国家安全的国际条约和协定、决定大赦、接受和批准议员的辞呈、撤销对内阁成员的信任等。[①] 议会在理论上具有广泛的权力，构成阿萨德时代宪政与民主的外在形式，实际上议会处于复兴党和总统的控制之下，只是一个不具备立法实权的咨询机构。1973 年宪法规定，议会选举实行多党制，复兴党作为叙利亚共和国的执政党和叙利亚人民的先锋队，在民族阵线中居于领导地位，民族进步阵线以外的政党不得参与议会席位的竞选，议员可以独立候选人身份参选议员。所以说议会选举只是象征性的表决机构和总统制威权政治的点缀，不过阿萨德政权毕竟在名义上恢复了宪政与立法体制，结束了自 1963 年以来实际上不存在立法体制的状况。

通过一系列现代政治程序的设计，阿萨德政权开始一步步强化总统权力和一党制的统治。尽管 1973 年宪法并未明确规定复兴党总书记必须与总统及总统候选人一致，但民族进步阵线章程规定共和国总统、阿拉伯复兴社会党总书记是民族进步阵线的主席，所以阿萨德作为复兴党叙利亚地区和复兴党阿拉伯民族委员会总书记自 1970 年上台到 2000 年去世，是历次总统选举的唯一候选人和当选人，其中在 1985 年、1991 年的总统选举中，获得 99.9% 的选票。[②] 这说明自 1963 年以来，叙利亚的党国合一体制得以延续，不过在总统制共和制的新体制下，总统作为国家权力中心的地位明显增强，国防、外交、经济战略和国内安全的决策权均处于总统的

---

① 王新刚：《20 世纪叙利亚政治经济对外关系嬗变》，第 117 页。

② Don Peretz, *The Middle East Today*, p. 426.

操控之下。1973 年，复兴党主导的民族进步阵线首次参与议会选举，获得 2/3 的议会席位。① 随后成立的政府中，政府总理和内阁部长由阿萨德总统根据复兴党指挥委员提名任命产生，负责执行总统和复兴党的方针政策。政府总理由复兴党指挥委员会成员担任，约 1/2 的部长来自复兴党，所以说政府也处于复兴党的控制之下。此时的复兴党与纳赛尔时代的"阿拉伯社会主义联盟"有颇多相似之处，都是官方宣称的农民、工人、官僚和军人的广泛政治联合。且有军方背景的人控制了军政要职，政党政治和政府政治错综交织，加入复兴党是民众步入仕途的必经之路。

在强化复兴党一党统治的过程中，复兴党自身也逐渐形成自上而下的组织体系。复兴党民族委员会和复兴党地区委员会的联席会议构成复兴党的最高领导机构，包括 90 名成员，其中 21 名成员组成核心权力机构——指挥委员会，下设若干职能组织；中央委员会和指挥委员会成员由选举产生，任期 4 年。② 20 世纪 70 年代初，复兴党大会选举中央委员会和指挥委员会；1980 年，复兴党大会选举中央委员会，由中央委员会选举指挥委员会。③ 1985 年召开的复兴党大会明确规定，复兴党民族委员会和复兴党地区委员会的领导机构即中央委员会成员由阿萨德任命。④ 阿萨德时代，复兴党逐渐演变为官僚化的国家机构。1983 年，复兴党的活动经费为 1.29 亿叙镑，其中 80% 来自政府的财政预算。与此同时，复兴党的成员急剧增多，1971 年为 6.5 万人，1979 年达到 37.3 万人，⑤ 20 世纪 80 年代达到 50 万人。复兴党推行党国合一体制的过程中，社会基础发生相应变化，城市下层和乡村民众取代传统上层阶层而成为复兴党的主要支持者，80 年代复兴党成员主要来自教师、学生、政府雇员、农民和工人。复兴党的政治纲领随之由温和趋于激进。20 世纪 80 年代，复兴党形成完备的组织体系，包括 11163 个被称作"哈勒卡"的基层单位、1395 个被称作"菲尔卡"的支部、154 个被称作"舒尔巴"的区域委员会和 18 个被称作"法尔"的省级委员会，军队内部已有相应的复兴党组织。复兴

---

① Don Peretz, *The Middle East Today*, p. 427.

② Eyal Zisser, *Asad's Legacy: Syria in Transition*, New York: New York University Press, 2001, p. 26.

③ Volker Perthes, *The Political Economy of Syria under Asad*, pp. 155 – 156.

④ Tarep Y. Ismeal, "Middle East Politics Today: Government and Civil Society", p. 253.

⑤ Volker Perthes, *The Political Economy of Syria under Asad*, pp. 154 – 156.

党的各级机构组成地方层面的权力中心，负责监督复兴党方针政策的实施，进而构成动员民众和控制社会的政治工具。① 随着社会基础的扩大，复兴党的内部选举采取自上而下的提名方式，进而形成自上而下的控制模式，自下而上的竞选方式随之中止。② 在复兴党强化自身组织体系的同时，叙利亚一党制深受社会动荡的冲击而呈现一定程度的权力之争。

1978 年 2 月，阿萨德在全民公决中获胜，连任总统。由于长期扩军备战和卷入黎巴嫩内战，再加上经济工作的弊端和农业歉收等因素，使得社会矛盾、教派冲突日益激化，而且民众对于阿萨德重用阿拉维派亲信颇为不满，叙利亚境内的穆斯林兄弟会发起一系列针对阿拉维派的暗杀，终于酿成"哈马事件"。③ 阿萨德政权对此高度警觉，因此开始采取较为严厉的统治手段，国内政治气氛日趋紧张。当国内局势出现动荡之际，阿萨德政权内部又因阿萨德突发心脏病而引发权力斗争。1983 年 11 月，阿萨德总统因长期劳累突发心脏病，尽管病情很快好转，但其亲信却借助其身体孱弱之际觊觎国家权力。阿萨德患病期间，叙利亚权力机构的二号人物、其胞弟、叙军精锐部队总统卫戍旅司令里法特·阿萨德重新布置军队于大马士革市区内外的要害部位对阿萨德权力构成威胁。1984 年 4 月，阿萨德总统恢复工作后，为了制约里法特·阿萨德，阿萨德任命三位副总统，其中里法特·阿萨德掌管武装部队和安全机构，阿卜杜勒·哈里姆·哈达姆负责政治事务，祖哈伊尔·马沙里卡控制复兴党，④ 以形成相互之间的权力制约。6 月，里法特和其他两位在阿萨德患病期间被怀疑有不当行为的阿里·海达尔将军（叙利亚特种兵总司令）和沙菲克·法耶德将军（第三装甲旅司令）作为军事代表团成员被派往莫斯科。当代表团返叙时，上述三人被拒绝入境而转往欧洲其他国家。同年底，里法特·阿萨德最终返回国内，但总统卫戍部队被编入其他部队，里法特·阿萨德只负责安全事务，不再直接掌管军队。1985 年 1 月 5 日至 21 日，复兴党叙利亚地区领导机构召开第八次全国代表大会，通过调整党的领导机构以进一

---

① 哈全安：《中东史：610—2000》，第 664 页。

② Raymond A. Hinnebusch, *Syria*: *Revolution from Above*, pp. 80 – 82.

③ 1982 年 2 月，哈马地区逊尼派穆斯林发动叛乱，提出结束复兴党一党专政等要求。政府派重兵围剿 20 多天后，叛乱得以平息。这是阿萨德政权执政以来遭遇的最严重的反政府事件，被称为"哈马事件"或"哈马惨案"。

④ Malcolm E. Yapp, *The Near East Since the First World War*: *A History to 1995*, p. 261.

步加强对党政部门和群众组织的领导。2月，阿萨德再次连任总统。4月，阿萨德总统改组政府，一度失控的局面得以控制。随后，叙利亚境内爆发恐怖袭击事件，且由于外汇短缺而引发经济困难，为了应对恐怖事件和经济恶化局面，阿萨德总统于1987年11月大幅改组政府，长期担任政府首脑的卡西姆总理因腐败无能率全体内阁成员辞职。11月1日，国民议会议长穆罕默德·祖阿比被任命为新政府总理，并启用全新的政府成员。大幅改组政府体现了阿萨德等国家领导人应对危机的决心，祖阿比政府通过渐进的调整与改革，扭转了经济困难局势。经济形势的改善促使国内政治局势趋于稳定，80年代以来的不利政治形势得以扭转。[1] 20世纪80年代的社会动荡和复兴党内部的权力之争并没有动摇复兴党党政合一的政治体制，这就为90年代的政治发展奠定基础。

20世纪90年代初，国际形势的变化给阿萨德政权带来一定的冲击：苏联的解体使得阿以冲突中依靠苏联支持的叙利亚失去强有力的外交后盾；东欧社会主义国家的蜕变又对复兴党所倡导的阿拉伯社会主义意识形态和政治制度产生负面影响，叙利亚国内出现改变现行政治制度的呼声，一些要求改革当前政治体制、推行西方民主自由政治的主张出现在私下的讨论和传单中，阿萨德政权面临着挑战。尽管阿萨德及其党和政府领导人一再重申，叙利亚的社会主义是阿拉伯复兴社会主义，与东欧社会主义有着本质区别；宣称叙利亚推行的是"民众社会主义"，实现了政治多元主义，民族进步阵线是叙利亚特色的阿拉伯复兴社会主义最具体、最完整的体现。[2] 1990年5月，举行新一届国民议会的选举，议会议席从195席大幅度地增加到250席。复兴党在这次选举中获得134席，民族进步阵线内的其他政党获得32席，独立候选人获得84席。与以往相比，复兴党占总议席的比重下降，独立候选人占总议席的比重大幅度提升。[3] 而且各选区选民踊跃参加投票，投票率达到前所未有的60%。选民投票踊跃反映出国家及政府在政治上的控制有所放松，民众的政治参与热情在升温。独立候选人积极参与议会选举则说明私营经济在国家中的影响力逐渐扩大。国内政治气氛的活跃，一定程度上促进了阿萨德政权的政治自由化政策。1991年11月，叙利亚政府大赦政治犯。12月，阿萨德第三次当选总统。

---

① Volker Perthes, *The Political Economy of Syria under Asad*, pp. 53 – 58.

② 王新刚：《20世纪叙利亚政治经济对外关系嬗变》，第124页。

③ Eyal Zisser, *Asad's Legacy*: *Syria in Transition*, p. 186.

1992 年 3 月，阿萨德总统在国民议会发表讲话，强调叙利亚的政治制度是建立在叙利亚历史和文化基础上的民主制，该民主制尚有进一步改善的空间，西方模式的民主制不适应叙利亚国情。叙利亚现行的民主制度将随着政治、经济、社会和文化的发展不断完善，民主制并非随意进口和出口的商品，每个国家都有自己的历史文化传统，亦有自由的政治制度。与此同时，阿萨德政权逐渐调整国内政策，放松对民众生活的诸多限制，减少安全机构对民主生活的监督，扩大议会权限，允许非复兴党成员进入议会，承诺扩大与伊斯兰主义者的政治对话，以扩大政治基础，满足民众日益高涨的政治要求，实现国内的政治稳定。[1] 6 月，祖阿比政府进行了全新改组，尽管这次改组几乎完全保留了原内阁主要成员，但新政府却坚持了推进经济改革的政策，不过众所期待的政治改革并未启动。阿萨德政权无意从根本上放弃威权统治、推动民主化进程和实现民众的政治参与，只是推行政治减压的相应措施，吸收新阶层进入复兴党主导的政府机构，作为民主化改革的替代，旨在适应变动的经济社会秩序，维持经济社会秩序变动进程中的政治稳定。[2] 早在 20 世纪 80 年代阿萨德挫败里法特·阿萨德的政治阴谋、结束权力之争时，就指定长子巴希勒·阿萨德作为总统继承人。1994 年，巴希勒·阿萨德遭遇车祸意外身亡，叙利亚国家最高权力的顺利交接遭遇挑战。不过，阿萨德迅速培植次子巴沙尔·阿萨德作为接班人。特殊的历史处境使得此时叙利亚的司法、新闻和职业性协会依然处于政府的控制之下，更别说多党制的议会竞选。不过，在 1994 年、1998 年的议会选举中，政府允许独立候选人组成竞选联盟，这也是重大突破。

20 世纪 90 年代中期以后，随着国际形势的进一步变化，缺乏应变能力的祖阿比政府无力面对国内各种挑战。祖阿比政府尽管坚持经济改革政策，但是其改革措施没有系统的理论指导，缺乏完整的改革方案，不能有效全面地推行改革，而且叙利亚政府的官员腐败、官僚主义和机构臃肿庞杂都制约了经济改革的推进。政府部长特别是主管经济、交通、电力等部门的高级官员更迭频繁，则反映出相关部门推行改革政策不力和政府的不稳。与此同时，阿萨德政权与阿拉伯世界伊斯兰主义组织之间的联系和交

---

[1] Eyal Zisser, *Asad's Legacy: Syria in Transition*, pp. 181 – 184.

[2] 哈全安：《中东史：610—2000》，第 672 页。

往日益频繁。访问大马士革的伊斯兰主义组织领导人包括黎巴嫩真主党总书记哈桑·纳斯鲁拉和精神领袖侯赛因·法兹拉拉、苏丹伊斯兰运动领导人哈桑·图拉比、巴勒斯坦哈马斯领导人艾哈迈德·亚辛等。约旦伊斯兰行动阵线领导人伊斯哈格·法拉罕于 1997 年 1 月访问大马士革，与复兴党签订合作协议。① 共同反对以色列成为阿萨德政权与伊斯兰主义组织广泛联合的政治基础，也是对国内局势的一种缓释。1999 年 3 月，阿萨德第四次连任总统。在就职演说中，阿萨德总统提出加大改革力度的口号，并在言语中流露出对政府工作的不满。2000 年 2 月，阿萨德主持复兴党地区委员会成员会议，并在会上谈到国内问题和与以色列和谈问题。针对国内问题，阿萨德表示必须根据新的政治和经济形势以及反腐败斗争需要进行改革。3 月 7 日，担任总理长达 13 年之久的祖阿比辞去总理职务，13 日，以米罗为总理的新政府名单正式公布。米罗新政府的组成是阿萨德以改组求改革推动国家政治、经济、社会等各方面发展的新举措。② 5月，复兴党举行代表大会，确定巴沙尔·阿萨德为阿萨德总统的继承人。③ 6 月 10 日，阿萨德与世长辞，标志着阿拉伯世界一个时代的结束——长达 30 年的阿萨德时代的结束。7 月，巴沙尔·阿萨德当选叙利亚总统，同时接任叙利亚复兴党民族及地区委员会总书记。

3. 巴沙尔时代叙利亚的政党政治

世纪之交，叙利亚国际政治社会环境发生极大变化，国内要求政治社会变革的呼声高涨，巴沙尔总统顺应形势发展逐渐放松威权政治体制下的一党制模式。早在 2000 年 3 月祖阿比政府辞职当晚，巴沙尔接受《生活报》采访时表示，国家已经到了迫切需要变化的时候了，"不仅是与人民生活直接相关的某些传统和习惯、农村与城市的关系以及包括经济、信息、教育体制、技术等所有领域需要变化，而且叙利亚与世界的关系也需要变化。"④ 巴沙尔上台后，逐渐推行政治社会改革，叙利亚政党政治呈现多元化的发展倾向。

在阿萨德去世后，民族进步阵线立即将巴沙尔推上主席职位，随后国民议会修改宪法，将担任总统的年龄从 40 岁放宽至 35 岁以使巴沙尔符合

① Eyal Zisser, *Asad's Legacy*: *Syria in Transition*, p. 184, p. 196, p. 202.
② 李伟健、叶青:《执政十三年的政府终于改组》,《国际展望》2000 年第 6 期。
③ Tarep Y. Ismeal, "Middle East Politics Today: Government and Civil Society", p. 253.
④ 李伟健、叶青:《执政十三年的政府终于改组》。

担任总统的条件。2000 年 7 月，巴沙尔·阿萨德在全民公决中获得
97.29% 的支持率，正式当选叙利亚总统。[①] 巴沙尔就任总统后，努力维
护元老派的政治权威和地位，并积极建立自己的权力体系和政权基础。巴
沙尔深知，以阿拉维派军官为主的元老派是其父老阿萨德钦定的权力核心
圈，也是维持政权稳固不可或缺的力量。因此在建构新一代权力领导层的
同时，仍一如既往地倚重阿拉维派的元老派军官，但是构筑全新的权力体
系是巴沙尔执政后的重心所在。为了适应改革发展的需要，巴沙尔聚拢了
来自政府之外的学术和商业界具有广泛国际工作经验的精英，如获得美国
印第安纳大学博士学位、曾长期在世界银行设在伦敦的金融部门供职的纳
比勒·苏卡尔，曾创建以改革为主要内容的电子版《时事通讯》的阿卜
杜·努尔以及曾任国际货币基金组织经济学家的利雅德·阿布拉什等。他
们作为总统的私人经济顾问，为巴沙尔的经济改革注入先进的理念。而
且，巴沙尔亲自任命具有西方视野且志同道合的政府要员，如旅游部长、
曾留学法国的经济学家阿格哈·卡拉，首任国家计划委员会主席的经济学
博士阿卜杜拉·达达里等，[②] 为巴沙尔政权的建构与稳固注入新的活力。

　　巴沙尔还顺应民众思变心理，积极推进改革。在阿萨德执政期间，巴
沙尔就受命于其父，在反腐和推广信息化过程中崭露头角。继任总统后，
他公开主张"任何事物和任何人都应该向建设性批评开放"。[③] 因而在政
治上，释放政治犯，缓解国内紧张的政治气氛，放松言论控制。巴沙尔执
政初期，由律师、专业人士和知识分子举办的政治沙龙如雨后春笋般在全
国各地涌现。他们经常在饭店、咖啡馆等公共场所举行集会，讨论时局并
发表政治主张；独具特色的私家报纸获准发行，如以批评官僚主义为主要
内容的政治讽刺周报《杜马里报》（AL DOMAR I）发行量一度高达每周
50000 份，超过国家经营的各大报刊的发行量。[④] 巴沙尔还签署总统令，
特赦了包括部分穆斯林兄弟会成员在内的数百名政治犯，赢得普遍赞誉。
被释放的穆斯林兄弟会成员甚至专门举行集会表示对巴沙尔的感谢和支

---

①　Tarep Y. Ismeal，"Middle East Politics Today：Government and Civil Society"，p. 252.

②　参见陈双庆《叙利亚的政治继承与换代》，《国际政治研究》2010 年第 3 期。

③　Sami Moubayed，"Syria's New President Bashar AL – Assad：A Modern Day Attaturk"，*Washington Report*，December. 2000.

④　Andrew Hammond，"Slow but Steady Progress in Syria"，*The Middle East*，Issue 3，December 2001，p. 36.

持。巴沙尔还要求政府加强与群众对话。2000 年 8 月，他安排 3 位部长在电视台公开讨论政府财政状况，并回答百姓提出的有关工作条件和劳动报酬等问题。对于巴沙尔上台执政后叙利亚出现的变化，西方媒体称之为"大马士革之春"。

经济改革是巴沙尔上台后重塑政权的重要举措所在。在就职演说中，巴沙尔承认政府缺乏活力的经济政策是造成国内许多困难的部分原因，承诺将通过修改过时的法律法规以推进经济改革，促进经济增长和实现现代化，扩大对外开放，减少失业和提高人民生活水平。他并不认可西方国家所倡导的、以推进私有化为主要手段的所谓"休克疗法"，认为改革只有循序渐进，才能避免对政治和社会稳定造成负面影响。在这种思想指导下，巴沙尔推行九个五年计划，提出了"改革、发展和现代化""一揽子"计划，吸引外资，改善民生。主要措施如下：改善投资环境。制订经改计划，修改投资法，调整关税和税收政策，简化进口手续，鼓励外国公司在叙投资兴建农业、工业、服务业和旅游等项目；逐步实现经济多元化。在改造国企的同时，推动私企发展，实施国营、私营、合资、集体等多种体制并存政策；推进金融改革。强化央行对外汇的调控能力，统一海关汇率，允许成立私人银行，建立证券市场；实施工业现代化。大力发展石油、天然气工业和旅游业等创汇产业，积极推动信息产业发展，普及计算机使用；解决就业负担。设立专门机构，通过向小型企业和公共事业机构提供资金支持，增加就业机会；开展"经济外交"，增加对外贸易。加快与欧盟和部分阿拉伯国家签订自贸区（FTA）协议谈判进程。[1] 上述措施的实施使叙利亚的经济形势有所好转。

但是，巴沙尔在推行改革的过程中，坚守政治底线，将改革纳入"可控制的"范围。阿萨德执政时代，苏联解体给其留下深刻的教训，即必须冻结可能动摇叙政权根基的任何改变政体的要求。[2] 巴沙尔无疑继承和延续了父亲的基调，在大张旗鼓地倡导改革的同时，也为之划定了不可逾越的"红线"——"叙利亚人民、复兴党、国家统一、武装力量和已故总统的遗产"。[3] 巴沙尔政权绝不允许任何政治组织或个人以任何方式

---

[1] 参见陈双庆《叙利亚的政治继承与换代》，第 109 页。

[2] Eyal Zisser, *Commanding Syria: Bashar al - A sad and the First Years in Power*, London: I. B. Tauris, 2007, p. 15.

[3] Andrew Hammond, "Slow but Steady Progress in Syria", p. 36.

动摇复兴党的领导地位，威胁国家的稳定和统一，挑战军队的权威以及否定老阿萨德的历史功绩。巴沙尔明确拒绝移植西方式民主，呼吁建设具有叙利亚特色的民主制度，即植根于本国的历史、文化和文明，建构适合叙利亚社会和现实需要的民主。因此在"大马士革之春"出现一些负面影响后，巴沙尔政权明显加强控制，如要求各政治沙龙在活动前必须提交参加者和发言者名单以及主题发言的副本，责令有关部门对一些主张改革的活跃分子进行问话，甚至对一些发表过激言论的人进行拘捕或判刑。例如，叙利亚共产党领导人里亚德·图尔克曾公开抨击阿萨德是"独裁者"，指责其依靠"恐怖和掠夺人民财产"维持政权，阿萨德对其子接班的安排"已经把叙利亚转变成他的家庭私有财产，并使国家成了一个大监狱"。[①] 这些激进言论显然将矛头直指叙利亚政治体制和复兴党执政的合法性，威胁到巴沙尔的执政地位必将被其所不容，所以说巴沙尔政权的改革与开放有其鲜明的局限性。

经过这些改革举措，巴沙尔政权得以巩固，巴沙尔在 2007 年全民投票选举获得 97% 的支持率（投票率为 75%），[②] 尽管如此，巴沙尔在执政过程中也遭遇一系列危机。首先，内部体制弊端的积重难返是推动改革最大的羁绊。政治体制不成熟和决策机制的不健全，使改革举步维艰。在阿萨德威权政治体制下，他本人集党、政、军大权于一身，对重大事务拥有最终决策权，使得叙利亚的政治机构，如民族进步阵线、部长委员会和人民议会等形同虚设。政府也从未设置诸如国家安全委员会、经济顾问委员会或管理预算办公室等行政决策机构。这种真正的现代行政能力的缺乏，成为继任者进行主动、大胆决策的羁绊。巴沙尔对父亲留下的这一权力结构的局限性心知肚明。他在 2004 年 1 月的一次访谈中坦言在现存的总统制或更为广泛的官僚结构下，他对在许多重要领域采取严肃认真的改革措施感到无能为力。[③] 某些有可能触及政治元老利益和威权基础的改革措施也遭到重重抵制，巴沙尔的一名政治顾问指出，维护"老阿萨德遗产"成为巴沙尔的历史性任务，对推进改革进程的束缚甚至超过来自政

---

① Eyal Zisser, *Commanding Syria*: *Bashar al - Asad and the First Years in Power*, p. 43.

② David W. Lesch, "The Evolution of Bashar al - Asad, *Middle East Policy*, Summer 2010, p. 77.

③ Flynt Leverett, *Inheriting Syria*: *Bashar's Trial by Fire*, Washington, D. C.: Brookings Institution Press, 2005, p. 28.

治元老的阻挠,① 这是巴沙尔推行改革措施并不彻底的重要因素。其次, 巴沙尔在阿萨德家族中的地位也并不稳固, 面临潜在的威胁和挑战。就在巴沙尔出任叙总统后, 他的叔叔、流亡西班牙的里法特·阿萨德通过卫星电视发表评论, 对巴沙尔接班形式的合法性提出质疑, 强烈抨击此举是 "在叙利亚宪法的背上捅了一刀, 意味着总统制合法性的终结"。② 此后据称里法特·阿萨德还试图与流亡英国的叙利亚穆斯林兄弟会领导人化敌为友, 共同探讨建立由里法特·阿萨德领导的联盟、谋求推翻巴沙尔政权的可能性。他的姐姐布什拉和担任叙利亚军事情报机构首脑的姐夫舒卡特的政治野心也有目共睹。他的弟弟马希尔因贪污腐败而声名狼藉。他的叔伯兄弟等亲戚都不同程度地涉嫌贪赃枉法。这一切都不可避免地增加了巴沙尔改革进程的复杂性和艰巨性, 特别是一旦实行加强管理的透明度和打破行业垄断等政策, 将很可能会损害其家族成员的经济利益, 从而对改革的深入投鼠忌器。最后, 叙利亚国内蛰伏的伊斯兰激进势力、库尔德反叛分子和叙利亚反对派等对巴沙尔政权和叙利亚社会稳定构成潜在威胁。1982年, 老阿萨德曾强力镇压了位于叙利亚中西部哈马城的伊斯兰起义, 并对穆斯林兄弟会采取镇压手段, 从而埋下仇恨的种子。占叙利亚人口总数10%的150万库尔德人是叙利亚最大的少数民族, 叙政府对库尔德人的自治要求坚决拒绝。随着伊拉克、土耳其的库尔德民族主义运动风起云涌, 叙利亚的库尔德民族主义运动也对巴沙尔政权构成威胁。流亡海外的叙利亚反对派纷纷组织力量, 谋求有朝一日推翻巴沙尔政权。2003年下旬, 一个名为 "叙利亚改革党" 的反对党由美籍叙利亚商人福里德·纳希德·加德里在美国华盛顿宣告成立。2004年1月, 该党在布鲁塞尔召集所有流亡海外的叙利亚反对党开会, 试图筹划建立一个与叙复兴党政权相抗衡的 "民主联盟"。2005年3月, 应美国国务院邀请, 一些流亡欧美的叙利亚反对派代表开会讨论为叙利亚政府构建一个民主体制的可能性。此前, 另一名美籍叙利亚商人沙哈比·穆夫拉特在华盛顿宣布成立了名为 "民主觉醒党" 的反对党。③ 其后, 流亡法国巴黎的原第一副总统哈达姆也扬言要推翻巴沙尔政权。2005年年底, 他公开指责巴沙尔涉嫌或至少对暗杀黎巴嫩前总理哈里里一案负有责任, 并与叙流亡在外的穆斯林兄弟

---

① Flynt Leverett, *Inheriting Syria: Bashar's Trial by Fire*, p. 28.

② Eyal Zisser, *Commanding Syria: Bashar al-Asad and the First Years in Power*, p. 42.

③ Ibid., p. 96.

会一起组成新的反政府联盟，发起要求叙政府实施多党选举等政治改革运动。① 所以说，尽管在巴沙尔执政之初的 10 年内叙利亚国内局势相对稳定，但表面上的稳定也预示着一系列危机，这就为中东剧变中巴沙尔政权的风雨飘摇埋下伏笔。

2011 年年初，突尼斯本·阿里与埃及穆巴拉克政府的相继倒台引发的"中东波"很快波及利比亚、也门和叙利亚等国。叙利亚自 2011 年 3 月 15 日发生大规模反政府示威以来，政治多元化一直是反对派和示威者最主要诉求之一。随着示威抗议活动与暴力冲突此起彼伏、相互交织以及伤亡人数增加，叙利亚巴沙尔政权的内忧外患日益严重。2011 年上半年，巴沙尔总统采取改组政府、释放政治犯、取消《紧急状态法》等一系列措施，并授命以萨法尔为总理的新政府制订涉及政治、安全、司法、经济、社会和行政改革等诸多领域的全面改革计划，成立《选举法》草案起草委员会，参照其他国家相关法律，制定"与当今世界现行法律接轨"的新大选法草案。② 8 月 4 日，巴沙尔政权颁布允许多党制政体的政党法，作为推动政治改革、回应反对派和反政府示威者核心诉求的一项举措。政党法允许成立新政党，与阿拉伯复兴社会党一同发挥作用。政党法内容包括政党活动基本目标和原则，组建政党的条件、手续、审批程序以及与政党筹款、权利和义务相关的规定。同时，政党法禁止以"宗教、部族从属关系、地区利益、专业组织"为基础建立政党，禁止"种族、性别或肤色歧视的政党"；政党必须遵守宪法、民主原则和法制，尊重自由、政治权利和已经批准的法律，维护国家统一；不得建立任何公开或秘密军事或半军事组织，不得成为非叙利亚政党或政治组织的分支，并承诺将于 2012 年 2 月举行"自由廉洁"的议会选举，产生代表叙利亚人民意愿的议会。2011 年 12 月，叙利亚在乱局中举行地方选举，该次选举取消了民族进步阵线必须取得 50% 以上席位的规定。尽管如此，政治多元化未能阻止叙利亚的乱局，叙利亚境内的反对派迅速兴起，构成威胁巴沙尔政权的主要力量。随着中东剧变的进一步扩展，叙利亚反对派组织亦如雨后春笋般涌现，大体上分为"政体"（以政党或政治组织形式出现）和"军体"（以武装组织形式出现）两类，其目标就是要推翻巴沙尔政权，在愈

① Barry Rubin, *The Truth about Syria*, New York：Palgrave Macmillan, 2007, p.171.

② "Cabinet Approves Draft Law on General Elections", *Syrian Arab News Agency*, July 27, 2011.

演愈烈的叙利亚政治动荡中扮演着重要角色。"政体"派分为激进派、温和派两支。激进的一支以土耳其为大本营的"叙利亚全国委员会"为代表，它不断举行各种反政府集会，制定推翻巴沙尔政权的"路线图"，甚至公开呼吁西方军事干预。最大的温和派组织"叙利亚全国民主变革力量民族协调机构"则主张推动现政权落实"实质性"改革，通过制宪、选举等"民主"方式实现政权的和平过渡和更替。随着自身力量不断壮大，"政体"派的反政府立场日趋强硬。2011年7月初，包括5个政党的叙利亚全国民主联盟，以及有较大影响力的反对派独立人士公开抵制与叙政府举行"民族对话磋商会议"，理由是在叙政府军依然部署在各主要城市的情况下，无法展开真正的民族对话，呼吁政府军撤离爆发示威活动的城镇，释放被捕的政治犯，并允许和平游行示威。"军体"派反政府组织的"领头羊"是被称为反对派"最高军事政权"的"自由叙利亚军"。该军事组织由原叙利亚空军上校利雅得·阿萨德率领叙政府军中的变节者组建，号称已有两万多名成员，总部设在土耳其与叙利亚边境地区。据称，该组织接受了土方军事训练和武器供应。该组织自2011年8月由媒体曝光，其反政府武装袭击行动越来越多，加剧了叙境内的武装冲突，因而日益引人注目。[①] 随着外部势力广泛介入，叙利亚对立双方的斗争陷入胶着状态，并推动叙利亚危机日益走向国际化。在各方的共同干预下，巴沙尔政权维系至今，叙利亚政党政治和政府政治均处于非正常的运行状态。在叙利亚政治前景并不十分明朗的情况下，对于叙利亚政党政治的未来走向，我们还需拭目以待。

　　20世纪以来，叙利亚政党政治经历了复杂多变的演进历程。第一次世界大战后，奥斯曼帝国的解体并没有给叙利亚带来民族独立。深受奥斯曼帝国和波斯帝国宪政革命影响的叙利亚人也为建立现代政治体系做出积极尝试，召开国民大会，制定宪法草案。但协约国最高委员会通过的《圣莫雷协议》确立一战后法国对叙利亚和黎巴嫩的委任统治。尽管叙利亚的民族独立诉求遭到遏制，但法国的委任统治并不能压制叙利亚人对现代政治体系的追求，在法国的监管下，叙利亚颁布宪法、开展议会选举，多党政治在宪政框架下得以运转。叙利亚摆脱法国委任统治独立后，随着诸多政党的日趋活跃，叙利亚开展了议会民主制的自主尝试。但是军人对

---

① 陈双庆：《叙利亚局势及其未来走向》，《现代国际关系》2012年第1期。

政治权力的觊觎使得多党制的实践过程多次被打断，最终导致多党民主制的崩溃与阿拉伯复兴社会党政治地位的上升。阿拉伯复兴社会党上台后，逐步在叙利亚确立了带有鲜明威权政治色彩、多党制外衣的复兴党一党制统治，具有党国合一体制的鲜明特征，并实现了从议会民主制向总统制共和制政体的转变。冷战结束后，阿萨德政权的政治自由化倾向使叙利亚的一党制政治体制有所松动。巴沙尔上台后顺应国内要求政治变革的呼声，逐渐放松威权政治体制下的一党制统治，叙利亚政党政治呈现多元化的发展倾向。2011 年年底以来的中东剧变使巴沙尔政权处于风雨飘摇之中，尽管巴沙尔对政党政治和总统制做出新的调整，但复杂的内外局势使得叙利亚的政党政治前景并不明朗，但我们可以确信的是，不管未来局势发展如何，叙利亚政党政治趋于民主自由开放则是历史的必然。

第五章 以色列多党民主制的政党制度

20 世纪初，致力于犹太复国主义运动的犹太精英建立了犹太复国主义政党，这是以色列政党政治的缘起。1948 年以色列国家的建立为政党政治提供了广阔的发展空间，以色列政党政治经历了由工党主导，到工党和利库德集团竞争对峙，再到小党的政治协调功能日强的多元化格局的发展历程。以色列政党政治是典型的多党民主制，但党派林立、分化组合频繁且碎片化趋向严重影响了以色列的政治现代化进程，旷日持久的阿以冲突和纷繁复杂的内部分化斗争影响了以色列政党政治的发展走向。

一 以色列议会民主制的确立

1. 犹太社团的组织形式

以色列的议会民主制来源于英国委任统治时期伊休夫的自治机构，包括犹太民族议会和执行机构犹太民族委员会以及犹太复国主义组织在巴勒斯坦设立的犹太代办处在内的巴勒斯坦犹太社团的政治领导机构，共同构成了一个强有力的、多样化的、雏形的民主政治制度。[①] 犹太民族经过命运多舛的 1800 多年的流散之后，在 19 世纪出现了回归故土的犹太复国主义运动。1897 年，第一届世界犹太复国主义代表大会在瑞士的巴塞尔召开，204 名与会代表来自东欧、西欧、美国、阿尔及利亚、巴勒斯坦等 15 个国家和地区。[②] 会议选举产生了犹太复国主义运动组织机构：由世界各地犹太社团代表组成的"总委员会"作为运动的最高领导机构，由总委员会选出一个执行委员会作为大会休会期间处理日常事务的常设机构。随

---

① 参见王彤主编《当代中东政治制度》，第 561 页。
② Howard M. Sachar, *A History of Israel: from the Rise of Zionism to Our Time*, New York: Alfred A. Knopf, 1996, p. 44.

后大批犹太人通过阿利亚运动①纷纷回归圣地巴勒斯坦。英国在对巴勒斯坦委任统治期间，仿照奥斯曼帝国的米勒特制度对阿拉伯人和犹太人实行自治统治模式。1920年，在犹太复国主义组织的支持下，犹太民族议会举行第一次会议，20多个政党和组织代表与会，会议选出由36名成员组成的犹太民族委员会，并确立其为犹太民族议会休会期间的代言人。犹太民族议会和犹太民族委员会的成立标志着伊休夫自治机构的正式建立。

犹太民族议会是伊休夫的立法机构，由伊休夫全体成员根据直接、秘密、普遍选举权和单一比例代表制原则不定期（每3—6年）选举产生。由其选举产生的犹太民族委员会管理巴勒斯坦犹太社团的日常事务，由6—17人组成的执委会是犹太自治社团的领导核心。伊休夫还有一个与自治机构平行的犹太代办处，其作为联系巴勒斯坦犹太人和散居犹太人以实现犹太人向巴勒斯坦移居的国际组织，是由犹太复国主义组织控制的代表整个犹太人的机构，其根据委任统治的精神设立于1929年，合法地位得到委任当局承认。② 随后犹太复国主义组织的执委会及其下属机构并入该机构。犹太代办处设有三个领导机构：委员会、行政委员会和执行委员会。委员会是最高代表机构，其代表由比例代表制选举产生，每两年召开一次会议。行政委员会每半年召开一次会议。执委会由代办处主席、四位犹太复国主义者和四位非犹太复国主义者组成。犹太代办处从开始就是受犹太复国主义组织控制的犹太人的代表机构，其建立表明世界犹太复国主义组织开始直接管理伊休夫的一切事务。犹太代办处与伊休夫自治机构犹太民族议会和犹太民族委员会一起作为未来国家的政府机构发挥作用，为建立犹太国家奠定组织基础。③

2. 犹太社团时期的政党与劳工犹太复国主义

以色列政党起源于国家建立前的犹太复国主义运动。由于对犹太复国的途径和手段、巴勒斯坦犹太社会的地位和发展思路、伊休夫和世界犹太复国主义组织的关系等立场看法不同，犹太复国主义运动内部形成了诸多派别，这些派别为实现犹太复国的目标先后建立诸多政党组织，在以色列建国之前大约有25—30个政党。按照意识形态分类，这些犹太复国主义

---

① 阿利亚运动是指世界各地犹太人向巴勒斯坦移民的行动。

② Don Peretz, Gideon Doron, *The Government and Politics of Israel*, Boulder：Westview Press, 1997, p.39.

③ 参见王彤主编《当代中东政治制度》，第563—564页。

政党又可细分为劳工党派、资产阶级党派和宗教党派。劳工党派主要有巴勒斯坦工人党、青年卫士、劳工联盟、统一工人党、巴勒斯坦共产党，资产阶级党派包括一般犹太复国主义党、修正主义派、新移民党，宗教党派包括精神中心党、精神中心工人党、以色列正教党、以色列正教工人党等。这些政党社会基础不同，政治纲领各异，建国目标有别，在以色列建国之前发挥了各自不同的作用。其中代表犹太复国主义运动的左派和工人组织的劳工派别，主张通过在巴勒斯坦定居、以农村基布兹和城市无产阶级为组织形式的犹太工人阶级的阶级斗争创建犹太国家，① 得到犹太社团的广泛支持。巴勒斯坦工人党是劳工党派的主要代表，其主导此间犹太政党政治的演变。

以色列建国后主导政坛的工党的基本意识形态源于犹太移民的劳工犹太复国主义思想。始于巴塞尔第一次世界犹太复国主义代表大会的犹太复国主义运动最初由犹太资产阶级知识精英开创和领导，当寄希望于奥斯曼帝国的特许和西方大国支持承认的政治犹太复国主义道路举步维艰时，由犹太移民潮形成的阿利亚运动为犹太复国主义提供了现实的发展路径。劳工犹太复国主义的发展，既与巴勒斯坦犹太社团的现实需要密切相关，也与伊休夫时期的数次阿利亚运动紧密相连。成立于 1905 年 11 月的巴勒斯坦锡安工人党是 1897 年在欧洲出现的锡安工人党在巴勒斯坦的分支机构，本·古里安是其实际领导人。该党将其视为国际社会主义运动的组成部分，主张建立社会主义的巴勒斯坦。与巴勒斯坦锡安工人党同期建立的青年工人党主张实行一种实用的、立足巴勒斯坦的民族主义和社会公正路线，反对锡安工人党的阶级斗争口号，认为民族主义的价值至高无上，认为自己并非社会主义运动的组成部分，而是犹太复国主义的一部分。这两个政党由于政治思想纲领的差异，在早期并没能联合起来，但不断的阿利亚运动使建立统一的工人政党成为可能。1904—1914 年的第二次阿利亚运动为犹太工人运动奠定基础，这次移民中的少数精英分子将从欧洲带来的社会主义犹太复国主义思想理论与巴勒斯坦的新环境相结合，形成劳工犹太复国主义。随后 1914—1924 年的第三次阿利亚运动，使劳工犹太复国主义发展成统一的工人运动。1919 年 3 月，巴勒斯坦锡安工人党的多

---

① 黄民兴：《中东历史与现状十八讲》，陕西人民出版社 2008 年版，第 112 页。

数党员与巴勒斯坦的几个社会主义犹太复国主义小组合并，组成了劳工联盟。① 处于少数派地位的巴勒斯坦锡安工人党中的左翼，成立了左翼锡安工人党。劳工联盟的成立未能实现建立一个统一的工人联盟的目标，但作为扩大了的锡安工人党登上历史舞台，且在政策主张上更接近青年工人党。"当人们考察巴勒斯坦的犹太复国主义政党与犹太社会和犹太国家的关系时，就会发现在巴勒斯坦先有犹太复国主义政党，而后才形成犹太社会，最后建立起犹太国家。"② 这里的"巴勒斯坦的犹太复国主义政党"明显指的是巴勒斯坦锡安工人党和青年工人党。因为宗教政党虽然成立较早，但高度重视犹太文化历史，主张通过文化复兴和恢复希伯来语而得以建国，所以并未获得广泛的响应。资产阶级政党的代表修正主义派成立于1925年，一般犹太复国主义派成立于1931年，"新移民党"则在1943年才建立，所以对犹太复国主义运动影响不大。不过，劳工犹太复国主义在1925年的第14届和1927年的第15届犹太复国主义者代表大会上连续受挫，劳工代表被迫辞去犹太复国执委会的职务。1929年阿拉伯起义的冲击、英国委任统治当局的抑犹政策和犹太复国主义修正派对犹太复国主义运动的攻击，从客观上加速了工人政党团结的步伐。

1930年1月，劳工联盟和青年工人党合并，成立巴勒斯坦工人党，简称"玛帕伊"③。该党代表工人阶级的利益，认为工人阶级是推动犹太复国主义运动走向成功的真正力量，正如本·古里安所言："工人阶级在犹太复国主义运动内部不只是一个派别，而是中流砥柱。其他社会组织追求的只是他们自己狭隘的阶级利益，只有工人心怀整个民族的利益。"④巴勒斯坦工人党并没有包括所有的工人政党，因为工人党派的左翼青年卫士⑤和锡安主义党拒绝加入。巴勒斯坦工人党成立后，逐渐取得犹太复国主义运动的领导地位，并日益发展成为伊休夫劳工运动的主要政治势力。一是其在伊休夫领导机构中的作用不断增强，其领导人本·古里安和夏里

---

① Don Peretz, Gideon Doron, *The Government and Politics of Israel*, p. 84.

② 阎瑞松：《以色列政治》，西北大学出版社1995年版，第48页。

③ "玛帕伊"为希伯来语"Mifleget Poalei Eretz Israel"的缩写"Mapai"的音译。

④ ［英］沃尔特·拉克：《犹太复国主义史》，徐方、阎瑞松译，生活·读书·新知三联书店1992年版，第388页。

⑤ 青年卫士于1915年在奥地利加里西亚建立，倡导双民族主义，"一战"后其成员和支持者大批移入巴勒斯坦。经过1917年、1927年和1945年三次改组，逐渐发展成为成员主要为基布兹农业工人的政党。

特等成为伊休夫领导机构和哈加纳（犹太武装）的领导者。从 20 世纪 30 年代起，劳工犹太复国主义一直是犹太复国主义运动的主流和先锋。到英国委任统治结束，伊休夫的大部分政治机构由劳工党派控制，其大多数领导人来自劳工运动及其办事机构。[①] 巴勒斯坦工人党成立后在 1931 年和 1944 年的犹太复国主义运动代表大会选举中先后获得 43.7% 和 52.9% 的选票。[②] 二是工党控制了伊休夫主要的社会组织基布兹和犹太工总。英国委任统治时期建立的大部分基布兹都与巴勒斯坦工人党控制的基布兹协会有密切关系。[③] 巴勒斯坦工人党也牢牢控制了犹太工总的领导权。在 1933 年和 1942 年的两届工总选举中，该党分别获得 81.5%、69.3% 的选票。[④] 三是巴勒斯坦工人党本身不断发展壮大，其成员在成立后的第一个五年增加了一倍，1948 年达 4.1 万人，比 1930 年的 0.6 万人增长了 6.8 倍。[⑤] 随着"二战"前后犹太社团处境的改变，巴勒斯坦工人党对其意识形态立场进行相应调整，"不只为工人阶级的利益而奋斗，而是为全民族的利益而奋斗。"[⑥] 巴勒斯坦工人党逐渐发展成为犹太复国主义运动和巴勒斯坦犹太社团中最强大的政党。所以说，到 1948 年以色列国成立前，巴勒斯坦工人党已发展成为领导伊休夫向主权国家过渡的主要领导力量。[⑦]

巴勒斯坦工人党的成立并没有消除和结束工人政党内部的矛盾和斗争，针对成立犹太国家问题的分歧导致该党发生第一次分裂。1941 年，该党的左翼反对派独立出来，被称作"B"派，为了加强团结和巩固统一，1942 年巴勒斯坦工人党做出不再承认派系存在的决定，这导致"B"派的最终退出，于 1944 年 5 月建立了一个独立政党劳工联盟。1946 年 4 月，劳工联盟和左翼锡安工人党合并。1948 年 1 月，劳工联盟和青年卫士组成统一工人党，简称玛帕姆。到以色列建国前夕，伊休夫的犹太工人

① Don Peretz, Gideon Doron, *The Government and Politics of Israel*, pp. 37 – 38.

② David M. Zohar, *Political Parties in Israel：The Evolution of Israeli Democracy*, New York：Praeger Publishers, 1974, p. 14.

③ Don Peretz, Gideon Doron, *The Government and Politics of Israel*, p. 84.

④ ［英］诺亚·卢卡斯：《以色列现代史》，杜宪菊、彭艳译，商务印书馆 1997 年版，第 129 页。

⑤ Peter Y. Medding, *Mapai in Israel：Political Organization and Government in a New Society*, London：Cambridge University Press, 1972, p. 15.

⑥ David M. Zohar, Political Parties in Israel：The Evolution of Israeli Democracy, p. 41.

⑦ 王彤主编：《当代中东政治制度》，第 580 页。

政党已形成右翼巴勒斯坦工人党和左翼统一工人党。[①] 以色列建国之后的发展轨迹表明，巴勒斯坦工人党的施政纲领更符合犹太人的利益。

3. 以色列宪政制度的初步建立

在 1947 年联合国关于巴勒斯坦前途的一系列讨论中，犹太代办处作为英国委任统治下的犹太人代表机构发挥重要作用。在伊休夫向以色列国家过渡过程中，犹太代办处和犹太民族委员会进行了周密的准备工作，建立了过渡政府全国委员会和全国行政委员会，并使其不失时机地分别成为以色列建国初期的临时议会和临时政府。[②] "二战"后，巴以之间激烈的矛盾冲突促使英国委任统治当局将巴勒斯坦问题付诸联合国来解决，经过巴勒斯坦委员会将近一年的协调磋商，1947 年 11 月 29 日，联合国大会以 33 票赞成、13 票反对、10 票弃权通过了巴勒斯坦分治决议——联合国 181 号决议。分治决议比较详细地规划了巴勒斯坦由委任统治向犹太人和阿拉伯人主权过渡的组织安排，同时对新国家独立时必须达到的宪法要求作出明确规定，这为犹太人建立国家提供了难得的历史机遇。1948 年 4 月初，在伊休夫自治机构犹太民族议会、犹太民族委员会以及犹太代办处协商的基础上，选举产生了一个根据分治决议继承民族管理权力的实验性临时政府，其包括 37 名委员组成的全国委员会和由该委员会产生的、13 人组成的执行机构——全国行政委员会。这两个机构成为伊休夫向独立国家过渡的政府，在 5 月 14 日以色列国成立时，这两个机构被正式赋予从 5 月 15 日起行使临时议会和政府的职权。由此可见，伊休夫建立起代议制民主政体的雏形，为以色列政党政治的形成奠定基础。

伊休夫时期，政党活动涉及政治、经济、社会、文化、移民、外交等方面，以色列的政党体制初步形成多党制下巴勒斯坦工人党占主导地位的政党制度，这是"伊休夫时代在政党制度方面留下的两大遗产"。[③] 这两大遗产得益于 20 世纪初巴勒斯坦的经济社会环境，"虚弱的社会和温和的殖民当局的统治使政党获得了塑造社会的机会。……政党先于社会建立进而创建社会。这种环境容许劳工党建立权力机构，确立共同的意识形态

---

① 王彤主编：《当代中东政治制度》，第 580 页。

② 同上书，第 564 页。

③ Jonathan Mendiow, *Ideology, Party Change, and Electoral Campaigns in Israel, 1965 – 2001*, New York：State University of New York Press, 2003, p. 4.

方向，进行政治动员并规范社会行为模式。"① 伊休夫时期的政党政治为以色列国家的建立奠定了重要的政治基础，有学者分析"1948 年处于主导地位的犹太复国主义政党变成国家，但同时国家得益于工总，而工总是劳工政党的统治工具。"②

二　工党主导时期的政党政治

1. 以色列国建立与宪政秩序的确立

1948 年 5 月 14 日下午四点钟，全国执行委员会主席本－古里安正式宣布以色列国诞生，他在《独立宣言》中庄严宣告以色列临时政府成立，从 1948 年 5 月 15 日零时托管终止之时起到根据宪法产生的国家机关接管政权止（不得迟于 1948 年 10 月 1 日），全国委员会将行使临时议会的职责，全国行政委员会将行使临时政府的权力。③ 本－古里安被推选为临时政府总理兼国防部长。尽管《独立宣言》宣告了国家的建立，明确了国家内外政策原则、公民的基本权利和临时政府地位等，却并不具备法律约束力和相应的可操作性。所以在以色列国建立后，在与阿拉伯国家进行第一次中东战争的同时，以色列临时政府进行建立宪法政府的一系列准备工作，顺利完成由临时政府向宪政政府的过渡。

首先，确立议会民主制的宪政框架。《独立宣言》发布和签署后，全国委员会（临时议会）立即发布第一个由三项条款组成的正式法令，其中第一条款规定临时议会为最高立法权威，并规定其在紧急状态下可以将此权力授予政府。④ 以法令形式赋予临时议会的最高立法机构地位，实现从过渡政府向临时政府的转变。本－古里安宣布建国后的第五天，临时议会通过了第一份正式宪法性文件《法律与行政命令》，明确规定了临时议会和临时政府的关系：临时政府应当执行由临时议会制定的政策，向临时

---

① Jonathan Adelman, *The Rise of Israel: A History of a Revolutionary State*, New York: Routledge, 2008, p. 167.

② Adam M. Garfinkle, *Politics and Society in Modern Israel: Myths and Realities*, New York: M. E. Sharpe, 1999, p. 82.

③ 参见［以］阿巴·埃班《犹太史》，闫瑞松译，中国社会科学出版社 1986 年版，第 440 页。

④ Noah Lucas, *The Modern History of Israel*, London: Weidenfeld and Nicolson Ltd., 1974, p. 277.

议会做出报告，汇报政府的工作；政府预算必须由临时议会批准，征税也必须由临时议会根据法律实施。这一规定一方面确立了临时议会至高无上的权威，另一方面也在事实上建立起有效的临时政府。[①] 1948 年 7 月，临时议会指定宪法委员会研究有关宪法问题，准备草拟一份关于立宪会议设想的建议书。尽管各方针对宗教在宪法中的地位这一问题分歧重重，且工党主张建立两党制政府的主张遭受小党抵制，但最后各方经过妥协还是达成了一致。1948 年 11 月 19 日，临时议会颁布了《立宪会议选举条例》，提出了实施单一选区比例代表制[②]的选举制度，在平等、普遍的选举权基础上，直接而秘密地选举立宪会议。1949 年 1 月 14 日，临时议会通过了《立宪会议过渡法令》，明确规定立宪会议将继承临时议会的全部立法权，在立宪会议授权成立新的行政管理机关之前，临时政府继续行使管理职能。1 月 25 日，以色列举行立宪会议代表的选举，21 个党派参加竞选。在当选的 120 位代表中，犹太人 117 人，阿拉伯人仅 3 人。劳工党派获 65 席，宗教联合阵线 16 席，自由运动 14 席，一般犹太复国主义党 7 席，进步党 5 席，赛法拉迪党 4 席，共产党 4 席，拿撒勒阿拉伯人 2 席，战斗者、也门犹太人协会和国际犹太复国主义妇女组织各得 1 席。[③] 劳工党派、资产阶级党派和宗教党派的议席分布基本延续了建国前的势力格局。第一届大选结束后，立宪会议于 2 月 14 日在耶路撒冷正式召开，选举产生了正副议长，组成了各专门委员会。2 月 16 日，立宪会议改名为第一届议会——"克奈塞特"[④]，开始正式行使国家议会职能，自动形成一个一院制的立法机构，并颁布了议会第一项法令《过渡法》，该法令主要就议会和政府的组织和职能做出明确规定。《过渡法》共分 15 个部分，确立政治制度为三权分立的议会民主制共和国，规定了主要政治机构立法机

---

① 王彤主编：《当代中东政治制度》，第 566 页。

② 单一选区比例代表制是指全国为一个选区，以政党或集团为单位参加竞选，然后根据各党派在全国范围所得总票数，按比例分配议席，其结果是从未有政党或团体在议会中获得简单多数议席（61 席），均不能单独组阁，必须组成联合政府。这种议会选举制度最大的优点是能够更充分、更忠实地反映公众舆论，从而使以色列避免出现一党专制的局面。但是，它为代表少数人利益的小党充斥以色列政坛提供契机，而中小党派的"剩余能量"和"超常影响力"反过来又鼓励了中小党派的产生，从而导致以色列党派滋生和政坛混乱的恶性循环。参见雷钰《以色列议会选举制度研究》，博士学位论文，西北大学，2004 年。

③ Ahron Bregman, *A History of Israel*, New York: Palgrave Macmillan, 2003, p. 63.

④ "克奈塞特"希伯来语 "Knesset" 意为 "集会"，源于第二圣殿时期犹太社团举行宗教仪式和议政的犹太会堂，是犹太社团的代表机构，体现了共同议事、少数服从多数的犹太民主传统。

关、行政部门和总统的权力和职能。① 《过渡法》后来被称为小宪法，是以色列不成文宪法②的核心。

其次，成立玛帕伊党为主的多党联合政府。立宪会议通过《过渡法》后，正式选举哈伊姆·魏兹曼为以色列国正式总统。经过各政党协商，2月24日总统魏兹曼根据选举结果授权议会中最大政党玛帕伊的领导人本-古里安组阁。经过三周努力，本-古里安最终与宗教联合阵线、进步党和塞法拉迪党结成联盟，摒弃右翼政党和共产党，于3月8日向议会提交了第一届政府成员名单。两天后获得议会通过，以色列首届政府宣告成立，本-古里安出任总理。本届政府共有12名成员，其中7人是玛帕伊成员，3人属宗教联合阵线，1人属进步党，1人属塞法拉迪党。第一届议会和以本-古里安首届政府的组成，标志着以色列议会民主制政治体制的正式确立。③

再次，确立独立的司法体系。以色列的司法权属于法院，法院独立于议会和政府且不受其干预。为了保证司法独立，以色列法律④规定法官不得参加政党，不能担任政府各部部长，也不能竞选议员。以色列的法官由总统根据9名公众提名委员会的提名加以任命。该委员会由2名部长、2名以色列律师协会会员、无记名投票选出的2名议员和3名最高法院法官

---

① Peter Y. Medding, *The Founding of Israeli Democracy, 1948 – 1967*, New York: Oxford University Press, 1990, p. 32.

② 关于以色列是否应该制定一部宪法的问题，议员们展开激烈的争论。以本-古里安为首的玛帕伊成员和部分宗教党议员反对制定宪法，理由如下：一是由于大量移民源源不断的移入，以色列社会处于不断的变化中，不适应制定刚性的宪法。二是一部完整宪法的制定必须明确宗教在国家政治和社会生活中的地位，这势必会引起世俗与宗教的激烈论争，从而引发社会分裂。三是本-古里安甚至认为"宪法可以为一个专制主义国家带来自由（就像18世纪的欧洲），可以为一个联邦国家确定规范（就像美国）。但在以色列，宪法是多余的，因为这里既有自由，也有规范，故不需要再制定一部宪法。"对此，有学者认为本-古里安的反对主要是出于维护玛帕伊多数党的利益及避免国家权力受宪法制约考虑。宗教党派认为犹太教律法是最高法律，坚决反对制定宪法。拥护制宪的人认为宪法可维护公民权利，限制政府的权利。辩论的结果是采纳了进步党议员伊扎尔·哈拉里的折中方案：先就立法、行政、司法等分别制定单个的基本法，最终将所有基本法合并为一部宪法（哈拉里决议）。在宪法问题上的折中妥协是多种因素综合作用的结果，其中多党政治的掣肘、制约是一个重要因素。所以以色列至今尚没有成文的宪法。参见 Steven V. Mazie, *Israeli Higher Law: Religious and Liberal Democracy in the Jewish State*, Lanham: Lexington Books, 2006, p. 33。

③ 王彤主编：《当代中东政治制度》，第568页。

④ 以色列法律由三部分构成：一是建国初继承了英国委任统治时期的一些与《独立宣言》原则一致的有关法律；二是建国后一段时间内制定的一批应急的临时法律；三是一系列在以色列社会政治生活中起重大作用、构成宪法基本内容的基本法。

组成。法官实行终身制，70 岁退休。以色列的法院系统分为普通法院、宗教法院和专门法院三类，普通法院自下而上分地方法院、地区法院和最高法院三级，主要负责民事和刑事诉讼，最高法院是最高一级的上诉法院并掌管死刑判决权，它没有审定某一法律是否合法的权力，只有审定其是否与基本法相抵触并提请立法部门修订和完善的权力；宗教法院延续委任统治时期的规制，分犹太教法院、伊斯兰教法院和基督教法院；专门法院是审理特殊问题的法院，主要受理劳资纠纷、军队的问题以及青少年轻微犯罪等特殊领域的诉讼。以色列对宗教法院的保留是其一大特色，以色列的宗教法院分由赛法拉迪大拉比和阿什肯纳兹大拉比组成的最高法院及其下设的 20 个地方法院，主要负责婚姻纠纷、宗教纠纷。这充分反映了犹太教对以色列社会的巨大影响，体现了犹太教与犹太民族的不可分割性，是宗教与世俗对抗妥协的产物。

最后，不断调整完善的宪政秩序。以色列议会民主制政体确立后，经过了一个适应社会政治发展需要而不断调整完善的过程。一是从法律角度对总统法律地位、任期、职责及选举程序进一步完善。以色列建国初期，设临时总统一职，但直到 1949 年 2 月 16 日第一届议会通过《过渡法》，才明确规定了总统的选举程序和任期：总统由议会选举产生，其任期与议会相同。1951 年生效的《总统职位法》将总统任期改为 5 年。1964 年 6 月议会通过了《基本法：总统》，指出总统作为国家元首其职责是礼仪性的，进一步详细地规定了总统的选举方法、任期、地位和职责等事宜，确认其是超越党派利益的国家统一象征。[①] 二是从法律层面对议会选举制度和议员做出规定。1949 年的《过渡法》从法律方面确保了以色列由临时政府向宪政政府的过渡。1951 年的《选举法》和《议员法》、1958 年的《基本法：议会》和 1969 年再次修订的选举法最终确立了以色列特色的议会选举制度，对议会的方方面面做出详细规定：规定议会拥有最高权力，在立法方面拥有不受限制的权力。四年选举一次，也可以提前解散，重新选举。议会选举实行"普遍的、全国统一的、直接的、平等的、不

---

① 王彤主编：《当代中东政治制度》，第 568 页。

记名的比例代表制"。① 该选举制度较充分地反映民意，但也是党派林立、政党不断离合分野的重要因素。三是从法律角度对政府做出详细规定。1968 年，议会颁布了《基本法：政府》，对政府的产生、构成和职能做出详细规定，政府对议会负责。规定大选结果公布后，总统将授权获席位最多的政党领导人在不超过 42 天的时间内组织政府，政府组建成功后，该党领导人自然成为政府总理。新政府必须获议会 61 位以上的议员支持。总理必须是议员，部长不一定是议员，但必须是以色列公民。总理掌握国家的最高行政权力，可任免部长，任期四年，如果议会通过对总理的不信任案，后者应提前辞职。以色列政府通常设有如下部门：外交部、国防部、财政部、移民部、内政部、宗教事务部、工贸部、农业部、交通部、劳动和社会保障部、文化教育部等，一般部长人数不得超过 18 人，不得少于 8 人。1992 年 3 月，议会通过直接选举总理的法案；12 月，重新修订的《基本法：政府》扩大了总理的权限，内阁部长由总理任命。这就决定以色列政府是一个行政权力很大但十分脆弱的执政机构，多党组成的政府常常因党派之间的矛盾和纷争而更迭频繁。四是以色列并未形成国家的根本大法——宪法。以色列早在建国之前的过渡政府已经组成了宪法起草委员会，建国后立宪会议的主要任务也是为新生的以色列制定一部宪法。但由于当时以色列国内各种政治力量在制宪问题上意见不一，从而引发宪法之争，其分歧主要集中于宗教在国家中的地位、政府组成的技术性问题，特别是选举方法。况且，国家所处环境险恶，而分歧又一时难以消除，如果强行制定宪法，有可能使新生国家处于分裂状态。因此本－古里安和工党领导人建议暂时搁置制宪问题。第一届议会在 1950 年 6 月 13 日通过了由工党提出的一种妥协方案，即由进步党议员伊扎尔·哈拉里提出的逐章通过方案，规定"第一届议会委任宪法、法律和司法委员会负责为国家准备一部宪法草案。宪法必须逐章完成，每一章应当包含一项基本

---

① "普遍的"是指年满 18 岁以上的以色列公民都有选举权，年满 21 岁的公民，除某些特定职位（总统、审计长、法官等）外，均享有被选举权；"全国统一的"是指以色列全国划为一个单一选区；"直接的"是指除无独立行动能力的人外，所有投票人都必须自己完成投票程序；"平等的"是指每一个选民的选票都具有同等的影响力；"不记名的"是指选民的投票是无记名投票；"比例代表制"延续的是世界犹太复国主义大会和伊休夫代表大会的选举制度，主要规则是每一个党派提出一张不多于议会席位的选举候选人名单，名单上的排序由党派自己确定；选举时，选民将选票投给政党名单而不是投给某个候选人；通常两周后，选举委员会在媒体上公布选举结果，各党派可根据选票数量计算该党在议会中所得的议席数（120 个席位×该党得票率）。

法。当委员会完成每一章的工作后，即将该章提交给议会。所有章节将共同构成宪法。"① 以色列的制宪工作采取了这种灵活的基本法逐章通过的方案，至今已制定出 13 部基本法，但尚未形成一部完整的宪法，所以说以色列是一个受基本法约束的议会民主制国家。

2. 工党②主导时期以色列政坛的政党

1948—1977 年是工党主导以色列政坛的政党政治时期。工党主导的多党政治格局既是建国之前伊休夫时期政党政治的逻辑延伸，又是以色列建国后社会需要、社会力量的真实反映。"政党体系十分真实地反映社会面貌，作为政党体系组成部分的政党很难摆脱它们所依附的社会力量而自行其是。"③ 所以这一时期工党联合政府呈现出鲜明的工党主导色彩。

以色列建国后的主要政党大都脱胎于建国之前的诸政党，大致可分为劳工党派、民族主义政党和宗教政党。就劳工党派而言，主要分为巴勒斯坦工人党、统一工人党和以色列共产党。1948 年建国初期，劳工联盟与青年卫士合并为统一工人党即玛帕姆。1954 年，多数劳工联盟成员退出玛帕姆而独立，仍称劳工联盟。分裂以后的玛帕姆以原青年卫士成员为主，成为以色列社会民主党派的左翼。为加强 1965 年大选的实力，巴勒斯坦工人党与劳工联盟组成以色列工人联合体。1965 年，本－古里安及追随者西蒙·佩雷斯、摩西·达扬等脱离母党另立以色列工人党（拉菲党），这严重削弱了玛帕伊的力量。1968 年 1 月，巴勒斯坦工人党、劳工联盟与以色列工人党合并组成以色列工党。以色列工党的建立是形势发展的需要，第三次中东战争后快速的经济发展和犹太民族主义的高扬迫使工党将其纲领和方针政策做出了右向的调整。正如当时工党总书记梅厄所言："以色列的经济形势和民族情绪使人们第一次想到工人党对国家的领导即将结束，除非立即有效地成立一个统一的工人阵线。"④ 1969 年 1 月，以色列工党与玛帕姆构建了工党联盟，除共产党外，基本实现了劳工党派的大联合。工党联盟并没有解决双方之间的分歧，双方的结合是松散的，只强调选举和议会活动的一致性。1968 年 2 月，以色列工人党中 40% 的

① Noah Lucas, *The Modern History of Israel*, p. 286. 王彤主编：《当代中东政治制度》，第 568 页。
② 这里的工党先后指代巴勒斯坦工人党、以色列工党和工党联盟。
③ ［美］塞缪尔·P. 亨廷顿：《变动社会的政治秩序》，第 461 页。
④ ［以］果尔达·梅厄：《梅厄夫人自传》，章仲远、李佩玉译，新华出版社 1986 年版，第 336 页。

党员因反对与巴勒斯坦工人党和劳工联盟合并而成立了国家党，1969 年 7 月，本－古里安因不满以色列工党与玛帕姆的联合而加入了国家党。1970 年，本－古里安归隐斯德博克基布兹安度晚年，其领导的国家党迅速右转并在 1973 年加入利库德，"这有力地促进了自由运动作为一个可能的统治党的合法地位。"①

1948 年 10 月，建国前的各共产主义党派联合为以色列共产党。1949 年，以色列共产党内的大批犹太党员脱离母党而参加了玛帕姆。20 世纪 60 年代，围绕对苏联和纳赛尔领导的阿拉伯民族运动的态度差异，党内的分歧演化为分裂。1965 年，以色列共产党正式分裂为马基党和拉赫党。马基党由犹太党员组成，反对苏联对党内事务的干预，反对阿拉伯民族运动。拉赫党多由阿拉伯党员组成，支持阿拉伯民族主义，主张与苏联保持一致，支持者多为阿拉伯人。1977 年，拉赫党与东方犹太人"黑豹运动"的一部分结合建立争取和平与平等民主阵线，主张退出所有巴勒斯坦被占领土，建立独立的巴勒斯坦国；实行国有化政策，向富人征税，救助贫困阶层。

以色列建国后的民族主义政党通常是指自由运动——加哈尔集团——利库德（在希伯来语中，利库德意为团结），它由建国前的主要资产阶级政党发展联合而成。1948 年 6 月，贝京领导成立自由运动党，该党在纲领和行为方面表现出极端的犹太民族主义色彩，自建立起就是巴勒斯坦工人党的反对派。1965 年 4 月，自由运动党与自由党联合组建加哈尔集团（"JAHAL"，为"自由运动党和自由党"的希伯来文缩写，意为统一）以参加 1965 年大选。按照达成的协议，两党保持各自组织上的独立性，只在议会选举中和议会活动中采取一致行动，但自由运动党在加哈尔集团中居于主要地位。两党的联合加强了其在政治舞台上的影响力，作为反对党对劳工党形成了巨大的挑战。1970 年 8 月，加哈尔集团因在罗杰斯计划上与工党产生分歧，退出工党领导的民族团结政府，再次以反对党的面貌出现。1973 年大选前，自由运动党联合自由党、自由中心党（由 1967 年从自由运动党中分离出的一部分人建立）和国家党等民族主义政党组成利库德集团。利库德集团的基本纲领涉及内外两方面：对外主张对阿拉伯国家采取强硬政策，实现以色列对占领区的主权统治，支持被占领土上的

---

① Don Peretz and Gideon Doron, *The Government and Politics of Israel*, p. 109.

定居点建设，不承认巴解组织的合法性，坚决打击巴勒斯坦恐怖组织和恐怖行动；对内主张所有公民应享有平等的权利，反对国家对经济的过多干预，强调市场机制的重要性，鼓励私人资本的发展。应该说利库德集团的思想主张与工党相比更适应20世纪60年代末以色列社会发展的需要。

以色列建国前的新移民党在建国初期联合其他小资产阶级政党组成进步党，1961年，进步党与一般犹太复国主义党合并为自由党。自由党成员大多来自知识分子阶层和企业家阶层，反对国家对经济生活的干预，强调自由竞争、私人经济的重要性，反对以色列总工会的生产组织和社会服务方面的职能。1965年，自由党中的原进步党多数成员反对与自由运动党联合而单独组建独立自由党。独立自由党在内政和外交上比较接近工党，但其实力的下降导致党员纷纷脱离母党而加入工党、利库德集团和争取变革民主运动。

建国后的宗教政党仍是建国前四个宗教政党的延续：精神中心党、精神中心工人党、正教党和正教工人党。宗教政党在政治舞台上的力量相对稳定，较少出现分化组合的现象，它们主要关注与宗教事务相关的问题，很少涉及社会经济和民生问题。1956年，精神中心党和精神中心工人党合并建立国家宗教党，其基本主张是国家应该具有明显的宗教色彩，国家的立法应该建立在《圣经》和律法的基础之上，以色列的社会生活应该体现浓厚的犹太教精神和传统。1970年之前，国家宗教党在元老派领袖摩西·沙皮拉的领导下宗教和政治立场相对温和，与工党的关系比较融洽。沙皮拉去世后，党内少壮派的政治权威逐渐确立，立场和观点开始趋于激进，最终成为利库德的支持力量。以色列正教党作为非犹太复国主义政党，追求的最高目标是使以色列成为一个宗教国家，反对一切不符合《圣经》和宗教律法的立法。在社会生活中主张应按宗教律法规范犹太人的行为，反对宗教学校学生和妇女服兵役，严格遵守安息日规定，严格遵守犹太教饮食法规等。与正教党相比，正教工人党更为积极地参与国家的政治构建，参加了第一届至第三届和第九届至第十四届联合政府，认识到只有积极参与政府的工作，才能更好维护正教工人群体的利益，所以发挥了小党在政党政治中的补位功能。

3. 工党主导以色列政党政治

1948—1977年大选之前，以色列政党政治的突出特点是工党主导的多党政治格局。工党的主导性可以从第一届至第八届议会选举的选票分布得以证明，在 1949 年、1951 年、1955 年、1959 年、1961 年、1965 年、1969 年、1973 年的八次议会选举中，巴勒斯坦工人党在前五次大选中依次获得 46 席、45 席、40 席、47 席、42 席，工党在后三次大选中依次获得 45 席、56 席、51 席；利库德集团的前身自由运动党在前五次大选中依次获得 14 席、8 席、15 席、17 席、17 席，加哈尔或利库德集团在后三次大选中依次获得 26 席、26 席、39 席；宗教政党在八次大选中依次获得 16 席、15 席、17 席、18 席、18 席、17 席、18 席、15 席。① 这充分说明了工党在以色列政坛的主导地位。

上文所述，以色列法律制度的规定和多党民主制的政体使得议会中的最大政党很难构成议会的绝对多数，因此历次大选中获胜的工党必须与其他政党组建联合政府。1949 年大选后，本－古里安作为议会第一大党的领袖，负责组建政府。工党建立中左翼政府的努力在建国之初便遇到很大困难，一是左翼的统一工人党和中间派的劳工联盟拒绝参加政府，二是中产阶级政党一般犹太复国主义党不愿与工党合作，三是以色列共产党和右翼自由运动党被排斥在政府之外。经过与其他政党的协商、谈判，工党最终与宗教政党达成联合协议，同时吸收进步党和塞法拉迪党。所以说此间工党联合政府主要由温和派工党、中产阶级政党的左翼和持政治中立立场的宗教政党组成。第一届联合政府开创的工党与宗教政党联合执政模式，成为工党执政时期以色列政府组成的基本制度化模式，即以工党与宗教政党联合为主体，同时吸纳一些观点近似的小党组成的政府架构。这既保证了工党的主要执政党地位，又体现了宗教政党的主要合作伙伴作用，巩固了工党时期联合政府主体构成的稳定性和连续性。工党时期的联合内阁，虽因各种原因更替频仍，但工党与宗教政党的联合模式存在始终。② 尽管宗教政党和工党存在着意识形态的分歧，但犹太复国的使命感和社会政策的契合性使二者找到认同的基础，所以二者能够保持相当长时期的合作。"玛帕伊时代与宗教政党共同组建联合政府，不是出于权力共享的考虑，不是为了促进意识形态的加强，也不是为了实现社会计划，而是出于有计划的文化合作和协调的考虑。"③ 以色列学者多恩·叶海亚也指出："宗教

---

① 闫瑞松:《以色列政治》，西北大学出版社 1995 年版，第 284—286 页。

② 王彤主编:《当代中东政治制度》，第 585 页。

③ Asher Cohen and Bernard Susser, *Israel and the Politics of Jewish Identity*: *The Secular － Religious Impasse*, Baltimore: Johns Hopkins University Press, 2000, p. 37.

政党几乎永久性地参加联合政府并不是出于组建联合政府的算术考虑，而是反映了为控制教俗冲突而对合作共商模式的应用。"① 但工党显然是国家权力的强有力控制者，这主要表现在如下方面：一是工党是议会第一大党，拥有组织和领导联合政府的权力，与宗教政党的联合使其在议会中获得相对多数议席，因而能够操控政府的更迭和纲领的实施。二是工党在政府中举足轻重，其不仅掌握了总理、国防、外交、财政、农业、劳工、工商、交通和警察等部长职务，还通过一些诸如内阁集体责任制等行政措施约束联合政府的其他政党。三是工党利用其在地方各级政府官员中占绝大多数的有利条件以及与犹太工总的传统密切关系，将其影响深入到以色列社会政治生活的方方面面。②

随着以色列社会政治经济的发展变化，工党联合政府在保持基本政治格局的情况下，以色列政党政治也出现显著变化。首先，中产阶级政党右翼一般犹太复国主义党于1952年入阁。该党曾因反对工党的社会主义倾向没有参加工党主导的第一届到第三届联合政府。1952年2月，工党联合政府实行新的经济政策，包括货币贬值、用市场力量代替配给和控制来调节资源分配。一般犹太复国主义党认为这一政策符合他们的愿望，因而参加了工党联合政府，这一合作持续到1955年。此后该党与自由运动党结盟，为右翼政党集团的建立奠定基础。其次，中间派工人政党劳工联盟和左翼统一工人党自1955年起参加政府。1955年之前，这两个政党因其左翼立场不与温和派工党合作。1955年7月，第三次议会选举举行，工党作为议会第一大党于同年10月组织新政府。在这届政府中，劳工联盟和统一工人党成为工党的主要伙伴，经过在联合政府的合作共处，这些工人政党最终组成工党联盟。最后，右翼政党自由运动党与工党在1967年组建短暂的第一届民族团结政府。1967年六五战争前夕，自由运动党首次与工党实现合作，组建联合政府，此后以色列政坛右翼势力逐渐增强。六五战争结束后，由于工党对外政策更趋强硬，进一步弥合了与右翼集团的差距，因而自由运动党继续留在工党政府内，直到1970年8月。③

随着时间的推移，由于联合政府的不断变动和以色列复杂的内外局

---

① Reuven Y. Hazan and Moshe Maor eds. , *Parties Elections and Changes*：*Israel in Comparative and Theoretical Perspective*, London：Frank Cass，2000，p. 118.

② 王彤主编：《当代中东政治制度》，第588页。

③ 参见王彤主编《当代中东政治制度》，第591—592页。

势，使其政策日益右倾，工党自身的问题越来越多，党内少壮派与元老派的分歧导致政党分裂，佩雷斯和拉宾之间的权力斗争导致了政党凝聚力剧减，腐败问题和僵化统治造成其民众声望的下跌。工党在经过建国后十多年的相对稳定发展之后，从1965年开始虽然仍然主导联合政府，但其权力式微发展趋势日益明显，这主要表现在议会中所占议席的下降。1965年，尽管工党与劳工联盟组成小工党联盟，但其议席仅为45席，主要是由于工党分裂，造成一部分工党党员退出后组成以色列工人党单独参选，与劳工联盟合作后的工党也仅获得与过去单独参选时几乎相同的席位。1968年1月，工党、劳工联盟与以色列工人党联合成立以色列工党；1969年1月，以色列工党又与统一工人党合并成立工党联盟，但未能扭转其在议会选举中的颓势，仅获得56席。在1973年1月的议会选举中，工党获得51席，在随后联合政府的构建中，玛帕伊第一次失去对政府中三个最重要职位的控制：原劳工联盟的伊扎克·拉宾任总理，伊格尔·阿龙任外交部部长，拉菲党的西蒙·佩雷斯任国防部部长。1977年大选对于工党而言是颠覆性的灾难，工党仅获得32个议席，错失议会第一大党地位而丧失组阁机会，"这象征着主导政党地位的改变及传统的政治组织和政治架构的结束。"[1] 工党的右翼对手利库德集团第一次上台组阁，这标志着以色列政党政治进入两党博弈的新阶段。

三 利库德集团与工党竞争时期的政党政治

1977年大选使利库德集团成为议会第一大党，利库德集团作为执政党的成功和工党选举的失利"不仅仅是政府的更迭问题，而是以色列政治模式的一场革命。"[2] 在新的政治、经济和社会环境下，以色列的政党政治呈现新特征：以利库德集团和工党联盟为首的两大集团作为政治舞台的主角分庭抗礼，但相近选举优势使其摒弃分歧组建联合政府；中小党派尤其是宗教党派在政党政治中的平衡作用增强；新型小政党在以色列政坛不断涌现。首先，随着以色列内外环境的变化，工党联盟、利库德集团和

---

[1] Colin Shindler, *A History of Modern Israel*, Cambridge: Cambridge University Press, 2008, p. 145.

[2] Ahron Bregman, *A History of Israel*, p. 167.

宗教政党内部分化频繁。1977 年，以色列工党创始人摩西·达扬脱离工党以独立候选人身份参与大选，继之参加利库德集团首领贝京主导的政府并担任外交部部长。1983 年，独立自由党基于相似的内政外交政策加入工党联盟；因为反对工党联盟与利库德共建全国联合政府，统一工人党于1984 年退出工党联盟。1984 年，利库德集团重要领导人埃泽尔·魏兹曼因对本党强硬政策不满另立亚哈德党，并在大选后加入工党联盟。1988 年 3 月，为反对国防部长拉宾对巴勒斯坦人起义的镇压，阿拉伯裔工党议员达拉瓦西创立了阿拉伯民主党。随着马德里中东和会开启，工党内部的部分强硬派于 1991 年年底另立第三条道路党。频繁的分化组合使得工党已经背离建国之初的意识形态。就利库德集团而言，由于政见立场歧异而分化频繁。1979 年，部分反对西奈撤军的利库德成员脱党另立泰西亚党；1981 年，摩西·达扬因反对贝京在和平进程中的拖延搁置政策而另立泰利姆党（"Telem"，意为"全国变革运动"），达扬去世后泰利姆党又加入利库德集团；[①] 1984 年，埃泽尔·魏兹曼退出利库德建立亚哈德党；1995 年 6 月，利库德集团重要领导人戴维·利维由于内塔尼亚胡为首的阿什肯纳兹领导层歧视赛法拉迪人而另立桥党（"Gesher"）。频繁的分化在很大程度上虚弱了利库德集团的实力。其次，宗教政党在这一时期的分化组合呈现新态势。由于对国家宗教党领导层实施的歧视赛法拉迪犹太人政策的不满，摩洛哥裔犹太人阿哈伦·阿布 – 哈兹埃拉脱离国家宗教党另立泰米党。1983 年，国家宗教党又分化出独立的莫泽德党；次年该党与正教工人党合并为莫拉沙党。1984 年，大卫·格拉斯领导国家宗教党内部分成员加入工党。1992 年，一部分国家宗教党党员在耶胡达·阿米陶拉比领导下成立梅买特党。这些分裂导致国家宗教党自身实力的极大削弱。正教党派则在内部力量的分化组合中实力得以加强。1984 年选举前，拉比奥维迪亚·约瑟夫领导部分正教党成员另建沙斯党。1988 年，正教党中的立陶宛派又脱党组建圣经旗帜党。1992 年，正教党和圣经旗帜党联合组成圣经犹太教联盟（托拉犹太教联盟）。最后，这一时期新建许多中小政

[①]　Don Peretz and Gideon Doron, *The Government and Politics of Israel*, p. 109.

党。20 世纪 70 年代，梅厄·卡汉尼领导成立卡赫党①；1983 年，前总参谋长拉斐尔·埃坦领导成立超级鹰派政党佐梅特党（又称十字路口党）②，1988 年大选前，退役将军理查沃姆·西威领导建立另一个超级鹰派政党莫莱德特党（又称祖国党）。1992 年大选之前，由公民权利运动、统一工人党和变革党联合组成的梅雷茨③（又称民主以色列党）集团是此间规模较大的世俗左翼政党。政党组合分化情况对 1977 年以来以色列政党政治的演进产生重要影响。

1. 利库德集团上台执政

1977 年 5 月，以色列举行了第九届议会选举，共有 28 个政党参加，最终 22 个政党获得议会议席，其中利库德集团令人吃惊地获得 43 个议席而成为议会第一大党团，超过了建国以来一直处于执政党地位、仅获 32 席的工党联盟，打破了工党把持以色列政坛 29 年的格局，完成了以色列政治体制由工党主导的多党制向左右翼两大政党集团轮流执政或联合执政的多党制格局的转变。6 月 20 日，贝京联合全国宗教党、正教党和摩西·达杨组建第 18 届联合政府，贝京担任政府总理，在议会中获得 61 个议席的支持。以色列政坛由此进入工党与利库德集团分庭抗礼的时期。

贝京政府实施的诸多内政外交政策在政府成员内部引起严重分歧。1977 年 10 月 24 日，在大选前刚刚建立并在选举中获 15 个议席的"民主变革运动"加入贝京政府，但对贝京政府推行社会改革的举步维艰和和平进程的阻滞不前深表失望，"民主变革运动"成员纷纷退出联合政府，加入反对派的行列。外交部部长摩西·达杨由于不满贝京政府阻碍履行以埃和约中有关巴勒斯坦自治条款的行为于 1979 年 10 月提出辞职。1980 年 5 月，国防部部长魏兹曼（第一任总统哈伊姆·魏兹曼的侄子）因不满财政部部长霍尔维茨削减国防预算 10% 的计划提出辞职。1981 年大选

---

① 卡赫党是一个基于宗教虔信和种族主义的极端右翼政党，主张用暴力手段将以色列的阿拉伯人驱逐出去，支持定居点的建设，反对巴勒斯坦建国，反对犹太人移出以色列。1990 年卡汉尼去世后，又从卡赫党中分裂出卡汉尼组织。这两个极端右翼组织主张采取暗杀等极端手段将巴勒斯坦人从被占领土上赶出去。1994 年 3 月，以色列政府宣布禁止两组织进行任何政治活动。参见安维华等《以色列议会》，中国财政经济出版社 2005 年版，第 284 页。

② 该党主张对阿拉伯人实行强硬政策，赞成大以色列的发展目标；在经济上主张发展私人经济，国有企业私有化，削弱总工会的经济作用，反对国家干预经济。

③ 梅雷茨集团主张政教分离，反对宗教干预国家事务；在经济上主张实行开放性经济制度和福利国家制度；在中东和平问题上，比工党更具鸽派色彩。1992 年大选中获 12 个席位，成为议会第三大政党。

前，"民主变革运动"的创立者亚丁宣布辞职并解散了民主运动。1981年1月，财政部长霍尔维茨因反对教师工资增加计划而宣布辞职，随之有2名原拉菲党议员退出政府，结果导致贝京政府在议会中只剩下58个议席，不得不宣布提前举行第十届议会选举。

1981年7月9日，第十届议会选举结果揭晓，利库德集团与工党几乎势均力敌，利库德集团获得37.1%的支持率和48个议席；工党获得36.6%的支持率和47个议席。"这是第一次，两党在议会中的力量近乎相等的出现，获得了全部120个议席中的几乎100席，且小党在议会中丢失了选票和席位。"① 尽管二者差距不大，但"它无疑证明以色列政治生活的一个新时代正有条不紊地顺利前行，证明1977年的政治剧变不是一个偶发事件，而是工党主导以色列政治生活的结束。"② 这说明工党已不具备以前的一党独大的优势。这届议会大选，虽有31个政党参选，但最终只有10个政党进入议会。国家宗教党威望大跌仅获6席，正教党获4个席位，选举前刚从国家宗教党中分裂出的泰米党（"Tami"意为"以色列传统运动"）获3个议席。由于工党拒绝与利库德合作，拥有13个席位的宗教政党成为构建联合政府的关键。利库德集团在向三个宗教政党做出重大让步的前提下，构建了四党联合政府，勉强获得议会61个议席微弱多数的支持。贝京将一些超级鹰派人物招进政府并委以重任，伊扎克·沙米尔任外交部部长，阿里尔·沙龙任国防部长。这样的政治布局意味着新政府将在被占领土问题上采取更为强硬的政策，将再次把国家推向战争的泥潭，黎巴嫩战争即此政治布局的展演。1981年8月5日，贝京新政府公开表明要大张旗鼓地实施大以色列计划：一是强调对巴勒斯坦"自治"的诠释，认为所谓的巴勒斯坦"自治"既不是国家主权，也不是民族自决权，而是由以色列负责其安全的自我行政管理；二是强调在以色列土地上定居是一种权利，是国家安全不可分割的一部分，承诺要加强、扩大和发展定居点建设；三是强调绝不退出戈兰高地，将在恰当的时机在戈兰高地实施以色列法律。③ 这成为以色列鹰派政府施政的基调，随后采取对巴解组织的镇压血洗计划。为清除黎巴嫩境内的巴解组织，摧毁叙利亚设置在黎巴嫩贝卡谷地的地对空导弹基地并迫使驻黎巴嫩的叙利亚军队撤出，

① Bernard Reich, *A Brief History of Israel*, New York: Facts On File, 2005, p. 139.

② Ahron Bregman, *A History of Israel*, p. 195.

③ Bernard Reich, *A Brief History of Israel*, pp. 139 – 140.

在黎巴嫩扶植一个亲以色列的基督教政权，1982 年 6 月 4 日，以色列开始执行所谓的"加利利和平计划"，旨在摧毁黎巴嫩南部的巴解组织基地，摧毁贝卡谷地叙利亚的导弹基地，并完成对巴解总部所在地贝鲁特西区的包围。巴解组织几乎遭遇灭顶之灾，被迫撤出黎巴嫩而分散至周边 8 个阿拉伯国家。黎巴嫩战争在以色列和全世界引发大规模反战运动，议会内部也围绕这场战争展开激烈辩论，贝京政府摇摇欲坠。

1983 年 9 月 16 日，贝京政府在内外交困中陷入危机，贝京辞去总理职务。在贝京建议下，伊扎克·沙米尔被推选为利库德集团的领袖。10 月 10 日，沙米尔开始领导看守内阁，但此时的看守政府已深陷内政外交的危机中：在黎巴嫩难民营的大屠杀政策大失民心，应付黎巴嫩战争庞大的军费开支，沙米尔一意孤行的强硬政策使美以关系陷入僵局……反对党利用利库德政府的内外交困多次在议会举行"倒阁"运动，提议提前大选。1984 年 3 月 19 日，泰米党①退出政府，导致沙米尔政府成为议会中仅有 58 个支持席位的少数政府。3 月 22 日，议会通过表决决定提前举行议会大选。

2. 两大集团政党联合执政

1984 年 7 月，以色列举行第十一届议会的选举，26 个政党参与竞选，最终 15 个政党获得议会席位。利库德集团和工党再度平分秋色，工党获 44 个议席，利库德集团获得 41 个议席，13 个小党获得剩余的 35 席。此次大选呈现出一些新特点：一是刚成立不久的 6 个新党②（莫拉沙党、沙斯党、佐梅特、争取和平进步党、亚哈德党和奥梅茨党）进入议会；二是政党的分化组合特别突出，如部分国家宗教党成员脱党后与正教工人党组建莫拉沙党并在议会中获得 2 个席位；从正教党分离出的东方犹太人另立沙斯党并在议会中成功获得 4 个议席；由前参谋长拉斐尔·埃坦于 1983 年成立的超级鹰派政党佐梅特党在大选前与泰西亚党合并。这种政党林立的布局是以色列碎片化社会环境的真实写照，选举结果意味着大党对以色列社会的影响力和对政局的控制力明显减弱，小党林立、议席分散

---

① 1981 年国家宗教党拟定竞选名单时，前十位候选人中只有两位是赛法拉迪人。赛法拉迪人阿哈伦·阿布－哈兹埃拉坚持前十位中应安排五位赛法拉迪人，他本人应处于第二候选人的位置。遭拒绝后，阿布－哈兹埃拉领导建立了独立的泰米党，宣称代表正统犹太教赛法拉迪群体的利益。在 1981 年大选中，泰米党获 3 个议席，参加了利库德集团主导的联合政府。

② 参见阎瑞松《以色列政治》，第 186、187 页。

的局面也为联合政府的组建增加了难度。1984 年 8 月 5 日，以色列总统赫尔佐克授权以佩雷斯为首的工党联盟组阁。佩雷斯与利库德集团共同组建联合政府的建议遭到沙米尔拒绝后，着手与小政党谈判组建工党为首的联合政府，其较顺利地争取到公民权利运动、变革运动和亚哈德党的支持，但不足组阁所需的 61 席的最低标准。与此同时，利库德集团也进行了组阁的尝试，尽管得到沙斯党、泰西亚党的支持，但距离组阁所需的最低议席数仍很遥远。最终工党与利库德集团开始了组建工党和利库德集团全国联合政府的谈判，双方围绕着从黎巴嫩撤军问题、定居点问题和权力分配问题展开了激烈的辩论，9 月 13 日，双方最终签署组建全国联合政府的协议：佩雷斯和沙米尔轮流担任政府总理，前 25 个月佩雷斯先任总理，沙米尔任副总理兼外交部部长；后 25 个月，两人交换职务；内阁由24 名部长组成，拉宾始终担任国防部长。"一个由两位总理领导的全国联合政府的组建是以色列政治生活中的一项新试验。"[1] 有评论指出"两大政党所商讨的执政方式（轮流当总理）在以色列乃至世界议会史上前所未有"。[2] 第一届全国联合政府时期，尽管工党和利库德集团在诸多问题上存在严重分歧，且内阁危机时有发生，但最终还是成功延续到第十二届议会大选。

1988 年 11 月，以色列举行第十二届议会选举，共有 29 个政党参加竞选，15 个政党获得议会席位：利库德集团获得 40 席，工党获得 39 席，沙斯党获得 6 席而位列第三；此次选举中小党实力大增共获 41 席，其中四个宗教党共获 18 席。此间党派分化仍很明显，大选之前以色列正教党中的立陶宛派因与哈西德派的严重分歧而另立圣经旗帜党，在大选中获 2 个议席；1984 年参加莫拉沙党的原国家宗教党成员选举前重返国家宗教党；1984 年构建联合政府时加入工党的奥梅茨党大选前与泰米党并入利库德；亚哈德党加入工党；工党中的阿拉伯议员阿卜杜勒·瓦海卜·达拉瓦西因不满联合政府对巴勒斯坦起义的镇压，退出工党联盟组建第一个阿拉伯人政党——阿拉伯民主党。曾在 1981 年加入工党联盟的独立自由党于 1987 年退出联盟，独立参加大选；上届选举中加入泰西亚党的佐梅特党又独立参加选举并获得 2 个席位。选举前成立的莫莱德特党获得 2 个议

① Bernard Reich, *A Brief History of Israel*, p. 146.
② 阎瑞松：《以色列政治》，第 194 页。

席。大选刚一结束，利库德集团和工党联盟开始了各自组建联合政府的谈判。利库德联合了泰西亚、莫莱德特和佐梅特，工党联合了公民权利运动、变革党和统一工人党，但仍然达不到61个议席的最低组阁议席数，争取宗教政党成为两党努力的目标。宗教政党对两党提出颇为苛刻的要求，如沙斯党和全国宗教党要求得到利库德政府中教育部和宗教事务部部长的职位，以色列正教党则要求控制内政部；沙斯党和圣经旗帜党则向工党要求得到内政部、住房部、宗教事务部和劳工部部长的职位。在工党和利库德集团各自主导组建联合政府无望的情况下，利库德集团和工党重启组建全国联合政府的谈判。1988年12月19日，两党最终达成联合协议：沙米尔担任总理，佩雷斯担任副总理兼财政部长，拉宾担任国防部长，总理职位不再轮换。并特别规定，没有对方同意，两党均不得单独提出和平倡议，不得同巴勒斯坦组织谈判被占领土问题等。22日，沙米尔正式就任总理，新政府由利库德、工党、沙斯党和全国宗教党四个政党组成，共有26名部长，为历届政府之最。

　　早在11月15日利库德集团和工党组建联合政府期间，巴勒斯坦解放组织主席阿拉法特发表宣言，宣布建立巴勒斯坦国，承认以色列的生存权，接受联合国第242号、第383号决议，放弃恐怖主义活动，为打破中东和平进程的僵局提供契机。1989年刚上任的布什总统向以色列联合政府施压以重新启动和平进程。5月，以色列议会通过《关于在被占领土举行巴勒斯坦人选举的计划》。① 该计划遭到利库德内部超级鹰派利维、沙龙和伊扎克·莫达伊的强烈反对，沙米尔未经佩雷斯、拉宾等工党议员的同意，擅自将"继续建立定居点"、"选举要在巴勒斯坦人起义结束后进行"等内容加进计划。鉴于和平进程的停滞不前，美国国务卿贝克于同年10月提出巴以会谈"5点方案"，② 工党表示可以接受该方案，利库德

---

　　① 又称"沙米尔计划"，规定在被占领土举行巴勒斯坦人选举，以色列将与选出的巴勒斯坦代表团进行谈判，不同巴解组织谈判；实行5年过渡自治期，其间被占领土要避免暴力、威胁与恐怖活动，过渡期第三年开始就被占领土最终地位进行谈判；邀请埃及和约旦参加不同阶段的谈判，反对建立巴勒斯坦主权国家。

　　② 即"贝克计划"，主要内容：以色列代表团在埃及开罗会晤巴勒斯坦代表团；埃及方面与巴勒斯坦人商谈巴勒斯坦代表团组成事宜，埃及不代表巴勒斯坦代表团；以色列在认可巴勒斯坦代表团的组成后参加谈判；开罗谈判的中心议题是巴勒斯坦人的选举计划，巴勒斯坦人也可提出其他问题；美、以、埃三方在华盛顿会晤，为会谈做准备。Walter Laqueur and Barry Rubin eds. , *The Israel - Arab Reader: A Documenfary History of the Middle Ease Conflict*, New York: Penguin Books, 2001, pp. 367 - 368.

集团以该计划可能导致巴解组织间接参加会谈及巴勒斯坦代表团可能提出土地换和平的要求为由加以反对。1990 年 3 月 11 日，内阁会议讨论修改后的贝克计划，利库德集团仍继续寻找借口拖延，佩雷斯和拉宾等工党部长愤然退会。3 月 13 日，沙米尔宣布解除佩雷斯副总理职务，所有工党部长随之全部辞职。15 日，议会就工党提出的对政府不信任案投票，结果以 60 票对 55 票的多数通过，联合政府垮台。

1990 年 3 月 30 日，总统赫尔佐克授权佩雷斯组阁。工党随后争取到公民权利运动、统一工人党、变革运动、争取和平与平等民主阵线、争取和平进步党、阿拉伯民主党和以色列正教党的支持，在议会中的席位达 60 席；后经过努力又得到一名利库德集团议员的支持，在议会中的议席达到最低标准 61 席。然而在 4 月 4 日议会特别会议表决时，一名以色列正教党议员转而支持利库德集团，一名宣布退出议会，使得拟议中的工党联合政府流产。4 月 26 日，沙米尔受命组阁。利库德集团取得泰西亚、佐梅特、莫莱德特、沙斯党、全国宗教党和圣经旗帜党的支持后，在议会中所占议席达 60 席。在争取到一名以色列正教党议员和一名原工党议员的支持后，利库德集团在议会中的支持议席达到 62 席。6 月 11 日，沙米尔政府获议会通过，沙米尔任总理，利维任外交部部长，莫达伊任财政部部长，阿伦斯任国防部部长，沙龙任住房部部长，前总理贝京的女婿罗尼·米洛任警察部长，他们作为以色列政坛上著名的强硬派形成右翼色彩极浓的一届政府。在中东和平进程长足发展的情况下，右翼政府的政策严重阻碍了美国积极倡导的和平进程；而且政党为达到组阁目的而不择手段的行为也使民众对现行政治体制不满，以色列政治体制改革势在必行。

3. 工党再度主导联合政府

1992 年 1 月，马德里中东和会框架下的第三轮阿以会谈在华盛顿举行，此时巴勒斯坦代表团首次作为独立代表团同以色列代表团谈判并提出了巴勒斯坦自治方案，此举引发了以色列的政府危机，因为泰西亚党和莫莱德特党当初参加政府时一再声称，一旦政府与巴勒斯坦代表团谈判有关巴勒斯坦人自治问题就退出政府。所以当巴以和谈涉及该问题时，两党立即宣布退出政府，沙米尔政府在议会中成为少数，沙米尔总理无奈只好宣布下台，以色列议会宣布提前进行大选，这就使得第十三届议会选举提前举行。与此同时，以色列国内出现有关总理直选的呼吁。1990 年 3 月的联合政府危机及随后三个月内新一届联合政府组建过程中，大党与小党激烈的讨价还价和出尔反尔的背叛使得选举改革提上日程，要求政治改革的民众运动应运而生，部分学者、政治家倡导建立"政府改革运动"。5月，一份由501234人签名、要求改革的请愿书通过"政府改革运动"的领导人提交给赫尔佐克总统。9月，政府改革议案交由议会的法律、宪法和司法委员会审议。随后出台总理直选议案，利库德集团出于自身利益考虑拒绝总理直选议案，但是该议案得到工党和全国民众的支持。1992年3月，议会最终通过总理直选议案——《直选总理法》。[①] 由于《直选总理法》将在1996年实行，所以对1992年大选影响不大。

1992年6月23日，第十三届议会选举拉开帷幕，25个政党参加竞选，10个政党获得超过1.5%的选票而获得议会席位，工党获得44席，利库德集团获得32席，大选前由统一工人党、公民权利运动和变革党组成的梅雷茨集团获得12个议席，佐梅特政党获得8个议席，全国宗教党获得6席，沙斯党获6席，由以色列正教党与圣经旗帜党合并成的托拉犹太教联盟获4席，争取和平与平等民主阵线获3席，阿拉伯民主党获2席，莫莱德特党的3席。[②] 工党的选举优势打破了工党与利库德集团势均力敌的现状，工党组建以其为首的联合政府势在必行。

大选结束后，拉宾曾设想组建一个工党主导、左右翼平衡、宗教世俗平衡的范围广泛的联合政府。[③] 由于右翼党派的不合作，最终工党组建了包括梅雷茨集团和沙斯党的小型联合政府。出于对工党"土地换和平"

---

① 《直选总理法》也即修订的《基本法：政府》，或称《基本法：政府1992》。该法案主要涉及如下内容：第一，总理由选民直接投票选举。总理的选举一般与议会选举同时举行，选民要同时投两张选票，一张选举总理，另一张选举议会。总理的任期与议会任期相对应。第二，由10位议员或5万选民推荐即可获得总理候选人资格参加总理竞选。总理通过两轮多数规则选出，在第一轮选举中，获50%以上选票的候选人即可当选总理；如果没有候选人获得半数以上有效选票，则在得票最多的两个候选人之间进行第二轮选举，得票多者为总理。第三，由于死亡、弹劾、丧失行为能力和外出访问等原因出现总理职位空缺时，可由一位议员部长代行总理职务。第四，当选总理在选举结果揭晓之后45天内组建内阁，如不能按期完成，将重新进行总理选举。内阁中部长的数量不得多于18个，不得少于8个，其中半数必须是议会议员。第五，对政府的不信任投票必须达到议会议员投票的绝对多数才能生效（即至少达到61席）。伴随不信任投票的通过，政府垮台，议会也随之解散。如果只是政府辞职而议会不解散，必须得到议会至少80%议员的投票支持。第六，新法案将在1996年第十届议会选举时正式执行。Asher Arian and Michal Shamir eds., *The Elections in Israel*, *1996*, New York: State University of New York Press, 1999, pp. 279 –311.

② 转引自王彦敏《以色列政党政治研究》，博士学位论文，南开大学，2012年，第153页。

③ Bernard Reich, *A Brief History of Israel*, p. 172.

原则和中东和平进程的成效的认可，阿拉伯民主党和争取和平与平等民主阵线支持工党组阁，但为了弱化联合政府的左翼色彩，拉宾并没有邀请这两党加入联合政府。1992 年 7 月 13 日，议会以 67∶53 的多数票批准了拉宾领导的新政府及施政纲领。拉宾新政府由 16 名部长组成，12 名工党部长，3 名梅雷茨部长，1 名沙斯党部长。其中拉宾任总理兼国防部部长、社会福利部部长和宗教部部长，佩雷斯任副总理兼外交部部长，梅雷茨的领导人舒拉米特·阿洛尼任教育部部长，沙斯党领导人阿耶·德里任内政部部长。新政府保证立即推动和平进程的发展；停止在被占领土上大规模兴建定居点，将资金用于促进经济发展的各项目建设；改善与美国关系。工党再度组建以其为首的联合政府预示着以色列内外政策的新变化。拉宾政府将推动和平进程作为重现工党昔日辉煌的重要手段，开启巴以、叙以之间和平谈判的新阶段，经过艰苦的磋商谈判，1993 年 9 月 13 日，以色列总理拉宾、巴解组织领导人阿拉法特和美国总统克林顿在美国白宫南草坪举行了举世瞩目的巴以和平协议——《以色列和巴勒斯坦解放组织：临时自治安排原则宣言》（《加沙——杰里科首先自治协议》，或称《奥斯陆协议》）[①] 的签字仪式。9 月 23 日，以色列议会就该协议进行议会表决，尽管遭到利库德、佐梅特、莫莱德特、全国宗教党和托拉犹太教联盟的强烈反对，但最终以 61 票赞成、50 票反对、8 票弃权的结果通过（1 人缺席）。1994 年 5 月，拉宾与阿拉法特在埃及开罗共同发表《关于实施加沙——杰里科自治原则宣言的最后协议》，约定以色列军队撤出加沙——杰里科，以色列政府将分阶段向巴解组织移交约旦河西岸和加沙地带的行政权力。7 月，阿拉法特和巴解组织领导机构从突尼斯移至加沙地带，筹建巴勒斯坦自治政府。1995 年 9 月，经过多次的激烈争论和磋商，巴以双方在埃及塔巴又达成《巴以关于西岸和加沙地带历史协议》，规定巴勒斯坦自治范围将扩至西岸 30% 的地区，以色列军队将在 6 个月内撤出除希伯伦外的约旦河西岸 6 座城市。[②] 尽管巴以和谈获得突破性进展，拉宾政府的努力也获得全世界的赞誉，但来自利库德集团和右翼党派的压

---

① 该协议主要内容为结束双方敌对和冲突，努力实现和平共处，遵守并积极推进双方商定的政治进程；在加沙和杰里科成立一个巴勒斯坦临时自治机构，过渡期为五年；不迟于过渡期第三年年初，就巴勒斯坦最终地位问题进行谈判，内容涉及耶路撒冷、难民、定居点、边界、与周边国家关系及经济合作等方面问题。

② Ahron Bregman, *A History of Israel*, p. 252.

力使得工党主导的联合政府步履维艰。1995 年 11 月 4 日，拉宾被犹太极右分子暗杀身亡，副总理西蒙·佩雷斯担任工党联合政府总理直到 1996 年大选后利库德集团再次上台执政。

4. 小党实力的跃升

1996 年 5 月 29 日，以色列第十四次议会大选提前举行。由于《直选总理法》首次实施，因而这次选举无论是在选举的安排上，还是在选举形式和结果方面都明显区别于以往选举。在这次选举中，选民一方面要从佩雷斯或内塔尼亚胡两名候选人中选出新总理，另一方面通过投票选出各党在议会中议席。在历史上的首次总理直选中，内塔尼亚胡以 1501023 对 1471566 票的微弱多数（50.5% : 49.5%）战胜佩雷斯。[1] 第十四届议会选举结果是 11 个政党进入议会，工党获得 34 席，利库德—桥党—佐梅特联盟获得 32 席，沙斯党获得 10 席，国家宗教党获得 9 席，托拉犹太教联盟获得 4 席，纳坦·夏兰斯基领导成立的新政党"以色列移民党"获得 7 席，第三条道路党获得 4 席，梅雷茨党获 9 席，和平与平等民主阵线和阿拉伯联合名单共获 9 席，祖国党获 2 席。[2] 此次大选结果呈现出传统大党选票减少、力量减弱，部分小党选票增加、力量增强的特征，议会的议席分布更加分散。尽管利库德集团面临工党的挑战，但内塔尼亚胡很快与沙斯党、国家宗教党、托拉犹太教联盟、以色列移民党和第三条道路党达成妥协，组建了新一届联合政府并于 6 月 18 日获得议会通过。新政府设立 18 个部，大卫·利维任外交部部长，伊扎克·莫迪凯任国防部部长，丹·莫里多尔任财政部部长，纳坦·夏兰斯基任工业和贸易部部长，艾利·苏萨任内政部部长。内塔尼亚胡一直努力塑造新型总理和政府的形象，宣称政府是由民众直接选举的总理领导的政府，不再是由议会选举结果所决定的政府和总理，因而具有更强的政治合法性。然而，内塔尼亚胡政府仍然面临中东和平进程等问题的困扰，伴随着内部反对派对政府施政纲领的不满而相继退出，导致联合政府所占议席大量减少。1998 年 1 月，外交部部长大卫·利维由于和平进程等问题与内塔尼亚胡的矛盾加深，率桥党退出内阁，[3] 这严重影响了内塔尼亚胡政府的稳定。工党、梅雷茨党因不满内塔尼亚胡政府的内外政策而发起不信任投票，1998 年 12 月 21

---

① Ahron Bregman, *A History of Israel*, p. 254.

② 本数据根据相关网站和报刊对 1996 年大选结果的报道总结概述得出。

③ Bernard Reich, *A Brief History of Israel*, p. 191.

日，议会通过了解散议会、提前大选的议案。

1999 年 5 月 17 日，第十五届议会选举和总理直选提前举行。在十五届议会选举之前，上届议会议员中约有 1/4 的人脱离原党，或另立新党，或参加其他政党，如利库德集团中就有 13 位议员退出。① 尽管有利库德领导人内塔尼亚胡、工党领袖巴拉克、从利库德中分离出来并在大选前刚刚成立的中间路线党候选人伊扎克·莫迪凯、前利库德领导人本雅明·贝京和以色列阿拉伯人代表阿兹米·比沙拉竞选总理，但巴拉克最终以 56.08%∶43.92% 的明显优势战胜内塔尼亚胡。此次议会选举共有 33 个政党参与，② 最终 15 个政党进入议会：工党在联合桥党和梅买特党后以"一个以色列"名义参加大选，仅获得 26 席；利库德集团获得 19 席，沙斯党获得 17 席，梅雷茨党获得 10 席，变革党、中间路线党、以色列移民党各获得 6 席，国家宗教党、托拉犹太教联盟、阿拉伯联合名单各获得 5 席，以色列家园党与全国联盟党各获得 4 席，争取和平与平等民主阵线获得 3 席，全国民主联盟获得 2 席，一国党获得 2 席。选举结果表明传统两党集团的得票数下降明显，以色列议会呈现出"大党不大、小党不小"的议会格局，增加了巴拉克组阁和执政的难度。巴拉克经过艰难的谈判最终建立了一个较广泛的联合政府，包括工党的自然合作伙伴梅雷茨党和中间路线党，以及右翼的以色列移民党、沙斯党、国家宗教党和托拉犹太教联盟，这些政党在议会占据 75 个席位。为了协调各党的政治诉求，巴拉克甚至改变 1992 年修订的《基本法：政府》中关于内阁部门限额的规定，将部长人数由 18 人增为 24 人，副部长从 6 人增为 8 人。巴拉克宣称"根据具体情况的要求增加部长岗位的设置是必不可少的，就这一点而言，当初直选总理的立法者并没有预见到。"③ 尽管巴拉克总理做出诸多让步，但社会中广泛存在的内外压力使得联合政府的运行异常艰难，教俗矛盾和利益争端成为入阁各政党纷争的焦点。巴拉克打算启动的"社会公正计划"谋求宗教与政治生活脱离，但由于沙斯党的强力反对而不了了之。当巴拉克政府与叙利亚、巴勒斯坦积极接触，努力推进和平进程的纵深发展，但遭到入阁政党的反对和退出，致使联合政府动荡不安。2000

---

① 张倩红：《以色列史》，人民出版社 2008 年版，第 444 页。

② 安维华等：《以色列议会》，中国财政经济出版社 2005 年版，第 237 页。

③ Gideon Doron and Michael Harris, *Public Policy and Electoral Reform: the Case of Israel*, Lanham: Lexington Books, 2000, p. 83.

年 12 月 8 日，内外交困的巴拉克决定辞职；10 日，正式向总统提出辞呈；19 日，议会表决决定 2001 年 2 月 6 日举行只选总理、不选议会的大选。

2001 年 2 月 6 日的总理直选是在巴勒斯坦人起义爆发、巴以暴力不断升级的背景下举行的，选举被视为巴拉克和平政策与沙龙强硬政策之间的大对决，结果沙龙以 63.3%：37.7% 的明显优势战胜巴拉克成为第六任总理。① 3 月 7 日，沙龙组建包括 26 名部长、15 名副部长的史上最大政府，这 41 名正副部长来自利库德、工党、沙斯党、以色列家园党、全国联盟、以色列移民党、一国党和拉宾女儿达利亚领导的、从中间路线党中分离出来的新道路党等 8 个政党，新政府获得议会 72 个议席支持。全国联合政府的成功组建反映了以色列在面对不安全的外部环境时的凝聚力。超级鹰派沙龙的上台使得阿以冲突愈演愈烈，沙龙政府的暴力镇压政策使得矛盾更为尖锐，缺乏安全的外部环境影响了以色列国内的经济发展和经济投入。2002 年 10 月 30 日，沙龙政府就 2003 年度 570 亿美元的预算案进行讨论表决，国防部长本雅明·本－埃利泽要求在用于西岸和加沙地带定居点的财政拨款中削减 1.45 亿美元用于增加教育经费和养老金等社会计划。② 遭沙龙拒绝后，本雅明·本－埃利提出辞职，随之佩雷斯率全体工党部长退出政府。11 月 5 日，颇为自信的沙龙宣布解散议会、提前大选。11 月 11 日，以色列议会决定提前举行大选。

2003 年 1 月 28 日，以色列迎来第 16 届议会大选，这是取消直选总理制度之后的第一次大选，结果利库德获得 38 席，工党获得 19 席，变革党获得 15 席，沙斯党获得 11 席，代表和维护阿拉伯人利益的三个政党共获得 8 席，以色列家园党与全国联盟党联合参选获得 7 席，国家宗教党获得 6 席，梅雷茨党获得 6 席，托拉犹太教联盟获得 5 席，一国党得 3 席，以色列移民党获得 2 席。③ 此次选举体现了以工党为首的左翼政党的挫败，这源于以色列民众对于安全形势的关注和对中东和平进程前景的不信任。沙龙认为只有国内各派别的精诚合作和联合才能应对国家所面临的危机，所以力主组建全国联合政府，尤其是与工党联合。由于米纳兹领导的工党的严词拒绝，再加上变革党与极端正教党（沙斯党、托拉犹太教联盟）

---

① Bernard Reich, *A Brief History of Israel*, p. 218.
② Ibid., p. 239.
③ 各政党所占议会议席数根据相关资料和网站信息统计得出。

势不两立，最终沙龙领导的利库德集团与变革党、国家宗教党和全国联盟党组建了占有议会 68 席的联合政府。国防部部长、财政部部长和外交部部长分别由利库德集团的默法兹、内塔尼亚胡和沙洛姆担任，沙龙的挚友、前耶路撒冷市市长埃胡德·奥尔默特担任工商部长并在沙龙外出期间代行总理职务，变革党的拉皮德担任副总理及司法部部长、波拉兹任内政部部长；以色列移民党的夏兰斯基任不管部部长，主要负责耶路撒冷事务、社会问题和流散犹太人问题。沙龙政府针对形势确定本届政府的工作要点：一是恢复经济增长和繁荣；二是解决巴以冲突，强调巴方结束暴乱、终止恐怖袭击和选择新的领导人是恢复巴以谈判的前提条件；三是完成制定一部宪法，该宪法既要明确以色列作为一个犹太国家的特征，也要确保个人的各项自由权利；四是公正合理地就谁是犹太人问题拿出解决方案，以满足大规模涌入的移民的需要。① 这些问题的解决伴随着左右翼之间和世俗与宗教之间的激烈冲突与较量，时刻威胁着沙龙政府的稳定。2005 年 8 月 15 日，以色列正式执行单边行动计划，大规模从加沙撤离犹太人定居点，此举使沙龙政府遭遇来自各方面的压力。11 月 9 日，工党举行内部选举，摩洛哥裔工党领导人阿米尔·佩雷茨击败 82 岁高龄的工党元老佩雷斯担任新一任工党主席。② 10 日，佩雷茨宣布领导工党部长退出联合政府。12 日，鉴于利库德内部的分歧日益严重，身为利库德主席的沙龙宣布退出另建前进党，前进党的成立预示着以色列政治舞台中间派力量的壮大。11 月 21 日，沙龙做出解散议会、提前大选的决定。30 日，具有工党 60 年党龄的佩雷斯宣布退出工党随后加入沙龙领导的前进党。2005 年 12 月 8 日，议会决定于 2006 年 3 月 28 日举行第 17 届议会选举。然而，沙龙于 12 月 18 日遭遇第一次中风；2006 年 1 月 4 日再次中风后丧失行为能力，随后埃胡德·奥尔默特代行总理职务，并被确定为总理候选人参加第 17 届议会选举。

　　2006 年 3 月 28 日，第 17 届议会选举如期举行，31 个党派参加选举，12 个党派获得议席进入议会，具体情况如下：前进党 29 席、工党－梅买特 20 席、利库德集团 12 席、沙斯党 12 席、以色列家园党 11 席、全国联盟－全国宗教党 9 席、养老金领取者联盟 7 席、托拉犹太教联盟 6 席、梅

---

① Bernard Reich, *A Brief History of Israel*, p. 249.

② *Jerusalem Post*, November 9, 2005.

雷茨党 5 席，阿拉伯联合名单、争取和平与平等民主阵线和全国民主联盟共得 9 席。① 5 月 4 日，奥尔默特组建了由前进党、工党、沙斯党和养老金领取者联盟组成的联合政府，该政府虽然在议会获得 67 个议席的支持，但由于各政党施政纲领和立场歧异，因而内部分歧和冲突频繁。日益恶化的安全环境、经济形势和复杂的外交环境给新政府提出严峻挑战，奥尔默特决定加强联合政府的力量。2006 年 10 月 30 日，阿维格多·利伯曼领导的以色列家园党应邀加入联合政府，这使联合政府在议会中增至 78 席。2007 年 5 月底，担任国防部长的工党领袖佩雷茨由于在黎巴嫩战争中的决策失误威信大为降低，以致在工党内部选举中被淘汰，巴拉克再次当选为工党主席。6 月，西蒙·佩雷斯接替卡察夫当选以色列第 9 任总统。8 月，内塔尼亚胡在利库德内部选举中重新成为党主席，这为其再次成为政府领导人奠定基础。2008 年 1 月 16 日，副总理兼以色列战略部部长阿维格多·利伯曼辞职，以色列家园党随之退出奥尔默特领导的联合政府，致使政府的议会支持席位由 78 席减至 67 席。联合政府面对巴以冲突、第二次黎巴嫩战争和加沙战争的冲击而不能给予民众足够多的安全保障，民众的诉求和期望必将通过选举表现出来。

2009 年 2 月 10 日，以色列第 18 届议会选举正式举行，33 个政党参与竞选，最终 12 个政党进入议会：前进党 28 席、利库德 27 席、以色列家园党 15 席、工党 13 席、沙斯党 11 席、托拉犹太教联盟 5 席、全国联盟党 4 席、阿拉伯联合名单 4 席、争取和平与平等民主阵线 4 席、全国民主联盟 3 席、犹太家园党（原全国宗教党）3 席、梅雷茨党 3 席。② 内塔尼亚胡接受佩雷斯的授权进行艰难的组阁谈判。最初内塔尼亚胡力图建立一个民族团结联合政府，22 日、23 日先后向前进党和工党发出联合组阁的申请，前进党主席利夫尼和工党主席巴拉克都予以拒绝。3 月 31 日，内塔尼亚胡以右翼势力为基本班底、与工党达成组建联合政府的协议，本届政府设 23 位部长，6 位副总理。工党的入阁加剧了内部分裂，2011 年 1 月 27 日，时任国防部长的巴拉克突然宣布辞去工党主席职务，带领其他 4 名工党议员另建独立党，继续留在执政联盟内。工党其他 3 名部长和另外 5 名议员退出执政联盟。工党的分裂进一步削弱以色列执政联盟中的

---

① 数据根据 2006 年大选的新闻资料统计得出。
② 根据国内外相关报刊、网站的相关数据汇总得出。

中左派力量，将会导致以色列政府在巴以和平进程中的立场更趋强硬。

2013年1月22日，第19届以色列议会选举提前举行，这是现任总理本雅明·内塔尼亚胡在2012年11月29日联合国大会6719号决议将巴勒斯坦国在联合国的地位由联合国观察员实体升格为非会员观察员国后面临的第一次选举。结果利库德集团获得31席，亚里尔·拉皮德领导的、成立不久的未来党获得19席，工党获得15席，犹太家园党获得12席，沙斯党获得11席，圣经犹太教联盟获得7席，齐皮·利夫尼领导的运动党获得6席，力量党获得6席，联合阿拉伯名单–阿拉伯运动复兴党获得4席，和平与平等民主阵线获得4席，巴拉德党获得3席，前进党仅获得2席。[①]经过一个多月的组阁谈判，最终内塔尼亚胡与中间派政党未来党等达成协议，成功组建第三次联合政府内阁。利库德集团和工党议席的减少、议席在小党中相对分散使得以色列政党政治呈现出大党式微、小党跃升的局面，以色列政党政治呈现更为明显的碎片化趋向，这也意味着联合政府的组建更为困难，意识形态之间的分歧将会逐渐淡化。

以色列政党政治是在特定历史条件下形成的，是犹太文化与西方政治制度相整合的产物。移民社会的多元性、巴以冲突的外部环境和犹太国家的民族宗教属性对以色列政党政治产生了重大影响。以色列政党政治经历了从工党主导到工党与利库德两大政党集团竞争对峙再到小党实力跃升的多元主义政党格局的发展历程。由于以色列建国伊始就推行单一选区比例代表制度，这种选举制度在保障以色列民主体制的同时，带来一系列诸如民众缺乏政治责任心、议员与选民脱节、政党化的官僚盛行等问题，甚至被视为以色列政治制度的最大弱点之一，所以以色列在1992年推行总理直选制度，但却使得以色列政坛更加碎片化：党派数目大幅度增加，议席呈分散化趋势，内阁危机频仍，大党的优势减弱，宗教政党成为大党不变的联合或依赖对象，小政党发挥不可或缺的重要平衡作用。当前，尽管政党分化组合明显，但单一比例代表制保证了以色列的多党民主政治体制能够在现行的政治框架下正常运行，并成为中东地区民主化程度最高的国家，但其碎片化的发展趋势也使得以色列政党政治的逐步调整将成为一种必然。

---

① 根据大选后相关网站、媒体的统计数据汇总得出。

第三编　中东宗教政党政治的演变

第一章　土耳其伊斯兰政党角逐国家政权

凯末尔威权政治的施政纲领和自上而下的社会经济改革举措，构成凯末尔时代现代化发展的基本线索和主要内容，精英政治的排他性决定民众政治参与的受限制性，伊斯兰政党在凯末尔时代绝无可能。第二次世界大战后，民主化进程的开启为民众通过民主程序参与政治提供了可能，建立在多党制基础上的政党政治和议会政治，构成土耳其共和国政治民主化进程的外在形式。在多党制议会选举的历史条件下，诸多政党极力争取宗教群体的选票支持，许多带有宗教色彩的政党逐渐涌现，伊斯兰政党借助民主政治的有利环境应运而生，现代伊斯兰主义者随之登上土耳其政治舞台。从20世纪50年代起，从民主党放松对世俗主义的诸多限制到伊斯兰政党角逐国家权力，为伊斯兰势力的政治崛起提供有利时机；20世纪80年代以来，土耳其政坛的分化组合，为繁荣党的兴起提供了绝佳机会；21世纪以来，现代伊斯兰主义的历史转型为正义与发展党寻求"伊斯兰＋民主"的现代化模式提供可能。伊斯兰政党参与角逐国家政权，将更多的边缘群体纳入国家政治核心，标志着民众政治参与的进一步扩大。正义与发展党的成功不仅为中东其他伊斯兰国家提供范本，而且为现代伊斯兰主义指明发展方向。

一　伊斯兰政党的成立及参与联合政府

1. 多党民主制的开启与宗教政党的初见端倪

凯末尔时代的共和人民党一党制统治限制了伊斯兰政党的存在。"二战"后随着多党民主制的开启，土耳其政坛出现了一系列政党，部分政党带有鲜明的宗教倾向。1945—1950年间先后成立的24个政党中有8个政党纲领中涉及伊斯兰教主题，成立于1945年的民族复兴党在强调教育政策中传统价值的同时，主张建立一个伊斯兰世界联盟；成立于1946年的社会正义党支持穆斯林世界联盟的成立；农民党、净化和保护党以及伊斯兰保护党都强调保护伊斯兰传统和民族价值；成立于 1947 年的土耳其保守党和成立于 1949 年的土地、财产和自由企业党在纲领中提出促进伊斯兰事业的发展；成立于 1948 年的民族党强调宗教改革以及宗教道德和价值在社会生活中的作用，结束国家对宗教组织的控制，在中小学引入宗教课程；① 成立于 1951 年的伊斯兰民主党宣称"当我们手捧古兰经，带来福祉和欢乐的太阳将会升起，信众们要团结起来组建自己的政权"。② 虽然这些政党以宗教为口号提高民众号召力，但并没有在国家政治生活中发挥重要作用，即使民族党拥有杰出领导人和得到新闻界的支持，但在 1950 年大选中仅得到 800 万张选票中的 240209 张和大国民议会中的一个席位，③ 这说明此间宗教并不是决定选民选举意向的首要因素，选民也不愿意将票投给那些只承诺给予宽松宗教环境而方针政策并不明确的政党。④ 但这些政党对伊斯兰原则的强调在一定程度上冲击了凯末尔的世俗主义纲领，预示着一党制格局的变化。下面以民主党、正义党为例来说明政党对伊斯兰教的政治性利用，其为建立真正的伊斯兰政党奠定基础。

一是民主党对宗教的政治性利用，这在一定程度上刺激了土耳其的文化伊斯兰复兴。民主党在 1946 年的政纲中指出："宗教绝不能成为在不同信仰的公民之间播种纷争的借口，自由的观念绝不能被盲从的狂热主义所侵袭"。⑤ 在 1950 年大选中，民主党利用伊斯兰教激发了农村居民的政治参与热情。在 1951 年科尼亚的民主党大会上，民主党成员甚至要求恢复戴面纱、费兹帽、阿拉伯语。⑥ 鉴于民主党的以上表现，国内学界多将民主党上台后的宗教政策作为土耳其伊斯兰复兴的起点，但就本质而言，民主党的宗教政策并没有突破共和人民党的框架，更多体现的是一种政治性应用，而非主观着眼于宗教复兴；并且在施政纲领方面民主党成员以不违反凯末尔的世俗主义原则为前提，拜亚尔在 1949 年的民主党大会上宣称

---

① Binnaz Toprak, *Islam and Political Development in Turkey*, p. 75. 另见 Şerif Mardin, "Tukey Isalm and Westernization", in Carlo Caldarola ed., *Religion and Societies: Asia and the Middle East*, Berlin: Mouton, 1982, pp. 182 – 183。

② Birol A. Yesilada, "The Virtue Party", in Barry Rubin and Metin Haper eds., *Political Parties in Turkey*, London and Portland: Frank Cass, 2002, p. 63.

③ Binnaz Toprak, "Islam and Democracy in Turkey", in Ali Çarkoḡlu and Barry Rubin eds., *Religion and Politics in Turkey*, London and New York: Routledge, 2006, p. 29.

④ Binnaz Toprak, *Islam and Political Development in Turkey*, p. 75.

⑤ Mehmét Yaşar Geyikdaḡi, *Political Parties in Turkey: the Role of Islam*, p. 79.

⑥ Binnaz Toprak, *Islam and Political Development in Turkey*, p. 84.

民主党是世俗主义的政党，绝不利用宗教实现政治目的，反对一切旨在宗教复兴的运动。[1] 民主党的高层反对党内利用宗教实现政治目的的狂热成员，例如一名民主党地方领导人在 1950 年大选胜利后组织一次欢迎拜亚尔到其政党选举司令部访问的欢迎仪式，包括祭牲仪式和宗教赞美诗，拜亚尔对此颇感失望，强调说宗教仪式属于清真寺，他的政府不允许公开的宗教狂热表示。[2] 另外，民主党还对伊斯兰极端主义者进行严厉镇压，如1951 年通过的一项法律规定任何攻击阿塔图尔克本人和阿塔图尔克主义的人将被治罪，据此提加尼教团成员被判处监禁，其领导人皮拉夫奥鲁谢赫被判处 15 年监禁，余生被流放到爱琴海。著名的伊斯兰知识分子纳西普·科萨库日科因为一篇发表在《伟大的东方》上的文章而以损害世俗主义的指控被判处 9 个月监禁。在 1953 年 3 月 4 日的新闻发布会上拜亚尔声称："在关闭了左派的报纸和杂志之后，我们又取缔了许多右翼报纸……所有政党都不能利用宗教达到政治目的……如果政党在政治角逐中利用宗教，国家将会趋向灾难，我们必须警惕政党再犯这样的错误。"[3]但是，在民主党上台后极力强化民众的文化归属感和民族主义意识，试图将本土文化整合进世俗政治中，并将宗教课程纳入世俗教育的范畴。除了恢复阿拉伯语宣礼和允许通过电台播放古兰经，还加大对清真寺修建和宗教教育的投资力度，伊玛目－哈提普学校的数量、规模和学生人数在民主党执政时期都有了很大发展，这在一定程度上刺激了文化伊斯兰复兴。

20 世纪 50 年代后半期，由于国内对民主党的不满与日俱增，民主党开始热衷利用伊斯兰教作为政治动员和抚慰不满的工具，甚至和一些宗教组织结盟。在 1957 年的竞选宣言中，曼德勒斯承诺建造更多的清真寺和古兰经学校，使伊斯坦布尔成为第二个克尔白，并谴责共和人民党在一党制时期对伊斯兰教的忽视。[4] 此时宗教问题又成为曼德勒斯政府和反对派之间冲突的焦点，民主党的地方组织热衷讨论宗教事务，例如在 1957 年的科尼亚政党大会上，宗教成为发言者的主要论题，一些代表开始在议会内部对共和人民党开展强劲攻击。克尔谢希尔省的一名伊玛目因被指控利用宗教布道进行有助于民主党的政治宣传而被判有罪，但政府寻求特赦导

---

[1]　Binnaz Toprak, *Islam and Political Development in Turkey*, p. 73.

[2]　Ibid.

[3]　Mehmét Yaşar Geyikdaği, *Political Parties in Turkey: The Role of Islam*, p. 81.

[4]　Binnaz Toprak, *Islam and Political Development in Turkey*, p. 82.

致共和人民党的反对，认为民主党包庇犯法者，利用宗教扩展自己的政治基础，在双方的激烈争论下，政府最后让步放弃特赦，这说明民主党不会因包庇伊斯兰势力而损害其政治利益。1959 年，严重的经济停滞和通货膨胀促使民主党领导人开始利用宗教吸引民众的支持，民主党借曼德勒斯飞机事件来夸大曼德勒斯作为真主的选民形象，一个代表团甚至指出，1950 年曼德勒斯被人民选出，被拜亚尔总统任命为总理，但 1959 年事件后，是被真主选为总理；另一个代表团甚至宣称这个事件证明了国家领导人是由真主和先知选派的，民主党各地分支机构通过组织献祭仪式和诵读古兰经来感念真主拯救了曼德勒斯的性命。民主党的态度引起军方和其他世俗主义者的反对，最终成为引发 1960 年政变的重要因素。

民主党对伊斯兰教的态度被反对派视为对凯末尔世俗主义的背离，虽然民主党首次给予伊斯兰教和传统文化合法地位，但很多措施以共和人民党的政策为基础，所以在民主党的统治中，伊斯兰教并不是主导意识形态而是作为安那托利亚的文化传统而加以应用。民主党统治的十年使得边远的农民群体纳入国家现代化建设之中，构成伊斯兰复兴运动的重要力量；从国家主义到自由市场经济的过渡，使得从乡村到城市的移民浪潮开始启动，为将传统纳入城市以强化伊斯兰复兴运动的纽带提供重要保证；相对宽松的政治环境和对伊斯兰教的应用也在客观上为伊斯兰复兴运动提供了可能。但是民主党对伊斯兰教的应用是工具性和机会性的，而不是真正地沿着民主自由的轨迹来改变凯末尔世俗主义的发展轨迹。民主党执政后期逐渐遭到凯末尔政权的遗老和军方的反对，因为随着私有化运动的进行，他们的生活水平和社会地位逐渐下降，加上民主党的集权和专制以及与努尔库运动的紧密联系，使得军方的失望加剧。所以共和人民党、军方和世俗主义知识分子联合发动了 1960 年政变，而非单纯的宗教复兴导致此次军事政变的发生，而且军方也认识到宗教仍然是民众日常生活的组成部分，古尔塞勒将军指出："那些认为宗教导致我们落后的观点是错误的……我们落后的原因不是宗教而是由于某些人出于个人的目的对宗教的错误解释，伊斯兰教是世界上最神圣的、最有建设意义的、最具活力的宗教。"① 于是军方政府在政变后的 1961 年宪法中保障了公民的宗教信仰自由、礼拜

---

① M. Hakan Yavuz, "The Return of Islam? New Dynamics in State – Society Relations and the Role of Islam in Turkish Politics", in Reza Shah – Kazemi ed., Turkey: The Pendulum Swing Back, London: Islamic World Report, 1996, p. 79.

和接受宗教教育的权利。20 世纪 60 年代，诸多政党对伊斯兰教的利用呈现出全新的发展面貌。

二是正义党对伊斯兰教的政治性利用，这为伊斯兰政党的出现提供可能。正义党作为一个右翼政党和民主党的继承者，其对伊斯兰教的利用是在德米雷尔担任政党领导人之后，彼时正义党强化对下列事实的宣传：德米雷尔来自一个名叫伊斯帕塔（Isparta）的小村庄，其父亲曾经到麦加朝觐，在家里每天都会念诵古兰经,[①] 正义党的宗教色彩逐渐浓厚。德米雷尔声称正义党将与极端意识形态特别是共产主义思想做斗争；给予伊玛目－哈提普学校的毕业生接受高等教育的机会；满足在国外工作的劳工及其家人的宗教和受教育的需要；与阿拉伯和伊斯兰国家建立真正的友好关系；赞同宗教和思想自由的基本原则，并对政党纲领进行调整，如调整后的第 17 条规定："除了经济发展，我们也相信道德发展……我们所理解的世俗主义并非亵渎神灵或对宗教持怀疑态度。"[②] 在经济政策方面，要以私人企业、外国援助、自由主义和与西方的紧密联系为基础，加快资本主义发展;[③] 强调要从国有经济转向私人经济、由小规模的传统生产方式向大规模的现代生产方式过渡，这就使新生社会阶层的出现成为可能。但是正义党并没有赤裸裸地利用宗教，1965 年大选前夕，正义党的标志由一本写着字母"A·P"的打开的书变成了一匹白马，在选民的眼中，书象征着古兰经，A 指安拉，P 指先知，白马则是前民主党的象征。正义党这样做是因为认识到将目标对准前民主党的选票要比直接对准宗教选票有利得多。[④] 这说明正义党极力避免刺激敏感神经，而力图寻找一种相对平和的选举纲领。但在 1965 年大选中，萨德丁·比勒季齐宣称："宗教是一种现实的需要，世俗的国家并不意味着公民坚持无神论，反对宗教狂热的最有效方式是产生高素质的教界人士，……必要的是实质性地返回到传统，我不认为伊斯兰教阻碍了进步。"[⑤] 这仅代表个人意见。正义党最终在此次大选中获得巨大成功，赢得 52.9% 的支持率和 240 个议席。在一

---

①　Joseph S. Szylionwicz, "The Turkish Elections：1965", *The Middle East Journal*, Vol. 20, No. 4, Autumn 1966, pp. 481 – 482.

②　Mehmét Yaşar Geyikdaği, *Political Parties in Turkey：The Role of Islam*, p. 99.

③　Walter F. Weiker, *The Turkish Revolution 1960 – 1961：Aspects of Military Politics*, pp. 94 – 95.

④　Feroz Ahmad, *The Turkish Experiment in Democracy, 1950 – 1975*, p. 377.

⑤　Mehmét Yaşar Geyikdaği, *Political Parties in Turkey：The Role of Islam*, p. 98.

年后的参议院选举中，德米雷尔指出土耳其精英对伊斯兰教和伊斯兰传统的仇恨被世俗主义所掩盖，土耳其选举不能以世俗主义为借口而限制宗教自由，宣称自己是穆斯林或引用真主语言被视为对宗教的政治性利用的提法值得商榷，因为这种说法和宗教的政治性利用或蒙昧主义毫不相干，每一个土耳其穆斯林都应该骄傲地宣称自己是穆斯林。① 这说明尽管许多政党在竞选中利用伊斯兰教，但选民们似乎更关心自己的实际利益而不是政党的宗教倾向，因而利用伊斯兰教进行政治动员只是获得支持的一个方面，当政党的其他条件旗鼓相当时，选民则倾向于支持那些对伊斯兰教采取灵活态度的政党，如果一个世俗主义政党在经济层面给予较多承诺，则选民就会投票支持它，而非是那些空有宗教口号而在经济方面毫无建树的政党。当然在伊斯兰政党出现之后，其所倡导的不仅仅是宗教作用，还有社会正义等方面的政策，对反对资本主义的边缘化人群具有较强的吸引力。正义党对宗教的态度并不能与其吸引农民的基本诉求相隔离。尽管该政党在公众观念中对伊斯兰教持同情态度，但针对其对手的指控——其是一个宗教反对派政党，其在选举中的成功主要是对无知民众的宗教感情的不计后果和煽动性利用的结果——也并不能严肃看待。……这种指控不仅忽略了正义党领导权的世俗属性，而且也忽略了该党所成功诉诸的谋生之道的物质主义属性。②

正义党为了延续其选举成功，除了继续对伊斯兰活动进行经济资助外，延续民主党与苏非教团合作的政策，特别是保持与努尔库运动的合作关系。努尔库运动成员支持正义党是因为在赛义德·努尔西曾经预言一位来自伊斯兰科伊（Islamkoy）的名叫素莱曼的孩子将会领导土耳其社会，他们相信正义党的领导人素莱曼·德米雷尔是预言中的孩子。③ 德米雷尔曾经说："正义党需要这样一个国家，在这里军营、学校和清真寺远离政治……尊重公民的宗教信仰和宗教实践。难道文明等同于无神论、道德沦丧、文化衰退和无受限制行为？因为宗教组织是在国家框架内，穆斯林希

---

① Binnaz Toprak, *Islam and Political Development in Turkey*, p. 93.

② W. B. Sherwood, "The Rise of the Justice Party in Turkey", *World Politics*, Vol. 20, No. 1, October 1967, pp. 58 – 59.

③ Birol A. Yesilada, "The Virtue Party", p. 64.

望国家完成宗教功能，这些问题源于国家不能满足民众的宗教需要。"① 并提出颇有煽动性的"中间偏右，通向真主"的口号。但是正义党的伊斯兰政策很少与资本主义发展和现代化政策冲突，可以说其对伊斯兰教采取双重态度，在政治层面坚持世俗主义，尽力排斥伊斯兰教对政治、经济发展的负面影响；在社会层面，将其视为个人的道德和艺术追求，例如德米雷尔是第一个将总理的星期五聚礼制度化的土耳其总理，以鼓励在党内履行传统主义的职责。② 正义党与努尔库运动之间的关系主要围绕选举支持而开展，并非是想改变共和国的世俗性质，因此正义党并非是伊斯兰政党，这使其既能获得世俗主义者的支持，又能赢得边远省份的认可。正义党的麦赫迈特·图尔古特（Mehmet Turgut）曾经指出，就宗教态度而言，正义党与共和人民党没有区别，然而共和人民党忽略了对宗教界人士的教育，这必须加以纠正，教界人士必须像教师或工程师那样接受培训，否则教界人士与教师之间的冲突将不可避免。"我们必须回复最初的传统，我并不认为伊斯兰教是阻碍进步的，只是由于麦德莱斯的衰落造成迷信盛行阻碍了进步，我们的纲领是将宗教与这些迷信区别开来。"③ 虽然在某种意义上正义党实现了宗教角色的合法化，但正义党的宗教政策遭受严密监视。随着20世纪六七十年代的快速城市化和工业化，正义党努力将其定位为中右政党而非伊斯兰政治实体，所以并没有偏离世俗主义的发展方向，这种传统也延续到后来的祖国党。但由于没有实现对农民的承诺，与军方的关系没能保持良性发展，经济发展也没有达到预期目的，国内各种问题远没有解决，1971年3月12日，军方发动备忘录政变，推翻德米雷尔领导的联合政府。这说明尽管伊斯兰教被不同政党加以利用，但世俗主义仍然是政党不能突破的"雷区"。

2. 伊斯兰政党的出现及政治纲领

第二次世界大战后，土耳其的经济战略调整与民主化进程同步进行，多党民主制的开启使得进口替代的经济模式逐渐取代国家主义对土耳其经济的主宰，民主制的发展和经济模式的转换带来社会阶层的重新分化，

---

① Omer Taspinar, *Kurdish Nationalism and Political Islam in Turkey: Kemalist Identity in Transition*, London and New York: Routledge, 2005, p. 132.

② Avner Levi, "The Justice Party, 1961 – 1980", in Metin Heper and Jacob M. Landau ed., *Political Perties and Democracry in Turkey*, p. 141.

③ Mehmét Yaşar Geyikdaği, *Political Parties in Turkey: The Role of Islam*, p. 99.

相对宽松的政治环境使土耳其意识形态呈现多元化的色彩，这都为伊斯兰政党提供经济社会基础。埃尔巴坎在提出一系列政治伊斯兰主义思想之后，通过伊斯兰政党将其思想意识付诸实践，开启了土耳其伊斯兰政党政治的大幕。

在左右翼意识形态激烈斗争的政治环境中，以埃尔巴坎为首的倡导伊斯兰道德的右翼派别逐渐在土耳其政坛崭露头角，建立独立政党的呼声越来越强烈。1969 年大选后，几位颇具影响力的伊斯兰主义者[①]在正义党参议员艾哈迈特·陶斐克·帕克苏（Ahmet Tevfik Paksu）家中会晤，密谋成立土耳其历史上第一个伊斯兰政党——民族秩序党，规定党徽为一只指向天园的手。[②] 部分纳格什班底教团和努尔库成员参与民族秩序党的筹建工作，如来自科尼亚的纳格什班底教团成员埃尔巴坎，努尔库成员艾哈迈特·帕克苏，纳格什班底教团的前议会成员艾克萨（Aksay）等。1970 年 2 月 8 日（另一说是 1 月 26 日[③]），民族秩序党正式成立，党的领导人在成立大会上宣称将伊斯兰教作为宣传的工具和手段；党内激进分子甚至高呼"安拉至大"的口号，鼓吹"重振宗教道德"，反对"狂热的自由主义"，主张"重建"以教法为基础、由宗教学者治理的伊斯兰国家。[④] 政党纲领赞成社会正义、维护思想自由、强调宗教教育的必要性，赞扬宗教事务局和其他宗教机构的工作，并为这些机构要求全面的行动自由；反对为政治目的利用宗教。[⑤] 民族秩序党主要代表安那托利亚地区民众的利益，由宗教保守派和小商人控制领导权；通过建立与各地宗教领导人的联系而设立分支机构，成立招募委员会来吸引各地宗教界颇有名望的人物，并吸收伊玛目、穆安津和清真寺的其他官员加入招募委员会；[⑥] 在安那托利亚地区构筑巨大

---

① 这些伊斯兰主义者包括 Hasan Aksay、Mustafa Yazgan、Arslan Topcubasi、Osman Yuksel Serdengecti、Ismail Hakki Yilanoglu。

② Birol A. Yesilada, "The Virtue Party", p. 65.

③ Ihsan Yilmaz, "State, Law, Civil Society and Islam in Contemporary Turkey", *The Muslim World*, Vol. 95, April 2005, p. 401. 又见 Jacob M. Landau, *Exploring Ottoman and Turkish History*, London: C. Hurst & Co. Ltd., 2004, p. 143。

④ John Voll, *Islam: The Continuity and Change in the Modern World*, Boulder: Westview Press, 1982, p. 202.

⑤ Jacob M. Landau, *Radical Politics in Modern Turkey*, Leiden: E. J. Brill, 1974, pp. 190 – 191.

⑥ Ayse kudat, "Patron – client Relations: the State of the Art and Research in Eastern Turkey", in Engine D. Akarli and G. Ben – Dor eds., *Political Participation in Turkey: Historical Background and Present Problems*, Istanbul: Bogazici university publixations, 1975, pp. 61 – 87.

的组织网络。民族秩序党试图将宗教纳入文化复兴的范畴以抵制西方文化的影响，强调民族道德意识的重建，认为只有土耳其民族文化道德得以复兴，才能在技术方面赶上西方。强调土耳其民族、伊斯兰教与历史的内在联系；强调民主制度，反对"利用世俗主义原则作为迫害宗教的手段"，声称"离开思想和信仰的自由，民主政权将无法存在"。民族秩序党主张恢复伊斯兰教作为官方意识形态的神圣地位，实施伊斯兰教法，重振伊斯兰道德；主张限制土耳其的大商业资产阶级，抵制西方资本主义。①

民族秩序党对伊斯兰教明目张胆的倡导，对建立伊斯兰国家的呼吁，对西方式现代化的批评既刺激了现代化进程中被边缘化的人群对正义、权利和自由的追寻，又引起以凯末尔捍卫者自居的军方和官僚阶层的不满。1971 年 1 月 14 日，宪法法院援引土耳其宪法第 2、19、57 条以及土耳其政党法第 92、93、94 条之规定，判定民族秩序党企图"寻求恢复神权政治秩序"，② 将其判定为非法政党。宪法法院还引用埃尔巴坎在 1970 年发表的演讲作为与宪法抵触的证据，"对于民族秩序的信众而言，应该在懊悔的旗帜下集中起来，在安拉的名义下加入民族秩序党，顺从民族秩序具有复杂的含义，那些理解伊斯兰之意者应该承认自己生活在无知愚昧之中，承认自己的行为是错误的。"③ 不久，民族秩序党被取缔。1972 年，埃尔巴坎的亲密战友素来曼·阿瑞夫·艾默瑞（Suleyman Arif Emre）创建民族拯救党，该党继承了民族秩序党的衣钵，并很快在 67 个行政区中的 42 个和近 300 个乡村建立分支机构。④ 在民族秩序党被取缔之前离开土耳其前往瑞士的埃尔巴坎在 1973 年大选后回到土耳其，取代艾默瑞担任民族拯救党领导人。民族拯救党步入政坛标志着伊斯兰政党参与政治的正式开始。

3. 民族拯救党参与联合政府

20 世纪 70 年代初期，土耳其陷入经济危机、社会动乱和政治不稳定状态。1971 年 3 月 12 日，土耳其军方发动备忘录政变，德米雷尔领导的联合政府被推翻。3 月 19 日，尼哈特·埃里姆受命组建所谓的"智囊团"

---

① Binnaz Toprak, *Islam and Political Development in Turkey*, pp. 98 – 99.

② Nilufer Narli, "The Rise of the Islamist Movement in Turkey", p. 39.

③ Elizabeth Özdalga, "Necemettin Erbakan, Democracy for the Sake of Power", in Metin Heper and Sabri Sayari eds. , *Political Leaders and Democracy in Turkey*, Lanham: Lexington Books, 2002, p. 130.

④ Binnaz Toprak, *Islam and Political Development in Turkey*, p. 99.

政府，但受军方控制的埃里姆总理作为不大，被迫在 1972 年 4 月 17 日辞职。随后苏奈总统授权费立特·梅林组建正义党、信任党、共和人民党三党联合政府。这种社会政治环境为倡导政治稳定和工业化的民族拯救党参与联合政府提供有利条件。1973 年 10 月 14 日，土耳其举行大国民议会选举。共和人民党获得 33.3% 的支持率和 186 个议席；正义党获得29.8% 的支持率和 149 个议席；初次参与大选的民族拯救党获得 11.8%的支持率和 48 个议席。① 共和人民党和正义党都未达到单独组阁的法定议席，联合政府便成为必然选择。由于正义党拒绝与其他右翼政党组成联合政府，于是法赫里·科鲁蒂尔克总统要求埃杰维特组建新政府。左翼倾向的共和人民党将联合组阁目标指向民族拯救党，因为二者在社会基础、道德价值和经济诉求方面有着一定的相似性。② 民族拯救党面对复杂的社会、政治、经济形势，并没有直接提出建立伊斯兰国家，而是希望通过在现行政治框架内分享政治权利而实现政治意愿的明确表达，这顺应了时代发展要求。尽管大部分民族拯救党议员和政党内部高层反对与共和人民党组建联合政府，但埃尔巴坎认为参与政府将有助于强化政党的政治合法性，坚决主张与共和人民党组建联合政府。1974 年 1 月 26 日，共和人民党和民族拯救党联合政府成立，埃尔巴坎担任副总理，民族拯救党成员分别担任正义部、内务部、商业部、农业部和工业部部长以及宗教事务局和原子研究部的副职，而外交部、国防部、教育部和财政部由共和人民党控制。中左与右翼政党组建联合政府在土耳其还是头一次，这充分说明政党政治是基于国家治理和政党利益，而非将泾渭分明的意识形态作为政治取向的唯一标准。2 月 2 日，联合政府向大国民议会提交政府纲领，2 月 7日，以 237 票赞同、136 票反对、2 票弃权的投票结果通过了新政府纲领。③

民族拯救党入主联合政府之后，政治理想在施政实践中得以贯彻，以法律形式确认了伊玛目－哈提普学校与普通高级中学同等地位；矗立在伊斯坦布尔广场的裸体塑像被担任内务部长的民族拯救党成员发布命令拆

---

① Mehmét Yaşar Geyikdaği, *Political Parties in Turkey: The Role of Islam*, p. 97. Freoz Ahmad, *The Turkish Experiment in Democracy, 1950 – 1975*, p. 352.

② Feroz Ahmad, "The Republican People's Party: 1945 – 1980", in Metin Heper and Jacob Landau eds., *Political Parties and Democracy in Turkey*, p. 111.

③ Mehmét Yaşar Geyikdaği, *Political Parties in Turkey: The Role of Islam*, p. 107.

除；商业部长以外来游客腐化土耳其民众的道德为由拒绝签署政府建造旅游度假圣地的申请；内务部长宣称国家不应该制造酒类而应该代之以类似物如果酱等；规定只有毕业于高等伊斯兰教育机构或者伊玛目－哈提普学校的学生才有资格在世俗学校教授宗教课程；埃尔巴坎主张在政治和经济方面与阿拉伯国家接近，先后拜访沙特和其他伊斯兰国家，开创高层次国家间交流。所有这些带有鲜明伊斯兰色彩的政策遭到共和人民党的反对，造成联合政府步履维艰。1974 年 5 月中旬，大国民议会通过赦免法案，20 名民族拯救党成员加入反对派阵营，使联合政府处于尴尬境地。此时埃杰维特由于在塞浦路斯危机中的英雄行为声望日隆，其试图借助自身声望单独组阁，9 月 18 日，埃杰维特宣布辞去总理职务，共和人民党——民族拯救党联合政府解体；11 月 13 日，法赫里·科鲁蒂尔克总统任命参议员沙迪·艾尔马克组织新政府，新政府纲领于 11 月 24 日在议会中公布，但该纲领于 11 月 29 日以 358:17 的投票结果被否决。12 月 18 日，四个右翼政党正义党、民族拯救党、共和信任党和民族行动党组建祖国阵线联盟。由于艾尔马克的新政府纲领未获议会通过，法赫里·科鲁蒂尔克总统要求埃杰维特组织新政府却遭到拒绝，继而要求德米雷尔组织政府，祖国阵线联盟予以支持。1975 年 4 月 1 日，德米雷尔向总统提交了新政府名单并获得批准，新政府的 3 位副总理由祖国阵线联盟的其余三党领导人担任，4 月 12 日，大国民议会以 222:218 的微弱优势通过德米雷尔政府，第一届祖国阵线政府宣告成立。

在参与 1975—1977 年德米雷尔领导的祖国阵线政府的过程中，民族拯救党作为联合政府的配角，政治纲领大多停留在书面上。由于努尔库运动成员强烈反对民族拯救党与共和人民党组建联合政府，坚决反对联合政府通过的赦免法，结果在民族拯救党的党代会期间，埃尔巴坎将努尔库运动成员排斥出政党领导核心，于是在 1977 年大选前夕，具有努尔库运动背景的 16 名议员宣称将不再作为民族拯救党的议员代表参加竞选。[①] 结果民族拯救党在 1977 年大选中仅仅获得 8.6% 的支持率和 24 个议席。由于第一大党共和人民党未能达到单独组织政府议席数，又未能找到联合组阁的对象，于是以德米雷尔为首的第二届民族阵线政府成立，民族拯救党再次入主联合政府；但由于国内严重的政治、经济危机，联合政府不久便宣告垮台。

---

① Elizabeth Özdalga, "Necemettin Erbakan: Democracy for the Sake of Power", pp. 131－132.

1978 年 1 月，埃杰维特与独立人士组建联合政府，但仅仅维持到 1979 年 10 月 16 日。1979 年 11 月，德米雷尔组织了受民族拯救党、民族行动党和独立派支持的少数派政府，这届政府最终被 1980 年军事政变推翻。

纵观 70 年代民族拯救党参政的整个过程，可以明确知道民族拯救党虽被界定为伊斯兰政党，但显然也在利用宗教实现其政治目的。根据民族拯救党领导人的话语及其支持者的行为判断，其确有诱导其他人出于政治目的操纵宗教的嫌疑。但是民族拯救党主要成员并不公开反对国家的世俗主义，对公共主权、议会民主、政治多元主义、人权和个人自由等观念持赞赏态度，所以说民族拯救党并没有突破土耳其宪法和政党制度所能允许的活动范围。从 1973—1978 年民族拯救党三次参与联合政府来看，其较好发挥了多党民主政治中政治平衡的砝码作用。民族拯救党是土耳其共和国成立后第一个获准参政议政的伊斯兰政党，它的成功表明宗教势力正式回归土耳其政治舞台。伊斯兰政党是土耳其民主化的产物，是民众政治参与扩大的必然结果，是土耳其实行多党制以来政治民主发展的逻辑结果。但是伊斯兰政党并没有阻碍土耳其的政治民主化进程，相反其在解放乡村民众、推进土耳其中东部地区的现代化发展方面做出重要贡献。但在政治伊斯兰复兴的初级阶段，伊斯兰政党处于边缘化地位，主要通过参与联合政府实现政治目标，这就决定其对社会影响的有限性和实践纲领的受制约性。

二 伊斯兰政党的发展与主导联合政府

1. 20 世纪 80 年代的政治形势与繁荣党的基本纲领

1980 年 9 月 11—12 日夜，军方在总参谋长埃夫伦将军的领导下发动军事政变掌握国家政权。12 日，埃夫伦将军通过广播和电视公布军事干涉的原因：土耳其处于严重的危机之中；无政府状态、恐怖行为和分离主义已造成每天 20 人的伤亡，具有共同宗教信仰和民族价值的土耳其公民由于政治分歧被分成敌对阵营，"我们的宪法明确规定，土耳其公民不能因为宗教信仰而被歧视，然而我们的政党却为了自身的利益而激起派系分立，这是自阿塔图尔克时代已经被忽略了的，由于政治分歧导致我们的公民在埃尔祖鲁姆、锡瓦斯、卡赫拉曼马拉什、通杰利、乔鲁姆等省份发生派系冲突"。① 所以军方接管政权是结束这种局面的唯一选择。在合法政府成立之前，土耳其的立法和行政权暂时由陆海空最高司令以及警察部队最高领导人组成的国家安全委员会负责，埃夫伦将军统领土耳其全局。埃夫伦承诺将尽快把政权交付自由的、民主的、世俗的政府，并在政权移交之前制定新宪法、选举法和政党法。9 月 21 日，由布伦特·乌鲁苏将军任总理的新政府成立，随后该政府在军方的监管下通过《宪法》、《政党法》和《议会选举法》，依据法律对政变后的国家秩序进行整饬。当新法律尘埃落定、政治动荡归于平静时，军方决定恢复民主统治。1982 年 11 月，通过无记名投票，埃夫伦当选为土耳其第七任总统。1983 年 5 月，国家安全委员会废除政党禁令，15 个政党先后成立，但只有平民党、祖国党和民族民主党得到军方允准参加随后举行的大选，其他新成立的政党在国家安全委员会的严格审查下被排斥出 1983 年大选。1983 年 11 月 6 日，大选如期举行，民族民主党、平民党和祖国党分别赢得 23.2%、30.4% 和 45% 的支持率，最终祖国党获得 212 个议席，平民党为 117 席，民族民主党为 71 席。② 祖国党的"意外"胜出让军方措手不及，但还是接受民众的选择，祖国党最终得以单独组阁，这表明土耳其已经回到多党政治的轨道上来。

　　1980 年军事政变后上台的将军们非但没有排斥伊斯兰教，反而采取措施强化伊斯兰教在国家中的地位。理查德·塔普指出：在 1980 年军事干预之后，政府的态度发生变化，……但对严格世俗主义的偏离得到重新活跃的苏非教团和来自国外的伊斯兰资金的支持，促进了宗教教育基础设施的投入，增加对宗教事务局的财政预算。③ 此时军方认为伊斯兰教比共产主义威胁小得多，伊斯兰乌玛是遏制左翼力量的万全之策，所以努力将伊斯兰教纳入治国方略中。军方领导人在土耳其知识分子协会的帮助下起草"土耳其—伊斯兰一体化"的文化报告，指出家庭、清真寺和兵营是土耳其的支柱，这三个支柱将会创造一个强大的、统一的、和谐的国家。显然军方着眼于利用宗教和传统纽带来取得社会稳定和民族统一，通过

---

　　① Mehmét Yaşar Geyikdaǧi, *Political Parties in Turkey: the Role of Islam*, p. 137.

　　② Feroz Ahmad, "The Turkish Elections of 1983", *MERIP Reports*, Vol. 122, March/April, 1984, p. 3.

　　③ Richard L. Tapper ed., *Islam in Modern Turkey: Religion, Politics and Literature in a Secular State*, London and New York: I. B. Tauris, 1991, pp. 10 – 11.

"土耳其—伊斯兰一体化"思想来强化土耳其人的认同和统一，通过建立一种将奥斯曼、伊斯兰和土耳其文化有机结合的意识形态为其执政提供合法性论证。理查德·塔普强调说"这种一体化的目的是集权而不是建立伊斯兰国家，在这里宗教仅被视为文化和控制社会的核心，将宗教在教育系统而非政治系统内得以扶植。"[①] 这种政策被随后执政的祖国党所秉承和坚守，祖国党内的伊斯兰力量主张将穆斯林文化、道德和经济发展结合起来，党内的自由派和亲伊斯兰势力组成"神圣同盟"要求将"土耳其—伊斯兰一体化"思想作为国家主导意识形态，强调宗教在国家教育制度内作为社会黏合剂的作用，这种新的官方意识形态解决了长期存在的伊斯兰教在国家中的角色问题。所以在祖国党的执政实践中，伊斯兰教与自由化思想较好地结合起来，这为后来的繁荣党廓清发展方向，也使土耳其伊斯兰力量能够在民主框架范围内而非诉诸恐怖暴力来实现自己的目的。

1983年7月19日，阿里·图克曼（Ali Turkmen）整合前民族拯救党的领导层与社会基础组建繁荣党。由于繁荣党将边缘化的商业阶层和工人阶级带到同一个阵营以使他们团结在共同的伊斯兰意识周围，推崇不同于传统民族主义和社会主义的社会正义思想，使伊斯兰意义的社会正义不仅在意识形态领域得以明确表达，而且发挥了国家在福利功能缺失处的替代物，因而获得广泛支持。在福利国家衰落、收入分配形势恶化、持续的高膨胀率和不断存在的政府腐败的谣言背景下，政治伊斯兰的平民主义诉求成功地团结了那些失去政治认同的人以及那些在全球化时代新自由经济模式的受益者。[②] 繁荣党出于参与政治的需要，制定一系列区别于其他政党的纲领来争取民众支持，但是这些纲领带有明显的理想主义色彩。繁荣党强调民族独立、民族意识和民族利益，倡导"解放、民主意识和民族跃进"等基本纲领;[③] 强调自由民主的政治原则，主张建立多元法律，保证个人自由。卢森·查科尔（Rusen Cakir）指出："繁荣党既不是'亲沙里亚'的，也不是民主的，因为它是按照自己方式行事的，是沙里亚与民

---

① Richard Tapper ed. , *Islam in Modern Turkey*: *Religion*, *Politics and Literature in a Secular State*, p. 16.

② Ziya Öniş, "The Political Economy of Islamic Resurgence in Turkey: The Rise of the Welfare Party in Perspective", *Third World Quarterly*, Vol. 18, No. 4, September 1997, pp. 743 – 766.

③ 哈全安:《中东国家的现代化历程》，第141页。

主的混合。"① 繁荣党主张实行自由市场经济体制，建立公正的经济制度和社会秩序，减少政府干预，鼓励自由竞争，加速私有化，反对资本主义垄断，支持农民和地方小项目的建设，保护劳动者的福利和权益，缩小贫富差距，实现地区发展的平衡，捍卫土耳其的民族利益，谋求民众的最大利益。在1993年的党代会上，埃尔巴坎指出支持公正经济秩序的目标是道德发展、保护环境、清除腐败、行政分权、促进私有企业的发展和减少国家对经济活动的干预。② 所以有学者指出繁荣党公正秩序的构想旨在解决非伊斯兰政治环境中相关问题的解决方案，在现行的制度框架内只能徒劳无功。因而繁荣党不是一个伊斯兰政党，而是一个带有伊斯兰特征的政党。③ 在外交政策领域，繁荣党主张以维护民族独立和民族利益为宗旨确立外交战略，要求土耳其退出北约组织，停止加入欧洲关税同盟和参与欧洲一体化进程，在伊斯兰世界发挥领导作用，联合穆斯林兄弟国家与欧美抗衡。在宗教文化方面，繁荣党主张以伊斯兰精神来教育国人，呼吁政府加强宗教教育，大力兴建清真寺，恢复伊斯兰优良传统，遵循伊斯兰生活方式和道德准则，反对饮酒，禁止通奸，严惩偷盗，打击卖淫贩黄，强调必须以伊斯兰伦理道德来重建土耳其社会，这些都与前伊斯兰政党一脉相承，并且这些举措也是祖国党政府所坚持和推行的，所以说繁荣党在继承伊斯兰政党的基础上进行了顺应时代发展需要的创新。

2. 繁荣党参与选举及主导联合政府

由于军方的压制与反对，成立不久的繁荣党未能参加1983年大选。1987年，祖国党政府通过修宪解除禁止1980年政变前诸政党领导人参政的禁令，随后埃尔巴坎接任繁荣党领导人并参加1987年大选，但仅仅获得171742张选票和7.16%的全国支持率，④ 由于没能超过10%的门槛限制，未能在议会中获得任何席位。在1989年的市政选举中，繁荣党的支持率上升到9.8%，但仍未能突破10%的门槛限制。1991年大选前，埃尔巴坎和阿尔帕斯兰·突尔克斯的民族工人党、阿库特·艾迪巴利（Aykut Edibali）

① Ergun Özbudun, *Contemporary Turkish Politics*: *Challenges to Democratic Consolidation*, p. 88.

② Haldun Gulap, "Political Islam in Turkey: the Rise and Fall of the Refah Party", *The Muslim World*, Vol. 89, No. 1, January 1999, p. 27.

③ Ahmet Yıldız, "Politico – Religious Discourse of Political Islam in Turkey: The Parties of National Outlook", *The Muslim World*, Vol. 93, April 2003, p. 197.

④ Sabri Sayarı and Yılmaz Esmer, *Politics, Parties and Elections in Turkey*, pp. 190 – 191.

的改革民主党组成选举联盟，试图通过联合力量获得议会 100—150 个席位，以挑战中右政党——祖国党和正确道路党，最终三党选举联盟获得 16.8% 的支持率和 62 个议席，其中繁荣党议员获得 40 席，但意识形态的迥异使他们缺乏持久联合的基础，该选举联盟不久解体。在 1994 年 3 月 27 日的地方选举中，繁荣党赢得 19.7% 的支持率以及 28 个省的 327 个市长职位，其中包括安卡拉和伊斯坦布尔两大城市。在 1995 年大选中，繁荣党获得 21.38% 的支持率，赢得议会 550 个席位中的 158 席，一跃成为土耳其第一大党。奇莱尔的正确道路党、耶尔玛兹的祖国党、埃杰维特的民主左翼党、巴伊卡尔的共和人民党都赢得相应席位，民族行动党和左翼的人民民主党由于没有突破 10% 的门槛限制而没能进入议会。

1995 年大选结果令朝野震惊。德米雷尔总统要求埃尔巴坎组建联合政府，但没有世俗政党愿意与繁荣党组建联合政府，在商业界、传媒界和军方的强大压力下，奇莱尔与老对头耶尔玛兹捐弃前嫌组成联合政府，规定先由耶尔玛兹担任总理，次年由奇莱尔接任。繁荣党对此表示抗议，繁荣党反复指控奇莱尔及其行政机构涉嫌腐败，要求议会介入调查奇莱尔在短暂执政期间与其丈夫迅速积聚巨额财富的原因。奇莱尔则要求议会调查繁荣党的权力滥用情况：滥用捐助、私设训练营地、埃尔巴坎的巨大财产来源以及涉嫌海洛因走私等，这些指控遭到祖国党和民主左翼党的反对。当祖国党和繁荣党站在一起支持审查奇莱尔时，脆弱的联合政府仅仅维持 11 周便宣告解体，埃尔巴坎再度获得组阁权。奇莱尔经过利弊权衡，与埃尔巴坎接近。1996 年 6 月 29 日，繁荣党与正确道路党组成联合政府，前两年由埃尔巴坎担任总理，奇莱尔担任副总理和外交部部长；后两年则由奇莱尔担任总理。繁荣党与正确道路党联合组阁使人震惊，早在 1995 年大选之前，奇莱尔访问欧美诸国时宣称其是唯一能阻止原教旨主义者将国家拖入黑暗时代的政治家；[1] 而且正确道路党一直宣称其是亲西方的、世俗的、反伊斯兰主义的政党，甚至有人批评奇莱尔，"她想主导那些调查者，[2] 而不惜为伊斯兰主义者开启权力的大门。"[3] 但是奇莱尔在接受电视台采访时

---

[1] Sami Kohen, "Secular Turks Hope to Check Nation's First Islamist Leader", *Christian Science Monitor*, 1 July 1996.

[2] 那些负责调查奇莱尔涉嫌贪污的人。——译者注

[3] Marvine Howe, *Turkey Today: a Nation Divided over Islam's Revival*, Boulder: Westview Press, 2000, p. 120.

宣称：尽管我仍然坚持世俗主义原则和不喜欢繁荣党，但将繁荣党引入主流政治是维持社会和平、保证民主的唯一方式。① 繁荣党上台伊始，也努力安抚政治反对派。在上台前的一次采访中，当被问及繁荣党是否正在向民众政党转变时，埃尔巴坎回答道"一个政党是否是民众政党并不重要，……政党本身意为信仰，方向和秩序"。② 所以尽管繁荣党的竞选纲领带有鲜明的伊斯兰色彩，但执政后的施政纲领却表现出温和、务实、理性的色彩，坚持了土耳其共和国的既定方针，维持了政治进步的延续性。

繁荣党上台后，延续了前任政府的基本政策和纲领。1996 年 7 月 3 日，在埃尔巴坎担任总理的第一次议会发言中，中庸和延续性之类的字眼被反复提及，指出新政府通过反恐、抵制膨胀、削减失业率和贫穷等来恢复土耳其的和平、自信和希望。③ 这表现了繁荣党抛弃伊斯兰主义而趋向多元主义的发展倾向。埃尔巴坎还满足了军队和国家安全委员会的愿望，开除了几百名军官、提高了军人的薪水、放弃了原先的反犹言论，并以思想激进为由解除党内 70 个地方委员中 8 人的职务；宣称支持市场经济，尊重阿塔图尔克，将新政府的指导原则定为民主的、世俗的、平等的、秉承阿塔图尔克原则的。在回应伊斯兰社会中世俗主义者所考虑的个人自由问题时，繁荣党副主席阿卜杜拉·居尔（Abdullah Gül）宣称"我们是一个民主政党，我们将从民众的支持中获得合法性。当然我们给予民主的保证，你不能走向反面，你不能迫使民众违反他们的意愿来实践伊斯兰教，我们将不会施加限制，将给予更广泛的自由。"④ 针对棘手的库尔德问题，繁荣党也表现出超乎寻常的开放和务实。繁荣党发言人曾说："我们相信能解决它，库尔德人也对我们充满信任，在上次全国大选和市政选举中，库尔德人支持我们而非库尔德民族人民民主党，官方的政策从一开始就是错误的，你不能侵略一个努力整合的地区，这是你的地盘，这已经是几千年的事实……不，你不能采取军事手段来解决，我们经常说不要用军事法，我们应采取民事行政的方法，如果他们想说库尔德语，让他们去说。"⑤ 埃尔巴坎还尽力协调与

① Haldun Gulap, "Political Islam in Turkey: The Rise and Fall of Refah Party", p. 36.

② Elizabeth Özdalga, "Necemettin Erbakan: Democracy for the Sake of Power", p. 132.

③ Alon liel, *Turkey in the Middle East: Oil, Islam, and Politics*, Boulder: Lynner Rienner Publishers 2001, p. 222.

④ Marvine Howe, *Turkey Today: a Nation Divided over Islam's Revival*, p. 31.

⑤ Ibid..

军方的关系，例行拜谒阿塔图尔克的陵墓，增加对芭蕾舞和歌剧的资助。在经济方面，埃尔巴坎政府坚持市场经济体制，奉行改革开放政策，推动私有化进程。在外交方面，埃尔巴坎政府致力改变与阿拉伯世界的关系，加强与伊斯兰世界的合作；积极谋求加入欧盟；改变唯美国是首的外交政策导向，保持与美国和以色列的理性外交；延续前任政府与以色列政策而签署双边军事协议，这体现了埃尔巴坎政府的务实外交形象。

尽管埃尔巴坎政府在内政外交方面都极力表现出温和倾向，但是军方和世俗力量的质疑与反对使埃尔巴坎政府处于风雨飘摇之中。军方反对埃尔巴坎与伊斯兰国家发展友好关系，主张与以色列发展温和的双边关系，埃尔巴坎在军方授意下以以色列外长戴维德·拉伊（David Levy）访问安卡拉期间签署了自由贸易协定，埃尔巴坎利用会见拉伊的机会指出以色列应该根据联合国协议从占领地撤军，这引起军方的质疑；繁荣党在文化层面推行的伊斯兰化举措也招致军方和世俗主义者的不满。以军方为首的凯末尔主义者对于埃尔巴坎的统治越来越不能容忍。1997 年初，土耳其海军司令阿迪米尔·古芬·埃尔卡亚（Admiral Guven Erkaya）将军宣称伊斯兰化是土耳其安全的主要威胁，甚至比库尔德工人党更为厉害。[①] 当埃尔巴坎设宴款待 40 余名苏非谢赫时，军方将该事件视为故意挑衅，声称不能容忍总理向伊斯兰谢赫开放寓所，对其容忍是对阿塔图尔克的亵渎。[②] 1997 年 2 月 2 日，辛詹事件[③]的爆发终于使军方对繁荣党忍无可忍。国家安全委员会在 2 月 28 日的例会上要求埃尔巴坎政府采取措施阻止国内的伊斯兰运动，要求埃尔巴坎接受旨在清除伊斯兰主义影响的 18 点建议——"2·28 决议[④]"。埃尔巴坎被迫签署该决

---

① Aryeh Shamelevitz, *Turkey's Experiment in Islamic Government*, 1996 – 1997: *Data and Analysis*, Tel Aviv: Tel Aviv University, 1999, p. 24.

② Marvine Howe, *Turkey Today: a Nation Divided over Islam's Revival*, p. 138.

③ 1997 年 1 月，辛詹市市长耶尔德兹举行纪念"耶路撒冷之夜"的集会，伊朗大使号召在土耳其实行沙里亚法统治，称"我们等不及了，真主已经期许了胜利"。聚会者高唱赞歌反对以色列与阿拉法特，鼓励反对以色列的暴力斗争，赞扬哈马斯和伊斯兰真主党的圣战。几天后军方针对这种宗教狂热发出警告，并派遣坦克和武装车辆驶过辛詹大街，辛詹市长被捕入狱，两周后伊朗大使和两名其他外交人员被驱逐出境。

④ 18 点建议的主要内容为军方和国家安全委员会认为社会中存在对共和国世俗基础的威胁，清除军队中参与或同情伊斯兰政治运动的成员，伊朗的革命、阿尔及利亚的形势、塔利班在阿富汗的成功是土耳其面临的外部威胁，而苏非教团的活动、繁荣党的政策和国内伊斯兰势力与国外伊斯兰国家和组织的勾结则会对共和国产生致命后果；伊斯兰势力正在向国家机构渗透，通过国家的宗教教育机构来保证其思想的延续和影响，扭转这一局势的方法在于将伊斯兰活动置于国家控制之下；要求所有的古兰经学校由教育部控制，而非松散的由宗教事务局来管理。

议，随后军方迫使埃尔巴坎政府实施这些措施，协同一些社会组织、新闻媒体和反对党发动迫使政府垮台的运动。埃尔巴坎政府面临各种压力的同时，繁荣党也面临各种指控。1997 年 5 月 20 日，首席检察官向宪法法院提起公诉，要求取缔繁荣党。6 月初，宪法法院以埃尔巴坎和其他成员利用宗教感情谋取政治利益违反宪法第 24 条不准利用和滥用宗教感情为口实迫使其辞职，埃尔巴坎被迫于 6 月 18 日辞职，他原以为辞职后德米雷尔总统会将组阁权交给奇莱尔，但是德米雷尔却在军方建议下授权反对党领导人耶尔玛兹组建新政府。埃尔巴坎辞职后，部分正确道路党成员倒戈加入祖国党阵营，耶尔玛兹领导的新政府迅速通过军方的提案。经过行政、司法和检察机关的努力，土耳其宪法法院最终在 1998 年 1 月 16 日以破坏世俗主义原则并违反政党法为名取缔繁荣党，同时取消埃尔巴坎等 6 名成员的议员资格，规定包括埃尔巴坎在内的 4 名领导人在五年内不准参政，并接受审判。自此，埃尔巴坎及其领导的政府和政党都不复存在，这对伊斯兰主义的未来走势产生重要影响。

3. 繁荣党短暂执政的多维透视

纵观繁荣党的执政历程，可以看出以伊斯兰政党为代表的政治伊斯兰势力在土耳其未能有效实践伊斯兰纲领。就在宪法法院取缔繁荣党之前，埃尔巴坎让其律师和亲密战友伊斯米尔·阿尔帕特金（Ismail Alptekin）创建美德党，随后繁荣党的主要成员加入美德党而成为议会第一大党。在取缔繁荣党的判决书于 1998 年 2 月末下达之前，埃尔巴坎一直劝说其他政党支持其修改法律的运动，以使相关机构不能轻易解散政党，并从根本上强化土耳其的民主制度，但无一个政党响应他的提议。尽管埃尔巴坎政府的终结更多是因为其没能降低财政赤字，治理好通货膨胀和政府丑闻，但政府与军队、世俗政党、公民组织的紧张斗争和游戏博弈最终导致埃尔巴坎在执政 11 个月后下台，该事件被称为军方发动的第四次政变，但这次政变并不是直接的军事干预，因为在主导政变的国家安全委员会中军方力量只占一小部分，所以一般将其称为"软政变"或"后现代政变"。我们可以确信的是，即使没有军事干预，在多种因素的掣肘下繁荣——道路联合政府也不可能维持很久，所以解读繁荣党短暂执政的原因，不仅有助于明晰土耳其伊斯兰主义的内在短板，而且有助于厘清土耳其政党政治的局限。

首先，繁荣党的短暂执政表明奉行民族观意识形态的伊斯兰政党的生存空间逐渐缩小。民族观最早由纳格什班底教团提出，强调民族主义与伊斯兰教忠诚的统一，后被埃尔巴坎作为立党之基，并根据时代需要进行了调整和创新。从本质来看，民族观带有历史英雄主义倾向，其对伟大过去的怀念和对当代问题解决的民族主义立场体现在其"重现伟大的土耳其"的宣言中。[①] 民族观还带有地域民族主义的鲜明特征，其建立在土耳其民族主义的基础上实现伊斯兰教的道德发展和进步，而非像其他伊斯兰势力倡导的是伊斯兰教的普世价值和在全世界的利益。埃尔巴坎认为繁荣党是伊斯兰乌玛的政治表达途径，繁荣党具有调和传统伊斯兰教和现代主义的意味，因此繁荣党所理解的宗教并非是对历史上伊斯兰教的照搬，而是在怀旧和英雄主义的表达下对伊斯兰教的时代解读。所以说繁荣党所奉行的民族观旨在通过民族主义表达来促进伊斯兰教的发展，具有实现民族进步和宗教复兴的双重目标和意义。但是，民族观坚持非真理即谬误的二元对立观，认为既然伊斯兰教代表抽象意义的真理，那么其他政党和西方世界只能是代表谬误的立场，显然这是一种宗教的狭隘，也决定其受众范围的有限性。作为一种传统的思想意识，民族观强调对领导、政党和事业的忠诚，并将宗教事务和其他宗教形式纳入直接领导之下。显然这与土耳其民主的发展现状相抵触。奉行民族观的各政党经历告诉我们：参与政治的虔诚信徒完全不同于以宗教名义主导政治政党的行为，将政治行为转化为宗教行为并按照政治游戏规则行事必将导致宗教在社会政治环境中的制度化倾向，毫无疑问，1997 年的软政变对民族观运动的分裂起了催化剂作用。民族观运动存在自己无法克服的问题而导致分裂，随着繁荣党的被取缔和埃尔巴坎的禁止参政，以民族观为主导思想意识的政治运动逐渐销声匿迹，随后的伊斯兰政党也逐渐超越民族观的局限而在全球化背景下谋求更具适应性的思想意识和主导原则。继之成立的美德党尽管在意识形态和领导方面延续了民族观政党的影响，但却将民主、人权和自由等现代理念纳入思想意识，这说明在全球化的冲击下，单纯强调民族国家利益和局部市场的民族观潮流已经逐渐落后于历史的发展。

其次，土耳其民主制度的不完善又为繁荣党的非正常下台埋下伏笔。繁荣党及其前身民族秩序党和民族拯救党的兴起和参政与 20 世纪 70 年代以来的多党议会政治有着直接关系。由于主宰政坛的主流政党威信下降，

[①] Ahmet Yıldız, "Political – Religious Discourse of Political Islam in Turkey: the Parties of National Outlook", p. 189.

只有与其他政党结盟才能控制议会，这就使得许多小党的地位和作用日益增强，于是伊斯兰政党得以进入土耳其政坛。1980 年以来，土耳其发生较为复杂的社会经济变化，有关文化和民族认同问题在民众中产生混乱与迷惑，繁荣党的思想意识和纲领被大部分民众视为政治稳定和文化发展的源泉，所以繁荣党得以角逐国家政权并上台执政。民众的权利和自由是一把"双刃剑"，对伊斯兰政党而言，如何游走于宗教和世俗之间必须小心谨慎，但繁荣党缺乏这方面的经验，宗教和世俗之间的尺度并不能把握得恰到好处，且对土耳其民主制缺点的认识并不充分。在繁荣党被取缔前后，埃尔巴坎发动民主运动以劝说其他政党领导人支持其推动土耳其政府修改法律保护政党和提高民主，借此来为繁荣党的生存提供合法性论证，但没有一个政党愿意与繁荣党合作，并且该运动也没有获得民众的认可，这固然是由于政党利益的差距造成的，但是各个政党对土耳其民主制度的不敏感无疑是重要原因。多党议会民主政治对宗教政治反对派的容忍度，为繁荣党及其前身保留了活动空间，只要在党名中不出现"宗教"字样，就能注册为"合法政党"。这种民主制度下的政治游戏，为伊斯兰政党获得生存空间提供重要前提，甚至能获得较高支持率与其他政党组成联合政府，但是这也决定它们政治行为的受限性，民主制度的不完善使其作为议会第一大党难逃被取缔的命运。在当代土耳其，宪法法院和军方都具有超然于民主政治之上的权威，所以先后有不同政党因破坏世俗主义和社会稳定的指控被取缔，三个伊斯兰政党经历同样的命运，这在其他民主化程度较高的国家极为少见，所以只有土耳其民主化进程的进一步完善才会改变伊斯兰政党的命运，才能真正实现现代化的各项目标。

再次，世俗主义与伊斯兰主义的激烈竞争使得凯末尔主义者从不同角度对埃尔巴坎政府提出质疑和反对。早在 1995 年大选之前，世俗政治力量就对繁荣党带来的可能威胁敲过警钟，埃夫伦将军警告说土耳其面临来自宗教反对派的威胁。[①] 埃尔巴坎上台后，土耳其雇主协会联盟、土耳其商品交易联盟、商人和手工业者联盟以及土耳其商业联合会、土耳其革命商业联盟联合起来抵制繁荣党——正确道路党联合政府，……军方和部分

---

① Ronnie Margulies and Ergin Yildizoglu, "the Political Uses of Islam in Turkey", *Middle East Report*, July/August, 1988.

公民社会力量认为该政府是对共和政体的伊斯兰威胁。[1] 还有一些非政府组织也积极反对埃尔巴坎政府，工会联盟、商业联盟、左翼联盟、律师联盟和雇主联盟反对繁荣党统治，并迫使埃尔巴坎政府辞职。妇女组织也对繁荣党统治持否定态度，部分奉行世俗主义理念的妇女齐聚安卡拉街头高呼"绝不能恢复沙里亚法"、"为民主携起手来"。[2] 繁荣党从文化层面复兴伊斯兰教的举措也对其执政产生一定影响，加剧了社会上世俗文化与宗教文化之间的冲突。伊玛目－哈提普学校的学生不时遭受攻击，一些穆斯林因没有在礼拜前举行洗礼而被殴打，杜尔逊（Dursun）因为撰写一系列著作强调古兰经基于前伊斯兰教的社会历史环境而被枪杀，安卡拉大学神学院的女教授巴赫耶·乌柯克（Bahiye Ucok）因为强调没有证据证明阿拉伯语比伊斯兰世界的其他语言更为神圣而被暗杀，伊斯坦布尔的一名商人因在电视上袒露胸部安拉字样的文身而被视为对真主的亵渎，一位杰出的作家在汽车爆炸中被暗杀。[3] 繁荣党政府尽管对此类事件极力谴责，但并没有采取有效措施降低这些事件发生的频度，所以引起民众的普遍不满。一位世俗议员针对土耳其伊斯兰复兴曾说：如果阿塔图尔克面对伊斯兰复兴潮流，他将认为国家处于危险中而采取一定措施。繁荣党逐渐渗透到行政机构中而获得巨大的财力和权力，也有许多其他政党发生分裂，当存在这么大的危险时，主流政党将会团结在一起，左翼将会支持右翼力量。[4] 这说明了各社会阶层对繁荣党执政的态度，其仅仅得到少数派的支持，因而执政根基不稳。军方的反对是导致埃尔巴坎政府下台的直接原因。在1994年市政选举之后，繁荣党开始制定策略发展与军队之间的密切关系。尽管繁荣党上台后主动向军方示好，一位繁荣党官员曾称："我们的军队是人民的军队"，繁荣党还依照旧例邀请许多德高望重的军官担任其议员候选人，但这些努力并没有缓和繁荣党与军方之间的紧张关系，反而由于政治诉求的差异使得双方的紧张关系进一步升级，最终军方发动一场幕后主使的后现代政变，将埃尔巴坎政府赶下台。

最后，国际社会也为埃尔巴坎政府的下台起了推波助澜作用。克林顿

---

① Fulya Atacan, "Explaining Religious Politics at the Crossroad: AKP – SP", *Turkish Studies*, Vol. 6, No. 2, June 2005, p. 51.

② Marvine Howe, *Turkey Today: A Nation Divided over Islam's Revival*, p. 128.

③ David Shankland, *Islam and Society in Turkey*, Huntingdon: Eothen Press, 1999, p. 116.

④ Marvine Howe, *Turkey Today: a Nation Divided over Islam's Revival*, p. 15.

政府在繁荣党执政期间采取静观其变的策略，但对繁荣党的质疑笼罩西方官方与民间。西方评论家认为"伊斯兰主义政府会给土耳其与西方的关系带来灾难"。① 一位与美国高层官员有密切接触的著名评论家提倡美国政府应该在瓦解伊斯兰政府的过程中发挥更加积极和周密的作用；他说美国不能坐等埃尔巴坎失败，而是要采取积极的行动，要以停止美国的经济军事援助来威胁，促使土耳其发生期望的政治变化。另一个美国的高级官员甚至说："我们正在目睹土耳其的政治制度遭受破坏。"② 美国媒体也加入了这种警告之声的大合唱，他们认为繁荣党的胜利会加强伊斯兰极端主义力量，具有强烈的反西方性，尤其是反对以色列、美国和欧共体。美国主要报纸将埃尔巴坎描绘成是"反西方的、亲伊斯兰的"，并告诫繁荣党将会抛弃西方式的国家意识形态，而以反西方的伊斯兰秩序取而代之，正如伊朗和苏丹一样。③ 所有这些反对声音对繁荣党下台起了推波助澜的作用。另外，以民主政治著称的西方国家对繁荣党下台和被取缔也无动于衷。1998 年 1 月，土耳其宪法法院迫于军方的压力宣布繁荣党为非法，美国国务院并没有对军队破坏宪法的行为提出任何批评，部分官员甚至对繁荣党政府被推翻感到高兴。所以说，西方国家对繁荣党政府的态度也间接导致了其短暂执政的命运，这也影响了此后伊斯兰政党的发展方向。

三　伊斯兰政党的异化与主宰国家政权

1. 世纪之交伊斯兰政党的转轨与正义与发展党的成立

埃尔巴坎政府垮台后，针对繁荣党的指控不绝于缕，当埃尔巴坎意识到繁荣党难逃被取缔的厄运时，便要求其亲密战友伊斯米尔·阿尔帕特金组建一个新政党。1997 年 12 月 17 日，拥有 33 名繁荣党成员的美德党成立，尽管新政党极力淡化宗教色彩，但政党名称和党旗④设计都带有鲜明

①　Lally Weymouth, "Turkey: Search for Deal", *Washington Post*, 27 February 1997.

②　Lally Weymouth, "Saddamps New Friend", *Washington Post*, 9 July 1996.

③　Sami Kohen, "Turkey Islamist Gain Strength in Local Vote", *Christian Science Monitor*, 30 March 1994.

④　美德党党旗是红色，上有一轮白色新月，右上角是一颗白色的心，新月和心之间是平行的五条白色斜线。

的伊斯兰色彩。1998 年 1 月 18 日，繁荣党被取缔后该党所有议员加入美德党，另有部分祖国党议员因不满耶尔玛兹的统治转投美德党，拥有 144 个议席的美德党成为议会第一大党。1998 年 5 月 14 日，雷杰·库坦（Recai Kutan）代替伊斯米尔·阿尔帕特金担任美德党主席，宣称尊奉真正的民主、人权和自由，强调人民意愿至上；[①] 认为基本权利和自由是个人不可分割的权利，实现这些权利需要贯彻联合国人权宣言、欧洲人权公约、欧洲安全协作委员会协定、新欧洲巴黎协定和其他国家立法。美德党的纲领体现了伊斯兰政党放弃伊斯兰主义转向多元主义和民主开放的尝试，有学者指出美德党已经成为与基督教民主政党相类似的穆斯林民主政党。[②] 美德党作为反对党主要从土耳其民主的不完善而非国家的世俗主义角度来挑战当局统治，然而军方和司法机构仍将美德党视为暗中颠覆国家的伊斯兰政党来看待。尽管美德党摒弃繁荣党的公正秩序和民族观话语，而代之以道德、市场经济的时代诉求，且主张土耳其加入欧盟，但仍被凯末尔主义者视为掩饰真实目的的虚张声势。美德党的部分成员被指控为伪装的伊斯兰主义者，会在合适机会实现其政治目的，并引用埃尔多安早年的话语来借以佐证，"你或者是穆斯林，或者是世俗主义者，这两者不能并存"，"民主是一种方式还是一种目的……我们说民主是一种方式而不是目的。"[③] 但是，为了不招致世俗主义者的反感，美德党逐渐放低姿态，避免使用伊斯兰字眼，并极力宣扬自由、民主、人权等理论，以为 1999 年大选的选举胜利增加筹码。居尔曾经宣称："美德党不是一个宗教政党，宗教政党不会对土耳其或伊斯兰教有好处，这里没有旨在建立宗教国家的宗教运动，我们需要自由，这是全部。"[④] 当时主宰土耳其政坛的民主左翼党为了保证埃杰维特在大选中获胜，将 1999 年大选比预期提前两个月。由于埃尔巴坎仍被禁止参与政治，且军方屡屡放言解散美德党，美德党的前景堪忧。

1999 年大选中，民主左翼党获得 22.19% 的支持率和 136 个议席，极右

---

① Saban Taniyici, "Transformation of Political Islam in Turkey: Islamist Welfare Party's Pro – EU Turn", *Party Politics*, Vol. 9, No. 4, 2003, p. 474.

② Ihsan Yilmaz, "State, Law, Civil Society and Islam in Contemporary Turkey", p. 403.

③ R Quinn Mecham, "From the Ashes of Virtue, a Promise of Light: The Transformation of Political Islam in Turkey", *Third World Quarterly*, Vol. 25, No. 2, 2004, p. 347.

④ Marvine Howe, *Turkey Today: A Nation Divided over Islam's Revival*, pp. 218 – 219.

翼的民族行动党获得 17.98% 的支持率和 129 个议席，美德党获得 15.41% 的支持率和 109 个议席。1999 年大选之后，民主左翼党与民族行动党、祖国党组建联合政府，民主左翼党领导人埃杰维特担任联合政府总理，民族行动党的巴赫彻利和祖国党的耶尔玛兹担任副总理，美德党和正确道路党被排除在新政府之外而成为反对党。美德党在大选中支持率下降基于多种原因。一是埃尔巴坎担任总理期间的作为不大使民众记忆犹新，丑闻和掣肘行为的发生使部分在 1995 年大选中支持繁荣党的选民转而支持其他政党；二是军方反复宣称的针对政治伊斯兰的敌对行为使许多人认为美德党难逃被取缔的命运，而将希望寄托在其他政党身上；三是对选举延期的支持和政党内部的分裂在党内产生信任危机，因而民众对右翼民族主义政党的支持增加，最终形成三党联合政府而使美德党处于反对党地位。

随后，美德党的内部分裂逐渐公开化。早在繁荣党上台之前伊斯兰政党内部已经出现改革主义者，尤其是新加入的年青一代要求实现党内民主，限制埃尔巴坎垄断政党领导权，然而他们的影响力直到美德党成立还很弱小。美德党成立之后，由埃尔巴坎及其亲信组成的保守派与以埃尔多安和居尔为首的改革派之间的分裂日趋明显。埃尔巴坎对美德党的幕后控制也招致世俗主义势力和党内人士的不满，认为埃尔巴坎抑制了党内民主的发展。一些改革主义者主张美德党融入世界一体化潮流和打破孤立状态，布伦特·阿瑞恩（Bulent Arinc）指出宗教在美德党中不应该居于主导地位，"我们应该接受宗教仅仅是私人事务的定位，而不应该将伊斯兰教作为政党的主导话语"。① 美德党内部分化导致 1999 年大选前一段时间内的政治混乱，许多埃尔巴坎的支持者在议会中与主张推迟选举的团体站在一起，为埃尔巴坎重返政坛领导美德党参与选举争取时间；以居尔为代表的改革主义者坚决反对此举，自此美德党的内部分裂大白于天下；其政治目的也遭到民众质疑，在许多人看来美德党更关注于拯救埃尔巴坎的政治前途而非保持国家的稳定与和平。② 2000 年 5 月 14 日的美德党代表大会上，由居尔领导的改革派公开挑战库坦的领导地位，当埃尔巴坎指出 1999 年的选举失利在于现代化的发展和对当局的妥协时，居尔与埃尔多

---

① Saban Taniyici, "Transformation of Political Islam in Turkey: Islamist Welfare Party's Pro – EU Turn", p. 475.

② Ilnur Cevik, "Viryue Party may Face Credibility Problem", *Turkish Daily News*, 23, March 1999.

安则表达了完全相反的观点，他们认为埃尔巴坎的领导越来越与土耳其政治脱节，美德党应该将其界定为一个具有党内民主的欧洲式政党。在政党领导人的最终投票时，库坦以 633：521 的简单多数战胜居尔继任政党主席，居尔对库坦的挑战表现了政党内部分裂的激化。随后，当居尔与共和人民党领导人巴伊卡尔会晤时，美德党的传统主义者决定将居尔及其追随者送交政党纪律检查委员会处置，这就为美德党分裂奠定基础。

在国家公诉人乌热乐·萨瓦斯提出取缔美德党后，取缔美德党的声音此起彼伏。宪法法院取缔美德党的提案并没有招致很多反对，世俗主义者认为美德党仍然是宗教狂热者的避难所，因而将其取缔以削弱伊斯兰主义的影响；其他政党希望关闭美德党以获得更多议席；美德党内部似乎也同意关闭该政党，因为这将促使政党内部的不同力量拥有分离的机会。①
2001 年 6 月 22 日，在经历 2 年多的诉讼之后宪法法院以美德党已经成为伊斯兰主义的恐怖活动中心为由将其取缔，没收美德党的全部财产移交财政部，但大部分美德党议员仍以独立代表身份留在议会中，仅有部分议员被剥夺了在 5 年内参政的权利。② 不久，党内的改革派和保守派分别创建政党。2001 年 7 月，忠诚于埃尔巴坎、以库坦为代表的保守派率先组建幸福党，库坦担任党主席，该名称意为国家的福祉来自于精神的自我实现，申请成立的但书于星期五提交就回应了其神圣起源，③ 幸福党表现出向民族观意识形态回归的趋势。由于埃尔巴坎仍被禁止参政，库坦担任该党主席。自此至 2011 年 2 月 27 日埃尔巴坎去世，幸福党在历次大选中的边缘化处境决定其对土耳其政坛的影响不大。2002 年 8 月，以埃尔多安为首的改革派组建正义与发展党，AK 呼应土耳其语 ak，意为白而清洁，表示正义与发展党将与腐败污浊的过去决裂，而形成一块清洁的白板。在短暂监禁和法院允许其重返政治舞台之后，④ 埃尔多安担任正义与发展党主席，

① Mehmet Ali Birand, "Everyone Wants the Virtue Party Closed Down", *Turkish Daily News*, 27, October 2000.

② R Quinn Mecham, "From the Ashes of Virtue, a Promise of Light: The Transformation of Political Islam in Turkey", p. 349.

③ 幸福党的党徽是红色背景下一弯白色的新月和五个星星。五个星星分别代表和平，人权、自由和民主，正义，福利，自尊和荣誉，有趣的是五也暗含了民族观意识形态指导下依次成立的五个伊斯兰政党：民族秩序党、民族拯救党、繁荣党、美德党和幸福党。起初，51 名前美德党议员加入幸福党，不久便离开该政党投入改革派阵营，结果幸福党在议会中只有 48 个议席。

④ 2000 年 7 月宪法法院规定埃尔多安可以合法地领导政党，但其担任公职的权利还在争论中。

希望借助其在伊斯坦布尔担任市长期间的良好声誉来扩大政党在全国的影响。正义与发展党得到美德党 51 名议员和其他议会成员的支持，美德党的著名人物如阿卜杜拉·居尔、布伦特·阿瑞恩、阿卜杜勒卡迪尔·阿克苏、阿里·乔什昆、瑟米尔·奇切克等都加入该党。正义与发展党极力淡化宗教色彩，宣称其是保守的民主政党，主张对伊斯兰教进行更为民主的解释，在现代民主的政治框架谋求政治合法性；宣称关注人权问题，遵守土耳其签署的国际性协议，取消对妇女的歧视，将世俗主义作为基本原则加以贯彻，以保护宗教信仰自由和根据民族归属选择生活方式的权利，保护少数民族的语言和地位；加入欧盟等；这表明其已与幸福党分道扬镳。

以埃杰维特为首的联合政府任期至 2002 年 4 月。在短短的三年任期内，联合政府经历政治经济的双重冲击，内部矛盾加剧。2000 年是土耳其的总统换届年。3 月，民主左翼党、民族行动党、祖国党、正确道路党提出旨在延长德米雷尔总统任期的"一揽子"宪法修正案，拟将总统任期由 7 年改为 5 年且可连任两届，但该修正案最终被议会否决，各党围绕总统选举展开激烈角逐。4 月，联合执政三党经过互相妥协与协商，推举无党派人士、宪法法院院长塞泽尔为总统候选人。经过议会三轮投票，5 月 5 日，塞泽尔击败美德党总统候选人纳夫扎特·亚尔欣塔什当选新一届总统，并于 5 月 16 日就任第 10 任总统。由于民主左翼党地位骤降，在联合政府中失去主导地位。而原来处在政府第二、第三位的民族行动党和祖国党历来分歧较多，相互倾轧，面对民主左翼党力量削弱之势，两党都想借机把对方排挤出政府，以提高本党地位。厄兹坎副总理和 11 日辞职的外交部部长杰姆，联合无党派人士、经济国务部部长德尔维什，组成"三驾马车"，成立新的中间派政党，试图向埃杰维特政府发起直接挑战，但没有成功。2001 年 2 月，总统和总理在经济改革和反对腐败问题上出现分歧，政府出现暂时性危机并引发严重经济危机。4 月，副总理兼能源部部长朱姆胡尔·埃尔绥梅尔因多名能源部官员涉嫌贪污而辞职，祖国党主席耶尔玛兹出任主管欧盟事务副总理。5 月，国务部长于克塞尔·亚洛瓦因在烟草法案上与主管经济事务的国务部部长意见相左而辞职，内政部部长塔唐因与党魁分歧严重而辞职。6 月，在宪法法院决定取缔美德党之前，约 40 名美德党议员退党成为独立议员。下半年，联合执政三党的民众支持率普遍下降，提前举行大选的呼声日高，三党领袖决定捐弃前嫌，加强在经济改革、入盟和反腐败等问题上的合作。9—12 月，根据欧盟标准，议会先后提出《宪法》、《民法》、《刑法》和《国家安全法》修正案，但并不能阻止联合三党支持率的迅速下滑。自 2002 年 5 月起，77 岁高龄的埃杰维特总理因健康原因一直未能亲自理政，多由其年过八旬的夫人代为行事，这就形成政府群龙无首的局面，难免政出多门，矛盾重重。7 月 7 日，巴赫彻利副总理要求正在休会的议会举行特别会议，提议于 11 月 3 日提前举行大选，以解决当前严峻的政治经济危机。翌日，民主左翼党主席、第三副总理厄兹坎出人意料地提出辞职，并宣布退出民主左翼党，以联合其他政府成员另组新党。一时间，政府成员辞职风波骤起，从 8 日到 15 日，联合政府先后有 7 名部长辞职；53 名民主左翼党议员退党，民主左翼党在议会中的席位从 128 席锐减到 75 席，从议会第一大党降为第四位。由于民主左翼党的分裂，联合政府所占席位总数降至 283 席，只超出半数 6 席。2002 年 7 月，民族行动党联合其他在野党提出提前举行大选的议案获得议会通过，在 2002 年大选中成立仅一年多的正义与发展党以绝对优势获胜。正义与发展党上台标志着土耳其政党政治的发展新阶段。

2. 正义与发展党的基本纲领与历次大选

2001 年 8 月 14 日，正义与发展党宣布成立。正义与发展党自成立就坚持了全新的政治与社会定位，在政党徽章的设计上抛弃了新月标志（这是繁荣党、美德党和幸福党共同使用的标识）而代之以一只发光的灯泡，提出永恒光线的口号。宣称忠诚于共和国的宪政主义原则，认为世俗主义是指导国家而非个人的原则，反对利用宗教和道德来谋取政治利益，承诺实现民族道德以及与世界的平衡，谴责个人统治，强调集思广益、群策群力，将联合国人权宪章和欧洲宪章作为保护人权和基本自由的准则。① 就这些基本观点而言，正义与发展党和其他的中右政党并无本质区别。但由于历史延续性，正义与发展党常常被视为伊斯兰政党政治的遗产、民族观运动的延续，许多土耳其人认为伊斯兰认同在决定其政治姿态和纲领方面意义重大，但是正义与发展党的意识形态已经远远突破民族观运动的历史框架。有学者指出："如果将政党缔造者的文化意识形态背景考虑进去，对正义与发展党政治身份最合适的定位是伊斯兰政党。然而这

---

① Metin Heper and Sale Toktas, "Islam, Modernity and Democracy in Contemporary Turkey: The Case of Recep Tayyip Erdogan", *The Muslim World*, Vol. 93, April 2003, p. 176.

不足以界定该政党，因为我们将正义与发展党采用的政治意识形态和战略
与埃尔巴坎的民族观运动政党的对应部分相比较时，就会发现正义与发展
党已经区别于伊斯兰价值的纲领。"① 埃尔多安曾多次提到正义与发展党
是一个中右政党，宣称"我们组织这个政党时将那些旧的意识形态放在
一边，我们是民主党的继承者，拥有 7000 万人民，正义与发展党不是任
何政党的前身、后世或延续。"② 外人则用各种各样的名称来表达他们所
看待的正义与发展党：伊斯兰政党、伊斯兰主义者、政治伊斯兰主义者、
温和的伊斯兰主义者、穆斯林民主主义者、保守的、民主的和中右的政
党。③ 著名的穆斯林知识分子阿里·布拉克曾经指出，选民支持正义与发
展党的原因在于他们忠诚于宗教和保守的身份，即一种新形式的伊斯兰主
义，尽管从未直接提出，但作为一种保守的民主而被传承下来。④ 还有学
者指出，伊斯兰主义在保守的民主的掩盖下，将正义与发展党带向以民主
党、正义党和祖国党为代表的中右的土耳其政治中。⑤ 所以在正义与发展
党于 2002 年上台执政后，任命许多具有中右背景的议员担任内务、正义、
工业、教育、旅游和文化等部的部长。尽管正义与发展党脱胎于繁荣党，
但厄扎尔祖国党的遗产在塑造政党形象和支持基础方面具有重要地位，而
且正义与发展党还获得大部分中右选民的选票，其选举成功部分代表了传
统中右政党回归土耳其政坛。另外正义与发展党政府中也包含了许多来自
正确道路党、民族行动党和祖国党的成员。约翰·奥苏里文（John O'
Sullivian）指出正义与发展党的行动符合土耳其共和国的基本模式和规
则，"正义与发展党致力于温和的改革，接受了公共生活中穆斯林信仰和
表达的潮流，这表明正义与发展党是一个保守的政党，并不会对土耳其世

---

① Yalcin Akdogan, "The Meaning of Conservative Democratic Political Identity", in M. Hakan
Yavuz ed., *The Emergence of a New Turkey: Democracy and the Ak Parti*, Salt Lake City: The University
of Utah Press, 2006, pp. 63 – 64.

② Ahmet Yilmaz, "Problematizing the Intellectual and Political Vestiges: From 'Welfare'to 'Jus-
tice and Development'", in Ümit Cizre ed., *Secular and Islamic Politics in Turkey: the Making of the
Justice and Development Party*, London and New York: Routledge, 2008, p. 43.

③ Ahmet Yilmaz, "Problematizing the Intellectual and Political Vestiges: From 'Welfare'to 'Jus-
tice and Development'", p. 44.

④ 转引自 Hakan H. Yavuz, "The Transformation of a Turkish Islamic Movement: From Identity
Politics to Policy", *The American Journal of Islamic Social Sciences*, Vol. 22, 2005, p. 107。

⑤ Ahmet Yilmaz, "Problematizing the Intellectual and Political Vestiges: From 'Welfare' to 'Jus-
tice and Development'", p. 42.

俗制度构成威胁。而且正义与发展党进一步推进凯末尔的欧化目标,在土耳其加入欧盟方面迈出了里程碑式的一步,并启动成为欧盟成员国必要的改革措施。"① 2004 年 1 月,埃尔多安宣称其政党支持保守的民主,认同多元主义和宽容的世界观和哲学观。虽然我们强调宗教作为社会价值的重要性,但利用宗教干预政治或利用宗教来改变政府的意识形态显然不合时宜……宗教是神圣的集体价值,不能成为单一政党的工具或导致政党分裂的工具。② 埃斯波西托指出以正义与发展党为代表的变化过程验证了这样的事实,许多伊斯兰国家的主流伊斯兰运动能够适应这样的主题如民主化、多元主义和妇女权力等。③ 在这个方面,穆克德塔尔·坎(Mukhdetar Khan)指出正义与发展党代表了民主与伊斯兰认同的调和以及用和平方式处理世俗当局与伊斯兰原教旨主义之间紧张状况的实例,正义与发展党能够控制穆斯林的公共观念,指导土耳其加入欧盟以及确立与西方的长久协作关系。④ 格拉哈姆·福乐尔(Graham Fuller)表达了同样的观点,指出正义与发展党不能被视为一个伊斯兰原教旨主义政党,因为其宣称信仰自由而非使伊斯兰实践为必需义务。伊赫桑·达基(Ihsan D. Dagi)也使用新伊斯兰主义来表达正义与发展党的保守民主,称正义与发展党为一个后伊斯兰主义政党,在社会事务方面保持了伊斯兰身份,但摒弃了伊斯兰教作为一种政治纲领的发展趋势。就其亲西方、自由和民主倾向而言,正义与发展党不能被称作伊斯兰主义者,而是代表了对西方和伊斯兰教之间共处的新阐释。⑤ 达基所谓的后伊斯兰主义被其他人视为"从认同政治向服务政治的转化"。⑥ 在哈坎·雅乌兹看来,正义与发展党的这种选择是凯末尔政治体系能够与温和的政治伊斯兰主义合作的体现。追随全球化发展理路的正义与发展党尊崇新自由经济和政治价值,已经证明是一个服务

---

① Yalcin Akdogan, "The Meaning of Conservative Democratic Political Identity", in M. Hakan Yavuz ed., *The Emergence of a New Turkey: Democracy and the Ak Parti*, p. 64.

② Turkish Daily News, Jauary31, 2004, www. Turkishdailynews. com.

③ John. Esposito, "The Clash of Ignorances: The War on Terror Must Not Compromise Muslim Rights", *The American Journal of Islamic Social Sciences*, Vol. 22, 2005, p. 58.

④ Mukhdetar A. Khan, "Islamic Democracy and Moderate Muslims: The Straight Path Runs Through the Middle", *The American Journal of Islamic Social Sciences*, Vol. 22, 2005, p. 43.

⑤ Ihsan D. Dagi, "Transformation of Islamic Political Identity in Turkey: Rethinking the West and Westernization", *Turkish Studies*, Vol. 6, 2005, p. 34.

⑥ Hakan H. Yavuz, "The Transformation of a Turkish Islamic Movement: From Identity Politics to Policy", p. 107.

性而非认同性政党。总之，正义与发展党在一定程度上继承了民族观传统，并根据自己需要对民族观思想意识进行创新和调整。正义与发展党高度适应全球资本主义，严格忠诚自由经济观念，重新界定政治和伊斯兰教之间的关系，为实现土耳其民主化而持续不断地努力，并小心避免与任何世俗力量之间的冲突，所以正义与发展党体现了伊斯兰复兴运动在全球化背景下的转化。

2002 年 11 月 3 日，土耳其第 22 次大选提前举行，坚持不同意识形态立场的 18 个政党参与选举，包括极左的人民民主党、民主人民党，中左的共和人民党、民主左翼党和新土耳其党，中右的祖国党、正确道路党、青年党和正义与发展党，极右的幸福党、民族行动党和大团结党等。在这次选举中，成立不久的正义与发展党一举获得 34.28% 的支持率和 363 个议席而成为议会第一大党，获得单独组阁的机会。此前的联合政府三党正确道路党、祖国党和民主左翼党均未通过进入议会所需的 10% 门槛，而共和人民党凭借 21.77% 的支持率和 178 个议席成为唯一的反对党。① 正义与发展党在大选中获胜被伊斯坦布尔日报称为"安那托利亚革命"。② 2002 年大选结果表明，亲伊斯兰的、保守的、潜在的、反现行体制的选举基础正在安纳托利亚中部地区兴起。③ 该选举结果表明正义与发展党在与其他政党角逐新中产阶级政治代表的斗争中成为赢家。这次大选使土耳其结束了十余年来联合政府掣肘的局面而建立了一党单独执政的政府。

尽管正义与发展党赢得大选胜利，但由于禁止埃尔多安参政的禁令并没有解除，所以该党并不能组织新政府。在埃尔多安的建议下，正义与发展党副主席阿卜杜拉·居尔获得塞泽尔总统授权，组织第 58 届政府，1/4 的居尔政府成员都是前祖国党成员，其他的则是前繁荣党成员。④ 居尔上台后不久，新政府的伊斯兰背景引起世俗主义者的惊恐，总参谋长希勒米·厄兹柯克（Hilmi özkok）宣称武装力量将时刻保护国家以反对伊斯兰

① 参见 Ali Çarkoğlu，"Turkey's November 2002 Elections: A New Beginning?"，*Middle East Review of International Affairs*，Vol. 6，No. 4，December 2002。

② Feroz Ahmad，*Turkey: The Quest for Identity*，p. 181。

③ Ali Çarko ğlu，"the Rise of New Generation Pro - Islamist in Turkey: the Justice and Development Party Phenomenon in the November 2002 Election in Turkey"，in M. Hakan Yavuz ed.，*The Emergence of a New Turkey: Democracy and the Ak Parti*，p. 136。

④ Muammer Kaylan，*The Kemalist: Islamic Revival and the Fate of Secular Turkey*，New York: Prometheus Books，2005，pp. 414 - 415。

原教旨主义。总统塞泽尔在纪念阿塔图尔克的活动中说："必须捍卫国家的世俗主义原则，我想强调的是，针对试图推翻民主和世俗共和国运动的斗争还将继续"。前总理埃杰维特也警告说："由于正义与发展党的选举胜利使得土耳其面临严重的问题"，"不是总理的人将掌控政府，土耳其将被一个影子总理和政府管理。"① 不过这些警告并没有影响居尔政府的政策执行，居尔政府推动议会修改宪法，解除了埃尔多安的从政禁令，2003 年 1 月，宪法修正案获得通过，埃尔多安于 3 月 9 日在锡尔特省举行的议会补缺选举中当选为议员，3 月 11 日，居尔辞职，埃尔多安被任命为总理，并组建第 59 届政府。正义与发展党政府上台后，在内政、经济和外交方面进行了一系列改革，进一步巩固了正义与发展党政府的统治，促进了土耳其民主政治的纵深发展。

正义与发展党在土耳其政治舞台的出现伴随着传统政党影响力下降以及政治精英的变化，所以其主要考虑的是利用权力开展全面的改革和将入盟的哥本哈根标准作为实现政治构想的蓝图。正义与发展党所发动的改革旨在清除国家效率低下的机构和威权主义的政策，这些改革即居尔所谓的"沉默的革命"，从引入新权利的第 4982 号法令（Rights of Access to Public Records）到分解土耳其高度集中的行政制度的 5215 号法令（市政法），主要着眼于解放土耳其的政治和经济制度，增加对穷人的补贴和推进私有化，加大反腐败力度，推行教育改革，增强土耳其入盟的竞争力。正义与发展党在经济方面继续坚持国际货币基金组织提出的经济紧缩计划，2004 年 2 月 28 日，土耳其的通货膨胀率第一次低于 10%（9.1%），说明政府在经济政策方面取得明显成效。根据 2004 年 3 月土耳其社会经济基金会的调查，64% 的被调查者认为土耳其的经济形势与 12 个月前相比有了很大提高，20% 的认为仍维持现状，只有 16% 的认为形势正在恶化。② 所以在 2004 年 3 月的地方选举中，正义与发展党赢得 41.7% 的支持率，远高于共和人民党的 18.3% 的水平。③ 正义与发展党政府还对政党

① Muammer Kaylan, *The Kemalist: Islamic Revival and the Fate of Secular Turkey*, New York: Prometheus Books, 2005, p. 414.

② Metin Heper, "The Justice and Development Party Government and the Military in Turkey", in Ali Çarkoğlu and Barry Rubin eds., *Religion and politics in Turkey*, p. 80.

③ Gareth Jenkins, "Symbols and Shadow Play: Military – JDP Relations, 2002 – 2004", in M. Hakan Yavuz ed., *The Emergence of a New Turkey: Democracy and the Ak Parti*, p. 190.

法做了相应修改，规定关闭政党需要宪法法院 3/5 的多数通过才能生效，这在一定程度上保障了政党的权利；2003 年 2 月，议会通过了另一项协调法案，根据欧洲人权法院的规定提高复审条件；2003 年 7 月，废除反恐法第 8 条，引入其他相关条款，允许使用土耳其语之外的其他语言来进行政治社会宣传，将国家安全委员会成员从最高电台电视台委员会中清除；2003 年 8 月，议会通过的法案限制军事法院对文官的量刑裁定，由审计法院审核军方的支出和财产，废除国家安全委员会总秘书长的行政权力，将国家安全委员会的例会从一月一次延长至两月一次，任命文官担任国家安全委员会的总秘书长。通过将国家安全委员会转化为一个单纯的咨询机构和总参谋长为一个管理权威，军方的政治分量被大大缩小。① 除了立法改革之外，2003 年 9 月，还成立了由外交部部长、正义部部长、内务部部长和部分高级官员组成改革监视委员会，以根据欧盟的需要监管改革措施的顺利实施，埃尔多安宣称将使"哥本哈根标准成为安卡拉自己的标准"。② 2004 年 4 月，通过宪法修正案，废除国家安全法院，取消所有和死刑有关的刑罚，规定国际条款优先于土耳其法律，清除军方在高等教育委员会的代表。2004 年 6 月，4 名来自库尔德民主党的议员被释放，与此同时国立的最高电台电视台委员会开始使用库尔德语播放节目。③ 土耳其还相继签署了许多国家公约，包括公民和政治权利公约，国际经济、社会和人权公约，欧洲人权公约，儿童权利公约的相关条款等。所有这些改革都在 2004 年欧盟委员会的进展报告中加以肯定，该委员会声称土耳其已经达到相关标准，所以在 2005 年 10 月 3 日，土耳其开始了入盟的正式谈判。与此同时，埃尔多安政府允许在电台播放库尔德语的节目，在私立学校教授库尔德语，改变了军方控制的国家安全委员会的人员构成，增加了文官数目，改革过时的教育、行政制度，改变在塞浦路斯问题上的顽固立场，主张根据安南计划解决塞浦路斯的南北统一问题。然而正义与发展党在上台后不久制订了一个法规要求所有公务员到一定年龄必须退休，为年轻的底层官员提供足够职位，使伊玛目和神学院毕业生顺利跻身国家

---

① Ihsan D. Dagi, "The Justice and Development Party: Identity, Politics, and Human Rights Discourse in the Search for Secularity and Legitimacy", in M. Hakan Yavuz ed., *The Emergence of a New Turkey: Democracy and the Ak Parti*, p. 99.

② Ibid., p. 100.

③ Ibid..

公职行列。① 总体来看，这些改革措施颇有成效，英国《经济学人》杂志评论说："从贫瘠的库尔德省份到伊斯坦布尔的崭新社区，正义与发展党'无声革命'的成效随处可见。"越来越多的土耳其观察家宣称在正义与发展党的领导下，土耳其"正在成为伊斯兰国家的真正示范"。② 欧洲部分媒体甚至称正义与发展党政府所推行的改革为自阿塔图尔克之后的第二次革命。③ 这就为正义与发展党在 2007 年大选中的胜利奠定基础。

2007 年，总统和大国民议会的任期均届满，选举新的总统和议会成为国家政治的主题。按照惯例，埃尔多安总理在塞泽尔总统任期结束之后可以执政党领导人身份角逐总统职位，但是埃尔多安的伊斯兰背景遭到世俗主义者的抗议，结果埃尔多安被迫放弃总统竞选，正义与发展党推出相对温和的外交部部长居尔担任总统候选人，但仍然遭到世俗主义者的反对。共和人民党领导人巴伊卡尔宣称如果正义与发展党控制总统职位，这将是对最后的共和国堡垒的征服，将使世俗政权处于危险的境地。④ 军方于 4 月 27 日在其网站上发出警告："土耳其武装力量是世俗政权的绝对捍卫者，必要时他们将清楚地表明其态度和行动。"⑤ 该声明被视作军方向现政府发出的警告。4 月 28 日，大国民议会举行了首轮总统选举投票，由于以共和人民党为首的反对党联合抵制，只有 361 名议员参加投票，⑥ 直接导致居尔不能获得法定的、超过 2/3 议席的多数票，被共和人民党诉至宪法法院，并于 5 月 1 日判定投票无效。在 5 月 6 日举行的第二轮总统选举中，居尔再次遭到反对党的抵制，当天只有 358 名议员出席，仍未达到法定的 2/3 多数，投票未能正常进行，随后居尔宣布退出总统选举，正义与发展党试图通过修宪渡过难关。5 月 11 日，正义与发展党主导的大

---

① David Shankland, "Islam and Politics in Turkey: The 2007 Presidential Elections and beyond", *International Affairs*, Vol. 83, No. 2, March 2007, p. 362.

② Graham E. Fuller, "Turkey's Strategic Model: Myths and Realities", *Washington Quarterly* Vol. 27, No. 3, 2004.

③ Menderes Cinar, "Turkey's Transformation under the AKP Rule", *The Muslim World*, Vol. 96, January 2006, p. 470.

④ Burhanettin Duran, "The Justice and Development Party's New Politics: Steering toward Conservative Democracy, a Revised Islamic Agenda or Management of New Crises?", Ümit Cizre ed., *Secular and Islamic Politics in Turkey: the Making of the Justice and Development Party*, p. 96.

⑤ M. Hakan Yavuz and Nihat Ali Ozcan, "Crisis in Turkey: The Conflict of Political Languages", *Middle East Policy*, Vol. XIV, No. 3, Fall 2007, p. 120.

⑥ 这次居尔获得 357 票，其中正义与发展党的票数为 353 票。

国民议会通过了宪法修正案，规定总统由议会选举改为全民直选，任期由7年缩短为5年，可以连任一届。该修正案于7月31日获得最高选举委员会的通过，后者宣布于10月21日举行全民公决。埃尔多安总理推动大国民议会批准了最高选举委员会提前举行议会选举的建议，最终将原定于11月4日的大选提前到7月22日举行。

　　2007年7月22日，土耳其大选提前举行，14个政党和700余名独立候选人参加了选举。① 这些政党包括土耳其光明党、幸福党、自由团结党、独立土耳其党、正义与发展党、民族行动党、人民进步党、共和人民党、工人党、青年党、民主党、共产党、自由民主党、工人党。最终正义与发展党获得46.66%的支持率而得以再次单独执政。尽管正义与发展党获得比上次更高的支持率，但由于民族行动党突破10%的门槛，因而最终获得341个席位，比2002年的363席下降了21席；共和人民党赢得112席，民族行动党71席，无党派人士占据了26席。选举结果公布之后，军方宣称尊重民众的意愿。② 民族行动党主席巴赫彻利发表声明说土耳其公民再次选举正义与发展党执政，应该尊重民众的意愿。在这次选举中，正义与发展党用近半数的支持率再次证明了其合法性与强大的社会基础，这与其执政期间务实开放的政治定位、刚柔相济的施政纲领、富有成效的经济政策和纵横捭阖的外交实践密不可分。尽管正义与发展党蝉联执政，但在第二个任期内仍然面临许多棘手问题。首先是如何使本国经济在避免外国资金冲击的情况下持续、自主发展，同时真正有效地解决就业问题，使民众生活得到进一步改善；其次，带有伊斯兰色彩的正义与发展党如何处理好与世俗政党之间的关系；再次，如何显著有效地应对新形势下的库尔德问题；最后，如何很好应对军方和反对党的质疑等等。为了减少新政府的阻力，埃尔多安明确表示正义与发展党政府将坚定地捍卫国家的世俗政体和民主体制，并在大选前将提交的议员名单中剔除宗教保守分子并大举提名女性、自由派和年轻的候选人；指出其旨在成立一个由法律统治的民主、世俗和社会的政府，并发誓要成为所有土耳其人甚至所有政敌的总理，还表示将以国父凯末尔为榜样，为全体土耳其人服务。对正义与

---

① Canan Balklr，"The July 2007 Elections in Turkey：A Test for Democracy"，*Mediterranean Politics*，Vol. 12，No. 3，November 2007，p. 421.

② Mehmet Ali Birand，"The Armed Forces Respect the National Will"，*Turkish Daily News*，Vol. 15，August 2007.

发展党而言，大选的胜利意味着该党得到民众再次授权，渡过了由总统选举造成的宪政危机，随之总统选举再次被提上日程。

2007年5月总统选举所造成的危机使正义与发展党为再次选举做了更为充分的准备。8月13日，正义与发展党再次推举居尔为总统候选人。根据1982年宪法，在第一轮和第二轮总统选举投票中，候选人必须得到2/3以上的选票才能当选，在第三轮或第四轮投票中得票只需过半数。由于正义与发展党在议会选举中获胜，军方改变了在上次总统选举中的强硬态度，表示愿与正义与发展党协商，不反对居尔登上总统宝座。在这次总统选举投票中，共和人民党的98名议员抵制了投票，但民族行动党等其他党派参加了投票，从而为居尔竞选新总统开了绿灯。居尔在8月20日和24日举行的前两轮投票中分别获341票和337票，均未达到当选所必需的2/3以上选票，在第三轮投票中，民族行动党候选人萨巴哈廷·查克纳克奥卢获得70票，民主左翼党候选人塔伊丰·伊吉利仅获得13票，而居尔获得339票，超过法定的半数席位，当选土耳其第11任总统。[①]居尔在历经首次总统选举失败、退选又参选，以及第二次总统选举前两轮投票失利后，终于入主总统府。从理论上讲，居尔就任总统后将放弃正义与发展党党员身份，以维护作为总统的中立性，但这在一定程度上意味着正义与发展党政府的内政外交政策将能够得到更加顺利的贯彻实施。在此前8月9日大国民议会议长选举中，正义与发展党议员科克索尔·托普坦（Koksal Top-tan）以450票的绝对多数当选为议长，这标志正义与发展党控制了议会、政府和总统府，成为土耳其历史上少有的一个政党对权力的全方位控制。

蝉联执政的正义与发展党政府尽管遭遇军方大锤计划和军方总辞职的挑战，尽管遭到反对党共和人民党的反对，但其强大的民众支持基础有效地巩固了正义与发展党的政治统治，一系列修宪举措也为其争取到有利的政治社会处境和维系可能的选举霸权，颇具成效的经济政策保证了土耳其跃升成为世界第十六大经济体。2011年以来，西亚北非地区爆发了"二

---

① 土耳其历届总统及任期：穆斯塔法·凯末尔·阿塔图尔克（1923.10.29—1938.11.10），伊斯美特·伊诺努（1938.11.11—1950.5.22），杰拉勒·拜亚尔（1950.5.22—1960.5.27），杰拉勒·古尔塞勒（1961.10.10—1966.3.28），杰夫德特·苏奈（1966.3.28—1973.3.28），法赫里·科鲁蒂尔克（1973.4.6—1980.4.6），凯南·埃夫伦（1982.11.9—1989.11.9），图尔古特·厄扎尔（1989.11.9—1993.4.17），素来曼·德米雷尔（1993.5.16—2000.5.16），艾赫迈特·内吉代特·塞泽尔（2000.5.16—2007.8.28），阿卜杜拉·居尔（2007.8.28—）。

战"以来最严重的政治危机,阿拉伯世界的动荡震惊了正在民主化道路上稳步前进的土耳其,土耳其执政党正义与发展党于 2 月 21 日向议会提交了提前举行大选的提案,并于 3 月 3 日由议会一致通过,定于 6 月 12 日举行全国大选。正义与发展党提前举行大选,一方面是出于对其强大社会基础的自信,另一方面则是出于缓解政治僵局的考虑,因为此刻经济政治改革陷入停滞,库尔德倡议也经营惨淡,共和人民党虎视眈眈;正义与发展党试图通过提前举行大选来赢得主动局面。

经过一系列宣传和准备之后,土耳其第 17 次议会选举顺利举行。参加选举的 15 个政党只有 3 个越过"10%门槛",正义与发展党再次以 49.91%的绝对优势当选,反对党共和人民党和民族行动党也分别获得 25.98%和 13.01%的支持率。① 这三党分别获得议会 327 个、135 个、53 个议席,独立人士获得 35 个议席。参与 2011 年大选的主要政党在选举战略方面均做出了一定程度的调整和改变,这主要表现在提交候选人名单、选举宣传方面。首先,在提交候选人名单方面,正义与发展党、共和人民党、民族行动党、民主和平党所做的调整非常明显。上届议会 550 名议员中有 267 人未能进入此次大选的候选人名单。② 这显然是政党确保得票率的策略改变,同时也反映出一些政党激烈的党内斗争。这在共和人民党的候选人名单表现最为明显。凯末尔·杰马尔成为党主席之后,实行"去巴伊卡尔"路线,将巴伊卡尔及其支持者排除在名单以外。对此,许多共和人民党党员表达了自己的不满。有党员表示,"那些从来不为共和人民党投上一票的人,如今出现在名单上。"③ 此外,未能超过"10%门槛"的小党如民主和平党开始以独立候选人身份来提名其党员成为议员,以此来扩大该党政治影响,结果该党提名的 61 位独立候选人中 35 人顺利进入议会。正义与发展党经过三次大选的胜利,延续了一党独大的格局,其他

① 资料来源:土耳其全国选举委员会网站"Election Results of June 12, 2011", Supreme Electoral Board, 12 June 2011。

② 各政党中未能获得提名的上届议会议员人数如下:正义与发展党 167 人,共和人民党 64 人,民族行动党 27 人,亲库尔德政党民主和平党 8 人。值得一提的是,执政党正义与发展党的两位部长也不在候选人之列。参见 Change comes out of candidate lists with 267 deputies out, 13 April 2011, http://www.todayszaman.com/news – 240915 – change – comes – out – of – candidate – lists – with – 267 – deputies – out. html。

③ "Change comes out of candidate lists with 267 deputies out," 13 April 2011, http://www.todayszaman.com/news – 240915 – change – comes – out – of – candidate – lists – with – 267 – deputies – out. html。

政党无法撼动其执政党地位。所以 2013 年夏天，反对党以捍卫世俗主义和惩治腐败名义对正义与发展党的政治统治进行质疑，深陷腐败门、窃听门的正义与发展党遭遇一系列的执政危机。但其在 2014 年 3 月地方选举的巨大成功说明了正义与发展党仍然拥有强大的民众基础，埃尔多安赢得总统选举又强化了正义与发展党的选举霸权，面对 2005 年大选，我们仍然为正义与发展党的选举成功保持着乐观的猜想。但是执政十余年来的正义与发展党也需要改变一党独大的局面，并在保证土耳其民主化进程纵深发展的基础上，真正巩固其选举优势，并成为剧变中的中东诸国谋求政治变革的模板。

    21 世纪以来土耳其政党政治的实践表明，在保持原有世俗政治体制不变的情况下呈现新动向。首先，土耳其政局呈现出左右派政党竞争的基本格局，但意识形态并非是决定选民选票的着眼点。今天的土耳其政坛，执政党正义与发展党代表中右阵营，共和人民党代表中左阵营，民族行动党代表右翼阵营。21 世纪以来三次大选的结果表明意识形态的差异并非是决定选民投票的关键因素，而政党施政纲领的务实性和契合性是吸引选民的重要因素。近年来，共和人民党在东南部落后地区的得票率开始上升，而这曾经是伊斯兰传统区域，选民曾经是伊斯兰政党和库尔德政党的积极支持者。盛行凯末尔主义的西部大城市却成为正义与发展党的强大后盾。所以说尽管土耳其政坛存在左右派政党的分野，但选民对各个政党的支持是基于其政治纲领而非泾渭分明的意识形态差异。其次，亲库尔德政党在土耳其政治选举中的地位得到提高，但依然面临着合法性问题。库尔德人由于未能获得合法的政党入主议会，所以在 2002 年大选中支持倡导穆斯林兄弟情谊的正义与发展党。随着正义与发展党施政纲领的推行，库尔德人对其执政实践的失望导致其转而支持库尔德政党的独立候选人，这是正义与发展党失去库尔德地区选民的重要因素。尽管其不失时机地推出库尔德倡议，但基于库尔德倡议的库尔德新政并未能给库尔德人带来新希望，所以 2011 年大选结果表明其在库尔德地区的社会基础相对缩小，但政党政治的发展成熟又为库尔德人参政提供可能。最后，近年来，惯于守成的正义与发展党逐渐失去执政之初的强劲势头，而逐渐趋于保守和放慢政治社会改革的步调，其对政党自我利益的过分关注和对一党得失的宪法修订均遭到军方和反对党的质疑与反对，所以正义与发展党尽管能够延续未来的大选成功，但能否重现持续至今的辉煌则是一个未知数，且国内民众对其执政实践保持一定的失望，政党之间围绕政治改革尤其是修宪问题的斗争也将日趋激烈，所以土耳其政党政治的前景仍然复杂多变。

总的来看，土耳其伊斯兰政党的崛起与伊斯兰复兴运动的高涨密不可分，其具有广泛的社会基础，包括诸多传统社会势力和新兴社会群体。"土耳其伊斯兰复兴运动是伴随着资本主义发展进程而产生发展的。它在不发达地区捍卫占主导地位的社会经济群体的利益，在较发达地区则代表了受资本主义高速发展的消极影响而出现的个人或群体的抗议运动"。[1]土耳其早期的伊斯兰政党，主要代表"安纳托利亚那些在以伊斯坦布尔作为据点的现代部门的冲击下寻求保护的店主、手工业者以及工商人"的利益和要求。[2] 相比之下，"繁荣党诉诸社会福利、社会公正和政治自由……进而试图接近政府职员和工人，以便在将来使他们成为自己的支持者"。[3] 不同于赛义德·库特布和霍梅尼所阐述的现代伊斯兰主义的目标，土耳其的诸多伊斯兰政党无意建立伊斯兰教法至上抑或教法学家统治下的神权政体。埃尔巴坎和埃尔多安均强调建立幸福的社会作为最终目标，而完善选举基础上的民主制是实现其最终目标的手段和工具。诸多伊斯兰政党在经济方面强调区别于资本主义和社会主义的伊斯兰主义，反对资本主义的贫富差距和社会主义的政府干预，倡导私有制和市场经济基础上的公正分配秩序。诸多伊斯兰政党指责世俗政党使土耳其在政治上成为西方的仆从国，在经济上成为国际货币基金组织的奴隶。诸多伊斯兰政党的社会基础，在于弱势和边缘的社会群体。[4] 诸多伊斯兰政党的所谓激进性，根源于其社会基础的边缘性。伊斯兰政党与世俗政党的消长，体现民众政治与精英政治的尖锐对立。伊斯兰政党与世俗政党之间的权力角逐，集中体现土耳其共和国政治生活多元化与政治制度民主化的历史走向。正义与发展党的执政实践既体现了现代伊斯兰主义的历史转型，又说明了穆斯林民主政党在土耳其的确立，将为中东其他国家提供了一个政治变革的模板。土耳其的政治民主化进程经历从社会上层和精英政治向社会下层和民众政治的扩展以及从城市范围的政治参与向乡村地区的政治动员的延伸，日趋

---

[1] Binnaz Toprak, *Islam and Political Development in Turkey*, pp. 118 – 119.

[2] Feroz Ahmad, *The Making of Modern Turkey*, p. 161.

[3] Metin Heper and Ahmet Evin, *State, Democracy and the Military: Turkey in the 1980's*, Berlin and New York: Walter de Gruyter, 1988, p. 129.

[4] Ergun Özbudun, *Contemporary Turkish Politics: Challenges to Democratic Consolidation*, p. 91.

完善的政党政治则是土耳其现代化进程中的突出现象和明显特征。一党制时代，土耳其的现代化主要局限于上层精英社会和城市的范围。从一党制向多党制的过渡，标志着土耳其政治民主化进程的长足进步。多党制广泛政治实践，作为土耳其政治民主化的外在形式，构成推动土耳其现代化进程从上层精英向下层民众社会延伸以及从城市向乡村延伸的重要手段。与此同时，民众意志与国家意志借助于多党制的广泛政治实践而逐渐趋于统一。现代化从城市向乡村的延伸、农业的发展和农民地位的改善，以及相对宽松的宗教政策等诸多内容，均为多党制时期民主化的政治实践尤其是普选活动的政治需要之逻辑结果。而伊斯兰政党抑或穆斯林民主政党则是民众政治参与的重要载体和民主化进程的重要实践者，其对土耳其现代化进程的推动作用由此可见。

第二章 埃及穆斯林兄弟会的变迁

穆斯林兄弟会是现代中东颇具影响力的伊斯兰组织，对中东地区的现代伊斯兰运动产生重要影响。其在成立初期倡导现代伊斯兰主义的信仰原则，主张建立教俗合一的政治制度和遵循伊斯兰教法，但是随着政治社会环境的变化，其基本纲领和斗争方式发生变化，逐渐由一个纯粹的宗教政治组织演变成为埃及政治舞台上最大的政治反对派，并借助宪政的自由时代、威权政治时代特定的历史环境完成组织政党化的蜕变。20 世纪 80 年代以来，穆斯林兄弟会在实质上已经成为一个有独立政治诉求、广泛社会基础的政党，其对政党政治的参与是埃及政党政治变革史上不可或缺的一笔，并成为埃及政党政治趋于多元化的重要载体。2011 年穆巴拉克总统的下台和从穆斯林兄弟会母体中孕育出的自由与正义党是穆斯林兄弟会政党化的逻辑必然，其命运沉浮与埃及政治社会变革密切相关。

一 宪政时代穆斯林兄弟会的处境

1. 穆斯林兄弟会的成立

20 世纪初，埃及宪政制度的建立与议会框架内政党政治的活跃，标志着传统政治模式的衰落和现代政治模式的初步实践，但自上而下的现代政治模式的精英特征使其仅仅在社会上层产生一定影响。以华夫脱党为代表的自由民族主义并没有给埃及带来自由独立，英国殖民者依然继续占领埃及，埃及社会出现大规模的失业、贫穷及腐败，而犹太复国主义又在巴勒斯坦地区跃跃欲试。20 世纪 30 年代，部分主张照搬西方政治制度的社会阶层对西方国家产生质疑，认为由于埃及人偏离了伊斯兰教的精神和道德原则，导致了国家的衰败和颓丧，需要一种植根于其历史、社会和环境的目标和力量，主张从伊斯兰传统中找到社会复兴的根据，正是在这种背景下，哈桑·班纳形成系统的现代伊斯兰主义思想。哈桑·班纳继承贾马伦丁·阿富汗尼、穆罕默德·阿卜杜和拉希德·里达倡导的伊斯兰现代主义思想，认为伊斯兰教并非单纯个人信仰，亦非局限于内心世界，而是国家和社会的基本框架，是规范宗教、社会、政治和经济的最高准则，因此要通过各个方面实践来实现民族和国家的复兴。[①] 他主张反对盲从和守旧，强调创制的信仰原则，以适应现代社会的需要。他还对埃及当时的政党制度予以批判，主张废除造成民族分裂、国家软弱和政治动荡的多党制，"难道我们不知道这些个善良、勇敢而高贵的人民对自称为政党所造成的分裂和派别（斗争）而承担的义务吗？改革者们的确做出了努力，以实现哪怕是暂时的团结以应对国家面临的危急形势，他们遭到挫折。任何不彻底的解决都行不通了，从现在开始必须解散所有的政党，将乌玛力量聚集在一个政党，以完成民族的独立与自由，制定内部改革的总原则，然后根据伊斯兰教规定的（乌玛）统一的义务制定出组织人民的方法"。[②]这就为新型伊斯兰组织的成立和运行提供了理论指导。

1928 年 3 月，6 位受雇于英国军营的埃及劳工找到哈桑·班纳，请求班纳成为他们的领导人，带领他们走向伊斯兰复兴之路，哈桑·班纳接受重任与他们一起在伊斯梅里亚创建班纳运动，后更名为穆斯林兄弟会，这是基于伊斯兰教"穆斯林皆兄弟"的信条。穆斯林兄弟会作为一个全方位的宗教与政治组织，既不同于一般性的政治政党，也有别于宗教性社会团体。在哈桑·班纳本人看来，穆斯林兄弟会"继承了伊斯兰教的全部美德和各种不同成分，是一个赛莱菲运动、一种正统方式、一种苏非现实、一个政治实体、一个体育组织、一个科学文化社团、一个经济公司以及一个社会理念。"[③] 穆斯林兄弟会还致力于社会生活的改造和精神的革命，并将其看作穆斯林兄弟会的核心目标，他指出："我的兄弟们！你们不是慈善会社，不是政党，不是目标狭隘的地方组织。相反，你们是这个民族心脏中新的灵魂，以《古兰经》赋予它生命；你们是新灯塔，以知晓真主的光辉来摧毁唯物主义的黑暗；你们是强音，以高亢之音来追忆先

---

① Selma Botman, *Egypt from Independence to Revolution 1919 – 1952*, p. 121.

② 转引自毕建康《试论埃及穆斯林兄弟会的二重性问题》，《世界历史》2004 年第 1 期。

③ Hasan Al – Banna, tran by Charles Wendell, *Five Tracts of Hasan Al – Banna* (1906 – 1949): *a Selection from the Majmuat Rasail al – Imam al – shahid Hasan al – Banna*, Berkeley: University of California Press, 1978, p. 36.

知的启示……你们应自认为重任的担当者，当其他人置若罔闻。若有人问你们呼唤什么，回答他们，是伊斯兰，是穆罕默德的启示，一个包含政府、以争取自由为义务之一的宗教！若有人说你们是搞政治的，回答他们，伊斯兰教不承认这种分别。若有人指控你们是革命者，你们就说'我们是正义与和平之声，我们对此坚信不疑，并为此自豪。如果你们反对我们或者阻止我们传播先知的启示，那么真主允许我们自卫，以反对你们的不义'"。① 尽管穆斯林兄弟会有别于一般性的政治政党，但其具有明确的政治纲领、完整的组织体系和广泛的社会基础，包含现代政党的诸多要素。穆斯林兄弟会的基本目标是实现民族和解，巩固伊斯兰世界特别是阿拉伯国家之间的团结，坚持伊斯兰教的立法原则，复兴伊斯兰信仰和阿拉伯文化，结束党派斗争，强化武装力量，消除腐败，建立教俗合一的国家秩序，摆脱英国的殖民统治，实现埃及的主权独立，保障民众的权利，扩大民众的政治参与，发展民族经济，改善下层民众的生活环境。② 穆斯林兄弟会的口号是"安拉是我们的目标，先知是我们的领袖，《古兰经》是我们的宪法，圣战是我们的道路，为主而战是我们最崇高的愿望"，"我们的基本目标是解放外国政权统治下的伊斯兰土地，并在解放了的土地上建立自由的伊斯兰国家"。③ 所以说，穆斯林兄弟会的兴起突破了自由主义时代议会政治和贵族政治的框架，标志着埃及现代化进程中政党政治进入崭新的发展阶段，浓厚的宗教色彩和诉诸神权的政治形式构成穆斯林兄弟会作为新兴政党的明显特征。④

2. 法鲁克王朝统治时期的穆斯林兄弟会

穆斯林兄弟会成立后，在法鲁克王朝统治时期获得迅速发展。穆斯林兄弟会成立之初，哈桑·班纳与志同道合的追随者通过设立临时教育机构教化民众，宣传伊斯兰的团结和利他主义精神；利用清真寺、咖啡馆、俱乐部、家庭聚会及郊外旅行等方式和场合，大力宣传穆斯林兄弟会的纲领目标和信条主张。与伊斯兰运动的传统传播方式类似，穆斯林兄弟会主要

---

① Hasan Al – Banna , *Five Tracts of Hasan Al – Banna*（1906 – 1949）：*A Selection from the Majmuat Rasail al – Imam al – shahid Hasan al – Banna*, p. 36.

② Benjamin C. Fortna, Camron M. Amin and Elizabeth B. Frierson eds., *The Modern Middle East*：*A Sourcebook for History*, Oxford and New York：Oxford University Press, 2006, pp. 69 – 71.

③ Hasan Al – Banna, *Five Tracts of Hasan Al – Banna*（1906 – 1949）：*a Selection from the Majmuat Rasail al – Imam al – shahid Hasan al – Banna*, p. 31.

④ 哈全安：《埃及穆斯林兄弟会的演变》，《西亚非洲》2011 年第 4 期。

通过以下方式来扩大影响：一是宣教，借助布道、小册子、报纸杂志和书籍等宣传穆斯林兄弟会的观点主张；二是教育，通过向穆斯林兄弟会成员和普通民众提供教育来强化其科学信仰，改善其精神面貌，深化赤诚的兄弟情谊和真正的团结一致，直至形成统一的伊斯兰公共舆论，培育正确理解伊斯兰教、奉行伊斯兰原则和追求伊斯兰复兴的新一代；三是灌输，在教育、立法、司法、行政、兵役、经济、公共卫生等一切社会事务中，实现伊斯兰教的统领和指导，并将伊斯兰取向贯彻到代议和立法机构、执行机构和国际机构等专门机构中；四是实践，通过建造清真寺、学校、医院和难民庇护所来提供社会服务，设立天课和捐助管理委员会，纠正社会陋习和有害风俗，将青年人引导到正确的道路上来。[①] 依靠行之有效的宗教政治纲领和组织原则，再加上20世纪30年代世界经济危机的冲击，穆斯林兄弟会发展迅速，大批青年学生、公务员、手工业者、小商贩、城市贫民及农民纷纷向穆斯林兄弟会靠拢，其人数与日俱增，势力日渐强大。下层民众的政治觉醒以及世俗政治的衰落和议会框架内政党政治的危机，构成穆斯林兄弟会长足发展的深层背景；农民、士兵和包括工人、学生、职员在内的城市下层的支持，为穆斯林兄弟会的发展提供了更广泛的社会基础。[②] 1933年，穆斯林兄弟会在开罗设立总部，该组织以训导局为最高领导机构，其成员在埃及已达50万之多，遍布社会各个阶层，该组织影响力遍及中东乃至全球穆斯林社会，是近代历史悠久、规模庞大、组织严密的世界性伊斯兰政治集团。1935年，穆斯林兄弟会第三次大会确定班纳为总训导师[③]和最高权威。另据美国学者米契尔提供的数据，穆斯林兄弟会在1929年仅有4个分支机构，1930年为5个，1931年为10个，1932年为15个，1938年则猛增至300个，1940年为500个，1949年更是达到2000个。在1945—1948年间，穆斯林兄弟会成员大约30万—60万人，

① 参见毕健康《试论埃及穆斯林兄弟会的二重性问题》。

② 哈全安：《埃及穆斯林兄弟会的演变》。

③ 穆斯林兄弟会的最高领导人的称呼，自1928年创立以来，先后经历以下总训导师，第一任哈桑·班纳（1928—1949年在任），第二任哈桑·胡代比（1951—1973年在任），第三任欧麦尔·泰勒迈萨尼（1973—1986年在任），第四任穆罕默德·阿布·纳斯尔（1986—1996年在任），第五任穆斯塔法·迈什胡尔（1996—2002年在任），第六任穆罕默德·马蒙·胡代比（2002—2010年在任），第七任穆罕默德·巴迪亚（2010年至今在任）。

加之50万的同情者，其号称有100万信众绝非夸大。① 更为重要的是，从20世纪30年代末40年代初开始，穆斯林兄弟会逐渐向周边国家和地区扩散，在叙利亚、苏丹、约旦、巴勒斯坦等地设立支部、学校、清真寺和商业公司，成为一个庞大的国际性宗教组织。

穆斯林兄弟会在初建阶段是一个规模不大、影响相对有限的宗教组织，主要致力于和平宣教和组织发展工作，旨在通过传播信仰、普及教育、弘扬伊斯兰文化和从事慈善来培养新一代虔诚的穆斯林。此时的穆斯林兄弟会尚未涉足政坛，政治立场亦颇显温和。自20世纪30年代后期开始，埃及议会框架内的政党政治危机四伏，穆斯林兄弟会作为民众政治挑战法鲁克王朝政治统治的主要载体随之逐渐转变为崇尚暴力的激进政治组织，直接卷入了法鲁克王朝、华夫脱党和英国殖民势力之间的权力争夺。曾经担任埃及内政部长的哈桑·艾布·帕夏指出："我认为1928年穆斯林兄弟会的成立并不是喧嚣的激动人心（的事件）。一开始穆斯林兄弟会的出发点完全是宗教的，呼唤伊斯兰价值观、高尚的道德行为和良好的教育……因此，兄弟会的建立具有纯粹的宗教出发点。30年代，穆斯林兄弟会开始发现某种对其宣教回应，他们开始宣扬其令人瞩目的存在，其成员在伊斯梅尔市内外不断增加。最近几年穆斯林兄弟会的这种扩散，开始鼓励其领导人，尤其是总训导师哈桑·班纳，除宗教作用外，穆斯林兄弟会将发挥政治作用……从40年代开始，兄弟会的政治取向开始上升，超过其宗教取向。穆斯林兄弟会采取具有深远意义的战略目标：披着宗教外衣实现其政治存在，以服务于其上台执政的目的。"② 此时特殊的政治环境也为穆斯林兄弟会参与政治提供了突破口。1936年英埃条约的签订激起了民众愤慨，哈桑·班纳宣称："（1936年英埃）条约是埃及脖子上的枷锁和手上的镣铐。除了工作和做好充分的准备，你能够摆脱这桎梏吗？"③ 穆斯林兄弟会的反英鼓动引起民众的广泛回应，而其也突破纯粹的宗教组织的窠臼转变成为宗教政治组织，通过与任何有可能帮助实现其政治宏愿的各方势力的合作，进而成为埃及政治舞台举足轻重的政治力量，但是其发展并非一帆风

---

① 参见 Richard P. Mitchell, *The Society of the Muslim Brothers*, New York：Oxford University Press，1993。

② 转引自毕健康《试论埃及穆斯林兄弟会的二重性问题》。

③ 同上。

顺。在第二次世界大战期间，由于战场形势的影响，埃及国内局势十分动荡，国内各派政治势力的斗争愈演愈烈。1941年，曾经支持穆斯林兄弟会的阿里·马希尔内阁被推翻，哈桑·班纳失去靠山，转而加紧反抗英国殖民者。法鲁克王朝与华夫脱党抗击英国殖民势力不力，使得穆斯林兄弟会以民族主义利益的代言人身份获得民众的广泛支持。穆斯林兄弟会强劲的发展势头使执政当局和英国殖民者感到不安，他们警告新首相侯赛因·西里限制穆斯林兄弟会的活动，导致穆斯林兄弟会的主要领导人遭到逮捕，但不久便被释放。

1942年2月，在英国殖民当局的支持下，华夫脱党领袖纳哈斯组建新内阁。虽然华夫脱党的左翼坚决反对宗教组织干预政治，但是右翼却认为"二战"期间日益严重的社会问题需要一个有利的工具即穆斯林兄弟会来解决。纳哈斯上任之初便宣布解散议会进行新的选举，此时哈桑·班纳曾在伊斯梅利亚登记参选，但是不久与纳哈斯会面后便放弃参选。同年底，纳哈斯下令关闭除总部外所有的穆斯林兄弟会活动场所，但是在得到穆斯林兄弟会保证支持华夫脱党内阁后收回命令，双方关系得以缓和。1945年，纳哈斯内阁下台后，艾哈迈德·马希尔组建新内阁，在其领导下举行了埃及历史上舞弊现象最为严重的议会选举，此时包括哈桑·班纳等穆斯林兄弟会候选人提交了伊斯兰纲领，正式登记参加选举，结果却是穆斯林兄弟会候选人全部落选。艾哈迈德·马希尔在一个月后遭暗杀，其生前密友马哈茂德·法赫米·诺格拉西担任新首相，重新施加对穆斯林兄弟会的种种限制，且华夫脱党把穆斯林兄弟会视为自己的头号对手，所以日趋暴力的穆斯林兄弟会将暴力斗争的目标指向华夫脱党和外国殖民势力，这使得其处境微妙。

长期以来，穆斯林兄弟会与法鲁克王朝关系密切，先后支持福阿德国王和法鲁克国王担任哈里发。但是1945年以来穆斯林兄弟会的暴力行为和坐大趋势引起统治当局的惊慌，正如阿卜杜·阿济姆·拉马丹所言："1948年底，穆斯林兄弟会已成为国家之内的准国家了，有它的武器、军队、工厂、公司、医院……"① 于是包括华夫脱党和法鲁克王朝在内的统治当局对其开展严厉制裁，1948年12月8日，马哈茂德·法赫米·诺格拉西政府下令解散穆斯林兄弟会，20天后马哈茂德·法赫米·诺格拉

---

① 转引自毕健康《试论埃及穆斯林兄弟会的二重性问题》。

西首相被穆斯林兄弟会暗杀，1949年2月12日，哈桑·班纳被统治当局暗杀。班纳死后，穆斯林兄弟会的势力逐渐削弱。1951年华夫脱党重新组阁后不得不与穆斯林兄弟会就恢复其合法性地位问题进行谈判，穆斯林兄弟会的公开活动才得以逐渐恢复。1952年7月23日，穆斯林兄弟会与自由军官组织联手推翻法鲁克王朝，与纳赛尔政权的关系标志着穆斯林兄弟会全新的处境和命运。

二　威权政治时代的穆斯林兄弟会

1. 纳赛尔政权对穆斯林兄弟会的镇压

自由军官组织成立于1945年，是当时在军事院校担任教官的纳赛尔联合具有民族主义思想的青年军官，吸收爱国的中下级军官组建，旨在反对英国殖民统治和法鲁克王朝的专制统治，实现国家的彻底独立。这与穆斯林兄弟会有着相似的政治目标，所以在1952年七月革命之前，穆斯林兄弟会与自由军官组织作为政治盟友保持良好的合作关系。早在1948年巴勒斯坦战争期间，纳赛尔领导的自由军官组织就曾在巴勒斯坦前线进行秘密活动，而穆斯林兄弟会的志愿军在巴勒斯坦与自由军官组织并肩作战时结下深厚的友谊。哈桑·艾布·帕夏回忆说："我认为穆斯林兄弟会与自由军官的联系并不是随着革命而建立起来的，而始于革命发生前的1949年。革命指导委员会的一些成员同时又是穆斯林兄弟会的成员。再者，革命者解散了所有政党和政治力量，但是并没有解散穆斯林兄弟会。通过共同成员，兄弟会存在于革命者之中；通过'秘密机构'[1]，兄弟会存在于军队和警察之中，革命领袖是知道这些的。因此，革命后的最初几个月双方本来是可以进行协调的。我个人认为，加麦尔·阿卜杜·纳赛尔原本与兄弟会是有联系的，特别是通过兄弟会'秘密机构'的头头阿卜

---

[1]　大约在1943年或1944年，穆斯林兄弟会建立了将班纳武装圣战思想付诸实践的"秘密机构"，这标志着穆斯林兄弟会由和平的宗教集团转变为准军事的政治集团。"秘密机构"隶属于总训导师，但哈桑·班纳并不亲自主持军事，由阿卜杜·拉赫曼·萨奈迪和艾哈迈德·阿迪勒等专门负责。"秘密机构"有独立于穆斯林兄弟会总预算的单独预算，下设情报部，专门收集政党和政治情报。

杜·拉赫曼·萨奈迪。"① "革命（者）认为，兄弟会成为革命的人民支柱是符合他们利益的，禁止兄弟会'秘密机构'发挥作用……穆斯林兄弟会认为，七月革命是他们通过革命掌权的天赐良机。兄弟会有过这种设想，在消灭了其他政治力量之后，革命（政权）留下了孤零零的他们，兄弟会在革命指导委员会及武装部队和警察中保留了自己的专门组织和人员。这样，他们认为，乘革命之东风攫取政权的时机成熟了。因此双方各有算盘：兄弟会支持革命以对付华夫脱党，革命是兄弟会通达政权之路。"② 1952 年 7 月 23 日，自由军官组织在纳赛尔以及穆罕默德·纳吉布将军的领导下发起"七月革命"，随后废黜法鲁克国王，成立革命指导委员会，纳吉布出任主席，纳赛尔出任副主席。在七月革命中，穆斯林兄弟会发挥了特殊作用。革命之前，自由军官组织把革命计划透露给穆斯林兄弟会，双方就在革命中可能需要承担的任务达成一致；革命期间穆斯林兄弟会也积极承担任务以配合自由军官组织的起义。所以在革命胜利后，自由军官组织基于穆斯林兄弟会的贡献考虑对其相当友好，逮捕一大批与穆斯林兄弟会为敌的政治对手，释放被关押的穆斯林兄弟会成员，吸收穆斯林兄弟会领导人进入革命指导委员会和新内阁。③ 穆斯林兄弟会也对自由军官组织的友好积极回应。7 月 26 日，穆斯林兄弟会领导机构举行特别会议，8 月 2 日在报纸上发表了会议通过的声明，欢呼自由军官组织解放埃及的"伟大运动"的成功。哈桑·班纳的父亲在穆斯林兄弟会的集会上呐喊："弟兄们，你们的使命今天得以实现，这是你们新一天的黎明……民族的新一天。因此欢呼黎明吧，弟兄们……赶紧支持纳吉布的力量，用你们的心血和金钱帮助他们吧，成为他们的士兵，因为这是真主喜爱其成功的使命。"④ 但是，自由军官组织与穆斯林兄弟会的友好关系并没能持续很久。

七月革命胜利后，自由军官组织和穆斯林兄弟会建立联盟的政治基础不复存在，意识形态与政治理念的差异日益突出，权力角逐日益激烈，所以二者的分道扬镳便成为必然。一方面，穆斯林兄弟会倡导基于伊斯兰主义的政治意识形态，以建立伊斯兰政权，这与纳赛尔当局所推崇的世俗主

---

① 转引自毕健康《试论埃及穆斯林兄弟会的二重性问题》。
② 同上。
③ 涂龙德、周华：《伊斯兰极端组织》，时事出版社 2010 年版，第 42—43 页。
④ 转引自毕健康《试论埃及穆斯林兄弟会的二重性问题》。

义格格不入，所以当穆斯林兄弟会向政府提出新颁布的埃及宪法应该以伊斯兰原则为唯一立法基础时，遭到拒绝。另一方面，穆斯林兄弟会以支持和配合"七二三"革命的功臣自居，要求在革命政府中安排自己的成员，结果遭到拒绝，于是穆斯林兄弟会公开包括社会、经济和土地改革等方面内容的政治纲领。七月革命胜利后不久，穆斯林兄弟会总训导师哈桑·胡代比会见纳赛尔，提出两项要求：一是将地主占地最高限额提高到 500 费丹；二是政府在决策前须将决议提交穆斯林兄弟会领导机构审议。[①] 此举激怒了新生的纳赛尔政权。另外，穆斯林兄弟会还直接要求担任关键职位的部长，而且"秘密机构"仍然向军队和警察机构渗透，这对新生的革命政权构成直接威胁。对权力更替的直接干预，则是二者冲突的直接导火索。1953 年，埃及共和国成立，纳吉布出任总统兼总理，但实权掌握在纳赛尔领导的自由军官组织手中。穆斯林兄弟会很快介入穆罕默德·纳吉布和阿卜杜·纳赛尔之间的权力斗争。穆斯林兄弟会领导人与纳吉布秘密会谈，并在工人聚居区哈瓦米迪耶举行的群众集会上，组织工人呼喊口号向纳赛尔显示力量，施加压力。而且，穆斯林兄弟会一再夸大其对七月革命的贡献，对革命政权横加干涉，挑战了革命指导委员会的政治权威。在埃英撤军谈判时，穆斯林兄弟会曾私下与英国代表会面，妄图弱化政府代表的权力。

　　1954 年 1 月 12 日，当穆斯林兄弟会成员以纪念被害的同伴名义在开罗集会，并公开谴责自由军官组织政权，革命指导委员会颁布对穆斯林兄弟会的取缔令，这次取缔令并非是真正彻底的取缔，而只是具有警告的意味，因为当局只是逮捕了穆斯林兄弟会 450 名成员。[②] 但是转入地下活动的穆斯林兄弟会开始以恐怖和暗杀活动来表达不满，进而激化了与革命政权的矛盾。1954 年 10 月，纳赛尔与英国签订撤军协定，穆斯林兄弟会认为纳赛尔让步太多而成为出卖国家利益的人，"秘密机构"密谋在 10 月 19 日纳赛尔与英国签订协议的当天刺杀纳赛尔，并决定由马哈茂德·阿卜杜·莱蒂夫完成该任务，后因形势不利宣告推迟。10 月 26 日，纳赛尔在亚历山大曼希群众集会上发表讲演，莱蒂夫向他连开 8 枪，并未击中要害，纳赛尔幸免于难，于是纳赛尔政权借此事件

---

①　转引自毕健康《试论埃及穆斯林兄弟会的二重性问题》。

②　Javaid Saeed, *Islam and Modernization: A Comparative Analysis of Pakistan, Egypt and Turkey*, London: Praeger Publisher, 1994, p. 119.

开始了彻底铲除穆斯林兄弟会的步骤,对此萨达特曾评述:"兄弟会公开对我们宣战,其明显的意图就是推翻我们并接管对埃及的统治"。[①]于是纳赛尔政权对此采取迅速而有效的反击,再次宣布取缔穆斯林兄弟会,总训导师哈桑·胡代比被判处终身监禁,超过6000名成员被捕入狱,其中21人于1957年被当局处决。[②]穆斯林兄弟会遭到毁灭性打击,不少成员逃往海湾和欧洲国家。纳赛尔政权对穆斯林兄弟会进行分化"吸收":部分穆斯林兄弟会领导人进入爱资哈尔和宗教基金会,部分穆斯林兄弟会遗老则成为"阿拉伯社会主义联盟""宗教教育"负责人。[③]这是穆斯林兄弟会发展史上的重要转折点,即从具有相当群众基础且对革命政权构成一定威胁的政治集团变成遭到当局铁拳镇压而七零八落的非法组织。

随后,奉行阿拉伯民族主义的纳赛尔政权尽管镇压了穆斯林兄弟会,但也意识到伊斯兰教作为控制民众政治工具的重要性,开始对伊斯兰教进行政治性应用,逐渐弱化对穆斯林兄弟会的控制。1964年纳赛尔政权颁布大赦令,释放穆斯林兄弟会成员,以争取宗教势力的支持,抵制马克思主义意识形态的影响。许多穆斯林兄弟会成员官复原职,甚至获得政府给予的经济补偿。但随后穆斯林兄弟会再次进行残酷的暗杀活动,1965年8月,有报告说穆斯林兄弟会准备再次密谋刺杀纳赛尔并推翻政府,导致纳赛尔政权再次发起清洗穆斯林兄弟会的政治运动,近3万人遭到囚禁,数十人被处死。[④]萨达特后来指出,所谓刺杀阴谋只是一种想象,当局制造事件镇压穆斯林兄弟会旨在达到不可告人的目的。[⑤]纳赛尔政权的高压和监禁导致穆斯林兄弟会的分化:主流派基本放弃暴力极端政策,而监狱则

[①]　转引自 Gabriel R. Warburg, "Islam and Politics in Egypt: 1952 – 80", *Middle Eastern Studies*, Vol. 18, No. 2, 1982, p. 146。

[②]　Gilles Kepel, *Muslim Extremism in Egypt: the Prophet and Pharaoh*, Berkeley: University of California Press, 1993, p. 27.

[③]　毕健康:《试论埃及穆斯林兄弟会的二重性问题》。

[④]　Barry Rubin, *Islamic Fundamentalism in Egyptian Politics*, New York: Palgrave Macmillan, 2002, p. 15.

[⑤]　参见 Gabriel R. Warburg, "Islam and Politics in Egypt: 1952 – 80", p. 147。

是滋生极端主义的肥沃土壤。赛义德·库特布①在监禁中产生反国家反社会的极端主义思想，完成了《在"古兰经"的荫翳下》和《路标》，为伊斯兰极端主义的兴起提供理论指导。与哈桑·班纳相比，库特布完全否定现存的秩序，强调将"战斗的伊斯兰"作为穆斯林兄弟会的意识形态，思想倾向颇为极端。1966年，因为库特布对纳赛尔政权的敌对和威胁而被当局处以绞刑，穆斯林兄弟会再次失去精神支柱，在某种程度上处于四分五裂的瓦解状态。纳赛尔政权先后借助解放大会、民族联盟和"阿拉伯社会主义联盟"来实践其一党制的政治统治，通过镇压穆斯林兄弟会来动员那些对阿拉伯社会主义失去兴趣的民众支持，所以说纳赛尔时代伴随着穆斯林兄弟会与执政当局的权力斗争，由于此间纳赛尔一党制的封闭性导致穆斯林兄弟会对埃及政党政治的影响不能过于高估。

2. 萨达特时期穆斯林兄弟会的分化

1970年9月，阿拉伯世界民族主义运动的旗手纳赛尔突发心脏病逝世，副总统穆罕默德·安瓦尔·萨达特继任总统。从20世纪70年代开始，埃及处于从国家资本主义向自由资本主义转变的过程中。经济的转轨、政治的更迭和城市化进程的加速使部分下层民众在现代化进程中无所适从，穆斯林兄弟会所倡导的伊斯兰主义无疑在失意的民众中间具有强大的吸引力，所以其作为伊斯兰反对派政治组织，在下层民众中间具有广泛的政治影响，蕴含着民众动员的巨大潜力。由于萨达特缺乏纳赛尔作为埃及共和国缔造者所拥有的奇里斯玛式魅力，所以在执政之初为了巩固政权和强化统治合法性、弱化纳赛尔的影响，推行较为宽松的宗教政策，并在1971年宪法中规定"伊斯兰教法体系是立法的主要来源之一"，政治环境的相对宽松使得国内的政治自由化倾向初露端倪。萨达特政权则试图借助穆斯林兄弟会的支持，遏制和削弱世俗色彩的纳赛尔主义残余势力，强化

---

① 赛义德·库特布是现代埃及著名的伊斯兰极端主义思想家，1951年加入穆斯林兄弟会，1966年被纳赛尔政权处死，著有《路标》一书，在继承哈桑·班纳以及阿布·阿拉·毛杜迪伊斯兰主义理论的基础上，着力阐述现代伊斯兰极端主义思想，强调安拉的绝对主权，声称纳赛尔政权奉行的世俗政治背离伊斯兰主义基本原则，无异于贾希利叶时代的蒙昧制度。宣称安拉主权的目的并非建立教界统治，而是恢复伊斯兰教法的至高无上地位，进而保障民众摆脱奴役和获得解放；实现安拉主权的途径并非仅是信仰的说教，而应当诉诸圣战的暴力方式。库特布思想被现代伊斯兰主义者视为异端，1982年，总训导师欧麦尔·泰勒迈萨尼宣称库特布只代表本人也不代表穆斯林兄弟会。

新政权的社会基础。① 而穆斯林兄弟会基于与纳赛尔政权的深深积怨，也极力拥护萨达特政权的去纳赛尔化政策。有学者指出："到70年代兄弟会领导人经历十多年的牢狱之灾被释放后，他们在政治问题上开始采取谨慎而温和的立场。在大部分时期内，他们与萨达特政权是调和与默契的。与纳赛尔政权的尖锐冲突使他们趋向于拒绝暴力，工作逐渐转向集中在社会问题而不是改变国家政权。"②

1971年秋，萨达特宣布大赦政治犯，开始释放那些在1965年被捕的穆斯林兄弟会成员以清除纳赛尔势力的影响，其中包括穆斯林兄弟会第二任总训导师哈桑·胡代比，部分常年流亡在外的穆斯林兄弟会领导人陆续回国。到1973年，穆斯林兄弟会被关押成员全部获释，这使得穆斯林兄弟会进一步恢复发展组织并进一步壮大。1975年，穆斯林兄弟会在继续经营《宣教月刊》的基础上创刊《召唤》和《坚持》，导致其报纸读者不断增加，力量迅速得以恢复和发展。随着穆斯林兄弟会的发展壮大，其要求取得合法政党地位来参与议会选举。总训导师哈桑·胡代比曾声称："我不坚持立党，但是坚持进行政治活动和民众活动。如果国家实行政党制，又认为适用于我们，那么我们就是政党。"③ 但萨达特总统并没有废黜针对穆斯林兄弟会的取缔令，处于非法地位的穆斯林兄弟会仅被允许成员以个人身份参加世俗政党和从事政治活动。1976年，萨达特恢复多党制，以穆斯林兄弟会建党将损害科普特基督徒的利益以及影响西方对埃及投资为由，否定其建立政党。④ 萨达特曾公开表示："热衷于伊斯兰教的人应该到清真寺去，希望从事政治的人应当通过合法途径。"⑤ 随后允许穆斯林兄弟会以个人身份参与选举。10月，在人民议会的选举中，穆斯林兄弟会帮助萨达特总统打击反对派——纳赛尔主义者和左翼分子，积极与当局合作参加选举，结果代表政府的中间派赢得342个议席中的280席，参选的6名穆斯林兄弟会成员全部当选。⑥ 不过，穆斯林兄弟会并不

---

① 哈全安：《埃及穆斯林兄弟会的演变》。

② Najib Ghadbian, *Democratization and the Islamist Challenge in the Arab World*, p. 97.

③ 杨灏城、朱克柔主编：《当代中东热点问题的历史探索：宗教与世俗》，人民出版社2000年版，第377页。

④ Abd ai – Monein Said Aiy, Manfred W. Wenner, "Modern Islamic Reform Movements: The Muslim Brotherhood in Contemporary Egypt", *Middle East Journal*, Vol. 36, No. 3, 1982, p. 355.

⑤ Derek Hopwood, *Egypt, Politics and Society, 1945 – 1984*, p. 117.

⑥ Ibid. , pp. 113 – 115.

满足成员个人的政治参与，努力建立一个组织严密的"穆斯林兄弟会王国"，试图以组织模式代替政党模式，以实现其建立伊斯兰政权的最终目标。在所谓的"穆斯林兄弟会王国"里，训导局相当于政府内阁，创建会相当于议会，遍布埃及各省的办事处相当于官方的省级行政机构，其所管辖的范围和埃及政府及其各省的管辖范围相一致。① 通过这一整套组织机构，穆斯林兄弟会的势力渗透到社会各个领域，所以从这一角度来看，穆斯林兄弟会尽管未能建立合法政党，但其组织方式和行为已经具备政党特征，所以在现代政党化的道路上迈出一大步。

萨达特政权执政期间陆续释放穆斯林兄弟会在押成员，允许被流放者回国，穆斯林兄弟会的全面恢复也为实行政治伊斯兰的目标提供前提。获得新生的大部分穆斯林兄弟会成员一改纳赛尔时代与当局为敌的立场，极力主张通过和平的宣教方式来促进社会的伊斯兰化，努力避免卷入暴力活动，这也导致穆斯林兄弟会内部温和派与激进暴力派的分野，温和派是其中的主流派别，主流派的务实温和为萨达特时代穆斯林兄弟会的逐渐恢复奠定思想和政策基础。正如埃斯波西托所言："如果说1945年至1965年期间兄弟会是以不时的对峙和反政府的暴力为标志，那么70年代以后的兄弟会在第三任总训导师泰勒迈萨尼的领导下，则经历了一场目标明确的改造。它明确选择了主张政治多元化和议会民主的温和和渐进的政策以实现社会政治变革。"② 不过，萨达特政权在释放穆斯林兄弟会成员时，对于其内部意识形态和斗争策略上的分裂并不了解，赛义德·库特布的狂热追随者——伊斯兰极端分子与放弃暴力、主张和平的温和派一起获释，包括伊斯兰解放组织、赎罪与迁徙组织、新圣战组织的伊斯兰极端派别随之兴起，伊斯兰极端主义者旋即向萨达特政权发起暴力袭击，因为二者的合作是迫于当时的形势，因而是策略性的妥协，而冲突分歧将成为必然。

20世纪70年代后期，萨达特政权与穆斯林兄弟会之间的关系逐渐恶化。萨达特政权的亲西方、与以色列谋和的策略，导致埃及政治腐败，经济困窘，贫富差距拉大，西方价值观弥漫整个社会，这引起民众的怨恨和社会不安，加深了国内矛盾，引起了反对派对统治当局的不满。穆斯林兄弟会也对萨达特政权的重大政策，或持怀疑态度或猛烈抨击：对于开放政

---

① 涂龙德、周华：《伊斯兰激进组织》，第64页。

② ［美］埃斯波西托：《伊斯兰威胁：神话还是现实？》，东方晓等译，社会科学文献出版社1999年版，第170页。

策，穆斯林兄弟会认为其导向有误，造成富者愈富、穷人挨饿的后果；对于所谓多党制民主，穆斯林兄弟会认为其只是掩盖专制集权的遮羞布，至多只是半心半意而已。《宣教月刊》一再强调，结社自由和表达自由不是统治者的恩赐……穆斯林兄弟会强烈要求扩大公民的政治权利和自由，包括组建宗教政党的权利。[1] 穆斯林兄弟会坚决反对萨达特政权与以色列的妥协与媾和，抨击萨达特出访耶路撒冷，谴责萨达特政权与以色列签署《戴维营协议》是背叛伊斯兰信仰和出卖阿拉伯民族利益的行为。萨达特对穆斯林兄弟会施以威胁利诱，一方面采取深化伊斯兰政策，拉拢宗教上层人士；另一方面宣布戒严法，限制政治生活，取消言论自由，宣布穆斯林兄弟会为非法组织，谴责穆斯林兄弟会是埃及的国中之国，进而逮捕穆斯林兄弟会成员，接管其控制的清真寺并取缔其主办的刊物，穆斯林兄弟会与萨达特政权的关系骤然紧张。到 1979 年伊朗伊斯兰革命发生时，穆斯林兄弟会与萨达特的矛盾已经趋于白热化，穆斯林兄弟会支持伊斯兰革命，反对萨达特政权为巴列维国王提供政治避难。此时，穆斯林兄弟会的激进派加紧进行暴力活动。1981 年 9 月，萨达特以十万余名穆斯林举行反政府游行示威为借口对伊斯兰主义者进行镇压，并对穆斯林兄弟会展开大搜捕，包括欧麦尔·泰勒迈萨尼在内的埃及反对党领袖和思想家及部分伊斯兰极端分子被捕入狱，查封穆斯林兄弟会的报刊，清洗了穆斯林兄弟会掌管的清真寺，大肆地镇压引起了伊斯兰极端分子的仇恨，最终有"信仰者总统"之称的萨达特被新圣战组织成员（从穆斯林兄弟会中分离出来的伊斯兰激进组织）暗杀身亡。

总体来看，萨达特时代是穆斯林兄弟会的恢复与调整时期，也是穆斯林兄弟会的社会基础进一步拓展时期。萨达特上台执政后，政治环境较纳赛尔时代相对宽松，其本人也以"信士的总统"自居，推行多党制以摆脱纳赛尔一党制威权政治留下的痼疾，这使得穆斯林兄弟会认识到政党在国家政治生活中的重要作用，所以在坚持伊斯兰主义基本原则的前提下进行策略调整，主流派基本放弃暴力恐怖政策，努力树立和宣扬其和平形象，并利用相对宽松有利的政治环境，恢复和发展势力，发展所谓的伊斯兰经济，向市民社会渗透，为穆巴拉克时期穆斯林兄弟会的政党化演进奠定基础，同时进一步拓展社会基础的范围。穆斯林兄弟会的社会基础最初

---

[1] 毕健康：《试论埃及穆斯林兄弟会的二重性问题》。

仅仅包括城市贫民、小手工业者、小商人和农民在内的下层民众，随着埃及社会经济转型，新兴中产阶级和知识分子逐渐成为穆斯林兄弟会社会基础的重要组成部分，这也使其思想纲领逐渐趋于务实开放，穆斯林兄弟会的思想纲领从宗教政治层面延伸至经济社会领域的诸多层面，主张实行自由经济政策，发展民族经济，营造良好的私人投资环境，改善财富分配体系，遏制社会成员间的贫富分化，保障公民权利。① 所以说，穆斯林兄弟会借助多党制开启的有利环境，通过对萨达特基本政策的抨击以实现政治参与，同时关注住房、交通和通货膨胀等社会问题，成为埃及政坛颇具影响的政治势力。萨达特时代的穆斯林兄弟会，虽然仍然处于非法地位，但已经走出纳赛尔时代的低谷期而趋于政党化。1977 年，时任总训导师的欧麦尔·泰勒摩萨尼援引 1976 年政党法，指出纳赛尔在 1954 年禁止穆斯林兄弟会活动以及组建政党是违法的，并向萨达特政权提出上诉，但无果而终。② 虽然穆斯林兄弟会的领导人并不将其视为政党，但其建立独立王国的设想和实践都验证了政党的理念与目标。作为埃及政坛最大的政治反对派，穆斯林兄弟会与萨达特政权的关系为穆巴拉克政权调整宗教政策、政治纲领和重塑世俗关系奠定基础。

3. 穆巴拉克时期穆斯林兄弟会的政治参与

1981 年 10 月，萨达特遇刺身亡后，得到军队支持的副总统穆巴拉克继任总统，基本沿袭萨达特时代的政策：在政治领域进一步促进以多党制、议会制为标志的民主化进程，在经济领域继续执行对外开放政策，与反对党达成和解，号召各党放弃恩怨共同为多党制建设和国家富强而努力，使得诸多反对派政党相继重返埃及政坛，政治生活的多元格局日渐凸显。20 世纪 80 年代以来，穆斯林兄弟会积极向非政府组织领域渗透，通过控制医学协会、大学教授协会和工程师协会以在社会层面强化伊斯兰化举措。伊斯兰经济机构的建立也是穆斯林兄弟会扩大影响的另一举措，在"盈亏共担"的伊斯兰金融机构在中东地区广泛建立的情况下，埃及的伊斯兰经济实体迅速兴起，通过规避利息的经营方式获得融资资本，扩大了在经济领域的投资能力和抗风险能力。另外，穆斯林兄弟会还通过提供教育、卫生等公共服务以扩大社会影响力，为其在政治层面的成功提供重要

---

① Phebe Marr ed. , *Egypt at the Crossroads*：*Domestic Stability and Regional Role*, p. 52.

② Hesham al – Awadi, *In Pursuit of Legitimacy*：*The Muslim Brotherhood and Mubarak*, *1982 – 2000*, New York：Tauris Academic Studies, 2004, p. 38.

保障。此时，埃及在中东伊斯兰复兴运动的影响下呈现新高潮，主要表现为埃及社会回归伊斯兰传统生活现象突出，参加礼拜、朝觐和着传统服饰的穆斯林增多；许多接受现代教育的青年学生、企业家甚至政客加入伊斯兰组织；穆巴拉克政权也在官方层面倡导尊重伊斯兰传统伦理道德。尽管伊斯兰极端组织在埃及社会仍有一定市场，在埃及境内制造了各类恐怖暴力实践，暗杀的对象上至总统、议长、总理和政府官员，下到学者、作家和新闻工作者等，但穆斯林兄弟会相对温和的主流派则代表了埃及伊斯兰主义的发展方向，致力于在现行政治框架内实践其政治目标，穆斯林兄弟会在总训导师欧麦尔·泰勒迈萨尼的领导下，采取以温和的改革主义为方向的政治路线，力图在现行国家体制下从事合法政治斗争，扮演宗教政治反对派的角色。[①] "兄弟会以和平政策为基础，构建了议会政治、伊斯兰经济和向市民社会渗透'三驾马车式'的新政策。"[②] 这都为穆巴拉克政权与穆斯林兄弟会发展新型关系奠定基础。

穆巴拉克政权为了达到分化孤立极端组织的目的，一改萨达特政权晚期对穆斯林兄弟会的镇压政策，采取分化、瓦解措施加以拉拢，释放包括穆斯林兄弟会成员在内的政治犯，开放党禁、报禁，容许发表批评意见，直接导致了穆斯林兄弟会上层在政治主张方面的变化。获释后的欧麦尔·泰勒迈萨尼表示："我们仍然处于被取缔的状态，……我们需要参加治理埃及方面的协商……竞选人民议会议员是我们唯一的途径。"[③] 这表现了穆斯林兄弟会希望通过合法手段扩大其政治影响。1983 年，穆巴拉克修改选举法，将原先规定的一个政党必须在全国获得至少 10% 的选票改为获得全国 8% 的选票就可以参选，[④] 为包括穆斯林兄弟会在内的其他政党增加了政治参与的空间和机会。一方面，穆巴拉克政权允许穆斯林兄弟会在一定条件下公开活动，可以以其他政党和独立人士的身份参加议会、工会的选举，把穆斯林兄弟会纳入政府政治体系，这就为穆斯林试图通过合法途径参与政治和表达政治诉求提供了途径；另一方面，穆巴拉克政府又以埃及的《宗教组织法》为借口，以穆斯林兄弟会属于宗教组织为由，

---

① 曲洪：《当代中东政治伊斯兰：观察与思考》，中国社会科学出版社 2001 年版，第 123 页。

② 毕健康：《穆巴拉克时代的穆斯林兄弟会》，《西亚非洲》2004 年第 2 期。

③ 刘竞主编：《伊斯兰复兴运动论文集》，中国社会科学院西亚非洲所印制，1989 年，第 163—165 页。

④ Ninette S. Fahmy, *Politics of Egypt：State - Society Relationship*, pp. 69 - 71.

拒绝其合法化地位的申请，所以穆斯林兄弟会依然处于非法地位；再一方面，这说明穆斯林兄弟会已经承认穆巴拉克政权的合法性，极力在现行政治框架下通过合法渠道获得政治参与机会，体现了现代伊斯兰主义的时代转型。

由于穆巴拉克政权仍然否认穆斯林兄弟会的合法政党地位，所以穆斯林兄弟会成员主要以个人身份从事政治活动和参与议会选举。在1984年议会选举中，穆斯林兄弟会的主流派别与新华夫脱党组建竞选联盟，获得15%的选票和57个议席，其中穆斯林兄弟会成员获得9个议席。此后穆斯林兄弟会开始寻求通过合法途径在埃及政治生活中发挥更大影响，并影响到埃及政坛的其他政党，社会劳动党在政治态度方面越来越趋向于伊斯兰教，按照社会劳动党副秘书长马格迪·卡卡尔（Magdi Qarqar）的说法，他们在1987年1月召开党的第四次大会，确定阿拉伯——伊斯兰身份归属，并将伊斯兰纲领适用于埃及的社会问题。[1] 这一转变使得社会劳动党与穆斯林兄弟会、自由社会主义党立场上的趋近，最终在1987年议会选举之前组建选举联盟。穆斯林兄弟会也在议会选举之前删除政治纲领中"圣战是我们的道路，为主道而战是我们最崇高的愿望"的内容，提出"把选票投给安拉，把选票投给穆斯林兄弟会"的竞选口号。[2] 这说明其奋斗的主题"不再是圣战，主张协调行动，着眼于政治制度的变革——从库特布呼吁的对贾希利叶发动圣战转变为呼唤通过与当局合作实现其终极目的的转变"。[3] 最终穆斯林兄弟会与社会劳动党、自由社会主义党组成竞选联盟，尽管该联盟被说成政治宗教"大杂烩"，没有任何共同原则，纯属政党欺骗和选举诡计，[4] 但仍获得17%的选票和60个议席，其中穆斯林兄弟会成员获得38个议席，超过新华夫脱三席。[5] 这说明穆斯林兄弟会作为具有合法地位的反对派政治力量，已经将议会作为角逐国家权力的重要舞台，并逐渐认识到如何在多党制的框架下发挥作用和与穆

---

① 转引自王泰《当代埃及的威权主义与政治民主化问题研究》，博士学位论文，西北大学，2008年，第107页。

② Robert Springborg, *Mubarak's Egypt*: *Fragmentation of the Political Order*, Boulder: Westview Press, 1989, p. 218.

③ Denis J. Sullivan and Sana Abed - Kotob, *Islam in Contemporary Egypt*: *Civil Society vs. the State*, Boulder: Lynne Rienner Publishers, 1999, pp. 44 – 45.

④ 转引自毕健康《穆巴拉克时代的穆斯林兄弟会》。

⑤ Robert Springborg, *Mubarak's Egypt*: *Fragmentation of the Political Order*, p. 218.

巴拉克政权合作，这为其从宗教组织向政党转变提供重要条件。

　　1987 年之后，穆巴拉克政权与穆斯林兄弟会的关系从友好走向冲突，这是由于穆斯林兄弟会在律师协会等公民社会组织中影响力扩大，再加上其坚决反对穆巴拉克政权在海湾危机和海湾战争中的外交政策，导致穆斯林兄弟会通过议会途径进行政治参与的行为遭到压制。另外，阿尔及利亚伊斯兰拯救阵线在大选中的胜利也使得穆巴拉克政权颇为紧张，与穆巴拉克过从甚密的 al‑Musawar 杂志主编马卡拉姆·穆罕默德·艾哈迈德（Makram Muhammad Ahmad）宣称："穆斯林兄弟会已被视为政府的最大政治威胁，他们是大众化的，而且组织良好。如果允许他们参加竞选，将会很容易击败民族民主党。政府担心 1992 年发生在阿尔及利亚的事情将在埃及重演。"① 有鉴于此，穆巴拉克政权对穆斯林兄弟会逐渐从怀柔趋于高压，穆斯林兄弟会与穆巴拉克政权的关系逐渐恶化，而穆斯林兄弟会主流派别作为政治舞台的重要反对派也日趋激进，公开指责民族民主党一党独大和缺乏公正民主选举，要求废除政党组织法，承认其合法政党地位，这非但没能得到当局的积极回应，还招致当局对其接二连三的打击：1994 年，穆巴拉克政权颁布新法令，规定大学校长由官方任命，强化对职业协会选举的司法监督，以弱化现代伊斯兰主义对非政府组织的影响。同年，穆巴拉克政权禁止穆斯林兄弟会公开活动，指责其支持伊斯兰恐怖主义组织，进而逮捕穆斯林兄弟会的活跃成员，提交国家安全法院审判并判处监禁。在 1995 年议会选举前夕，穆斯林兄弟会位于开罗的总部遭到当局关闭，81 名穆斯林兄弟会重要成员被捕，其中 54 人被军事法庭判处监禁。尽管如此，穆斯林兄弟会的主流派别依然致力于获得官方对其合法政党地位的承认，坚持在宪法和现行政治框架范围内开展政治参与。穆斯林兄弟会领导人阿布·福图赫在接受媒体采访时明确表示："我们希望政府解除限制穆斯林兄弟会的禁令，允许我们成为合法的政党。"② 在 2000 年举行的议会选举中，由于议会改革处于司法机构的监督之下，穆巴拉克政权被迫减少对于议会选举的干预，穆斯林兄弟会成员作为独立候选人获

---

①　转引自王泰《当代埃及的威权主义与政治民主化问题研究》，第 117 页。
②　Carrie Rosefsky Wickham, *Mobilizing Islam：Religion，Activism and Political Change in Egypt*，New York：Columbia University Press，2002，p. 219.

得 17 个议席，成为议会内部最大的反对派。[1] 2001 年，由于不少穆斯林兄弟会成员参加与选举相关的非暴力活动而被羁押。

21 世纪以来，随着埃及国内外政治环境的变化，穆斯林兄弟会调整政治纲领，淡化宗教色彩，制定温和务实的政治策略，强调伊斯兰教的舒拉原则与现代政治多元化以及民众主权的同一性，主张与其他政治派别对话，支持多党制的竞选制度，承认妇女的选举权和被选举权，承认非穆斯林享有与穆斯林同等的政治权利，反对宗教歧视、性别歧视和种族歧视。[2] 这说明穆斯林兄弟会在坚持伊斯兰传统的基础上，对西方民主政治观念进行移植和嫁接，从而为其政治参与提供全新视角。国内外环境的变化也为穆斯林兄弟会全新的政治参与提供可能。2001 年 "9·11" 事件的发生给穆斯林兄弟会的发展带来新的机遇，美国由此推行的全球反恐行动引起伊斯兰世界恐慌；2003 年伊拉克战争的爆发使埃及经济再遭重创；2005 年美国抛出的 "大中东计划" 敦促中东诸国加快民主化改革步伐。2005 年 2 月 26 日，穆巴拉克总统向人民议会提出宪法第七十六条修正案，废除 "唯一候选人" 的选举制度，允许由多党候选人通过直接选举产生总统。同年 5 月，埃及举行全民公决，通过宪法第七十六条修正案，为改革总统选举规则、多候选人同台竞争总统职位提供法律依据，尽管这在很大意义上是穆巴拉克政权推行民主的一枚烟幕弹。

2005 年，穆巴拉克总统开始推行宪政改革，官方的态度预示着埃及将会有一次相对自由的议会大选，穆斯林兄弟会第一次被允许用自己的名义公开竞选，但其成员仍然以独立候选人身份而非组织或党团的名义。穆斯林兄弟会在 10 月第一次提出体现伊斯兰宪政主义精神的竞选纲领，涵盖统治者与被统治者在法律面前一律平等，创建规范、限制国家权力的机制，保护广泛的公民权和政治权，支持更广泛的政治参与。[3] 这为穆斯林兄弟会此后的政治参与奠定基调。2005 年大选之前，美国曾暗中支持埃及的反对党——明日党等反对派政党举行游行示威，公开要求穆巴拉克下台，并反对穆巴拉克之子贾迈勒·穆巴拉克世袭总统职位。穆斯林兄弟会也于同年 3 月在开罗举行游行示威，不过穆斯林兄弟会要求有条件地支持

---

① Carrie Rosefsky Wickham, *Mobilizing Islam: Religion, Activism and Political Change in Egypt*, p. 221.

② 哈全安：《埃及穆斯林兄弟会的演变》。

③ 王泰：《当代埃及的威权主义与政治民主化问题研究》，第 137 页。

穆巴拉克连任或是其儿子世袭，只是希望加快改革，反对美国对埃及政治的干预，于是穆巴拉克再次选择穆斯林兄弟会来抗击其他反对派。在2005年议会选举期间，政治环境进一步宽松，穆巴拉克政权允许穆斯林兄弟会成员以独立候选人身份参与议员竞选，结果穆斯林兄弟会支持的独立候选人获得88个议席，再次成为仅次于民族民主党的第二大政治派别，坐实了穆斯林兄弟会作为埃及政治舞台最大的政治反对派地位。尽管差额直选总统仍然以穆巴拉克的高票当选而告终，但也说明埃及的传统制度形式遭到挑战，民族民主党的一党独大地位遭到挑战。尽管此时穆斯林兄弟会仍然是一个没能获得合法地位的政党，但其选举成绩足以引起当局震惊，穆斯林兄弟会的强势崛起也引起穆巴拉克政权的不满。2006年12月，穆巴拉克向人民议会提议修改现行宪法中的34个条款，再次强调禁止以宗教名义建立政党，这是继2005年宪法修正案之后的最大规模修宪，从宪法高度强调穆斯林兄弟会作为宗教政党的非法地位，使后者通过议会途径在埃及政治中谋求更为广泛的政治参与成为泡影。2007年3月，埃及人民议会通过的宪法修正案明确规定禁止在宗教基础上成立政党，穆巴拉克再次以全民公决的形式使得该次修宪获得成功。虽然穆斯林兄弟会和其他反对派对此次修宪予以抵制，但却无济于事。此后穆斯林兄弟会与穆巴拉克政权再次趋于对立。

在2010年举行的议会选举中，民族民主党以压倒性的绝对优势获得420个席位，反对派仅获得15个席位，而穆斯林兄弟会未能获得议会席位。尽管穆斯林兄弟会与诸多世俗反对党之间不无分歧与矛盾，却有共同的政治诉求——挑战民族民主党的权力垄断、穆巴拉克总统的专制统治、实现政治环境的宽松自由和平等的权力分享，这说明伊斯兰主义者与世俗主义者政治目标的趋同和现代伊斯兰主义的务实开放。官方操纵议会选举和突尼斯民众抗议活动的渗透，促使埃及民众在2011年1月爆发全国性抗议活动，短短18天的抗议导致执政近三十年的穆巴拉克政权倒台，教俗各界的广泛政治联合成为后穆巴拉克时代埃及政治生态的重要表现，穆斯林兄弟会作为主要的宗教力量影响了此后埃及政治的发展。①

穆巴拉克时代的穆斯林兄弟会政党化倾向更为明显，尽管权力仍然掌握在遗老手中，但其社会基础的日益多元化和现代化使他们既能面对参与

---

① Phebe Marr ed., *Egypt at the Crossroads: Domestic Stability and Regional Role*, p. 57.

议会选举的现实结果，又积极呼吁与统治当局建立和解，还致力于通过建党来为最终的权力角逐提供基础。穆斯林兄弟会的领导人之一穆赫塔尔·努哈宣称，兄弟会不与政府竞争，对当局不构成威胁，主张在埃及创造出"国家与兄弟会的相互满意与和谐"。① 其他成员呼吁与当局和解的同时，主张顺应时代发展趋势建立独立政党，以在议会选举中增加筹码。尽管穆斯林兄弟会抛出与当局和解的橄榄枝，但穆巴拉克政权对其颇为警惕，曾经担任国家安全部长和内政部长的哈桑·艾布·帕夏指出："兄弟会的不变目标是上台执政。他们经常披着宗教的外衣发挥政治作用，兄弟会绝不会偏离他们的战略目标，即政权。""哈桑·班纳留下来的传统是断然拒绝政党制度。如果他们上台执政，他们绝不会放弃这一传统……他们绝不会把政府交给其他人……"② 埃及后来的历史演进显然是对这一结论的颠覆。所以说，穆巴拉克时代的穆斯林兄弟会除了没有获得官方合法政党地位认可之外，其就政治纲领、组织形式和社会诉求等方面与埃及政坛的其他政党并没有太大差别。

三　中东剧变后穆斯林兄弟会的政治沉浮

2010 年 12 月以来，突尼斯爆发了一场被称为"茉莉花革命"的大规模抗议示威运动，本·阿里政权在动荡的局势中轰然倒台。2011 年 1 月25 日，埃及在"茉莉花革命"的"多米诺骨牌效应"影响下，爆发了近三十年来规模最大的政治骚乱，最初仅仅是少数年轻人的抗议，随后穆斯林兄弟会、世俗青年组织力量和其他反对派也加入其中，抗议穆巴拉克总统的独裁统治。2 月 11 日，埃及副总统苏莱曼在电视上宣告穆巴拉克辞去总统职务，权力移交到军方领导的武装部队最高委员会手中。12 日，埃及武装部队最高委员会发表声明，重申保证实现从军管政权到民选政府的和平过渡，现任内阁留任至选举产生新的政府；13 日，再次表示暂时中止现行宪法并解散议会，军方将组织制宪委员会负责制定新宪法，新宪法随后将付诸全民公决；并表示将制定选举时间表，大约 6 个月后举行新

---

① 转引自毕健康《穆巴拉克时代的埃及穆斯林兄弟会》。
② 同上。

一届总统和议会选举。① 穆巴拉克下台后，埃及各方政治势力经过重新组合促使政局呈现全新局面。在各方政治势力的权力博弈中，穆斯林兄弟会的发展最为引人注目，作为埃及政治舞台最大的政治反对派，其利用复杂的政治形势和强大的民众支持基础，迅速发展壮大，并通过组建合法政党强化其在埃及政坛的话语权。但穆斯林兄弟会内部青年一代自由派与老一代保守派日趋扩大的分歧也使其发生新的分裂，这注定其在随后的政治博弈中经历一系列沉浮。在穆巴拉克下台与穆尔西下台的两年时间内，埃及国内政治一直围绕"宪法权之争"为主脉络展开，所以此间埃及政党政治的变迁与宪法权的争端密切相连。

1. 自由与正义党的成立

穆巴拉克政权的垮台，为穆斯林兄弟会的发展提供机遇，将成立合法政党提上了日程。穆斯林兄弟会积极参与 1 月 25 日发生的"倒穆"政治抗议运动，但不是抗议运动的主力。2 月 6 日，穆斯林兄弟会作为反对派代表参加与副总统苏莱曼的对话，强调以务实对话的方式实现其政治诉求。穆斯林兄弟会还与回国参加选举的国际原子能机构前干事穆罕默德·巴拉迪在反政府运动中积极合作，同意巴拉迪所要求的公正自由选举、修改宪法、废除紧急状态法等主张，愿意用自己的民众基础为巴拉迪宣传政治主张制造声势。与此同时，穆斯林兄弟会加快了公开建党的步伐。2 月 15 日，穆斯林兄弟会发言人埃萨姆·埃里安暗示穆斯林兄弟会将要成立政党。② 2 月 21 日，穆斯林兄弟会总训导师穆罕默德·巴迪亚确认将要成立附属的政党——自由与正义党，表示不会反对妇女或科普特人加入政党，随后穆斯林兄弟会执行局成员、前议会领袖穆罕默德·萨阿德·卡塔特尼（Mohamed Saad Katatny）被任命为政党领导人。与此同时，掌权的军方开始为修订宪法做出一系列努力。3 月 19 日，军方迫于示威群众的压力举行有关总统选举改革的宪法修正案的全民公决，该修正案涉及总统候选人资格、总统任期、选举司法监督、任命副总统、议会资格确定和宣布紧急状态法等条款，规定总统每届任期由原来的六年缩短至四年，且只

---

① "埃及军方宣布 6 个月后举行总统和议会选举"，新华网，2011 年 2 月 13 日，http：//news. xinhuanet. com/world/2011 – 02/13/c_ 121072321. htm。

② MB Will Apply to Become Party When Time Is Right, Ikhwan Web, February15, 2011, http：//www. ikhwanweb. com/article. php？ id = 28023. 转引自杨恕、宛程《"一·二五革命"后埃及穆斯林兄弟会发展趋势》，《阿拉伯世界研究》2012 年第 1 期。

能连任一届；总统应在就职后 60 天内任命一名或多名副总统，选举应在司法监督下进行。该宪法修正案极大地放宽了总统选举的条件，降低了总统候选人的门槛，提高了各党派的参政议政的热情，为接下来的总统选举准备条件，是革命后埃及迈出民主改革的第一步。最终该宪法修正案的全民公决得到 77.2% 的选民支持。① 3 月 28 日，埃及武装部队最高军事委员会宣布新政党法②生效，党禁的解除为穆斯林兄弟会及其附属政党获得合法地位提供法律依据。4 月 30 日，穆斯林兄弟会总书记穆罕默德·侯赛因宣布自由与正义党正式成立。侯赛因宣称该政党将独立于穆斯林兄弟会，党主席由穆斯林兄弟会领导机构政治局成员穆罕默德·穆尔西（Mohamed Morsy）担任，穆尔西辞去在穆斯林兄弟会的原有职务，该党是一个没有宗教性质的平民政党。③ 埃萨姆·埃里安担任副主席，穆罕默德·萨阿德·卡塔特尼担任总书记。由于民族民主党被解散和冻结资产，实力大为削弱，所以自由与正义党的成立为其在议会选举中的胜利奠定基础。5 月 18 日，自由与正义党向埃及政党事务委员会提交了成立政党的法律文件，并在媒体见面会上宣布该党的另一名副主席由科普特知识界人士拉菲克·哈比卜担任。6 月 6 日，自由与正义党通过审核，成为合法政党。④

　　尽管自由与正义党从穆斯林兄弟会的母体中孕育出来，但其为避免此前非法地位努力撇清与穆斯林兄弟会的关系。穆罕默德·萨阿德·卡塔特尼总书记宣称自由与正义党独立于穆斯林兄弟会，但会接纳其基本思想。7 月 10 日，穆罕默德·穆尔西主席在会见土耳其学者时，进一步解释该党与穆斯林兄弟会的关系，宣称该党代表穆斯林兄弟会的政治领域，其与

---

①　"埃及宪法修正草案获得通过"，新华网，2011 年 3 月 21 日，http：//news. xinhua-net. com/world/2011 – 03/21/c_ 121209838. htm。

②　新政党法规定成立新政党须向司法委员会提交申请，若 30 天内未收到反对答复，则自动获得合法地位。申请新政党必须满足以下条件：一是政党的纲领及行动，选举党的领导人，吸收新党员等不得基于宗教、地域、种族因素，不得存在性别、语言、宗教、种族歧视；二是政党不得建立军事或准军事派系；三是成立新党必须有至少 5000 名发起人，且分属至少 10 个省，每个省不得少于 300 人。详见 "埃及即日起解除党禁"，中华人民共和国驻阿拉伯大使馆经济商务参赞处，2011 年 3 月 30 日，http：//eg. mofcom. gov. cn/aarticle/ab/201103/20110307474220. html。

③　庄北宁："穆斯林兄弟会将备战大选"，解放日报网，2011 年 5 月 2 日，http：//data. jf-daily. com/a/2112126. htm。

④　Egypt Declares Muslim Brotherhood Legal VOA News, http：//www. voanews. com/ english/ews/africa/Egypt – Declares – Muslim – Brotherhood – Legal – 123351678. html. 转引自杨恕、宛程《"一·二五革命" 后埃及穆斯林兄弟会发展趋势》，《阿拉伯世界研究》2012 年第 1 期。

穆斯林兄弟会就当前政治领域事务加强合作，但在政治生活中保持独立，并自主决定其政策。① 在全新形势下成立的自由与正义党带有鲜明的时代特色。自由与正义党主席穆尔西宣称自由与正义党没有宗教性质，不是传统意义上的"伊斯兰政党"（Islamist Party），是非"神权"的"公民政党"（civil party）。② 自由与正义党把议会民主、政治多元化尤其是公民社会等现代政治思想融进党的奋斗目标，支持政治多元化，支持各党和平轮流执政；主张取消紧急状态法，恢复公众自由，自由组建政党，新闻和言论自由，建立公民体制等。③ 所以尽管诸多学者将其归于伊斯兰政党的范畴，因为其确立了沙里亚法作为立法的主要渊源问题，但其对埃及政治和宪政改革的倡导与遵守，对公民政治社会自由和平等公正的宣扬与坚持，对自由市场经济体制的支持和对非穆斯林和全部埃及人的接纳，都说明其突破传统伊斯兰政党的窠臼，带有现代民主政党的鲜明特征，所以本书将其与中东剧变中涌现的其他宗教型政党一起界定为穆斯林民主政党。

自由与正义党成立后，随即作为埃及政坛伊斯兰力量的代表积极参与政治生活。6月13日，自由与正义党和华夫脱党在穆斯林兄弟会的开罗新总部会晤，两党表示将联合参与议会选举。15日，包括自由与正义党、华夫脱党以及14日获得合法地位的光明党在内的26个政党组成"为埃及联合"阵营，宣称要在法律制定和大选中合作。尽管刚刚成立的自由与正义党宣称不谋求议会多数党地位，也不会参加总统竞选，但形势的发展使其政治诉求日益明朗。

2. 埃及议会选举与穆尔西担任总统

穆巴拉克政权垮台之后，埃及当局先后建立过渡政府，修改宪法，确定议会和总统选举时间表，试图通过政治重建来避免政治失控。穆巴拉克辞去总统职务后，军方接掌政权并建立过渡政府，同时通过提高工资、平抑物价、稳定汇率等措施逐步稳定社会局面。为了尽快消除穆巴拉克的影

① Morsi Disusses FJP Structure With Turkish Academics. June 10, 2011, http：//www. ikhwanweb. com/article. php? id = 28808. 转引自杨恕、宛程《"一·二五革命"后埃及穆斯林兄弟会发展趋势》，《阿拉伯世界研究》2012年第1期。

② "Egypt Islamists form 'non - theocratic' party", Saturday, 30 April 2011. http：//www. thepeninsulaqatar. com/middle - east/150700 - egypt - islamists - form - non - theocratic - party. html.

③ 王凤：《中东剧变与伊斯兰主义发展趋势初探——以埃及穆斯林兄弟会和突尼斯伊斯兰复兴党为例》。

响，军方于 2011 年 2 月 25 日组建包括 11 人的专家小组，未经公开讨论便抛出宪法修正草案提交全民公决，其内容主要涉及总统候选人资格、总统任期、选举司法监督、议员资格确定、副总统任命和紧急状态等条款。根据该宪法修正草案，埃及总统任期将缩短至 4 年，且只能连任一次；总统应在就职后 60 天内任命副总统；选举应在司法监督下进行。3 月，埃及举行全民公决，以 77.2% 支持率的巨大优势通过了宪法修正草案。由于内阁总理艾哈迈德·沙菲克被视为穆巴拉克的"影子"，在强大的压力下不得不于 3 月 3 日辞职，军方旋即授命原运输部长伊沙姆·沙拉夫组建新的过渡政府。3 月底，军方仓促宣布启用新宪法，并宣布议会选举将延期至 2011 年 9 月举行，而总统大选将于 11 月举行。4 月，前执政党民族民主党被最高法院解散。6 月，为了准备议会选举，穆斯林兄弟会的自由与正义党、新华夫脱党组建民主联盟，由于多个党派的加入，该联盟一度拥有 34 个政党团体。7 月 7 日，过渡内阁政府通过了新的选举法。在动荡多变的政治局势中，埃及政坛力量重新分化组合，其政党政治趋于多元化。10 月 12 日，埃及议会选举的候选人报名之际，自由与正义党和新华夫脱党在候选人名额分配问题上产生严重分歧，新华夫脱党指责穆斯林兄弟会企图在民主联盟中居于主导地位，对自由与正义党候选人排序靠前的做法不满，愤而宣布脱离民主联盟。此后中心党、劳动党、光明党和阿拉伯纳赛尔主义党等伊斯兰色彩浓厚的政党也对穆斯林兄弟会操纵选举联盟候选人名单不满，纷纷效仿新华夫脱党退出民主联盟。在民主联盟分崩离析的同时，原本与之抗衡的另一联盟埃及联盟也出现重大分裂，由原来的 14 个党派锐减到 3 个，即自由埃及人党、埃及社会民主党和国家进步联合党。与此同时，前穆巴拉克政权成员试图通过议会选举再度进入权力阶层，被不少党派吸纳入候选人名单，新华夫脱党、自由党和自由埃及人党的参选名单中均不乏前民族民主党成员，但大部分民族民主党成员以独立候选人身份角逐人民议会议席。诸多政党为了议会选举而积极努力奔走时，民众的抗议矛头指向接管国家权力的武装部队最高委员会，要求军方尽快向人民政府移交权力，抗议中，军警与民众发生多起冲突，冲突险些引发埃及过渡政府集体辞职的危机。随着冲突的日益升级，军方改变 6 个月内举行议会和总统选举并移交权力的承诺，并有可能大幅延长移交权力的时间，结果激发民众的不满。对军方不满的另一原因是紧急状态法仍未停止使用。穆巴拉克下台后，实施了 30 年的紧急状态法在实际执行中有所松弛，军方曾承诺在议会选举前结束紧急状态。但 9 月 9 日发生冲击以色列驻埃及使馆的事件之后，军方突然宣布全面加强紧急状态法的应用，并称根据法律，紧急状态法应持续至 2012 年年中，此举招致各党派和民众的强烈不满和抗议。

在各方面的共同努力下，军方将原定 9 月举行的议会选举推迟到 11 月举行，从 11 月 28 日开始，持续三个月的议会选举拉开序幕，此次人民议会选举分三个阶段进行，每个阶段进行 9 个省份的投票工作，15 个政党或政党联盟以及独立候选人参加议会选举。2012 年 1 月 21 日，人民议会选举结果揭晓：由自由与正义党领导的，包括自由与正义党、尊严党、革命明日党、文明党的伊斯兰倾向的埃及民主联盟赢得 37.5% 的支持率和 235 个议席，由光明党领导的，包括光明党、建设与发展党、真实党的伊斯兰主义集团赢得 27.8% 的支持率和 123 个议席，坚持国家自由主义的新华夫脱党赢得 9.2% 的支持率和 38 个议席，由埃及社会民主党、自由埃及人党、国家进步联合党组成的、坚持社会自由主义的埃及人集团赢得 8.9% 的支持率和 34 个议席，坚持现代伊斯兰主义的瓦萨特党赢得 3.7% 的支持率和 10 个议席，坚持自由主义的改革与发展党赢得 2.2% 的支持率和 9 个议席，左派倾向的、包括社会主义人民联盟党、自由埃及党、革命青年同盟、平等与发展党的继续革命联盟赢得 2.8% 的支持率和 9 个议席，其他立场不明确的埃及国家党、自由党、埃及公民党、联合党、保守党、民主和平党、正义党、阿拉伯埃及团结党分别获得从 5 到 1 的不同议席，独立人士获得 10 个议席。[①] 这次选举是自穆巴拉克下台后埃及举行的第一次民主选举，也被公认为埃及历史上候选人和参与投票人数最多、相对公平的一次选举。2012 年 1 月 23 日，自由与正义党总书记穆罕默德·萨阿德·卡塔特尼在新组建的人民议会首次会议上，凭借 503 票中的 399 票当选为新一任议长。埃及武装部队最高委员会主席坦塔维宣布将立法权移交给新选出的人民议会。24 日，坦塔维发表电视讲话时宣布从 25 日起解除全境紧急状态，除非遇到骚乱情况，紧急状态将不会重

① Issandr El Amrani, Final results for Egypt's parliamentary elections, January 22, 2012, http: //arabist. net/blog/2012/1/22/final - results - for - egypts - parliamentary - elections. html. Gamal Essam El - Din, Egypt's post - Mubarak legislative life begins amid tension and divisions, Monday 23 Jan 2012, http: //english. ahram. org. eg/NewsContentPrint/33/0/32384/Elections - /0/Egypts - post - Mubarak - legislative - life - begins - amid - te. aspx.

启；强调军方遵守将权力移交给民选政权的承诺，在过渡阶段结束之后立即回到保卫国家的岗位上，这为文官政治的恢复铺平道路。

埃及总统选举于 2012 年 5 月 23 日、5 月 24 日举行，根据相关规定，若第一轮投票中没有任何一人获得 50% 的得票率，则于 6 月 16 日与 6 月 17 日举行第二轮投票。首轮计票结果显示，代表穆斯林兄弟会的自由与正义党候选人穆尔西获得 24.78% 的支持率，曾任空军总长的军方代言人、前总理沙菲克获得 23.66% 支持率，前阿盟秘书长阿穆尔·穆萨获得 11.13% 的支持率，穆斯林兄弟会前成员阿卜杜勒·穆奈姆·阿布福图获得 17.47% 的支持率，得票最高的穆尔西和沙菲克进入第二轮总统选举。眼看自由与正义党即将获胜，手握重权的军方并不愿意轻易交权，他们借助最高宪法法院为权力的平稳过渡制造障碍。6 月 14 日，最高宪法法院裁定议会选举所依据的部分法律如允许政党候选人角逐独立人士议席等违背公平原则，产生的三分之一议员是非法的，由于选举法违宪，因此下令解散人民议会；该法院还裁定"政治隔离"法律（内容是禁止穆巴拉克政权及其已解散政党的高级成员在未来 10 年里竞选公职）违宪。自由与正义党政治家和其他人士表示此举是将国家带入"黑暗境地"的危险举动，违背了选民的自由意志。不过世俗派总统候选人艾哈迈德·沙菲克对此表示欢迎。6 月 15 日，最高军事委员会宣布收回立法权。随后，埃及六个政党对此裁定发表声明，称这是执政的武装部队最高委员会的"反革命政变"，目的是为前穆巴拉克政权复辟铺路。这些政党组织呼吁议员和民众再次投入革命，以对抗军方的夺权行动。6 月 17 日，军方突然公布《宪法宣言》以示反击。按照《宪法宣言》的规定，埃及武装部队最高委员会成员有权决定军队的一切事务，这等于拒绝宪政框架下的"文职制度"和文职总统为三军总司令。《宪法宣言》还规定，军方可以介入除国防之外的民事事务，可起治安维护作用。6 月 24 日，埃及最高总统选举委员会主席苏尔坦宣布穆尔西以 51.73% 的支持率击败 48.24% 得票率的沙菲克，成为埃及有史以来的第一位民选总统，这为军方最后退出政治舞台奏起欢送曲。军方趁当选的穆尔西未宣誓就职之机，以有最高宪法法院判令在手为由，解散了人民议会，为武装部队最高委员会组建一个由它控制的制宪委员会创造机会。穆尔西总统上任后的第一件事就是宣布军方的《宪法宣言》无效，军方解散议会无效，要求议会重新工作，直到依新宪法选出新议会为止。军方的临时宪法破产，军方权力被强势总统所削弱，埃及国内政治斗争发生了变化：从"1·25"运动时泛革命力量对穆巴拉克的斗争，变成军方与伊斯兰主义之间的权力博弈，这将影响埃及的政治走向。

尽管穆尔西在总统大选中以微弱的优势赢得选举选，但51.73%比48.24%的支持率也清晰地反映了埃及国内的分裂状况。穆尔西上台后通过在中东巴以冲突中和平调停而迅速获得国际威望，他决定重拾"强人"风格，自授总统权力，以推进新宪法出炉，这使得军方的危机感更为强烈；其强硬的政治做派以及日益明显的伊斯兰倾向也逐渐丧失部分自由派和左翼力量的支持，使其政治处境进一步恶化。7月8日，穆尔西总统下令要求上个月被解散的人民议会恢复立法工作，直至选出新议会。不过最高宪法法院宣称新选出的人民议会没有法律效力，推翻了该总统令。12日，穆尔西声明尊重宪法法院的裁决，不执行之前颁布的政令，表示愿意同各方谈判以消除分歧。尽管自由与正义党控制了议会、政府和总统职位，但以穆斯林兄弟会、萨拉菲光明党为主的伊斯兰力量和以军方及世俗自由派之间围绕总统选举、宪法公投的较量，实际上是一场争取国家未来主导权和控制国家走向的政治大博弈，伊斯兰主义者的表面优势并不能真正左右埃及的未来走向。随后，埃及人民议会成立一个由100人组成的制宪委员会起草新宪法，这一宪法将对埃及的政治体制、总统选举制度及其权力等做出规定。舆论普遍认为，新宪法能否得到埃及各利益阶层的普遍认同，将影响埃及民主进程能否顺利推进。8月12日，穆尔西总统开始对军、政等各界进行大换血，解除国防部长坦塔维的职务，任命阿卜杜拉·法塔赫·塞西为国防部长。亲美的塞西被重用，是埃及政坛权力博弈的结果，也为穆尔西的下台埋下伏笔。11月22日，穆尔西总统颁布的新宪法声明宣称总统有权做出一切决定、采取任何措施来保护"革命"，防止国家统一和安全以及国家机构的工作受到破坏；声明宣称撤换总检察长，任何方面都无权解散协商会议和制宪委员会，宣称穆尔西上台后发布的所有总统令、宪法声明、法令及决定在新宪法颁布和新议会选举产生前都是最终决定，任何方面无权更改。数天后，在自由主义者、基督教派保守主义者、左派社会主义者悉数退场的情况下，以伊斯兰主义者为主体的埃及制宪委员连续开会近20个小时，逐条对新宪法草案进行了投票表决，于11月30日最终通过了新宪法草案。穆尔西在接收宪法草案的仪式上称这是一部具有广泛代表性的宪法，并特别指出新宪法削减了总统权力，并

签署法令于 12 月 15 日至 22 日对新宪法草案举行全民公投。这部宪法由
234 个条款组成，分为国家与社会、权利与自由、国家权力机构、独立机
构和监督机构、最终条款和过渡条款五部分。新宪法一方面明确了埃及的
政治、经济、社会和伦理道德的基本原则，确定了埃及人民在政治、经
济、社会和伦理道德上的权利和自由，规定了国家有保护公民的自由和权
利的义务，这是埃及在民主化进程上的又一大进步；另一方面，新宪法将
伊斯兰教法原则确定为立法的主要来源，这就使得新宪法具有了浓重的伊
斯兰气息——这是世俗派激烈抵制宪法的最重要原因之一。

2012 年埃及大选后，埃及的国内政治形势逐步分化形成执政党、军
队和反对派三足鼎立、势均力敌的分裂状况。军方作为埃及国内长期以来
把持实权，享受特权，以及决定大权的关键力量，虽然在穆尔西掌权的初
期受到了一定打压，比如新宪法中关于总统对于国防部长的任命必须从现
有的军队高级指挥官中挑选、军费的规划必须由国家防务委员会制定，以
及军事法庭有权对实施了"伤害军队权益"的埃及公民进行直接审判等
做出严格的规定和限制，但并不妨碍其作为埃及最具优势的政治博弈力量
继续存在和发挥作用，而且军队的优势地位决定其在需要的时候完全可以
轻而易举地取代执政政府，实现对国家权力的接管和主导，埃及随后历史
发展证明了这一点。主要由世俗自由派、旧政府势力以及其他非伊斯兰派
别构成的反对派也积极扮演着分裂埃及政治的角色，一致以限制总统权力
的扩张和阻击伊斯兰势力的壮大为目的进行抗争。反对派从制定新宪法开
始，处处给执政党和穆尔西总统制造障碍，例如由穆巴拉克时期延续下来
的司法、安全部门不断挑战穆尔西的权威——埃及总检察长的罢免之争便
是最好的例子；在宪法起草的过程中，反对派的 22 名代表对新宪法的
"浓重"的伊斯兰色彩的抵制，使"制宪"的合法性大大降低；之后，反
对派在人民议会选举、新宪法投票等问题上抵制和抗议，也引发了大规模
的全民抗议浪潮。[①]

在中东剧变中上台的穆斯林兄弟会和穆尔西在反对派激烈的冲击下处
境艰难，穆尔西强硬的政治做派和急于求成、缺少政治博弈智慧的政治行
为使其不但未能以积极对话的姿态回应反对声音，而且疏远了诸如法院、

①　此部分参考雷希颖"埃及短命新宪法"，法治周末，2013 年 7 月 9 日，http：//www. le-galweekly. cn/index. php/Index/article/id/3104。

军队、警察以及媒体等社会力量，这就为反对派的联合提供了契机；自由与正义党急于在国家层面推行"伊斯兰化"的行为，只注重形式的"民主"化进程、"多数派"的"民主专制"为即将到来的政治危机埋下伏笔，仓促出台的 2012 年宪法作为一部没有国家军事力量保护，且遭到两千多万人抵制的宪法，不仅不能化解埃及国内问题，还进一步激化了执政党与反对派的矛盾，所以反对派以废除新宪法为契机向执政党和穆尔西发难。穆尔西出任总统以来，未能兑现竞选承诺，埃及的政治、经济、社会环境整体上没有明显好转，民生问题突出，以穆尔西及其所属穆斯林兄弟会为代表的伊斯兰势力与世俗自由派的分歧严重，导致埃及国内抗议示威活动不断。2013 年 6 月底，穆尔西曾经提携的少壮派军官、国防部长、武装部队总司令阿卜杜拉·法塔赫·塞西面见穆尔西总统，要求其出台组建联合政府、修改宪法的详细时间表，但穆尔西置若罔闻。7 月 1 日，塞西向穆尔西总统发出 48 小时通牒，要求后者要么结束当前危机，要么直面后果。7 月 3 日深夜，埃及军方宣布由于穆尔西总统未能满足反对派的诉求，军方将执行之前的最后通牒，直接罢黜和软禁了这位埃及历史上的第一位民选总统；并宣布暂停宪法；大法官将在过渡时期接管权力，准备新的总统和议会大选。随后，数日前刚刚升任埃及最高宪法法院院长的阿德勒·曼苏尔（Adly Mansour）在军方的支持下宣誓就任埃及临时总统，暂行总统职权。埃及军方再次以不民主的形式捍卫了所谓的稳定秩序，所以军方的罢黜行动受到了反对派和示威群众的热烈欢迎，但也激起了穆尔西及穆斯林兄弟会支持者的强烈抗议，埃及的国内局势进一步陷入动荡和骚乱之中，并伴随着穆斯林兄弟会与军方进一步的权力博弈。

3. 穆尔西下台与穆斯林兄弟会的走向

穆尔西总统"被下台"之后，穆斯林兄弟会遭遇中东剧变以来最严重的打击，军方以涉嫌煽动暴力的罪名逮捕了包括自由与正义党总书记穆罕默德·萨阿德·卡塔特尼在内的数百名穆斯林兄弟会领导人。7 月 4 日，曼苏尔宣誓就任过渡时期临时总统，被委托代为管理国家事务，直到新总统选出。同时展开对前总统穆尔西与多名穆斯林兄弟会成员的刑事调查。曼苏尔总统随之积极筹备全国和解会议，加强与穆斯林兄弟会及其他党派联系，而穆斯林兄弟会拒绝参加全国和解会议，拒绝承认军事政变后的政权，呼吁恢复穆尔西的合法权力。随后军方当局对支持穆罕默德·穆尔西的穆斯林兄弟会进行镇压，其正常活动遭到禁止，领导人被捕，1400

多人（大多数为支持穆尔西的伊斯兰主义者）在抗议冲突中死亡。8 月
14 日，塞西对穆斯林兄弟会支持者进行镇压，造成大量人员伤亡。8 月
20 日，穆斯林兄弟会总训导师穆罕默德·巴迪亚被捕，自由与正义党当
天在其网站上发表声明，宣布由巴迪亚的副手马哈茂德·伊扎特担任该组
织临时领导人。9 月，埃及法院做出判决，禁止穆斯林兄弟会及其分支机
构在埃及的一切活动，并没收其全部财产。穆斯林兄弟会认为法院对其判
决"等同政变，将会触发大规模的革命，国家会陷入一片混乱。"① 10 月
9 日，埃及宣布正式解散穆斯林兄弟会注册的非政府组织，禁止其在埃及
的一切活动并没收其全部资产。12 月 24 日，过渡政府总理贝卜拉维宣布
穆斯林兄弟会为恐怖组织，称穆斯林兄弟会在制造流血事件、扰乱国家安
全之后，"暴露了其作为恐怖组织的丑恶嘴脸"。②

2014 年 1 月，埃及新宪法草案在公投中获高票通过，塞西和军方对
穆斯林兄弟会的抵制态度日趋白热化。3 月 28 日，埃及一地方刑事法院
判处包括巴迪亚在内的 683 名穆尔西支持者死刑，他们被控在去年的示威
游行中犯有使用暴力、纵火、谋杀警察等罪行，③ 这激起了穆斯林兄弟会
新一轮的暴力抗议活动。根据参考消息 5 月 7 日报道，塞西宣称被罢免的
前总统穆尔西所在的穆斯林兄弟会在埃及已经"结束"，如果他能在总统
竞选中获胜，穆斯林兄弟会不会死灰复燃。5 月 26 日，埃及总统选举投
票在全国 27 个省区正式拉开帷幕，前军方领导人塞西和左翼政治团体领
导人哈姆丁·萨巴希为埃及最高总统选举委员会选出的符合条件的总统选
举候选人，所以二人展开总统职位的角逐，最终塞西凭借既有声望以
96.91% 的得票率战胜哈姆丁·萨巴希，当选新一任总统。6 月 8 日，塞
西正式就任总统职位，成为继穆巴拉克以后又一位军人出身的总统。上任
伊始的塞西总统在延续军方镇压穆斯林兄弟会传统的同时，还要极力维持
政治稳定与发展。尽管穆斯林兄弟会丧失合法地位，但其目前仍是国内组
织最严密、行动能力最强的政治集团。埃及政党政治在经历此次挫折后，

---

　　① 参见 "埃及司法部门建议解散穆兄会下属自由与正义党"，http://www.china.com.cn/
news/world/2013 - 10/09/content_ 30235404. htm。

　　② "埃及过渡政府宣布穆兄会为恐怖组织"，中华人民共和国驻阿拉伯埃及共和国大使馆经
济参赞处，http：//eg. mofcom. gov. cn/article/jmxw/201312/20131200436870. shtml。

　　③ 6 月 21 日，埃及一地方刑事法院宣布维持对 183 名前总统穆尔西支持者死刑，其中包括
穆斯林兄弟会（穆兄会）最高决策机构指导局前主席穆罕默德·巴迪亚。此外，该法院宣布 4 名
被告由死刑减为无期徒刑，另外 496 名被告无罪释放。

穆斯林兄弟会极有可能朝更保守、更极端和更为务实开放的二元趋势演进。在今后的政党政治演变过程中，执政当局如何将伊斯兰势力重新纳入埃及的政治地图，如何使埃及各方政治势力参与国家的政治生活则是维持政局稳定的关键所在。

特定的政治环境赋予穆斯林兄弟会的早期政治实践以浓厚的民族主义色彩和激进倾向，争取埃及的民族独立成为穆斯林兄弟会在自由主义时代的首要政治目标。纳赛尔时代，威权政治空前膨胀、一党制的广泛实践和对穆斯林兄弟会的残酷镇压，使得穆斯林兄弟会的思想趋于分化，并导致以赛义德·库特布为首的伊斯兰极端思想的萌生。后纳赛尔时代，埃及民主化进程逐渐启动，政治环境相对宽松，穆斯林兄弟会的政治立场随之日趋温和，议会竞选的积极参与成为穆斯林兄弟会之主流势力角逐政坛的首要方式。从争取民族解放到致力于民主化运动，从崇尚暴力抗争到寻求合法的政党地位和积极参与议会选举，构成埃及穆斯林兄弟会之政治目标和政治参与方式的历史轨迹。[①] 随着 20 世纪 70 年代以来埃及国内外政治环境的相对宽松，成立合法政党实现穆斯林兄弟会的政治参与就成为其迫切诉求，不过执政当局对其成立政党的严厉控制使穆斯林兄弟会成员主要作为独立候选人参与 20 世纪 80 年代以来的历次大选，并成为埃及政坛举足轻重的重要力量。纵观穆斯林兄弟会的政党化历程，可知其由纳赛尔时代的冰冻期，到萨达特时代的突破发展，到穆巴拉克时代的长足发展，再到后穆巴拉克时代合法地位的沉浮，穆斯林兄弟会完成了从宗教组织到组织政党化、合法化的转变。穆斯林兄弟会从一个宗教组织演变成现在的政党，也说明政党政治是绝大多数国家政治发展的基本规律，政党在现代化进程中具有强大的生命力，这也是很多国家的宗教组织团体不断推进政党化演变的重要原因。

---

① 哈全安：《埃及穆斯林兄弟会的演变》。

第三章 伊朗法吉赫体制与政党政治

巴列维时代世俗君主政治的崩溃为伊斯兰神权政治的建立提供了历史机遇,以霍梅尼为首的教界人士与各界力量联手推翻巴列维王朝统治,又通过与不同政治力量的权力博弈而逐渐建构颇具特色的法吉赫监护政治体制。尽管建立伊始的法吉赫体制在一定程度上背离伊朗传统的宪政制度与政党政治,但伊斯兰神权政治的宪法框架为政党政治留有一定的生存空间。后霍梅尼时代神权政治的世俗化倾向和教界势力的政党化趋势体现了伊朗政党政治的新动向,也见证了伊朗政党政治极其曲折复杂的发展历程。

一 伊朗伊斯兰革命与法吉赫体制①的建立

1977—1979 年间的伊朗伊斯兰革命是宗教形式下教俗联合反抗君主独裁统治的政治革命和民主运动,奉行世俗现代化模式的巴列维王朝被推翻,不同政治力量积极谋求建立服务其政治需要的政治体制;从 1979 年伊斯兰革命胜利到 1982 年伊斯兰共和国建立是伊朗政治制度从世俗模式的君主制向神权模式的法吉赫制度②转变时期,此间伊朗政治生活的突出现象是世俗政治与神权政治的二元倾向以及世俗权力与宗教权力的激烈角逐,其中伴随着世俗政党力量的下降与教界势力的上升,最终以霍梅尼为

---

① 法吉赫体制即法吉赫的监护体制,即霍梅尼所倡导的伊斯兰共和制形式。霍梅尼认为伊斯兰政府是真主赋予穆斯林的、拥有特定执行和管理形式的政府,其是服从于古兰经和圣训的立宪政府。为了完全适应伊斯兰教法和时代需要,在伊玛目隐遁时期,应由法吉赫(脚法学家)来充当先知的代理人和遗产继承者。法吉赫掌握司法和行政大权,"法吉赫的监护"犹如对未成年人的监护。参见王彤主编《当代中东政治制度》,第 247—248 页。

② 法吉赫(Faqih)即教法学家。法吉赫制度(Velayat – e Faqih)即教法学家对国家的监护。

首的教界人士以什叶派伊斯兰主义为基础发展出一整套神权政治的制度和实践，其核心内容为教俗合一的法吉赫制度，这影响了伊朗政治现代化进程的发展方向。

1. 伊斯兰革命与临时政府的成立

1977—1979 年的伊朗伊斯兰革命，最初表现为律师、作家、大学教师和学生等世俗知识界人士为寻求司法独立、言论和结社自由而指向巴列维专制统治的抗议活动，他们并无明确的政治纲领和严密的政治组织，仅仅要求恢复 1906 年宪法和实行君主立宪制以限制巴列维国王的专制权力，且活动范围仅仅局限在德黑兰及其周边地区。随着民众抗议活动的日益升级，教界人士成为抗议活动的重要组织者，并得到巴扎商人和手工工匠的积极响应，不久产业工人也积极声援反对派力量，随之演变成为各社会阶层广泛参与、教俗各方力量广泛联合的民众抗议运动，带有自下而上的民众运动的鲜明色彩。最初的反对派仅仅要求结束专制统治、恢复宪法和实现民众自由权利；随着民众抗议活动的升级，巴列维当局与民众之间的关系日趋紧张，一度升级为暴力冲突，反对派要求彻底推翻巴列维国王统治，建立共和制国家。在革命过程中，巴列维国王顺应民众需要做了一系列让步，但也于事无补。1978 年 8 月，巴列维国王任命温和派人士沙里夫·艾玛米担任首相，允诺实行西方式多党民主制度，释放政治犯，但并未扭转紧张的局势。与此同时，世俗政党领导人巴扎尔甘和桑贾比与霍梅尼代表的宗教界人士联手，确立推翻巴列维王朝统治、回归宪政、实现共和的政治目标，使得反对巴列维王朝的各个阶层实现空前的政治联合。12 月 30 日，巴列维国王指定前民族阵线成员巴赫提亚尔任首相，试图遏制失控的局势。巴赫提亚尔首相宣布国王将去欧洲休假，并许诺解除军事管制和实行自由选举，赋予民众一定的权利和自由。但是群情激昂的反对派对当局的让步并不妥协，一致要求国王退位、巴赫提亚尔辞职、霍梅尼回国和废除君主制。1979 年 1 月 16 日，巴列维国王离开伊朗前往埃及，2 月 11 日，作为旧政权国家机器的军队由于遭受革命运动和国王出走的双重冲击，宣布中立，忠于国王的王室卫队的抵抗也无济于事，在革命浪潮中成立的巴赫提亚尔政权随之销声匿迹。[1] 德黑兰广播向全国宣布："这

---

① Parviz Daneshvar, *Revolution in Iran*, London: Palgrave Macmillan, 1996, p. 125.

是德黑兰的声音，伊朗真正的声音，革命的声音，独裁已经结束。"① 伊朗延续了 2500 多年的君主专制寿终正寝，伊朗历史揭开了新篇章。

在巴列维国王出走前后，远在巴黎的霍梅尼为掌握政权做了一系列准备。1979 年 1 月 13 日，在霍梅尼授意下成立"伊斯兰革命委员会"，该委员会是伊朗伊斯兰主义者的决策中枢与核心权力机构，也被称为"伊斯兰革命中央委员会"，主要由来自解放运动和乌莱玛集团的巴尼萨德尔、巴扎尔甘、叶兹迪、库特卜扎迪、贝赫什提、穆塔赫里、拉夫桑贾尼和伯哈纳尔等 15 位名人组成，而桑贾比领导的民族阵线则被排除在外，这体现了反对巴列维国王专制统治的统一战线的内部分裂。② 但这个机构在很长时间内是秘而不宣的，走在幕前收拾巴列维王朝覆亡后烂摊子的是巴扎尔甘的临时政府。巴列维王朝的突然垮台导致国家机器处于瘫痪状态，社会动荡、政治混乱、

经济崩溃、罢工迭起的局面，需要新政权来整饬混乱的社会秩序。霍梅尼回国后不久即宣布："我们宣布国王已经被废黜，并移交了他和他父亲通过武力获得的权力……我们要求伊朗建立伊斯兰秩序和自由的伊斯兰共和国。"③ 2 月 5 日，霍梅尼宣布建立以巴扎尔甘为总理的临时政府，以便于巴赫提亚尔政府移交权力。巴扎尔甘临时政府建立在教俗联盟的基础上，其内阁成员大多来自世俗政治组织"民族阵线"和宗教政治组织"解放运动"。民族阵线的成员占内阁成员人数的 33%，解放运动的成员占内阁成员的 50%。④ 其中"11 位部长为解放运动成员，8 位部长来自民族阵线，4 位为伊斯兰技师协会成员，3 位是独立人士"。⑤ 临时政府控制着官僚机构，接管了巴列维王朝的警察和军队残余力量，拥有管理国家的权力，而且得到大部分中产阶级、巴扎和乌莱玛阶层的强有力支持。不过，此时的临时政府排斥了教界对国家权力的主导，带有明显的世俗色彩

① John Foran, *Fragile Resistance*：*Social Transformation in Iran from 1500 to the Revolution*, p. 383.

② Mohsen M. Milani, *The Making of Iran's Islamic Revolution*：*from Monarchy to Islamic Republic*, pp. 129 – 130.

③ John Foran, *Fragile Resistance*：*Social Transformation in Iran from 1500 to the Revolution*, p. 383.

④ Mohsen M. Milani, *The Making of Iran's Islamic Revolution*：*from Monarchy to Islamic Republic*, p. 144.

⑤ Misagh Parsa, *Social Origins of the Irianian Revolution*, p. 251.

和右翼保守倾向。但是整合不同力量的临时政府尽管在政治上占有一定优势，但内部尚未形成有效的合力，巴扎尔甘甚至将其政府形容为"一把没有锋刃的刀"，① 因而并不能有效应对现代伊斯兰主义力量对权力的觊觎和挑战，此时伊朗形成事实上两个政权竞争并存的局面。

1979 年 2 月到 1979 年 11 月期间，在霍梅尼授意下组建的伊斯兰革命议会、伊斯兰共和党、伊斯兰革命法庭、伊斯兰革命卫队（帕斯达兰）、革命委员会（考米泰②）和"被剥夺者基金会"等组织独立于巴扎尔甘领导的临时政府。"原教旨主义者在临时政府的管辖范围之外创建了'国中之国'，……霍梅尼成为无可争议的领袖和精神源泉，伊斯兰共和党是其议会和智囊，考米泰是其地方警察，帕斯达兰是其武装力量，革命法庭是其司法机构，被剥夺者基金会则是其财富之源。伊斯兰原教旨主义者利用它们来打击竞争对手，并为其掌握国家政权扫清道路"。③ 伊斯兰革命议会成立于 1979 年 1 月，是伊朗过渡时期的国家议会和最高立法机构，其成员包括政治家巴尼萨德尔、巴扎尔甘、叶兹迪、库特卜扎迪以及宗教界人士贝赫什提、穆塔赫里、拉夫桑贾尼、哈梅内伊、巴赫纳尔等，负责协调各派政治势力和监督临时政府。④ 1979 年 2 月，霍梅尼指派其主要追随者阿亚图拉贝赫什提、哈梅内伊和拉夫桑贾尼等 5 人组建伊斯兰共和党。伊斯兰共和党的纲领体现了霍梅尼的政治思想，它不仅赞成教界直接控制国家事务，还支持法吉赫制度作为公正的政府模式而成立。此外，伊斯兰共和党还认为教界是伊斯兰革命中最具影响力的领导阶级，乌莱玛应该担任国家机构中的重要职位，如星期五聚礼领拜人和政府官员。伊斯兰共和党的纲领在广大中下层民众中产生广泛的政治影响，作为社会公正和平等的代言人得到传统中产阶级、巴扎和下层民众的支持，很快发展成为伊朗最大和最有影响力的政治组织。伊斯兰共和党还在许多城市设立分支机构，出版报纸，拥有独立的民兵武装——巴斯基（basiji），并通过清真

① Mohsen M. Milani, *The Making of Iran's Islamic Revolution: from Monarchy to Islamic Republic*, p. 144.

② 考米泰（komiteh）源自法语 comite，始建于 1978 年底，最初系自治性的下层民众组织。伊斯兰革命期间，考米泰负责给贫民分发食物、油等日需用品以及商品定价。伊斯兰革命后，成为联结现代伊斯兰主义者和民众的桥梁。

③ Mohsen M. Milani, *The Making of Iran's Islamic Revolution: from Monarchy to Islamic Republic*, p. 150.

④ Misagh Parsa, *Social Origins of the Iranian Revolution*, p. 252.

寺的网络和"被剥夺者"基金会来动员大众。萨迪克·哈勒哈里主持的伊斯兰革命法庭垄断司法审判，执行伊斯兰教法。伊斯兰革命法庭的成立是教界恢复被剥夺的司法权的第一步，既是审判和清算巴列维政权的代表机构，也是现代伊斯兰主义者清洗政治异己的重要机构和霍梅尼角逐权力的主要工具。它不仅没收巴列维国王大量的财产，而且处死包括前首相胡维达在内的数以百计的巴列维政权高官。据统计，伊斯兰革命法庭共处死巴列维时代的政府官员248人，关押或流放数千人。① 所以说伊斯兰革命法庭是伊斯兰神权政治的重要支柱。1979年5月，帕斯达兰即伊斯兰革命卫队成立，这是一支拥有庞大兵力、武器精良、编制完备却独立于军队之外的军事力量，由阿亚图拉贝赫什提和拉夫桑贾尼主管，其成员主要来自于下层民众，充任"伊斯兰革命的耳目"并作为"伊玛目霍梅尼粉碎政府里的反革命行动，或是镇压反对伊斯兰政府的政治篡夺者的特殊组织而存在"。② 在伊斯兰革命期间，伊朗各地民众自发成立大批政治组织革命委员会即考米泰。巴列维王朝覆灭后，各地的考米泰被霍梅尼委派的阿亚图拉麦赫达维·卡尼接管，成为现代伊斯兰主义者角逐权力和控制局势的政治工具。巴扎尔甘曾抱怨说考米泰正在建立一个平行政府。③ 考米泰在现代伊斯兰主义者与巴扎尔甘、巴尼萨德尔的斗争中发挥重要作用，在伊斯兰主义者接管了国家政权后，考米泰逐渐被纳入政府体系中。"被剥夺者基金会"创建于1979年3月，隶属于伊斯兰革命议会，负责接管巴列维基金会，控制伊斯兰革命期间没收的巴列维政权财产，拥有数不胜数的公司和企业，是现代伊斯兰主义者的强大经济后盾。伊斯兰革命议会、伊斯兰共和党、伊斯兰革命法庭、伊斯兰革命卫队和"被剥夺者"基金会，借助于宗教形式倡导激进的社会倾向，成为什叶派现代伊斯兰主义动员和争取下层民众进而控制国家权力的重要机构。④

　　双重政权的存在使得二者之间的矛盾和冲突不可避免。巴扎尔甘主张在尊重伊斯兰教的基础上建立民主制度，拒绝恢复中世纪的神权政治制

---

① Mohsen M. Milani, *The Making of Iran's Islamic Revolution：from Monarchy to Islamic Republic*, p. 150.

② Cheryl Benard and Zalmay Kalilzad, *The Government of God：Iran's Islamic Republic*, New York：Columbia University Press, 1986, p. 108.

③ Ibid. .

④ 哈全安：《中东史：610—2000》，第474页。

度，其起草的宪法草案与霍梅尼的政治构想相去甚远，于是巴扎尔甘及其领导的临时政府逐渐与霍梅尼领导的现代伊斯兰主义者日益疏远，矛盾愈益加深。巴扎尔甘抱怨考米泰、伊斯兰革命卫队、伊斯兰革命法庭、霍梅尼与其政府作对，使国家陷入严重瘫痪，公开对伊斯兰主义者染指国家政权表示不满，宣称政府应当拥有的权力被剥夺了，革命委员会取代了临时政府，"我们所有的事务都在霍梅尼的手中，在他的指挥下，包括罢免、任命、决策、发布命令、每一件事。"① 此举引起伊斯兰主义者的不满，9月，贝赫什提作为革命委员会成员、伊斯兰共和党领导者，指责巴扎尔甘政府不实行革命委员会的决定以图同教界抗衡。一些阿亚图拉包括艾哈迈德·阿扎瑞·库米等都批评巴扎尔甘的"反教界声明"和"削弱革命团结"的言论。阿亚图拉鲁汉尼甚至要求清洗政府中的反革命因素，其他人则批评临时政府的低效率，这使得二者之间的矛盾分歧愈益公开化。

伊朗伊斯兰革命作为一场自下而上的民主革命运动，离不开下层民众的支持，但以巴扎尔甘为首的世俗主义领导人并未能满足民众通过革命所要求的社会公正与平等，因而逐渐沦为"富人的保护者"，一个没有国王的君主制的"亲密的保卫者"，② 巴扎尔甘临时政府逐渐失去下层民众和其他革命者的支持。为了改变伊斯兰革命后伊朗的外交孤立局面，巴扎尔甘临时政府试图改善与美国的关系，但此举遭到以教界为首的伊斯兰主义者和左派力量的反对。霍梅尼公开宣称美国是"剥夺和压迫世界人民的罪魁祸首"③。霍梅尼的言论掀起伊朗民众反美浪潮。左派政治组织认为华盛顿是反革命的教唆者，巴扎尔甘则是其支持者。他们强调与美国建立正常友好关系将不利于伊朗独立，并且革命成功的先决条件是根除美国的影响。人民党号召引渡逃犯、"犯罪的国王"，人民党谴责美国允许巴列维国王到美国治疗的举动是"反对伊斯兰共和国的阴谋"。④ 激进的学生相信临时政府与美国的关系越来越危险，他们视美国准许巴列维国王入境的行径是"有组织地破坏伊斯兰革命运动……因此要寻找方法来打击和

---

① Cheryl Benard and Zalmay Kalilzad, *The Government of God*: *Iran's Islamic Republic*, p. 105.

② Mohsen M. Milani, *The Making of Iran's Islamic Revolution*: *from Monarchy to Islamic Republic*, p. 118.

③ Cheryl Benard and Zalmay Kalilzad, *The Government of God*: *Iran's Islamic Republic*, p. 162.

④ Mohsen M. Milani, *The Making of Iran's Islamic Revolution*: *from Monarchy to Islamic Republic*, p. 165.

破坏美国日益明显的干涉伊朗的行为，而最有效的方式就是占领美国大使馆，此举不仅将产生世界性反响，并能发泄他们对美国准许巴列维国王进入美国治疗一事的不满。"① 1979 年 11 月 4 日，激进的学生占领了德黑兰的美国驻伊朗大使馆，扣押包括美国驻伊朗大使的人质 500 多人，没收美国大使尚未销毁的上百份文件，此为德黑兰人质危机。巴扎尔甘指责占领行为违背国际法准则和外交原则，要求学生无条件地释放人质，激进的学生拒绝巴扎尔甘的要求，揭露其政府是一个无权的政府。巴扎尔甘则讽刺说："我不是胡韦达，伊玛目（霍梅尼）也不是穆罕默德·礼萨国王"。② 霍梅尼支持激进学生的反美行动。巴扎尔甘由于应对政治危机的措施缺乏，而使其临时政府陷入危机之中。11 月 5 日，巴扎尔甘被迫辞职，霍梅尼授意伊斯兰革命委员会接管临时政府，贝赫什提成为掌控政府权力的核心人物。人质危机和巴扎尔甘的辞职，使现代伊斯兰主义者通过激发民众的反美情绪来巩固其政治权力，为彻底建立法吉赫体制铺平道路。

2. 伊斯兰共和国宪法与法吉赫体制的确立

推翻巴列维王朝统治之后，以霍梅尼为首的激进派教界势力一方面努力排斥国家政坛的其他力量，另一方面则逐渐在伊朗实践霍梅尼的"法吉赫的监护"的政治理论。各派政治力量对接替巴列维政权的新国家名称意见不一，伊斯兰解放运动主张称为"民主伊斯兰共和国"，左派组织主张定名为"人民民主共和国"，以霍梅尼为首的激进派教界势力主张国家正式名称为"伊斯兰共和国"。霍梅尼在伊斯兰革命胜利后的演说中提到，"不是伊朗共和国"，"也不是伊朗民主共和国"，"而是伊朗伊斯兰共和国"。③ 伊斯兰不能被"民主"和"进步"等形容词所玷辱。④ 霍梅尼利用自己作为革命最高领袖的威望和政治地位，通过一系列措施促使"法吉赫的监护"理论合法化和制度化。一是霍梅尼坚持伊斯兰革命后的国家名称为"伊斯兰共和国"，在遭遇反对时依靠强大的民众支持而付诸全民公决。1979 年 3 月 30—31 日，伊朗举行在"伊斯兰共和国"和君主

①　Mohsen M. Milani, *The Making of Iran's Islamic Revolution: from Monarchy to Islamic Republic*, p. 165.

②　Mohsen M. Milani, *The Making of Iran's Islamic Revolution: from Monarchy to Islamic Republic*, p. 171.

③　Said Amir Arjomand, *The Turban for the Crown: The Islamic Revolution in Iran*, p. 137.

④　Mohsen M. Milani, *The Making of Iran's Islamic Revolution: from Monarchy to Islamic Republic*, p. 154.

制之间进行选择的全民公决，全国共有 2280 万人参加投票，结果 98.2%
的民众投票支持伊斯兰共和国，反对票仅为 240 万张。[1] 此后，霍梅尼重
申任何希望伊朗成为共和国或是民主共和国或是民主伊斯兰共和国的人都
是伊斯兰和安拉的敌人。[2] 5 月 1 日，霍梅尼宣布废除君主制，伊朗伊斯
兰共和国正式诞生。二是制定和通过伊斯兰宪法。巴扎尔甘临时政府成立
后，曾负责起草伊斯兰共和国的宪法草案。临时政府提交的宪法草案共计
151 条，以总统制为核心，坚持三权分立和普选制原则。尽管该宪法草案
规定成立由 5 名教界人士和 7 名非教界人士组成的监护委员会以确定所有
条款是否符合伊斯兰教法，但未明确提及实行法吉赫制度和乌莱玛的统
治，因而不仅得到激进派教界人士的反对，而且对教界的妥协也遭到左派
政治力量的反对。尽管该草案得到民族阵线、解放运动的支持，但霍梅尼
和其他教界人士对其有所保留。6 月底，霍梅尼授意成立伊斯兰专家组成
的立宪会议即专家会议，负责讨论临时政府提交的宪法草案及重新制定伊
斯兰共和国宪法。7 月 3 日，举行专家会议成员选举，选出的 73 名成员
中有 60 名来自教界，包括伊斯兰共和党、德黑兰宗教协会和库姆神学院
教师协会的成员。[3] 实际上伊斯兰共和党控制了专家会议，因为有 55 名
代表来自伊斯兰共和党。[4] 专家会议由阿亚图拉蒙塔泽里出任主席，实际
控制专家会议的阿亚图拉贝赫什提担任副主席。霍梅尼要求专家会议制定
的伊斯兰共和国宪法是一部 "百分之百的伊斯兰宪法"。[5] 9 月，专家会
议提交了体现霍梅尼思想的新宪法草案。该宪法草案遭到世俗政党组织和
部分教界人士的反对，桑贾比领导的民族阵线认为宪法草案所倡导的法吉
赫制度旨在创造乌莱玛统治的神权政体和法吉赫的政治独裁；左翼政治派
别伊斯兰圣战者组织则认为伊斯兰共和国宪法关于法吉赫制度的条款属于
宗教异端；伊斯兰革命议会主席阿亚图拉穆塔哈里作为传统教界代表人
物，认为什叶派学说中的法吉赫制度并不意味着法吉赫本人对国家的直接
治理，法吉赫只是信仰的引领者而非国家的统治者，应担任理论家而非统

① Misagh Parsa, *Social Origins of the Iranian Revolution*, p. 251.

② Said Amir Arjomand, *The Turban for the Crown: The Islamic Revolution in Iran*, p. 137.

③ Hossein Bashiriyeh, *The State and Revolution in Iran (1962 – 1982)*, p. 151.

④ Nikki R. Keddie, Yann Richard, *Modern Iran: Roots and Results of Revolution*, New Haven:
Yale University Press, 2003, p. 247.

⑤ Mohsen M. Milani, *The Making of Iran's Islamic Revolution: from Monarchy to Islamic Republic*, p. 156.

治者的角色。① 传统教界另一代表人物阿亚图拉沙里亚特玛达里也反对教法学家对国家的直接统治，认为法吉赫的主要作用在于宣传宗教、引导信众和充当意识形态的监护者，仅仅在非常时期来干预政治生活。② 专家会议制宪期间，尽管什叶派现代伊斯兰主义者的政治地位尚未真正确立，但是反对法吉赫制度的诸多派别并未结成政治联盟，他们并不能阻止伊斯兰宪法草案的生效。激进派伊斯兰主义者希望通过其所激发的爱国主义热情和强大的民众基础借助全民公决来使伊斯兰共和国宪法合法化。由于抵制伊斯兰共和国宪法的全民公决，沙里亚特玛达里被伊斯兰革命卫队软禁于家中，其领导的穆斯林人民共和党遭到取缔。12 月 2—3 日，伊朗举行伊斯兰共和国新宪法草案的全民公决，伊斯兰革命委员会宣布约有 1500 万人参加投票，只有 3 万人投反对票，新宪法草案的支持率高达 99.5%。③ 新宪法以国家根本大法的形式将"法吉赫的监护"具体化，为伊朗现代伊斯兰政治模式确立了基本框架。④

　　伊斯兰共和国宪法共包括 12 章 175 条。宪法明确规定伊朗的政治制度是伊斯兰共和制，该政治制度的理论基础是伊斯兰信仰——信仰真主是唯一的神，信仰真主拥有唯一的主权和立法权，信仰服从真主指令的必要性，信仰真主的启示及其在立法中的基本作用，信仰真主立法的公正性等。⑤ 宪法确认霍梅尼为共和国的宗教领袖即法吉赫，法吉赫是伊斯兰共和国的权力来源。宪法第 5 条规定："国家置于公正、虔诚的法吉赫统治和领导之下；法吉赫与时代环境相融合，拥有足够的勇气和管理能力；法吉赫是被大多数人承认和接受的领袖，其必须有高度的权威和独立判断宗教问题的能力以及相当多的追随者。"⑥ 在伊玛目隐遁期间，法吉赫作为伊玛目的代理人行使管理国家的权力。宪法规定法吉赫有权支配所有的政府机构，否决政府的所有决策，有权统率军队，宣布战争、和平，主持国

---

① Mohsen M. Milani , *The Making of Iran's Islamic Revolution*: *from Monarchy to Islamic Republic*, p. 161.

② Asghar Schirazi, *The Constitution of Iran*: *Politics and the State in the Islamic Republic*, London and New York: I. B. Tauris, 1997, p. 48.

③ Mohsen M. Milani , *The Making of Iran's Islamic Revolution*: *from Monarchy to Islamic Republic*, p. 174. Parviz Daneshvar, *Revolution in Iran*, pp. 143 – 144.

④ 王彤主编:《当代中东政治制度》，第 262 页。

⑤ 同上。

⑥ Mohsen M. Milani , *The Making of Iran's Islamic Revolution*: *from Monarchy to Islamic Republic*, p. 156.

防部最高会议，任命宪法监护委员会的半数成员，任命总检察长和最高法院院长，批准总统候选人，甚至有权罢免总统和解散议会。[1] 所以说，尽管宪法规定伊斯兰共和国实行立法、司法和行政三权分立，总统负责政府各分支机构之间的联络，但其权力基础来源于法吉赫，其权力执行必须在法吉赫监督下运作。所以法吉赫的权力渗透到政府各个部门。宪法规定法吉赫的任期为终身制，如果没有法吉赫的合适人选或是不能被大多数民众认同和接受，其职能则由选举产生的"专家会议"从符合条件的教法学家中选举出 1 人担任领袖，或选举 3—5 位教法学家组成的"领袖委员会"执行其权力，还有权罢免不称职的宪法监护委员会成员。

伊斯兰宪法肯定了宪政运动的成果，将现代意义的议会纳入伊斯兰政治体系中。伊斯兰议会是伊斯兰共和国的最高立法机构，采取直接的、不记名投票的方式选举产生议会代表，在对政府和其他组织提交的各项建议与草案进行研究的基础上制定法律。为了保证议会决议不违背伊斯兰教义和宪法原则，所有决议须经过宪法监护委员会审查，后者是法吉赫行使监护权的关键性机构。根据伊斯兰宪法，宪法监护委员会共 12 人，负责决定法吉赫的任免，而宪法监护委员会的半数成员由法吉赫任命，另外半数成员由法吉赫任命的最高司法委员会提名并由议会选举产生。[2]宪法监护委员会不仅负责审查伊斯兰议会的立法是否违宪或违背伊斯兰原则，还负责审查和确定总统候选人、议会代表候选的选举资格，所以宪法监护委员会实际上起到法吉赫的辅佐机构和上议院的双重作用。[3]

根据伊斯兰宪法，沙里亚法构成一切法律的最高准则，所以乌莱玛控制司法系统也就顺理成章。最高司法委员会是伊斯兰共和国的最高司法机构，其成员有总检察长、最高法院院长和三名法官。总检察长、最高法院院长由法吉赫任命，三位法官从全国法官中选出，负责向议会提交法律议案、执行伊斯兰教法和任免法官。伊斯兰宪法规定总统和议会在就职前必须宣誓捍卫伊斯兰教、伊斯兰革命的成果和伊斯兰共和国的基础。议会正式名称为"伊斯兰协商会议"，实行任期四年的一院制。

根据宪法规定，总统是行政首脑，负责协调立法、行政和司法权，任

---

① Sepehr Zabih, *Iran since the Revolution*, Baltimore: Johns Hopkins University, 1982, pp. 35 – 37.

② Nikki R. Keddie, Yann Richard. *Modern Iran: Roots and Results of Revolution*, p. 247.

③ 王彤主编：《当代中东政治制度》，第 264 页。

期 4 年，可连选两届，是仅次于法吉赫的职务，不过不掌控军权。法吉赫
有权干预总统候选人的提名，有权批准总统选举，有权在最高法院或议会
解除不称职的总统职务。总理作为政府或部长会议首脑掌控日常行政权，
接受法吉赫监督及总统和议会的制约。总理人选由总统提名，对议会负
责；内阁成员的任免经议会批准。总体来看，刨除法吉赫的监护，伊斯兰
共和国的政治体制带有西方政治体制的三权分立的浓厚色彩。

另外，伊斯兰宪法还规定了公民的权利和自由。伊斯兰宪法第 19 条
规定，不论肤色、民族和性别，凡共和国公民均享有平等权利。宪法还确
保公民在政治、经济、社会和文化上的各项权利。只要不违背独立、自
由、民族团结和伊斯兰教原则，任何党派、政治团体、职业和商业协会、
伊斯兰协会和其他派别的团体都可以存在。新闻界只要不违背伊斯兰原则
和公民权利，就享有言论自由。[①] 伊斯兰宪法还着重规定了伊朗的外交原
则。伊斯兰宪法第 146 条规定，禁止在伊朗建立任何形式的外国军事基
地，"即使这些基地是出于和平目的"。第 153 条禁止与外国势力签订任
何形式的"控制自然资源或是经济、文化、军事和其他国家事务"的协
议。同时，第 154 条还规定伊朗有责任"保护弱者反对扩张斗争在全世
界范围内开展。"第 192 条规定伊朗的外交实行不结盟政策。[②] 所以说，伊
斯兰宪法是在借鉴现代西方国家宪法基础上，整合传统伊斯兰原则与现代
政治理念的宪法，其对公民权利自由的保护，对外交原则的全新规定，都
体现了一定程度的民主和进步，所以对其必须辩证地看待而不能一概
否定。

"伊斯兰宪法是对伊斯兰共和国的政治、社会、文化和经济关系以及
国家机构的明确表述，它的作用是巩固伊斯兰基础和勾画伊朗伊斯兰共和
国的未来蓝图。"[③] "1979 年伊斯兰宪法废除了各种思想、社会、经济上
的专制主义，并打破了君主专制的体制，使人民掌握了自己的命运……宪
法使之完美，宪法强调伊斯兰共和国禁止外国的控制，消灭贫穷、满足人
们的需要，从而达到政治、经济的独立。"[④] 因此，伊斯兰宪法在强调代
表"被剥夺者"利益的政治原则、保护公民的人身权利、保护私有财产

[①] 姜士林编：《世界宪法全书》，青岛出版社 1997 年版，第 560—561 页。

[②] Cheryl Benard and Zalmay Kalilzad, *The Government of God*: *Iran's Islamic Republic*, p. 152.

[③] Asghar Schirazi, *The Constitution of Iran*: *Politics and the State in the Islamic Republic*, p. 9.

[④] Misagh Parsa, *Social Origins of the Iranian Revolution*, p. 254.

不受侵犯、普及义务教育、消除贫困状态和失业现象以及实行不结盟外交政策的同时，着力规定了法吉赫制度的政治框架。尽管伊斯兰宪法具有浓厚的神权政治色彩和以法吉赫至上的政治原则取代主权在民的政治倾向，体现了教俗合一的政治理念和神权至上的历史传统的完美结合，但其颁布和实施标志着伊斯兰共和国法吉赫制度的确立。

二　霍梅尼时代伊朗政党政治的兴衰

伊斯兰共和国成立初期，在巴扎尔甘临时政府与以霍梅尼为首的教界势力为掌控国家权力而激烈斗争时，积极参加伊斯兰革命的各种政治组织和党派也为争取分享权力积极活动，所以此时的权力博弈中伴随着现代政党对国家政治的参与，随着以霍梅尼为首的法吉赫体制在伊朗的确立和推行伊斯兰化举措，政党政治逐渐在伊朗政治舞台趋于边缘化，甚至一度处于销声匿迹的状态。

1. 伊斯兰共和国初期的政党活动

伊朗的伊斯兰革命始于世俗知识界对巴列维专制统治的不满，后逐渐演变成为一场教俗各界广泛参与的反对派运动，民众政治力量的急剧膨胀和不同政党力量的异常活跃是该次革命的显著特征，民众的参与热情和政党的迅猛发展也延续到伊斯兰共和国初期。1979 年通过的伊斯兰宪法强调在独立、自由、民族团结、伊斯兰信条和共和国等原则的基础上，允许公民自由成立各种党派、政治团体、贸易联盟以及宗教团体，伊斯兰宪法明确宣布："政党、社团、政治或职业协会，以及宗教团体的成立，不管其是伊斯兰的还是属于某一得到承认的少数派宗教，只要其不违背独立、自由和国家统一的原则，不违反伊斯兰标准和伊斯兰共和国的基础，那就是得到许可的。"[①] 于是，在伊朗共和国成立之初，有近 100 个政治组织像雨后春笋般涌现，这些组织与伊斯兰革命之前已经存在的政党组织一起形成政党林立的局面，"人民党"、"解放运动"、"伊朗人民敢死队"、"人民圣战者组织"以及革命胜利后成立的"伊斯兰共和党"等政党活跃

---

① Stephen C. Fairbanks, "Theocracy Versus Democracy: Iran Considers Political Parties", *Middle East Journal*, No. 1, 1998, p. 20.

在各个领域，它们试图通过发展自己的势力来扩大地盘和影响，形成伊朗伊斯兰共和国成立初期政治舞台的主要力量。

始建于 1941 年的伊朗人民党尽管在巴列维王朝时期几起几落，但在伊斯兰革命胜利后的一段时期内相当活跃。人民党是伊朗最重要的马克思主义政治组织，将伊斯兰革命视为反帝国主义的革命，因而无条件地支持霍梅尼及其领导的伊斯兰运动，并提出反帝的"人民统一战线"的口号；认为"科学社会主义和伊斯兰教教义之间没有根本分歧"，其领导人基亚努里称赞霍梅尼是"反帝国主义和维护社会公平"的卫士。但是人民党在意识形态方面与以霍梅尼为首的伊斯兰主义者有着根本区别，人民党信奉马列主义；对内主张建立在政治、经济、军事和文化上完全摆脱帝国主义影响的社会主义国家，通过从根本上改革经济、进行真正的土地改革来改善人民生活；对外主张反对美国、发展与苏联的关系，认为美国是伊朗的主要敌人而苏联是伊朗的朋友。伊斯兰革命胜利后，人民党反对亲西方的巴扎尔甘和巴尼萨德尔，希望伊朗与社会主义阵营建立联系。尽管该党在伊斯兰革命胜利后在知识分子中获得一定影响，并有部分成员渗透到伊斯兰共和国的军队、革命卫队和政府机构中，但在普通民众中间缺乏广泛的影响力，而且其与伊斯兰主义者的意识形态分歧也注定与执政当局的友好并不能持久。阿亚图拉莫什赫尼曾针对人民党指出任何试图建立无产阶级社会的思想都是出于反"事物自然秩序"的动机，而"它本身也是独裁和压迫的一种形式"。[①] 1982 年 2 月，伊朗当局指责人民党是"最狡猾和最危险"的反对派组织，其目标是"在伊朗建立亲苏的傀儡政权"。1983 年 2 月，伊朗当局以"为苏联从事间谍活动"的罪名逮捕了基亚努里等领导成员，机关报《人民报》被禁止，政府中的大批人民党成员被清洗，几千名人民党成员被捕，包括 2000 多名后备军官。[②] 5 月 4 日，霍梅尼宣布取缔该党，70 名党员因叛逆罪被捕，该党遭受灭顶打击，从此转入地下秘密活动。1988 年 2 月，人民党中的不同政见者在巴黎另组伊朗人民民主党，克泰·阿里·哈瓦里任总书记，机关报为《人民报》。该党虽然还在国外存在，但对伊朗政治生活的影响相对较小。

在伊斯兰共和国成立初期颇为活跃的解放运动建立于 1961 年 5 月，

---

① Said Amir Arjomand, *The Turban for the Crown: the Islamic Revolution in Iran*, p. 159.
② Ibid..

创始人为巴扎尔甘，主要由法律工作者、大专院校教师和民族资产阶级分子组成，是一个采取中间道路的民族主义政党。1964 年霍梅尼被放逐时，解放运动曾发表声明声援霍梅尼，谴责巴列维国王的专制统治。在伊斯兰革命期间，解放运动是反对巴列维国王统一战线的重要组成部分。1979 年 2 月，霍梅尼返国后即任命巴扎尔甘为伊斯兰革命临时政府总理，解放运动也成为新政府的重要组成部分。作为世俗的、民族民主的党派，解放运动坚持建立自由、民主、民族主义的世俗共和国，对外主张改善与西方国家的关系，反对输出伊斯兰革命，强调同第三世界国家建立友好关系，特别应与阿拉伯邻国和平共处。由于这些世俗主义纲领与现代伊斯兰主义的政治理念有着根本性冲突，遂与霍梅尼所倡导的伊斯兰神权政治罅隙丛生，11 月，巴扎尔甘被迫辞去临时政府总理职务，解放运动成为伊斯兰政权的反对派。该党在 1980 年第一届伊斯兰议会选举中曾获得十多个议席，但却抵制了 1984 年举行的第二届伊斯兰议会选举。1988 年 1 月 1 日，伊斯兰法庭以"魔鬼代理人"的罪名，下令封闭解放运动，解放运动在霍梅尼时代的政治活动宣告终结。

伊朗人民敢死队是活跃在伊朗政治舞台上的一支政治力量，对伊斯兰共和国初期的政党政治产生一定影响。伊朗人民敢死队由比贾·加赛尼成立于 1971 年 2 月，初期主要采取暗杀、制造爆炸事件、抢劫银行、袭击警察局等手段，开展反对巴列维国王的城市游击战，主要活动在德黑兰和北部一些城市。该组织对内主张实行民族自治，建立人民共和国，反对伊斯兰化政策；对外坚持民族主义立场，反对西方资本主义。1979 年年初，伊朗人民敢死队积极参加伊斯兰革命，对推翻巴列维国王的专制统治发挥一定作用。伊斯兰共和国成立后，该组织拒绝参加任何选举，也拒绝交出武器。2 月，在德黑兰集会上，伊朗人民敢死队要求解散旧军队，创建人民军队，驱逐外国工人，将外国资本和银行国有化，彻底改组国家机构，建立一个自由民主和反帝国主义的无阶级社会，遭到以霍梅尼为首的伊斯兰主义者和世俗主义者的反对。8 月，伊朗人民敢死队被禁止公开活动而转入地下。1980 年 6 月，伊斯兰人民敢死队发生分裂，以艾哈迈德·谢巴为首的多数派倒向亲苏的人民党，拥护伊朗政权；以阿什拉夫·德赫加尼为首的少数派倾向于人民圣战者组织，继续开展反对伊朗政府和武装斗争。随着霍梅尼伊斯兰政权的确立，其在伊朗政坛逐渐销声匿迹。

成立于 1965 年的伊朗人民圣战者组织的前身是伊朗人民战士组织，

创始人为穆罕默德·哈夫·纳贾德、阿里·阿斯加尔·巴迪扎德甘和赛义德·穆哈辛。原是从解放运动中分化出来的激进派，主要由一些反对巴列维国王的下级军官和士兵组成。该组织从 1971 年开始从事反国王的武装斗争，逐渐形成巴列维王朝时期伊朗最大的反对派组织。1978 年年底至 1979 年年初，人民圣战者组织积极参加伊斯兰革命，在推翻巴列维政权的过程中发挥重要作用。1979 年伊斯兰革命胜利后，人民圣战者组织迅速发展，在全国建立分支机构，重建地下武装网络，并出版报纸《圣战者》。该组织对内主张制定宪法，成立"民族、民主和伊斯兰政府"，建立伊斯兰民主共和国，反对神权机构控制政权，主张政教分离，反对宗教专制；支持少数民族的自治权利；主张政党活动自由；开展暴力斗争，将城市游击战和恐怖活动作为主要斗争形式。在经济方面，主张以激烈的手段重新分配财产，建立集体农业，整个经济实行国有化。在外交原则上主张不结盟，既不依靠美国，也不依靠苏联，建立伊斯兰的、民主的和不结盟的共和国。这与以霍梅尼为首的激进伊斯兰主义者所倡导的教俗合一的伊斯兰共和制和输出伊斯兰革命的外交政策发生冲突，随之成为伊斯兰共和国的最大威胁，所以霍梅尼始终否认人民圣战者组织的合法地位，将人民圣战者组织称作伊斯兰教的异端，是"伪君子"，[①] 将其作为"反伊斯兰组织"而加以排斥和镇压。作为回击，人民圣战者组织则支持库尔德人的叛乱，反对法吉赫制度，抵制 1979 年的全民公决，自称代表真正的伊斯兰教，否认以霍梅尼为首的伊斯兰主义和伊斯兰共和党的政治权威。人民圣战者组织还宣称霍梅尼为首的伊斯兰主义者对伊斯兰的解释是错误的，真正的伊斯兰社会应该是一个无产阶级的社会，革命最大的威胁是神权政治和压制公民权利。1981 年 6 月，霍梅尼政权宣布取缔人民圣战者组织，该组织主席拉贾维逃往法国。随后与前总统巴尼萨德尔一起创建了以人民圣战者组织为主体的全国抵抗委员会，公开号召推翻霍梅尼统治。1983 年，人民圣战者组织在西欧、美国、伊拉克等国活动。1986 年，人民圣战者组织迫于政府压力将总部由巴黎迁往伊拉克，其在伊朗的政治影响力逐渐减弱。

　　伊斯兰共和党是伊朗伊斯兰革命胜利后成立的新政党。为了维护新成立的伊斯兰共和国，1979 年 2 月，霍梅尼指示拉夫桑贾尼、巴霍拉尔、

---

① Mohammed Amjad, *Iran: from Royal Dictatorship to Theocracy*, p. 136.

贝赫什提、哈梅内伊和阿尔德比利等在德黑兰根据现代伊斯兰主义理念创建全新的伊斯兰政党。该党奉行伊斯兰教什叶派教义，对内主张政教合一、实行伊斯兰教法和法吉赫体制，对外主张"不要东方、不要西方，只要伊斯兰"和"输出伊斯兰革命"。该党成立后迅速统一和改组了遍布全国、各自为政的"伊斯兰协会"，控制了绝大多数清真寺，成为霍梅尼政权动员民众的主要政治工具。法吉赫体制建立后，伊斯兰共和国主要官员大多是该党党员。该党首任总书记是贝赫什提，其于1981年6月在该党总部爆炸事件中身亡后由巴霍拉尔接任。同年8月，巴霍拉尔在总理府爆炸事件中被炸身亡后，哈梅内伊继任总书记。1983年5月，该党在德黑兰召开第一次全国代表大会，选举新的中央领导机构，并通过了党章，此后召开的一届一中全会上，哈梅内伊再次当选为总书记。作为伊斯兰共和国的执政党，该党迅速击败各政治党派和团体，并于1983年成为伊斯兰共和国唯一的合法政党。此后，伊斯兰共和党一度成为伊朗政治舞台上的活跃者。哈梅内伊总统不无担忧地指出，伊斯兰共和党已经达到建立法吉赫和有特色的伊斯兰共和国机构的目标，伊斯兰共和党的活动势必会鼓励政党政治的发展，这将会对推动社会分裂主义，而且也会削弱清真寺作为动员民众的组织的影响，所以难逃被取缔的命运。1987年，伊斯兰共和党由于自身的分裂和矛盾激化而被霍梅尼解散。

2. 教俗阶层的权力博弈与政党政治的衰落

尽管在推翻巴列维王朝专制统治的运动中，社会各界结成广泛的统一战线，但不同的社会力量具有不同的政治与社会诉求。桑贾比领导的世俗倾向的民族阵线和巴扎尔甘领导的世俗倾向的解放运动代表现存社会经济秩序的既得利益者，具有明显的右翼色彩和温和倾向，反对激进的经济社会改革，被视作保守派和富人的代言人。左翼政治组织人民党和伊斯兰人民圣战者组织和伊朗人民敢死队尽管意识形态诉求迥异，但政治目标趋近，它们一致反对美国、主张重新分配社会财富、实现主要工业部门的国有化和改善下层民众的生活境况。不过，左翼派别强调通过阶级斗争方式消灭剥削社会，创建新社会，这在宗教氛围浓厚的伊朗并没有获得民众的广泛支持。以霍梅尼为首的激进派伊斯兰主义者则从传统伊斯兰原则中找到公平与秩序的话语，宣布伊斯兰革命旨在解放被剥夺者、保护被剥夺者的利益和实现其广泛的政治参与和财富分享，因而在下层民众中间拥有广泛的政治号召力。意识形态的差异和政治取向的不同使得这些政党抑或政治组织在伊斯兰共和国建立后开展激烈的权力斗争，以霍梅尼为首的现代伊斯兰主义者通过镇压和清除异己的政治力量将伊斯兰革命中的政治联盟逐渐排斥出政治舞台，极大地影响了霍梅尼时代伊朗政党政治的发展方向。

1980年1月，伊朗举行伊斯兰共和国成立后的首次总统大选，巴尼萨德尔作为独立候选人获得1400万张选票中的1070万张选票，以75%的支持率当选伊斯兰共和国第一任总统。[①] 第一届总统选举中，哈比比代表伊斯兰共和党，拉贾维代表人民圣战者组织参加总统选举。由于拉贾维及人民圣战者组织抵制宪法全民公决，并主张建立伊斯兰社会主义和无产阶级社会，所以霍梅尼取消了拉贾维的总统候选人资格。伊朗人民敢死队和其他马克思主义组织由于不信仰伊斯兰教，没能通过资格审查，转而联合库尔德民主党支持拉贾维。另外，由于诸多政治派别反对法吉赫制度，反对教界人士占据国家高位，霍梅尼不得已禁止颇具影响的贝赫什提参加总统竞选，这大大提高了巴尼萨德尔获选的成功率。

巴尼萨德尔出任总统期间，巴尼萨德尔与现代伊斯兰主义者的激烈抗争构成此间伊朗政治生活的主要内容。长期以来，伊朗政坛派别斗争激烈，伊斯兰议会作为派别之争和权力角逐的平台在伊斯兰共和国的政治生活中扮演了重要角色。"除以色列议会外，伊朗议会是中东诸国颇具独立地位的议会。议员在议会公开地和激烈地批评政府的政策。"[②] 巴尼萨德尔担任总统期间，伊斯兰议会作为制约总统权力的重要机构，是巴尼萨德尔与伊斯兰共和党较量的舞台。总统大选后，伊朗伊斯兰议会随之举行。据统计，1083万民众参与伊斯兰议会代表投票，共选出议会代表234人，其中教界人士议会代表数的45.4%，伊斯兰共和党获得130个议席，自由主义者代表取得40个席位，其余席位则由独立的小政治团体获得，左派组织没能获得席位。[③] 现代伊斯兰主义者通过拒绝民族阵线和支持巴尼萨德尔的代表参选，实现对伊斯兰议会的控制，而巴尼萨德尔总统与伊斯兰共和党在议会内部针对总理、内阁人选、总统权力、经济政策等问题展

①　John L. Esposito and Rouhollah. K. Ramazani eds., *Iran at the Crossroads*, New York: Palgrave, 2001, p. 53.

②　Mohsen M. Milani, *The Making of Iran's Islamic Revolution: from Monarchy to Islamic Republic*, p. 199. Nikki R. Keddie, Modern Iran: Roots and Results of Revolution, p. 250.

③　Misagh Parsa, *Social Origins of the Iranian Revolution*, p. 256.

开激烈角逐。巴尼萨德尔总统试图通过任命伊斯兰共和国总理与伊斯兰主义势力相抗衡。根据伊斯兰宪法，总理人选由总统提名后由议会批准。然而巴尼萨德尔提名的总理人选穆斯塔法·萨里姆被议会否决，出身卑微而颇具伊斯兰主义倾向并得到议会支持的拉贾伊成为伊斯兰共和国第一任总理。巴尼萨德尔与拉贾伊由于社会教育背景、政治思想的不同而成为敌对者，二者的分歧随着时间的推移日渐明显。巴尼萨德尔要建立强有力的总统制，总统制定政策，总理负责执行；而拉贾伊则由伊斯兰共和党和议会支持，倡导软弱的总统制，并且根据伊斯兰宪法的规定，拉贾伊努力保持总统拥有较少权力而成为有名无实的首脑。对于内阁成员的挑选，拉贾伊关注的是内阁成员的思想倾向，而巴尼萨德尔则强调内阁成员的专业技能，由于总统与总理无法达成共识致使一些内阁职位空缺。与此同时，巴尼萨德尔总统的国有化、发展国民经济、推行不结盟和独立自主的外交等政策，遭到伊斯兰共和党的批评。霍梅尼极力使巴尼萨德尔在大众媒体上保持低曝光率，建立以教界为主的最高防御会议以限制总统权力，从而进一步削弱总统的地位。伊朗由人质危机引发美国经济制裁和两伊战争也使巴尼萨德尔总统遭遇执政危机，而以霍梅尼为首的伊斯兰主义者的社会影响力日益提升。

最初，霍梅尼并不直接干涉巴尼萨德尔和伊斯兰共和党在议会内部的斗争，随着巴尼萨德尔与伊斯兰共和党矛盾的加剧，霍梅尼召见伊斯兰共和党领导人和巴尼萨德尔，命令建立三方协议委员会调查双方争斗的原因。霍梅尼保留了巴尼萨德尔的军事指挥权，但是命令巴尼萨德尔和伊斯兰共和党在委员会达成裁决之前立刻停止相互攻击。但不久后，巴尼萨德尔公开打破协议规定，抗议伊斯兰政府的刑罚、审查和践踏人权的行为，质问伊斯兰共和国的核心机构——伊斯兰议会、宪法监护委员会的合法性，并要求霍梅尼废除它们。巴尼萨德尔在给霍梅尼的信中写道："你不想宪法被实行……你想要一个软弱的总统、软弱的政府，一个顺从的议会，一个司法机构作为威胁和破坏你的反对派的工具。"[1] 巴尼萨德尔针对伊斯兰政府的新闻审查制度批评道："广播、电视变得和前政权一样了。"[2] 巴尼萨德尔甚至号召全民公决来解决其与伊斯兰共和党的争论，并直接向霍梅尼发

---

① Mohsen M. Milani, *The Making of Iran's Islamic Revolution: from Monarchy to Islamic Republic*, p. 184.

② Said Amir Arjomand, *The Turban for the Crown: the Islamic Revolution in Iran*, p. 287.

出挑战。结果巴尼萨德尔创办的报社被关闭，教界人士利用清真寺来谴责巴尼萨德尔的行为。巴尼萨德尔于是与民族主义者、传统教界力量和人民圣战者组织建立联盟，而霍梅尼领导的激进伊斯兰主义者利用分化和镇压来破坏这一联盟。1981 年 6 月，霍梅尼公开谴责民族阵线，进而取缔民族阵线的合法地位。民族阵线的取缔标志其在伊朗伊斯兰共和国公开活动的结束和世俗民族主义者的失败。与此同时，激进的学生从获取的美国大使馆文件证明巴尼萨德尔与美国中央情报局有关系，伊斯兰议会就此宣布巴尼萨德尔是不称职的总统，霍梅尼解除了巴尼萨德尔的军事指挥权。随后，霍梅尼发表声明："如果有人发表演说和他们的演说导致暴动的发生，我就会消灭他们，不论他是谁……我会对他们做同样的事情，正如我对巴列维所做的事情一样。"[①] 巴尼萨德尔指责霍梅尼无视宪法和总统，旋即遭到罢免。6 月 22 日，伊斯兰议会以 177 票同意通过了罢免巴尼萨德尔的决议，巴尼萨德尔随即前往法国。7 月，巴尼萨德尔与人民圣战者组织领导人拉贾维公开结盟，在巴黎成立由人民圣战者组织、库尔德民主党、民族民主阵线和巴尼萨德尔派四个反伊斯兰政府组织和派别组成的全国抵抗委员会，拉贾维为主要负责人。全国抵抗委员会呼吁所有反伊斯兰政府的力量联合起来，推翻霍梅尼政权，建立民主的伊斯兰共和国；主张自由、民主、平等原则；实行少数民族自治和彻底的土地改革；贯彻不结盟的外交原则。由于全国抵抗委员会身处国外，并不足以对新生的伊斯兰共和国构成极大威胁。

　　伊斯兰共和国初期的权力博弈除了议会内部的斗争，还包括政治组织以暴力冲突角逐国家政权的斗争。1981 年 6 月 28 日，伊斯兰共和党高层领导人在德黑兰举行会议讨论即将举行的总统选举，但是会议场所遭到人民圣战者组织的炸弹袭击，70 余名伊斯兰共和党重要成员被炸死，包括伊斯兰共和党总书记、最高法院院长阿亚图拉贝赫什提，4 名内阁部长、6 名副部长、27 名议会代表。此次恐怖袭击给伊斯兰共和党以重创。几天后，爆炸和暗杀事件接连发生，德黑兰又发生监狱长刺杀事件，这是人民圣战者组织向政府和安全部队的公开挑衅。随后伊斯兰共和党重建领导机构，巴霍拉尔取代贝赫什提出任伊斯兰共和党总书

---

① Mohammed Amjad, *Iran: from Royal Dictatorship to Theocracy*, p. 144.

记。尽管人民圣战者组织试图破坏总统选举，但总统大选仍于 1981 年 7 月底如期举行，拉贾伊当选伊斯兰共和国第二任总统，巴霍拉尔出任政府总理。新政府的首要任务是应对人民圣战者组织的全面进攻。1981年 8 月，新政府的会议场所再次遭到炸弹袭击，拉贾伊总统和巴霍拉尔总理以及许多政府要员遇害身亡，随之霍梅尼对人民圣战者组织进行严厉镇压。同年 10 月举行总统大选，哈梅内伊以近 90% 的支持率当选伊斯兰共和国第三任总统，穆萨维出任政府总理。哈梅内伊当选总统，标志着伊斯兰主义者实现对国家政权的全面掌控。由于伊斯兰共和党与总统的矛盾对抗告一段落，人民圣战者组织成为挑战国家权力的重要势力，所以打击人民圣战者组织成为新政权的首要任务。据估计，至 1982 年 7 月，人民圣战者组织约有 1.5 万人被处决。[1] 霍梅尼禁止该党组织发言人在电台、电视台亮相，剥夺该组织领导人拉贾维参选总统候选人的资格，不定期封查《圣战者》刊物和该组织在各省的办事机构，下令停止圣战者组织候选人取得优势选区的计票工作。霍梅尼还指使真主党冲击人民圣战者组织的集会，双方之间多次发生冲突。从 1981 年 6 月到 1985 年 12 月，约有 9000 多名人民圣战者死于反政府游击战，与此同时，有 1200 多名宗教界人士和政界领导人死于圣战者组织的枪口下。[2] 在伊朗当局的严厉镇压下，人民圣战者组织遭受重创，其核心人物希亚巴尼及数以百计的骨干成员被处死，残余分子或加入库尔德反对派，或流亡国外。就伊朗整体而言，"到 1983 年 2 月，除了唯一合法的政党伊斯兰共和党和历史悠久的解放运动外，多数曾经活跃的政治组织被迫转入地下或遭到破坏"。[3]

伊斯兰共和国初期，形形色色的政治组织曾经积极参与反对巴列维王朝的伊斯兰革命，进而试图分享国家权力，但在与现代伊斯兰主义者的权力博弈中纷纷失败，这与这些组织缺乏必要的民族基础、宗教基础和政治基础和行之有效的政治纲领密切相关。拥有悠久历史的解放运动尽管最初曾执政治之牛耳，成为伊斯兰共和国成立后临时政府的掌控者，但在与伊斯兰主义者的权力博弈中趋于失败。人民圣战者组织、伊朗人民敢死队组

---

① Cheryl Benard and Zalmay Kalilzad, *The Government of God：Iran's Islamic Republic*, p. 124.

② 曲洪：《伊斯兰革命后伊朗的派系权力之争》，《世界宗教研究》2000 年第 4 期。

③ Mohsen M. Milani, *The Making of Iran's Islamic Revolution：from Monarchy to Islamic Republic*, p. 193.

织和人民党构成伊朗伊斯兰共和国左翼政治势力的主要代表，它们曾在推翻巴列维王朝专制统治的伊斯兰革命中发挥重要作用。巴列维王朝覆灭后，它们由于种种原因而在政治博弈中逐渐趋于边缘化，尽管其在政治上的失势与伊斯兰主义者强大的民众基础和政治号召力有关，但自身的局限性也是导致其在政党政治的竞争中失败的重要原因。第一，这些反伊斯兰共和国的政治组织派别林立，政治思想分歧较大，不能互相妥协达成共识，单枪匹马的斗争导致被各个击破。第二，这些反政府政治组织的组织成员多为年轻人、知识分子和小部分工人阶级，社会基础脆弱，无力抗衡现代伊斯兰主义者在伊朗社会中的广泛影响。第三，一些左翼政治组织采取游击战术来动员民众，在伊斯兰革命后，游击战术不能适应管理国家的需要。第四，由于领导人斗争目标模糊和施政纲领脱离实际，很难引起下层民众的共鸣，所以在权力斗争中处于劣势，所有这些组织都失去了与伊斯兰主义者角逐权力的实力。

随着法吉赫体制的完全确立和国内各种政治力量之间矛盾的激化，曾经活跃的人民党、解放运动、民族阵线、人民圣战者组织和人民敢死队等均被取缔，伊斯兰共和党成为唯一合法政党，伊斯兰共和国的主要官员基本是该党党员。尽管伊朗在 1985 年宣布实行一党制，伊斯兰共和党成为唯一的执政党，但伊斯兰共和党的一统天下及其势力的过度膨胀并没有能够实现霍梅尼所期待的目标，无论在意识形态方面，还是在国家权力的实际运作方面，执政党内部的分歧逐渐凸显，并愈演愈烈，内部出现分裂并逐步形成一些派别。1987 年 6 月，伊斯兰共和党领导人哈梅内伊、拉夫桑贾尼等人致函霍梅尼，认为伊斯兰政权已经巩固，穆斯林的政治觉悟已使伊斯兰革命免受危害，而伊斯兰共和党内出现的派系斗争有害于穆斯林之间的团结，停止伊斯兰共和党的活动有利于伊斯兰革命事业，于是霍梅尼下令解散该党，该党的政治职能由伊斯兰革命前成立的"德黑兰战斗的宗教界协会"取代。1988 年 4 月，伊朗第三届议会选举前夕，一些极左的神职人员宣布脱离"德黑兰战斗的宗教界协会"，成立以前议长卡鲁比为总书记的"德黑兰战斗的宗教人士协会"。从此，伊朗政坛内部的政治斗争集中地反映在"德黑兰战斗的宗教界协会"和"德黑兰战斗的宗教人士协会"这两个对立的政治性宗教组织之间，影响了后霍梅尼时代伊朗政党政治的发展方向。1988 年 12 月，伊朗内务部颁布政党法，规定政党可以向其提交申请而获准公开合法活动，但是并没有真正有效地实行，结果"一个团体是否申请了官方的许可似乎没有什么区别"。[①] 内务部为保守的支持伊斯兰神权政体的组织发放许可证，而极少批准世俗组织的活动，政党活动名存实亡，伊朗实际上由一党制变为无党制，现代伊斯兰主义者大权独揽，此后伊朗经历了长期的党禁，直到伊斯兰改革派上台后，这种局面才逐渐改变。

三　后霍梅尼时代伊朗政党政治的发展

1. 伊朗伊斯兰共和国宪法修订

1979 年颁布的伊斯兰宪法，集中体现了建构伊斯兰神权国家的特定政治经济需要，法吉赫制度赋予霍梅尼至高无上的地位和绝对权力，总统制仅具有形式上的意义，总理制的政府体制是伊斯兰神权政治的外在形式。1979 年伊斯兰宪法的缺点在于行政、司法、立法的三权界限不明显且互相掣肘，议会和宪法监护委员会的分歧明显；总统、法吉赫、总理的权力职责不明晰，政府权力机关之间相互牵制，伊斯兰革命机构的存在等；这种权力架构造成权力分散、行政效率低下，直接影响了国家机器的操作和国家的管理，因而宪法修改势在必行。伊斯兰神权体制内部的开明之士也意识到宪法的弊端。1989 年 3 月，哈梅内伊在会见库姆的教界人士时指出："我们的宪法没有预见一些政府部门的功能，因而不能满足社会的需要。"[②] 一些议会代表纷纷给霍梅尼写信抱怨 1979 年宪法的缺点。霍梅尼也意识到 1979 年伊斯兰宪法存在着弊端，但两伊战争和外部矛盾使他无暇顾及修宪问题。另外，1979 年伊斯兰宪法规定的法吉赫继承人在实践中也很难操作。[③] 两伊战争结束后，霍梅尼将修宪工作提上日程。1989 年 4 月 25 日，霍梅尼针对新的政治局势和社会环境，在弥留之际授意哈梅内伊总统成立一个包含 25 人（其中 20 名委员由霍梅尼任命，5 名

---

① Stephen C. Fairbanks, "Theocracy Versus Democracy: Iran Considers Political Parties", p. 22.

② Anoushiravan Ehteshami, *After Khomeini: the Iranian Second Republic*, London and New York: Routledge, 1995, p. 36.

③ 1979 年伊斯兰宪法规定法吉赫必须具有圣人的品德和才智，得到大多数人的接受和认可，如果没有合适的人选则组成 3—5 人的领袖委员会行使法吉赫的职能。多人组成的领袖委员会行使法吉赫的职能将加剧高层领导之间的争权夺利。

为议会议员）的宪法修订委员会，修订 1979 年伊斯兰宪法。宪法修订委员会分成领袖问题、行政权力、立法与行政关系、司法 4 个小组，分别讨论宪法条款的修订问题，其中争论最激烈的是总统的权力和地位问题。[①] 6 月，霍梅尼逝世后，专家会议举行新一任法吉赫的选举，哈梅内伊以 60 张赞同、14 张反对的投票结果当选为伊斯兰共和国新宗教领袖，[②] 继任法吉赫之职，继续主持宪法的修订工作。4 月 26 日至 6 月 15 日期间，宪法修订委员会进行了 21 次讨论，在法吉赫制度和共和制的框架内对 1979 年伊斯兰宪法做出一系列修改，宪法修正案突出强调了伊斯兰信仰、教规、体制、共和制及最高领袖的监护权力不容更改。宪法修正案对 1979 年伊斯兰宪法的 50 条进行了修改，并增加第 109、112、176 条：第 109 条致力于明确法吉赫的职责和权力，最为重要的是将法吉赫制度正式化，霍梅尼作为奇里斯玛式的政治领袖，是伊斯兰革命的象征和伊斯兰共和国的化身，但后霍梅尼时代的宗教领袖都不具备"伊斯兰共和国的缔造者、领袖"的道德品质和"自然的"权威，所以法吉赫制度被永久地确定下来；第 112 条承认 1988 年 2 月成立的"确定国家利益委员会"，并使之成为正式权力机构，总统负责主持"确定国家利益委员会"，成员由原来的 13 名扩充至 20 人，其 20 名成员均由法吉赫任命，负责制定国家的长期性政策及裁决议会与宪法监护委员会的立法分歧；第 176 条授权建立国家安全最高委员会，取代战时最高国防委员会，总统担任主席一职，负责制定国防和国家安全政策，协调与国防和安全政策相关的政治、情报、社会、文化、经济活动。7 月 11 日，宪法修订委员会最后确定宪法的修改方案，7 月 28 日，哈梅内伊正式批准全民公决通过的宪法修正案。

　　1989 年宪法修正案在沿袭 1979 年伊斯兰宪法确定的法吉赫制度与共

---

　　① 激进派认为总统是一个形式上的职位，类似于以色列、巴基斯坦和印度。以拉夫桑贾尼为首的保守派阵营认为应该取消总理一职，加强总统的权力。激进派对此观点极力反对，穆萨维认为"从长远来看，一个强有力的总统制会导致专断统治，因为总统不对议会负责。如果总统处于高位，他就不能议会所控制……在美国，总统是强势的，之所以没有出现独裁者，是因为有限制总统权力的机构，总统不能独自决定政策。"而拉夫桑贾尼的支持者则反击道：给总统一定的权力并不意味着缺少限制机制："首先，领袖可以通过议会罢免总统。其次，领袖可以罢免行政最高长官。最后，军队的权力仍掌握在领袖手中。如果，总统产生安拉所不允许的想法，他能有抵抗的武器吗？"参见 Bahman Baktiari, *Paraliamentary Politics in Revolutionary Iran: the Institutionalization of Factional Politics*, pp. 181 – 182。

　　② Mohsen M. Milani, *The Making of Iran's Islamic Revolution: from Monarchy to Islamic Republic*, p. 221.

和制的基础上，降低出任宗教领袖的条件限制。1979 年伊斯兰宪法规定法吉赫必须具有圣人的品德和才智，并获得"大多数民众承认和接受"，修订后的新宪法规定任何教法学家只要具有"宗教哲学方面的才能和美德，能阐发哲理、释人疑难；具有作为领袖必备的政治社会洞察力、勇气、力量和组织能力"，就能担任法吉赫。[1] 新宪法取消了 1979 年伊斯兰宪法中的一条重要的资格条款，"如法吉赫没有得到大多数民众的支持，则由专家会议选出具备领袖条件的 3—5 人领袖委员会来承担领导权"。[2] 新宪法明确规定法吉赫的权力范围即统率武装力量、宣布战争与和平；任命、罢免宪法监护委员会成员、最高法院院长、安全机构指挥官、伊斯兰革命卫队总司令和国家广播电视台长；在民众选举后签署总统任命法令；与确定国家利益委员会协商决定伊朗大政方针，监督政策的全面实施；解决三权的分歧和调整关系；组织全民公决、赦免囚犯；解决无法通过常规途径解决的问题；批准民众选举的总统。为了保证体制的连续性，新宪法还对法吉赫的逝世、辞职、罢免等情况做出特殊规定，第 111 条阐明："在领袖逝世或辞职或被罢免的情况下，选举领袖的专家委员会负责在最短时间内确定和推荐新领袖，在推选出新领袖之前，领袖职权暂由共和国总统、司法院院长和一名由确定国家利益委员会选出的宪法监护委员会成员组成的委员会承担。在此期间，如这三人中有一人以任何理由不能履行其职责，则通过确定国家利益委员会的选举和宪法监护委员会大多数教法学家的投票选出另一人接替其职务。该委员会经确定国家利益委员会四分之三成员的通过后可履行宪法中的部分职责。"[3] 1989 年新宪法取消了法吉赫可直接罢免总统的规定，只有在最高法院院长宣判总统有渎职行为、国民议会认定总统政治无能之后，法吉赫才可出于保护国家利益的考虑罢免总统。1979年宪法赋予法吉赫至高的权力和地位，其对所有政府决策和法律有否决权，但是新宪法中规定在与确定国家利益委员会商议后形成伊斯兰共和国的政策，不能通过常规渠道解决体制问题时，法吉赫通过集体协商确定解决办法。毋庸置疑，新宪法明确了法吉赫的权力和权限，规定其不得超越宪法的框架行使其他权力，这对此后伊朗的政治走向产生重要影响。

---

[1] Mehdi Moslem, *Factional Politics in Post - Khomeini Iran*, New York：Syracuse University Press, 2002, p. 78.

[2] Anoushiravan Ehteshami, *After Khomeini：the Iranian Second Republic*, p. 38.

[3] Ibid., p. 40.

　　1989 年修订的新宪法在行政领域实行总统制取代总理制，取消总理一职，规定总统是仅次于法吉赫领袖的国家最高领导人、最高行政首脑，是行政权力的实施者、专家会议的第一发言人和有影响的国家安全最高委员会主席，旨在强化政府职能和行政权力的集中，进而服务于国家战后重建的社会需要；规定共和国总统在其职权范围内对民众、领袖、议会负责，议会负责监督总统在宪法范围之内的责任和义务；总统负责实施宪法、协调三权关系并领导除了直接与领袖有关的行政事务；总统由全民选举产生，任期四年，可以连选两届；宪法赋予总统有权"直接控制国家预算和计划、管理和就业事务"，指导国家经济、政治、外交和公共政策，直接规划内政外交政策；总统掌控国家安全最高委员会、"确定国家利益委员会"和一系列行政委员会；总统拥有任命和罢免内阁各部部长的权力，宪法第 60 条规定，"行政权力由共和国总统和各部部长执行，除了法吉赫直接负责事务的情况"；"总统必须得到议会承认的信任票数才可成立内阁"，"内阁成立之后，必须取得议会的信任票才能开始工作"，取代了 1979 年宪法中第 126 条"政府议案和政策"必须"通报给总统"的规定。[1]

　　1989 年修订的新宪法规定伊朗国民议会由 270 名代表组成，每 4 年选举一次，实行非政党制的议会选举，负责批准内阁成员；由 12 人组成的宪法监护委员会负责批准议会通过的法律和监督议会选举。[2] 取消了最高法院院长、总检察长和三名公正的法官组成的最高司法委员会作为共和国的最高司法权力机构，由法吉赫任命司法总法官作为司法部的最高长官，任期 5 年；司法总法官有权任免任期 5 年的最高法院院长和总检察长，在与最高法院院长商议后，有权任免法官；司法部长经由司法总法官举荐后由总统任命，司法部长对司法总法官负责。另外，1989 年宪法还对其他权力机构如 12 人的宪法监护委员会、270 人的议会、20 人的确定国家利益委员会、83 人的专家会议、司法总法官、11 人的国家最高安全委员会、23 人的内阁、不同的基金会、伊斯兰协会和"统一"委员会等机构的组成、领导权和功能做出详细规定。针对新成立的确定国家利益委员会，宪法修正案规定该委员会由总统主持，成员由法吉赫任命，负责制定国家的长期性政策以及裁决议会与宪法监护委员会的立法争执。此外，

---

①　Anoushiravan Ehteshami, *After Khomeini: the Iranian Second Republic*, p. 37.

②　Frank Tachau ed. , *Political Parties of the Middle East and North Africa*, New York: Greenwood Press, 1994, p. 122.

1989 年宪法修正案增补了宪法的修订程序规定，宗教领袖与确定国家利益委员会共同磋商宪法修订方案，由总统负责组织宪法修订委员会实施。宪法修订委员会所通过的决议经革命领袖认可和签字后，交由全民公决，只有在获得大多数赞同票的情况下，才能得以通过。

· 1989 年宪法修正案针对伊朗政治体制进行不同程度的修改，弥补了 1979 年伊斯兰宪法的某些不足，进一步完善了伊斯兰共和国的宪政框架与权力体系，强化了后霍梅尼时代伊斯兰共和国的权力结构，宗教领袖与总统各司其职，虽然宗教领袖有最终的决定权，但总统是国家方针政策的实际制订者，这为此后伊斯兰共和国改革减少了阻力。1989 年的宪法修订不仅明确了法吉赫的权力和权限，深化了法吉赫制度的影响，而且使总统和法吉赫的角色地位发生重大变化。总理职位的消失与总统权力的高度集中，使得后霍梅尼时代的总统拥有相对独立的权力和地位，为其推行政治外交政策改革奠定基础。1989 年的宪法修订不仅在体制内集中了权力，也约束了法吉赫的绝对权力，"与过去相反，法吉赫不能踏出宪法框架一步。"① 完善国家机构和强化总统权力的必然结果是行政机构权限在社会领域的扩大和宗教势力控制领域的缩小，实现了总统与法吉赫之间的权力平衡。"1989 年的宪法修订促使行政权力的新观念与 1906 年宪法的相关内容相似，两部宪法都有一个有力的和有影响力的人物凌驾于政府之上，他是权力的中心和系统的核心，在 1906 年宪法中称之为国王，而在 1989 年宪法中称其为法吉赫。"② 这体现了伊朗宪政制度的历史延续性，也体现了 1979 年伊斯兰宪法的过渡性特征和宪政制度的相通性。后霍梅尼时代，尽管法吉赫仍活跃于伊朗政坛，但是其绝对权力和影响已有所下降，"法吉赫的地位已经大大降低了，而法吉赫的这种地位降低的过程仍将继续。"③ 法吉赫的角色和权力转变反映伊斯兰共和国正在从伊斯兰革命的巩固政权阶段向国家建设阶段过渡，国家将恢复主导地位重新出现在伊朗的政治舞台上，也说明了现代政治制度在伊朗的逐渐成熟与完善。伊斯兰共和国初期的政治动荡和权力博弈使法吉赫的绝对统治极为必要；而在国家建设阶段，伊朗政治更多趋于政治民主和制度完善，施政纲领也逐渐从

---

① Anoushiravan Ehteshami, *After Khomeini: the Iranian Second Republic*, p. 49.

② Mohsen M. Milani, *The Making of Iran's Islamic Revolution: from Monarchy to Lslamic Republic*, p. 223.

③ Anoushiravan Ehteshami, *After Khomeini: the Iranian Second Republic*, p. 48.

激进趋于温和，政治权力结构的改变无疑弱化了法吉赫的影响和权力。为了协调伊斯兰议会与宪法监护委员会可能发生的分歧，伊斯兰共和国增设确定国家利益委员会，该机构作为领袖的顾问机构，同时负责协调立法、行政、司法三个部门之间的分歧。由此可见，伊朗出现了权力制约机制，这体现了伊朗政治民主化进程的进步。

2. 伊斯兰共和国的改革实践与政党政治的新动向

与霍梅尼时代相比，后霍梅尼时代伊朗的政治局势和社会环境发生巨大变化。一方面，长达八年的两伊战争使伊朗人口锐减，经济破坏严重，改善经济和民生是结束社会动荡的关键。另一方面，经过十多年的发展，伊斯兰革命期间的宗教狂热渐已退却，经济建设无疑成为伊朗的首要任务。而且，共和国内部的党派斗争与权力角逐加剧，为伊朗政治体制的调整创造了条件。再一方面，国际政治局势也发生重大变化，东欧剧变、苏联解体导致世界政治多极化、经济全球化倾向日益明显，伊斯兰共和国也意识到有必要调整经济、社会发展战略以适应世界局势。所以后霍梅尼时代担任总统的拉夫桑贾尼和哈塔米借助1989年宪法修订的契机，开启了伊斯兰共和国的改革实践；尽管内贾德担任总统期间改革政策有所收缩，但鲁哈尼总统的上台为伊斯兰共和国的深入改革提供新的机遇；这就是后霍梅尼时代伊朗政党活动的政治空间。

1989年7月28日，宪法修正案经过全民公决获得通过，拉夫桑贾尼获得1644万张选票中的1553.7万张选票，以95%的高支持率当选为伊朗伊斯兰共和国第五任总统。在1993年6月的总统选举中，拉夫桑贾尼、塔瓦克里、贾斯比和塔赫里四人参加总统竞选，分别获得63.2%、23.8%、9.1%和2.4%的选票。① 拉夫桑贾尼成功连任伊斯兰共和国的第六任总统。② 拉夫桑贾尼出任总统后，一改前任总统相对激进的政治经济纲领而趋于务实。拉夫桑贾尼在就职演说中曾警告议会中的强硬派，要求他们放弃"极端主义"和通过新的经济恢复计划。基于伊斯兰共和国的这一转变，拉夫桑贾尼获得很高评价，"在阿亚图拉霍梅尼的众多支持者中，拉夫桑贾尼是一个真正的务实主义者，他没有展示太多的幻想主义，能够与知识分子沟通……和他很容易达成谅解。他是一个务实、温和、知

---

① Anoushiravan Ehteshami, *After Khomeini: the Iranian Second Republic*, p. 69.
② John L. Esposito and Rouhollah K. Ramazani eds., *Iran at the Crossroads*, p. 53.

识渊博、聪明的人，对政治非常敏感，有着很好的洞察力。"① 在政治上，由于 1989 年修订的宪法赋予任命内阁成员，指导国家经济、政治、外交和公共政策和掌控确定国家利益委员会、国家安全委员会和其他行政委员会等权力，所以拉夫桑贾尼依靠赋予的权力致力于强化行政机构专业化的改革。拉夫桑贾尼主张专家治国，重用受过西方教育、务实温和的世俗知识分子担任官员，由 22 人组成的内阁表现出极强的技术专业性和现代性，其中 7 人获得博士学位，9 人为工程师，4 人为教士。② 1993 年，拉夫桑贾尼内阁的教士部长减少至 2 名，即司法部长侯赛因·卡马里和情报部长阿里·法拉希安。外交方面，拉夫桑贾尼提出停止树敌，主张新思维，接受伊朗改变伊斯兰世界政治的有限能力，与西方广泛接触，反对霸权与大国主义，维护国家民族独立，改善与邻国的关系。拉夫贾尼反对与美国断绝外交关系，因为"美国向伊朗出口所需的商品，伊朗向美国出售石油，两国经济关系是无法切断的，两国可以通过某种方式进行对话。伊朗在外交上遵循务实主义，但是伊朗不会主动向美国示好，除非美国解冻伊朗在美国的资金账户，以此来表示美国的诚意。"③ 拉夫桑贾尼反复强调"伊朗的目标不再是通过暴力输出革命……从理性上讲，伊朗必须独立，伊朗需要通过朋友建立与世界的联系。"④ 经过拉夫桑贾尼的努力，伊朗逐步摆脱霍梅尼时代政治激进、经济缓慢和外交孤立的局面。

1997 年，任期两届的拉夫桑贾尼总统届满，该年举行的总统选举中约有 200 人参与总统竞选，其中包括 9 名女性候选人。经过宪法监护委员会审查，包括努里和哈塔米在内的 4 人获准参加总统竞选，哈梅内伊和右翼保守派支持努里，拉夫桑贾尼与左翼激进派支持哈塔米，结果哈塔米获得 2910 万选票中的 2010 万选票，以绝对优势出任伊斯兰共和国第七任总统。⑤ 根据哈梅内伊的提议，拉夫桑贾尼出任确定国家利益委员会主席。2001 年 6 月，哈塔米获得全部 2816 万张选票中的 2166 万张选票，成为伊朗伊斯兰共和国第八任总统。哈塔米总统延续了拉夫桑贾尼总统的务实开

---

① Mehdi Moslem, *Factional Politics in Post - Khomeini Iran*, p. 201.

② Bahman Baktiari, *Paraliamentary politics in Revolutionary Iran: the Institutionalization of Factional Politics*, p. 189.

③ John L. Esposito and Rouhollah K. Ramazani eds., *Iran at the Crossroads*, p. 198.

④ Mehdi Moslem, *Factional Politics in Post - Khomeini Iran*, p. 148.

⑤ John L. Esposito and Rouhollah. K. Ramazani eds., *Iran at the Crossroads*, p. 53.

放政策。哈塔米的竞选纲领以自由、民主、宽容、法治为基调，主张发掘一切潜能促进国家经济发展，改善外交关系，减少教界的影响，缩小贫富差距，给妇女以更多的社会权利和就业深造机会，推动政治、社会、文化、科技的全面进步，以逐步改变国家在诸多方面的落后状况，进而推进伊斯兰民主进程，这些主张反映了大多数选民要求经济、社会和政治改革的心声，因而赢得社会中下层民众的广泛支持。哈塔米出任总统后，锐意进行改革，调整内外政策，使伊朗的处境有了很大改善。哈塔米延续了伊斯兰共和国政教合一的政治模式，强调实行伊斯兰民主和依法治国，主张在伊斯兰范围内进行必要的变革和在宪法框架内的政治多元化，允许不同政治观点争鸣；提倡在发展伊斯兰文化的同时吸收西方文化的精华，强调社会公正，建立"公民社会"，放宽对言论自由、行为自由的限制，尊重公民隐私，给不同政见者营造一个宽松的政治环境；哈塔米强调法治，司法机关、安全机构要以宪法为依据，反对武力干涉政治，国家安全机关不能随意干涉民众生活；放松新闻审查制度，打破保守势力的舆论控制，保持新闻事业的独立与自由。① 外交方面，哈塔米将实用主义与革命忠诚主义相结合，奉行"对话、谅解和宽容"的方针，主张通过协商和谈判解决分歧与争端，与除以色列之外所有尊重伊朗民族、国家独立、尊严和利益的国家修好，扩大经济合作，反对扩张主义和霸权主义；提倡不同文明和信仰之间的对话，尊重各国文化，批判地吸收各国文化精华，反对文明冲突理论和对抗；结束宗教狂热，促进与阿拉伯国家及伊斯兰国家的友好关系，巩固与亚洲国家的联系，恢复和发展与欧盟国家的关系等。在1998年9月21日的联合国会议上，哈塔米要求联合国将2001年拟定为"不同文明对话年"，希望以此来促进世界和平与文明对话。所以在哈塔米担任总统期间，伊朗政治经济获得长足发展，而且打破外交孤立和僵局，为伊朗发展赢得相对宽松的外部环境。哈塔米本人受到国内外舆论的一致好评，有学者指出哈塔米不是一个"普通的乌莱玛"，是"一只脚踏在西方文明中的总统"。② 他还被誉为"阿亚图拉戈尔巴乔夫"、"和平主义者"，被视为"改革"的代名词，他所推行的改革被称为"伊朗式改革"。③

① Mehdi Moslem, *Factional Politics in Post - Khomeini Iran*, p. 148.
② David Menashri, *Post - Revolutionary Politics in Iran: Religion, Society and Power*, London: Frank Cass 2001, p. 80.
③ Ibid. , p. 81.

2005 年 6 月 25 日，伊朗第九届总统选举结束，前总统拉夫桑贾尼和德黑兰市长艾哈迈迪·内贾德首轮获得 19.48% 的选票，内贾德在第二轮投票中以 61.7% 的支持率击败拉夫桑贾尼当选伊朗新总统而成为首个非教士出身的总统。2009 年 6 月 12 日，伊朗第十届总统选举如期举行，现任总统内贾德、前总理穆萨维、前革命卫队领导雷扎伊和前议会议长卡鲁比参选，结果内贾德获得 2400 万选票，而穆萨维获得 1300 万票，雷扎伊和卡鲁比都没有超过 100 万票，内贾德凭借近 62% 的支持率当选新一任总统。内贾德在执政期间以保守形象和激烈的言辞而著名，媒体与西方世界多关注伊朗在外交和核问题方面的强硬政策，忽视了内贾德的内政改革，实际上在内贾德看似保守的施政纲领中体现了对拉夫桑贾尼和哈塔米总统改革的矫枉过正。内贾德把社会公正作为国家经济发展计划的核心，提出了照顾低收入阶层的 "公正股份" 和 "有目标地实行政府补贴" 两大改革方案，加大对边远地区基础建设的投资力度。① 伊朗多年的经济改革经验表明，过去的非国有化方案使国家资源集中于政府手中，或是特定的利益集团手中，有失公平公正。因而，内贾德强调在非国有化的前提下，致力于保障社会财富的公平分配，许诺国民将真正掌控国家照顾解决到低收入人群的贫困问题，体现社会公正，促进国内经济发展。在外交上，内贾德奉行强硬路线，针对外国对伊朗核问题的压制，内贾德表现出不妥协的态度，并多次向美国示威。内贾德明确表示不会中止已经取得进展的铀浓缩活动，伊朗也绝不会就其正当的核权利与任何国家讨价还价。为了应对现实的安全威胁，内贾德坚持威慑与竞争双管齐下的外交政策，在着力提升武装部队应对低强度战争能力的同时，积极寻求新的联盟力量来化解来自美国的压力。由于其趋于保守的内政外交，引起伊斯兰主义改革派的反对和质疑，所以在内贾德执政期间，改革派与保守派在议会内部的斗争加剧。

2013 年 6 月 15 日，伊朗大选结果正式揭晓，温和保守派与改革派共同推举的总统候选人哈桑·鲁哈尼出人意料地在首轮选举中击败所有强硬保守派竞争对手，当选伊朗第 11 任总统。在此次选举中，鲁哈尼赢得全部选票的 50.7%，② 作为前总统拉夫桑贾尼的得意门生，鲁哈尼的当选意

---

① 王猛：《内贾德总统第二任期伊朗内外政策评析》，《现代国际关系》2009 年第 10 期。

② 周戎：《伊朗新总统鲁哈尼实现执政构想不容易》，《光明日报》2013 年 6 月 17 日，第 8 版。

味着民众对拉夫桑贾尼的认可与怀念以及温和主义对极端主义的胜利。鲁哈尼在竞选中曾保证，伊朗寻求与国际社会建设性的互动，包括缓和国际社会对伊朗的制裁，以缓解伊朗的经济困难。鲁哈尼强调，我们不会让过去八年的历程再继续下去，我们应寻求和解与和平的政策，鲁哈尼的观点似乎是对内贾德总统执政八年对外政策的基本否定。[①] 鲁哈尼承诺为了摆脱目前的内外困境，执政后将会稳定地推行政治变革，努力营造宽容的社会氛围，努力改善与美欧和地区国家的紧张关系，争取打破核僵局，解除国际社会对伊朗的制裁。鲁哈尼在伊朗的政治派别属于温和保守派，其政治理念既不赞同改革派倡导的民主自由价值观，也反对强硬保守派主张的以宗教清规戒律来约束民众的生活，宣称会吸取哈塔米执政期间推行改革的经验和教训，依据伊朗目前的政治环境，在"法制、社会公正、不走极端和适度宽容"理念的指导下，稳步推进伊朗政治领域的变革，如放宽对意识形态领域的监控，允许民众享有相对的新闻、言论和行动自由，减少对民众私人生活领域的干预等。由于内贾德的强硬保守派主政，导致伊朗政治和社会日趋保守、僵化，[②] 应该说鲁哈尼拥有相当大的施展新政的空间。鲁哈尼在管理经济方面被赋予较大权力，其本人被称为改革派和保守派之间的桥梁，且因其教士身份深得最高精神领袖哈梅内伊的信任，同时又能被伊朗改革派所接受。但是目前伊朗大权仍掌握在最高精神领袖哈梅内伊和乌莱玛手中，鲁哈尼的执政顺利与否取决于协调好政府、宗教势力和革命卫队的关系，对于鲁哈尼的改革实践我们仍需拭目以待。

在后霍梅尼时代相对务实的宪政体系下，伊朗政党政治日趋活跃。霍梅尼时代后期伊斯兰共和党的被取缔和现代伊斯兰主义者大权独揽，使伊朗实际上成为无党制国家，但是有关政党的各项法律仍然存在。1979 年伊斯兰宪法第 26 条规定，"在不损害独立、自由、民族统一、伊斯兰原则和伊斯兰共和国基础的条件下，可自由成立政治党派、社团、协会、商会、伊斯兰协会和少数宗教协会，不能禁止任何人参加这些组织或强迫参加某一团体。"[③] 1981 年颁布实施的《政党和团体活动法》规定，禁止"不承担责任的"政治组织成立；所有政治组织必须

---

① 周戎：《伊朗新总统鲁哈尼实现执政构想不容易》，《光明日报》2013 年 6 月 17 日，第 8 版。

② 李国富：《鲁哈尼当选后伊朗内外政策的新走向》，《当代世界》2013 年第 7 期。

③ Anoushiravan Ehteshami, *After Khomeini: the Iranian Second Republic*, p. 43.

"遵从伊斯兰共和国体制的全部原则";"所有申请的团体必须在其章程中清楚地表明对伊斯兰共和国宪法的忠诚";"各政治党派、团体和组织的领导人变更、章程或是团体协会的文章必须公布,并由专门的委员会监督检查。"① 1988 年 12 月颁布的政党法宣布准许政党活动,但要遵守 3 项基本原则,即伊斯兰宪法、宗教最高权威和伊斯兰共和制度。随后 24 个团体和个人向内政部申请正式承认,超过 30 个政党递交了申请,但均未获得批准。② 后霍梅尼时代,随着伊斯兰政权放松党禁,伊斯兰主义者温和派、改革派和激进派的派别逐渐演化为具有鲜明政党特征的政治派别,政党政治在伊朗政坛再次活跃,诸多新型政党开始涌现。针对这些新生的政党,伊斯兰主义者的态度也不尽相同,以最高领袖霍梅尼和哈梅内伊为首的伊斯兰保守势力厌恶和排斥政党,尤其是世俗政党的存在,他们担心通过政党的竞选活动,世俗主义和自由主义者将混入统治集团内部,威胁伊斯兰主义者对国家政权的绝对控制;但面对政党蓬勃发展的现实,他们逐渐接受教士组建的政党作为国家自上而下的职能分支而存在。而伊斯兰主义者内部兴起的、以拉夫桑贾尼和哈塔米为代表务实派则表示支持政党,他们希望"根据伊朗的制度和哲学取向来培育政党"。③ 也就是说,在不动摇伊斯兰共和制的基础上允许政党的活动,以争取民众和国际社会的支持,使伊朗的政治生活更能适应现代社会的需要,所以拉夫桑贾尼和哈塔米总统为伊朗政党政治提供了广阔的生存发展空间。

1989 年 6 月霍梅尼去世后,以"德黑兰战斗的宗教界协会"和"德黑兰战斗的宗教界人士协会"④ 为中心的派别斗争越来越激烈。在 1992 年第四届议会选举期间,总统拉夫桑贾尼与最高精神领袖哈梅内伊联袂将以"德黑兰战斗的宗教界人士协会"为代表的左派势力赶出伊朗政坛,

---

① Anoushiravan Ehteshami, *After Khomeini*: *the Iranian Second Republic*, p. 43.

② Ibid. .

③ Stephen C. Fairbanks, "Theocracy Versus Democracy: Iran Considers Political Parties", 1998, p. 21.

④ 1987 年从伊斯兰革命初期成立的"德黑兰战斗的宗教界协会"分裂出来的组织,成员主要是议员、神职人员、政界人士和市场商人,存在着保守派和务实派两股势力。该组织可以提名议员候选人。在第六届伊斯兰议会中占议会议席的第二位,组成"德黑兰战斗的宗教人士协会议会党团",约占 60 个议席。该组织支持伊朗最高领袖哈梅内伊,领导人为阿里·阿克巴尔·侯赛尼(Ali Akbar Hossaini),党书记迈赫迪·卡鲁比(Mehdi Karubi),被推举为第六届伊斯兰议会议长。

右派阵营独揽大权。但右派阵营很快分裂为以拉夫桑贾尼为首的"务实派"和以哈梅内伊为首的"保守派",两派之间又展开了激烈的权力争夺。1996 年第五届议会选举期间,拉夫桑贾尼政府的 6 名高级技术官僚宣布组成"建设公仆"组织,试图通过他们在拉夫桑贾尼政府的影响以及手中掌控的权力来打击保守派势力,夺取更多的议席。然而,由于拉夫桑贾尼政府后期政绩不佳,加上德黑兰市长卡尔巴希等官员的腐败案件正被炒得沸沸扬扬,"建设公仆"组织未能取得预期的目标。但在此次选举中,被排挤达四年之久的左派势力利用右派阵营内部的矛盾卷土重来,获得一定数量的议会席位。尽管左派未能获得议会的多数席位,但重新进入议会毕竟是一次胜利,左派势力因此颇受鼓舞,部分左派政治团体开始活跃起来,并瞄准 1997 年的总统大选,着手调整自己的政治主张,打出改革的旗帜以吸引普通民众的支持。与此同时,伊朗政坛内部开始形成有组织的政党。尽管"建设公仆"组织没有能够在议会选举中获胜,但该组织在选举中所造成的声势和影响引起伊朗各个政治组织的注意。一些政治组织开始认识到政党在政治斗争中的重要性,认识到应当通过政党来加强自身力量,扩大影响。1996 年底,部分政治组织公开呼吁将政治组织政党化、合法化,以便公众能够更好理解政治家们的立场和观点,政府更好地管理和监督各种政治组织,而各个政治组织能够对其言论和行为负责。于是,伊朗政坛就"政党合法化"问题展开了激烈的论战,尽管很多伊朗宗教界人士和保守派领袖都认为政党是西方化的政治表现形式,但更多的政治组织认识到伊朗的政治力量应当组建政党。首先政党化的政治组织是"建设公仆"组织。在拉夫桑贾尼的支持下,该组织迅速政党化,并在 1997 年 5 月的总统大选中为哈塔米的当选发挥了重大作用。"建设公仆"在 1996 年议会选举中遭受挫折后苦于没有合适的总统候选人人选,而鉴于伊朗宪法规定总统只能连任两届,拉夫桑贾尼总统无法再次参加竞选,为了削弱保守派的势力,该组织转而与左派势力联合,全力支持左派候选人哈塔米。左派的改革口号、哈塔米的温和形象以及"建设公仆"组织的周密安排使得哈塔米出人意料地一举击败实力强大的保守派候选人议长努里。哈塔米的大获全胜使伊朗的政治组织进一步认识到政党的重要性。在总统选举中支持哈塔米的各个政治组织联合组成"5 月 23 日阵线",以纪念哈塔米在 1997 年 5 月 23 日当选总统。1998 年 5 月,"建设公

仆"组织经过一段时间酝酿后正式在内政部注册为政党，并改名为
"建设公仆党"，成为伊斯兰革命后第一个正式注册的政党，公开宣布
其纲领，并设立了中央委员会，迅速在全国主要大城市设立分支机构。
随着左派势力与原本属于右派阵营的"建设公仆党"之间在一些重大
决策上分歧的加大，支持哈塔米总统的左派势力越来越感到需要组建自
己的政党。1998 年 12 月 6 日，哈塔米当年的竞选班子及其支持者也正
式宣布成立"伊朗伊斯兰参与阵线"，自此后霍梅尼时代具有现代政治
意义的政党开始广泛出现。

　　1998 年，伊朗出台新的政党法，规定政治组织向内务部重新登记申
请批准，这时又有许多团体纷纷成立并登记成为合法政党。哈塔米的执政
为伊朗政党的发展和政治现代化的进程带来新希望。1989—1997 年间，
在伊朗内政部注册的政党只有 39 个；截至 2005 年底，已注册政党超过
200 个。现今活跃在伊朗政坛的主要政党和组织有德黑兰战斗的宗教人士
协会、伊斯兰参与阵线①、建设公仆党②、伊斯兰工党③、伊朗伊斯兰团结

---

　　①　该党于 1998 年 12 月 6 日成立，其前身是 1997 年 5 月 23 日（伊斯兰历 1976 年 3 月 2
日）形成的"三二运动"。该组织主要创建人是哈塔米总统的弟弟礼萨·哈塔米，主要成员是有
影响的政界人士、高层官员、文化和教育办人士，其中包括哈塔米总统的两个弟弟、曾任负责环
境保护的副总统玛苏梅·埃卜特卡尔、总统的妇女事务顾问赫拉·绍杰。该组织是伊朗最大的支
持改革的集团。参与阵线与伊斯兰革命圣战组织、伊斯兰工党等党派组成"参与议会党团"，占
有 80 个议席，成为第六届伊斯兰议会席位占第一位的议会党团。其秘书长为礼萨·哈塔米，曾
担任第六届伊斯兰议会第二副议长。

　　②　该党前身是 1996 年由 6 名伊朗政府高级官员组成的"建设公仆组织"（又称"6 人集
团"），1998 年 5 月 20 日正式改为现名。该党在全国主要大城市设立了分支机构，其成员多为政
界人士。其宗旨是维护伊斯兰尊严、建设伊朗、捍卫政权的伊斯兰及共和两大属性；主张专家治
国，积极支持伊朗经济建设。总书记是德黑兰前市长卡尔巴斯奇。

　　③　该党于 1998 年 11 月 20 日成立，是伊朗最大的工人政党。

党①、伊斯兰伊朗建设者联盟②、解放运动③、真主党、人民党、库尔德民主党和人民圣战者组织等，还有一些具有部分政党特征的组织，如伊玛目路线追随者协会、温和发展党、伊斯兰圣战组织、伊斯兰联合会、自我献身者协会等。由于伊朗至今仍然坚持法吉赫至上的神权体制，政党政治缺乏必要的政治法律基础，所以伊朗的政党政治并不成熟，只是在历次议会选举和总统选举中间接突出政党作为一种现代政治力量的存在。

　　1992 年开始的议会选举由参政的教士组成的两个主要派别——保守的德黑兰战斗的宗教界协会及其左翼分支德黑兰战斗的宗教界人士协会，形成对立的竞选总部，他们各自向议会提交了一份所支持的候选人名单，

---

　　①　该党于 1998 年 1 月 31 日成立，主要由议员和政府各级负责人组成。该党的宗旨是发展自由和文明社会，发扬伊斯兰尊严、促使国家强盛、推进社会公正与共同富裕，加强民族团结。伊斯兰团结党及其支持者组成"团结议会党团"，在第六届伊斯兰议会中约占议席 30—40 席。

　　②　伊斯兰伊朗建设者联盟是伊朗一个右翼政党及组织的联盟，活跃于德黑兰。伊斯兰伊朗建设者联盟在 2004 年伊朗议会选举及 2003 年伊朗城乡议会选举里几乎夺取了德黑兰选区的全部议席。前任德黑兰市长、现任伊朗总统马哈茂德·艾哈迈迪内贾德被视为伊斯兰伊朗建设者联盟的主要人物。根据《哥伦比亚伊斯兰教世界词典》所述，伊斯兰伊朗建设者联盟"似乎是在2003 年成立，基本上是由 50 岁以下的非教士人物组成"，其许多成员是或者曾经是伊斯兰革命卫队及其分支组织的成员。据报伊斯兰伊朗建设者联盟受到伊斯兰革命卫队的极力支持，被广泛视为革命卫队的政治组织。政治史学家叶尔万德·阿布拉哈米安（Ervand Abrahamian）认为伊斯兰伊朗建设者联盟及其他保守派在 2004 年选举（包括 2003 年及 2005 年的选举）的胜利有赖于他们得以保持 25% 骨干选民的支持、派出了退伍军人作为候选人、利用国家安全的议题争取独立候选人的支持，而改革派寻求支持的对象包括"大部分妇女、大学学生、中产阶层"都"待在家里"。伊斯兰伊朗建设者联盟支持伊朗新保守主义，又称为新原教旨主义。

　　③　该党由巴扎尔甘创立于 1961 年 5 月。1979 年 2 月，霍梅尼返回伊朗后任命巴扎尔甘为伊斯兰革命临时政府总理，但该党的世俗主义纲领与伊斯兰主义发生冲突，遂成为伊斯兰政权的反对派。1979 年 11 月，巴扎尔甘被迫辞去临时政府总理职务。该党在 1980 年第一届伊斯兰议会的竞选中曾获得十多个议席。1984 年第二届伊斯兰议会选举时，该党宣布抵制。1988 年 1 月 1日，伊斯兰法庭以"魔鬼代理人"的罪名，下令封闭解放运动。1990 年 6 月，解放运动根据政府颁布的政党法申请合法化，但遭到内政部拒绝。1993 年 5 月，巴扎尔甘宣布解放运动拒绝参加总统选举。1998 年，解放运动依据新出台的政党法申请登记，恢复其合法活动。现任总书记雅兹迪，曾担任伊斯兰革命胜利后的临时政府外长，是伊朗著名的政治家。该党支持哈塔米的改革路线。作为世俗的、民族民主的党派，它坚持建立自由、民主、民族主义的世俗的共和国的主张，对外主张改善与西方国家的关系，恢复与美国的关系，反对输出伊斯兰革命，强调同第三世界国家建立友好关系，特别应与阿拉伯邻国和平共处。作为伊斯兰政权最大的世俗反对派，它始终被伊斯兰政权中的保守派视为伊斯兰革命的敌对者，处处受到压制。2002 年，伊朗司法机构又开始审查解放运动的合法性。同年 4 月，身患癌症的解放运动领导人雅兹迪中断在美国的治疗，返回德黑兰接受伊斯兰革命法庭的传讯。4 月 27 日，德黑兰革命法庭对解放运动做出宣判：根据伊斯兰革命的原则，认为解放运动从事反对伊斯兰共和国制度的活动，犯有破坏国家安全、窝藏武器和毒品等罪行，取缔了解放运动及其附属机构，判处解放运动 33 名主要成员 4 个月至10 年不等的有期徒刑，其中 5 名主要领导人被判处 10 年徒刑。

表现了政党组织对议会选举的参与和影响。此后，参与阵线、建设公仆党等加入竞选议会议席的行列中来。1997 年总统选举的一个显著特征是主要候选人由准政党性质的政治组织支持，当时最热门的候选人哈塔米和努里分别得到"德黑兰战斗的宗教界协会"和"德黑兰战斗的宗教界人士协会"的支持，而第三候选人穆罕默德·礼沙里为了增加其竞选筹码，则在选举前组建了一个名为"伊斯兰革命价值观捍卫协会"的组织来支持其选举；第四候选人赛义德·礼扎·扎瓦里伊没有任何组织做后台，结果获得比礼沙里更少的选票，这也说明了政党对总统选举的影响。

　　21 世纪以来，伊朗新兴政党趋于正规化、群众化甚至西方化，对伊朗政治的影响更为多元化。2004 年 1 月 20 日，哈塔米总统不满宪法监护委员会对合法和团体对自由参加议会选举的限制，尤其是对改革派议会候选人的禁令，宣称所属的德黑兰战斗的宗教人士协会抵制 2 月 20 日即将举行的选举。但到了 2 月 11 日，德黑兰战斗的宗教人士协会的官员表示尽管争议还在持续，其不再与改革派联手抵制即将到来的议会选举，这说明不同政党在议会选举中的利益博弈与斗争。内贾德作为强硬的保守派上台执政后，对改革派政党进行严格镇压和限制。2007 年 12 月 14 日，包括最大的改革派政党伊斯兰参与阵线和建设公仆党在内的 21 个持温和立场的议会反对党宣布结成议会党团联盟，指责内贾德总统制造了伊朗社会危机，并努力抵制其经济和外交政策。由于这些政党的联合反对，导致内贾德执政尽管得到下层民众的支持，但在其两届任期内仍然遭遇前所未有的政治动荡和民众骚乱。鲁哈尼作为温和改革派的代言人，给伊朗政治发展带来全新面貌的同时，必将为政党政治的发展迎来新的生存空间，但这仍以不突破法吉赫体制的基本框架为前提。

　　后霍梅尼时代，法吉赫制度依旧构成伊朗政治生活的基本框架，总统无疑是内阁和行政部门的核心人物，法吉赫为首的教法学家则控制包括议会、宪法监护委员会在内的诸多重要权力部门以及安全机构和武装力量。哈梅内伊宣称："我将尽最大的努力捍卫法吉赫制度……绝不容忍削弱法吉赫理论进而削弱整个伊斯兰秩序的任何企图。"[1] 与霍梅尼时代的伊朗相比，后霍梅尼时代的伊朗出现诸多政治势力分庭抗礼的局面，进而形成

---

① 　Mohsen M. Milani, *The Making of Iran's Islamic Revolution: from Monarchy to Islamic Republic*, p. 224.

宗教政治与世俗政治的消长，法吉赫的绝对权力逐渐削弱，议会地位提高，民众选举的政治影响不断扩大，民选总统开始成为政治舞台的核心人物，法吉赫、议会与总统之间的权力分配呈现多元化的趋势。不同政治派别之间，特别是所谓保守派与务实派之间的权力角逐依然延续，后霍梅尼时代伊朗政党政治与议会内部不同派别的权力斗争结合在一起。后霍梅尼时代，随着伊朗现代化进程的推进和伊斯兰共和制的调整，伊朗政党蓬勃兴起，并在国家政治生活尤其是议会选举和总统选举中发挥举足轻重的作用，成为伊朗政坛上不可忽视的重要力量，但在伊斯兰神权体制下，伊朗政党政治的发展成熟仍要经历较长的历史时期。

总体而言，经过三十多年的发展，伊朗伊斯兰共和制已经出现与时俱进的变化，政党政治作为现代政治的范畴，已经成为伊朗神权统治手中的一把"双刃剑"，其一方面将会有力地推动自拉夫桑贾尼总统以来启动的各项改革，另一方面也将动摇伊朗法吉赫至上的神权统治基础，这是最高精神领袖哈梅内伊对不同政党态度复杂、立场多变的重要原因，也是伊朗政党政治发展步履维艰的根源所在。

第四章 黎巴嫩的宗教政党政治

黎巴嫩的社会政治与政党政治在中东地区颇为特殊，基督教与伊斯兰教的并立、教派之间的权力分割使其宪政框架有别于中东其他国家。黎巴嫩作为最早建立议会制共和政体的中东国家，国内政党林立，政治环境颇为宽松。基于教派比例的国家权力分配原则和议会框架下的多党制构成黎巴嫩政治制度的突出特征，宗教政党与世俗政党的权力博弈构成黎巴嫩政党政治的主题。黎巴嫩是中东宗教氛围颇为浓厚的国家，尽管宪法并未对国教或官方宗教做出明确规定，但宗教无疑影响了黎巴嫩政党政治的变迁，诸多政党具有鲜明的教派色彩。教派政治与政党政治的错综交织构成黎巴嫩政治生活的明显特征，基督教政党与伊斯兰教政党的权力角逐构成黎巴嫩政坛的鲜活画卷。

一 黎巴嫩议会民主政治的确立

1. 黎巴嫩独立与宪政制度建立

黎巴嫩地区有着悠久的历史，曾经是古代腓尼基人的故乡；随着历史的变迁，这里又逐渐成为基督教徒和穆斯林的家园，基督教马龙派、希腊正教徒、希腊天主教徒、逊尼派穆斯林、什叶派穆斯林和德鲁兹派穆斯林在这里繁衍生息，然而基督教和伊斯兰教的对立冲突不绝于缕。1516年，奥斯曼帝国将马龙派基督教徒和德鲁兹派穆斯林控制的黎巴嫩山区纳入版图，并设立埃米尔封邑。1849年，法国与奥斯曼帝国签署协议，奥斯曼苏丹承认马龙派处于法国的保护之下。"一战"结束后，包括黎巴嫩山区在内的大叙利亚摆脱奥斯曼帝国的统治，英法在此展开激烈的争夺。1918年10月，费萨尔亲王在大马士革成立阿拉伯王国政府，1920年3月被拥立为阿拉伯王国国王。此时，黎巴嫩山区的穆斯林要求与叙利亚合并，而马龙派则主张黎巴嫩地区脱离叙利亚的穆斯林政权，寻求在北起的黎波里和阿克、南至哈斯巴耶和拉沙耶、东起贝卡谷地、西至提尔、西顿和贝鲁特的广大区域建立法国保护下的基督教国家。[①] 1920 年，圣雷莫会议把黎巴嫩划归法国委任统治。4 月，法国正式行使对黎巴嫩的委任统治权，继而任命组建包括 15 人的黎巴嫩地方行政会议。9 月，逊尼派穆斯林人数居多数的西部沿海城市贝鲁特、的黎波里、西顿、提尔以及什叶派人数居多、穆斯林与希腊东正教徒混居的东部贝卡谷地，正式并入黎巴嫩行政区，名为大黎巴嫩，为黎巴嫩共和国的雏形。[②] 此后，黎巴嫩地区形成基督徒、逊尼派和什叶派的三足鼎立，三者与委任统治当局的不同关系以及不同的政治诉求决定其对黎巴嫩政治走向的不同影响。[③] 1922 年 3 月，选举产生的黎巴嫩议会取代法国委任统治当局主导的黎巴嫩行政会议，议会席位按照教派划分。1925 年，在法国委任统治当局的授意下，黎巴嫩议会起草宪法，承认黎巴嫩受法国保护，同时法国委任统治当局开始向黎巴嫩政府移交权力。1926 年 5 月，黎巴嫩议会通过了 1925 年拟定的宪法草案，黎巴嫩共和国宣告成立。1926 年宪法规定黎巴嫩共和国实行总统制，总统由议会选举产生，任期 6 年，有权任免总理和内阁部长，有权否决议会通过的法案和解散议会。[④] 随后法国委任统治当局任命希腊东正教徒查理·达巴斯为黎巴嫩共和国总统。1933 年，法国委任统治当局任命哈比卜·萨阿德为总统。从 1934 年开始，总统由马龙派担任。1936 年，议会选举马龙派基督教徒艾米勒·伊迪出任总统。11 月，法国高级专员德·马特尔与艾米勒·伊迪总统签署协议，法国承认黎巴嫩共和国的独立地位，保留在黎巴嫩的永久驻军权。[⑤] 1937 年，黎巴嫩教派间的权力划分初露端倪，马龙派担任总统、逊尼派出任总理、什叶派担任议长。1941 年 7 月，戴高乐领导的自由法国政府任命法尔德·纳杰什为总统，萨米·苏勒

①　Malcolm E. Yapp, *The Near East Since the First World War: A History to 1995*, p. 104.

②　Don Peretz, *The Middle East Today*, p. 365.

③　马龙派基督教徒强调其与西方列强以及罗马教会的宗教文化联系，是法国委任统治当局控制黎巴嫩的主要政治盟友；希腊正教徒是仅次于马龙派的第二大基督教派，强调黎巴嫩与叙利亚之间的历史渊源和文化同一性，具有泛叙利亚主义和泛阿拉伯主义的色彩；逊尼派和什叶派穆斯林持亲叙利亚的政治立场；德鲁兹派穆斯林反对马龙派的权力垄断，支持黎巴嫩的独立。

④　Philip Khuri Hitti, *A Short History of Lebanon*, New York: St. Martin's Press, 1965, pp. 220 – 221.

⑤　Fawwaz Taraboulsi, *A History of Modern Lebanon*, London: Pluto Press, 2012, pp. 100 – 101.

赫为总理。11 月，自由法国政府宣布结束对黎巴嫩的委任统治，黎巴嫩
获得形式上的独立。1943 年 9 月，黎巴嫩议会选举马龙派政党宪政集团
领导人比沙拉·胡里为总统，逊尼派里亚德·苏勒赫出任内阁总理。① 比
沙拉·胡里与里亚德·苏勒赫达成口头协议，即为不成文的民族宪章。根
据民族宪章，黎巴嫩是独立、统一和主权完整的阿拉伯国家，马龙派放弃
寻求法国支持的立场，穆斯林亦放弃与叙利亚合并的想法；基督徒与穆斯
林依据 1932 年的人口统计②，按照 6∶5 的比例划分议会席位③；总统和武
装部队总司令职位属于马龙派基督徒，总理职位属于逊尼派穆斯林，议长
职位属于什叶派穆斯林，副议长职位属于希腊东正教徒，武装部队总参谋
长职位属于德鲁兹派。④ 1946 年，法国军队撤出黎巴嫩，黎巴嫩获得正式
独立，成为中东地区典型的多党议会制国家。

2. 建国初期黎巴嫩政坛的政党

黎巴嫩长期实行多党制的政治制度，以教派分化为基础的政党组织是
黎巴嫩社会的基本结构；教派政治与政党政治的错综交织构成黎巴嫩政治
生活的显著特征。在黎巴嫩独立前后，活跃在黎巴嫩政坛的政党主要基于
教派和意识形态划分，大约有几十个政党，对黎巴嫩独立之后政党政治走
向产生重要影响的政党如下：黎巴嫩共产党成立于 1930 年，哈勒德·巴
格达什任总书记，成员来自什叶派、逊尼派、德鲁兹派穆斯林以及基督教
徒，法国委任统治时期系叙利亚共产党的分支组织，处于非法状态。1944
年起脱离叙利亚共产党，1947 年被迫转入地下，1948 年遭到黎巴嫩官方
取缔。马龙派政党国家集团和宪政集团始建于 1932 年，是法国委任统治
时期黎巴嫩政治舞台的主导势力。宪政集团领导人比沙拉·胡里，代表马

---

① Fawwaz Taraboulsi, *A History of Modern Lebanon*, p. 106.

② 根据 1932 年的统计，黎巴嫩共和国的总人口中，基督徒约占 52%，穆斯林约占 48%，
其中 29% 属于马龙派，22% 属于逊尼派，19% 属于什叶派，10% 属于希腊正教，7% 属于德鲁兹
派，6% 属于希腊天主教。参见 Claude Boueiz Kannan, *Lebanon 1860 - 1960：A Century of Myth and
Politics*, London：Saqi, 2005, p. 64。

③ 1926 年黎巴嫩议会初建之时，议会席位为 44 个。1943 年民族宪政规定基督徒占 24 个议
席，穆斯林占 20 个议席。1957 年，议会席位增至 66 个，基督徒占 36 个议席，穆斯林占 30 个议
席。1958 年，议会席位再次增为 99 个，基督徒占 54 个议席，穆斯林占 45 个议席，其中 30 席属
于马龙派，20 席属于逊尼派，19 席属于什叶派，11 席属于希腊正教派，6 席属于德鲁兹派，6 席
属于希腊天主教派，4 席属于亚美尼亚正教派，1 席属于亚美尼亚天主教派，1 席属于基督新教，
1 席属于其他的基督教派。

④ 哈全安：《中东史：610—2000》，第 690 页。

龙派大资产阶级的利益，在反对法国殖民统治的斗争中发挥一定作用，坚持阿拉伯民族主义立场，主张同其他阿拉伯国家合作，反对过分投靠西方，要求维护 1943 年民族宪章；国家集团创始人是艾米勒·埃德，1936—1941 年出任黎巴嫩总统①，代表大地主资产阶级利益，在黎巴嫩山区影响较大，主张同法国合作，不赞成"艾森豪威尔主义"。民族党系希腊东正教徒安吞·萨阿德于 1932 年创立，主张黎巴嫩与叙利亚的合并统一，具有世俗色彩和暴力倾向，"二战"后初期一度活跃于黎巴嫩政治舞台，20 世纪 40 年代末遭到取缔，长期处于非法地位。② 长枪党始建于1936 年，又称法朗吉党或民族联盟党，由皮埃尔·杰马耶勒领导，是在法国殖民者支持下组成的马龙派政党，在公务员、记者、资本家和国外侨民中有很大影响，积极拥护亲西方的政策，反对阿拉伯民族主义，抵制叙利亚的影响和干预，强调黎巴嫩国家利益高于阿拉伯民族利益，代表马龙派中下层的利益。社会主义人民党亦称叙利亚人民党，是第二次世界大战前在纳粹分子的唆使下建立的一个法西斯组织，1949 年曾因发动政变失败而被解散，后又通过暗杀活动日趋活跃。社会进步党于 1949 年由卡迈勒·琼布拉特创立，具有强烈的民族主义和反帝国主义精神，成员主要是德鲁兹派小资产阶级、知识分子和一部分富农，在黎巴嫩西部山区有很大势力。国家自由党始建于 20 世纪 50 年代末，是卡米勒·查蒙领导的、亲西方的马龙派政党，倡导自由经济，代表马龙派上层的利益；阿拉伯民族运动始建于 1960 年，系逊尼派政党，具有泛阿拉伯主义的浓厚色彩，坚持亲埃及的立场，强调埃及在阿拉伯世界的领导地位。这些政党在黎巴嫩独立之后，进一步分化组合，形成主导议会民主制运行的重要因素。

3. 20 世纪 50—70 年代末黎巴嫩议会民主制的运行

第二次世界大战后，黎巴嫩共和国沿袭 1926 年宪法和 1943 年民族宪章确定的政治框架，采用西方模式的宪政制度。教派基础上的国家权力分配原则和议会框架下的多党制构成黎巴嫩政治制度和政治生活的突出现象，议会选举是战后黎巴嫩国家权力更替的基本形式。③ 黎巴嫩宪法并未对国教或官方宗教做出明确规定，但官方按照基督教徒和穆斯林的人口比例划分议会席位，体现黎巴嫩政治生活中的教派原则和宗教

---

① Don Peretz, *The Middle East Today*, p. 373.

② Derek Hopwood, *Syria 1945–1986: Politics and Society*, p. 82.

③ 哈全安：《中东史：610—2000》，第 691 页。

色彩。

20 世纪 50 年代，黎巴嫩出现经济繁荣，但经济发展不平衡，首都贝鲁特和黎巴嫩山区的基督教徒成为经济繁荣的受益者，而南部穆斯林人口居多的地区经济增长速度相对落后。卡米勒·查蒙依靠马龙派上层的支持，致力于强化总统的威权政治，不断削弱总理权力和议会地位，排斥穆斯林的政治参与，导致穆斯林与基督徒之间的教派争端进一步激化，与此同时，查蒙推行亲西方的外交政策，向美国提供空军基地，并在苏伊士运河战争后拒绝同阿拉伯国家联手通过断交向英法等老牌殖民强国施压。1958 年 2 月，埃及与叙利亚合并成立阿联后，黎巴嫩的穆斯林希望加入阿联，遭到查蒙和马龙派基督徒的反对，于是黎巴嫩反对派在穆斯林的支持下举行示威罢工，抗议查蒙的统治。9 月，在反对派和穆斯林的抗议下，查蒙下台，福阿德·什哈卜出任总统，穆斯林与马龙派基督徒和解。

20 世纪 60 年代，黎巴嫩政坛出现尖锐对立的两大政治派系。卡米勒·查蒙领导的国家自由党、雷蒙·伊迪领导的国家集团党和皮埃尔·杰马耶勒领导的长枪党代表商业贵族和马龙派的利益，持保守的和亲西方的立场，构成黎巴嫩政坛的右翼派系。福阿德·什哈卜领导的民主集团、拉希德·卡拉米领导的民主阵线和卡迈勒·琼布拉特领导的民族阵线代表新兴中产阶级、知识界和穆斯林的利益，坚持阿拉伯民族主义的立场，主张推行激进的政治改革和经济社会改革，要求重新分配国家权力，构成黎巴嫩政坛的左翼派系。① 福阿德·什哈卜担任总统期间，坚持中立外交政策，强化政府的经济干预，推动地区经济的平衡发展，但是由于人口增长的不平衡，不同教派在政府的任职比例发生变化。此时马龙派占黎巴嫩人口总数的 29%，在卡米勒·查蒙执政期间占据超过 1/2 的政府职位，在福阿德·什哈卜执政期间所占政府职位的比例不足 1/3。② 1964 年 8 月，查理·希路当选总统。在查理·希路担任总统期间，马龙派和逊尼派控制议会和政府，什叶派则处于政治舞台的边缘。巴勒斯坦难民问题也成为教派冲突的焦点，自第一次中东战争开始，巴勒斯坦难民就不断移居黎巴嫩境内，黎巴嫩的基督徒大都主张对巴勒斯坦难民和巴解组织采取强硬政策，限制巴解组织在黎巴嫩境内的活动；而包括逊尼派、什叶派和德鲁兹

① Don Peretz, *The Middle East Today*, pp. 380 – 381.

② Fawwaz Taraboulsi, *A History of Modern Lebanon*, p. 140.

派在内的穆斯林则普遍同情巴解组织和巴勒斯坦难民；二者的矛盾由于巴勒斯坦难民而日趋激化。1968年，黎巴嫩政府与巴勒斯坦解放组织签署开罗协议，承认巴勒斯坦难民在黎巴嫩境内享有自治地位。① 此后巴勒斯坦难民营参与黎巴嫩国内的教派冲突，进而改变了黎巴嫩国内教派之间的力量对比。1969年，马龙派主导的黎巴嫩安全部队与卡迈勒·琼布拉特领导的德鲁兹派激进势力以及巴勒斯坦解放组织发生流血冲突，随后双方达成妥协，巴解组织也停止对黎巴嫩内部事务的干预。1970年，巴解组织在约旦遭遇黑九月事件后，其总部从安曼迁至贝鲁特，巴解组织成为黎巴嫩政坛教派斗争的重要参与者。

1970年，马龙派贵族苏莱曼·弗朗基耶当选总统。由于穆斯林人口增长迅速要求增加议会中的议席，与基督教派的矛盾日趋升级。巴解组织支持黎巴嫩的穆斯林，与基督徒的冲突时有发生，黎巴嫩议会体制的平衡被打破，黎巴嫩陷入内战。此时黎巴嫩政坛主要由苏莱曼·弗朗基耶、皮埃尔·杰马耶勒、卡米勒·查蒙和查拜尔·卡尔斯创立右翼基督教政党联盟黎巴嫩阵线，卡迈勒·琼布拉特组建左翼穆斯林政党联盟黎巴嫩民族运动，但是政党政治分化成为内战的对立双方。在首都贝鲁特，黎巴嫩阵线控制基督徒聚居的东区，黎巴嫩民族运动控制穆斯林聚居的西区。② 与此同时，黎巴嫩政府军出现分裂，逊尼派将领艾哈迈德·哈提卜宣布成立阿拉伯黎巴嫩军，支持黎巴嫩民族运动，进而卷入穆斯林与基督徒的内战。1976年2月，叙利亚也开始介入黎巴嫩内战，阿萨德总统提出黎巴嫩基督徒与穆斯林和解方案：黎巴嫩基督徒与穆斯林的议会席位由6∶5调整为5∶5，内阁总理改变由总统任命的传统改由议会选举，废除政府公职人员的教派分配原则，中止1969年开罗会议针对黎巴嫩境内巴勒斯坦人的限制。该和解方案得到苏莱曼·弗朗基耶总统以及马龙派的赞同，然而由于卡迈勒·琼布拉特领导的德鲁兹派和巴勒斯坦武装组织在内战中具有明显的军事优势，拒绝接受和解方案。4月，叙利亚正式出兵黎巴嫩，支持总统、马龙派和黎巴嫩阵线，与德鲁兹派、巴解组织为敌，使得穆斯林的军事优势迅速削弱。6月，黎巴嫩、叙利亚、埃及、巴解组织、沙特和科威特在利雅得召开六方会议，组建阿拉伯维和部队，接受黎巴嫩阵线的停

① Don Peretz, *The Middle East Today*, pp. 387 – 388.
② Tareq Y. Ismeal, "Middle East Politics Today: Government and Civil Society", pp. 269 – 270.

火建议，将黎巴嫩划分为四个自治区：包括西顿在内的黎巴嫩南部什叶派控制区，基督徒与穆斯林混合居住的贝鲁特区，贝鲁特以北沿海地带的马龙派控制区，包括的黎波里在内的东北部逊尼派控制区。[①] 9 月，黎巴嫩举行大选，伊亚斯·萨尔吉斯当选总统，黎巴嫩内战暂告结束。内战结束后，黎巴嫩西部的贝卡谷地成为叙利亚的军事基地，总统伊亚斯·萨尔吉斯和黎巴嫩政府的亲叙利亚立场使其成为叙利亚干预黎巴嫩事务的政治工具。皮埃尔·杰马耶勒之子巴希尔·杰马耶勒继任长枪党和马龙派的领导人，坚持亲美亲以立场，控制贝鲁特东区和北部沿海地区，抗衡穆斯林和叙利亚支持的黎巴嫩政府。而卡迈勒·琼布拉特之子瓦利德·琼布拉特领导的德鲁兹民兵组织武装在黎巴嫩南部的势力逐渐强盛。1979 年，萨阿德·哈达德领导的希腊天主教民兵在黎以边境成立所谓的"自由黎巴嫩政府"，[②] 俨然是黎巴嫩境内的国中之国。黎巴嫩四分五裂的局面为以色列和巴解组织之间的战争和冲突提供平台，并为 1982 年的黎巴嫩战争埋下伏笔。

　　1982 年 6 月，以色列入侵黎巴嫩并占领黎巴嫩南部，将巴解武装赶出贝鲁特西区，迫使巴解总部迁往突尼斯，扶植成立南黎巴嫩军作为傀儡部队。以色列的入侵导致黎巴嫩国内政治力量的对比出现明显变化，亲以的马龙派和长枪党最具实力，以色列扶植其领导人巴希尔·杰马耶勒出任总统。同年 9 月，巴希尔·杰马耶勒被暗杀身亡，其兄阿明·杰马耶勒继任总统。1983 年年初，黎巴嫩分裂为抵抗以色列军入侵的阵营与支持以色列军占领的阵营。在贝鲁特、黎巴嫩山区、南部和贝卡谷地，黎巴嫩民族抵抗阵线不断袭击以色列占领军。[③] 1983 年 5 月，阿明·杰马耶勒总统与以色列签署协议，宣布结束自 1948 年以来的战争状态，以色列军队撤出黎巴嫩。1983 年 5 月黎以协议线束后，阿明·杰马耶勒总统和黎巴嫩政府面临来自逊尼派、什叶派、德鲁兹派以及马龙派内部的挑战，黎巴嫩政治伴随着宗教政党的兴起呈现全新局面。

---

① Don Peretz, *The Middle East Today*, p. 392.

② Ibid..

③ Fawwaz Taraboulsi, *A History of Modern Lebanon*, p. 221.

二 黎巴嫩什叶派政党的政治参与

1. 黎巴嫩什叶派政党的兴起及其政治纲领

什叶派的政治崛起和黎巴嫩政治秩序的重建是 20 世纪 80 年代以来黎巴嫩现代化进程的突出现象。[①] 长期以来，黎巴嫩政治舞台的权力分配按照教派人数比例加以确定，但是随着黎巴嫩现代化进程的推进，各教派人数的增长比例和地区分布并不平衡。进入 20 世纪 80 年代，什叶派人口达到 100 万，超过马龙派和逊尼派，成为黎巴嫩人口最多的教派，[②] 逐渐染指被基督徒和逊尼派穆斯林主导的黎巴嫩政坛。在很长一段时间内，什叶派作为政治边缘派别并没有形成独立的政党，主要通过加入马龙派政党、民族主义政党、巴勒斯坦政党、社会主义左翼政党来参与黎巴嫩的政党政治。随着什叶派政治意识的觉醒，20 世纪 80 年代以来，什叶派政党逐渐兴起，并成为黎巴嫩政治舞台的重要力量。

黎巴嫩什叶派的边缘处境和阿亚图拉穆萨·萨德尔的政治诉求为什叶派政党阿迈勒运动的兴起提供基础。阿迈勒运动的前身是穆萨·萨德尔于 1974 年 7 月创建的被剥夺者运动。随着黎巴嫩内战的爆发，穆萨·萨德尔认识到什叶派要捍卫自己的利益，必须建立自己的武装，于是在巴勒斯坦解放组织的支持下秘密建立了一个民兵组织，并在巴解位于巴勒贝克附近的基地由法塔赫进行系统训练。1975 年 7 月 6 日，穆萨·萨德尔正式宣布建立名为黎巴嫩抵抗分遣部队，由于其阿拉伯名称词首字母缩写为 Amal，所以一般将其称为阿迈勒运动。最初阿迈勒运动作为被剥夺者运动的民兵组织存在，随着内战的进行，阿迈勒运动的作用日趋突出，逐渐替代被剥夺者运动成为什叶派的代表。由于阿迈勒运动成立初期人数较少，所以在黎巴嫩内战中未能发挥突出作用。随着黎巴嫩国内外形势的变化，阿迈勒运动在黎巴嫩南部的势力迅速壮大。以色列入侵黎巴嫩，阿迈

---

① 哈全安：《中东史：610—2000》，第 698 页。
② Malcolm E. Yapp, *The Near East Since the First World War: A History to 1995*, p. 274.

勒运动逐渐成为入侵的重要受益者；穆萨·萨德尔的突然消失①，为阿迈勒运动的发展提供了历史契机；伊朗伊斯兰革命的胜利，又为阿迈勒运动的壮大提供了外部刺激。进入 20 世纪 80 年代，阿迈勒运动作为什叶派的代表成为内战的主要参与者，与马龙派对抗，与巴解武装交战。1982 年，阿迈勒战士估计已达到 3 万人，② 成为黎巴嫩政治舞台举足轻重的政治力量。但是，内部缺乏团结是困扰阿迈勒的一个痼疾，因为其从来就不是一个结构完整、组织严密、纪律严明的政党。在形成早期，阿迈勒运动与其说是一个有明确组织的政党，不如说是什叶派寻求自我保护的社会政治运动。当时许多自行建立的地方民兵组织，无论是否归属于阿迈勒领导，都往往以其名义活动。因此，阿迈勒运动也无法制定出自上而下、行之有效的组织纪律和规章制度。③ 当穆萨·萨德尔于 1978 年消失之时，其重要助手侯赛因·侯塞尼担任阿迈勒运动主席一职。1980 年 4 月，他辞去主席职务，由副主席纳比赫·贝里接任，尽管其执掌阿迈勒运动至今，但未能实现阿迈勒运动的内部统一与团结。与黎巴嫩国内其他许多政党一样，阿迈勒运动从未阐明系统的行动方案，也没有发展出系统的思想理论，但其公布的《阿迈勒运动宪章》继承和实践了穆萨·萨德尔的许多思想主张。简单而言，阿迈勒运动的基本纲领是，复兴什叶派伊斯兰教，强化国家权力，废除教派基础的权力分配机制，改善下层民众的经济状况和社会地位，实现社会公正，加强与叙利亚的联系，支持伊朗伊斯兰革命，反对以色列对黎巴嫩南部的入侵与占领。④ 阿迈勒运动领导人认为完整而独立的黎巴嫩国家是其生存发展的先决条件。因此阿迈勒运动尊重国家机构，反对任何有损中央政府权威的行为。但是阿迈勒运动并不主张建立伊斯兰神权国家，纳比赫·贝里坚决拒绝伊朗法吉赫体制下的政权模式，宣称

---

① 1978 年年底，穆萨·萨德尔应卡扎菲的邀请到利比亚访问后，与黎巴嫩国内的什叶派失去联系，至今下落不明。此事件对阿迈勒的发展产生极为重要的影响。在什叶派眼中，穆萨·萨德尔是"隐遁的伊玛目"，对他复临人间的期盼激励着什叶派为改变现状而抗争，加入阿迈勒成为越来越多什叶派的选择。

② Judith Harik, "Hizballah's Public and Social Services and Iran", in H. E. Chehabi ed., *Distant Relations: Iran and Lebanon in the Last 500 Years*, London and New York: I. B. Tauris, 2006, p. 271.

③ 李福泉：《从边缘到中心——黎巴嫩什叶派政治发展研究》，博士学位论文，西北大学，2008 年，第 106 页。

④ Malcolm E. Yapp, *The Near East Since the First World War: A History to 1995*, p. 275.

"什叶派不能也不想强加这种政权，而其他穆斯林也不会追随我们冒险"。① 阿迈勒运动反对暴力革命，主张通过和平方式革除教派分权制，《阿迈勒运动宪章》称"黎巴嫩政治教派分权制阻碍政治发展，分裂国内民众，损害国家统一。因此我们拒绝这一运动，将其视为我国政治落伍的表现"。② 阿迈勒运动的世俗倾向和致力于黎巴嫩政治统一的诉求使其与另一个什叶派政党真主党形成鲜明对比。

真主党是黎巴嫩什叶派内部危机与外部思想与力量共同作用下的产物。一方面，它反映了饱受战乱之苦的什叶派对阿迈勒运动改革路线和日益明显的世俗化倾向的不满和抗拒；另一方面，其是纳杰夫什叶派宗教政治复兴思想在黎巴嫩本土化的结果，也是伊朗向黎巴嫩什叶派输出伊斯兰革命的重大成果。此外，其产生也是黎巴嫩什叶派对以色列入侵的直接反应。③ 在穆萨·萨德尔消失后，阿迈勒运动内部世俗主义者和伊斯兰主义者的裂痕逐渐扩大，而伊朗伊斯兰革命胜利后对黎巴嫩什叶派的渗透强化了伊斯兰主义者的势力。1982 年 3 月，在阿迈勒运动第四次代表大会上，以侯赛因·穆萨维为首的伊斯兰主义者建议以伊朗伊斯兰共和国为模板重建黎巴嫩政治制度，遭到纳比赫·贝里等人的拒绝，阿迈勒运动的内部分化随着以色列入侵黎巴嫩而更趋公开化。以侯赛因·穆萨维为首的阿迈勒运动激进派反对纳比赫·贝里与总统和政府的合作立场而另立"伊斯兰阿迈勒运动"。该组织与其他伊斯兰组织及学者协会的领袖认为应当成立一个统一的伊斯兰组织来抵抗以色列，于是最终成立由 9 名代表组成的委员会，委员会宣布遵守教法学家的理论并致力于组建一个全新的伊斯兰教组织，并达成被称为《九人宣言》的共识。由于对新组织的名称争执不下，九人委员会到德黑兰征求霍梅尼的意见，最终确立这一新组织的名称为真主党（Hizbullah）。④ 起初真主党仅仅是一个什叶派的松散联合体，并无完善的规章制度和组织结构。1984 年，真主党发布了几次署名的政治宣言，并创办了官方周刊《时代》（al‑Ahd），才逐渐被外界熟知。真

① Clinton Bailey, "Lebanon's Shi' is after the 1982 War", in Martin S. Kramer ed., *Shi'ism*, *Resistance and Revolution*, Boulder: Westview Press, 1987, p. 227.

② Augustus Richard Norton, *Amal and the Shi'a: Struggle for the Soul of Lebanon*, Austin: University of Texas Press, 1987, p. 145.

③ 李福泉:《从边缘到中心——黎巴嫩什叶派政治发展研究》，第 114 页。

④ Ahmad Nizar Hamzeh, *In the Path of Hizbullah*, Syracuse: Syracuse University Press, 2004, p. 25.

主党崇尚霍梅尼主义，强调什叶派乌莱玛在政治中的主导地位，提倡暴力和殉道，主张废除基督徒和逊尼派穆斯林主导的政治秩序，建立伊斯兰政体和全面实施伊斯兰教法，[①] 并通过"抵抗"运动来实践伊斯兰教的圣战思想。1985 年，真主党在第一份原则性声明《公开信》中宣称铲除"一切邪恶产生的根源"，其目标包括：一是消除美国和法国在黎巴嫩的影响；二是迫使以色列军队完全撤出黎巴嫩；三是审判基督教长枪党在内战中的罪行，使之服从"正义的判决"；四是使黎巴嫩人民有选择政治制度的自由，而真主党的政治目标则是建立"伊斯兰的统治"，使黎巴嫩成为名副其实的伊斯兰共和国。[②] 真主党深受伊朗伊斯兰革命的影响，认可伊朗教法学家的统治，得到伊朗政府和伊朗革命卫队的支持，也接受叙利亚阿萨德政权的援助，是黎巴嫩最重要的什叶派政党和武装组织。为了实现其斗争目标，黎巴嫩真主党不仅开展公开活动，还进行半公开和秘密活动，比如建立军事基地、发展民兵武装力量、攻击以色列军队，甚至还针对西方国家发动劫持客机、绑架人质和自杀式攻击等恐怖活动。但是 20 世纪 90 年代之后，逐渐改变政治策略，成为黎巴嫩政党政治舞台的重要角色。

阿迈勒运动和真主党都号称为什叶派的权利而斗争，但却政见分歧、互相排斥。从意识形态来看，阿迈勒运动趋于民族主义立场，而真主党则有着鲜明的伊斯兰色彩。阿迈勒运动致力于建立"一个更均等地分配权力的多元信仰国家"，而真主党却选择了"更普世化、国际化和自我意识的伊斯兰方向"。[③] 二者对巴勒斯坦问题的态度也迥异。真主党认为以色列占领巴勒斯坦并不合法，只有通过圣战才能最终解决巴勒斯坦问题；而阿迈勒运动则认为当前的关键问题是以色列从黎巴嫩南部撤军。阿迈勒运动指责真主党是制造混乱的恐怖主义极端组织，而真主党则指责阿迈勒运动出卖什叶派利益，伙同以色列镇压巴勒斯坦解放运动。1988 年 4 月，阿迈勒运动和真主党爆发激烈冲突，冲突从黎巴嫩南部一直蔓延至贝鲁特南郊，最终以真主党获胜、控制什叶派大部分地区而结束。1989 年，在

---

① Lawrence Davidson, *Islamic Fundamentalism: An Introduction*, New York: Greenwood Press, 2003, p. 66.

② 吴云贵：《黎巴嫩真主党述评》，《西亚非洲》1997 年第 6 期。

③ John L. Esposito, *The Islamic Threat: Myth or Reality*? New York: Oxford University Press, 1999, p. 96.

阿迈勒运动与真主党长达一年多的武装冲突之后，由叙利亚和伊朗两国外长出面成立了一个由叙利亚、伊朗、真主党和阿迈勒运动代表组成的四方委员会，最终四方签署了八点协议，平息了黎巴嫩内部两派政治力量间的冲突。协议肯定阿迈勒运动在对黎巴嫩南部什叶派穆斯林至上权威的同时，对真主党做出某些让步，包括允许真主党在黎南部自由开展政治文化和信息情报搜集活动。该协议的签署使真主党在黎南部取得某种合法地位。20世纪90年代历次议会选举的结果表明真主党在与阿迈勒运动的博弈中逐渐居于上风，真主党逐渐成为黎巴嫩政党政治中什叶派的代言人。21世纪以来，出于与逊尼派和基督徒竞争的需要，真主党和阿迈勒运动联手参加大选，作为一个整体来维护其政治竞争力，这也体现了政治斗争的灵活性与策略性特征。

2. 20世纪80年代以来黎巴嫩的政党政治与真主党的政治参与

20世纪80年代以来，随着黎巴嫩什叶派政党的日趋活跃和穆斯林人口的增加，传统政党政治结构发生相应改变。80年代初，阿迈勒运动得到叙利亚政府的支持，与德鲁兹派民兵结成政治同盟，抗衡马龙派和长枪党主导的黎巴嫩政府，并与巴解武装激烈角逐黎南部的控制权。1983年，黎巴嫩总人口357.5万，包括基督徒152.5万和穆斯林205万，分别占总人口的42.6%和57.3%；其中马龙派基督徒90万，占总人口的25%；逊尼派穆斯林75万，占总人口的21%；什叶派穆斯林110万，占总人口的31%。[1] 教派人口比例的变化挑战着国家权力机构的传统分配体系，尤其是人数居多的什叶派要求通过政治改革弱化马龙派对国家权力的控制。1983年，黎巴嫩各教派在日内瓦举行会议，同意增加穆斯林的议会席位，但未能就削弱总统权力达成共识。1984年9月，纳比赫·贝里加入黎巴嫩民族团结政府，该政府决定将议会席位从99席增至122席，穆斯林与基督徒评分议会席位，但不同教派之间的议席划分并未达成一致。1985年12月，黎巴嫩各教派签署大马士革协议，一致同意在一年内结束内战和解散民兵组织，在三年过渡期后废除国家权力的教派分配原则，削弱总统权力，扩大总理权力。然而阿明·杰马耶勒总统拒绝批准大马士革协议。[2] 1988年9月，阿明·杰马耶勒的总统任期届满，总统位置悬空，马

---

①　Alan Richards and John Waterbury, *A Political Economy of the Middle East: State, Class, and Economic Development*, Boulder: Westview Press, 1990, p. 97.

②　Fawwaz Taraboulsi, *A History of Modern Lebanon*, p. 226.

龙派将领米歇尔·奥恩自任总理，控制贝鲁特西区；萨利姆·胡斯在黎巴嫩议会和叙利亚支持下亦以总理身份组建内阁，控制贝鲁特西区，黎巴嫩陷入政治危机。

1989 年 10 月，62 名黎巴嫩议员在沙特阿拉伯的塔伊夫举行会议，签署阿拉伯国家联盟起草的民族和解宪章，在维持原有政治框架的基础上，将议会席位由 99 席增加至 108 席，规定基督徒和穆斯林平分议席，逊尼派与什叶派各占穆斯林议席的一半，政府职位亦由基督徒与穆斯林平分，总统仍由议会选举马龙派基督徒出任，任期 6 年，总理和内阁成员由总统任命，但总理和内阁不再对总统负责，而对议会负责，总统颁布的法令须与总理共同签署；议长的任期由 1 年延长为 4 年，强化议会对于政府的监督；解除教派武装，叙利亚军队继续驻扎在黎巴嫩，负责维持黎国内的秩序。[1] 显然逊尼派在塔伊夫协议中获利最多，因为其总数大大少于什叶派，但却获得对等的国家权力分配。塔伊夫协议签署后，黎巴嫩总统的地位明显削弱，"总统尽管依然是国家元首、国家统一的象征和宪法的监护者，实际上丧失了原有的大部分行政权力。总统依然出席内阁会议，却失去否决内阁决议的权力；以往总统主持内阁会议，内阁不得在总统缺席的情况下通过任何决议。内阁总理也由总统任命，现在却由总统与议会协商决定人选，总统必须接受议会多数票的表决结果。内阁取代总统行使解散议会的权力，总统必须与内阁总理共同签署法令而不得单独签署法令"。[2] 同年 11 月，议会选举马龙派的雷恩·穆阿瓦德出任总统，其任命逊尼派的萨利姆·胡斯出任总理。数日后，雷恩·穆阿瓦德总统死于暗杀，马龙派的伊亚斯·哈拉维出任总统。由于黎巴嫩相关党派担心亲伊拉克的米歇尔·奥恩政权和巴解伺机推翻塔伊夫协议，便于 1990 年 8 月 21 日召开议会，迅速通过了包括塔伊夫协议主要内容的宪法修正案，并任命了 40 名新议员，这包括 1972 年以来空缺的 31 个议席和塔伊夫协议规定的新增加的 9 席，同时行政权开始从总统手中向内阁转移。10 月，伊亚斯·哈拉维总统在叙利亚和法国的支持下进攻贝鲁特东区，米歇尔·奥恩政权垮台。12 月，奥马尔·卡拉米当选总统。随后奥马尔·卡拉米组建联合政府，包括马龙派 6 人、逊尼派 6 人、什叶派 6 人、希腊正教徒 4 人、希腊

---

① Don Peretz, *The Middle East Today*, p. 398.

② Fawwaz Taraboulsi, *A History of Modern Lebanon*, p. 245.

天主教徒 3 人、德鲁兹派 3 人和亚美尼亚人 2 人。① 新政府致力于加强中央权力，结束分裂局面；巩固叙黎特殊关系，进一步把塔伊夫协议以法律形式固定下来。1991 年 5 月，通过选举法修正案，把 40 名议员任命的做法法律化。② 1992 年 7 月通过的选举法修正案将议会议席从 108 席增至 128 席，基督徒和穆斯林各占 64 席，其中马龙派 36 席，什叶派 27 席，逊尼派 27 席，希腊正教徒 14 席，希腊天主教 6 席，德鲁兹派 8 席，亚美尼亚人 6 席，其他少数派 4 席。③

　　20 世纪 90 年代，黎巴嫩政坛的突出现象是真主党作为国家政治舞台上的主流政党出现。真主党成立初期置身于黎巴嫩国家权力结构之外，一切活动都以圣战的"抵抗"为中心。1990 年底塔伊夫协议的签订标志着内战的正式结束，按照塔伊夫协议，黎巴嫩大选将于 1992 年正式举行，全新的政治形势对于基于抵抗以色列而产生的真主党形成巨大挑战，对于是否参与议会选举这一重大问题，真主党内部出现激烈争论，以首任总书记苏布希·图法伊和重要领导人侯赛因·穆萨维为代表的一派反对参加议会选举，并与其他组织进行广泛接触；而以第二任总书记阿巴斯·穆萨维和第三任总书记哈桑·纳斯鲁拉为首的一派主张真主党的政策应该根据形势变化进行调整，支持参加议会选举和通过渐进的现实主义策略实现自身目标。④ 由于伊朗最高精神领袖哈梅内伊和总统拉夫桑贾尼主张真主党自觉融入内战后的政治进程，所以参加议会选举就成为真主党在内战后政策调整的关键，通过参加选举获得议席也是真主党在新形势下求得生存与发展的需要。尽管真主党认为黎巴嫩的现有国家制度不合教法，但依然自觉加入了内战后的政治进程，所以真主党也成为黎巴嫩政坛名副其实的主流政党，强硬派在真主党内部逐渐失势，以哈桑·纳斯鲁拉为代表的务实派成为真主党的主导力量。

　　在 1992 年大选之前，当哈桑·纳斯鲁拉宣布参加议会选举的决定后，真主党迅速投入选举活动，真主党制定公布了详细的选举方案，阐述对重大问题的主张。8—9 月，黎巴嫩举行 1972 年以来的首次议会选举，拉菲克·哈里里出任总理，纳比赫·贝里出任议长。真主党赢得分配给什叶派

---

① Malcolm E. Yapp, *The Near East Since the First World War: A History to 1995*, p. 465.
② 彭树智主编：《二十世纪中东史》，第 274—275 页。
③ Malcolm E. Yapp, *The Near East Since the First World War: A History to 1995*, p. 466.
④ Ahmad Nizar Hamzeh, *In the Path of Hizbullah*, pp. 109 – 110.

的 27 个议席中的 8 席，阿迈勒获得 17 席，尽管比纳比赫·贝里领导下的阿迈勒少 9 席，但仍然使黎巴嫩国内各政党大吃一惊。另外，议会中还存在 4 位亲真主党议员（2 位逊尼派和 2 位基督徒），由 12 位议员组成的真主党集团成为议会中的一支重要力量。1996 年大选中，真主党由于策略失误仅赢得了什叶派议席中的 7 席，连同其他教派的亲真主党议员，真主党集团共由 9 名议员组成。1998 年，艾米勒·拉胡德当选总统，任命萨里姆·豪斯为内阁总理。2000 年，由于以色列军队在巴拉克的主导下撤出黎巴嫩，真主党在黎巴嫩国内的声望日隆，在 9 月的大选中，真主党的什叶派任内阁总理。2005 年大选在叙利亚撤军之后进行，面对国内外的压力，真主党以"投票是宗教义务"为口号，呼吁什叶派积极投票。最终真主党史无前例地获得 11 个什叶派议席，成为黎巴嫩议会中首要的什叶派政治力量和举足轻重的政治力量。

真主党虽然参与了历届议会选举并获得相应议席，但一直拒绝加入政府。按照副书记卡赛姆的说法，不满世俗的教派分权制、避免政府决策的消极影响以及部长作用微弱是真主党经过内部讨论后做出这一决定的三大原因。① 因此真主党长期扮演着议会反对派的角色，但是黎巴嫩国内局势的剧烈变化促使真主党对待政府的立场有所改变。2004 年 9 月，艾米勒·拉胡德总统在叙利亚支持下，延长总统任期 3 年。美、法借机推动安理会通过 1559 号决议，呼吁所有外国军队撤离黎巴嫩，要求黎巴嫩解除境内民兵武装，举行公正、自由的总统选举。2005 年 2 月，黎巴嫩前总理拉菲克·哈里里遭遇汽车炸弹袭击身亡，黎巴嫩人纷纷走上街头要求叙利亚撤军，然而真主党在贝鲁特组织了支持叙利亚的大型集会。3 月 14 日，主要由逊尼派、基督徒和德鲁兹派组成的约 100 万人集会游行要求叙利亚撤军，真主党及其支持者叙利亚面临巨大压力。4 月 19 日，纳吉布·米卡提内阁成立，真主党史无前例地投了信任票。5 月中旬，叙利亚完成撤军。当叙军驻扎在黎巴嫩时，真主党依靠叙利亚应对来自政府的解除武装的威胁。随着叙利亚军队的撤离，真主党的保护伞不复存在，官方和民间要求真主党解除武装的呼声日益强烈。另外，黎巴嫩政府亲近西方、疏远叙利亚的政策也使真主党产生前所未有的危机感。在此情况下，

---

① Naim Qassem, *Hizbullah: The Story from Within*, London: Saqi Books, 2005, pp. 197 – 199.

真主党已无法置身于政府的权力分配之外，最大限度地利用国家机构、介入政治生活成为真主党自救的必选途径。因此，它迅速改变有限参与的立场，成为黎巴嫩国内政治的全面参与者。在参加议会选举的基础上彻底投身政治舞台，不仅积极谋求部长职位，与阿迈勒运动和奥恩派基督教力量结盟，还频频利用街头政治实现政治目的。① 6 月，黎巴嫩举行议会大选，以 "未来阵线"② 为首的反叙派赢得 72 个议席。7 月，前财长西尼乌拉完成组阁，为了防止西尼乌拉政府出台要求解除武装等不利于自身的政策，真主党第一次积极谋求内阁部长职位。在争取国防部部长和外交部部长无果后，真主党成员穆罕默德·弗纳什被任命为能源部部长。③ 自此，真主党成为黎巴嫩国内政治的全面参与者，通过主动与其他力量结为全国性的政治联盟以共同对抗它们的政治对手。一方面，随着什叶派与其他教派关系的恶化，真主党与阿迈勒运动冰释前嫌，一起维护什叶派的利益，尤其在 2006 年与以色列的战争后，什叶派空前团结在真主党周围；另一方面，2006 年 2 月，真主党与奥恩领导下的基督教力量 "爱国自由运动" 达成 "谅解备忘录"，两者协调立场，共谋国家权力。政治联盟的形成扩展了真主党在全国的影响，却也使黎巴嫩陷入严重的政治对抗中，一方是以真主党为首的什叶派和奥恩的自由爱国运动为主的 "3·8" 联盟，另一方则是由逊尼派、德鲁兹派和部分基督徒组成的 "3·14" 联盟。④ 两派互不相让，导致近年来政府数次垮台，总统职位也曾悬空长达半年之久。⑤

黎以冲突结束后，黎巴嫩真主党影响回升，联合其他反政府力量要求重组政府并拥有内阁三分之一以上部长席位，以掌握对政府重大决策的否决权。2006 年 11 月，黎巴嫩举行全国协商会议，议会多数派政党拒绝真主党的要求，亲真主党的 6 名政府部长相继提出辞职。此后，黎总统、议长同总理在建立前总理哈里里遇害案特别法庭问题上产生严重分歧。11

---

① 李福泉：《黎巴嫩真主党政治参与解析》，《国际政治研究》2011 年第 4 期。
② 伊斯兰教逊尼派政党，由黎前总理拉菲克·哈里里创建。2005 年 2 月，在拉菲克·哈里里遇刺后，其子萨阿德·哈里里接任 "未来阵线" 领袖。6 月，萨阿德·哈里里领导的竞选联盟在议会选举中赢得近 60% 议席，"未来阵线" 跃升为黎巴嫩政坛和议会第一大政治力量。
③ Joseph Elie Alagha, *The Shifts in Hizbullah's Ideology: Religious Ideology, Political Ideology, and Political Program*, Amsterdam: Amsterdam University Press, 2006, p. 65.
④ 两派各自在 2005 年 3 月 8 日和 3 月 14 日组织大规模游行，支持或反对叙利亚，因此分别被称为 "3·8" 联盟和 "3·14" 联盟。
⑤ 李福泉：《黎巴嫩真主党政治参与解析》。

月 21 日，黎前总统阿明·杰马耶勒之子，工业部长皮埃尔·杰马耶勒在贝鲁特遇刺身亡，反叙派随即发动大规模游行示威。25 日，黎内阁在 6名部长缺席的情况下通过了联合国关于建立哈案特别法庭的提案，引起包括总统拉胡德在内的亲叙派强烈反对。2006 年 12 月 1 日，在成立联合政府、获得 11 个内阁席位和提前举行大选等要求被福阿德·西尼乌拉政府拒绝后，纳斯鲁拉号召人们进行"和平而文明"的游行。2008 年 5 月 7日，黎巴嫩政府决定拆除真主党在全国布设的通信设施和撤换贝鲁特机场的亲真主党保安司令，国内局势随之急剧恶化。真主党与支持政府的逊尼派民兵在西贝鲁特发生巷战，政府被迫放弃了原有决定。5 月 21 日，各方达成的《多哈协议》终结了长达 18 个月的政治危机。据此，"3·8"联盟在议会中享有了否决权，在随后的联合政府中，"3·8"联盟占据了11 个内阁职位，足以决定政府的存续。2009 年 12 月底，真主党对外发布新的《宣言》，这是继 1985 年《公开信》之后的第二份思想纲领，尽管依然强烈反以反美，但省略了建立伊斯兰国家的主张，承认黎巴嫩政治制度是真主党活动的最佳环境，强调真主党在黎巴嫩国内的政治作用。这是真主党近 30 年来思想和行动转变的总结，也说明真主党已抛弃以往的极端与狭隘演进为一个具有完整政治功能的现代政党，成为黎巴嫩政党政治的重要参与者甚至掌控者。在 2009 年大选来临之际，真主党努力恢复其在黎巴嫩的地位，并发布新的纲领性文件。在 6 月的议会大选中，"3·14"联盟获得 71 席，"3·8"联盟获 57 席，其中真主党为 12 个席位（11 个什叶派议席）。在随后组建的萨阿德·哈里里联合政府中，"3·8"联盟获得总数 30 个内阁部长职位中 10 个（真主党获得农业部、行政发展部和青年体育部的部长职位）。2011 年 1 月，"3·8"联盟的 10 位内阁部长和与其亲近的国务部长辞职，致使萨阿德·哈里里政府垮台。当月，真主党支持的纳吉布·米卡提击败萨阿德·哈里里，获得多数议员支持成为总理。在 6 月组建的新政府中，"3·8"联盟的内阁职位由 10 个增至 16个，超过内阁半数，这标志着真主党在政府中的权势进一步扩大。[1] 2014年，米歇尔·苏莱曼总统任期届满，4 月 23 日，黎巴嫩国民议会在贝鲁特举行第一轮总统选举投票，但因候选人中没有人获得法定多数选票而未能选出新一任总统。此后，由于参加总统选举投票的议员未达到法定人

---

① 李福泉：《黎巴嫩真主党政治参与解析》。

数，投票日期被一再推迟。黎巴嫩国内外力量一再呼吁尽快选出新总统，以免总统职位悬空太久。以真主党为首的"3·8"联盟希望各派就总统选举达成折中妥协，并呼吁选出一个强有力的总统，能够承担起维护国家和平与稳定重任、受到国民拥戴和各方信任，带领国家摆脱目前面临的内外困境，这也凸显了真主党在国家政治生活中的突出作用。

黎巴嫩特定的历史传统决定其政党政治演进轨迹的特殊性，西方委任统治的特定背景决定其与中东其他国家一样建立了西方式的多党议会民主制，但后发现代化国家民主化进程的复杂性决定其在相当长时间内仅仅照搬了西方政党政治的框架，非但没能带来真正的民主自由，反而带来了政治动荡与混乱。但是民主政治的框架又使得宗教政党参与政治成为可能，20 世纪 80 年代以来，真主党在黎巴嫩宪政框架下的政治参与即为重要表现。就目前而言，真主党的政治参与取得了罕见的成效，但黎巴嫩的教派结构和教派分权制决定其并不能单独支配或控制国家权力，但其自身的转变过程：由激进走向温和、由暴力走向和平，积极的政治参与：从参与议会到政府也说明了全球化背景下中东伊斯兰政党的转轨，研究真主党的政治参与必将为研究其他国家的伊斯兰政党提供重要参照。

第五章　中东穆斯林民主政党的兴起

自 2010 年 12 月 17 日突尼斯发生社会骚乱以来,埃及、利比亚、叙利亚、也门、约旦等国出现持续的政治动荡,中东地区经历了前所未有的历史剧变。当不同政治力量面临重新洗牌时,现代伊斯兰主义者以全新的面貌登上中东政治舞台:土耳其正义与发展党以绝对优势第三次赢得大选而得以蝉联执政,被本·阿里政府禁止了数十年的突尼斯伊斯兰复兴党成为议会第一大党,摩洛哥的正义与发展党赢得议会 395 个席位中的 107 席,由穆斯林兄弟会成立的埃及自由与正义党获得人民议会 503 个席位中的 235 席,成立不久的利比亚公正与建设党以 21.3% 的支持率成为议会第二大党。中东诸国的这些变化引起全世界的普遍关注:这些从传统伊斯兰政党脱胎而来的穆斯林民主政党缘何突然成为中东政治舞台举足轻重的政治力量,它们的历史演进、政治纲领、社会基础、发展趋势究竟如何,它们对中东现代化进程有何影响……这些问题都成为国内外学者讨论的焦点。本章以土耳其、埃及、突尼斯、摩洛哥和利比亚等国的穆斯林民主政党为例来说明现代伊斯兰主义的演进轨迹及其对中东现代化进程的影响。

一　从伊斯兰政党到穆斯林民主政党的过渡

1. 伊斯兰政党的出现

作为 20 世纪中东政治舞台的一种特殊类型的宗教政党,伊斯兰政党[①]

---

　　① 主要的伊斯兰政党有阿富汗的阿富汗伊斯兰运动(Islamic Movement of Afghanistan)、阿富汗伊斯兰政党(Islamic Party of Afghanistan),伊朗的伊斯兰伊朗参与阵线(Islamic Iran Participation Front),伊拉克的伊斯兰党(Iraqi Islamic Party),科威特的伊斯兰宪政运动(Islamic Constitutional Movement),黎巴嫩的伊斯兰集团(Islamic Group)、真主党(Party of God),巴勒斯坦的哈马斯(Islamic Resistance Movement, Hamas),苏丹的民族伊斯兰阵线(National Islamic Front),叙利亚的穆斯林兄弟会(Muslim Brotherhood),埃及的穆斯林兄弟会(Muslim Brotherhood)、光明党,土耳其的伊斯兰拯救党(Islamic Salvation Party)、繁荣党(Welfare Party)、幸福党(Felicity Party),巴基斯坦的伊斯兰促进会,阿尔及利亚的伊斯兰拯救阵线等。

倡导以现代伊斯兰主义作为立党的思想根基，坚持在复兴伊斯兰文化伦理的基础上以伊斯兰原则建设国家。20 世纪的中东地区，民族主义、世俗主义、社会主义和阿拉伯主义是诸多国家、政党和组织的主导意识形态，冲淡甚至扫除了传统教俗合一政治思潮对各国的影响。但是，20 世纪 70 年代以来，伊斯兰主义作为对传统文化探寻和回溯的社会思潮在中东蔚然兴起，并被诸多政党、组织或成员所坚守和秉承，形成一股席卷全球的伊斯兰复兴运动，并被诸多学者冠以"伊斯兰原教旨主义"、"现代伊斯兰主义"或"政治伊斯兰"的称号。它们的共同纲领是回归伊斯兰教原初教义，重建"一个以伊斯兰教法为基础"、以"麦地那穆斯林神权政体'乌玛'为楷模"的伊斯兰国家、社会和秩序。[1] 尽管伊斯兰主义者在中东诸国的境遇并不相同：伊朗伊斯兰主义者通过革命建立伊斯兰共和国，苏丹图拉比的伊斯兰实验命运多舛，阿尔及利亚伊斯兰拯救阵线赢得选举却被镇压，巴勒斯坦哈马斯运动与巴解组织分庭抗礼，埃及穆斯林兄弟会被迫以个人身份参与民主选举……但是伊斯兰主义者成为中东政治舞台的重要政治力量却是不争的事实。当威权政治和专制统治在中东诸国逐渐失去市场时，民主化进程在诸多国家开始启动。但是，作为后发现代化国家，中东诸国并没有形成相对完善的民主制度和政治体系，除了为数不多的伊斯兰政党通过民主选举参与联合政府之外，相当多的伊斯兰主义者作为政治反对派出现在中东政治舞台。理想与现实的巨大差距和尚待完善的民主环境，使得部分伊斯兰主义者趋于极端化，非法的政治地位也导致他们往往以恐怖暴力活动作为参与政治的方式。从 20 世纪 40 年代到 70 年代，处于非法状态的埃及穆斯林兄弟会常常以暗杀、恐怖行动来表达自身利益和要求，埃及内阁总理诺格拉西、宗教基金部长谢赫·札哈比、萨达特总统等都曾是暗杀对象，这些恐怖活动对埃及政坛产生强烈冲击。穆斯林兄弟会的极端主义思想家库特布把圣战绝对化，指出真正的穆斯林必须坚信安拉的绝对领导权，必须彻底推翻非伊斯兰政府。阿尔及利亚伊斯兰拯救阵线提出"伊斯兰全面取代一切进口的政治、经济和社会意识形态"的主张。[2] 巴勒斯坦的哈马斯坚决反对跟以色列和谈，宣称通过对以色列的圣战在以色列、约旦河西岸以及加沙地带等地区建立伊斯兰神权国家。

---

① 金宜久主编：《当代伊斯兰教》，东方出版社 1995 年版，第 144 页。
② 金宜久、吴云贵：《伊斯兰与国际热点》，东方出版社 2001 年版，第 185 页。

这些极端化思想和暴力行动为大多数伊斯兰主义者所尊奉，极端化、暴力化和恐怖化成为世人贴给伊斯兰复兴运动的标签。

2. 伊斯兰政党的发展及其向穆斯林民主政党转型

20世纪90年代以来，随着全球化浪潮的兴起、两极格局的终结和中东诸国现代化进程的推进，伊斯兰主义者的社会处境得到进一步改善，他们逐渐摒弃极端化的意识形态，通过政党或公民社会组织来表达政治与社会诉求，通过参与民主选举在国家层面行使话语权。土耳其繁荣党在1995年大选中成为议会第一大党，与正确道路党组建联合政府；埃及的穆斯林兄弟会以个人身份参与议会选举，支持率逐渐上升；摩洛哥的正义与发展党在21世纪初的历次选举中崭露头角；突尼斯的伊斯兰复兴党也通过民主途径角逐国家政权。伊斯兰政党的这些胜利一方面说明了伊斯兰政党改变斗争策略，朝着务实开放的方向发展；另一方面说明当政者意识到单纯的压制并不能解决问题，逐渐通过民主渠道将他们纳入国家政治生活。所以说，随着政治环境的改善，这些伊斯兰政党乃至继承者的政治纲领发生相应变化，从强调伊斯兰认同向强调民主自由人权的现代意识形态过渡，因而他们逐渐实现了从传统伊斯兰政党到穆斯林民主政党的转变。[1]

21世纪以来，穆斯林民主政党作为一个独特的政治实体出现在中东地区，这以土耳其的正义与发展党、摩洛哥的正义与发展党、突尼斯的伊斯兰复兴党、埃及的自由与正义党和利比亚的公正与建设党为代表。它们大多从伊斯兰政党脱胎而来，土耳其正义与发展党的前身繁荣党、美德党都是典型的伊斯兰政党，自由与正义党更是在穆斯林兄弟会的框架范围内成立，突尼斯伊斯兰复兴党[2]的前身伊斯兰倾向运动深受库特布和毛杜迪思想的影响，摩洛哥的正义与发展党深受土耳其正义与发展党的影响，利

---

① 参见 A. Kadır Yildirim, "Muslim Democratic Parties in Turkey, Egypt, and Morocco: An Economic Explanation", *Insight Turkey*, Vol. 11, No. 4, 2009。

② 伊斯兰复兴党起源于成立于1970年的"保留《古兰经》协会"（Qur'ānic PreservationSociety, QPS），该协会呼吁穆斯林回归伊斯兰教，强调伊斯兰教在社会中的地位，提倡对突尼斯社会进行改革。1981年，被改组为"伊斯兰倾向运动"（Mouvement de la Tendance Islamique, MTI）。1989年，"伊斯兰倾向运动"改名为"伊斯兰复兴党"（Hizb al-Nahdah）。1981年公布的《伊斯兰倾向运动宣言》中宣称：国家与宗教不可分离，政权属于真主，选择伊斯兰是突尼斯社会的唯一出路；伊斯兰是净化社会风气、调节国家和社会生活、解决社会问题的最好办法；以伊斯兰经济原则改造社会经济生活，公平分配社会财富。

比亚的公正与建设党则以穆斯林兄弟会的利比亚分支为根基。尽管这些政党都有着政治伊斯兰的历史背景，但它们在政治立场、政治纲领、斗争目标等方面与传统伊斯兰政党有着很大区别，"它们试图重新定位、超越原先的伊斯兰主义属性，向'非神权'的、与现代民主政治相容的'公民政党'转变"。① 民主是穆斯林民主政党政治纲领的核心诉求，因而在很大程度上类似于"二战"后兴盛于西欧的基督教民主政党。

3. 穆斯林民主政党的基本纲领与理念

穆斯林民主政党兴起于 21 世纪以来中东诸国相对宽松的政治环境与民主氛围，也得益于他们务实开放的政治定位。土耳其正义与发展党否定伊斯兰政党身份，以中右政党自居，将"保守的民主"作为政党的主导意识形态。埃尔多安宣称其政党支持保守的民主，认同多元主义和宽容的世界观和哲学观，在其保守的民主视域下，有限政府的民主和自由价值、法治、自由市场经济、强大的公民社会、普遍的人权、对话和宽容都被反复强调。② 这说明其表面上的保守实际上预示着更为自由的话语。摩洛哥的正义与发展党支持和追求以下目标：改革教育制度，提升与其他国家的经济合作，鼓励投资，增强民主和改善人权，大阿拉伯主义和穆斯林团结。埃及的自由与正义党对穆斯林兄弟会的社会政治目标进行了重大调整，宣称要建立一个以伊斯兰教法为基础，但却是"非神权"的、多党民主制的"公民国家"。自由与正义党主席穆尔西宣称自由与正义党没有宗教性质，不是传统意义上的"伊斯兰政党"（Islamist Party），是非"神权"的"公民政党"（Civil Party）。③ 自由与正义党把议会民主、政治多元化尤其是公民社会等现代政治思想融进党的奋斗目标，支持政治多元化，支持各党和平轮流执政；主张取消紧急状态法，恢复公众自由，自由组建政党，新闻和言论自由，建立公民体制等。④ 显然这是对穆斯林兄

---

① 王凤：《中东剧变与伊斯兰主义发展趋势初探——以埃及穆斯林兄弟会和突尼斯伊斯兰复兴党为例》。

② Willam Hale and Ergun Özbudun, *Islamism*: *Democracy and Liberalism in Turkey*, *The Case of the AKP*, New York: Routledge, 2010, p. 24.

③ "Egypt Islamists form 'Non - Theocratic' Party", Saturday, 30 April 2011. http://www.thepeninsulaqatar.com/middle - east/150700 - egypt - islamists - form - non - theocratic - party.html.

④ 王凤：《中东剧变与伊斯兰主义发展趋势初探——以埃及穆斯林兄弟会和突尼斯伊斯兰复兴党为例》。

弟会基本纲领的突破与超越。突尼斯伊斯兰复兴党宣称推动突尼斯迈向一个现代化的、世俗的多党民主制国家，而非政教合一的伊斯兰国家和社会。该党主席拉西德·加努希多次表示伊斯兰教法在突尼斯没有生存空间，伊斯兰与现代化是相容的，伊斯兰复兴党支持政治多元化、支持实行多党民主制；信奉个人自由，尊重妇女权利，主张男女平等。该党发言人萨米尔·迪娄宣称："我们不想要神权政体。我们想要建立一个具有思想自由特点的民主国家，民众可以自由决定他们的生活方式。""我们不是一个伊斯兰主义的政党（Islamist Party），我们是一个具有伊斯兰教特色的政党（Islamic Party）。"[1] 利比亚公正与建设党发言人表示，公正与建设党寻求"建设安全与稳定的社会，作为一个新政党，我们会根据伊斯兰教的基本原则行事，不过这并不意味着政治宗教化，例如禁止妇女离家是不合理的。"[2] 这五个穆斯林民主政党倡导了伊斯兰教与民主政治的融合、伊斯兰教与现代化的调和、伊斯兰教与民族国家的整合，因而具有广泛的社会基础与民众号召力，在中东政治变革的大潮中迅速发展。

4. 穆斯林民主政党的政治参与

中东诸国在获得独立后，尽管仿照西方或苏联的统治模式建立政治统治，但专制政治或威权政治的传统使得民主自由在诸多国家成为一纸空文，精英与民众之间的二元对立成为一种普遍社会现象。随着现代化进程的推进，中东诸国纷纷开启民主化进程。土耳其通过1950年的民主选举结束了共和人民党一党制的政治模式，开启了多党民主化进程；埃及自穆巴拉克上台后，开始了有限的政治自由化进程；突尼斯在本·阿里总统执政期间，在保持宪政民主联盟执政地位的基础上推进有控制的多党民主进程；实行君主立宪制的摩洛哥自穆罕默德六世1999年即位后，坚持君主立宪制、多党制等既定政策；利比亚在卡扎菲政权被推翻后启动多党选举程序；这就为伊斯兰政党或穆斯林民主政党通过民主选举上台执政提供了机会。在这种政治背景下，各国伊斯兰主义者通过参与和推动本国民主运动的发展，组建政党，并实现政治合法化。土耳其正义与发展党的前身多次参加民主选举，曾参与或主导联合政府。自由与正义党的母体穆斯林兄弟会尽管在埃及政治舞台处于半合法地位，但却能与其他政党结盟，或支

---

① 伊斯兰复兴党词条，http：//en. wikipedia. org/wiki/Renaissance_ Party。

② 公正与建设党词条，http：//baike. baidu. com/view/9174964. htm。

持独立候选人参与民主选举。摩洛哥的正义与发展党也先后参与 2002 年、2007 年大选，获得不错的成绩。① 2010 年年底以来的中东剧变，本质上是一场意义深远的民主变革运动。在运动当中，民众普遍要求发展经济、增加就业；强烈要求惩治贪污腐败，结束专制统治，实行更加自由和公正的多党政治；所以这场运动推动中东进入新的民主发展阶段。长期以来，中东诸国的伊斯兰政党凭借雄厚的群众基础，审时度势，完成从伊斯兰政党向穆斯林民主政党的过渡，并借助这场运动实现合法参政，成为中东诸国政治舞台的重要力量。土耳其正义与发展党在 2011 年 6 月 13 日大选中，以 49.91% 的得票率获胜，这是继 2002 年的 34.28% 和 2007 年的 46.67% 的支持率之后的又一次胜利，从而实现第三次单独组阁，使得"土耳其新模式"② 成为世人关注的焦点。突尼斯现代史上第一次真正意义的民主选举于 2011 年 10 月 23 日举行，广大民众把这次大选视为完成民主过渡并最终建立民主政体的关键，伊斯兰复兴党获得 41.47% 的选票，获得制宪议会全部 217 席中的 90 席。摩洛哥大选于 2011 年 11 月 25 日举行，正义与发展党赢得 395 个议席中的 107 席，获得组建联合政府的权力。在 2011 年 11 月 28 日至 2012 年 1 月 7 日进行的人民议会（议会下院）选举中，埃及自由与正义党获得 235 席，占议会席位的 47.2%，成为下院第一大党。在 2012 年利比亚国民议会选举中，公正与建设党赢得 21.3% 的支持率，获得 17 个议席，成为仅次于全国力量联盟的第二大党。自此穆斯林民主政党成为中东政治舞台举足轻重的政治力量，通过参与民主选举而成为政权的主宰者或主导者。

二　穆斯林民主政党对中东现代化进程的影响

穆斯林民主政党在中东政治舞台的出现，在政治纲领中对民主自由的

---

① 参见 A. Kadır Yildirim, "Muslim Democratic Parties in Turkey, Egypt, and Morocco: An Economic Explanation", pp. 65 – 76。

② 有关"土耳其模式"或"土耳其新模式"的定义引起国内外学者的广泛关注，国内学者王林聪、昝涛、李秉忠等有关于土耳其模式的专题论述；国外学者 Andrew Mango、Aydin Yalcin、Meliha Benli Altunisik、Francis Ghilès、John L. Esposito、M. Hakan Yavuz、Seymen Atasoy 也对土耳其民主与现代化模式进行专题研究。

强调，通过民主选举上台执政的实践都促使我们重新思考伊斯兰教与民主化进程的关系；穆斯林民主政党的强劲影响力说明现代伊斯兰主义者对现代化模式的探索及其对移植的现代化路径的拨乱反正，它们对本土现代化模式的探索必将影响中东诸国的现代化走向。

1. 穆斯林民主政党对民主自由的强调证明了伊斯兰教与民主的相容

长期以来，一种普遍流行的观点认为伊斯兰教"认主独一、安拉至上"的政治价值观、"教俗合一"的政治模式与民主基本原则是不相容的；伊斯兰教作为一种教俗合一、族教混同的政治文化以承认安拉的绝对主权、先知的权威、国家的有限主权为特征，孕育了以政治宗教化和宗教政治化为终极目标的政治体制，这种体制向社会领域的渗透则体现为宗教对国家、社会、群体和个人的主宰，在政治上则内化为对真主代理人即统治者的无条件服从，伊斯兰教义中的这种绝对权力和无条件服从否定了对权力进行分割和制衡的理念，从而也否定和扼杀了公众政治参与意识。伯纳德·刘易斯指出："伊斯兰教的政治发展史是一个专制独裁的过程……不存在任何形式的议会或代议制，没有委员会或公社，没有显贵会议或地产会议，没有市政机关，除了王权权力一无所有，臣民完全履行神圣法律所赋予的宗教职责……在过去 1000 年内，伊斯兰政治思想由这样的格言所支配，'暴虐强于无序'，'任何人的权力一旦确定，遵从他是义不容辞的责任'"。① 所以说民主制与真主主权相冲突，伊斯兰教与民主不相容。其实，伊斯兰教的舒拉②原则以及隐含在伊斯兰传统中的协商观念直接体现着民主内涵。一位埃及思想家认为"舒拉在伊斯兰教中是给民众选择统治者及其副手和代表的民主权利，是实行思想、意见和反对的自由的民主"。③ 希瑟·迪根强调舒拉在伊斯兰政治制度中的重要意义和民主的倾向，把伊斯兰教看作是西方民族传统的对立面是一种误解的曲解。④ 一位埃及学者指出："欧洲所谓的自由类似于我们宗教中所界定的正义、公议

① Bernard Lewis, "Communism and Islam", in Walter Z. Laqueur ed., *The Middle East in Transition*: Studies in Contemporary History, London: Praeger, 1958, pp. 318 – 319.

② 舒拉 (shura) 在阿拉伯语里的含义是"协商"和"商议"；历史上指的是古代阿拉伯部落内部聚会并商讨重要事宜等活动，涵盖了征询、协商时推选等较为宽泛内容。

③ 转引自刘中民《当代中东民族主义与伊斯兰教关系评析》，《阿拉伯世界研究》2007 年第 3 期。

④ Heather Deagan, The Middl East and Problemy of Democracy, Buckingham: Open University Press, 1993, P. 114.

和平等……这是因为自由和民主统治包含不偏不倚的正义、民主权利以及民众参与等。"① 这些思想家循着这样的分析思路得出结论说：伊斯兰统治是与民主相容的。拉什德·戈诺迟（Rashid Ghanouchi）指出"多元主义的议会民主"是将真主的沙里亚法付诸实践的理想工具。② 这些思想家还认为"民主是伊斯兰政府制度的精神，尽管他们反对人民主权的哲学设想……因为古兰经要求穆斯林通过相互协商处理事务，并赋予代表机构以特权……舒拉和领导人的选择也必须基于普通穆斯林的自由意愿。"③ 尽管不同的思想家从不同的角度对伊斯兰教与民主的相容性做出论证，但由于中东诸国自从独立以来，纷纷接受西方抑或苏联的现代化建设模式，将政教分离作为实现现代化的核心步骤，因而中东诸国的民主化进程大都是由世俗主义者所提出并推动实施的。尽管伊斯兰主义者也提出了民主化的构想，但由于其被排斥在国家政权之外，所以伊斯兰主义者的民主化成就被忽略甚至无视。

目前，土耳其是中东地区仅有的几个推行民主化、初步建立民主政体的国家之一，土耳其正义与发展党的"伊斯兰民主"的民主实践以事实驳斥了西方人长期以来持有的"中东民主例外论"或"穆斯林例外论"。长期以来，西方学者、专家和政治家认为民主产生于资本主义的发展过程，是从基督教的精神内核中演化而来的，是以天赋人权、主权在民为终极目标的，亨廷顿的文明冲突论以文化的断裂来考察不同文明之间的冲突，指出民主价值与伊斯兰文明是不相容的。④ 然而，虽然伊斯兰教与西方的某些价值观之间存在差异，但是核心的价值观念特别是对于民主的向往则是一致的。穆斯林民主政党所提出的民主构想：土耳其正义与发展党的"保守的民主"模式，埃及自由与正义党建立多党民主制的"公民国家"的构想，摩洛哥伊斯兰复兴党建立具有思想自由特点的民主国家的努力，都充分说明了他们在坚守伊斯兰传统的同时，将构建民主自由作为

---

① Hamid Enayat, *Modern Islamic Political Thought*, Austin TX: University of Fexas Press, 1982, p. 131.

② John O. Voll, "Islam and Democracy: Is Modernization a Barrier?", *Religion Compass*, Vol. 1, No. 1, 2001, p. 174.

③ Mumtaz Ahmad, "Islamic Political Theory: Current Scholarship and Future Prospects" in Mumtaz Ahmad ed., *State Politics and Islam*, Indianapolis: American Trust Publications, 1986, p. 4.

④ Samuel P. Huntington, "The Clash of Civilization ?", *Foreign Affairs*, Vol. 75, No. 6, 1993, pp. 28 – 34.

基本的纲领与目标，也在一定意义上佐证了伊斯兰教对民主的包容性。

2. 穆斯林民主政党的政治实践体现了中东政治民主化的发展方向

作为一种政治制度，民主出现并成熟于西方世界，其产生和发展基于西方特殊的历史文化和社会经济条件，当西方式民主被嫁接到别的国家时，出现水土不服在所难免。"西方人把现代民主传授给了世界，然而政治文化的发展却倾向于本土化而不是普世化，各种民族特色的'民主'将成为未来的主流。"① 所以中东诸国在政治制度建设过程中首要考虑的是西方式民主与本土文化相容的问题，中东诸国所建构的自由民主并不意味着对西方自由民主的全盘照搬和模仿。以土耳其为例，当民主传播到土耳其时，凯末尔已领导民众建立了共和制度，虽然凯末尔政权具有威权倾向，但凯末尔主义所宣布的目标却是向民主国家迈进。但传统与现代之间蕴含着一种内在的历史连续性，任何伊斯兰国家在探索适合自己国情的现代化发展模式时，都不应忽视现代化进程所赖以运行和发展的人文背景和来自伊斯兰世界内部的文化支撑。基督教传统曾是政治专制主义的支持者，如今它被重新解释成顺应民主思想的体系，伊斯兰教借助自己多元化的解释，同样可以产生自己特色的民主。当代中东社会现实表明，虽然对民主的确切含义有不同理解，但许多穆斯林已经接受了民主观念，民主已成为现代伊斯兰政治思想和实践中一个不可缺少的组成部分，成为考验政府透明度和允许伊斯兰组织存在的标尺。因此民主化改革指向非民主前景的"民主悖论"只是一个阶段性的现象。土耳其由奥斯曼帝国后期的有限民主到凯末尔的民族主义威权政治，然后又开始有限政治自由化和民主化改革的历程表明，政治现代化和民主化仍是土耳其政治发展的目标，其间虽时有反复，但现代化、民主化已成为一个民族国家立足世界并在现代世界利益斗争中取胜的首要条件和基本手段，任何国家都不能出于其外。一些学者认为当前土耳其的经历是伊斯兰运动成功整合进民主的表现。② 在土耳其教俗力量较量与制衡过程中，伊斯兰主义者一方面通过民主、合法选举等渠道表达其诉求，另一方面自身也在发生变化，从封闭保守向务实开放以及温和的转变。在这种背景下，土耳其伊斯兰主义者成为推动民主化的重要力量，而世俗精英成为阻碍着民主化进程的力量。此前，凯

---

① 丛日云：《当代世界的民主化浪潮》，天津人民出版社 1999 年版，第 16 页。

② Graham E. Fuller, "Turkey's Strategic Model: Myths and Realities", *Washington Quarterly*, Vol. 27, No. 3, Summer 2004, pp. 51 - 64.

末尔主义者是西方化的改革主义者，宗教保守势力抵制这种变化，而现在"具有宗教倾向的民主力量则是按照欧洲的准则推进政治改革，凯末尔主义者则抵制这种变化"。①

今天，民主得到全球范围的支持和认同，只有很少领导人或知识分子反对该理念，对于世界上大多数人而言，民主是政治合法性唯一残存的来源……民主已经从一种政府形式转化为一种生活方式。② 对当代中东而言，实现民主是人民根本利益的需要。根据约瑟夫·熊彼特的精英主义民主理论，"民主是政治精英竞取权力和人民选择政治领袖的过程。民主的标志是选举。政治精英掌握政治权力，但其合法性源于人民的选择。"③所以说，民主从本质上体现两方面内容：一方面是赋予人民以基本权利，使人民自身的权益（基本人权和平等的政治参与权利）能够得到保障。另一方面是对当政者的权力进行有效的监督和制约，从而使政治系统的运作和权力的运用符合人民的根本利益。事实上，人类文明程度日益发达的当今世界，任何国家都无法以种种理由拒绝或长期拖延在国内实施民主，因为民主是人类的共同诉求，所以当民众的民主参与遭到压制时，以民主的名义进行抗争便具有了普遍意义，这是 2010 年年底以来中东政治动荡的重要原因。穆斯林民主政党的上台正是借助民众的政治参与获得参与甚至主宰政权的权力，它们对民众利益的考虑以及对民众诉求的回应使得其尽管并不是政治动荡的发起者，但却成为中东政治动荡的最大赢家。作为具有浓厚伊斯兰背景的现代政党，凭借强大的社会基础实现了广泛的民众动员，将更多边缘化的群体纳入国家的核心结构中，因而体现了民主发展的终极方向与目标。不过，目前执政或参与联合政府的穆斯林民主政党都强调在现行政治框架范围内进行现代化建设，所以说不可能从根本上改变中东诸国的国家性质与既定方针，但顺应了中东民主化的发展方向。

3. 穆斯林民主政党化解了中东现代化进程中的诸多矛盾

穆斯林民主政党的兴起为化解中东现代化进程中的诸多矛盾提供一种

---

① Seymen Atasoy, "The Turkish Example: A Model for Change In the Middle East?" *Middle East Policy*, Vol. 3, No. XVIII, Fall 2011, p. 91.

② Fareed Zakaria, *The Future of Freedom: Illiberal Democracy at Home and Abroad*, New York: W. W. Norton, 2003, pp. 13 – 14.

③ 转引自丛日云《当代世界的民主化思潮》，第 32 页。

选择。近代以来，欧洲列强对日趋衰落的伊斯兰世界实行殖民或半殖民统治，一些接受西方教育的穆斯林精英认为正是伊斯兰教导致伊斯兰社会在近代的衰落，于是努力以西方国家为模板来改造传统国家。随着现代民族国家的纷纷建立，这些穆斯林精英迅速填补了西方殖民者撤离后留下的政治真空。就整个中东而言，大多数穆斯林精英在国家建设过程中仓促推行社会主义、资本主义或二者相混合的经济模式，虽然在初期实现了经济快速发展，但并没有惠及相对贫穷的大多数人，贫富差距的日趋扩大引起广大民众的不满。当代中东诸国在建立民族独立国家之后，将西方式现代化作为模仿的对象，但是精英与民众之间的沟壑、城市与乡村之间的差距构成各国现代化进程中的普遍现象，掌握中东诸国的精英分子与广大普通穆斯林的差距在现代化进程中不仅没有缩小，反而呈现拉大的趋势，威权政治或专制统治是中东大部分国家在独立之后的共同现象。城市化进程造成中心与边缘的隔绝程度进一步加深，经济模式转变带来的经济增长并没有给普通穆斯林生活带来多少改善，综观当今中东诸国伊斯兰主义，其崛起的根源在于各个国家不民主的专制统治排斥了民众的政治参与和现代化经济成果的分享，而伊斯兰主义旨在实现广泛的民众动员和政治参与，所以一定程度上促进了民主化进步。

由于现代化本身是一个涉及技术、经济、政治、社会和文化等方面革新的系统工程，但在大多数伊斯兰国家，现代化进程中与其相适应的民众心理、社会意识和配套设施并没有跟上，这进一步造成社会的两极分化，导致更多民众对现代化模式的质疑和反对。保证民众的政治参与和权利自由虽然清晰地写在宪法中，但在具体实践中王权专制和威权政治仍然大行其道，这也成为许多国家政治不稳的重要因素。诸多不满积聚在一起造成一系列危机：认同危机、合法性危机、渗透危机、分配危机和参与危机。广大穆斯林以伊斯兰教为纽带团结起来抗议现代化进程中的诸种危机，这是普通穆斯林质疑脱离伊斯兰传统的西方式现代化模式的重要表现，而伊斯兰政党则成为穆斯林抗议世俗主义政权及其现代化政策的主要载体。英国威尔士大学的伊斯兰问题研究权威詹姆斯·皮斯卡图里（James Piscatori）认为，伊斯兰原教旨主义运动的兴起并不是穆斯林对现代化失败的反应。公众虽然对这种失败有很大不满，但穆斯林的反应更多是由于政治和宗教领导人对现代化失败完全无能为力。① 随着中东诸国现代化进程的推进，穆斯林民主政党在强调伊斯兰文化认同的基础上，借助现代民主秩序赢得政治合法性，依靠遍布城乡的政党外围组织使得中央政策与纲领达及边缘地区，凭借正义、公正与平等等纲领来消除收入差距与贫富分化，并借助广泛的民众动员使得民众通过选举公开表达他们的基本诉求与政治意愿，从而能够化解现代化进程中的一系列危机。尽管穆斯林民主政党尚未成为中东政治舞台的主流，但它们化解现代化进程中诸多矛盾的做法与效果足以为其他国家提供借鉴，从而促进中东现代化进程的良性发展。

三　中东穆斯林民主政党的挑战及范式功能

1. 中东穆斯林民主政党面临诸多挑战

中东地区的政治动荡导致穆斯林民主政党的崛起，作为中东政治舞台的新生力量，尽管其上台执政面临着重重挑战，但将为处于动荡之中的其他国家的政党政治提供重要借鉴，必将影响中东局势的未来走向。受命于危难之际的穆斯林民主政党面临更为复杂的处境：一是如何摒除宗教束缚，克服执政经验不足，有效整合现代政党理念；二是如何联合其他政党，组成合法政府，实现社会稳定；三是如何恢复发展经济，消解各种危机，改善社会民生。

作为从伊斯兰政党转型而来的新型政党，这些穆斯林民主政党并没有内在的统一标准，每个政党对伊斯兰教和现代政治理念的认识并不相同。在西方世俗主义的现代化模式下，尽管这些政党努力调适伊斯兰教与现代政治理念，但认同西方世俗政治的国家精英阶层使他们的执政实践面临重重考验。土耳其坚持世俗主义的凯末尔精英并不认同正义与发展党的执政理念，所以捍卫凯末尔主义的军方和司法阶层对正义与发展党的执政实践设置重重障碍；埃及的军方则以穆尔西的施政纲领背离国家现代化原则为名将其赶下台，并取缔了自由与正义党的合法地位。综观中东剧变中兴起的五个穆斯林民主政党，除了土耳其正义与发展党以绝对优势单独执政，

---

① James Piscatori, "Accounting for Islamic Fundamentalism", in Martin E. Marty and R. Scott Appleby eds., *Accounting for Fundamentalism: The Dynamic Character of Movements*, Chicago: University of Chigago Press, 1994, p. 361.

其他四个穆斯林民主政党都要与其他政党组建联合政府，不同政党政治取向的差异、政治纲领的歧义、施政纲领的差别都制约着联合政府的良好运行。与参与联合政府的各个政党的利益协调是各穆斯林民主政党颇为头疼的问题。以摩洛哥正义与发展党为例，尽管其在大选中获得最多议席，但由于尚未达到法定多数，不得不与独立党、公民运动和进步与社会主义党组建联合政府。摩洛哥长期存在政党较弱且被国王控制的情况，尽管新宪法对国王权力做了修改，但新政府的构成仍然给予国王在国家治理方面很大的发言权，这就为新政府的平稳发展带来一定隐患。突尼斯伊斯兰复兴党尽管获得相对多数席位，但未过半数，不得不与其他政党联合组阁。据法新社分析，由于无法改变联合执政格局，伊斯兰复兴党不得不寻求其他党派的支持，从而使自身的"温和"特征增加"左翼色彩"。① 所以在建立过渡政府和出台新宪法的过程中，伊斯兰复兴党表现出良好的合作精神，通过与其他政党的妥协退让换来了突尼斯民主转轨的顺利过渡。伊斯兰复兴党与总统马祖奇所在的世俗党派——共和委员会党和劳动自由民主党三党共同执政，但联合政府面临各种挑战，伊斯兰复兴党执政以来以"有伤风化"而治罪的情况多有发生，突尼斯迅速分化为支持和反对伊斯兰复兴党的两大阵营。2014 年 3 月 30 日，伊斯兰复兴党领袖拉西德·加努希呼吁按期进行总统、议会选举，这并没有得到世俗政党的支持和认可。所以说，参与联合政府的各个政党的利益协调是一个棘手问题，也是各穆斯林民主政党颇为头疼的问题。而且，在土耳其和埃及，军队是世俗政体强有力的捍卫者，一旦他们认为穆斯林民主政党超出所能忍受的范围，就会采取直接或间接的军事干预，这也是穆斯林民主政党必须面对的棘手问题。土耳其与军方龃龉不断，穆尔西总统的下台和自由与正义党的取缔都与军方对政党政治的监控密不可分。另外，中东现代化进程的世俗化特征也使得来自军队、司法界及各种世俗政治力量的挑战也影响了穆斯林民主政党施政纲领的推行。

　　经济停滞、贫富分化、分配不公和政治腐败是穆斯林民主政党上台之前中东诸国普遍存在的问题，所以改善民生、促进经济发展是其取得民众支持的重要手段。就突尼斯革命的原因，无外乎总统家族腐败、失业率高

---

① "世俗政权失败导致伊斯兰复兴　突尼斯伊斯兰复兴运动胜出"，2011 年 11 月 6 日，http://www.muslem.net.cn/bbs/article-7689-1.html。

以及食品价格上涨等因素。民众希望民选议会不要令他们失望，能够带领人们建设一个民主、富强、繁荣的新国家，能够使热爱生活的突尼斯人民早日过上安定、幸福、富庶的好日子。① 由于不满政府腐败、物价上涨和失业率高等问题，埃及民众在突尼斯动乱不久即举行游行抗议，仅仅18天时间，就终结了穆巴拉克长达30年的统治。在2011年议会选举中，自由与正义党以其关注民生、扎根社会的理念赢得了埃及民众的多数选票。但是这些缺乏执政经验的穆斯林民主政党并没有提出系统的经济改革与建设纲领，尽管它们号称支持自由市场经济，关注社会主义与平衡发展，但如何在确保社会利益平衡的基础上实现经济的良性发展则是首要面对的棘手问题。就突尼斯而言，伊斯兰复兴党上台以来内阁更迭频繁，加努希指出突尼斯目前面临的主要挑战在于政党做出的承诺无法兑现，选举的及时进行遭到反对，恐怖主义仍然在突尼斯肆虐，失业率增加，贫穷仍然困扰着广大的突尼斯民众。应该按期进行总统选举，制定相应的解决方案，带领突尼斯走向民主和富裕。但也并没有得到其他政党的回应，仍然是一党的呐喊。另外，通过民主选举上台的穆斯林民主政党，如何能持续将优势保持到下一次选举，并对整个中东地区产生持续的辐射与影响，也是对其执政能力的重要考验。就埃及而言，自由与正义党的施政纲领已被搁浅，穆尔西也在军方政变下黯然下台，穆斯林兄弟会仍在为争取合法身份而努力。甚至执政十年之久的土耳其正义与发展党也自2013年6月以来，遭遇四次大规模的民众抗议，有学者认为甚至可能影响到总统选举和2015年的大选。尽管正义与发展党在过去不久的地方选举仍然延续了选举的胜利，但其执政地位也遭到反对派和其他世俗主义者的反对，能否延续以往的选举胜利尚不能过于乐观。这些因素对于穆斯林民主政党和中东诸国而言都形成前所未有的挑战。

2. 穆斯林民主政党治国模式的范式功能

政党是表达和整合民众利益诉求的重要通道，在中东现代化进程中，政党与特定的统治模式相联系。中东民族独立国家建构初期，移植西方的现代化理念导致世俗政党是政治舞台的主角，土耳其共和人民党、埃及华夫脱党、叙利亚复兴党等都为民族国家的政治建构发挥重要作用。随着中

① 《突尼斯选举："阿拉伯之春"遭遇首场选举大考》，《国际先驱导报》2011年10月28日。

东现代化进程的推进和多元主义的实施，信奉不同意识形态的政党走向政治舞台，但威权政治的压制抑或民主政治的不健全，导致伊斯兰政党作为政治反对派出现在政治舞台。穆斯林民主政党的兴起，改变了中东伊斯兰力量的传统地位，整合传统伊斯兰主义与现代民主政治，形成颇受民众欢迎的现代建构模式，为中东政治民主化未来提供方向。

就中东穆斯林民主政党而言，只有土耳其正义与发展党有着相对稳定且突出的执政经验，所以其所倡导的"保守的民主模式"将为中东地区的未来发展提供一种范式。土耳其共和国是当今中东地区一个较为特殊的国家，曾经的凯末尔改革使其成为"中东伊斯兰世界国家海洋中一个非宗教指路明灯"；民主化进程的巨大成就又使其成为"众多阿拉伯国家民众谋求政治改革的模板"。在奥斯曼帝国解体和中东民族主义兴起之后，阿塔图尔克建立民族国家和现代经济的经历一度被视为中东地区的范本。"难道我们正在见证另一个土耳其模型——温和的伊斯兰教？土耳其的经历或许将为地区国家提供灵感。"① 格雷厄姆·富勒（Graham Fuller）指出："基于近些年来发展的突出现实，现在，土耳其成为一个真正的模型，最终将为中东地区提供相当大的吸引力。"② 正义与发展党上台后，显示了现代伊斯兰主义者通过合法的渠道，在遵循传统价值观的基础上寻求现代化发展路径的可行性，所以国内外诸多学者纷纷探讨土耳其模式的新变化抑或土耳其新模式的形成。早在 2004 年 12 月欧盟正式启动土耳其入盟谈判的新闻发布会上，就有阿拉伯记者提出这样的观点——土耳其成为阿拉伯世界的改革模板。一位记者认为从土耳其的经历中学习是可能的，这将意味着改革能够在一个伟大的伊斯兰国家内部发生。另一位记者指出，土耳其模板所提供的与本·拉登所主张的形成鲜明对比。③ 鉴于土耳其正义与发展党执政十余年的突出成就，导致阿拉伯世界将这种允许正义与发展党上台执政，而该党又支持世俗主义的现象看作是重要而成功的"土耳其试验"，……土耳其的这种新试验对于伊斯兰国家来说是一种模

---

① Abudullah Gül, "Turkey's Role in a Changing Middle East Enviroment", *Mediterranean Quarterly*, Vol. 15, No. 1, 2004, p. 6.

② Graham E. Fuller, "Turkey's Strategic Model: Myths and Realities", p. 51.

③ Kemal Kırışcı, "Turkey's 'Demonstrative Effect' and the Transformation of the Middle East", *Insight Turkey*, Vol. 13, No. 2, 2011, p. 34.

式。① 美国研究民主化的著名学者拉里·戴蒙得（Larry Diamond）曾经强调树立一个模型对于激发阿拉伯国家改革和转变的重要性。② 突尼斯伊斯兰复兴党领导人拉西德·加努希和穆斯林兄弟会的缔造者哈桑·班纳的孙子塔里格·拉马丹（Tariq Ramadan）都强调土耳其作为阿拉伯世界转化的示范或例子的重要性。③ 2011 年 2 月，拉西德·加努希接受土耳其《今日扎曼》采访时宣称，土耳其的民主实践是突尼斯的榜样，突尼斯应当仿效"土耳其模式"。④ 2011 年 10 月 7 日，在伊斯坦布尔召开的"阿拉伯之春"研讨会上，拉西德·加努希再度称赞土耳其是展现伊斯兰教与民主相容的典范。⑤ 同样，摩洛哥正义与发展党主席阿卜杜拉·本·基兰在当选总理之后表示，该党赞赏"世俗伊斯兰"的土耳其模式，并希望未来十年在摩洛哥也能出现同样的模式，摩洛哥正义与发展党同样也能够取得成功。⑥ 所以说，突尼斯的伊斯兰复兴党和摩洛哥的正义与发展党都强调学习土耳其正义与发展党的民主模式，力争成为展现伊斯兰教与民主相容的典范。在政治参与方式上，它们选择民主选举的和平渐进道路，逐步放弃以暴力手段夺取政权的激进道路。2012 年 1 月，"土耳其模式"甚至被列为"多哈辩论"（The Doha Debates）首期电视节目的辩题："土耳其是否为阿拉伯世界提供了一种好的模式"？换言之，"土耳其模式"是否能为转型中的阿拉伯国家所效仿？土耳其因其世俗民主、经济繁荣和国际影响不断增强，被许多人视之为伊斯兰世界令人鼓舞的事情，土耳其作为一种"模式"显示了对民主的渴求。⑦ 当前，中东诸国仍然存在相当数量的伊斯兰政党，它们深受国内外政治环境的影响，处于从伊斯兰政党向

① Meliha Benli Altunisik, "The Turkish Model and Democratization in the Middle East", *Arab Studies Quarterly*, Vol. 27, No. 1, January 2005, pp. 57 – 58.

② Larry Diamond, "Why are There No Arab Democracies?", *Journal of Democracy*, Vol. 21, No. 1, 2010, p. 102.

③ Tariq Ramadan, "Democratic Turkey is the Template for Egypt's Muslim Brotherhood", http：//www. huffingtonpost. com/tariq – ramadan/post_ 1690_ b_ 820366. html.

④ "Al – Ghannushi says Turkey's Democracy a Model for Tunisia", http：//www. Todayszaman. com. 2011 – 02 – 23.

⑤ "Ghannushi：Turkey is a Model that Merges Islam and Democracy", http：//www. todayszaman. com, 2011 – 10 – 07.

⑥ "Morocco's New PM Looks to 'Turkish Model' for New Government", http：//www. todayszaman. com, 2011 – 12 – 01.

⑦ Francis Ghilès, "New Deal for Arab People", *Insight Turkey*, Vol. 14, No. 1, 2012, p. 21.

穆斯林民主政党的转变过程中，所以穆斯林民主政党对于这些政党的走向将产生重要影响。叙利亚穆斯林兄弟会的秘书长利亚德·舒克法（Riad al - Shuqfa）希望获得正义与发展党在土耳其那样的成功。① 所以说，穆斯林民主政党的示范作用将会随着中东局势的发展而愈益突出。当前，尽管以土耳其为首的部分穆斯林民主政党掌权的国家，由于内外危机而呈现出诸多问题，但如果能够克服种种矛盾实现持续性稳定发展，无疑对处于转型中的中东国家具有重要的借鉴意义。尽管它们独特的发展模式并不能被其他中东国家所复制，但有选择的模仿抑或借鉴却有助于中东诸国现代化进程的推进。

从 2010 年年底开始持续至今的中东剧变，已经把中东地区拖入新的动荡、转型、重塑时期。在被不可逆转的经济全球化趋势边缘化的同时，作为发达国家的依附型经济体，中东国家承受了经济危机压力转嫁后的巨大冲击，加之自身贫富悬殊和高失业率等社会问题愈演愈烈，丰富的油气资源又让列强垂涎……内乱外扰之下，中东地区由此进入了一个大调整、大变革、大动荡、大洗牌的全新历史时期。这场剧变可能开启中东民众寻求新的发展道路的历史进程：伊斯兰主义力量乘势扩展政治影响——中东多数国家的政治体系不同程度地发生变化，为伊斯兰主义力量扩大影响提供更为广阔的空间；穆斯林民主获得广泛的关注——穆斯林民主政党在诸多国家建立，并通过民主途径上台或参与国家政权；区域内主要大国外部环境发生明显变化——土耳其外部环境改善、伊朗面临地区环境趋于复杂、以色列的安全环境显著恶化等。在这样的政治与社会背景下，从伊斯兰政党到穆斯林民主政党的过渡证明了现代伊斯兰主义强大的适应性，穆斯林民主政党对自由民主的贯彻与实践不仅证明了移植的外来现代化模式在中东的破产，还意味着基于民族文化的穆斯林民主模式在中东的探索与成长。

---

① Ufuk Ulutaş, "The Syrian Opposition in the Making: Capabilities and Limits", *Insight Turkey*, Vol. 13, No. 3, 2011, p. 96.

结语：关于中东政党政治演变的若干思考

中东国家走向现代化过程中，大多以西方的代议制民主作为效仿的范本，所以20世纪以来多数中东国家在不同阶段颁布宪法、组成议会和开展选举；而作为政治动员工具的政党则显得良莠不齐，政党政治也很不成熟完善。一般而言，中东诸国的政治现代化进程使得各社会阶层能够借助源自西方的社会共同体——政党来表达其政治诉求和实现较为广泛的政治参与。亨廷顿曾经指出："为了尽量减少政治意识和政治参与的扩大酿成政治动荡的可能性，必须在现代化进程的早期就建立现代的政治体制，即政党制"，[①] 但纷繁复杂的政治形势和历史演进轨迹使得这些国家在现代化进程中并非完全有能力吸收现代化造成的新兴社会力量和日趋高涨的参与水平，这就使得政党在不同国家发挥的作用并不相同，政党政治在中东不同国家有着不同的发展轨迹。总体而言，大多数中东国家作为后发现代化国家，其政党政治与现代化建构在效仿西方国家的基础上同步进行，但民族国家建构的排他性使得中东诸国的政党政治经历从一党制到多党制的过渡。现代化的探索过程和政党政治的完善过程伴随20世纪以来中东国家历史的始终，不同政党在调和西方政治理念与传统政治文化的过程中推进民主化进程的长足进步，世俗政党和伊斯兰政党的权力角逐共同构成中东政党政治的生动画卷，伊斯兰传统、威权政治的深远影响形成中东政党政治的独有特征。全球化进程和多元主义发展趋势解构了中东政党政治的传统模式，2010年年底以来的中东剧变作为一场席卷中东地区的政治社会运动，对中东政党政治乃至现代化进程产生深远影响。

---

① ［美］塞缪尔·P. 亨廷顿：《变化社会中的政治秩序》，第368页。

一 中东政党政治的演变轨迹

政党政治的兴起，是当今世界一个普遍性的政治现象，作为现代政治制度的重要载体，源于西方政治现代化的历史建构，被西方国家裹挟着殖民主义的余威渗透到东方乃至整个世界，所以中东地区在被西方资本主义国家纳入全球政治社会秩序的过程中形成具有鲜明地区和民族特色的政党政治体系。近代以来，奥斯曼帝国和伊朗恺加王朝等东方传统帝国被西方国家的坚船利炮轰开了大门，尽管西方殖民主义入侵遭到传统既得利益者的坚决抵制，官方和民间的反殖民反封建运动构成近代世界历史演进的一条主线，但从统治阶层中分化出来的开明人士努力寻求传统帝国落后的根源。这些开明人士最初从器物技术层面分析国家落后的原因，通过吸收西方先进技术和工具的现代化改革来改变被动挨打的局面，奥斯曼帝国晚期的谢里姆三世改革、马哈茂德二世改革以及坦齐马特改革、埃及的穆罕默德·阿里改革、伊朗的穆罕默德·阿拔斯·米尔扎改革和纳绥尔丁改革即为这方面的典型例子。简单照搬西方技术而不改革传统制度体系的现代化改革并不能真正挽救帝国危亡，一些更为进步的开明人士认识到西方制度的优越性是西方崛起的深层原因，于是将西方先进的政治制度和理念整合进传统政治制度，西方的宪法、政党被嫁接入传统国家统治秩序的母体，所以在 19 世纪末 20 世纪初，亚洲传统势力笼罩的地区纷纷开展被列宁誉为"亚洲的觉醒"宪政运动，这包括奥斯曼帝国的青年土耳其运动、伊朗的宪政革命、中国的辛亥革命等，这些国家出现了西方式的政党组织。但是宪政运动并未能真正阻止帝国的衰落，伊朗恺加王朝解体，奥斯曼帝国分崩离析，中东地区进入到现代政治建构的新阶段。

20 世纪以来，随着传统帝国的解体，西方殖民势力开始全面控制或染指中东地区，土耳其、埃及和突尼斯等国纷纷出现新式的政党组织。第一次世界大战后，奥斯曼帝国控制的疆域版图除了土耳其和沙特等国赢得独立之外，其他地区或者处于半独立状态，这以埃及为代表；或者成为西方国家的委任统治地，这以叙利亚、黎巴嫩、伊拉克、巴勒斯坦和约旦等为代表；以色列借助回归故土的阿里亚运动开始了建国的准备工作，在西方国家发展起来的政党雏形开始在巴勒斯坦地区发展壮大；伊朗的礼萨汗借助"一战"后的纷乱形势在英俄的角逐中建立起巴列维王朝，并进行世俗化改革的尝试。总体而言，这一时期的中东地区深受西方政治思想影响，土耳其、伊朗和阿富汗通过世俗化改革建立现代民族国家，英法的委任统治国在宗主国的影响下建立宪政制度框架，以色列建立议会民主制的雏形，民族国家建构的需要和西方委任统治的控制使此间中东政党政治作为现代政治制度的附属品而存在。所以说，此间中东政党政治和宪政框架并非本土内生的结果，而是源自西方政治制度的渗透和影响，这些政治思想和制度形式与不同的地区文化和历史传统相结合，形成中东诸国独特的政党政治和宪政制度走向。

　　第二次世界大战后，随着世界范围内民族民主运动的风起云涌，中东诸多国家纷纷摆脱西方殖民体系的控制而独立，并结合历史传统与现实需要建立不同形式的政治制度，政党在这些新生民族国家政治建构和权力重塑过程中发挥着重要作用。除了一些在"二战"前实行多党议会民主制的国家如以色列、伊拉克、叙利亚之外，大部分新独立的国家都实行一党制的政治统治。一党制或一党为主的政治体制与民族国家独立与政治建构密切相关，在反对殖民主义统治的斗争中，不同社会派别基于民族独立的诉求对民众形成广泛的号召力，通过民族主义斗争，民众的政治参与得以扩大，政党组织得到发展，土耳其凯末尔时代、埃及纳赛尔时代、叙利亚阿萨德时代的一党制即为典型。"强有力的一党制向来都是自下而上为夺权而战的民族主义运动或革命运动的产物"。[1] 在一党制度下，政府决策和政治领导人的选拔过程机会是在单一政党的构架内进行，或许允许小党存在，但其对主要政党内部的运作几乎不可能施加任何影响，所以呈现出鲜明的威权政治特征。这些国家推行一党制主要通过三种途径：一是曾经领导过武装斗争的民族主义政党，在国家取得独立时成为执政党。在这类国家里，一党制政权建设可以较快地起步，而不受或少受宗主国政权模式的束缚；执政党也能认真地总结武装斗争时期的经验教训，使政党朝着有更明确的纲领、健全的组织和严明的纪律的政党方向转变，也能比较注意动员群众，自力更生，建立起较有群众基础的党政合一的政权，这以土耳其、突尼斯、民主也门、阿尔及利亚等国的一党制实践为代表。二是通过议会道路分阶段取得独立，独立后由多党制转变为一党制。这些政党一般

---

① ［美］塞缪尔·P. 亨廷顿：《变化社会中的政治秩序》，第386页。

在民族解放斗争中已经独占了领导权，在独立前经过选举而获胜成为独立后的执政党。反对党势单力薄，难成气候。执政党高举团结的旗帜，对反对党实行怀柔政策，最后把反对派加以融合，成为民族主义的一党制国家。这以埃及、伊朗和巴勒斯坦等国的一党制实践为基础。三是少数国家通过军事政变建立军人政权，实现权力转移，通过军方扶植乃至掌控的政党建立一党制政权，这以叙利亚和伊拉克的"复兴社会党"一党制政权为代表。这些国家之所以形成实行一党制政权，有其深刻的历史根源和现实需要。从历史根源讲，这些国家过去长期遭受殖民统治，经济文化落后，部族之间长期对立争夺，缺乏民主传统。从现实需要来看，这些国家在赢得独立之后，如何维护国家主权和民族尊严，抵制新老殖民主义的威胁与干扰，迅速发展经济，就成为头等重要的任务，而实行一党制的集中统一领导，从理论上讲有助于政治稳定，有助于这一目标的实现。在实行一党制的国家，执政党被视为维系民族一体化的工具，是维持政局稳定的关键，是唯一能成为权威源泉的现代组织，并提供了使一切政治活动制度化和控制政治活动的压力手段。所以一党制政权在捍卫民族独立和国家尊严方面发挥了积极作用。但是，这些基于民族主义的一党制国家也存在很多弱点，当代著名政治思想家萨托利认为这种一党制是一种"党国合一制度"，是一种"国家体系"。① 这从侧面说明了一党制政权的弊端。首先，一党制是执政党以先发制人的方式获得了政治上的垄断地位，原来存在的各党派、各不同利益集团甚至各部族同执政党争权夺利的斗争由社会转移到党内，表面上看一党制强大有力，但实际上是党内有党，党中有派。其次，维持一党制统治及民族团结主要依靠执政党领导人的人格魅力与权威，以及这些领导人在各派之间推行一种走钢丝式的平衡政策，显然这种最高层的平衡不是一种经得起考验的稳定，其后果是权力越来越集中，决策越来越转向幕后。再加上经济文化长期落后和领导人的思想素质等因素，不少发展成为独裁统治，政变频繁，部族斗争非常激烈，未能走向真正的民主发展道路。在一党为主的政党政治时代，政党制度缺乏民主但较为有序。随着一党制弊端的充分暴露，其必将被更为适合社会发展的政治制度所取代。

---

① 转引自陈家刚《组织视域下政党政治研究的现状与趋势评析》，《理论与现代化》2009年第4期。

　　纵观"二战"后中东国家政治现代化进程，可以看出除了部分实行君主制的国家，大多数中东国家的政党政治经历了从一党制的威权政治向多党制的民主政治转变。一党制的力量源于其与殖民政权、传统制度或保守社会的斗争，其弱点在于政治体系内部缺乏制度化的竞争。所以，这些贯彻一党制较为彻底的国家发展到一定阶段之后，便遭遇民主发展的"瓶颈"，于是严格的一党制便会逐渐向多党民主制、一党独大的多党制甚至完全西方化的多党制方向趋近。从理论上讲，多党制有较大的制度化竞争余地，因此多党制的实施便成为一党制衰微后中东诸国的必然选择。自上而下的一党政治通常构成独裁者控制社会和排斥民众政治参与的御用工具，多党制的政治实践则标志着民众政治参与的扩大。① 土耳其是中东地区较早实现从一党制向多党制转变的国家，一党制时代，土耳其的现代化主要局限于上层精英社会和城市范围，凯末尔主义者借助捍卫国家主权和建构民族国家的名义排斥了下层民众的政治参与，政党作为御用工具发挥了操纵国家权力的功能。从一党制到多党制的过渡，不仅是政治形式的改变，更是体现了从精英政治向民众政治的尝试，民众通过民主选举参与国家政治生活，影响官方政策走向。多党制的广泛政治实践，不仅体现了对威权主义的摒弃，而且作为政治民主化的外在形式，实现了民主化进程从上层精英层面向下层民众社会的广泛延伸，体现了土耳其社会将边缘社会群体纳入国家现代化进程的广泛尝试。民众通过参与国家社会生活，影响政党的政治决策实现了民众意志与国家意志的趋同，所以土耳其作为中东民主化程度最高的伊斯兰国家，其政党政治的演变之路必将为其他国家提供重要借鉴。在现代化进程中，诸多中东国家逐渐超越20世纪六七十年代民族主义一党制的窠臼，进行多党民主制的政治实践，埃及的民族民主党、叙利亚的阿拉伯复兴社会党和阿尔及利亚的民族解放阵线等都是鲜明的例子。就20世纪实行多党制的中东国家而言，其多党制的政治实践是模仿西方政治制度的产物，在现代化实践中并没有成为中东国家走向民主、稳定、繁荣的基石，所以政治民主化进程在这些国家仍然步履维艰。

　　21世纪以来，随着以美国为首的西方国家对中东民主秩序的干预和所谓的大中东民主秩序的实践，各国或地区政治转型后大都实行了多党制度，后塔利班时代的阿富汗、后阿拉法特时代的巴勒斯坦、后萨达姆时代

---

　　① 哈全安：《土耳其共和国政党政治的演变》。

的伊拉克、后卡扎菲时代的利比亚等国家都开始以西方多党制为范本的进口替代与政治转型，这必然会带来排异反应等先天性缺陷，这种在西方势力的控制和干预下进行多党竞争的民主选举和新政权建构，尽管在形式上确立了所谓的多党民主的外壳，但未能学到民主政治的精髓——妥协与尊重选举结果，代之以街头政治或兵戎相见，这使得民主政治在这些国家仍然是虚妄的构想，广大民众的政治参与仍然是一个遥不可及的童话，混乱的政治形势使得这些国家政党政治的发展前景堪忧。目前，除了实施多党民主制较早的以色列、土耳其等国，大部分中东国家仍然在照搬西方政党政治模式和调适传统政治模式与现代政治理念之间摇摆不定，所以中东国家的政党政治仍然处在发展完善的过程中。

二 现代伊斯兰主义对政党政治的影响

伊斯兰主义作为一种思潮和运动在伊斯兰世界长期存在，并作为一种主导意识形态和政治实践贯穿传统伊斯兰帝国的始终。当西方的政治理念和执政模式在中东地区得以推行时，伊斯兰主义者打出"正本清源、返璞归真"的旗号，努力将这些异己思想和实践排斥出伊斯兰世界。部分传统伊斯兰主义者采取传统的农民起义形式反对西方的殖民入侵，在中东历史上出现苏丹的马赫迪起义、伊朗巴布教徒起义，他们作为旧势力的代表显然无法抵制西方的入侵，最终以失败而告终。从传统统治阶层中间分化出的开明人士认识到西方国家在技术和制度方面的先进性，于是通过器物层面的现代化改革和制度层面的宪政运动来挽救伊斯兰帝国衰亡，部分保守伊斯兰主义者害怕失去既得利益，对这些新政改革、宪政运动和政党实践采取抵制态度，奥斯曼帝国、伊朗恺加王朝与埃及宪政运动遭遇的抵制即为明证。尽管这些改革和宪政运动最终未能获得完全胜利，但在伊斯兰帝国内部植入西方先进的思想意识，所以从传统伊斯兰主义者中间分化出的革新主义者企图通过使宗教信仰、教法、仪礼、制度适应现代化，全面复兴伊斯兰文化，以此为基础来实现社会政治、经济、宗教和文化教育的改革，达到富国强民的目标，这以阿富汗尼、阿卜杜等伊斯兰思想家为代表，他们是伊斯兰现代主义的早期代表，为现代伊斯兰主义的发展奠定基础。

20 世纪以来，随着传统伊斯兰帝国的衰落，西方国家开始操纵乃至控制中东地区，伊斯兰主义的主导意识形态地位逐渐下降，源自西方的民族主义和世俗主义逐渐成为新生国家的指导思想。埃及、伊朗、叙利亚、黎巴嫩等国纷纷在西方国家控制下建立所谓的议会制度，政党借助宪政制度形式在中东地区的政治演进中崭露头角。由于伊斯兰主义作为相对落后的意识形态遭到排斥，所以许多中东国家赢得独立之后，纷纷将西方现代化模式作为模仿对象，世俗主义、民族主义和社会主义成为各个国家在现代化进程中秉承的主导思想意识。西方现代化模式的水土不服和对中东传统价值体系的冲击使得精英与民众之间的沟壑、城市与乡村之间的差距、主流意识形态与民众信仰的二元对立成为中东诸国在现代化进程中无法化解的难题；完全模仿西方国家的现代化模式在实践过程中导致矛盾集聚并形成一系列危机：认同危机、合法性危机、渗透危机、分配危机和参与危机。认同危机是指对现代世界模棱两可的感情以及对自我历史宗教和文化传统的无所适从。在工业化和城市化进程中，安土重迁的农民被迫离开世居的乡村向城市移民，他们通常抱着很高期望来到城市，但复杂的社会现实和艰苦的生活环境使其产生深深的幻灭感，转而从宗教信仰中寻求精神安慰，以减轻现实恐惧感和无所适从感。合法性危机是指政治权威失去民众的信任和支持而引起广泛的反对和抗议。在现代化进程中，多数中东国家将世俗化作为实现现代化的重要前提，这就使得统治当局认可西方的意识形态和生活方式，而广大民众保持了传统的生活习惯和认知标准。因为官方与民众之间缺乏共同的话语，当政者不能有效动员或整合各族民众，所以其政权便陷入合法性危机。渗透危机是指中央政府的政策不能达及民众层面而造成的危机。政治稳定、运行良好的国家是指中央政府能够将指示达及最底层的社会机构，中央政府的行为和政策能得到基层政府机构、政党和乡村委员会的支持，国家的法律、政策和纲领能够在最底层得到有效的贯彻实施，显然这是中东多数国家所不具备的。分配危机指的是因国家经济财富分配不均所造成的危机，由于富裕阶层和掌权精英通过权力寻租掌握大量社会财富，他们不愿意放弃特权和财富，因而对再分配采取抵制态度，这就造成严重的财富分配不均。另外，接受现代化洗礼的民众不可避免地要求更多地参与政治，当执政者拒绝民众参与国家政治决策时，参与危机就会发生。亨廷顿指出："政党和政党体系的稳定和力量，取决于其制度化水平和参政水平。高水平的参政和低水平的政党制度化相结

合，就产生政治混乱和暴力。"① 中东诸国不同政治力量从不同角度来化
解这些危机，现代伊斯兰主义作为中东诸国在民族主义、社会主义和阿拉
伯主义思潮衰落之后兴起的对传统文化探寻和回溯的社会运动，其借助化
解现代化危机的契机开始参与中东诸国的政党政治演进历程。

政党政治作为源自西方国家的一种现代政治现象，其在中东地区的实
践与西方的殖民扩张密不可分，所以现代伊斯兰主义对于政党政治的态度
经历了一个变换的过程。中东诸国早期的政党政治与源自西方的宪政运动
和议会政治密切联系，所以其政党政治都是基于世俗政党的执政实践为前
提，埃及的华夫脱党、叙利亚的民族联盟、以色列的劳工党派和伊朗的民
族阵线都是其典型例子。对伊斯兰教来说，政党政治的出现使伊斯兰教与
政治的互动关系展现出更丰富的色彩。经受西方式现代化洗礼的土耳其共
和国，伊斯兰教已不可能按传统方式参与政治，因此改变伊斯兰势力参政
的方式势在必行。政党作为西方殖民渗透的载体，遭到现代伊斯兰主义者
的质疑和反对，所以在 20 世纪 50 年代之前，除了以色列有较为成熟的宗
教政党，在中东其他国家并没有较为成熟的宗教政党抑或伊斯兰政党，伊
斯兰主义者以伊斯兰组织为载体与世俗政党政治相抗衡，这以埃及的穆斯
林兄弟会为代表。"二战"后，中东诸国经历民族主义、社会主义思潮的
洗礼和政党政治的发展，现代伊斯兰主义认识到只有借助现代政党的力量
才能实现其基本的政治诉求，所以大部分伊斯兰主义者开始在现行政治框
架下通过议会选举来实现其政治目的，这就形成 70 年代以来伊斯兰政党
在伊斯兰世界的广泛建立。在民主化进程中，伊斯兰政党把宗教同"自
由"、"民主"结合在一起，利用民主政治所提供的机会空间，通过将宗
教信条和教规等纳入政党纲领的方式广泛动员穆斯林的宗教情绪和政治热
情，为政党争取合法性基础。因此对伊斯兰政党来说，伊斯兰教是捞取穆
斯林选票的工具，是合法斗争的强有力手段，是与其他政党在议会选举中
争斗的一张王牌。② 其作为整合传统伊斯兰文化与现代政治理念的新型组
织形式对中东诸国的现代化进程产生一定影响。他们都借助伊斯兰传统文
化这种载体来表达各自的社会及政治诉求，都将世俗政权或社会力量作为
反对对象，所以有着内在的同一性。作为现代的政治范畴，伊斯兰主义尽

---

① ［美］塞缪尔·P. 亨廷顿：《变化社会中的政治秩序》，第 433 页。
② 陈德成：《土耳其繁荣党的伊斯兰民族主义初探》，《西亚非洲》1996 年第 4 期。

管打着复古的旗号，但有着现实的政治目的。在奉行政党政治的中东诸国，在世俗政党与宗教政党的选举竞争中，伊斯兰政党在强调伊斯兰文化认同的基础上，借助现代民主秩序赢得政治合法性，依靠遍布城乡的政党外围组织使中央政策与纲领达及边缘地区，凭借正义、公正与平等等纲领来清除收入差距与贫富分化，并借助广泛的民众动员使得民众通过选举公开表达他们的基本诉求与政治意愿，从而在一定程度上促进民主化进程的纵深发展，土耳其伊斯兰政党、黎巴嫩什叶派政党和埃及的穆斯林兄弟会的参政实践即为这方面的例子。但是由于中东诸国民主化程度不同，宗教政党在不同国家的处境亦不相同，土耳其伊斯兰政党在相对宽松的政治框架下实现了从参与到主导再到主宰政坛的演进过程，埃及的穆斯林兄弟会由于处于非法地位，仅仅作为独立候选人参加埃及的议会选举，以色列的宗教型政党作为主流政党的配角参与了联合政府的组成……所以作为现代伊斯兰主义载体的伊斯兰政党对不同国家政党政治的影响并不相同。另外还有某些极端宗教政党，借助极端的政治纲领和令人发指的斗争手段对中东政党政治产生极大威胁，如黎巴嫩的真主党、阿富汗的塔利班等，其对所在地区的正常社会秩序造成极大破坏，由于其在中东政治舞台处于边缘化地位，所以对其影响也不能高估。

21 世纪以来特别是 2010 年年底中东剧变以来，随着中东诸国现代化进程的纵深发展和以美国为首的西方国家重塑"大中东民主秩序"，中东多个国家的威权政权相继倒台，西方式的议会竞选体制在多个国家得以确立，宗教政党重新趋于活跃并借助民主环境参与国家政权。巴勒斯坦的哈马斯依靠民众支持上台执政，埃及穆斯林兄弟会完成从宗教组织到政党的过渡，部分伊斯兰政党也逐渐弱化其宗教属性，朝着穆斯林民主政党的方向前进。中东剧变发生后，诸多穆斯林民主政党借助动荡的政治局势呈现强势上升势头，并在诸多国家参与甚至掌控国家政权。伊斯兰势力的上台执政引发了中东世俗主义力量的警惕，在埃及和突尼斯，当自由与正义党和伊斯兰复兴运动赢得选举之后，各世俗政党为了对抗伊斯兰力量迅速整合，分别成立了埃及的"全国拯救阵线"和突尼斯的"保卫突尼斯联盟"及"人民阵线"等，不仅对穆斯林民主政党政府在具体政策和议案上提出抗议，并直接质疑其执政的合法性，自由与正义党在面对"全国拯救阵线"对宪法修改委员会的组成、新宪法草案的激烈批评时，几乎没有任何妥协；而全国拯救阵线也在国家濒临失控时多次拒绝了穆尔西提出的对话请求，结果自由与正义党政府及推选的穆尔西总统被迫下台，伊斯兰主义力量在中东剧变中的强劲势头戛然而止。当前中东诸国处于第三次民主变革大潮中，现代伊斯兰主义也将经历新的创新与发展，尽管伊斯兰力量尚未成为中东政治舞台的主流，但它们化解危机与解决矛盾的做法与效果将为其他国家提供借鉴，其政治社会诉求也随着时代的发展发生相应的变化，所以现代伊斯兰主义并非现代化的逆向因素，而是中东现代化进程的促进力量。

三　威权政治对中东政党政治的影响

中东诸国的政党政治源于西方国家的政党制度。西方殖民主义的入侵和渗透削弱甚至彻底摧毁了传统伊斯兰帝国的政治制度，而当地统治者或者采取与殖民者合作或者对抗的方式来强化自身统治，这就使得他们或是在与西方殖民者的合作中遭到民众的抛弃，或是在与西方殖民者的对抗中遭到镇压。领导中东诸国走向独立的领导者大多是传统统治者的后裔，他们认识到传统政治制度的落后和西方现代政治制度的先进，于是在接受西方教育和思想意识的基础上通过领导群众组织或群众运动而实现民族国家独立诉求。所以说，在传统政治制度脆弱——或已崩溃或已被推翻——的地方，具有超凡魅力的领袖常常会临危受命，力图以强大的个人号召力去弥补传统和现代性之间的差距。在这些领导人能集大权于一身的情况下，可以认为他们就足以推进制度化的发展，担当起"伟大的立法者"或"开国之父"的角色。在"一战"、"二战"后的特定国际背景下，这些领导人尚未建立完备的现代政治组织——政党就领导开展了民族独立运动，并未拥有先进思想意识的社会阶层领导了新生国家的政治建构，这些新生国家的缔造者因为拥有奇里斯玛式的个人权威而控制了所有国家权力，所以具有军人威权的显著特征，这以土耳其的凯末尔统治、伊朗的礼萨汗统治为代表。其他在西方国家扶植下获得独立的国家，由于统治阶层以西方殖民者为后台，缺乏广泛的民众支持和完备的政治组织保障，所以无力填补殖民统治结束后留下了的权威和合法性真空，于是以自由军官组织为主体的中产阶级军官走上历史前台。马基雅维利认为，腐败国家的改革或新国家的建立，只能是单独一个人的作品。然而，个人的利益和制度化的利益二者之间存在着冲突。制度化的权力意味着限制魅力十足的领袖人物的权力，否则他们就会专横武断地运用这种权力。制度建设者需要个人权力去创造制度，但是他若不放弃个人权力也无从创造制度。制度化的权威是超凡领袖个人权威的对立面，如果超凡领袖人物想建立公共秩序的稳定机构，他们就自己推翻了自己。① 所以这些拥有军事强力的中产阶级军官们通过军事政变上台后，依靠个人魅力和极端措施建立起特定形式的军事政权。军官们能够接受舶来的民族主义和进步思想，发展出其他国家很少见的干练和技能，并整合社会中的精英分子，构成社会中最现代化最进步的团体。1958 年伊拉克赛义德政权的倒台标志着政治的性质和合法基础发生了质的变化，同时标志着政治参与的范围在量上也有了显著的扩大，因为中产阶级出身的军官夺取了政权，官僚和职业阶级进入政治的道路也已廓清。1949 年叙利亚军人推翻议会政权也同样使政治参与由原来相对人数较少的上层集团大体上扩大到了中产阶级分子。② 1952 年埃及自由军官组织革命的胜利，标志着法鲁克王朝开启的议会政治的终结和军人控制下的民族政权的胜利；1969 年卡扎菲借助自由军官组织秘密政变推翻伊德里斯王朝，为建立党政军三位一体的军事威权政治奠定基础。鉴于军人在国家政治生活中的重要地位和中东政治的发展轨迹，许多学者认为中东地区和世界上其他地区一样，在"二战"后的现代化进程中经历了威权政治阶段，其对中东政党政治产生重要影响。

20 世纪以来，中东地区涌现出一系列威权国家，有学者将其称作新权威主义政权，"新权威主义（亦称现代权威主义）政权指已实现政教分离或事实上的政教分离的共和制国家中，实际上仍实行着集权政治的政权，不管是军人政权还是文人政权。在这类国家中，政治、经济、军事等大权集中在世俗的一人、一党、一派手里。其统治权威主要不是源自传统，而是源自 20 世纪产生、发展起来的中东地区民族主义意识形态和在现代民族独立运动即现代民族国家建设过程中涌现、成长起来的传奇式人物之人格魅力、丰功伟绩，同时借助其所控制的军队、政党。"③ 深入分析中东国家的政治体制可知，中东国家的威权政治又可细分为党国威权政治和军人威权政治两种。党国威权政治体制与民族国家的建立密切相关，

---

① 转引自［美］塞缪尔·P. 亨廷顿《变化社会中的政治秩序》，第 218 页。
② ［美］塞缪尔·P. 亨廷顿：《变化社会中的政治秩序》，第 185 页。
③ 王彤主编：《当代中东政治制度》，第 36 页。

随着殖民统治的衰落，在民族独立运动中涌现的新社会精英尽管缺乏传统精英的物质财富或社会地位，但他们凭借新成立的民族主义政党吸引了民族大众的支持，从而形成具有浓厚社会基础的新型民族主义政党。为了维持新获得的社会地位，这些民族主义政党贯彻一种国家在经济事务中发挥主要作用的政治经济模式，这就是民族国家成立初期所实施的国家主义经济政策。为了达到垄断国家政权的目的，这些政党在赢得国家独立后建立了一党制国家，形成"一人、一党、一派"的党国高度合一政治体制，政党在协调不同的部门和功能方面走得太远，甚至取代了原有的机构而由自己来行使表达和执行的双重功能；立法机关只是执政党手中的橡皮图章，而执政党甚至直接取代行政部门来行使国家意志的执行功能。党国合一体制下也存在竞争性选举，但执政党借限制他党竞选资源与权利的方式，例如严格管制他党宣传活动，严格审核他党候选人资格，有时甚至采取正当性可疑的压制性手段，确保个别单一政党长期执政，即连续当选国家元首或议会制下的政府首脑与多数议席。但一旦执政党认为一党制统治遭受威胁，将通过党禁的方式取缔其他政党的存在。土耳其的共和人民党、突尼斯的新宪政党、民主也门的民族解放阵线、阿尔及利亚的民族解放阵线、伊拉克的"复兴社会党"、叙利亚的"复兴社会党"、伊朗伊斯兰共和党的一党制统治即为这方面的代表。这种一党制的威权体制使得新生民族国家能够较为彻底地摆脱西方殖民统治的遗产而获得完全独立，并在相当长的时间内有效地捍卫了国家统一和民族独立，但对国家利益的高度强调使得民众的个人权利和自由遭到限制，所以随着民主化进程的纵深发展，党国合一的政治体制逐渐趋于解体，被多党议会民主制的政治体制取而代之，不过这些国家此后政党政治的走向带有一党制的痕迹。

就中东国家而言，军人威权政治体制颇具代表性。中东地区，军队在国家政治生活中的地位较高，并作为"超政府力量"存在。之所以如此，一方面出于统治的需要，各国统治者都注重军队建设，军队在国家政治结构中被赋予特殊地位；另一方面，由于经历了多次中东战争的洗礼，军队被视为国家的保护神，在国民心目中的地位较高；再次，许多中东民族政权的建立本身就是革命或军事政变的结果，军人一旦掌权便组成各类"革命委员会"以掌控国家最高权力，凌驾于其他政府机构之上。鉴于军人在中东国家的特殊地位，所以"二战"以来许多国家的军方便以国家秩序的维持者自居，通过一系列政变影响了国家的政治走向。土耳其的军方曾以凯末尔主义的捍卫者自居，先后发动四次政变将其视为偏离凯末尔主义的民选政府推下台，并建立了军方监管下的宪政秩序和政府体制。埃及、利比亚、伊拉克、叙利亚都先后通过自由军官组织革命终结了王朝统治，建立军方掌权的共和国。不过这些军人出身的领导者一旦掌握国家政权，便极力弱化军人在国家治理中的地位和作用。凯末尔同盟与进步委员会会议上曾说："只要军官一日留在党内，我们就既不能建设一个强大的党，也不能建设一支强大的军队……由军队来撑腰的党绝不会对国民有吸引力。让我们现在当机立断，所有希望留在党内的军官必须辞去军职。我们必须立法，禁止任何军官有党派归属"。[1] 这既说明领导者对军人在现代国家建构过程中应发挥作用的深刻认识，也影响了此后国家的走向。"在那么多处于现代化之中的国家里存在着的权力和权威的真空，可以暂时由魅力领袖人物或军事力量来填补；但只有政治组织才足以永久地填补这一真空。或者是统治集体在现存政治制度之内互相竞争，以便组织群众，或者是异己集团组织群众推翻这个制度，二者必居其一"。[2] 所以这些军人出身的领导者掌控国家政权后，通常建立一个政府党来协调立法机关内部的运作，借此而走向上述的党国合一体制。在建立土耳其政党政治的过程中，凯末尔和其许多同僚都是军人出身，但他坚持他们必须在军务和政治之间做出泾渭分明的抉择。他宣布，"指挥员在考虑和执行军事职责和使命时，必须当心不让政治考虑来影响他们的判断。他们必须牢记，国家有专司政治事务的其他官员。一个军人不能用饶舌和玩弄政治来履行自己的职责。"[3] 另一部分军人领导者坚持民主制的发展轨道，迅速整饬国家秩序后还政于民。总体而言，军人在各国政治生活中的特殊地位使其是各国能够干预政党竞争的最主要力量之一，军队的介入对政党活动和政党竞争形成重要影响。[4]

曼弗雷德·哈尔彭指出，军队"是民族主义和社会改革的先锋"，是

---

[1]　Irfan Orga, *Phoenix Ascendant: The Rise of Modern Turkey*, London: Robert Hale, 1958, p. 38.

[2]　［美］塞缪尔·P. 亨廷顿：《变化社会中的政治秩序》，第 427 页。

[3]　Dankwart A. Rustow, "The Army and the Founding of the Turkish Republic", *World Politics*, Vol. 11, No. 4, July 1959, p. 546.

[4]　易小明：《中东社会转型中的政党政治》，《阿拉伯世界研究》2014 年第 3 期。

新兴中产阶级中最有内聚力和纪律性的成分，其对社会的冲击主要是革命的。① 军人对中东政党政治的干预体现在两个方面，一方面是影响政党民主选举的结果，另一方面是对伊斯兰政党的排斥。军队对民主选举结果的影响表现如下：一是在政权更迭过程中，军队的倾向决定了政党在国家政治生活中的地位。中东剧变中埃及和突尼斯军队的态度成为两国政治反对派与穆巴拉克民族民主党、本·阿里宪政民主联盟竞争成败的关键性因素。二是在政局恢复稳定之前，军队对政党政治的干预同样积极有效。中东地区政党政治发育不成熟，党禁放开容易造成政党竞争的失控、国家秩序的混乱，甚至发生执政党官员被反对派绑架、谋杀等极端案例，这就使军队往往以调停党争或维持社会国家稳定的名义频繁干预政治生活。例如在埃及、土耳其等国家，军队通过公开讲话、最后通牒等形式对政党活动或执政党政策提出要求，直至实施军事政变取缔政党，终止一切政党竞争。埃及穆尔西的被下台和自由正义党政府的被取缔，土耳其正义与发展党和军方的权力博弈即为典型例子。

近代以来，中东国家的现代化改革和与西方国家交往的背景，使得军人特别是军官阶层普遍受过高等教育或者西方的培训，接受了西方政教分离的现代化模式和世俗主义的各项举措，所以在现代化进程中自觉排斥宗教对于政治的影响。因此，正是由于军队对现代伊斯兰主义的怀疑和否定使得伊斯兰政党与世俗政党之间的竞争朝对前者不利的方向发展，当二者之间的竞争出现失控时，伊斯兰政党主导或控制的政权更易遭受军事政变的威胁，军队也往往成为伊斯兰政党的终结者。在大选中获胜的阿尔及利亚伊斯兰拯救阵线的被解散、土耳其繁荣党——正确道路党联合政府的垮台、埃及自由与正义党政府的垮台都与军方对政治的干预密不可分。军方的世俗主义立场和对现代伊斯兰主义的针锋相对，也使得中东政党政治的走向带有军方威权的显著痕迹。不过，军方的威权色彩和专制倾向是中东民主化进程遭受西方诟病的原因，随着中东民主化进程的长足发展，军方对国家权力的控制力愈益下降，其对政党政治的影响逐渐弱化，但是埃及军方代表塞西的上台和赢得总统大选也使我们对中东威权政治的发展前景不无担忧。

---

① Manfred Halpern, *The Politics of Social Change in the Middle East and North Africa*, Princeton: Princeton University Press, 1963, p. 75.

四 民主化的未来与中东政党政治的走向

中东政党政治发展现状是地区和国家内部意识形态和具体利益碎片化和西方干预的共同结果。在中东地区民主转型的过程中，中东诸国的政党运行规则日益清晰，民主的多样性进一步发展。中东地区传统民族主义执政党面对日趋复杂的国内外形势，尽管努力通过自身变革来更新执政理念、改善执政方式、提高执政能力，但并没有改变江河日下的局面；中东政治舞台上基于意识形态分化的政党分歧逐渐弥合，世俗主义和伊斯兰主义仍将是不同政党区别的依据；复杂多变的地区局势使得新型政治力量冲击政坛，带来了政坛的重新洗牌和全新的发展取向；西方势力的插手和干预也给地区政党形势的发展注入了诸多不确定因素。近年来，随着世界多极化、经济全球化、政治民主化的加速发展以及国际、地区形势的深刻变化，中东政党政治呈现如下发展趋势。

首先，传统民族主义政党在民主化进程中地位下降，执政空间进一步缩小。近年来，世界范围内的多党民主制浪潮对中东地区国家造成较大冲击，各国民众要求扩大民主、改善民生的呼声渐高，伊拉克的阿拉伯复兴社会党随着萨达姆政权的倒台而退出历史舞台，巴勒斯坦解放组织的执政党地位遭到哈马斯的挑战。在这种情况下，埃及民族民主党、叙利亚"复兴社会党"、突尼斯宪政民主联盟、苏丹全国大会党、也门全国人民代表大会党等主要的传统民族主义政党为适应形势变化，掌握主动，加快自身调整，积极探索适合本国国情的治党治国模式和发展道路，以求巩固执政地位。埃及民族民主党于2002年提出"新思维"，对党的执政理念和组织机构进行重大调整，首次提出由"政府的党"向"党的政府"转变，明确了由党决策、政府执行的新型党政关系；书记处新设政策事务书记，负责制定国家大政方针，党在国家政治、经济和社会生活中的作用较前有所增强。叙利亚"复兴社会党"在巴沙尔的领导下于2005年决定以市场经济取代计划经济；重视加强与全国进步阵线内其他政党的协调与合作；新建中央党校，加强对各级党员干部的教育和培训，提高施政能力。本·阿里领导的突尼斯宪政民主联盟积极发挥对国家政治和社会生活的主导作用；在保持政局稳定前提下，稳步推进多元化民主进程，积极推行修宪的全民公投，增设了参议院，拓宽了沟通民意的渠道；积极培育中等收入阶层，扶助弱势群体，扩大社会保障覆盖面，力克两极分化。苏丹全国大会党于 2005 年提出"和平、民主、发展"口号，推动在全国范围内建立广泛的团结阵线；加强同基层人民群众的联系，倾听民众呼声，动员广大群众参政议政。也门也逐步推行政治多元化，在 2006 年的总统选举中，允许其他政党参与议会竞选，结果萨利赫领导的全国人民大会党以绝对优势赢得议会 301 个席位中的 238 个议席，其他党派民众改革党、也门社会党、纳赛尔联合主义者人民组织、阿拉伯社会复兴党各获得数目不等的议席。但这些改革并没有从根本上改变中东地区长期存在的威权专制和政治体制僵化的局面，个人专权、家族统治、一党执政的延续，贫富差距的增大与失业率攀升，政府贪污腐败以及国民经济衰退，现代移动通信技术和互联网作为新兴媒介的推波助澜使得 2010 年年底爆发的中东剧变对中东政党政治产生巨大冲击，民族主义政党长期执政而形成的积重难返危机使得穆巴拉克、本·阿里、萨利赫政权轰然倒塌，巴沙尔政权处于风雨飘摇之中。随着西方对中东的渗透和西方多元民主模式在中东地区的推行，传统民族主义政党的社会基础逐渐削弱，其在中东诸国的执政空间将进一步缩小。

　　其次，政党意识形态分歧逐渐弱化，世俗政党与宗教政党的博弈仍将延续。中东地区的政党在很大程度上是西方国家的舶来品，无论是宪政时代的议会政党还是威权政治时代的民族主义政党，其都以资本主义或社会主义作为其主导意识形态，对中东诸国的政治现代化进程产生重要影响。但随着世界范围内意识形态分化的逐渐弱化，中东政治舞台诸多政党不再像 20 世纪 90 年代之前所出现的泾渭分明的左右翼政党的分野，许多政党逐渐趋于中间化。由于国际形势发生深刻变化，经济全球化、世界多极化、政治民主化以及和平与发展等关乎国家发展前途的重大问题被突出地摆在各国朝野政党面前，各国政党尽管政治思想和纲领主张各异，但在关乎国家总体利益如主权、领土、内外政策等重大问题上，往往能超越意识形态分歧，采取一致或相近立场，围绕意识形态的斗争明显减少。土耳其的左翼政党共和人民党能够与右翼的民族行动党组建联合政府即为这方面的典型例子。与此同时，各党更加务实，重视解决人们普遍关心的社会、经济和政治问题，为能在大选中赢得更多选票，左右派别均注意调整政策，修正偏激主张，出现"左派不左、右派不右"的中间化倾向。这种倾向在可预见的未来显然仍会延续，因为今天中东政治舞台上组建联合政府的各政党并不是基于意识形态的一致，而是基于利益的相关或一致。尽管左右翼政党的意识形态分化有所弱化，但世俗主义和伊斯兰主义仍然是中东各国政党政治中的斗争焦点。伊斯兰政党的出现与伊斯兰运动的兴起密切相关，西方价值观及其世俗文化的侵袭造成伊斯兰传统价值观的部分缺失，也导致民众对西方排斥抵触心理进一步加深，地区传统政治势力大多对上述问题应对不力，党派纷争和内部倾轧加剧更使其与民众渐行渐远。在此背景下，主张改变现状、正本清源、回归传统、扶贫济弱、廉洁亲民、抵制西方的伊斯兰势力得到越来越多地区民众的支持和拥护，势力不断壮大，并借助政党政治的民主框架在一些国家实现政党化、合法化，甚至进入政权或上台执政。正义与发展党借助其保守的民主纲领先后三次蝉联执政，并两度赢得总统选举；哈马斯在 2006 年立法选举中一举击败法塔赫，使得巴勒斯坦进入世俗政党与宗教政党两强相争时期；黎巴嫩真主党自 2005 年大选后进入内阁，随之成为黎巴嫩政治舞台举足轻重的政治力量；埃及穆斯林兄弟会所属的自由与正义党借助中东剧变的东风，先后赢得议会选举和总统大选；摩洛哥的正义与发展党也一度成为议会第一大党……伊斯兰势力的崛起冲击了地区传统政治格局，对地区世俗力量构成一定威胁，于是在西方国家的干预下，伊斯兰力量的强势崛起势头遭到打压，自由与正义党控制的总统和议会在军事政变后被下台，穆斯林兄弟会也丧失合法地位，伊斯兰主义与世俗主义力量的博弈仍然延续，并将对地区形势的未来发展产生重要影响。

再次，新兴政治力量冲击政坛，部分国家政党格局发展前景趋于复杂。近年来，中东地区部分国家政局发生重大变化，一些新兴政治力量开始登上历史舞台，在各自政坛发挥重要作用。在伊拉克，"复兴社会党"退出历史舞台后，什叶派、逊尼派、库尔德人成为政坛三足鼎立的执政力量，分别占据总统、总理和议长职位，但由于什叶派与库尔德政党结盟在伊拉克政坛占据有利地位，逊尼派政党和组织虽然不甘落后但难以扭转被边缘化的颓势。目前伊拉克三大主要民族和教派间，特别是什叶派和逊尼派之间的矛盾和冲突已成为影响伊政局稳定的重要因素。伊拉克战争后，伊拉克境内的恐怖分子和前政府势力为对抗美英的军事占领进行了针对伊拉克警察、政府机构以及驻伊美军的汽车炸弹袭击，什叶派和逊尼派穆斯林在伊拉克境内的暴力冲突日益升级。2014 年，逊尼派极端恐怖主义武装组织 ISIS（伊拉克和黎凡特伊斯兰国）引发了大规模的叛乱，并攻陷伊拉克北部大片地区，伊拉克政治局势的动荡使其政党政治也遭受极大威胁。在巴勒斯坦，法塔赫与哈马斯脆弱的合作关系破裂，双方分占约旦河西岸和加沙，形成武装对峙，给巴勒斯坦政党政治发展乃至中东和平进程的未来走向增添了诸多变数。在苏丹，随着南北《全面和平协议》的签署，原南方主要反对派苏丹人民解放运动与执政党全国大会党组成民族团结政府，两党形成既合作又竞争的关系。在以色列，脱胎于右翼利库德集团的中间派政党前进党于 2006 年议会选举中获胜组阁，以政坛进入了工党、前进党、利库德集团三足鼎立时代。毛里塔尼亚 2005 年发生军事政变后，当局加快推进民主进程，政党活动趋于活跃，但前政要、部落首领等传统力量仍对国家的政治生活起着决定性作用。中东剧变使中东国家遭受不同程度影响，最终以多国政府的让步而逐渐平息，阿尔及利亚结束实行了 19 年的紧急状态；约旦国王解散首相里法伊并任命新政府；苏丹总统承诺不谋求连任到 2015 年；阿曼解散所有部长，并宣布实行选举以产生立法机关；沙特国王进行了经济方面的让步，并批准妇女在 2015 年的舒拉议会和市政府选举投票；巴林释放了部分政治犯并解散所有部长；科威特内阁宣布辞职，首相纳赛尔下台；摩洛哥国王准许公投进行宪法改革，并做出政治让步。利比亚卡扎菲政权垮台后，经过一年多的政治过渡，2012 年 7 月 7 日举行首次多党制国民议会选举，全国力量联盟、公正与建设党、全国阵线党成为利比亚政坛的三大政党。2014 年，利比亚国内局势再次陷入混乱，政党政治的发展前景趋于暗淡。另外，中东政党与新媒体耦合的趋势加强。新媒体与政党政治的深切关联从来没有像今天这样凸显。今天，阶层多元化、社会分散化、生活个性化，人们的生活目标、观念和价值取向千差万别，媒体在政党的政治行为中所起的作用越来越重要，多数中东政党已充分意识到这项新技术对政党政治的意义，在实践中不仅建立自己的网站与网络组织，也注重通过网络来加强与国内外的本党组织和本党党员的联系，同时还加强网络时代的议程设置以提升执政能力，其对中东国家政党格局也将产生极大影响。

最后，西方国家加大对中东政治干预力度，地区政党政治将日趋复杂。西方与中东国家交往时的"民主"诉求拓展了该地区政党活动的空间。20 世纪 90 年代以来，在西方的政治和经济压力下许多中东国家放松了对政治反对派的控制。如阿尔及利亚、也门放弃一党制，实行多党制；

埃及、突尼斯、叙利亚、伊朗等国放松对其他政党的控制，并为其提供财政支持；约旦、科威特等君主国家也解除党禁，允许国内存在政治组织。西方的做法掀起了中东政党发展的一轮高潮，短时间内西亚北非地区出现了400多个政党。① 西方的做法客观上推动了中东地区政党政治的发展，但是由于西方国家的最终目的旨在保障其在西方地区的利益，因此当中东地区的政党政治不符合西方利益时，西方国家往往通过多种方式限制政党竞争，或者干预政党竞争的最终结果，对中东政党竞争造成不良影响。而且，近年来西方大国为维护自身战略利益，加大了对地区事务的介入和干预力度，极力构建以其民主范式为模版的中东民主新秩序，导致中东地区政党政治更趋复杂化。"9·11"事件后，美国大幅调整中东政策，确立了"反恐、防扩散和民主改造"等战略目标，先后发动阿富汗、伊拉克、利比亚战争，推翻塔利班、萨达姆和卡扎菲政权，并通过主导三国政治重建进程，力图重塑对其有利的政治格局，但现今的发展结果证明三国并未按照美国预设的轨道前进，动荡的政治局势使其政党政治发展前景趋于复杂。在巴勒斯坦，美联合以色列和西方国家拉拢法塔赫，打压哈马斯，企图逼迫哈马斯改弦更张，哈马斯与法塔赫的对垒占领使得巴勒斯坦的政治局势更趋动荡。所以说，在西方势力的干预下，中东诸国的政党政治在政治局势动荡的前提下将更为复杂。西方国家对伊斯兰政党的反对和对世俗政党的扶植使其所奉行的新民主秩序仅仅是口头上的承诺。前文所述，西方由于对伊斯兰政党意识形态的反对和质疑，积极阻止伊斯兰政治势力上台执政，他们或者鼓励和怂恿该国其他政治力量推翻中东国家的伊斯兰政权。以埃及为例，在穆斯林兄弟会和世俗政党的对峙中，西方偏袒世俗政党联盟，一味要求穆斯林兄弟会政府保持克制，并指责穆斯林兄弟会维持国内政局稳定的各项措施。2013年埃及军事政变之后，西方对埃及军方的批评轻描淡写，数月之后美国国务卿克里访问埃及绝口不提军事政变，反而表示将和军人临时政府发展友好关系，这与其所倡导的多党民主秩序显然背道而驰。当代中东弱势的政党状况为西方国家干预中东政党政治提供了条件。虽然西方国家干预中东政党竞争的目的是一致的和连贯的，即维护西方在中东地区的利益，但是由于中东各国国情及其与西方的关系不一，因此在实现目的的途径上也有很大差异，西方对中东国家不同甚至对

---

① 周应：《西亚北非地区政党政治新特点》，《当代世界》2001年第7期。

立的做法一定程度上促成和加剧了中东政党政治的混乱局面。

政党政治作为民主政治发展到今天最普遍、最为人所接受，也暂时没有其他形式可以取代的一种政治形式，在全世界范围内得以实践。中东诸国作为后发现代化国家，其20世纪以来的政党政治的实践证明，简单移植西方国家的政党政治体制必然造成水土不服，稳定而成熟的政党体制具有内生性，必须植根于本土历史传统，在具体实践中实现现代政治理念与传统文化的紧密结合。中东诸国探索政党政治的过程再次说明了发展中国家在通向现代化、民主化的道路上，不能一味地迷恋多党制，因为西方式的多党制并非是包治百病的良药，简单搬用必然带来政治动荡和社会不稳，只有建构具有鲜明地域和民族特色的政党政治模式才能真正迎来民主化的未来，从而进一步丰富世界民主政治的内涵与形式。

参考文献

一 英文参考文献

Ahron Bregman, *A History of Israel*, London: Palgrave Macmillan, 2003.

Ahmad Nizar Hamzeh, *In the Path of Hizbullah*, Syracuse: Syracuse University Press, 2004.

Alan W. Palmer, *The Decline and Fall of the Ottoman Empire*, London: Barnes and Noble, 1994.

Ali Çarkoğlu and Barry Rubin eds., *Religion and Politics in Turkey*, London and New York: Routledge, 2006.

Ali Farazmand, *The State, Bureaucracy and Revolution in Modern Iran: Agrarian Reforms and Regime Politics*, London and New York: Praeger Publishers, 1989.

Amy J. Johnson, *Reconstructing Rural Egypt: Ahmed Hussein and the History of Egyptian Development*, Syracuse: Syracuse University Press, 2003.

Anthony Mcdermott, *Egypt: From Nasser to Mubarak, A Flawed Revolution*, London and New York: Croom Helm, 1988.

Anoushiravan Ehteshami, *After Khomeini: the Iranian Second Republic*, London and New York: Routledge, 1995.

Asghar Schirazi, *The Constitution of Iran: Politics and the State in the Islamic Republic*, London and New York: I. B. Tauris, 1997.

Asher Arian and Michal Shamir eds., *The Elections in Israel, 1996*, New York: State University of New York Press, 1999.

Asher Cohen and Bernard Susser, *Israel and the Politics of Jewish Identity: The*

Secular – Religious Impasse, Baltimore: The Johns Hopkins University Press, 2000.

Augustus Richard Norton, *Amal and the Shi' a: Struggle for the Soul of Lebanon*, Austin: University of Texas Press, 1987.

Augustus Richard Norton, *Hezbollah: A Short History*, Princeton: Princeton University Press, 2007.

Bahman Baktiari, *Parliamentary Politics in Revolutionary Iran: The Institutionalization of Factional Politics*, Gainesville: University Press of Florida, 1996.

Barry Rubin and Metin Haper eds. , *Political Parties in Turkey*, London and Portland: Frank Cass, 2002.

Barry Rubin, *Islamic Fundamentalism in Egyptian Politics*, New York: Palgrave Macmillan, 2002.

Binnaz Toprak, *Islam and Political Development in Turkey*, Leiden: E. J. Brill, 1981.

Caglar Keyder, *State and Class in Turkey: A Study in Capitalist Development*, London: Verso, 1987.

Carrie Rosefsky Wickham, *Mobilizing Islam: Religion, Activism and Political Change in Egypt*, New York: Columbia University Press, 2002.

Charles Tripp and Roger Owen eds. , *Egypt under Mubarak*, London and New York: Routledge, 1989.

Cheryl Benard and Zalmay Kalilzad, *The Government of God: Iran' s Islamic Republic*, New York: Columbia University Press, 1986.

David M. Zohar, *Political Parties in Isreal: The Evolution of Israeli Democracy*, New York: Praeger Publishiers, 1974.

David Menashri, *Post – Revolutionary Politics in Iran: Religion, Society and Power*, London: Frank Cass , 2001.

David Shankland, *Islam and society in Turkey*, Hemingford Grey: Eothen Press, 1999.

Denis J. Sullivan and Sana Abed – Kotob, *Islam in Contemporary Egypt: Civil Society vs. the State*, Boulder: Lynne Rienner Publishers, 1999.

Derek Hopwood, *Egypt, Politics and Society*, 1945 – 1984, London: Allen & Unwin, 1985.

Derek Hopwood, *Syria 1945 – 1986: Politics and Society*, London: Academic Division of Unwin Hyman, 1988.

Don Peretz, *The Middle East Today*, Westport: Praeger Publishers, 1994.

Don Peretz, Gideon Doron, *The Government and Politics of Israel*, Boulder: Westview Press, 1997.

Ergun Özbudun, *Contemporary Turkish Politics: Challenges to Democratic Consolidation*, Boulder: Lynne Rienner Publishers, 2000.

Eric J. Zürcher, *Turkey: A Modern History*, London: I. B. Tauris, 1997.

Ervand Abrahamian, *Iran Between Two Revolutions*, Princeton: Princeton University Press, 1982.

Erwin I. J. Rosenthal, *Islam in the Modern National State*, Cambridge: Cambridge University Press, 1965.

Eyal Zisser, *Asad's Legacy: Syria in Transition*, New York: New York University Press, 2001.

Eyal Zisser, *Commanding Syria: Bashar al – A sad and the First Years in Power*, London: I. B. Tauris, 2007.

Fawwaz Taraboulsi, *A History of Modern Lebanon*, London: Pluto Press, 2012.

Flynt Leverett, *Inheriting Syria: Bashar's Trial by Fire*, Washington, D. C: Brookings Institution Press, 2005.

Frank Tachau, *Political Parties of the Middle East and North Africa*, New York: Greenwood Press, 1994.

Geoffrey Pridham, *Christian Democracy in Western Germany: The CDU – CSU in Government and Opposition*, 1945 – 1976, London: Croom Helm, 1977.

Gideon Doron and Michael Harris, *Public Policy and Electoral Reform: the Case of Israel*, Lanham: Lexington Books, 2000.

Hamid Enayat, *Modern Islamic Political Thought*, Austin TX: University of Fexas Press, 1982.

Hisham. B. Sharabi, *Governments and Politics of the Middle East in the Twentieth Century*, Princeton: Van Nostrand , 1962.

Hesham al – Awadi, *In Pursuit of Legitimacy: The Muslim Brotherhood and Mubarak*, 1982 – 2000, New York: Tauris Academic Studies, 2004.

Homa Katouzian, *State and Society in Iran: the Eclipse of the Qajars and the E-*

mergence of the Pahlavis, London and New York: I. B. Tauris, 2006.

Howard M. Sachar, A History of Israel: from the Rise of Zionism to Our Time, New York: Alfred A. Knopf, 1996.

Huri Türsan, Democratisation in Turkey: The Role of Political Parties, Bruxelles: PIE – Peter Lang, 2004.

James L. Gelvin, The Modern Middle East: A History, New York: Oxford University Press, 2008.

Janet Afray, The Iranian Constitutional Revolution, 1906 – 1911, New York: Columbia University Press, 1996.

Janice J. Terry, The Wafd, 1919 – 1952: Cornerstone of Egyption Polititcal Power, London: Third World Center, 1982.

Javaid Saeed, Islam and Modernization: A Comparative Analysis of Pakistan, Egypt and Turkey, London: Praeger Publishers, 1994.

Jenny B. White, Islamist Mobilization in Turkey: A Study in Vernacular Politics, Seattle: University of Washington Press, 2002.

John L. Esposito, The Islamic Threat: Myth or Reality? New York and Oxford: Oxford University Press, 1999.

John L. Esposito and Rouhollh K. Ramazani eds. , Iran at the Crossroads, New York: Palgrave, 2001.

John Foran, Fragile Resistance: Social Transformation in Iran from 1500 to the Revolution, Boulder: Westview Press, 1993.

Jonathan Mendiow, Ideology, Party Change, and Electoral Campaigns in Israel, 1965 – 2001, New York: State University of New York Press, 2003.

Joseph Elie Alagha, The Shifts in Hizbullah's Ideology: Religious Ideology, Political Ideology, and Political Program, Amsterdam: Amsterdam University Press, 2006.

Kepel Gilles, Muslim Extremism in Egypt: the Prophet and Pharaoh, Berkeley: University of California Press, 1993.

Kemal H. Karpat, Turkey's Politics: The Transition to a Multi – party System, Princeton: Princeton University Press, 1959.

Kirk J. Beattie, Egypt during the Nasser Years: Ideology, Politics, and Civil Society, Boulder: Westview Press, 1994.

Lawrence Davidson, *Islamic Fundamentalism: An Introduction*, New York: Greenword Press 2003.

M. A. Mohamed Salihed, *Interpreting Islamic political parties*, New York: Palgrave Macmillan, 2009.

Malcolm E. Yapp, *The Near East Since the First World War*, *A History to* 1995, London and New York: Routledge, 1996.

Manfred Halpern, *The Politics of Social Change in the Middle East and North Africa*, Princeton: Princeton University Press, 1963.

Martin E. Marty and R. Scott Appleby eds., *Accounting for Fundamentalism*, Chicago: University of Chigago, 1994.

Martin S. Kramer ed., *Shi'ism*, *Resistance and Revolution*, Boulder: Westview Press, 1987.

Marvine Howe, *Turkey Today: a Nation Divided over Islam's Revival*, Boulder: Westview Press, 2000.

Maye Kassem, *Egyptian Politics: The Dynamics of Authoritarian Rule*, Boulder: Lynne Rienner Publishers, 2004.

Mehdi Moslem, *Factional Politics in Post – K homeini Iran*, New York: Syracuse University Press, 2002.

Mehmét Yaşar Geyikdaği, *Political Parties in Turkey: the Role of Islam*, New York: Praeger, 1984.

Mehran Kamrava, *The Political History of Modern Iran: from Tribalism to Theocracy*, New York: Praeger 1992.

Metin Heper & Ahmet. Evin, *State*, *Democracy and the Turkey in the* 1980's, Berlin and New York: Walter de Gruyter, 1988.

Metin Heper and Jacob M. Landau eds., *Political Parties and Democracy in Turkey*, London: I. B. Tauris, 1991.

Metin Heper and Sabri Sayari eds., *Political Leaders and Democracy in Turkey*, Lanham: Lexington Books, 2002.

M. Hakan Yavuz ed., *The Emergence of a New Turkey: Democracy and the Ak Parti*, Salt Lake City: The University of Utah Press, 2006.

Michele D. Dunne, *Democracy in Contemporary Egyptian Political Discourse*, Amsterdam: John Benjamins Publishing, 2003.

Mohammed Amjad, *Iran: from Royal Dictatorship to Theocracy*, New York: Greenwood Press, 1989.

Mohsen. M. Milani, *The Making of Iran's Islamic Revolution: from Monarchy to Islamic Republic*, Boulder: Westview Press, 1994.

Moustaf Ahmeda ed., *Egypt in the 20th Century: Chronology of Major Events*, London: Mega Zette Press, 2003.

Muammer Kaylan, *The Kemalist: Islamic Revival and the Fate of Secular Turkey*, New York: Prometheus Books, 2005.

Naim Qassem, *Hizbullah: The Story from Within*, London: Saqi Books, 2005.

Najib Ghadbian, *Democratization and the Islamist Challenge in the Arab World*, Boulder: Westview Press, 1997.

Nikki R. Keddie, Yann Richard, *Roots of Revolution: An Interpretive History of Modern Iran*, New Haven: Yale University Press, 1981.

Nikki R. Keddie, Yann Richard, *Modern Iran: Roots and Results of Revolution*, New Haven: Yale University Press, 2003.

Omer Taspinar, *Kurdish Nationalism and Political Islam in Turkey: Kemalist Identity in Transition*, London and New York: Routledge, 2005.

Peter Y. Medding, *Mapai in Isreal: Political Organization and Government in a New Society*, London: Cambridge University Press, 1972.

Phebe Marr ed., *Egypt at the Crossroads: Domestic Stability and Regional Role*, Washington: National Defense University Press, 1999.

Philip Khuri Hitti, *A Short History of Lebanon*, New York: St. Martin's Press, 1965.

R. Hrair Dekmejian, *Islam in Revolution: Fundamentalism in the Arab World*, New York: Syracuse University Press, 1985.

Raymond A. Hinnebusch, *Egyptian Politics under Sadat: The Post – Populist Development of an Authoritarian Modernizing State*, Cambridge: Cambridge University Press, 1985.

Raymond A. Hinnebusch, *Syria: Revolution from Above*, London and New York: Routledge, 2002.

Reuven Y. Hazan and Moshe Maor eds., *Parties Elections and Changes: Israel in Comparative and Theoretical Perspective*, London: Frank Cass 2000.

Richard P. Mitchell, *The Society of the Muslim Brothers*, New York: Oxford University Press, 1993.

Sabri Sayarı and Yılmaz Esmer, *Politics, Parties and Elections in Turkey*, London: Lynne Rienner Publishers, 2002.

Said Amir Arjomand, *The Turban for the Crown: The Islamic Revolution in Iran*, New York: Oxford University Press, 1988.

Sami M. Moubayed, *Damascus Between Democracy and Dictatorship*, Lanham: University Press of America, 2000.

Selman Botman, *Egypt from Independence to Revolution, 1919 – 1952*, Syracuse: Syracuse University Press, 1991.

Şerif Mardin, *Religion and Social Change in Modern Turkey: The Case of Bediuzzaman Nursi*, New York: State University of New York Press, 1989.

Stanford J. Shaw and Ezel Kural Shaw, *History of the Ottoman Empire and Modern Turkey*, London: Cambridge University press, 1977.

Steven V. Mazie, *Israeli Higher Law: Religious and Liberal Democracy in the Jewish State*, Lanham: Lexington Books, 2006.

Tabitha Petran, *Syria, Nations of the Modern World*, New York: Praeger Publishers , 1972.

Ümit Cizre ed. , *Secular and Islamic Politics in Turkey: the Making of the Justice and Development Party*, London and New York: Routledge, 2008.

Walter F. Weiker, *Political Tutelage and Democracy in Turkey: The Free Party and Its Aftermath*, Leiden: E. J. Brill, 1973.

Willam Hale and Ergun Özbudun, *Islamism, Democracy and Liberalism in Turkey, The Case of the AKP*, London and New York: Routledge, 2010.

William Ochsenwald, Sydney Nettleton Fisher, *The Middle East: A History*, New York: McGraw Hill Higher Education, 2010.

Yıdız Atasoy, *Turkey, Islamists and Democracy: Transition and Globalization in a Muslim State*, London and New York: I. B. Tauris, 2005.

二　中文参考文献

安维华等：《以色列议会》，中国财政经济出版社 2005 年版。

蔡德贵、仲跻昆主编：《阿拉伯近现代哲学》，山东人民出版社 1996
年版。

陈德成主编：《中东政治现代化：理论与历史经验的探索》，社会科学文
献出版社 2000 年版。

陈嘉厚主编：《现代伊斯兰主义》，经济日报出版社 1998 年版。

丛日云：《当代世界的民主化浪潮》，天津人民出版社 1999 年版。

［德］卡尔·布洛克尔曼：《伊斯兰各民族与国家史》，孙硕人等译，商务
印书馆 1985 年版。

［法］阿列克西·德·托克维尔：《论美国的民主》，董果良译，商务印书
馆 1988 年版。

［法］热拉德·德·维利埃等：《巴列维传》，张许萍译，商务印书馆 1986
年版。

冯基华：《犹太文化与以色列社会政治发展》，社会科学文献出版社 2010
年版。

哈全安：《中东国家的现代化历程》，人民出版社 2006 年版。

哈全安：《中东史：610—2000》，天津人民出版社 2010 年版。

哈全安、周术情：《土耳其共和国的政治民主化进程研究》，生活·读
书·新知三联书店 2010 年版。

韩志斌：《伊拉克复兴党民族主义理论与实践研究》，中国社会科学出版
社 2011 年版。

黄民兴：《中东历史与现状十八讲》，陕西人民出版社 2008 年版。

金宜久主编：《当代伊斯兰教》，东方出版社 1995 年版。

金宜久主编：《伊斯兰教与世界政治》，社会科学文献出版社 1996 年版。

金宜久、吴云贵：《伊斯兰与国际热点》，东方出版社 2001 年版。

刘靖华、东方晓：《现代政治与伊斯兰教》，社会科学文献出版社 2000
年版。

刘中民：《挑战与回应 中东民族主义与伊斯兰教关系评析》，世界知识出

版社 2005 年版。

陆庭恩、刘静:《非洲民族主义政党和政党制度》,东北师范大学出版社
　　1997 年版。

[美] 埃斯波西托:《伊斯兰威胁:神话还是现实?》,东方晓等译,社会
　　科学文献出版社 1999 年版。

[美] 戴维森:《从瓦解到新生:土耳其的现代化历程》,张增健、刘同舜
　　译,学林出版社 1996 年版。

[美] 凯马尔·H. 卡尔帕特编:《当代中东的政治和社会思想》,陈和丰
　　等译,中国社会科学出版社 1992 年版。

[美] 塞缪尔·P. 亨廷顿:《第三波——20 世纪后期民主化浪潮》,刘军
　　宁译,生活·读书·新知三联书店 1998 年版。

[美] 塞缪尔·P. 亨廷顿:《文明的冲突与世界秩序的重建》,周琪等译,
　　新华出版社 2002 年版。

[美] 塞缪尔·P. 亨廷顿:《变化社会中的政治秩序》,王冠华等译,生
　　活·读书·新知三联书店 1989 年版。

[美] 西里尔·E. 布莱克:《现代化的动力》,段小光译,四川人民出版
　　社 1988 年版。

[美] 小阿瑟·戈尔德施密特、劳伦斯·戴维森:《中东史》,哈全安、刘
　　志华译,东方出版中心 2010 年版。

彭树智:《东方民族主义思潮》:西北大学出版社 1992 年版。

彭树智主编:《伊斯兰教与中东现代化进程》,西北大学出版社 1997
　　年版。

彭树智主编:《阿拉伯国家史》,高等教育出版社 2002 年版。

彭树智主编:《二十世纪中东史》,高等教育出版社 2001 年版。

彭树智主编:《中东史》,人民出版社 2010 年版。

曲洪:《当代中东政治伊斯兰:观察与思考》,中国社会科学出版社 2001
　　年版。

唐大盾等:《非洲社会主义:历史·理论·实践》,中国社会科学出版社
　　2007 年版。

涂龙德、周华:《伊斯兰极端组织》,时事出版社 2010 年版。

吴辉:《政党制度与政治稳定:东南亚经验的研究》,世界知识出版社
　　2005 年版。

王长江主编:《世界政党比较概论》,中共中央党校出版社2003年版。

王长江、姜跃:《现代政党执政方式比较研究》,上海人民出版社2002年版。

王林聪:《中东国家民主化问题研究》,中国社会科学出版社2007年版。

王彤主编:《当代中东政治制度》,中国社会科学出版社2005年版。

王新刚:《20世纪叙利亚政治经济对外关系嬗变》,西北大学出版社2003年版。

王泰:《埃及的政治发展与民主化进程研究》,人民出版社2014年版。

王彦敏:《以色列政党政治研究》,人民出版社2014年版。

吴彦:《沙特阿拉伯政治现代化进程研究》,浙江大学出版社2011年版。

肖宪:《中东国家通史——以色列卷》,商务印书馆2001年版。

阎瑞松:《以色列政治》,西北大学出版社1995年版。

杨灏城、江淳、唐大盾等:《纳赛尔与萨达特时代的埃及》,商务印书馆1997年版。

[伊]费雷敦·胡韦达:《伊朗国王倒台始末记》,周仲贤译,广东人民出版社1981年版。

[以]阿巴·埃班:《犹太史》,阎瑞松译,中国社会科学出版社1986年版。

[意]G.萨托利:《政党与政治体制》,王明进译,商务印书馆2006年版。

[英]艾伦·韦尔:《政党与政党制度》,谢峰译,北京大学出版社2011年版。

[英]安东尼·D.史密斯:《全球化时代的民族与民族主义》,龚维斌、良警宇译,中央编译出版社2002年版。

[英]伯纳德·刘易斯:《现代土耳其的兴起》,范中廉译,商务印书馆1982年版。

[英]伯纳德·路易斯:《中东——激荡在辉煌的历史中》,郑之书译,中国友谊出版公司2000年版。

[英]诺亚·卢卡斯:《以色列现代史》,杜宪菊、彭艳译,商务印书馆1997年版。

[英]沃尔特·拉克:《犹太复国主义史》,徐方、阎瑞松译,生活·读书·新知三联书店1992年版。

杨灏城、朱克柔主编:《民族冲突和宗教争端——当代中东热点问题的历史探索》，人民出版社 1996 年版。

杨灏城、朱克柔主编：《当代中东热点问题的历史探索：宗教与世俗》，
人民出版社 2000 年版。

张倩红：《以色列史》，人民出版社 2008 年版。

张振国、刘陵编：《未成功的现代化——关于巴列维的"白色革命"研
究》，北京大学出版社 1993 年版。

周淑真：《政党和政党制度比较研究》，人民出版社 2001 年版。

后　记

　　《中东政党政治的演变》一书系 2009 年教育部人文社会科学重点研究基地重大项目"中东政治现代化进程研究"（2009JJD770023）之子课题"中东现代政党政治的演变"的最终研究成果，也是笔者近年来对中东政党政治、现代伊斯兰主义和中东现代化进程等问题思考和研究的阶段性总结。本书的出版还得到中国博士后科学基金面上资助（2013M540770）、特别资助（2014T70936），陕西省博士后科研项目资助和辽宁省高等学校优秀人才支持计划（WJQ2014005）项目的支持和资助，特此致谢！

　　中东政党政治研究作为中东政治现代化进程的重要组成部分，是一个非常宏大的课题，虽曾怀疑自己能否登攀这座学术高峰，但不揣浅陋的我最终还是毅然接受了这场挑战。在惴惴不安和彷徨徘徊中度过最初的资料收集和框架设计阶段，又经过三年多的资料甄选、编排整理、奋笔疾书、增补删减，在这个冬日的午夜，终于将这部沉甸甸的书稿呈在案头。囿于本人水平局限，书中错误疏漏之处在所难免，恳请各位专家批评指正。

　　在本书即将付梓之际，多年来求学的曲折、学术研究的不易和书稿撰写的艰辛清晰地浮现在脑海中，可心底充溢更多的是感恩、感激与感动。

　　2000 年秋末，我有幸通过西北大学中东研究所的硕士研究生推免面试。中东研究所是国内中东研究的学术重镇，硕士毕业十多年后的今天，内心依然对其有着家一样的依恋，对其培育之恩更是满怀深深的感激。感谢硕士导师郭宝华研究员，郭老师和师母的关爱使异地求学的我感到无比的温暖；郭老师将我领入伊斯兰教研究的学术之路，让我明白诸多做人、做学问的道理，这至今影响着我的学业工作。感谢博士后合作导师黄民兴教授，黄老师高屋建瓴、精益求精、严谨治学和谦逊待人的风范成为学生们仰视的标杆，黄老师的接纳使我开启了全新的学术视角，黄老师的耳提面命、谆谆教导是我学术征程中最宝贵的财富。感谢亦师亦友的韩志斌教授，从论文的撰写、发表到国家级课题的申请再到书籍专著的出版，韩老师都毫无保留地给予帮助和指导，正是韩老师的大力举荐我才有机会获得博士后的资格，他的学术成就和学术追求是我仰慕的榜样，很幸运有这么一位亦师亦友的兄长。感谢中东所的各位老师，彭树智先生的学术品格和人格魅力使我们高山仰止，其敦促后学的精神令人感动，使众多学生在文明交往论的启迪下步入学术研究的殿堂；王铁铮教授对我的研究关怀有加，他的激励成为我进一步努力的动力；感谢蒋真副教授在我做博士后期间的诸多照顾；中东研究所的其他老师也对我的学习和研究多有启发和帮助，借此深表感谢。

2006年，我考取梦寐以求的南开大学，师从哈全安教授攻读博士研究生学位是我一生的幸运。恩师严谨求实的治学风范和躬身勤勉的治学态度是我修身立为的典范，恩师高屋建瓴的学术见解和低调率性的人格魅力是我终生学习的榜样，恩师宽广的学术视野和独特的思维视角使我受益匪浅。正是恩师的提携，我才有机会接受本课题研究的挑战。本书的框架体例是在恩师的精心指导下确定的，书中诸多观点也源于恩师的倾囊相授，撰写过程中恩师多次提出详细的修改意见。

硕士毕业后，工作多次辗转，阅尽人间冷暖。感谢生活的历练，使我能够宠辱不惊地应对各种挫折和磨砺。有过学成归来、无处安身的窘境，也历经柳暗花明、峰回路转的灿烂。上帝为你关闭了一扇门，一定会为你开启一扇窗。2012年的9月，经过一系列曲折，我迎来了事业的转折点，能够学有所用地站在自己喜欢的讲台上，面对我可爱的学生。感谢在工作调转过程中给予我帮助的师长：辽宁大学石庆环教授、韩毅教授、祝乘风副教授……感谢与我相知甚深的世界史教研室同事：王铭教授、崔莉教授、滕海键教授、王铁军教授、邱建群副教授、王丽英副教授、侯锐博士、郭霞博士；他们在我做博士后和撰写书稿期间，或分担教学和工作，或在工作生活中相互勉励，使我在这个新集体中感到家的温暖。

感谢在学术之路上给予我诸多启迪和影响的专家学者，尽管部分从未谋面，但因书、因文结缘。正是基于他们的研究成果，我才能将本书完整地呈现。中国社会科学院世界宗教研究所金宜久、吴云贵和周燮藩研究员等学界前辈的研究成果将我领进现代伊斯兰主义的研究大门，中国社会科学院西亚非洲研究所王林聪研究员、王凤副研究员的研究成果是我研究中东政党政治与民主化进程的理论指导，中国社会科学院世界历史研究所毕健康研究员、内蒙古民族大学王泰教授的研究成果是我撰写埃及政党政治和穆斯林兄弟会的理论参照，上海外国语大学中东研究所刘中民教授、西北大学历史学院王新刚教授的研究成果为我研究中东民族主义政党提供了直接的观点参考……书中还参考了周淑真教授、王彤教授、王宇洁教授、王彦敏教授、雷钰副教授、李福泉副教授、周术情博士、王莹博士、吴彦博士的研究专著和博士论文，在此深表感谢。中国社会科学出版社的李庆红编辑在本书出版过程中费力颇多，她的专业和奉献精神令人感动，借此表达最诚挚的谢意。

最后特别感谢多年来一直支持我的家人。父母的支持使我一步步走出黄土地，完成漫长的求学之旅。如今，岁月的风霜染白了父母的黑发，近古稀之年的他们仍在为着生计奔波劳碌，女儿对他们的照顾总是少之又少，对他们的陪伴更是屈指可数。听着电话中父母日渐苍老的声音内心总是升腾起无名的酸楚，可父母永远重复的是"好好工作，我们都很好，不用担心"。对于父母，更多感谢的话语都显得苍白无力，唯有默默祝愿他们身体健康、生活安稳。感谢婆婆背井离乡帮我照顾孩子，正是婆婆对家务的分担和对孩子的悉心照料，我才能够心无旁骛地学习和工作；感谢婆婆对我的付出，这一切将留存在我的记忆深处。感谢我的丈夫常守锋，我们相辅相携一起走过岁月的磨难，他的理解、支持、关心和照顾，是我不断前行的精神支柱和坚强后盾。感谢聪慧懂事的女儿常芮予，忙碌的妈妈错失了女儿成长过程中诸多美好的瞬间，妈妈唯愿宝宝健康快乐、茁壮成长。

惠特曼说，不论你望得多远，仍然有无限的空间在外边；无论你能数多久，仍然有无限的时间数不清。在无限的空间和时间延伸中，我仍然会步履蹒跚，但内心的执着不会改变。最后，我还要将内心的虔诚和敬意送给您——在某个时刻看到这本书的人们。

李艳枝

2015 年 1 月 6 日